Der gute Glaube eines Whistleblowers

Europäische Hochschulschriften Recht

European University Studies in Law

Publications Universitaires Européennes de Droit

Band/Volume **6780**

Esra Özen

Der gute Glaube eines Whistleblowers

PETER LANG

Berlin - Bruxelles - Chennai - Lausanne - New York- Oxford

Bibliografische Information der Deutschen Nationalbibliothek
Die Deutsche Nationalbibliothek verzeichnet diese Publikation in der Deutschen Nationalbibliografie; detaillierte bibliografische Daten sind im Internet über http://dnb.d-nb.de abrufbar.

Zugl.: Göttingen, Univ., Diss., 2023

D 7
ISSN 0531-7312
ISBN 978-3-631-91276-8
EBOOK 978-3-631-91283-6
E-PUB 978-3-631-91284-3
DOI 10.3726/b21454

Verlegt durch: Peter Lang GmbH, Berlin, Deutschland

info@peterlang.com- www.peterlang.com

Diese Publikation wurde begutachtet.

Vorwort

Die vorliegende Arbeit wurde von der Rechtswissenschaftlichen Fakultät der Georg-August-Universität Göttingen im Dezember 2022 als Dissertation angenommen. Es wurden die Gesetzgebung, Rechtsprechung und Literatur bis einschließlich August 2023 berücksichtigt.

Ich möchte zuallererst meine Dankbarkeit für die Vergabe eines Stipendiums durch das türkische Bildungsministerium nach dem Gesetz 1416 zur Unterstützung von Nachwuchswissenschaftler äußern. Das Stipendium hat mir ermöglicht, im Anschluss meines juristischen Studiums in der Türkei nach Deutschland zu kommen, und meine Master- und Doktorarbeit an der juristischen Fakultät der Universität Göttingen zu verfassen.

Die vorliegende Arbeit ist zudem durch die fachliche Beratung und den Beistand mehrerer Personen entstanden, bei denen ich mich bedanken möchte. Mein herzlicher Dank gilt zuerst meinem Doktorvater, Herrn Prof. Dr. Rüdiger Krause, der mich während meines Promotionsverfahrens betreut hat. Ich danke weiterhin Herrn Prof. Dr. Gerald Spindler für die Erstellung des Zweitgutachtens, und Herrn Prof. Dr. Alexander Thiele für die Begleitung meiner mündlichen Prüfung. Mein besonderer Dank gebührt Herr Dr. Simon Gerdemann, der mich in einer schwierigen Phase meiner Promotion fachlich beraten hat. Ferner möchte ich mich bei Herrn Prof. Dr. M. Fatih Uşan und Herrn Prof. Dr. Ali Cengiz Köseoğlu für ihre Betreuung während des gesamten Stipendium-Programms, sowie bei Herrn Prof. Dr. Mustafa Alp für seine fachliche Beratung zum türkischen Whistleblower-Recht bedanken. Ich danke zudem meinen Freunden und Kollegen Bahar, Giti, Lara, Johannes, Philipp und Ida, die meine Arbeit zur Korrektur gelesen haben.

Mein größter Dank gilt meinen Eltern, die mich auf dem Weg bis zur Dissertation immer und unbedingt unterstützt haben.

Samsun, im November 2023
Esra Özen

Inhalt

Inhaltsverzeichnis

Abkürzungsverzeichnis

a. F.	alte Fassung
a.A.	andere Ansicht
ABl. EU	Amtsblatt der Europäischen Union
Abs.	Absatz
AEUV	Vertrag über die Arbeitsweise der Europäischen Union
AfP	Archiv für Presserecht
AG	Aktiengesellschaft
AGG	Allgemeines Gleichbehandlungsgesetz
AiB	Arbeitsrecht im Betrieb
AktG	Aktiengesetz
Anm.	Anmerkung
AntiDopG	Anti-Doping-Gesetz
AP	Arbeitsrechtliche Praxis
ArbG	Arbeitsgericht
ArbR	Arbeitsrecht
ArbRAktuell	Arbeitsrecht Aktuell
ArbRB	Arbeits-Recht-Berater
ArbSchG	Arbeitsschutzgesetz
ArbuR	Arbeit und Recht
ArbZG	Arbeitszeitgesetz
ARP	Arbeitsschutz in Recht und Praxis
Art.	Artikel
AuA	Arbeit und Arbeitsrecht
Aufl.	Auflage
AÜHFD	Ankara Üniversitesi Hukuk Fakültesi Dergisi (Zeitschrift)
AuR	Arbeit und Recht
AY	Anayasa
AYD	Adalet Yargısı Dergisi (Zeitschrift)
AYM	Anayasa Mahkemesi
BaFin	Bundesanstalt für Finanzdienstleistungsaufsicht
BAG	Bundesarbeitsgericht
BaTiDer	Banka ve Ticaret Hukuku Dergisi (Zeitschrift)
BB	Betriebsberater

BCM	Berufsverbands der Compliance Manager
BDA	Bundesvereinigung der Deutschen Arbeitgeberverbände
BDSG	Bundesdatenschutzgesetz
BeckOK	Beck'scher Online Kommentar
BeckRS	Beck-Rechtsprechung
BetrVG	Betriebsverfassungsgesetz
BFuP	Betriebswirtschaftliche Forschung und Praxis
BGB	Bürgerliches Gesetzbuch
BGBl.	Bundesgesetzblatt
BGH	Bundesgerichtshof
BIMER	Başbakanlık İletişim Merkezi
BKartA	Bundeskartellamt
BlmSchG	Bundes-Immissionsschutzgesetzes
BMJV	Bundesministeriums der Justiz und für Verbraucherschutz
BSE	Bovine Spongiforme Enzephalopathie
BT-Drs.	Bundestagsdrucksache
BVerfG	Bundesverfassungsgericht
BVerfGE	Entscheidungen des Bundesverfassungsgerichts
bzw.	beziehungsweise
c.	contre
CB	Compliance Berater
CCZ	Corporate Compliance Zeitschrift
CIRS	Critical Incident Reporting System
CSR	Corporate Social Responsibility
d. h.	das heißt
D. h.	Das heißt
DB	Der Betrieb
DCGK	Deutsche Corporate Governance Kodex
DEÜHFD	Dokuz Eylül Üniversitesi Hukuk Fakültesi Dergisi (Zeitschrift)
DGB	Deutscher Gewerkschaftsbund
DICO	Deutsches Institut für Compliance
DIHK	Deutscher Industrie- und Handelskammer
diff.	differenziert
DöV	Die öffentliche Verwaltung
Dr.	Doktor
DSGVO	Datenschutz-Grundverordnung
dt.	deutsch

E.	Esas
e.V.	eingetragener Verein
EAT	Employment Appeal Tribunal
ECLI	European Case Law Identifier
ECtHR	European Court on Human Rights
EGMR	Europäische Gerichtshof für Menschenrechte
EJICLS	E-Journal of International and Comparative Labour Studies
ELLJ	European Labour Law Journal
EMRK	Europäische Menschenrechtskonvention
ERA	Employment Rights Act
ErfK	Erfurter Kommentar
ET	Employment Tribunal
etc.	et cetera
EU	Europäische Union
EUV	Vertrag über die Europäische Union
EuArbRK	Kommentar zum europäischen Arbeitsrecht
EuGH	Europäischer Gerichtshof
EuZA	Europäische Zeitschrift für Arbeitsrecht
EuZW	Europäische Zeitschrift für Wirtschaftsrecht
EWCA Civ	England and Wales Court of Appeal (Civil Division)
EWG	Europäische Wirtschaftsgemeinschaft
f.	folgende
F.A.Z.	Frankfurter Allgemeine Zeitung
ff.	fortfolgende
FinDAG	Gesetz über die integrierte Finanzdienstleistungsaufsicht
Fig.	Figur
Fn.	Fußnote
FS	Festschrift
Gem.	Gemäß
GeschGehG	Geschäftsgeheimnisgesetz
GewO	Gewerbeordnung
GC	Grand Chamber
GG	Grundgesetz
ggf.	gegebenenfalls
GRCh	Charta der Grundrechte
grds.	grundsätzlich
GRUR	Gewerblicher Rechtsschutz und Urheberrecht

GSÜHFD	Galatasaray Üniversitesi Hukuk Fakültesi Dergisi (Zeitschrift)
GwG	Geldwäschegesetz
HFR	Humboldt Forum Recht
HinSchG	Hinweisgeberschutzgesetz
HinSchG-E	Hinweisgeberschutzgesetzentwurf
HinSchG-RefE	Referentenentwurf zum Hinweisgeberschutzgesetz
HinSchG-RegE	Regierungsentwurf zum Hinweisgeberschutzgesetz
HK-EMRK	Handkommentar zur Europäischen Menschenrechtskonvention
HR	Human Resources
HRRS	Online-Zeitschrift für Höchstrichterliche Rechtsprechung im Strafrecht
Hrsg.	Herausgeber
HSI	Hugo Sinzheimer Institut
i. d. R.	in der Regel
i. H. v.	in Höhe von
i. S. d.	im Sinne des
i. S. v.	im Sinne von
i. V. m.	in Verbindung mit
i. Z. m.	in Zusammenhang mit
IALANA	International Association of Lawyers against Nuclear Arms
ICR	Industrial Cases/Court Reports
IfSG	Infektionsschutzgesetz
IJSHS	International Journal of Social and Humanities Sciences
IK	Is Kanunu
ILO	International Labour Organisation
IRLR	Industrial Relations Law Reports
ISGK	İş Sağlığı ve Güvenliği Kanunu
IsKur	İş ve İşçi Bulma Kurumu
ISO	International Standards Organization
IT	Informationstechnologie
JA	Juristische Arbeitsblätter
J Bus Ethics	Journal of Business Ethics
jurisPR-ArbR	juris PraxisReport Arbeitsrecht
jurisPR-Compl	Juris PraxisReport Compliance and Investigations
jurisPR-StrafR	juris PraxisReport Strafrecht
K.	Karar
Kap.	Kapitel

krit.	kritisch
KrWG	Kreislaufwirtschaftsgesetz
KrV	Kranken- und Pflegeversicherung
KSchG	Kündigungsschutzgesetz
KVKK	Kişisel Verilerin Korunması Kanunu
KWG	Kreditwesengesetz
LAG	Landesarbeitsgericht
LAGE	Entscheidungen der Landesarbeitsgerichte
LFGB	Das Lebensmittel- und Futtermittelgesetzbuch
LG	Landgericht
LGBT	Lesbian, Gay, Bisexual and Transgender
lit.	littera
LKW	Lastkraftwagen
LkSG	Lieferkettensorgfaltspflichtengesetz
Ltd.	Limited
m. w. N.	mit weiteren Nachweisen
MAH ArbR	Münchener Anwaltshandbuch Arbeitsrecht
MHdB ArbR	Münchener Handbuch zum Arbeitsrecht
MiLoG	Mindestlohngesetz
Mio.	Millionen
MMR	Multimedia und Recht
Mrd.	Milliarde(n)
MüKoBGB	Münchener Kommentar zum Bürgerlichen Gesetzbuch
NGO	Nichtregierungsorganisation
NJW	Neue Juristische Wochenschrift
NJW-RR	Neue Juristische Wochenschrift – Rechtsprechungs-Report
NK	Neue Kriminalpolitik
NK-ArbR	Nomos Kommentar – Gesamtes Arbeitsrecht
No.	Number
Nr.	Nummer
NVwZ	Neue Zeitschrift für Verwaltungsrecht
NZA	Neue Zeitschrift für Arbeitsrecht
NZA-RR	Neue Zeitschrift für Arbeitsrecht – Rechtsprechungsreport
NZG	Neue Zeitschrift für Gesellschaftsrecht
NZWiSt	Neue Zeitschrift für Wirtschafts-, Steuer- und Unternehmensstrafrecht
o.Ä.	oder Ähnliches

OECD	Organization for Economic Cooperation and Development
OLG	Oberlandesgericht, Oberlandesgericht, Oberlandesgericht
OWiG	Ordnungswidrigkeitengesetz
öAT	Zeitschrift für das öffentliche Arbeits- und Tarifrecht
PACE	Parliamentary Assembly of the Council of Europe
para.	paragraph
paras.	paragraphs
PCAW	Public Concern At Work (nun Protect)
PIDA	Public Interest Disclosure Act
plc.	public limited company
PwC	PricewaterhouseCoopers
RdA	Recht der Arbeit
RdTW	Recht der Transportwirtschaft
RG	Resmi Gazete (Amtsblatt)
RL	Richtlinie
Rn.	Randnummer
S.	Satz/Seite
SchwbG	Schwerbehindertengesetz
Sec.	Section
SGb	Sozialgerichtsbarkeit
SGB	Sozialgesetzbuch
sog.	sogenannte, sogenannte/r/s
SPK	Sermaye Piyasasi Kurulu
SpuRt	Zeitschrift für Sport und Recht
SR	Soziales Recht
StGB	Strafgesetzbuch
StPO	Strafprozessordnung
TBB	Türkiye Barolar Birliği
TBK	Türk Borçlar Kanunu
TCK	Türk Ceza Kanunu
TİHEK	Türkiye İnsan Hakları ve Eşitlik Kurumu Kanunu
TMK	Türk Medeni Kanunu
tr.	türkçe
TSK	Türk Silahlı Kuvvetleri
TTK	Türk Ticaret Kanunu
u.a.	und andere
UK	United Kingdom

UN	United Nations
UNCAC	United Nations Convention against Corruption
US	United States
USA	United States of America
UWG	Gesetz gegen den unlauteren Wettbewerb
v.	von
VAG	Versicherungsaufsichtsgesetz
VDW	Verband Deutscher Wissenschaftler
VerSanG-E	Entwurf eines Gesetzes zur Stärkung der Integrität in der Wirtschaft
VersR	Versicherungsrecht
Vgl.	Vergleich
VO	Verordnung
vs.	versus
VUK	Vergi Usul Kanunu
VuR	Verbraucher und Recht
VwVfG	Verwaltungsverfahrensgesetz
VzfK	Verbraucherzentrale für Kapitalanleger
HinSch-RL	Hinweisgeberschutz-Richtlinie
WHG	Wasserhaushaltsgesetz
WHO	World Health Organization
	Handbuch Wirtschafts- und Steuerstrafrecht
WpG	Wertpapierhandelsgesetz
WpHG	Wertpapierhandelsgesetz
Y7HD	Yargıtay 7. Hukuk Dairesi
YHGK	Yargıtay Hukuk Genel Kurulu
z. B.	zum Beispiel
ZD	Zeitschrift für Datenschutz
ZESAR	Zeitschrift europäisches Sozial- und Arbeitsrecht
ZfA	Zeitschrift für Arbeitsrecht
ZGR	Zeitschrift für Unternehmens- und Gesellschaftsrecht
ZHR	Zeitschrift für das gesamte Handelsrecht und Wirtschaftsrecht
Zif.	Ziffer
ZIP	Zeitschrift für Wirtschaftsrecht
ZIS	Zeitschrift für Internationale Strafrechtsdogmatik
ZRP	Zeitschrift für Rechtspolitik

§ 1 Einleitung

A. Tatsächlicher Hintergrund und rechtliche Einordnung

Whistleblowing gehört zu den aufsehenerregendsten Themenkomplexen der Rechtswissenschaft der letzten Jahre. Das Whistleblowing ist zum einen allgemein, sodass kein Land es sich zu eigen machen darf. Zum anderen ist es besonders, sodass das Whistleblowing nicht unabhängig von den Gegebenheiten seines Umfelds, namentlich der einschlägigen Rechtsordnung bzw. Gesellschafts- und Rechtskultur, beurteilt werden kann.

Es ist allgemein, da es einen Sachverhalt betrifft, der überall – auch wenn es unter verschiedenen Termini bekannt ist – zu finden ist. Es geht um die Aufdeckung eines Missstandes durch einen Beschäftigten gegenüber demjenigen, der in der Lage ist, gegen den Missstand vorzugehen.[1] Unter dem englischen Terminus „Whistleblowing" ist das Verhalten vornehmlich durch US-amerikanische Whistleblower bekannt geworden, wie Edward Snowden, ehemaliger Mitarbeiter der Geheimdienste, der 2013 fragwürdige Überwachungstechniken der USA enthüllte.[2] Ebenso wies Sherron Watkins, Mitarbeiterin des berühmten Energiekonzerns Enron, auf Unregelmäßigkeiten in den Geschäftsberichten des Konzerns hin. Sie deckte somit einen der größten Finanzskandale des 21. Jahrhunderts auf. Dass es kein amerikanisches Phänomen ist, zeigen die Beispiele von Martin Porwoll aus Deutschland und Veysi Mungan aus der Türkei. Porwoll, ein kaufmännischer Leiter der Alten Apotheke in Bottrop, zeigte 2015 bei der Staatsanwaltschaft an, dass der Apotheker Krebserkrankten lebensrettende Infusionen entweder gar nicht oder zu gering dosierte – die Patienten nahmen dementsprechend wirkungslose Medikamente zu sich – und hat so Millionengewinne erwirtschaftet.[3] Herr Mungan hingegen, ehemaliger Mitarbeiter in einem türkischen Vertrieb des weltweit bekannten Pharmakonzerns Roche, meldete 2003 zunächst bei seinem Arbeitgeber, dass der Vertrieb schwere Straftaten, u.a. Kartellabsprachen und Bestechung von Ärzten sowie Personal der Krankenhäuser begeht, und er erstattete 2004 Strafanzeige gegen seinen Arbeitgeber, weil

---

1 Near/Miceli, J Bus Ethics 1985, 1 (2 f.).

2 Siehe eine Darstellung dieser und ähnlicher Fälle aus den USA und aus Deutschland, Wiedmann/Seyfert, CCZ 2019, 12 (12 f.).

3 Hafner/Schraven, v. 24.8.2021, https://www.zdf.de/uri/19fc920e-c9c9-49ae-8827-c54d1b9ffca6. Alle Internetseiten sind zuletzt am 22.12.2022 abgerufen.

dieser die Missstände nicht behoben hatte.[4] Die Folgen eines Whistleblowings sind für die meisten Whistleblower nicht selten identisch; es führt zum Verlust des Arbeitsplatzes, zum Ende der Kariere und manchmal zur gezwungenen Flucht aus dem Wohnort.[5]

Die Besonderheit des Whistleblowings lässt sich am ehesten an seiner Resonanz in einer Rechtsordnung erkennen, konkret daran, wie es dort entgegengenommen wird. Die praktische und rechtliche Bedeutung des Whistleblowings ist dadurch begründet, dass durch die Aufdeckung von Rechtsverstößen zur Durchsetzung des einschlägigen Rechts beigetragen wird.[6] Das Whistleblowing wird etwa in den USA seit langem durch verschiedene Gesetze geschützt[7] sowie in Großbritannien haben schlechte Erfahrungen mit im Dunkel gebliebenen Rechtsverstößen zum Erlass des Public Interest Disclosure Acts (im Folgenden: PIDA 1998) geführt, wodurch Whistleblower vor Repressionsmaßnahmen, die mit dem Whistleblowing einhergehen, – wie Kündigung durch den Arbeitgeber –, geschützt und potenzielle Whistleblower werden dazu motiviert, auf Missstände hinzuweisen.[8] Allerdings sind sich nicht alle Rechtsordnungen dieser Bedeutung des Whistleblowings hinreichend bewusst. Deutsche und türkische Rechtsordnungen sind einem solchen Whistleblower-Schutz fremd geblieben. Das Whistleblowing hat zumindest in der deutschen Öffentlichkeit sowie innerhalb juristischer Kreise ein Echo gefunden,[9] was jedoch in der Türkei immer noch nicht der Fall ist.[10] Darüber hinaus hat die Richtlinie EU 2019/1937 zum

4 Siehe eine kurze Darstellung des Roche-Türkiye Skandals, Ayar, S. 52.

5 Siehe etwa die Medienangaben wie die von Tagesschau „Snowden erhält unbefristeten Aufenthalt in Russland“, v. 22.10.2020, https://www.tagesschau.de/ausland/snowden-russland-101.html.

6 Kreis, S. 109 ff.

7 Siehe Entwicklungsgeschichte des US-amerikanischen Whistleblower-Rechts sowie Beispiele für einzelne Regulierungen, Gerdemann, Rn. 15 ff. und Rn. 178 ff.

8 Forst, EuZA 2013, 37 (55); siehe Entwicklung des britischen Whistleblower-Rechts, Groneberg, S. 65 ff.; siehe eine Darstellung der Entstehungsgeschichte der Whistleblower-Schutzgesetze in anderen Ländern u.a. in asiatischen wie Japan, Vaughn, S. 242 ff.

9 Siehe Interessenvertretungen in Deutschland, die sich für Whistleblower-Schutz einsetzen, wie Transparency International Deutschland e.V., https://www.transparency.de/themen/hinweisgeberschutz/ und Whistleblower-Netzwerk e.V., https://www.whistleblower-net.de/.

10 Erste umfassende juristische Abhandlung über Whistleblowing, Alp, Whistleblowing 2013; sonst findet sich ein Aufsatz, Aydın, Sosyal Bilimler Dergisi 2002–2003, 79. Zum Fall von Veysi Mungan existiert keine wissenschaftliche Bewertung aus juristischen Kreisen. Die Autorin der vorliegenden Arbeit erfuhr von Einzelheiten des Falles

Schutz von Whistleblowern (im Folgenden: HinSch-RL), welche zum Zweck der Verbesserung der Durchsetzung des Unionsrechts durch die Festlegung von Schutzstandards für Whistleblowing verabschiedet worden ist,[11] für eine rechtlich wesentliche und für eine europaweite Entwicklung gesorgt.

Gem. Art. 26 Abs. 1 HinSch-RL müsste die Richtlinie ins deutsche Recht bis zum 17. Dezember 2020 umgesetzt worden sein.[12] Dem deutschen Gesetzgeber ist die Umsetzung der RL erst im Sommer 2023 gelungen. Nach der Bearbeitung einer Reihe von Entwürfen, namentlich dem ersten Referentenentwurf von 2020 (im Folgenden: HinSchG-RefE), dem zweiten Referentenentwurf vom April 2022 und dem Regierungsentwurf vom Juli 2022 (im Folgenden: HinSchG-RegE)[13], wurde am 19. September 2022 der Gesetzesentwurf (im Folgenden: HinSchG-E)[14] veröffentlicht. Diesem folgte am 16. Dezember 2022 der Beschluss des Gesetzes mit einigen inhaltlichen Änderungen des Entwurfs im Rechtsausschuss.[15] Dem Entwurf verweigerte allerdings der Bundesrat in der Sitzung am 16. Februar 2023 seine Zustimmung aufgrund der Unstimmigkeiten über u.a. den sachlichen Anwendungsbereich des Gesetzes.[16] Eine Einigung über den Entwurf hat man im Vermittlungsausschuss am 9. Mai 2023 mit einigen

---

anhand der Dokumente, u.a. Berichte der türkischen Kartellbehörde, interner Meldungen an Roche-Türkiye sowie Strafanzeigen bei der Staatsanwaltschaft, die Herr Mungan netterweise mitgeteilt hat. Dafür bedankt sich die Verfasserin bei Herrn Mungan. Nach seiner Meldung wurde er zuerst gekündigt, sein Arbeitgeber stellte ihn aber später mit einem dreifachen Lohn wieder ein, um ihn von weiteren Schritten wie einer externen Anzeige abzuhalten. Ein arbeitsgerichtliches Urteil – in Bezug auf seine Kündigung durch den Arbeitgeber infolge des Whistleblowings – ist allerdings nicht verfügbar. Infolge seiner Strafanzeige sollen Herr Mungan und die von ihm beschuldigten Personen strafrechtlich verfolgt worden sein. Herr Mungan wird allerdings von Strafen freigesprochen, wenn festgestellt wird, dass er in die Tat nicht involviert war. Er trat in Gerichtsverhandlungen als Hinweisgeber auf.

11 Art. 1 HinSch-RL.

12 Näher zum Gesetzgebungsverfahren, Kap. § 3, D, III.

13 Öffentliche Bekanntgabe durch das Bundesministerium für Justiz, https://www.bmj.de/SharedDocs/Gesetzgebungsverfahren/DE/Hinweisgeberschutz.html.

14 BT-Drs. 20/3442.

15 Die Änderungen am HinSchG-E, die im Rechtsausschuss erfolgt haben, finden sich in BT-Drs. 20/4909 und BT-Drs. 20/4910.

16 Die Tagesordnung des Bundesrats ist erreichbar unter, https://www.bundesrat.de/DE/plenum/to-plenum/to-plenum-node.html.

Revisionen dessen Gestalt erreicht.[17] Das Gesetz (im Folgenden: HinSchG) ist am 31. Mai 2023 im Bundesgesetzblatt verkündet worden und es ist am 2. Juli 2023 in Kraft getreten.[18] Der deutsche Gesetzgeber bringt seine Ziele wie folgt zum Ausdruck: Mit dem neuen Gesetz zum Schutz hinweisgebender Personen soll ein umfassender, rechtssicherer Schutz für Hinweisgeber etabliert werden.[19] Zudem soll das Ziel eines verbesserten Hinweisgeberschutzes mit den Interessen der Betroffenen wie u.a. Unternehmen, die nach diesem Gesetz Schutzmaßnahmen zu ergreifen haben, so in Einklang gebracht werden, dass bürokratische Belastungen handhabbar bleiben.[20]

B. Gegenstand der Untersuchung

Die in der Einleitung vorgestellten Beispiele zum Whistleblowing liefern im Allgemeinen ein positives Bild über das Verhalten, weil es eine Zivilcourage zum Schutz öffentlicher Interessen wie die Gesundheit der Allgemeinheit darstellt. Im Beschäftigungsverhältnis des Whistleblowers zu seinem Arbeitgeber, dessen Fehlverhalten oder unter dessen Kontrolle entstandene Missstände er aufdeckt, ist das Whistleblowing allerdings nicht selten mit Widerständen konfrontiert. Diese beziehen sich auf den „guten Glauben" der Whistleblower. Bei den deutschen Arbeitsgerichten sowie in der Literatur ist die Zulässigkeit des Whistleblowings bisher dahingehend geprüft worden, ob der Whistleblower – anstatt altruistisch zum Schutz öffentlicher Interessen – egoistisch zur Wahrung eigener Interessen gehandelt hat, ob er den Arbeitgeber schädigen wollte und ob er einen betrieblichen Missstand entgegen den Interessen des Arbeitgebers in der breiten Öffentlichkeit angezeigt hat.[21] Schließlich lässt sich der gute Glaube eines Whistleblowers in Frage stellen, wenn sich seine Vorwürfe als falsch herausgestellt haben.

Die Anforderung an den guten Glauben eines Hinweisgebers ist als eine Schutzvoraussetzung anerkannt und sie ist nicht erst durch das deutsche Recht

17 BT-Drs. 20/6700; Pressemitteilung vom Vermittlungsausschuss, https://www.vermittlungsausschuss.de/SharedDocs/pm/2023/005.html;jsessionid=2A48B8D6FA83952414C230C01BF1A6B9.1_cid365?nn=4583898.

18 BGBl. 2023 I Nr. 140.

19 Begründung des HinSchG-E, S. 1.

20 Begründung des HinSchG-E, S. 1.

21 BAG 3.7.2003 – 2 AZR 235/02, NZA 2004, 427 (431); BAG 7.12.2006 – 2 AZR 400/05, NZA 2007, 502 (504); BAG 15.12.2016 – 2 AZR 42/16, NJW 2017, 1833 (1834 f.); siehe nur Müller, NZA 2002, 424 (426 ff.).

entstanden. Im britischen Whistleblower-Recht setzt sich der gute Glaube bzw. die begründete Überzeugung (reasonable belief) eines Hinweisgebers gem. Sec. 43B(1) ERA 1996 seit dem Inkrafttreten von PIDA 1998 als Schutzvoraussetzung durch.[22] Auf internationaler Ebene findet sich ebenso ein im Europarat von 1999 geschlossenes Zivilrechtsübereinkommen über Korruption. Nach Art. 9 des Übereinkommens sollen Beschäftigte, die den zuständigen Personen oder Behörden im guten Glauben einen begründeten Korruptionsverdacht mitteilen, vor ungerechtfertigten Nachteilen geschützt werden.[23] Ebenso entsteht ein Schutz der Whistleblower nach Maßgaben des Art. 10 EMRK, wenn ein Hinweisgeber bei der Aufdeckung eines Missstandes im guten Glauben gehandelt hat, konkret, dass er u.a. von der Wahrheitsmäßigkeit der Information über den angeblichen Missstand sowie von der Zumutbarkeit des ausgewählten Meldeweges zur Behebung des Missstandes ausgehen dürfte.[24] Letztlich hat sich die HinSch-RL auf den guten Glauben eines Hinweisgebers bezogen. Nach Art. 6 Abs. 1 HinSch-RL haben Hinweisgeber Anspruch auf Schutz, wenn sie hinreichenden Grund zur Annahme hatten, dass die gemeldeten Informationen über Verstöße zum Zeitpunkt der Meldung bzw. Offenlegung der Wahrheit entsprachen und dass diese Informationen in den Anwendungsbereich dieser Richtlinie fielen sowie wenn die Hinweisgeber das in Art. 7, 10 und 15 der RL vorgesehene Meldeverfahren – Einschaltung der zuständigen Meldekanäle – eingehalten haben. Die identisch verfasste Umsetzungsnorm § 33 HinSchG ist ebenso ausgerichtet, dass der Hinweisgeber im guten Glauben handelt. Diese Voraussetzung gilt als eine bedeutende Schutzvorkehrung gegen böswillige oder missbräuchliche Meldungen. Sie gewährleistet zum einen, dass Personen keinen Schutz genießen dürfen, wenn sie zum Zeitpunkt der Meldung wissentlich falsche oder irreführende Angaben gemacht haben.[25] Zum anderen wird damit sichergestellt, dass der Schutz jedoch greift, wenn ein Hinweisgeber im guten Glauben ungenaue Informationen über Verstöße gemeldet hat.[26] Auf diese Weise wird die Rechtsdurchsetzung effektiviert.

---

22 Hierzu näher unter Kap. § 4, D.

23 Darauf hinweisend auch Begründung des HinSchG-E, S. 31; m. w. N. zu den internationalen Normen mit einem Hinweis auf den guten Glauben des Hinweisgebers, Siemes, CCZ 2022, 293 (294).

24 Näher zu der Rechtsprechung des EGMR unter Kap. § 3, C, II.

25 Erwägungsgrund Nr. 32, S. 2 der HinSch-RL; Begründung zu § 33 HinSchG-E, S. 92.

26 Erwägungsgrund Nr. 32, S. 3 der HinSch-RL; Begründung zu § 32, 33 HinSchG-E, S. 90 f., 92.

Die Gutgläubigkeit wird nunmehr in Deutschland nach gesetzlichen Maßgaben beurteilt. Es ist nicht anzuzweifeln, dass die Bewertung dieses Begriffs „hinreichender Grund zu der Annahme" für den Schutz eines Hinweisgebers von erheblicher Bedeutung ist. Demgegenüber wurde bisher weder in der HinSch-RL und dem deutschen Umsetzungsgesetz noch in der bisherigen deutschen Rechtsprechung sowie der Literatur verdeutlicht, unter welchen Umständen ein hinreichender Grund als gegeben zu betrachten ist. Ebenso bestehen keine auf die HinSch-RL übertragbare Anhaltspunkte aus den sektorspezifischen Regelungen des Unionsrechts zum Whistleblowing.[27] Aus diesem Anlass beabsichtigt die vorliegende Arbeit, den guten Glauben eines Hinweisgebers unter Berücksichtigung der Bedeutung des Whistleblowings für die Wahrung der effektiven

27 Eine Auseinandersetzung mit sektorspezifischen Whistleblowing-Regelungen des Unionsrechts wird in dieser Arbeit nicht stattfinden. Hinzuweisen ist lediglich auf Folgendes: Die Formulierung des guten Glaubens mit dem Begriff „hinreichender Grund" bzw. „reasonable belief" ist in der Unionsrechtgesetzgebung zum Whistleblowing neu. Zu finden sind andere Formulierungen in einschlägigen sektorspezifischen Vorschriften, siehe etwa Siemes, CCZ 2022, 293 (294 f.). Zu finden ist etwa Art. 37 der Geldwäscherichtlinie (RL 2015/849), wonach es nicht als Verletzung einer vertraglich oder durch Rechts- oder Verwaltungsvorschriften geregelten Beschränkung der Informationsweitergabe angesehen werden soll, wenn man im guten Glauben Informationen gem. Art. 33 und 34 weitergibt. Diese Norm der RL wurde ins deutsche Recht durch § 48 GwG umgesetzt, allerdings ohne den Begriff „guter Glaube" aufzunehmen. Eine Rechtsprechung des EuGH zu der Auslegung des in dem Wortlaut des Art. 37 der RL zu findenden Begriffs „im guten Glauben" ist ebenso nicht ersichtlich. Bekannt ist schließlich eine Hinweisgeberschutznorm im Unionsrecht, worauf auch die HinSch-RL hinweist und diese als unberührt von der HinSch-RL angesehen hat, Erwägungsgrund Nr. 23 der HinSch-RL. Es geht um Art. 22a Abs. 3 EU-Beamtenstatut, wonach Beamten seitens des Organs keine nachteiligen Auswirkungen aufgrund der Tatsache erwachsen dürfen, dass sie Informationen gem. Absätze 2 und 3 weitergegeben haben, sofern sie dabei in Treue und Glauben gehandelt haben. Es gibt allerdings keine hinreichenden und auf die HinSch-RL übertragbaren Anhaltspunkte aus der Rechtsprechung des zuständigen Gerichts der Union, namentlich des Gerichts für den öffentlichen Dienst der Europäischen Union, die den Begriff von „Treu und Glauben" konkretisieren, m. w. N. zu der Rechtsprechung dieses Gerichts sowie zu der für fraglich zu haltenden Übertragbarkeit der Whistleblowing-Regelungen des Beamtenstatuts auf weitere Bereiche des Unionsrechts, Aust, S. 40 ff.; siehe auch Yurttagül, S. 267, wonach es bei der Auslegung des Begriffs „reasonable grounds" in Mitgliedstaaten zu Differenzierungen kommen kann und dies zuletzt dazu führen würde, dass in Mitgliedstaaten unterschiedliche Niveaus beim Hinweisgeberschutz entstehen. Dagegen könnte eine unionsrechtliche Auslegung des Begriffs gem. Art. 267 AEUV wirken.

Rechtsdurchsetzung zum einen und zum anderen der kollidierenden Rechten der Arbeitgeber zur Wahrung geschäftlicher Interessen zu konkretisieren.

C. Methodik

Bei der Untersuchung einer neuen Rechtslage hilft ein Zurückgreifen auf die bestehende Rechtsprechung und Literatur nur bedingt.[28] Um juristische Konfliktpotenziale zu erkennen und Lösungen zu entwickeln, bedarf es weiterhin ausländischer Rechtsquellen. Damit ist allerdings nicht zwingend ein systematischer Vergleich des deutschen Rechts mit dem US-amerikanischen oder dem britischen Recht gemeint. Die vorliegende Arbeit greift ausländische Rechtsmaterie auf, vor allem Erfahrungswerte des britischen Whistleblowing-Rechts und des türkischen Rechts, das sich wie deutsches Recht mit Whistleblowing-Regelungen vergleichsweise weniger auskennt, sofern diese zur Erörterung der einschlägigen, im Rahmen dieser Arbeit aufgeworfenen Fragen beitragen. Eine parallele Darstellung der geltenden Rechtslage in Deutschland und der Türkei findet lediglich im Kapitel § 3 (Status quo des Whistleblowings) statt. Denn das türkische Recht zum Whistleblowing wird durch diese Arbeit erstmals im deutschen Sprachraum behandelt, während die britischen und US-amerikanischen Whistleblowing-Rechte bereits in rechtsvergleichenden Untersuchungen thematisiert worden sind.[29] Weiterhin werden empirische Untersuchungen hinzugezogen, um sozio-kulturelle und sozial-psychologische Hintergründe des Whistleblowings kennenzulernen und somit Rechtsansätze zu bilden, die auf den Tatsachen des Whistleblowings basieren. An einigen Stellen spielt die vorliegende Arbeit bewusst den „advocatus diaboli“,[30] um mögliche unerwünschte Auswirkungen des deutschen Hinweisgeberschutzgesetzes zu veranschaulichen. Auf diese Weise könnte ein angemessener Ausgleich der kollidierenden Interessen, das Interesse am Schutz der Hinweisgeber, worauf die Verbesserung der Rechtsdurchsetzung angewiesen ist, einerseits und das Interesse des Arbeitgebers am Schutz seines geschäftlichen Ansehens andererseits gewährleistet werden. Aktuelle rechtswissenschaftliche und empirische Erkenntnisse sowie die Betrachtung des unterschiedlichen, rechtskulturellen Hintergrundes in den

28 Möllers, § 9 Rn. 30.

29 Gerdemann, Transatlantic Whistleblowing, 2018; Groneberg, Whistleblowing, 2011; Düsel, Gespaltene Loyalität, 2009; Graser, Whistleblowing, 2000; Beyer, Whistleblowing in Deutschland und Großbritannien, 2013.

30 Möllers, § 7 Rn. 19.

jeweiligen, aufgegriffenen Rechtsordnungen und in Deutschland sollen schließlich helfen, auf die einschlägigen Fragen der Arbeit nachvollziehbar und entsprechend den nationalspezifischen Gegebenheiten zu antworten. Die vorliegende Arbeit bedient sich maßgeblich am HinSchG als aktuelle Rechtsmaterie. Vorgängerfassungen, vornehmlich das HinSchG-RefE von 2020 und HinSchG-E von 2022, werden teilweise herangezogen, weil diese die Entstehungsgeschichte des HinSchG aufzeigen und stellenweise Denkanstöße in Bezug auf verbesserungsbedürftige Normen des Gesetzes geben. Die vorliegende Arbeit weist ebenso auf die Änderungen am HinSchG-E hin, die im Rechtsausschuss am 16. Dezember 2022 sowie im Vermittlungsausschuss am 9. Mai 2023 erfolgt haben, sofern diese für die Auseinandersetzung mit einschlägigen Fragen der Arbeit erforderlich sind.

D. Gang der Untersuchung

Die vorliegende Arbeit – soweit ersichtlich als erste deutsche Untersuchung zum guten Glauben der Hinweisgeber unter Berücksichtigung der durch die RL gestellten Anforderungen – soll den guten Glauben eines Hinweisgebers hinsichtlich des Whistleblowings zunächst prozessual begleiten – namentlich, von der Wahrnehmung eines Missstandes bis zur dessen Meldung bzw. Offenlegung. Die Auseinandersetzung fokussiert sich dementsprechend nicht auf einen bestimmten Aspekt, wie auf den Glauben des Hinweisgebers an dem tatsächlichen Vorliegen eines Missstandes bzw. eines relevanten Rechtsverstoßes. Nach einer Darstellung der empirischen Erkenntnisse über das sozio-kulturelle und sozial-psychologische Umfeld eines Whistleblowers (§ 2) und des Status quo des Whistleblowing-Rechts in Deutschland und in der Türkei (§ 3) soll der gute Glaube eines Hinweisgebers in wesentlichen Bezügen des Whistleblowings erörtert werden. Dies findet zuerst in Bezug auf die Gestaltung des sachlichen Anwendungsbereichs eines gesetzlichen Whistleblower-Schutzes (§ 4) statt, welcher theoretische Grundlage des guten Glaubens der Hinweisgeber bilden soll. Anschließend wird die Gutgläubigkeit in jedem Stadium eines Whistleblowings konkretisiert; namentlich erst im Vorfeld einer Aufdeckung – bei der Wahrnehmung eines meldewürdigen Missstandes – (§ 5), danach bei der Einhaltung eines Rangverhältnisses zwischen internen und externen Meldestellen sowie bei der Identifizierung zuständiger Meldeadressaten (§ 6, § 7) und beim Meldeverfahren (§ 8) einschließlich bei der Annahme der Notwendigkeit einer Meldung bzw. Offenlegung (§ 9). Zum Schluss werden die Ergebnisse zusammengefasst und es erfolgt ein Ausblick (§ 10).

§ 2. Sozio-kulturelles und sozial-psychologisches Umfeld eines Whistleblowers

Eine rechtswissentliche Bewertung des Whistleblowings zu erstellen, ohne dabei sozio-kulturelle und sozial-psychologische Aspekte des Verhaltens zu berücksichtigen, wäre nur lückenhaft. Damit das Whistleblowing als wertvolle Quelle für die effektive Durchsetzung des Rechts zielgerichtet ausgestaltet werden kann, muss man zuerst die Substanzen dieser Quelle genau kennen. Substanzen eines Whistleblowings sind die Relevanzen, die auf eine Whistleblowing-Entscheidung Einfluss haben. Das Whistleblowing ist tief im sozialen Umfeld verwurzelt, in dem ein potenzieller Whistleblower sein ethisches und moralisches Urteilsvermögen oder seine Überzeugungen ausbildet.[31] Das Whistleblowing ist zwar eine Individualentscheidung, doch situative Faktoren wie die Gesellschaftskultur, die Einstellung der Organisation bzw. der Arbeitgeber zum Whistleblowing oder der Missstand selbst beeinflussen die Whistleblowing-Entscheidung erheblich. Dazu gehört, ob ein Zustand überhaupt als Missstand meldewürdig erachtet wird, wie mit einem Missstand umgegangen wird, ob man sich etwa von einer Meldung gehemmt oder, umgekehrt, zur Meldung motiviert fühlt, und ob intern oder extern. Die sozialwissenschaftlichen empirischen Untersuchungen vermitteln hierzu wertvolle Erkenntnisse, die es politischen Entscheidungsträgern, die das Whistleblowing als effektives Mittel der Rechtsdurchsetzung nutzen wollen, ermöglichen, tatsächliche Hindernisse vor einem Whistleblowing, wie negative Einstellungen gegenüber Whistleblower, zu erkennen und ihnen entgegenzuwirken.[32] Der Rechtswissenschaft hilft dabei, das Whistleblowing dessen Tatsachen entsprechend zu bewerten. Deshalb sollen im Folgenden nach der Darstellung des prozesshaften Geschehens eines Whistleblowings (A) die Befunde der Empirie über Whistleblowing-Relevanzen (B) wiedergegeben werden. Damit zudem klar wird, wie sich nationalspezifische Gegebenheiten auf das Whistleblowing auswirken, ist das Spektrum der wiederzugebenden Empirie bewusst so breit gehalten, dass nicht nur Untersuchungen aus westlichen Kulturen, wie USA und Großbritannien, sondern auch aus nicht-westlichen, vornehmlich aus der

31 Liu Xin, Cross-Cultural Communication 2014, 91 (91 f.).

32 Park/Blenkinsopp/Park, J Bus Ethics 2014, 121 (128).

Türkei, erfasst sind.[33] Im Anschluss findet eine Anmerkung zu den Befunden statt (C).

A. Prozesshafte Geschehen eines Whistleblowings

Das Whistleblowing besteht im Allgemeinen nicht aus einem spontanen Einzelakt des Whistleblowers, es geht vielmehr um einen Prozess.[34] Dieser besteht aus Wahrnehmen, Beurteilen, Erkennen der Interessen und schließlich Handeln.[35] In diesem Prozess zeigen sich unterschiedliche Merkmale, wie organisatorische, situative und persönliche Faktoren, und sie haben einen Einfluss auf die Entscheidungsfindung. Mit all diesen Merkmalen wird das Whistleblowing dann zu einem hoch komplexen Phänomen. Es ist deshalb angebracht, zunächst darzustellen, wie ein Whistleblowing geschieht, um ein einfaches Bild des Whistleblowings zu zeichnen. Damit ist nicht gewährleistet, dass jedes Whistleblowing nach einem Standardschema abläuft. Im Allgemeinen lässt sich nur sagen, dass ein Whistleblowing wie folgt läuft:[36]

Das Whistleblowing beinhaltet im Wesentlichen zwei Entscheidungssituationen: derjenige, meistens ein Arbeitnehmer,[37] der einen Verstoß Zeugen gemacht hat, trifft einmal die Entscheidung, ob er sein Wissen überhaupt übermitteln wird. Wenn ja, ist dann zu entscheiden, an welche Adressaten er sich und ggf. in welcher Reihenfolge wenden wird. Falls er sich fürs Sprechen entscheidet, fängt seine Reise zum Whistleblower-Werden an. Er teilt sein Wissen über einen

---

33 Eine Cross-Cultural-Betrachtung zum Whistleblowing scheint vor allem für Unternehmen von Bedeutung zu sein, die international handeln oder Mitarbeiter aus unterschiedlichen Kulturen haben. Denn ein Umgang mit Hinweisgebern in einem Land wäre der in einem anderen Land nicht identisch. Das Verstehen der unterschiedlichen Kulturkreise könnte dazu beitragen, mit dem Whistleblowing sachgerecht umzugehen. Unabhängig von dem Whistleblowing finden sich Ratschläge für Führungskräfte zu einem Umgang mit Kulturunterschieden in Kulturforschungen, wie in Hofstede/Hofstede/Minkov, S. 481.

34 Near/Miceli, J Bus Ethics 1985, 1 (2).

35 Benne CCZ 2014, 189 (190).

36 Zusammengefasst anhand der Erkenntnisse von folgender Whistleblowing-Forschungen; Park/Blenkinsopp/Oktem/Omurgonulsen, J Bus Ethics 2008, 929 (930); Dworkin/Baucus, J Bus Ethics 1998, 1281 (1282); Dozier/Miceli, The Academy of Management Review 1985, 823 (831); Herold, S. 85; Kölbel/Herold, Working Papers 01/2020, 4 (6).

37 Siehe zudem den persönlichen Anwendungsbereich der HinSch-RL bzw. des HinSchG, unter Kap. § 4, A und B.

vermeintlichen Missstand zuerst Verantwortlichen oder Personen in der Nähe, wie Kollegen und ggf. einer zuständigen internen Stelle, mit und sucht somit nach emotionaler Unterstützung bzw. einer Aufklärung. Er sucht nach weiteren Informationen über den Zustand und sammelt ggf. Beweise. Nach einer Informierung über den Missstand hat Arbeitgeber bzw. Betroffener folgende Reaktionsmöglichkeiten: dem Missstand ernsthaft vorzugehen, nur zum Anschein abzuhelfen oder den Missstand gar nicht zu beseitigen, sondern Beweise zu unterdrücken und gegenüber dem Informant Repressalien einzusetzen, um weitere Handlungen dessen abzuschrecken. Diese Umstände reizen den Whistleblower zur Meldung bei externer Stelle, wenn er noch entschlossen ist, gegen den Missstand vorzugehen und ggf. Arbeitgeber bzw. Betroffene sanktionieren zu lassen und/oder dadurch auch eigene (berechtigte) Interessen wahrzunehmen.

B. Die Whistleblowing-Relevanzen

Was genau jemanden zum Whistleblowing motiviert, ist bisher nicht abschließend klargestellt. Zur Entscheidung des Whistleblowers, ob er einen Missstand melden wird und ggf. durch welche Meldekanäle, gibt es nur zahlreiche empirische Daten, die hauptsächlich aus dem englischen Sprachraum kommen. Im deutschen Raum findet sich hingegen bis dato eine Studie, der einige Antworte für die im Rahmen dieses Abschnitts der vorliegenden Arbeit aufgeworfenen Fragen zu entnehmen sind.[38] Diese ist vorzugsweise heranzuziehen, da es allgemein anerkannt ist, dass internationale Erkenntnisse häufig mit einer beschränkten Aussagekraft und Übertragbarkeit behaftet sind.[39] Selbst die Studien aus dem englischsprachigen Raum weisen auf die Notwendigkeit weiterer Studien in anderen Ländern hin, zumal sich die Wirkungsweise des Whistleblowings

---

38 Herold, Whistleblower, 2016; andere vorherigen Werke beschäftigen sich mit der Frage nach rechtlichen Aspekten einer Einrichtung von Whistleblowing-Systeme in Deutschland und nach den Vorteilen dieser Systeme für Unternehmen. Siehe etwa Briegel, Einrichtung und Ausgestaltung unternehmensinterner Whistleblowing-Systeme, 2009; Pittroff, J Bus Ethics 2014, 399; mit einer ähnlichen Zielsetzung, aber unter Betrachtung der jüngeren Entwicklung des Rechtsstands in der Europa, namentlich den Vorgaben der HinSch-RL, untersucht eine andere Studie Vor- und Nachteile der zwei Administrationsformen, Einrichtung eines internen Meldesystems einerseits und Nutzung eines durch einen externen Dritten implementierten Meldesystems andererseits, sowie deren Einfluss auf Meldeverhalten, siehe Knuth, blowing the whistle, 2022.

39 Herold, S. 24 f.; Nayır/Rehg/Asa, J Bus Ethics 2018, 147 f.; Kölbel/Herold, NK 2015, 375 (378).

mit Blick auf die geltende Rechtslage und Kultur ändern können.[40] Deshalb sollen vornehmlich deutsche Befunde wiedergegeben werden, die eine nationalspezifische Einsicht in die Entscheidungsfindung zum Whistleblowing geben. Die vorliegende Arbeit zieht auch Erkenntnisse der ausländischen Forschungen unmittelbar heran, was aber sehr selten zum Bedarf kommt. Wie im Folgenden näher erläutert wird, zeigt nämlich die deutsche Studie an vielen Stellen ähnliche Ergebnisse wie die Ausländischen. Das Gleiche gilt im großen Maße für die türkische Empirie. Vor allem bei der Präferenz einer Meldestelle sowie bei den zentralen Hemmfaktoren stimmen die deutsche und türkische Empirie weitgehend überein.[41] Die Darlegung der türkischen Erkenntnisse bietet der deutschen Forschung die Möglichkeit, aus der Sicht einer Nation in das Whistleblowing Einblick zu erhalten, die wie Deutschland und anders als der englische Sprachraum gegenüber dem Whistleblowing etwas zurückhaltend ist und sich mit Whistleblowing-Regelungen vergleichsweise weniger auskennt.[42] Hinzufügen ist, dass die türkische Empirie neben der Wiedergabe der Forschungsergebnisse auch die Hintergründe der entstandenen Tendenzen wie die des Vorzugs interner Anzeige gibt. Über die Tendenzen hinaus, deren Entstehungsursache zu kennen, ermöglicht es, vorherzusehen, wie sich ein Whistleblower unter geänderten Umständen, wie bei einem Wahlrecht zwischen interner und externer Meldestelle, verhalten würde (C). Eine Einsicht in gegenwärtige und ein Ausblick auf künftige Whistleblowing-Entscheidung sind wichtig, um das Whistleblowing zur effektiven Wahrnehmung des Rechts einsetzen zu können. In bisherigen Whistleblowing-Forschungen sind unterschiedliche Gruppierungen von Whistleblowing-Relevanzen anzutreffen. Sie lassen sich für die vorliegende Arbeit am besten wie folgt aufteilen: Gesellschaftskultur, organisatorische und staatliche Vorhaben, missstandsbezogene und schließlich personenbezogene Merkmale.

I. Gesellschaftskultur: Kollektivismus und Individualismus

In der Literatur finden sich häufig die Aussagen, dass in den USA – anders als in Deutschland – eine positive Wahrnehmung des Whistleblowings herrscht und sich auf das Meldeverhalten positiv auswirkt.[43] Was allerdings hinter dieser von

---

40 Skivenes/C. Trygstad, Human Relations 2010, 1071; Park/Blenkinsopp/Oktem/Omurgonulsen, J Bus Ethics 2008, 929.

41 Siehe Kap. § 2, B, II.

42 Hierzu finden sich die Angaben gleich unter I.

43 Deiseroth, Betrifft Justiz 2004, 296 (299); Graser, S. 14 f., und S. 105.

der Gesellschaft abhängigen Wahrnehmung steht, wird nicht erläutert. Durch eine dahingehende Aufklärung ließe sich das Whistleblowing besser verstehen. Der Einfluss einer nationalen Kultur auf die Ideologie potenzieller Whistleblower erfolgt nicht plötzlich, sondern dessen Existenz dehnt sich auf das ganze Leben eines Menschen aus, sodass man ihn nur unterbewusst erlebt.[44] Dieser Einfluss beginnt bei der Familienerziehung und wird weiterhin in der Schule, bei der Arbeit und durch den Kontakt mit Reste der Gesellschaft zementiert.[45] Alles zusammen wirkt sich auf das ethische Urteilsvermögen oder Überzeugungen des Menschen aus.[46]

Anhand der Befunde der bekannten vier Kulturdimensionen von Hofstede u.a. lassen sich Länder in Kulturen von Individualismus und Kollektivismus einteilen.[47] Zu den individualistischen Gesellschaften gehören z. B. die USA und europäische Länder wie Großbritannien und Deutschland. Von Kollektivismus dominiert sind hingegen meistens östliche Länder wie Korea, China, Japan und die Türkei.[48] In Bezug auf Loyalität hat dieser Kulturaufteilung signifikante Folgen. Anders als in individualistischen Gesellschaften wird in kollektivistischen Gesellschaften beobachtet, dass das Individuum in Großfamilien hineingeboren ist, in denen es im Austausch gegen Loyalität beschützt wird.[49] Während sich das Individuum in individualistischen Gesellschaften unabhängig von einer Gesellschaft äußert, treten eigene Interessen des Individuums im Kollektivistischen zurück, um zugunsten der Gruppe, wie eine Familie, eine Organisation etc., zu handeln.[50] Dies spiegelt sich am Arbeitsplatz wieder; in einer kollektivistischen

44 Liu Xin, Cross-Cultural Communication 2014, 91 (91 f.).

45 Liu Xin, Cross-Cultural Communication 2014, 91 (91 f.).

46 Liu Xin, Cross-Cultural Communication 2014, 91 (91 f.).

47 Hofstede/Hofstede/Minkov, S. 103 f.

48 Hofstede/Hofstede/Minkov, S. 107 f., nach der dortigen Tabelle 4.1. Die höchste Individualismus Punktwerte haben die USA mit 91 Punktwert. Sie werden von Australien mit 90 und Großbritannien mit 89 Punktwert gefolgt. Deutschland nimmt den 19. Platz mit einem 67 Punktwert. Türkei nimmt auf der Tabelle den 43. Platz mit 37 Individualismus-Punktwert. Japan mit 46 und China mit 20 Punktwerte sind die Länder, einige den wenigsten Individualismus-Punktwert haben. Zum Vergleich mit USA und Großbritannien lässt sich Deutschland in der Mitte zwischen Individualismus und Kollektivismus bewerten, siehe auch Chwolka/Oelrich, BFuP 2020, 445 (449 f.).

49 Hofstede/Hofstede/Minkov, S. 120, nach der dortigen Tabelle 4.2. Demnach wächst jeder in dem Bewusstsein auf, sich nur um sich und seine unmittelbare Familie kümmern zu müssen.

50 Park/Blenkinsopp/Oktem/Omurgonulsen, J Bus Ethics 2008, 929 (931).

Gesellschaft würde sich ein Mitarbeiter nach den Interessen der Organisation verhalten, die möglicherweise nicht immer mit seinen individuellen Interessen übereinstimmen.[51] In Bezug auf die Auswirkung des Kollektivismus auf die Whistleblowing-Intention schlussfolgert man, dass man ein Whistleblowing zum Schutz der Interessen der Organisation vermeiden kann.[52] Auch wenn das eigene Gewissen etwa wegen der betrieblichen Missstände unruhig ist, wird möglicherweise auf die Anzeige von Missständen verzichten, da die eigene Loyalität gegenüber dem Unternehmen dem Gewissen überwiegt.

Es verwundert deshalb nicht, dass Whistleblowing in den vom Individualismus dominierten USA positiv auftritt.[53] Erstaunlicherweise untersteht das Whistleblowing in dem ebenso von Individualismus geprägten Land, Deutschland nicht dem gleichen positiven Bild. Der Begriff „Whistleblowing" ist im deutschen Raum eher negativ assoziiert.[54] Die negative Assoziation des Whistleblowings wurde bisher in der Literatur meist wie folgt begründet: Die deutsche Geschichte hat erstens Erfahrungen mit dem Denunziantentum aus der nationalsozialistischen Zeit gemacht, was die Vertrauensverhältnisse zum Erlangen egoistischer Vergünstigungen innerhalb der Gesellschaft nicht unerheblich gestört hat.[55] Zweitens versteht sich das deutsche Staatsverständnis als Obrigkeit, die, anders als die Bürgerlichkeit in den USA, eine Solidarität der Bevölkerung untereinander nicht fordert.[56] Diese Begründungen gingen allerdings nicht auf Tatsachenforschungen zurück. Neuerlich hat eine deutsche Studie untersucht, ob und wie u.a. gesellschaftliche Normen einen Einfluss auf die Meldeintention bei wirtschaftskriminellen Handlungen haben. Der Studie nach hält der negativ konnotierte Begriff des Denunzianten Individuen tatsächlich vom Whistleblowing nicht ab.[57] Die allgemeine Wahrnehmung in der Öffentlichkeit bzw.

---

51 Hofstede/Hofstede/Minkov, S. 128 f.

52 Çiftçi, International Journal of Academic Value Studies 2017, 147 (153).

53 Beispiele für Preisverleihung zu Whistleblowern in den USA, Groneberg, S. 77.

54 Deiseroth/Derleder, ZRP 2008, 248 (249); Mahnhold, NZA 2008, 737; Löw, BB 2008, 1449; Forst, EuZA 2013, 37 (43); Graser, S. 228.

55 Wisskirchen/Körber/Bissels, BB 2006, 1567 (1570); Wiedmann/Seyfert, CCZ 2019, 12; Mahnhold, NZA 2008, 737 f.; Schemmel/Ruhmannseder/Witzigmann, Hinweisgebersysteme Rn. 68.

56 Beyer, S. 238; Wisskirchen/Körber/Bissels, BB 2006, 1567 (1570); Schemmel/Ruhmannseder/Witzigmann, Hinweisgebersysteme Rn. 68.

57 Chwolka/Oelrich, BFuP 2020, 445 (455). Die Studie wurde mit Studierenden der Wirtschaftswissenschaften einer deutschen Universität durchgeführt. Ältere Menschen sind nicht einbezogen. Die gesellschaftliche Wahrnehmung über das Whistleblowing als ein Denunziantentum kann bei älteren Menschen anders als bei Jungen dominierender

gesellschaftliche Normen haben demnach nur indirekt Einfluss auf die Meldeintention des Whistleblowers. Das Meldeverhalten wird überwiegend von eigenen Einstellungen bzw. Wahrnehmungen des Whistleblowers beeinflusst.[58] Die Studie prüft zwar nicht, wie sich der Individualismus in Deutschland auf das Whistleblowing-Verhalten auswirkt. Sie liefert jedoch ein Ergebnis, das in einem von Individualismus geprägten Land zu erwarten ist. In einer Kongruenz zu Hofstedes Kulturdimension äußern die Befragten nämlich ihre Bereitschaft zum Whistleblowing unabhängig von der gesellschaftlichen Einstellung hierzu. Deshalb darf die öffentliche Wahrnehmung des Whistleblowings als ein Denunziantentum keinen hinreichenden Grund für das Zurückhalten vom Whistleblowing sein. Die deutsche individualistische Kultur lässt Whistleblowing zu.

Es gibt bis dato keine deutsche Untersuchung, die das Verhältnis zwischen der Gesellschaftskultur und der Whistleblowing-Entscheidung – vor allem die Wahl der Meldewege – zum Gegenstand haben. Zu der Frage, ob und wie man unter dem Einfluss der Gesellschaftskultur einen Missstand anzeigen würde, liefert hingegen die türkische Empirie wertvolle Erkenntnisse. Falls ein Beschäftigter auf Missstände hinweisen würde, wählt er dabei meistens interne Meldekanäle und tendiert dazu (vor allem bei externem Whistleblowing), anonyme Angaben zu machen.[59] Diese Vorgehensweise erklärt man durch die dominierende kollektivistische Kultur der Türkei, die dazu veranlasst, den Insidern als „Ispiyoncu" (dt. Spion) genannt zu werden.[60] Interne und/oder anonyme Meldungen sollen

---

sein, wie es bei der türkischen Studie durch den Vergleich der Meldeverhalten zwischen unterschiedlichen Generationen bewiesen worden ist, siehe Fn. 66. Nach der hiesigen Studie soll es zudem Rechnung getragen werden, dass es um eine Befragung von selbsteingeschätzten geplanten Verhalten bei ausgedachten Fallkonstellationen geht. Gefragt wurde also nicht echte Meldesituationen und tatsächliches Verhalten. D. h. es ist möglich, dass Studierende lediglich die Antworten gegeben haben, die von ihrer Generation erwartet wären, nicht jedoch ihrer eigenen Auffassungen entsprechende Antworten. Deshalb empfehlt sich, dass derartige Studien in Deutschland weitergeführt werden, um die allgemeine Wahrnehmung des Whistleblowings in der Gesellschaft festzustellen.

58 Chwolka/Oelrich BFuP 2020, 445 (455).

59 Bayrakçı/Kayalar, Süleyman Demirel Üniversitesi Vizyoner Dergisi 2016, 120 (130); Çiftçi, International Journal of Academic Value Studies 2017, 147 (154); Nayir/Herzig, J Bus Ethics 2012, 197 (209).

60 Der Begriff „Ispiyoncu" hat einen historischen Hintergrund. Seit seiner Gründung interessierte sich das Osmanische Reich dafür, sich vorab über die Nachbarstaaten zu informieren, um mögliche Bedrohungen des Thrones zu verhindern. Dieses Interesse nahm in den letzten Jahren des Reichs besonders zu. Der letzte Sultan des Osmanischen

demnach eine solche Folge abmildern.[61] Kulturbezogen wäre schließlich der Unterschied zwischen Meldeentscheidungen von Männern und Frauen in der Türkei. Anders als die Befunde aus dem englischen Sprachraum[62] bestätigt die türkische Empirie ein interessantes Verhältnis zwischen Geschlecht und Meldeintention. Aus einer Befragung unter Beschäftigten im Gesundheitswesen resultierte, dass sich männliche Krankenpfleger im Vergleich zu ihren Kolleginnen vom Whistleblowing eher zurückhalten.[63] Während Frauen mutig sind, externes Whistleblowing zu betreiben, suchen Männer eher intern nach einer Unterstützung von Kollegen und wollen überwiegend anonyme Angaben machen. Diese Tendenz bei Männern wird damit begründet, dass sich die Männer in türkischer Familienkultur für die Bestreitung der Haushalt der Familie mehr verantwortlich sehen und deshalb mehr Angst davor haben, aufgrund des Whistleblowings ihren Arbeitsplatz zu verlieren.[64]

Die Kultur ändert sich zwar. So lässt sich eine steigende Tendenz von individualistischen Zügen in der Türkei in den letzten Jahren erkennen, obwohl die Türkei ein von dem Kollektivismus dominiertes Land ist.[65] Eine radikale

---

Reichs, Sultan Abdulhamit, war weltweit bekannt mit seinen Spionen. Er belohnte diejenigen, die jegliche Informationen an den Sultan gegeben hatten, die für den Schutz seiner Macht wertvoll zu wissen waren. Dies führte dazu, dass jeder, der sich nach Status, Belohnung, Geld oder Ruf sehnte, dem Sultan auch gefälschten Informationen gab. Es gab sogar einen Wettbewerb innerhalb des damaligen Geheimdienstes um falsche Informationsweitergabe. So deshalb wird heute im Alltag derjenige mit Ispiyoncu vorgeworfen, der irgendeine Information nach außen, und zwar böswillig, trägt. Siehe dazu, Şivil/Baraz, Stratejik ve Sosyal Araştırmalar Dergisi 2019, 101 (106).

61 Aktan, Mercek Dergisi 2006, 1 (3).

62 Im englischen Sprachraum ist Folgendes hypothetisiert: Frauen wären weniger wahrscheinlich, zum Whistleblower zu werden. Der Grund dafür wäre ihre Neigung, sich der Organisationsmeinung einzustellen. Demzufolge würden sie internes Beschwerdeverfahren folgen. Die Männer wären hingegen wenig wahrscheinlich, sich an die Organisationsmeinung anzupassen, sie würden sich ggf. extern melden. Diese Hypothesen sind nicht bestätigt worden, es sei keine merkwürdige Rolle des Geschlechts beim Meldeverhalten gegeben, siehe nur Dworkin/Baucus, J Bus Ethics 1998, 1281 (1290).

63 Aydan/Kaya, Hacettepe Sağlık İdaresi Dergisi 2018, 1 (16).

64 Aydan/Kaya, Hacettepe Sağlık İdaresi Dergisi 2018, 1 (16).

65 Eine türkische Empirie wertet das Meldeverhalten von Generationen (bis Generation Y) aus. Zwischen 1925 und 1945 Geborene erkennen sich als Silent Generation. Sie sind nach den verheerenden Auswirkungen des Ersten Weltkriegs (1914–1918) und des Unabhängigkeitskriegs der türkisch-Osmanen (1919–1922) geboren. Sie haben einen großen Regimenwechsel erlebt; nämlich, dass das Osmanische Reich

Änderung der Grundlagen einer Gesellschaftskultur ist jedoch kaum der Fall. Daher muss eine bemerkenswerte Anzahl von Studien gegeben sein, die ihre Whistleblowing-Forschungen auf Befunden von Hofstede u.a. bauen.[66] Es lohnt sich folglich, den Einfluss der Kultur auf Ob- und Wie-Fragen des Whistleblowings weiterhin zu erforschen.

II. Organisatorische und staatliche Vorgaben

Ob und ggf. wie sich Unternehmen und Staat auf das Whistleblowing vorbereitet haben, d. h., ob sie Maßnahmen zur Stimulation und Kanalisierung der Meldungen und zur Verarbeitung und Aufhebung von gemeldeten Missständen ergriffen haben, beeinflusst die Entscheidung des Whistleblowers – ob er sich überhaupt melden wird und ggf. wie, also intern oder extern. Hierzu finden sich zahlreiche ausländischen Forschungen. Die Darlegung und Bewertung derer Ergebnisse wären einem allerdings nur im Rahmen einer anderen wissenschaftlichen Arbeit möglich. Es liegt eine deutsche Untersuchung im Bereich der Wirtschaftskriminalität vor,[67] die auch die Erkenntnisse der fremden Empirie analysiert und im Rahmen ihrer eigenen Untersuchung mit ausländischen Forschungen überreinstimmende Befunde haben soll.[68] Deshalb werden in folgenden Abschnitten

---

zusammenbrach und die Republik der Türkei gegründet wurde (1921); viele Revolutionen und Reformen wurden gemacht. Die Mitglieder der stillen Generation, auch Veterans genannt, sind heutige Großeltern und sie legen auf Hierarchieverhältnisse viel Wert. Für Generation X, geboren zwischen 1965 und 1979, die auch Zeugen von erheblichen sozial-politische Ereignissen, wie die Ölkrise, wirtschaftliche Not und Rechts-Links-Konflikten wurden, ist die Loyalität gegenüber Übergeordneten wichtig. Hingegen sind die Mitglieder der Generation Y, geboren zwischen 1980 und 1999, mit den Konzepten Freiheit, Gleichheit, Transparenz und Wettbewerb aufgewachsen. Die Mentalität verschiebt sich langsam zum Individualismus. Die Frauen nehmen mehr Platz im Arbeitsleben ein und die traditionelle Familienstruktur ändert sich. Im Vergleich zur Generation X wird das Whistleblowing bei Generation Y als weniger illoyal angesehen. Generation Y würde es vorziehen, sich zu äußern, falls sie durch organisatorische Schulungen, Meldesysteme etc. in das Meldeverhalten engagiert würden, Şivil/Baraz, Stratejik ve Sosyal Araştırmalar Dergisi 2019, 101 (113 ff.).

66 Park/Blenkinsopp/Oktem/Omurgonulsen, J Bus Ethics 2008, 929; Nayir/Herzig, J Bus Ethics 2012, 197; Liu Xin, Cross-Cultural Communication 2014, 91 (92), gegen das Whistleblowing spricht sich etwa die in Japan traditionell geltende lebenslange Arbeit in dem gleichen Unternehmen aus, die eine strenge Loyalitätsanbindung an Unternehmen herstellt.

67 Herold, Whistleblower, 2016.

68 Kölbel/Herold, Working Papers 01/2020, 4 (5).

vornehmlich die Feststellungen dieser deutschen Studie zusammengefasst. Hinzugefügt sind die Befunde der türkischen Empirie zu den Fragen, ob überhaupt ein Hinweisgeber – unter Berücksichtigung von organisatorischen und staatlichen Vorgaben – einen Missstand melden würde, und zwar auf welchem Wege.

1. Verfügung über ein Meldesystem

Das Verfügen eines Unternehmens bzw. eines Staates über ein internes bzw. externes Meldesystem kann potenzielle Hinweisgeber zur Anzeige eines Missstandes motivieren.

Nach einer türkischen Studie, welche die Whistleblowing-Entscheidungen von Krankenschwestern und Sekretären in einer Universitätsklinik erforscht hat, könnte sich ein vom Ministerium für Gesundheit zur Erhaltung der Qualitätsstandards im Gesundheitswesen in der Türkei eingerichtetes Melde-System positiv auf das Meldeverhalten von Krankenschwestern im Allgemeinen auswirken.[69] Im Hinblick auf die Anregung interner Anzeigen hingegen stellt man sich nur vor, dass ein internes, klar formuliertes Meldesystem das Potenzial auf interne Anzeigen erhöhen kann und das Whistleblowing zu einem ganz normalen Teil der Gesundheitsdienst werden würde.[70] Dürften Beschäftigte ein Fehlverhalten organisationsintern melden, könnte das öffentliche Interesse an einem funktionierenden Gesundheitssystem bereits vor Ort wahrgenommen werden, und zwar bevor (irreversible) Schäden entstehen, und ohne sich extern melden zu müssen.[71]

Hinsichtlich der Auswirkung von organisatorischen und staatlichen Vorhaben auf die Meldeentscheidung vermittelt die deutsche Studie jedoch Angaben, indem sie die theoretische Wirksamkeit der Whistleblowing-Stelle und deren tatsächlichen Beitrag in Bezug auf die Anregung und Kanalisierung von Meldungen und die Aufklärung von Missständen differenziert. Die Funktionalität von Whistleblowing-Systemen hängt demnach theoretisch von einem „notwendigen" und einem „hinreichenden" Kriterium ab.[72] Notwendig ist dabei,

---

69 Aydan/Kaya, Hacettepe Sağlık İdaresi Dergisi 2018, 1 (6). Keine Angaben gibt es allerdings dafür, ob das Vorliegen des externen Meldesystems zu einem Vorzug des externen Whistleblowings führt.

70 Aydan/Kaya, Hacettepe Sağlık İdaresi Dergisi 2018, 1 (6).

71 Aydan/Kaya, Hacettepe Sağlık İdaresi Dergisi 2018, 1 (16 f.); Cleary/Doyle, International Journal of Health Policy and Management 2015, 59 (59 f.).

72 Zusammenfassend, Herold, in: Kriminologische Welt in Bewegung 2018, S. 228 (231 f.).

Meldeintention anzuregen und zu kanalisieren, d. h. das Meldeverhalten von potenzieller Whistleblowern muss stimuliert und in das jeweilige System verwiesen werden.

Nach Angaben der Studie ist der Abbau von Hemmfaktoren – vornehmlich der zentrale Faktor der Angst vor Repressalien wie Kündigung[73] – bei der Anregung von Whistleblowing-Verhalten entscheidender als die finanzielle Belohnung durch jeweilige Whistleblowing-Systeme, sei es eine unternehmerische oder staatliche Prämie.[74] Der Nutzen von Hinweisgeber-Systemen ist weiterhin überschätzt, da trotz eines hohen Verbreitungsgrades der in (internen und externen) Meldekanälen eingegangenen (vor allem externe) Meldungen tatsächlich einen geringen Anteil haben.[75] Die Möglichkeit, anonyme Angaben machen zu können, erhöht ebenso das Meldepotenzial nicht wesentlich.[76] Vor allem für (anonyme) Strafanzeigen bei staatlicher Meldestelle weist die Studie darauf hin, dass die Behörden zur Aufklärung von Missstände nach der Identität des Hinweisgebers suchen und die Meldung oftmals nicht vertraulich behandeln können.[77] Anonyme Anzeigen sind demnach nicht selten als wenig glaubwürdig und als Falschverdächtigungen erleichternd betrachtet. Vergleichsweise effektiv sollen digitale Hinweisgebersysteme sein, da sie neben gleichzeitiger Kontaktmöglichkeit wie zur Rückfragen, Übermittlung der Dateien etc. strikte Anonymität bieten würden.[78]

Hinreichend ist zudem in der Theorie, dass die Hinweise auf Missstände wirksam bearbeitet und die Missstände zumindest zum Teil beseitigt bzw.

---

73 Nach der Global Business Ethics Survey von 2021 ist die Anzahl der Repressalien, die Hinweisgeber infolge des Whistleblowings erlitten haben, rasant angestiegen („skyrocketed"). Demnach hat sich 79 % der US-amerikanischen Beschäftigten gemeldet, dass sie nach der Meldung von Missständen maßgeregelt worden sind. Diese Anzahl liegt bei 61 % weltweit. Länderspezifische Berichte sind abrufbar unter, https://www.ethics.org/global-business-ethics-survey/#non-member-download.

74 Nach einer zusammenfassenden Analyse von ausländischen Studien, siehe Herold, in: Kriminologische Welt in Bewegung 2018, S. 232 (233); Kölbel/Herold, ZGR 2020, 961 (989); diff. in Bezug auf die Effektivität der finanziellen Anreize bei der Aufdeckung von wirtschaftlicher Kriminalität, Butler/Serra/Spagnolo, Management Science 2020, 605 (618).

75 Herold, in: Kriminologische Welt in Bewegung 2018, S. 228 (236); Herold, Der Wirtschaftsführer 2020, 15 (18 f.).

76 Kölbel/Herold, Working Papers 01/2020, 4 (11).

77 Kölbel/Herold, Working Papers 01/2020, 4 (11).

78 Kölbel/Herold, Working Papers 01/2020, 4 (11).

aufgeklärt werden.[79] Im Hinblick auf die Sanktionierung von Verantwortlichen beobachtet man vor allem bei externen Whistleblowing-Systeme Erfolg.[80] Es sei hingegen nicht vollständig ersichtlich, dass Unternehmen der Meldungen ernsthaft nachgehen. Es wäre nicht (immer) klar, in welchem Ausmaß Hinweise der Whistleblower tatsächlich genutzt werden.[81] Der Studie nach lässt sich die kontrollpraktische Bedeutung von Whistleblowing nach einer Kosten-Nutzen-Erwägung wie anhand von bestimmten Schadenschwellen oder Aussichten auf Rückholsummen bestimmen, die den Verfolgungsaufwand kompensieren würden.[82] Es ist folglich nicht von der Hand zu weisen, dass sich Unternehmen nicht dafür interessieren, wirtschaftlich vorteilhafte Delikte nachhaltig abzustellen.[83] Ist dies der Fall, tragen organisationsinterne Meldesysteme nur zu einer positiven Außendarstellung, dem sogenannten „window-dressing", bei.[84]

2. Finanzielle Anreize für Hinweisgeber

Die bisherige deutsche Empirie gibt zwar eine wertvolle Einsicht in die nationalspezifischen Umstände, doch es liegt eine nicht unerhebliche Forschungslücke vor. Nicht erforscht ist beispielsweise die Frage, ob und inwieweit eine (staatliche) Prämie das Meldeverhalten tatsächlich anregt und ggf. kanalisiert und ob sie der richtige Anregungsfaktor wäre. In Deutschland war bisher keine Prämie für Hinweisgeber vorgesehen. Betreffende Daten sind aus dem englischsprachigen Raum ausgewertet. Im Falle einer künftigen Belohnung von Hinweisgebern müsste es einen Überblick über die tatsächliche Funktionalität von Belohnungssystemen geben, und zwar in einer Gesellschaft, die das Whistleblowing nicht

---

79 Effektivität eines Whistleblowing-Systems lässt sich ebenso im englischen Sprachraum demnach ermessen, ob aufgrund der Meldung des Whistleblowers eine interne Untersuchung durchgeführt worden ist und ob der Missstand aufgehoben wurde bzw. eine Verbesserung erfolgt worden ist. Siehe etwa Dworkin/Baucus, J Bus Ethics 1998, 1281 (1286).

80 Herold, in: Kriminologische Welt in Bewegung 2018, S. 228 (236).

81 Kölbel/Herold, Working Papers 01/2020, 4 (10).

82 Herold, in: Kriminologische Welt in Bewegung 2018, S. 228 (236).

83 Herold, in: Kriminologische Welt in Bewegung 2018, S. 228 (236); sog. – cold economic calculations and cost-benefit analysis –, ein der Faktoren, die die Reaktion eines Managers (Arbeitgeber) auf das Whistleblowing im Unternehmen gestalten. Andere Faktoren beziehen sich auf Einstellung des Arbeitgebers zu dem Whistleblowing, die aus seinem legalen und moralischen Verständnis und aus sozialen und menschlichen Verhältnissen speisen, Park/Blenkinsopp/Park, J Bus Ethics 2014, 121 (123).

84 Herold, in: Kriminologische Welt in Bewegung 2018, S. 228 (236 f.).

ohne Weiteres hinnimmt. Dabei liefert die türkische Empirie wertvolle Angaben in Bezug auf das Belohnungsprogramm der türkischen Steuerbehörde.[85] Erkenntnissen der Studien zufolge trägt das Programm zur Verfolgung und Sanktionierung von Steuerrechtsverstößen nicht im erwarteten, erwünschten Maße bei.[86] Die Entscheidung eines Whistleblowers, einen Missstand anzuzeigen, hängt von Faktoren wie Gesellschaft, Ökonomie, Rechtspolitik etc. ab.[87] Der Grund für den Misserfolg des Belohnungssystems findet sich zuerst in der gesellschaftlich negativen Betrachtung des Whistleblowing. Potenzielle Hinweisgeber befürchten, als „Ispiyoncu" bezeichnet zu werden.[88] Solange man sich gegenüber Tätern nicht rächen will – dies sei das einflussreichste Motiv zur Anzeige –, reichen die gewährte Vertraulichkeit der Identität der Hinweisgeber durch die Ermittlungsbehörde und die Entgegennahme anonymer Meldungen auch nicht aus, um die Sorge um die Aufdeckung ihrer Identität und demzufolge um die Benennung als „Ispiyoncu" zu überwinden.[89] Trotz der Belohnung hemmen zudem die privaten Verhältnisse zu Tätern, wie Freundschaft.[90] Darüber hinaus erklärt man die mangelhafte Funktionalität des Programms mit der zu niedrigen Höhe der Prämien.[91] Schließlich ist das fehlende Bewusstsein über die Bedeutung von Steuern für das Gemeinwohl ebenfalls nicht förderlich.[92] Gäbe es genug Bewusstsein, dass Steuern die wesentliche Quelle für dem Gemeinwohl zuträgliche Dienstleistungen sind, deren Hinterziehung die Allgemeinheit schwer schädigt, würde dies einen Handlungsdruck auf den Zeugen einer Steuerhinterziehung ausüben.[93] Als entscheidenden Faktor zur Anregung des Meldeverhaltens (im Steuerwesen) empfiehlt die Empirie, dass der Staat durch rechtliche Mittel um die Herstellung dieses Bewusstseins kämpft. Dies würde einen besseren Erfolg für den Kampf gegen Steuerrechtsverstöße als Anreizen der Geldgier des einzelnen versprechen.[94]

85 Näher zu diesem Programm unter Kap. § 3, C, I.

86 Budak, İstanbul Üniversitesi İktisat Fakültesi Maliye Araştırma Merkezi Konferansları 2009, 41 (58); Sandalcı/Yıldız, Maliye Dergisi 2019, 355 (376).

87 Sandalcı/Yıldız, Maliye Dergisi 2019, 355 (356 f.).

88 Sandalcı/Yıldız, Maliye Dergisi 2019, 355 (375).

89 Gülçiçek, S. 71.

90 Gülçiçek, S. 72.

91 Budak, İstanbul Üniversitesi İktisat Fakültesi Maliye Araştırma Merkezi Konferansları 2009, 41 (60 f.), seit 1931 wird der Belohnungsprogramm betrieben und seitdem hat sich das Gesetz nicht geändert.

92 Sandalcı/Yıldız, Maliye Dergisi 2019, 355 (377).

93 Gülçiçek, S. 73.

94 Gülçiçek, S. 73.

3. Gesetzliche Schutzvorkehrungen für Hinweisgeber

Die türkische Empirie gibt einige Anhaltspunkte zu der Frage, wie sich ein künftiger Schutz der Hinweisgeber auf die Whistleblowing-Entscheidung in der Türkei auswirken würde. Gegenwärtig gibt es keinen spezifischen Whistleblower-Schutz in der türkischen Rechtsordnung.[95] Die Studien belegen jedoch, dass der allgemeine Kündigungsschutz gem. § 18 IK (Arbeitsgesetz) das Meldeverhalten anregen würde. Krankenschwestern im öffentlichen Sektor, deren Beruf dem gesetzlichen Kündigungsschutz unterliegen, zeigen mehr Bereitschaft zum Whistleblowing als Angestellte im privaten Sektor, deren Arbeitsverhältnisse jederzeit und aus jedem Grund gekündigt werden können, sofern sie nicht dem Kündigungsschutz unterliegen.[96] Beschäftigte im öffentlichen Sektor zeigen wenige Toleranz gegenüber Missständen. Demgegenüber neigen Beschäftigten im privaten Sektor dazu, Missstände – auch u.a. in ihrer Arbeitsatmosphäre – zu relativieren, d. h. nicht als meldewürdig anzusehen und darüber zu schweigen.[97] Die Frage, ob das Vorliegen eines Hinweisgeber-Schutzes die Wahl der Meldewege beeinflussen würde, wird weiterhin bejaht. Die Wahrscheinlichkeit, sich intern und ggf. anonym zu melden, ist bei Krankenschwester im privaten Sektor stärker ausgeprägt als bei Angestellten im öffentlichen Sektor.[98] Dies kann dem fehlenden Schutz vor Kündigungen zugeschrieben werden.[99] Es gibt hingegen keine Angaben, dass sich die Präferenz von internen Meldungen beim Vorliegen eines Hinweisgeber-Schutzes ändern würde und potenzielle Whistleblower dann eher extern melden. Im Allgemeinen wird vorgeschlagen, dass Unternehmen Beschäftigten aufzeigen sollen, was meldewürdig ist, wo und wie man sich melden soll und ihnen eine entsprechende Garantie eines Schutzes vor Repressionen einräumen.[100] Transparenz in der Organisation und offene Kommunikation als Teil der Organisationskultur sollen externe Berichterstattung unnötig machen.[101]

---

95 Siehe Kap. § 3, C, I.

96 Taş/Antalyali, MAKÜ İktisadi ve İdari Bilimler Fakültesi Dergisi 2015, 34 (46, 48).

97 Nayır/Rehg/Asa, J Bus Ethics 2018, 147 (147, 159, 160).

98 Nayır/Rehg/Asa, J Bus Ethics 2018, 147 (160).

99 Taş/Antalyali, MAKÜ İktisadi ve İdari Bilimler Fakültesi Dergisi 2015, 34 (46).

100 Sandalcı/Yıldız, Maliye Dergisi 2019, 355 (375, 376); Bayrakci/Kayalar, Süleyman Demirel Üniversitesi Vizyoner Dergisi 2016, 120 (126); Nayır/Rehg/Asa, J Bus Ethics 2018, 147 (162).

101 Nayir/Herzig, J Bus Ethics 2012, 197 (210); Nayır/Rehg/Asa, J Bus Ethics 2018, 147 (162).

Auch nach der deutschen Studie spielen die gesetzlichen (ausländischen) Schutzvorkehrungen für Whistleblower eine Rolle bei der effizienten Verarbeitung von Meldungen, wobei aber die Studie deren Erfolgsrate nur für ernüchternd hält.[102] Die tatsächliche Auswirkung der HinSch-RL bzw. des HinSchG auf die Meldeintention ist abzuwarten. Nach den bisherigen deutschen Studien darf allerdings – entsprechend den Befunden der Studien aus englischem Sprachraum – auch die europäische Regulierung des Whistleblowings in Bezug auf ihre Auswirkung auf das Whistleblowing-Verhalten kritisch gesehen werden.[103] Nach bisherigen Erkenntnissen lässt sich schließlich eine vermehrte Nutzung externer Meldekanäle aufgrund eines gesetzlich vorgesehenen Wahlrechts zwischen interner und externer Meldestelle nicht erwarten.[104]

4. *Organisationskultur bzw. Hierarchieverhältnisse*

Die Studien unterstreichen stattdessen die Bedeutung einer offenen Kommunikationskultur in einer Organisation für den Erfolg eines Whistleblowing-Rechts.[105] Dafür wird häufig das Whistleblowing-Recht in Norwegen als Beispiel gegeben. Dort sollen sowohl die Anzahl von Meldungen (zumeist intern) als auch die Rate verbesserter und sogar nachhaltig abgestellter Missstände merkwürdig hoch sein.[106] Die hohe Erfolgsrate des Whistleblowings in Norwegen erklären ausländische Untersuchungen mit einer Kultur der Kommunikation und Offenheit im norwegischen Arbeitsleben.[107] Mehrstufige, institutionalisierte Strukturen ermöglichen es demnach den Beschäftigten, sich als Individuum oder kollektiv am Prozess der Auflösung der Konflikte, wie der Aufklärung rechtswidriger Praktiken, zu beteiligen. Institutionelle Rahmen wie Kollektivverträge, Gesetze etc. sollen ferner die Auswirkungen unrechtmäßiger Macht am Arbeitsplatz verringert und die Mitbestimmung stattdessen gefördert haben.[108] Dies hat zur Folge,

---

102 Herold, in: Kriminologische Welt in Bewegung 2018, S. 228 (239), der gibt die Erfolgsräte nach dem britischen PIDA-Whistleblower-Schutzgesetzes.

103 Chwolka/Oelrich, BFuP 2020, 445 (470).

104 Herold, Der Wirtschaftsführer 2020, 15 (19).

105 Kölbel/Herold, ZGR 2020, 961 (982).

106 Herold, in: Kriminologische Welt in Bewegung 2018, S. 228 (237 f.).

107 Skivenes/C. Trygstad, Human Relations 2010, 1071 (1091).

108 Siehe weitere Hinweise für die besondere Struktur des norwegischen Rechtssystems, das eine hohe Repräsentation der Arbeitnehmer in Unternehmen ermöglicht, Skivenes/C. Trygstad, in: A Global Approach to Public Interest Disclosure 2010, S. 91 (92 f.).

dass sowohl auf Seiten der Unternehmen als auch auf Ebene der Individuen eine Bereitschaft zur Konfliktlösung in norwegischem Arbeitsleben charakteristisch geworden ist und Repressionsrisiken hingegen verringert wurden.[109]

Wie sich das Fehlen einer offenen Kommunikationskultur bzw. das Vorliegen von strengen Hierarchiestrukturen in Unternehmen auf die Meldeintention eines Hinweisgebers auswirkt, exemplifizieren die türkischen Studien. Die Türkei gehört zu den Ländern, in denen Mitglieder aufgrund der starken Hierarchieverhältnisse in Unternehmen und fehlenden Mechanismen zur institutionellen Interessenvertretung ihre Meinungen nur schwer äußern können; vielmehr prägt sie eine Treue zu den einseitigen Entscheidungen der Unternehmensleitung.[110] Das Hierarchieverhältnis steht im Zusammenhang mit dem Vertrauen der Mitarbeiter, dass die Leitung ihrer Meinung zuhören und Vorschläge bzw. Beschwerden berücksichtigen. Der Hauptfaktor ist also das Vertrauen der Mitarbeiter in die Leitung. Eine Studie untersucht dieses Vertrauen durch einen Vergleich der privaten und öffentlichen Sektoren.[111] Lehrer im Bildungswesen haben demnach mehr Vertrauen in die ethische Organisationsleitung als Beschäftigte in den Textil- und Metall-Verpackungs-Sektoren. Dies lässt sich damit erklären, dass das Bildungswesen zum öffentlichen Sektor gehört, d. h. die Schulleitung muss die vorgeschriebenen Regeln des Bildungsministeriums, wie Arbeitsbedingungen, Gehalt etc., einhalten, auch wenn die Schule privat ist. Ein delegatives Leadership- Modell[112] im öffentlichen Sektor lässt Beschäftigten folglich ein Vertrauen in die ethische Leitung der Organisation empfinden.[113] Solche institutionellen Strukturen zur Meldung von Beschäftigten fehlen hingegen in privaten Sektoren, wie in Textil- und Verpackungs-Sektoren. In diesen Sektoren herrscht ein

---

109 Skivenes/C. Trygstad, Human Relations 2010, 1071 (1091).

110 Çiftçi, International Journal of Academic Value Studies 2017, 147 (157).

111 Befragten sind 292 Arbeitnehmer in Metall-Packung Sektor in Region Marmara, 367 Arbeitnehmer in Textil-Sektor in Istanbul und 314 Lehrer(innen) im öffentlichen Bildungswesen in Istanbul, Oran/Ünsar, in: New approaches to CSR, sustainability and accountability 2020, S. 103 (107 f.).

112 Bei einem delegative Leadership-Model hat der Leader keine dominierende Rolle bei einer Entscheidungsfindung. Die Untergeordnete dürfen einen erheblichen Einfluss auf die Entscheidungsfindung haben, siehe Oran/Ünsar, in: New approaches to CSR, sustainability and accountability 2020, S. 103 (104).

113 Oran/Ünsar, in: New approaches to CSR, sustainability and accountability 2020, S. 103 (126).

autokratisches Leadership-Modell[114] vor, sodass die Beschäftigten die Entscheidungsfindung kaum beeinflussen können.[115]

Das Vorliegen eines strengen Hierarchieverhältnisses zwischen Mitarbeitern und der Leitung einer Organisation hat auch einen Einfluss auf die Wahl der Meldewege. Nach Angaben der bisherigen deutschen und ausländischen Studien haben Hinweisgeber zwar eine allgemeine Tendenz, sich zunächst intern zu melden.[116] Diese Tendenz ergibt sich aus „Fairness- und Praktikabilitätsgründen".[117] Interne Meldewege werden als aufwandarm betrachtet.[118] Das externe Whistleblowing geht meistens darauf zurück, dass man infolge einer internen Meldung mit dem Whistleblower nur mangelhaft kommuniziert hat und/oder gemeldete Missstände unzureichend vorgegangen sowie bedrohende Repressalien durch Beschuldigte bzw. Arbeitgeber nicht hinreichend entgegengewirkt worden sind.[119] Ein strenges Hierarchieverhältnis zwischen Mitarbeitern und der Leitung einer Organisation begünstigt die Gefahr einer Vertuschung und/oder Vergeltungsmaßnahmen und dies Mitarbeiter dafür anregt, sich ggf. extern zu melden.[120] Die starken Hierarchieverhältnisse zwischen Mitarbeitern

---

114 Bei einem autokratischen Leadership-Model gibt es eine starke Hierarchieverhältnis zwischen dem Leader und den Untergeordneten. Der Leader hat entscheidende Rolle bei der Entscheidungsfindung, siehe, Oran/Ünsar, in: New approaches to CSR, sustainability and accountability 2020, S. 103 (104).

115 Oran/Ünsar, in: New approaches to CSR, sustainability and accountability 2020, S. 103 (121 f.).

116 Besonders sei externes Whistleblowing, nach den meisten hierzu vorliegenden internationalen Studien gäbe ein Anteil von unter 10 % der Insider ihr Wissen (direkt) nach außen, Kölbel/Herold, Working Papers 01/2020, 4; Ebenso im englischen Studienraum belegt, siehe etwa Mesmer-Magnus/Viswesvaran, J Bus Ethics 2005, 277 (278). Bezüglich der Auswirkung organisatorischer und staatlicher Gegebenheiten auf die Wahl der Meldewege belegt auch die türkische Studie die gleiche Tendenz, den Missstand zuerst intern bei Arbeitgeber, Abteilungsleiter etc. zu melden. Siehe, Aydan/Kaya, Hacettepe Sağlık İdaresi Dergisi 2018, 1 (11, 12); Turan/İpçioğlu, Uluslararası İktisadi ve İdari İncelemeler Dergisi 2018, 147 (159).

117 Herold, Der Wirtschaftsführer 2020, 15 (17); Kölbel/Herold, NK 2015, 375 (381 f.).

118 Herold, Der Wirtschaftsführer 2020, 15 (18). Für diese Tendenz ist ebenso im türkischen Raum die schnelle, aufwandsarme Erreichbarkeit interner Adressaten verantwortlich, siehe Çiftçi, International Journal of Academic Value Studies 2017, 147 (157).

119 Herold, Der Wirtschaftsführer 2020, 15 (17); Herold, in: Kriminologische Welt in Bewegung 2018, S. 228 (229).

120 Kölbel/Herold, NK 2015, 375 (383). Für ein externes Melden spricht ebenfalls die starke Hierarchiestruktur in Organisationen, da diese das Potenzial von

und der Organisationsleitung führt zu einer vermehrten Nutzung von externen Stellen. Ausnahmen könnten sich nach der türkischen Empirie aus dem Clan-Organisationstypus ergeben.[121] Beschäftigten in einer Clan-Kultur fühlen sich demnach eher wie in einer Familie mit Arbeitgeber und Kollegen, was dazu veranlasst, die Informationen intern zu halten, um Organisation und Kollegen nicht zu schaden. Außerdem neigen sich Beschäftigten extern zu melden, wenn sie ihre Stimme auf der Unternehmensleitung nicht hören lassen – mit anderen Worten, wenn es ein strenges Hierarchieverhältnis zwischen Beschäftigten und der Leitung gibt.[122] Entsprechende Compliance-Verfahren bzw. ein funktionierendes Whistleblowing-System soll dieses Hierarchieverhältnis entschärfen.[123] Hinweisgeber-Systeme, welche ein klar kommuniziertes Meldeverfahren (wer, was, wann und wie melden etc.) innehaben, regen internes Whistleblowing an.[124]

III. Missstands-bezogene Faktoren

Die situativen Gegebenheiten haben einen Einfluss auf die Whistleblowing-Entscheidung, d. h. „ob" und „wie". Studien zufolge ist zuerst Art und Ausmaß des Missstandes ein erheblicher Treiber für das Whistleblowing.[125] Je stärker demnach die auslösende Wirkung von Art und Ausmaß des Missstandes ist, desto mehr empfindet man einen Handlungsdruck.[126] So sieht man sich z. B. bei Missstände, die die Gesundheit der Allgemeinheit gefährden, wie Pflegemangel in einem Krankenhaus, Verkauf von verdorbenem Fleisch, etc. – anders als z. B. abstrakte Wirtschaftsdelikte – besonders veranlasst zu einer Handlung.[127] Die

---

Repressionsmaßnahmen gegenüber Whistleblower erhöht, siehe die türkische Empirie, Başol/Karatuna, Marmara Üniversitesi İ.İ.B. Dergisi 2015, 153 (164).

121 Yurtkoru/Wozir, Research Journal of Business and Management 2017, 527 (531, 535); Başol/Karatuna, Marmara Üniversitesi İ.İ.B. Dergisi 2015, 153 (165).

122 Oran/Ünsar, in: New approaches to CSR, sustainability and accountability 2020, S. 103 (121 f.).

123 Kölbel/Herold, NK 2015, 375 (383). Da die Organisationsstruktur vorgeschrieben und interne Beschwerdeverfahren im öffentlichen Sektor die Regel sind, tendieren Beschäftigten im Bildungswesen dazu, interne Meldungen zu wählen. Sie nutzen vorformulierte Beschwerdeverfahren, siehe Oran/Ünsar, in: New approaches to CSR, sustainability and accountability 2020, S. 103 (126).

124 Herold, Der Wirtschaftsführer 2020, 15 (17).

125 Near/Rehg/Van Scotter/Miceli, Business Ethics Quarterly 2004, 219 (230, 233).

126 Kölbel/Herold, ZGR 2020, 961 (983).

127 Herold, Der Wirtschaftsführer 2020, 15 (17). Siehe auch hemmende Wirkung der geringen Qualität der Beweislage für Meldeintention im Allgemeinen, Kölbel/Herold,

Schwere und Häufigkeit der Missstände führen weiterhin zu einem erheblichen Handlungsbedarf über potenzielle Whistleblower, sie können aber auch meldehemmend wirken, wenn man andere Relevanzen des Whistleblowings, wie Repressionsrisiken, mitrechnet. So z. B. erhört sich das Risiko von Einsatz der Repressionsmaßnahmen je nach der Schwere des angezeigten Missstandes.[128] Der Arbeitgeber bzw. Verantwortliche reagiert demnach so stark, da seine Interessen aufgrund der Anzeige eines Verstoßes bedroht bzw. beeinträchtigt werden. Im Zusammenhang damit konfrontieren die extern angezeigten Whistleblower eher Maßregelungen als die intern gemeldeten Whistleblower.[129] Anderes würde gelten, wenn die Einschaltung externer Stellen, wie Behörden, im Allgemeinen als effektiver als interne Stellen angesehen und zugleich die Unterstützung von Außenstehenden zur Seite genommen wird. Eine englische Studie bestätigt nämlich, dass der Arbeitgeber bei einem internen Whistleblowing den Whistleblower sofort maßregelt, um ihn möglicherweise so schnell wie möglich zum Schweigen zu bringen und Beweise zu unterdrücken.[130] Hingegen lassen sich Repressionen beim externen Whistleblowing nur in einem längeren Zeitraum einsetzen.[131] Der Grund dafür ist, dass er mit einer sofortigen Repression den Außenstehenden nicht den Eindruck geben will, der Whistleblower habe Recht mit seinen Hinweisen.[132]

Bezüglich dessen, wie der Missstand auf die Wahl der Meldewege wirken könnte, lässt sich der deutschen Studie Folgendes entnehmen: Neben Befunde zu der allgemeinen Tendenz, sich zuerst intern zu melden, und zu der Wahrnehmung des externen Whistleblowing als Notfallsituation, wird beobachtet, während der Prüfung der Funktionalität der internen Meldestellen, dass interne Meldungen grundsätzlich interpersonale Sachverhalte – also Streitigkeiten wie Belästigung, Mobbing, Diskriminierung etc. – zum Gegenstand haben.[133] Dieser Befund gibt indes keinen hinreichenden Anlass zu der Schlussfolgerung, dass man sich bei schwereren Fällen, wie Gefährdung der Gesundheit der Allgemeinheit, eher extern melden würde. Einer englischen Studie nach beeinflusst die

---

Working Papers 01/2020, 4; Near/Rehg/Van Scotter/Miceli, Business Ethics Quarterly 2004, 219 (233); Mesmer-Magnus/Viswesvaran, J Bus Ethics 2005, 277 (281).

128 Mesmer-Magnus/Viswesvaran, J Bus Ethics 2005, 277 (288); Near/Rehg/Van Scotter/Miceli, Business Ethics Quarterly 2004, 219 (236).

129 Dworkin/Baucus, J Bus Ethics 1998, 1281 (1283).

130 Dworkin/Baucus, J Bus Ethics 1998, 1281 (1295).

131 Dworkin/Baucus, J Bus Ethics 1998, 1281 (1295).

132 Dworkin/Baucus, J Bus Ethics 1998, 1281 (1296).

133 Kölbel/Herold, Working Papers 01/2020, 4 (9); Kölbel/Herold, ZGR 2020, 961 (980).

Schwere und das Ausmaß des Missstandes die Wahl der Meldekanäle nicht notwendig.[134] Bekannt ist zudem, dass Missstände, die über Meldesysteme gemeldet werden, nicht selten einen gemischten Charakter[135] haben; d. h. ein Missstand, der als öffentliche Belange tangierend einzustufen wäre, kann doch intern gemeldet werden.[136] Aus diesem Grund würde die Gefährdung der Allgemeininteressen nicht ein ohnehin externes Vorgehen rechtfertigen.[137] Bei der Wahl der Meldewege ist vielmehr die Bereitschaft der Organisation zur Aufklärung der Missstände entscheidend. Sieht die Organisation etwa ihre Existenz von der Fortsetzung der Missstände abhängig und hält daher deren Beseitigung für nachteilhaft, wählt der Whistleblower eher externe Meldekanäle, da die Organisation die Missstände nicht beseitigen wird und der Whistleblower deshalb in Gefahr durch Repressalien ist.[138]

IV. Personenbezogene Faktoren

Bei den personenbezogenen Faktoren geht es darum, wie der Whistleblower „objektive Situationsentwicklung individuell wahrnimmt und interpretativ verarbeitet".[139] Die Handlungsentscheidung des Whistleblowers gestaltet sich nach sog. „subjektiv empfundenen Handlungsveranlassungen", welche aus dem „aktuell empfundenen Handlungsdruck und der anvisierten Handlungsform" bestehen sollen.[140]

Bisherigen Untersuchungen zufolge gestaltet das Individuum in Deutschland seine eigene Meinung nicht notwendig abhängig von Meinungen seines sozialen Umfelds.[141] Empirischen Untersuchungen nach gibt es allerdings auch keine typische Persönlichkeit der Whistleblower.[142] Die Persönlichkeit der Hinweisgeber hat den analysierten deutschen und englischen Studien zufolge den

134 Dworkin/Baucus, J Bus Ethics 1998, 1281 (1285, 1294).

135 Es wird exemplifiziert unter Kap. § 4, E, III, 1.

136 Siehe Brown u.a., Clean as a whistle 2019 Report, S. 12 f., demnach betrifft 40 % der bei Meldesystemen gemeldeten Missstände sowohl öffentliche Interessen als auch private Belange.

137 Siehe die widersprechenden bisherigen Ausführungen in der Literatur, Kap. § 8, B, II, 4 und C, III, 2, a).

138 Mesmer-Magnus/Viswesvaran, J Bus Ethics 2005, 277 (281, 283); Miceli/Near, Human Relations 2002, 455 (474).

139 Kölbel/Herold, NK 2015, 375 (381 f.).

140 Kölbel/Herold, NK 2015, 375 (380).

141 Chwolka/Oelrich, BFuP 2020, 445 (449 f.).

142 Kölbel/Herold, ZGR 2020, 961 (983).

geringsten Einfluss auf die Entscheidung, den wahrgenommenen Missstand überhaupt und ggf. an wen zu melden.[143] Personenbezogene Merkmale stehen eher in einer „Wechselwirkung mit kontext- bzw. organisationsbezogenen Faktoren".[144] Bei welchem Ausmaß von Beeinträchtigung ein potenzieller Hinweisgeber zur Handlung motiviert wäre, wäre je nach individueller Empfindlichkeit unterschiedlich.[145] Empirisch setzt sich etwa die Erkenntnis durch, dass ein Whistleblower eine dringende Handlungsnotwendigkeit bei einer schweren Tat empfindet, von der er selber betroffen ist.[146] Ein potenzieller Hinweisgeber kann aber auch reagieren, wenn er einen Missstand wahrnimmt, dessen Opfer vom Missstand keine Ahnung haben, sodass sie nicht in der Lage sind, ihre Interessen selbst zu vertreten.[147]

Die Motivation des Whistleblowers lässt sich unter die Kategorie von personenbezogenen Merkmalen zählen. Studien, die unmittelbar bzw. allein die Absicht des Whistleblowers zum Gegenstand haben, sind im deutschen und englischen Sprachraum allerdings nicht vorhanden.[148] Die einschlägigen Angaben hingegen werden im Zusammenhang zu anderen Relevanzen des Whistleblowings, wie von Organisationen oder vom Missstand geprägten Merkmalen gemacht. Das Whistleblowing ist demnach kein rein altruistisches Verhalten; d. h. außerhalb von einer Absicht, Interessen anderer wie der Allgemeinheit zu schützen, könnte man auch aus egoistischen Gründen handeln.[149]

---

143 Kaptein, J Bus Ethics 2011, 513 (516); Kölbel/Herold, NK 2015, 375 (381); Herold, Der Wirtschaftsführer 2020, 15 (16); Mesmer-Magnus/Viswesvaran, J Bus Ethics 2005, 277 (280).

144 Kaptein, J Bus Ethics 2011, 513 (516); Kölbel/Herold, NK 2015, 375 (381); Herold, Der Wirtschaftsführer 2020, 15 (18).

145 Kölbel/Herold, NK 2015, 375 (381 f.).

146 Kölbel/Herold, Working Papers 01/2020, 4 (6).

147 Kölbel/Herold, NK 2015, 375 (381 f.), siehe den dortigen Hinweis im Fn. 45.

148 Es gibt lediglich Reportagen mit ehemaligen Whistleblowern, aus denen sich über Motivationen der Whistleblower einige Hinweise ergeben. Whistleblower machen etwa häufig die Angabe, dass sie durch den Hinweis auf einen Missstand, lediglich ihren Job gemacht haben, und zwar, nicht regelmäßig irgendein (anderes) Interesse – wie öffentliches Interesse – anzusprechen, welches sie wahrnehmen wollten. Ein Interview mit Theranos Hinweisgeberin Erika Cheung, siehe Kap. § 4, B, II, Fn. 375.

149 Dozier/Miceli, The Academy of Management Review 1985, 823; eine weitere Studie ordnet zwar die Motivationen wie egoistische und altruistische Absichten in jeweilige Art der Missstände ein. Demnach sollen z. B. Whistleblower bei der Meldung von Mobbing und sexueller Belästigung egoistisch – self-interest – motiviert sein, bei der Anzeige von Korruption hingegen eher altruistisch – public interest. Die Studie

Die Motivation eines Whistleblowers setzt sich wie folgt zusammen: Subjektiv sieht sich ein potenzieller Whistleblower zuerst dazu veranlasst, in Bezug auf den wahrgenommenen Missstand etwas zu tun.[150] Falls er bei einer internen Meldung nicht gerecht behandelt wurde oder Repressionen erlitten hat, kann der Hinweisgeber andere Motiven wie u.a. Rache haben und ggf. extern vorgehen.[151] Diesen empirischen Befunden nach hat folglich das Motiv keine eigenständige Wirkung im Hinblick auf die Anregung des Meldeverhaltens sowie auf die Wahl der Meldewege.

Im türkischen Raum lässt sich ebenso keine Studie finden, die sich allein auf die innere Seite des Whistleblowers konzentriert. Teilweise gibt es aber Angaben zu hauptsächlichen Motiven der Hinweisgeber. Ein besonders aus Altruismus motiviertes Meldeverhalten beobachtet man z. B. bei Krankenschwestern.[152] Im Vergleich zu Sekretären in einem Krankenhaus haben Krankenschwestern weniger Toleranz zu Missständen. Während sie einen erheblichen Handlungsdruck bei der Gefährdung der Gesundheitsinteressen der Allgemeinheit bzw. eines Patienten empfinden, tendieren Sekretäre bei Unregelmäßigkeiten unter dem Gebot der Verschwiegenheitspflicht eher dazu, zu schweigen bzw. ggf. intern zu melden.[153] Für diese auffällige, altruistische Meldeintention bei Krankenschwestern haben womöglich die Schulungen über Berufsethik im Gesundheitswesen gesorgt.[154] Die allgemeine Tendenz zur Wahl der internen Kanäle gilt auch im türkischen Raum. Hinzufügen ist, dass mit einer langen Beschäftigungszeit in der gleichen Abteilung ein Loyalitäts- und Zugehörigkeitsgefühl unter Kollegen und sowie gegenüber Arbeitgebern entsteht.[155] Dieses Gefühl trägt dazu bei, sich entweder fürs Schweigen zu entscheiden oder ggf. eher intern zu melden. Der potenzielle Whistleblower kümmert sich damit um die Interessen des Arbeitgebers, wie um den Schutz des guten Ansehens des Geschäfts bzw. ihrer Abteilung

---

kommt allerdings zum Ergebnis, dass es häufig der Fall ist, dass sich beide Absichten miteinander gehen und Whistleblower in einer gemischten Absicht handeln, siehe Roberts, in: International Handbook on Whistleblowing Research 2014, S. 207 (216, 228).

150 Herold, Der Wirtschaftsführer 2020, 15 (17 f.).

151 Jalan, International Journal of Management Reviews 2020, 249 (263); Herold, Der Wirtschaftsführer 2020, 15 (18).

152 Aydan/Kaya, Hacettepe Sağlık İdaresi Dergisi 2018, 1 (11); Taş/Antalyali, MAKÜ İktisadi ve İdari Bilimler Fakültesi Dergisi 2015, 34 (39).

153 Aydan/Kaya, Hacettepe Sağlık İdaresi Dergisi 2018, 1 (17).

154 Aydan/Kaya, Hacettepe Sağlık İdaresi Dergisi 2018, 1 (18).

155 Aydan/Kaya, Hacettepe Sağlık İdaresi Dergisi 2018, 1 (17).

und um gute Beziehungen mit Kollegen.[156] Aus Hilflosigkeit meldet man dann extern.

Eine weitere Studie untersucht u.a. die Frage nach dem Motiv des Hinweisgebers bei der Anzeige von Steuerrechtsverstöße gegenüber Behörden.[157] Nach dem Ergebnis der Studie zeigt man entweder aus einem hohen Bewusstsein, dass die Steuer für Gemeinwohl wichtig sind und jeder deshalb Steuer bezahlten muss, oder aus der Rachesucht.[158] Es wird zwar oftmals (vor allem in der Öffentlichkeit) propagiert, dass Steuerzahlung gem. Art. 73 AY (türkische Verfassung) eine Bürgerpflicht ist und der Hinweis auf Verstöße gegen das Steuerrecht ebenso als eine bürgerliche Verantwortung wahrgenommen werden soll.[159] Nach Angaben der Steuerbehörde gibt man jedoch fast immer dann entsprechende Hinweise, wenn man persönlich einen Nachteil erlitten hat und sich rächen will.[160] Sehr häufig sei etwa der Fall, dass der Arbeitnehmer nach einer Kündigung eine Steuerhinterziehung seitens des Arbeitgebers anzeigt. Unter diesen Anzeigen gebe es auch nicht selten bewusste Falschangaben. Kurzum handeln Hinweisgeber bei der Verfolgung von Steuerrechtsverstößen überwiegend egoistisch.

Sollte das Ziel der Anzeige sein, den Arbeitgeber zu schädigen, lässt sich behaupten, dass der Hinweisgeber bei einer Wahlmöglichkeit zwischen interner und externer Meldestelle absichtlich externe Stelle wählt, um den Arbeitgeber so viel Schaden wie möglich zuzufügen. Ausnahmen können sich aus einer pragmatischen Bewertung der Vor- und Nachteile einer internen und externen Anzeige ergeben. Diesbezüglich lässt sich schließlich ein weiteres personenbezogenes Merkmal nennen, das die Wahl der Meldewege beeinflussen kann: nämlich der Charakter des Whistleblowers, konkret die Frage, ob er eher Individualist oder Kollektivist ist. Im Allgemeinen setzen sich Erkenntnisse durch, dass Menschen mit individualistischem Charakter mehr Wert auf ihre eigenen Interessen legen als auf Gemeinschaftsinteressen, sodass sie sich zurückhalten, Missständen anzuzeigen.[161] Sie wollen nämlich aufgrund der Anzeige keine persönlichen Nachteile wie Karriereunterbrechung, Jobverlust etc. erleiden. Von Individualisten erwartet man zudem eine Tendenz zu externem Whistleblowing, da ihr organisatorisches Engagement schwacher ist als das der Kollektivisten und sie demzufolge

156 Sandalci/Yıldız, Maliye Dergisi 2019, 355 (370).
157 Sandalcı/Yıldız, Maliye Dergisi 2019, 355 (359).
158 Sandalcı/Yıldız, Maliye Dergisi 2019, 355 (373).
159 Gülçiçek, S. 70.
160 Gülçiçek, S. 71.
161 Nayir/Herzig, J Bus Ethics 2012, 197 (208).

ihre eigenen Interessen über Gemeinschaftsinteressen stellen.[162] Eine Studie liefert diesbezüglich Ergebnisse. Auch Individualisten würden demnach ein internes Whistleblowing bevorzugen, wenn sie bei einem Kosten-Nutzen-Kalkül von interner und externer Meldung in Bezug auf egoistische, pragmatische Aspekte zu dem Schluss kommen würden, dass eine externe Berichterstattung sowohl kurz- als auch langfristig mehr Kosten für Organisation, Mitarbeiter und den Whistleblower selbst verursachen würde.[163] Folglich würde die Wahl der externen Stellen nicht unmittelbar das Motiv des Hinweisgebers indizieren.

C. Anmerkung zu empirischen Erkenntnissen

Das Whistleblowing als individuelle Entscheidung ist ein kompliziertes Phänomen. Für die Fragen, was jemanden zur Anzeige motiviert und wie er gegen einen Missstand vorgeht, lassen sich nur schwer allgemeingültige Antworten finden. Deutlich wurde zumindest, dass der Hauptantreiber eines Whistleblowers seine Hoffnung für einen Beitrag zu der Verbesserung bzw. Änderung eines unerwünschten Zustandes ist. Zentrale Hemmnis vor seiner Handlung ist hingegen die Angst vor persönlichen Nachteilen, wie Kündigung, Versetzung etc., die ihn aufgrund einer Meldung des Missstandes bedrohen. Dieser Angst speist sich entweder aus dem sozialen Umfeld des Whistleblowers oder aus seiner eigenen Wahrnehmung über die Lage. Bezeugt er z. B. eine negative Einstellung seines Arbeitgebers, Freunde oder Familie über die „Spionage" oder erfährt er von schmerzhaften Erfahrungen der Kollegen mit dem Whistleblowing, distanziert er sich von einer Handlung zur Verbesserung des Zustandes.

---

162 Çiftçi, International Journal of Academic Value Studies 2017, 147 (154).

163 Çiftçi, International Journal of Academic Value Studies 2017, 147 (154); eine andere Studie prüft ebenso das Verhältnis zwischen diesen Persönlichkeitsmerkmalen und den Formen des Whistleblowings, externe und anonyme Meldung. Die Studie belegt, dass kein unmittelbares Verhältnis zwischen dem Charakter und der Wahl der Meldewege besteht. Auch Whistleblower mit kollektivistischem Charakter wollen, wie Individualisten, nämlich extern und anonym vorgehen. Dies erklärt die Studie damit, dass beide Charakteren externe Adressaten sehr effektiv einsehen, weil der Whistleblower dadurch die Aufmerksamkeit externe Interessengruppen wie Behörden und sogar Medien auf sich zieht, infolgedessen spürt der Betroffene bzw. Unternehmen oft einen größeren Druck, um Missstände ernsthaft vorzugehen. Da diese Studie allerdings allein externes und anonymes Whistleblowing zum Gegenstand hat, gibt keinen Hinweis dafür, wie unterschiedlich sich Individualisten und Kollektivisten bei der Wahl der internen und externen Kanäle verhalten, Nayir/Herzig, J Bus Ethics 2012, 197 (208).

Ebenso wirkt sich die rechtliche Lage bei der Meinungsbildung eines Whistleblowers aus. Maßnahmen wie Bereitstellung interner und externer Meldestelle und Schutz vor Repressionen haben grundsätzlich eine anzeigemotivierende Wirkung. Der Erfolg dieser Maßnahmen erschöpft sich aber wieder in der eigenen Wahrnehmung bzw. Beurteilung des Individuums, die ggf. von der Kultur beeinflusst sind. Solange eine Kultur der Offenheit zu Meinungsverschiedenheiten nicht geschafft werden kann, wird ein potenzieller Whistleblower nur selten seine Meinung äußern. Das Vorliegen eines Schutzgesetzes und institutioneller Meldesysteme ist daher soweit erfolgversprechend, als es die Voraussetzungen schafft, unter denen das Individuum ohne Angst vor Benachteiligung auf einen Missstand hinweisen könnte. Die angsterregenden Faktoren, wie die Gesellschaftskultur, können den Erfolg dieser Maßnahmen relativieren, solange das Individuum seine Meinung überwiegend aufgrund der gesellschaftlichen Anschauung zum Whistleblowing bildet, wie es in den vom Kollektivismus geprägten Ländern wie in der Türkei der Fall ist. An dieser Stelle haben die individualistisch geprägten wie Deutschland den Vorteil, dass ihre Gesellschaftskultur potenzielle Whistleblower nicht abhält. Dies dürfte doch nicht zugleich für eine hohe Chance sprechen, eine Whistleblower-freundliche Kultur im Arbeitsumfeld zu schaffen. Norwegen hat z. B. gezeigt, dass eine Kultur der Kommunikation und Offenheit durch die Abschaffung der scharfen Hierarchiestrukturen und die Integration der Mitarbeiter in den Prozess der Entscheidungen u.a. eine Konfliktlösung am Arbeitsplatz erlaubt. Deutschland hat auch den Vorteil, dass institutionalisierte Konfliktlösungsmechanismen in der Rechtsordnung vorhanden sind.[164] Das Wahlrecht zwischen internen und externen Meldestellen kann allerdings aufgrund des geprägten Individualismus dazu führen, dass dieser Vorteil vertan wird. Das Individuum in einem individualistischen Land könnte sich nämlich auch für ein externes Whistleblowing entscheiden, wenn dies ihm vorteilhaft und wenig riskant erscheint.[165] Anders als in einem kollektivistischen Land würde es hier kein Zugehörigkeitsgefühl zu der Organisation, für die man arbeitet und in der man Freundschaften geschlossen hat, dazu motivieren, sich intern zu melden, um auf diese Weise auch die Interessen des Arbeitgebers, seiner Kollegen und gutes Ansehen seines sozialen Umfelds schützen zu können. Aus diesem Grund lässt sich damit rechnen, dass Individualismus den einzelnen in Deutschland unter geänderter Rechtslage wohl zum externen Whistleblowing motivieren würde, falls dieser Weg nicht nur effizienter, sondern auch wenig mit

164 Graser, S. 222.
165 Dazu Überlegungen noch unter Kap. § 6, D, IV, 2.

persönlichen Benachteiligungen verbunden erscheint. Um zuverlässige Ansätze zu Ob- und Wie- Frage des Whistleblowings in Deutschland bilden zu können, bedarf es mehr Studien, die deutsche Unternehmens- und Gesellschaftskultur berücksichtigt haben. Jedenfalls trifft der Ansatz zu, dass man nur dort seine Meinungen äußern wird, wo man sich dabei sicher fühlt. Dementsprechend wird ein potenzieller Hinweisgeber seine Entscheidung, ob er auf einen Missstand hinweist und ggf. wie (intern oder extern) treffen.

Schließlich versteht sich selbst, dass es kaum Studien gibt, die das Motiv der Hinweisgeber selbst untersuchen. Denn kein Hinweisgeber, dessen hauptsächliches Motiv zur Anzeige seines Arbeitgebers bzw. seines Kollegen Rachesucht o. Ä. ist, was keine soziale Akzeptanz genießen würde, würde seine Motivation verraten. Auch wenn man böswillig motiviert ist, würde man bei einer Befragung einen sozialakzeptablen Grund wie Schutz der Kollegen, sich selbst, oder der Allgemeinheit nennen. Die Befunde aus der türkischen Praxis mit dem hauptsächlich aus der Rachesucht motivierten Anzeigen von Steuerrechtsverstößen sind die Ausnahme. Sie gehen nur auf die Erfahrungen der Steuerbehörde zurück, die sich im Rahmen des Belohnungsprogramms für Hinweisgeber bei Steuerrechtssachen mit derartigen Anzeigen befasst haben. Daraus lässt sich kein allgemeingültiger Ansatz zu einem Verhältnis zwischen Motivation und der Wahl der Meldestelle ableiten. Die Absicht, dem Arbeitgeber bzw. den Kollegen Schaden hinzufügen, würde zwar die Wahl der Stelle beeinflussen, ein Hinweisgeber dürfte aber mit einer Böswilligkeit nicht schon behaftet werden, bloß da er seine Wahl zugunsten der externen Stellen gemacht hat. Bei der Wahl der Meldeadressaten spielen viele weitere Faktoren eine Rolle, sodass die innere Seite eines Hinweisgeber nur ausnahmsweise die Schutzwürdigkeit einer Anzeige bei externen Stellen hinterfragen lassen würde.[166]

Zusammenfassend lässt sich sagen, dass das Whistleblowing im Grunde eine individuelle Entscheidung ist, die von unterschiedlichen Faktoren beeinflusst wird. Ein Whistleblowing-Recht kann dann Erfolg haben, wenn die Entscheidungserheblichkeiten genau und weiter geforscht und die Voraussetzungen geschaffen werden, unter denen sich potenzielle Hinweisgeber zum Whistleblowing motiviert fühlen.

166 Dazu Überlegungen finden sich unter Kap. § 6, D, IV, 3.

§ 3. Status quo des Whistleblowings

Mit der Umsetzung der HinSch-RL ins deutsche Recht stellt sich das HinSchG als die gegenwärtige Rechtsgrundlage des Whistleblowings in Deutschland dar. In der Ermangelung des Gesetzes ist Whistleblowing allerdings längst auf Basis der vertraglichen Pflicht zur Loyalität und Rücksichtnahme beurteilt worden. Dadurch sind Grundsätze entwickelt worden, die auch nach dem Inkrafttreten des Gesetzes weiterhin für die Beurteilung des Whistleblowings relevant wären. Es ist daher von Bedeutung, den Status quo des Whistleblowings – zuerst einmal, ohne die Berücksichtigung des HinSchG – darzulegen, um die Entwicklung dieser Grundsätze sowie den Bedarf an einem gesetzlichen Hinweisgeberschutz in Deutschland veranschaulichen zu können (A, B und C). Anschließend wird die Regulierung des Whistleblowings als Rechtsdurchsetzungsinstrument durch internationale Vorgaben sowie durch den Erlass der europäischen HinSch-RL einschließlich deren Umsetzung mit dem HinSchG skizziert (D). Wie in der Einleitung der vorliegenden Arbeit erläutert worden ist, findet eine parallele Darstellung des türkischen Rechts zum Whistleblowing in diesem Kapitel statt.

A. Loyalitäts- und Rücksichtnahmepflichten eines Arbeitnehmers

Arbeitsverhältnisse beruhen in jeder Rechtsordnung auf einem Vertrauensverhältnis zwischen den Vertragspartnern. Dieses Verhältnis beinhaltet demzufolge einige Pflichten des Arbeitnehmers gegenüber seinem Arbeitgeber. Gem. § 241 Abs. 2 BGB im deutschen Recht muss der Arbeitnehmer auf die Rechte und Interessen seines Arbeitgebers Rücksicht nehmen. Mit anderen Worten, er hat seine Pflichten aus dem Arbeitsverhältnis so zu erfüllen und die Interessen des Arbeitgebers so zu wahren, wie dies von ihm nach Treu und Glauben gem. § 242 BGB billigerweise zu verlangen wäre.[167] Von dieser Pflicht des Arbeitnehmers ist auch die Wahrung von Betriebs- und Geschäftsgeheimnissen erfasst; Arbeitnehmer müssen über Tatsachen und betriebliche Vorgänge schweigen, an deren Geheimhaltung ein Arbeitgeberinteresse vorliegt.[168] Nach § 4 Abs. 1 und 2

167 Vgl. Herbert/Oberrath, NZA 2005, 193 (195 f.).
168 Herbert/Oberrath, NZA 2005, 193 (195); Müller, NZA 2002, 424 (428 f.).

GeschGehG[169] darf man ein Geschäftsgeheimnis durch unerlaubte Handlungen wie u.a. unbefugter Zugang zu Dokumenten oder durch jedes sonstige Verhalten, das unter den jeweiligen Umständen nicht dem Grundsatz von Treu und Glauben unter der Berücksichtigung der anständigen Marktgepflogenheit entspricht, nicht erlangen, sowie darf ein dadurch erlangtes Geheimnis nicht offengelegt werden. Ebenso definiert sich im türkischen Arbeitsrecht die Loyalitätspflicht eines Arbeitnehmers als eine Wahrnehmung von schutzwürdigen Interessen des Arbeitgebers und das Unterlassen eines jeden, das berechtigte schutzwürdige Interesse des Arbeitgebers verletzenden Verhaltens i. V. m. dem Grundsatz von Treu und Glauben i. S. d. § 2 TMK (türkisches Zivilgesetzbuch).[170] Dementsprechend sind Arbeitnehmer nach § 396 TBK (türkisches Obligationengesetz) dazu verpflichtet, sich u.a. bei der Wahrnehmung der Interessen des Arbeitgebers loyal zu verhalten (Abs. 1) und Geschäftsgeheimnisse geheim zu halten (gem. Abs. 4 S. 1).[171]

Ein Whistleblowing, die Anzeige eines betrieblichen Missstandes, ist grds. in der Lage, um dieses Vertrauensverhältnis zwischen Vertragspartnern zu zerstören; es macht die Loyalität des Whistleblower-Arbeitnehmers gegenüber seinem Arbeitgeber fraglich.[172] Der Whistleblower setzt sich infolge der Verletzung von Loyalitäts- und Rücksichtnahmepflichten einigen rechtlichen Konsequenzen aus. Eine der häufig auftretenden Folgen ist die fristlose Kündigung des Arbeitsverhältnisses durch den Arbeitgeber gem. § 626 BGB im deutschen Recht. Auf eine Arbeitnehmeranzeige reagiert ein Arbeitgeber ebenso im türkischen Recht mit einer außerordentlichen Kündigung,[173] und zwar gem. § 25 Abs. 2 IK (türkisches Arbeitsgesetz), wonach eine außerordentliche Kündigung gerechtfertigt ist, wenn ein Arbeitnehmer Ehre und Ansehen seines Arbeitgebers oder

---

169 BGBl. 2019 I, S. 466, damit umgesetzt wurde die Richtlinie (EU) 2016/943 des Europäischen Parlaments und des Rates vom 8. Juni 2016 über den Schutz vertraulichen Know-hows und vertraulicher Geschäftsinformationen (Geschäftsgeheimnisse) vor rechtswidrigem Erwerb sowie rechtswidriger Nutzung und Offenlegung (Geheimnisschutz-Richtlinie), ABl. EU Nr. L 157, 1.

170 Uşan, S. 62; Alpagut, Sicil 2012, 23 (24).

171 Ein türkischer Gesetzentwurf über Geschäfts-, Bank- und Kundengeheimnisse vom 25.10.2011, mit Nr. 1/483 ist vorhanden, dies ist allerdings nicht zum Gesetz geworden. Der Entwurf ist abrufbar unter http://www.kgm.adalet.gov.tr/tasariasamalari/tbmmkms/tbmmkom/ticarisir.pdf.

172 Vgl. eine philosophische Abhandlung über die Loyalität der Arbeitnehmer gegenüber Arbeitgeber in Bezug auf das Whistleblowing, Larmer, J Bus Ethics 1992, 125 (125 f.).

173 Y7HD 4.5.2016, E. 2016/4402, K. 2016/10038.

dessen Familienmitglieder durch sein Verhalten oder durch haltlose Vorwürfe schädigt oder er den Ruf des Arbeitgebers durch unhaltbare Beschuldigungen verletzt (lit. b). Darüber hinaus darf eine fristlose Kündigung eines Arbeitnehmers erfolgen, wenn er das Vertrauen des Arbeitgebers missbraucht; wenn er u.a. durch Offenlegung von Geschäftsgeheimnissen gegen die Loyalitätspflicht handelt gem. § 25 Abs. 2 lit. e IK. Weiterhin kann ein Arbeitnehmer aufgrund eines Geheimnisverrats Schadenersatzansprüchen oder Strafverfolgungen gem. § 10 GeschGehG im deutschen Recht und § 26 Abs. 2 IK i. V. m. §§ 49 ff. TBK und wegen unerlaubter Handlungen nach §§ 112 ff. TBK sowie Strafe nach § 239 TCK (türkisches Strafgesetz) im türkischen Recht ausgesetzt sein.

B. Whistleblowing als Schranke zu den allgemeinen Verschwiegenheitspflichten

Bei einer Zulässigkeit der Arbeitnehmeranzeige dürfen Arbeitnehmer keine Folgen einer vertraglichen Pflichtverletzung erleiden. Ein Whistleblowing kann eine Zulässigkeit durch die Auslegung der arbeitsrechtlichen Rücksichtnahmepflichten im Lichte der Grundrechte (I) und durch die Ausnahme der Aufdeckung von illegalen Handlungen aus dem Tatbestand des Verbotes der Offenlegung von Geschäftsgeheimnissen erfahren (II).

I. Auslegung der Loyalitäts- und Rücksichtnahmepflicht im Lichte der Grundrechte

Der verfassungsrechtliche Schutz einer Meinungsäußerung aus Art. 5 GG eröffnet für Werturteile und Tatsachenbehauptungen, soweit sie nicht bewusst unwahr dargelegt sind.[174] Das Whistleblowing ist als eine Ausübung des Grundrechts der Meinungsfreiheit zu betrachten und zu schützen.[175] Allgemeine Gesetze wie die Pflicht der Arbeitnehmer zur Rücksichtnahme auf Arbeitgeberinteressen gem. § 241 Abs. 2 BGB können zwar die Grundrechte gem. Art. 5 Abs. 2 GG einschränken.[176] Die Rücksichtnahmepflicht eines Arbeitnehmers aus § 241 Abs. 2 BGB unterliegt aber selbst auch Schranken. Durch ein angesichts des weitbekannten

---

174 Dürig/Herzog/Scholz/*Grabenwarter*, GG Art. 5 Abs. 1, Abs. 2 Rn. 47 ff.

175 Andere Grundrechte wie Petitionsfreiheit aus Art. 17 GG haben bei einer grundrechtlichen Analyse zum Whistleblowing nur selten Berücksichtigung gefunden, Becker, S. 43 f.; m. w. N. Forst, NJW 2011, 3477 (3478).

176 Hinrichs, Das ArbR der Gegenwart, Band 18, 35 (43); Stürner, S. 296 f.; Oetker, RdA 2004, 8 (8 f.).

Lüth-Urteils entwickeltes Prinzip der mittelbaren Drittwirkung der Grundrechte im Privatrecht sind die allgemeinen Gesetze, namentlich vertragliche Pflichten, im Lichte der Bedeutung des einschlägigen Grundrechts anzusehen und so zu interpretieren, damit der besondere Wertgehalt des Grundrechts auf jeden Fall gewahrt bleibt.[177] Die arbeitsvertragliche Loyalitäts- und Rücksichtnahmepflicht darf demnach das Grundrecht zur Meinungsäußerung nicht aushöhlen.[178] Schließlich ist eine Interessenabwägung vorzunehmen zwischen dem einschlägigen Grundrecht, der Meinungsfreiheit eines Arbeitnehmers einerseits, und den Grundrechten seines Arbeitgebers – wie die Berufsfreiheit aus Art. 12 Abs. 1 GG – und, damit verbunden, geschützten Rechtsgütern andererseits. Die Meinungsfreiheit gewinnt umso mehr an Gewicht, als die Äußerung von öffentlichem Interesse ist bzw. sie zu der öffentlichen Meinungsbildung beiträgt.[179] Ihr Bezug auf eine für die Allgemeinheit relevante Fragestellung verleiht allerdings somit der Meinungsfreiheit keinen absoluten Vorrang.[180] Es geht vielmehr um die Abwägung der widerstreitenden Interessen unter der Berücksichtigung der Umstände des Einzelfalles. Es gilt, die Kollision zwischen dem Grundrecht der Meinungsfreiheit und dem Grundrecht an Unternehmensfreiheit im Wege einer praktischen Konkordanz aufzulösen.

Im türkischen Recht fällt eine Arbeitnehmeranzeige ebenso in den Schutzbereich der Meinungsfreiheit gem. Art. 25, 26 AY (türkische Verfassung).[181] Nach dem Rechtsstaatsprinzip gem. Art. 2 und Aufgabe des Staats zur Wahrung der Grundrechte und Freiheiten aus Art. 5 AY hat der Staat nicht nur die negative Pflicht zum Unterlassen an Eingriffen in die Grundrechte, sondern auch eine positive Pflicht, Privatverhältnisse so zu regeln, um eine Aushöhlung der Ausübung

---

177 BVerfGE 7, 198 (208).

178 MüKoBGB/*Bachmann*, BGB § 241 Rn. 58 f.

179 BVerfG 4.10.1988 – 1 BvR 1611/87, NJW 1992, 1153.

180 Vgl. mit US-amerikanischem Grundrechtsverständnis, von Ungern-Sternberg, in: Matz-Lück/Hong 2012, S. 69 (74 f.); Grimm, NJW 1995, 1697 (1703).

181 In der arbeitsrechtlichen Literatur und in der Rechtspraxis der türkischen Gerichte erwähnt man kaum grundrechtlich geschützte Vertragsfreiheit der Arbeitgeber in Bezug auf das Whistleblowing, die Freiheit der Arbeit und eines Vertragsschlusses aus Art. 48 AY dürfte aber aufseiten der Arbeitgeber im Hinblick auf ein Whistleblowing thematisiert werden. Teils wird auch dem Recht zu einer freien Rechtssuche herangezogen, gem. Art. 36 AY, wonach jedermann das Recht auf ein faires Verfahren im Falle der Nutzung legaler Mittel hat und jeder darf vor den Rechtsprechungsorganen als Kläger oder Beklagter auftreten und sich verteidigen. Y4HD 6.5.2019, E. 2018/5207, K. 2019/2590; Y9HD 26.5.2011, E. 2009/14467, K. 2011/15642.

der Grundrechte der Parteien zu vermeiden.[182] Die Rechte und Pflichten aus einem Arbeitsvertrag sind im Lichte der Grundrechte auszulegen.[183] Nach Art. 13 AY können Grundrechte und Freiheiten ohne Berührung ihres Kerns und durch Gesetze und aufgrund gesetzlich vorgeschriebener Gründe [...] eine Beschränkung erfahren, soweit die Beschränkung zur Erreichung eines legitimen Ziels erfolgt und dies in einer demokratischen Gesellschaft [...] erforderlich und verhältnismäßig ist. Schließlich geht es ebenfalls im türkischen Recht um einen verhältnismäßigen Ausgleich kollidierender Verfassungsgüter im Rahmen der praktischen Konkordanz.[184]

II. Whistleblowing als Ausnahmetatbestand des Verbotes der Offenlegung von Geschäftsgeheimnissen

Das Whistleblowing wird unter bestimmten Voraussetzungen nicht mehr als Verletzung von Geheimhaltungspflichten bewertet. Beim Fehlen einer gesetzlichen Definition von Geschäftsgeheimnissen ist das Whistleblowing dadurch für zulässig erklärt worden, indem illegale Praktiken eines Arbeitgebers aus dem Geheimnisbegriff ausgeschlossen sind. Demnach vertritt ein Teil der Rechtsliteratur in Deutschland die Ansicht, illegale Verhalten fielen nicht unter den Geheimnisbegriff, weil ein berechtigtes Geheimhaltungsinteresse des Arbeitgebers, ein Wesensmerkmal des Geheimnisbegriffs, bei illegalem Verhalten nicht gegeben ist.[185] Demgegenüber gibt es auch eine – überwiegend vertretene – Meinung, ein starrer Ausschluss rechtswidrigen oder sittenwidrigen Verhaltens vonseiten eines Arbeitnehmers öffne die Tür, um jedes beobachtete Fehlverhalten als rechtswidrig oder sittenwidrig zu qualifizieren und somit im Betrieb eine Art von Hilfspolizist bzw. Sittenrichter einstellen zu können.[186] Bei einer Einbeziehung der Rechtswidrigkeiten in den Geheimnisbegriff galt das Whistleblowing als Verletzung von Geheimhaltungspflichten. Um das Whistleblowing zu rechtfertigen, kam es danach zum Heranziehen von zivil- oder strafrechtlichen Rechtfertigungsgründen wie § 824 BGB oder § 34 StGB.[187] Auch die Definition

---

182 Öktem Songu, DEÜHFD 2013, 609 (625); Çetin, S. 54; Kaya, in: Ifade Özgürlügü Üzerine Uluslararasi Sempozyum 2017, S. 3 (21).

183 Çetin, S. 75.

184 AYM 16.11.2016, Yalcin Nr. 2014/5959, Rn. 37.

185 Richters/Wodtke, NZA-RR 2003, 281 (282); Preis/Reinfeld, ArbuR 1989, 361 (363).

186 Engländer/Zimmermann, NZWiSt 2012, 328 (330); Schmitt, RdA 2017, 365 (370); Gach/Rützel, BB 1997, 1959 (1962).

187 von Pelchrzim, CCZ 2009, 25 (27 f.); Ullrich, NZWiSt 2019, 65 (66 ff.); Engländer/Zimmermann, NZWiSt 2012, 328 (330).

eines Geschäftsgeheimnisses in § 2 Nr. 1 GeschGehG hat die Frage nach der Einbeziehung von illegalen Machenschaften in den Geheimnisbegriff nicht endgültig beantwortet.[188] Durch § 5 Nr. 2 des Gesetzes wurde aber ein Ausnahmetatbestand bzgl. des Whistleblowings geregelt. Gem. § 5 Nr. 2 GeschGehG sind die Erlangung, Nutzung oder Offenlegung eines Geschäftsgeheimnisses aus dem Verbotstatbestand des § 4 GeschGehG ausgenommen, wenn dies zur Aufdeckung einer rechtswidrigen Handlung oder eines beruflichen oder sonstigen Fehlverhaltens erfolgt und dies geeignet ist, das allgemeine öffentliche Interesse zu schützen. Statt eines „Rechtfertigungsgrundes" hat das Gesetz wissentlich eine „Ausnahme" ausgewählt, weil hierdurch das Whistleblowing nicht mehr prima facie als rechtswidrig betrachtet werden würde.[189] Der praktische Nutzen des § 5 Nr. 2 GeschGehG findet man allerdings gering, und zwar es würde nur für spezialgesetzliche Ansprüche und Straftatbestände angewandt werden.[190] Der Grund dafür ist, dass das GeschGehG den Geheimnisschutz zum Gegenstand hat. Es regelt schlussendlich nicht die Einzelheiten eines Whistleblower-Schutzes wie Missstände, die das öffentliche Interesse verletzen können, und Meldeverfahren.[191]

Ein solcher gesetzlicher Ausnahmetatbestand für Whistleblowing existiert derzeit im türkischen Recht nicht.[192] Die Gestaltung der diesbezüglichen

188 Näher dazu Preis/Seiwerth, RdA 2019, 351 (354); Schreiber, NZWiSt 2019, 332 (335); Bissels/Schroeders/Ziegelmayer, DB 2016, 2295.

189 Beschlussempfehlung BT-Drs. 19/8300, S. 14.

190 Gerdemann, SR 2021, 89 (90).

191 BeckOK GeschGehG/*Hiéramente*, § 5 Rn. 36 f.

192 Der gescheiterte türkische Gesetzentwurf über Geschäfts-, Bank- und Kundengeheimnisse vom 25.10.2011, mit Nr. 1/483 (Fn. 172) sollte einerseits Geschäfts-, Bank- und Kundengeheimnissen schützen und andererseits die Transparenz in den im Gesetz aufgezählten Wirtschaftsbereichen zur Verhinderung der Korruption, Geldwäsche, Finanzierung des Terrorismus etc. gewährleisten. Es soll danach weiterhin verhindert werden, dass die Verfolgung der Korruptionsvorwürfe nicht effektiv durchgeführt werden kann, weil die Informationsschaffung mit der Begründung, es sei um ein Geschäfts- oder Kundengeheimnis geht, gehindert wird. Deshalb soll es gesetzlich bestimmt werden, was Geschäfts- Bank- und Kundengeheimnis ist (§ 1 de Entwurf), was die Grundsätze zu deren Offenlegung und Geheimhaltung sollen (§ 3 bis § 7), unter welchem Zustand deren Offenlegung nicht verboten ist (§ 3) sowie welche Rechtsfolge für den Verstoß gegen dieses Gesetz vorliegen (§ 8). Nach § 2 Abs. 1 lit. a des türkischen Entwurfs sind Geschäftsgeheimnisse Informationen bzw. Akten über die Tätigkeitsbereiche eines Geschäftsbetriebs oder einer Gesellschaft, deren Kenntnisnahme nur einem engen Personenkreis möglich ist, vor allem deren Bekanntgabe für den Geschäftsbetrieb oder die Gesellschaft wirtschaftliche Nachteile

Rechtsprechung ist nicht ausgeprägt. Die Ansichten in der Literatur hingegen sind nicht einstimmig. Bei einer Verschwiegenheitspflichtverletzung aufgrund einer Arbeitnehmeranzeige besteht hier überwiegend die Meinung, die vertragliche Verschwiegenheitspflicht aus § 396 TBK umfasse nicht die Geheimhaltung illegaler Machenschaften.[193] Dieser Ansicht liegt ein Urteil des 7. Senats des Kassationshofes zu Strafrechtssachen aus dem Jahre von 1987 zugrunde.[194] Es handelt sich um einen Arbeitnehmer, der wegen des Geheimnisverrats i. S. d. § 363 TTK (Handelsgesetzbuch a. F.) verurteilt war, weil er die Steuerhinterziehungspraktiken seines Arbeitgebers angezeigt hat. Das Gericht hat den Vorwurf abgelehnt. Der Arbeitnehmer habe mit der Anzeige einer Steuerhinterziehung des Arbeitgebers kein Geschäftsgeheimnis verraten. Jeder Steuerzahler müsse seiner Pflicht zur Entrichtung von Steuern nachkommen und der Staat sei für die Erfüllung der Verfolgung dieser Zahlungspflicht verantwortlich. Es sei angesichts dieser staatlichen Verantwortung widersprüchlich, wenn die Rechtsordnung Steuerhinterziehungen als ein Geschäftsgeheimnis schützen würde. Die Literatur aus jüngerer Zeit jedoch äußert sich zu der Frage nach einem Geheimnisverrat durch Whistleblowing teils abweichend. Hierzu zählt etwa die Ansicht, Rechtswidrigkeiten eines Arbeitgebers könnten unter den Begriff des Geschäftsgeheimnisses fallen, wenn hinsichtlich des Geheimnisbegriffes davon auszugehen sei, es bestehe im Falle der Aufdeckung eines derartigen Verhaltens eine Gefahr der Beeinträchtigung der wirtschaftlichen Interessen des Arbeitgebers.[195] Die Aufdeckung der Rechtswidrigkeiten ist danach als gerechtfertigt anzusehen im Falle der Begründung eines überwiegenden Interesses an der Aufdeckung.[196] Die Anzeige eines Arbeitnehmers, welche etwa betriebliche Gesundheits- oder Sicherheitsgefahr zum Gegenstand hat und zum Schutz der eigenen und/oder der Interessen der Belegschaft erfolgt ist, ließe sich schließlich aus Notstand oder

als Folge haben kann und die daher eine große Relevanz für ein erfolgreiches und funktionsfähiges Wirtschaftsleben des Unternehmens haben. Nach § 3 Abs. 1 verstößt die Aufdeckung von Geheimnissen nicht gegen dieses Gesetz, wenn sie [...] nach einer gesetzlichen Transparenzaufforderung zu veröffentlichen oder sie in offiziellen Registern einzutragen sind (lit. a), wenn der Geheimnisinhaber in deren Offenlegung einwilligt (lit. b) oder wenn sie zur Ausführung gesetzlicher Verpflichtungen zu enthüllen sind (lit. c).

193 Uşan, S. 24 ff.; Arslan Ertürk, S. 289.

194 Y7CD 8.4.1987, E. 1986/17826 K. 1987/4019.

195 Alp, S. 121; Alpagut, Sicil 2012, 23 (24).

196 Alpagut, Sicil 2012, 23 (28).

aus Notwehr i. S. d. § 25 TCK sowie aus zivilrechtlichen Rechtfertigungsgründen wie gem. § 24 Abs. 2 TMK und § 63 TBK rechtfertigen.[197]

C. Rechtsgrundlage und Praxis

I. Gesetzliche Grundlagen

Bei den gesetzlichen Vorgaben, die bis zum Erlass des deutschen Hinweisgeberschutzgesetzes die rechtliche Grundlage für das Whistleblowing gebildet haben, wird beobachtet, dass diese nur unzureichend Schutz für Hinweisgeber bieten.[198] Das gleiche lässt sich auch für das türkische Recht behaupten.

Im deutschen Recht zählt hierzu zuerst das allgemeine Benachteiligungsverbot gem. § 612a BGB, wonach die Benachteiligung eines Arbeitnehmers durch seinen Arbeitgeber untersagt wird, sofern der Arbeitnehmer in zulässiger Weise seine Rechte ausgeübt hat. Die Norm ist zwar für Whistleblowing-Fälle anwendbar.[199] Sie hat aber in der Praxis keine Bedeutung, weil bei § 612a BGB die Darlegungs- und Beweislast in Bezug auf einen Kausalzusammenhang zwischen zulässiger Ausübung des Anzeigerechts des Arbeitnehmers und unzulässiger Maßregelung durch den Arbeitgeber der Arbeitnehmer trägt, wobei dem Arbeitnehmer dieser Nachweis hingegen kaum möglich ist.[200] Außerdem schützt das Beschwerderecht gem. §§ 84 ff. BetrVG Arbeitnehmer vor Maßregelungen, allerdings nur dann, wenn sich der Arbeitnehmer über einen ihn beeinträchtigenden Missstand beschwert. Unabhängig von individueller Betroffenheit existieren weitere Vorgaben, deren Anwendungsbereich jedoch auf bestimmte Bereiche beschränkt ist.[201] Zu nennen ist etwa § 17 Abs. 2 ArbSchG, welcher beim Verstoß gegen Arbeitsschutz Beschäftigten interne und externe Anzeigerechte einräumt und Anzeigende vor möglichen Benachteiligungen schützt. Weiterhin sehen einige Rechtsgebiete strukturelle Maßnahmen für Unternehmen vor, wonach Beschäftigten ermöglicht wird, Missstände zu melden.[202] Eine allgemeine Pflicht zur Einrichtung interner Hinweisgebersysteme für Unternehmen

---

197 Alp, S. 149 f.

198 Gerdemann, RdA 2019, 16 (19); Reinhardt-Kasperek/Kaindl, BB 2018, 1332 (1335).

199 Graser, S. 133 f.

200 Krause, in: Whistleblowing – A Comparative Study 2016, S. 155 (166); Gerdemann, Rn. 243.

201 Forst, SGb 2014, 413 (418); Ogorek, FS Weiss 2005, 539 (554).

202 M. w. N. Gerdemann, Rn. 184 ff.

gibt es allerdings nicht.[203] Kreditinstitute gem. § 25 a Abs. 1 S. 6 Nr. 3 KWG und § 6 Abs. 5 GwG und Versicherungsunternehmen gem. § 26 Abs. 1 VAG oder Unternehmen gem. Sec. 301 (4) des Sarbanes-Oxley-Acts – wenn diese an der US-amerikanischen Börse notiert sind – richten interne Meldesysteme ein, um Verstöße in den jeweiligen Bereichen verfolgen zu können.[204] Ein internes Beschwerdeverfahren findet sich schließlich im Lieferkettensorgfaltspflichtengesetz (im Folgenden: LkSG).[205] Nach § 3 Abs. 1 LkSG haben Unternehmen die im Gesetz vorgesehenen Sorgfaltspflichten wahrzunehmen, wie die Etablierung eines Risikomanagementsystems gem. § 3 Abs. 1 Nr. 1, um menschenrechtlichen oder umweltbezogenen Risiken in ihren Lieferketten vorzubeugen, sie zu minimieren oder die Verletzung von menschenrechtsbezogener oder umweltbezogener Pflichten zu beenden.[206] In diesem Zusammenhang haben Unternehmen

---

203 Der Deutsche Corporate Governance Kodex (DCGK) enthält Handlungsempfehlungen entsprechend internationalen und national anerkannten Standards guter und verantwortungsvoller Unternehmensführung, unter anderem die Einführung eines Kontroll-/Meldesystems aufgeschrieben ist (Nr. 4.1.3.). § 161 AktG verpflichtet zwar börsennotierte Gesellschaften, zu veröffentlichen, ob und in welchem Umfang den Empfehlungen des DCGK gefolgt werden, sichert aber unter dem Prinzip „comply or explain" keine umfassende Konformität mit Empfehlungen zu Management und Aufsichtsrat, Hauschka/Moosmayer/Lösler, § 1 Rn. 31; vgl. Graewe/Velte, DB 2020, 2529 (2529 f.); Kort, FS Windbichler 2020, 837 (844).

204 Helm, BB 2018, 1538 (1540 ff.); Renz/Rohde-Liebenau, BB 2014, 692 (693); Müller-Petzer, CCZ 2018, 162 (165 f.).

205 BGBl. 2021 I, S. 2959; dem Erlass des Gesetzes liegen u.a Unglücksfälle zugrunde. Siehe etwa den Fall des Fabrikbrands in Karachi, in Pakistan, im Jahre 2012, für den das Unternehmen KiK mitverantwortlich gemacht wurde, weil dieses bei seinen Lieferanten nicht hinreichend auf die Einhaltung von Sicherheitsstandards u.a. Brandschutzvorgaben hingewirkt habe. Bei dem Feuer in der Textilfabrik sollen 258 Menschen gestorben sein, berichtet SPIEGEL Wirtschaft, Stand 10.1.2019, abrufbar unter, https://www.spiegel.de/wirtschaft/unternehmen/kik-fabrikbrand-in-pakistan-klage-wegen-verjaehrung-abgewiesen-a-1247406.html. Dieser Fall soll bei der Regulierung der unternehmerischen Haftung für die Menschenrechtsverletzungen in Lieferketten für einen neuen Antrieb gesorgt haben, darauf hinweisend, Thomale/Murko, EuZA 2021, 40.

206 Dies und ähnliche Maßnahmen sind zwar in den völkerrechtlichen Verträgen als soft law bekannt, siehe etwa OECD-Leitsätze für Multinationale Unternehmen, http://www.oecd.org/investment/mne/1922428.pdf; OECD Due Diligence Guidance for Responsible Supply Chains of Minerals from Conflict-Affected and High-Risk Areas, https://www.oecd.org/daf/inv/mne/GuidanceEdition2.pdf; UN Guiding Principles on Business and Human Rights vom 2011 (sog. Ruggie-Prinzipien). Zu finden ist weiterhin eine Darstellung von (weiteren) internationalen und europäischen Vorgaben, die

gem. § 8 Abs. 1 LkSG dafür zu sorgen, dass ein angemessenes internes Beschwerdeverfahren eingerichtet ist, wodurch Personen auf menschenrechtliche und umweltbezogene Risiken sowie auf Verletzungen menschenrechtlicher und umweltbezogener Pflichten hinweisen können, die durch wirtschaftliches Handeln eines Unternehmens im eigenen Geschäftsbereich oder eines unmittelbaren Zulieferers entstanden sind. Nach § 8 Abs. 4 LkSG sind zwar einige Maßnahmen zum Schutz der Hinweisgeber wie die Vertraulichkeit der Hinweise zu ergreifen. Das Gesetz enthält allerdings keine Vorgaben zu einer für den Hinweisgeberschutz wesentlichen anderen Maßnahme, namentlich zu der Beweislast in Bezug auf die Darlegung des Zusammenhangs zwischen Hinweis und Repressalien.[207] Anwendbar bleibt daher das allgemeine Benachteiligungsverbot gem. § 612a BGB als „Schutz" vor Repressalien.[208] Ein externes Hinweisgebersystem findet sich hingegen bei der Bundesanstalt für Finanzdienstleistungsaufsicht (BaFin), welche Meldungen von finanzaufsichtsrechtlichen Verstößen entgegennimmt. Demzufolge finden Maßregelungsverbote Anwendung. Gem. § 4d Abs. 6 FinDAG ist es weder erlaubt, Mitarbeiter arbeitsrechtlich noch straf- oder schadenersatzrechtlich haftbar zu machen, wenn sie Verstöße gegen aufsichtsrechtliche und andere Vorschriften bei der von der BaFin eingerichteten Meldekanäle anzeigen.

Im türkischen Recht haben die Regelungen zum Whistleblowing ebenso sachlich beschränkte Anwendungsbereiche und sie sehen entweder keine oder nur unzureichende Schutzmaßnahmen vor.[209] Als ein (allgemeines) Benachteiligungsverbot dient etwa § 18 Abs. 3 lit. c IK, wonach es kein wirksamer Grund für eine Kündigung ist, dass ein Arbeitnehmer zur Wahrnehmung seiner gesetzlichen oder vertraglichen Rechte gegenüber den Interessen seines Arbeitgebers vor Gericht geht, die zuständige Behörde einschaltet oder an einem gerichtlichen Verfahren teilnimmt.[210] Nach § 20 Abs. 2 lit. c IK trägt der Arbeitgeber die

---

den Erlass des Gesetzes veranlasst haben, Spindler, ZHR 2022, 67 (69 f.); siehe ebenso die völkerrechtlichen Ansätze, Krause, RdA 2022, 303 (306); näher zu der Rolle des LkSG bei der Erweiterung der Compliance-Pflichten der Unternehmen, Seibt/Vesper-Gräske, CB 2021, 357 (362).

207 Spindler, ZHR 2022, 67 (87).

208 Sagan/Schmidt, NZA-RR 2022, 281 (289).

209 Alp, S. 92.

210 Eine rechtsvergleichende Untersuchung des deutschen und türkischen Kündigungsschutzrechts, siehe Erbaş, Die Entwicklung des türkischen Kündigungsschutzrechts bis zur Neufassung und Rechtsvergleich des neuen türkischen Kündigungsschutzrechts mit dem deutschen Kündigungsschutzrecht, 2010.

Nachweispflicht hinsichtlich der fehlenden Kausalität zwischen der Kündigung und der Rechtswahrnehmung des Arbeitnehmers. Die Vorschrift steht allerdings in der Gesetzessystematik unter den Voraussetzungen des gesetzlichen Kündigungsschutzes gem. § 18 Abs. 1 IK, sodass § 18 Abs. 3 IK nur für diejenigen gilt, die den Kündigungsschutz genießen.[211] Für andere Arbeitnehmer bleibt nur § 17 Abs. 6 S. 2 IK anwendbar, wonach der Arbeitgeber schadenersatzpflichtig ist – sog. „kötü niyet tazminati" – wenn er sein Kündigungsrecht missbräuchlich, also im Widerspruch mit dem Grundsatz von Treu und Glauben i. S. d. § 2 TMK ausübt. § 17 Abs. 6 S. 2 IK kommt zwar in der Praxis häufig zur Anwendung beim Aussprechen einer Kündigung aufgrund einer Arbeitnehmeranzeige, die Norm sieht aber lediglich einen Anspruch des missbräuchlich gekündigten Arbeitnehmers auf Schadenersatz vor; weitere Maßnahmen vor Repressalien ergeben sich nicht.[212] Die türkische Rechtsordnung enthält weiterhin keine mit § 17 Abs. 2 ArbSchG vergleichbare Norm. Eine ähnliche Vorschrift beinhaltet § 8 Abs. 1 S. 1 ISGK,[213] wonach eine vom Arbeitgeber eingestellte Fachkraft, deren Aufgabe die Unterstützung der Einhaltung der Gesundheits- und Sicherheitsnormen am Arbeitsplatz ist, die Missstände bei zuständigen Stellen des Vertreters der Gewerkschaften und des Ministeriums der Arbeit und Soziales anzeigt, bei der zuständigen Behörde anzeigen soll, falls der Arbeitgeber erforderliche Abhilfemaßnahmen innerhalb eines zumutbaren Zeitraums nicht ergreift; die Fachkraft ist folglich aufgrund der Meldung vor Maßregelungen geschützt.

Betriebsinterne Konfliktlösungsmechanismen sind hingegen in der türkischen Rechtsordnung kaum zu finden. Es gibt keine Betriebsräte, an die Arbeitnehmer sich in Bezug auf eigene arbeitsrechtliche Angelegenheiten beschweren könnten. Als Alternative bieten sich Vertreter der Gewerkschaften im Betrieb an, die gem. § 27 Abs. 3 Gesetz zu Gewerkschaften und Tarifverträgen für die Entgegennahme und Lösung tätigkeitsbezogener Arbeitnehmerbeschwerden zuständig sind.[214] Diese sind allerdings zum einen aufgrund der geringen Organisationsdichte in der Türkei nur gering im Einsatz, zum anderen bleibt ihre

211 Nach § 18 Abs. 1 IK unterliegt ein Arbeitnehmer dem gesetzlichen Kündigungsschutz, wenn sein Arbeitsverhältnis in einem Betrieb mit mindestens dreißig Beschäftigten ununterbrochen sechs Monate gedauert hat und er zum Zeitpunkt der Kündigung durch einen unbefristeten Arbeitsvertrag gebunden war.

212 I. H. v. einer dreifachen Entlohnung für den Zeitraum der Kündigungsfrist des Arbeitnehmers gem. § 17 Abs. 6 S. 2 IK, Y9HD 3.12.2018, E. 27110/2015, K. 22088/2018; Y22HD 2.3.2016, E. 2014/33470, K. 2016/6083.

213 Gesetz mit Nr. 6331, RG: 30.6.2012/28339.

214 Gesetz mit Nr. 6356, RG: 7.11.2012/28460.

Leistung offenbar unter der Schwelle der Betriebsräte im deutschen Recht.[215] Im Hinblick auf unternehmensinterne und staatliche Meldesysteme ist außerdem bisher keine klare Struktur entwickelt worden. Zunächst existiert eine allgemeine Pflicht für Unternehmen zur Einrichtung interner Hinweisgebersysteme nicht.[216] Zu finden ist zwar in einzelnen Bereichen wie im Banken- und Versicherungswesen eine gesetzliche Verpflichtung zur Einrichtung von Compliance-Systemen, welche Risiken über Finanzierung von Terrorismus und Geldwäsche erkennen sollen – ein sog. „Risikomanagement".[217] Sie sehen allerdings keine Pflicht zur Einrichtung von Whistleblower-Systemen sowie keine dementsprechenden

215 Hekimler, ZIAS 2005, 179 (185 f.).

216 Die türkische Kapitalmarktaufsichtsbehörde – tr. „Sermaye Piyasasi Kurulu" (SPK) – kümmert sich um entsprechende Aufgaben in der Türkei wie die BaFin in Deutschland, dessen offizielle Webseite erreichbar unter http://www.cmb.gov.tr/https://www.bafin.de/DE/Internationales/BilateraleZusammenarbeit/AuslaendischeAufsicht/auslaendischeaufsicht_node.html. SPK hat zudem ein Kodex. Vorwort des Kodexes von SPK, http://www.cmb.gov.tr/Sayfa/Dosya/84, S. 2. In Bezug zur Risikofrüherkennung und zum Schutz von Interessenträgern sollen Unternehmen und Banken über ein Komitee zur Corporate Governance und einen Prüfungsausschuss verfügen (gem. Nr. 4.5.1. und 4.2.3.). Weiterhin sollen Unternehmen angemessene Mechanismen entwickeln, worüber sich Interessenträger illegale und unethische Missstände gegen Ordnung des Unternehmens bzw. Banken bei dem oben genannten Komitee oder dem Prüfungsausschuss melden können (Nr. 3.1.4.). Zur Verhinderung der diskriminierenden Praktiken unter Beschäftigten hinsichtlich der Rasse, Religion, Sprache, etc., und aller Arten von physischer und psychologischer Gewalt sollen Maßnahmen getroffen werden (Nr. 3.3.7). SPK-Kodex, S. 24. Man diskutiert zwar im türkischen Handelsrechtschrifttum, ob bzw. inwieweit ein Vorstand mit einer Überwachung bzw. Kontrolle der Legalität eines Unternehmens verpflichtet ist – sog. Compliance yükümlülüğü –, im Einzelnen aber diskutiert man nicht um eine mögliche allgemeine Pflicht zur Einrichtung von Hinweisgebersysteme, siehe etwa zu Diskussionen, Yaşar, in: Karagöz/Özcanlı/Palanduz 2021, S. 267 (270 ff.); Pulaşlu, BaTiDer 2019, 36 (49 f.); eine freiwillige Einrichtung von Hinweisgebersysteme ist durch Tarifverträge, durch einzelne Vereinbarungen in den Arbeitsvertrag in Arbeits- und Betriebsverordnungen – tr. „isyeri yönetmeligi" –, oder durch die Ausübung des Direktionsrechts aus § 399 S. 1 TBK möglich. Siehe Alp, S. 233; diff., Kılıçoğlu, in: Şenocak 2011, S. 277 (281 ff.); Diese Bestimmungen unterliegen selbstverständlich verfassungsrechtlichen Grenze, dem Schutz von materieller und ideeller Existenz eines Arbeitnehmers nach Art. 17 AY, und einer Sittenwidrigkeitskontrolle gem. § 19 TBK, siehe Eroğluer/Öztürk, in: Köse/Alp 2020, S. 343 (370).

217 Suç Gelirlerinin aklanması ve Terörün Finansmanının Önlenmesine İlişkin Yükümlülüklere Uyum Programı Hakkında Yönetmelik, RG: 16.9.2008/26999.

Maßregelungsverbote vor. Ferner sind zwei Gesetze bekannt, nach denen staatliche Meldeadressaten einzurichten sind; Gesetz zur Antidiskriminierungsstelle (TİHEK) und Gesetz zum Schutz der personenbezogenen Daten (KVKK).[218] Nach § 17 Abs. 5 TİHEK dürfen sich Betroffene an die türkische Antidiskriminierungsstelle wenden, wenn sie eine Diskriminierung i. S. d. § 5 IK[219] erlitten und ein Meldeverfahren eingeschaltet haben, welches nach dem Arbeitsgesetz und betreffenden arbeitsrechtlichen Ordnungen vorgesehen ist – das türkische Arbeitsgesetz enthält aber gegenwärtig kein Meldeverfahren – und wenn es gibt keine erforderliche Maßnahme, die gegen eine erlittene Diskriminierung ergriffen werden kann.[220] Ein Maßregelungsverbot ergibt sich nur mittelbar aus einer nach § 17 Abs. 1 S. 3 TİHEK als unzulässig angesehenen Behinderung bzw. bei Verhinderung des Beschwerderechts. Ebenso steht einem einzelnen Betroffenen gem. § 13 Abs. 1 KVKK ein Beschwerderecht beim zuständigen Datenschutzbeauftragten zu. Falls er dadurch keine Abhilfe bekommt, darf er sich an die türkische Datenschutzbehörde gem. § 14 Abs. 2 KVKK wenden.[221] Nähere Hinweise über Meldeverfahren und Schutzmaßnahmen hingegen sind nicht erhältlich.

Es gibt zwei seit Langem existierende staatliche Stellen, deren Nutzen für das Whistleblowing aber in der Praxis fraglich ist. In Betracht kommt zuerst das Kommunikationszentrum der Präsidentschaft (im Folgenden: BIMER), welches als eine der öffentlich bekanntesten Stellen seit 2006 im Einsatz ist. Über diesen Weg kann jeder Bürger Missstände aller Art melden und/oder Vorschläge zur Beseitigung eines Missstandes machen. BIMER hat zwar ein einfaches, leicht zugänglich internetbasiertes System.[222] Über dessen Funktionsweise und Meldeverfahren sowie Schutzmaßnahmen sind allerdings keine Informationen verfügbar. Zu entnehmen ist der Webseite des BIMER nur, die Stelle erteile Anzeigenden

218 Der Schutz der personenbezogenen Daten des Arbeitnehmers als eine vertragliche Pflicht des Arbeitgebers ist im Arbeitsgesetz § 75 Abs. 2 IK vorgesehen. Das Gesetz KVKK enthält hingegen die Einzelheiten die Rechte der Personen, deren personenbezogenen Daten geschützt werden, und die Pflichten der dafür Verantwortlichen sowie der Datenschutzbeauftragter. KVKK mit Gesetznummer 6698 ist seit dem 24.3.2016 in Kraft.

219 Gem. § 5 IK darf niemand aufgrund seiner Sprache, Herkunft, Farbe, seines Geschlechts, seiner Behinderung, politischen Ansicht, Religion etc. eine Ungleichbehandlung erfahren.

220 Gesetz mit Nr. 6701, RG: 20.4.2016/29690.

221 Innerbetriebliche Abhilfe ist nur bei der Wendung an diese Stelle vorausgesetzt, dies schließt eine Klage vor Gericht nicht aus, Çelik/Caniklioğlu/Canbolat, S. 341.

222 Das Hinweisgeberportal ist erreichbar unter https://www.cimer.gov.tr/.

innerhalb von 30 Tagen nach dem Meldeeingang eine Rückmeldung. Über die Vertraulichkeit der Hinweise gibt es Bedenken; nicht ausgeschlossen ist etwa die Offenbarung der Identität der Hinweisgeber dem Beschuldigten bzw. Arbeitgeber vonseiten BIMER. Infolgedessen kann beispielsweise ein Arbeitgeber von dem anzeigenden Arbeitnehmer erfahren und ihn kündigen. Schließlich erhalten Hinweisgeber Prämien nach verschiedenen Gesetzen.[223] Die öffentlich bekannteste ist die Prämie, die für Meldungen von Steuerrechtsverstößen, die von dem Kommunikationszentrum über Steuersachen (im Folgenden: türkische Steuerbehörde) – bereits oben unter Kap. § 2 erwähnte Stelle –, nach § 6 des einschlägigen Gesetzes Nr. 1905 schon seit 1931 zur Wahrnehmung einer effektiven Rechtsverfolgung im Steuerwesen gezahlt wird.[224] Das Ziel ist die Erhöhung der Meldebereitschaft. Das Gesetz enthält nur wenige Informationen zum Belohnungssystem; Hinweisgeber haben Anspruch auf eine Belohnung, wenn sie vom Gesetz aufgezählte Arten von Verstößen wie u.a. Unterlassung der Steuerpflichten via das eingerichtete internetbasierte System telefonisch, postalisch oder persönlich bei der Steuerbehörde melden. Behörden melden sich innerhalb von 30 Tagen in Bezug auf die Folgemaßnahmen bzw. das Ergebnis hinsichtlich der Ermittlung bei Hinweisgebern. Es sind keine Angaben für Maßnahmen zum Schutz vor Maßregelungen zu finden.

II. Die bisherige Rechtsprechung

Die Rechtsprechung hat das Whistleblowing längst als eine Kollision der Subjektivrechte von Arbeitgebern und Arbeitnehmern betrachtet.[225] Die Auflösung dieser Kollision erfolgte durch einen Ausgleich der kollidierenden Interessen der

223 Siehe etwa Verordnung des Gesetzes zur Bekämpfung von Schmuggel mit Nr. 5607, RG: 28.02.2020/31053.

224 Gem. § 6 des Gesetzes mit Nr. 1905, RG: 31.12.1931/1990. Unter Betrachtung der negativen Konnotation des Whistleblowings als „Ispiyoncu“ – wie es empirischen Erkenntnissen bekannt ist –, ist die Einführung eines Belohnungssystems in der Türkei merkwürdig und daher stellt sich die Frage nach deren Anlass. Die Begründung des Gesetzes ist allerdings nicht auffindbar. Auch der Literatur sind die tatsächlichen Hintergründe der Prämie nicht zu entnehmen, obgleich dieses Belohnungssystem oftmals zum Gegenstand (rechts)wissenschaftlicher Untersuchungen wie oben unter Kap. § 2 dargelegte empirischen Studien geworden ist. Deswegen konnte der Anlass für das Vorsehen der Prämie für Meldung von Steuerrechtswidrigkeiten nicht ermittelt werden.

225 Meyer, HRRS 2018, 322 (324).

Arbeitgeber und Arbeitnehmer.[226] Dabei kamen in Bezug auf das Arbeitsrecht zugeschnittene Konfliktlösungsmechanismen wie Rücksichtnahmepflichten zum Einsatz.[227] Die allgemeinen Voraussetzungen zum Schutz von Whistleblowern in Deutschland sind überwiegend durch die von einer richterlichen Rechtsfortbildung aufgestellten Einzelfallkriterien, u.a. schuldrechtsbezogene Aspekte des Arbeitsrechts wie Motive des Whistleblower-Arbeitnehmers, entstanden.[228]

Hierzu nennenswert ist zuerst das Urteil des BVerfG 2001. Es handelte sich um einen Arbeitnehmer, der im Rahmen eines Strafermittlungsverfahrens gegenüber seinem Arbeitgeber als Zeuge aussagte und daraufhin vom Arbeitgeber seine Kündigung erhalten hatte. Laut Gericht stellte die Zeugenaussage des Arbeitnehmers eine grundrechtlich geschützte Wahrnehmung staatsbürgerlicher Rechte aus Art. 2 Abs. 1 GG i. V. m. dem Rechtsstaatsprinzip des Art. 20 Abs. 3 GG dar und dies – soweit nicht wissentlich unwahre oder leichtfertig falsche Angaben gemacht werden – führt in der Regel nicht dazu, daraus einen Grund für die Kündigung eines Arbeitsverhältnisses abzuleiten.[229] Neben dem Kriterium der sachlichen Berechtigung einer Anzeige – ob es sich um wissentlich falsche Angaben geht – haben Arbeitsgerichte zusätzliche Kriterien entwickelt. 2003 hat das BAG eine Leitentscheidung getroffen, nach der eine arbeitsrechtliche Pflichtverletzung gegeben ist, wenn die Anzeige unverhältnismäßig ist; mit anderen Worten, wenn der Arbeitnehmer hinsichtlich des Missstandes nicht zuerst intern zumutbare Aufklärungsmöglichkeiten ausgeschöpft hat, und/oder wenn er mit einer Absicht zur Schädigung der Arbeitgeberinteressen gehandelt hat.[230] In dem der Entscheidung zugrunde liegenden Fall ging es um einen Sozialarbeiter eines Jugendzentrums, der seinen Vorgesetzten aufgrund einer Veruntreuung von Geldern und weiteren Delikten bei der Staatsanwaltschaft angezeigt hat und deshalb gekündigt worden ist. Das BAG begründete die Pflichtverletzung mit einer verwerflichen Motivation des Arbeitnehmers. Der Sozialarbeiter habe das Fehlverhalten seines Vorgesetzten, mit dem er kurz vor der Anzeige in einer persönlichen Spannung war, als Anlass genommen, um seinen Vorgesetzten zu schädigen bzw. ihn kündigen zu lassen. In nachfolgenden Entscheidungen haben Arbeitsgerichte Kriterien die fehlende Suche nach einer internen Abhilfe

226 Fischer-Lescano, in: Transnationales Recht 2014, S. 435 (447 f.).

227 Forst, NJW 2011, 3477 (3481).

228 Simon/Schilling, BB 2011, 2421 (2427); Garden/Hiéramente, BB 2019, 963 (965); siehe eine Darstellung der richterlichen Rechtsfortbildung, Berthold, S. 25.

229 BVerfG 2.7.2001 – 1 BvR 2049/00, NJW 2001, 3474 (3476).

230 BAG 3.7.2003 – 2 AZR 235/02, NZA 2004, 427 (431).

sowie eine böswillige (Schädigungs-)Absicht herangezogen, um eine vertragliche Pflichtverletzung bzw. eine Kündigung des Arbeitnehmers zu begründen, und zwar selbst, wenn keine wissentlich falschen Angaben gemacht worden sind.[231]

Mit einem Urteil von EGMR 2011 zum Falle von Heinisch haben sich die Grundsätze zum Whistleblowing weiterentwickelt.[232] Es ging um die Altenpflegerin Frau Heinisch, die im Berliner Altenpflegeheim Vivantes tätig war und eine Strafanzeige gegen ihre Arbeitgeberin aufgrund eines Betrugsfalls, namentlich einer gefälschten Dokumentation der Personalausstattung, erstattet hat, nachdem sie sich mehrmals intern über Personalmangel in der Pflege beschwert hatte, die Arbeitgeberin aber keine Maßnahmen zur Abhilfe getroffen hatte. Nach dem Einstellen des Strafverfahrens kündigte die Arbeitgeberin Frau Heinisch fristgemäß. Danach wendete sich Frau Heinisch an eine Gewerkschaft, welche Flugblätter mit Vorwürfen der Arbeitnehmerin verteilte. Die Arbeitgeberin kündigte daraufhin Frau Heinisch fristlos, weil sie die vermeintliche Herstellung und Verteilung eines Flugblattes mit Vorwürfen gegen Vivantes veranlasst hatte. Nach einer erfolglosen Kündigungsschutzklage bei deutschen Gerichten hat sich Frau Heinisch an den EGMR mit der Rüge eines Verstoßes gegen Art. 10 EMRK gewandt.

Nach der ständigen Rechtsprechung des EGMR genießen Whistleblower wie Beschäftigte im privaten und im öffentlichen Sektor Meinungsfreiheit.[233] Im Besonderen zu Whistleblowing-Fällen hebt der Gerichtshof hervor, dass der Schutz eines Arbeitnehmers besonders relevant sei, wenn dieser der Einzige oder einer von einer kleinen Gruppe ist, der von dem Missstand weiß und darauf hinweisen kann.[234] Bei der Behauptung über einen Eingriff in die Meinungsfreiheit

---

231 ArbG Düsseldorf 6.10.2011 – 4 Ca 3895/07, BeckRS 2014, 65848; LAG Rheinland-Pfalz, 17.11.2016 – 5 Sa 275/16, BeckRS 2016, 112640, Rn. 37 ff.; BAG 7.12.2006 – 2 AZR 400/05, NZA 2007, 502 (504); BAG 15.12.2016 – 2 AZR 42/16, NJW 2017, 1833 (1834 ff.); OLG Frankfurt a. M. 8.5.2014 – 16 U 175/13, NZA-RR 2014, 437 (439); LAG Köln 2.2.2012 – 6 Sa 304/11, NZA-RR 2012, 298 (300 ff.); LAG Hessen 6.1.2006 – 17 Sa 1343/04, BeckRS 2006, 41689, Rn. 33 ff.

232 EGMR 21.7.2011 – 28274/08, Heinisch/Deutschland, NZA 2011, 1269; Anm. Wienbracke, FS Pulte 2012, 21.

233 EGMR 21.3.2017 – 30655/09, Ana Ioniță/Rumänien, NJW 2018, 2247, Rn. 40.

234 EGMR 12.2.2008 – 14277/04, Guja/Moldawien, Rn. 72, erreichbar unter http://hudoc.echr.coe.int/eng?i=001-85016; EGMR 16.2.2021 – 23922/19, Gawlik/Liechtenstein, BeckRS 2021, 1820, Rn. 65; vgl. mit privilegierter Position der Hinweisgeber, Erwägungsgrund Nr. 1, 3 der HinSch-RL, siehe Kap. § 3, D, II.

aus Art. 10 EMRK durch die Aufdeckung von rechtswidrigen oder strafbaren Verhalten prüft der EGMR, ob der Eingriff in einer demokratischen Gesellschaft notwendig war und ob er im Hinblick auf das verfolgte Ziel verhältnismäßig war.[235] Ferner schuldet ein Arbeitnehmer seinem Arbeitgeber Loyalität, Zurückhaltung und Diskretion – sog. „loyality, reserve and discretion".[236] Dies veranlasst die Vornahme einer Abwägung der Interessen der Arbeitnehmer an der Meinungsäußerung durch Offenbaren eines rechtswidrigen oder strafbaren Verhaltens seines Arbeitgebers einerseits und der Interessen des Arbeitgebers an dem Schutz des guten Rufs und den geschäftlichen Interessen andererseits.[237] Bei der Interessenabwägung berücksichtigt der EGMR folgende Merkmale:[238]

1. Das öffentliche Interesse an der durch Arbeitnehmer vorgenommenen Information.
2. Authentizität der Information: Jede Person, die sich für die Weitergabe einer Information entscheidet, muss sorgfältig überprüfen, ob die Information richtig ist.
3. Der Schaden, der den Arbeitgeber aufgrund der Informationsweitergabe trifft: Abzuwägen sind der Schaden und das öffentliche Interesse an der Informationsweitergabe.
4. Die Wahl der diskreten Mittel zur Aufdeckung: Aufgrund der Loyalitätspflichten der Arbeitnehmer muss die Offenlegung der Missstände als letztes Mittel ergriffen worden sein nach dem Ausschöpfen von zumutbaren Abhilfeversuchen beim Arbeitgeber oder anderen externen Stellen. Der Gerichtshof prüft in diesem Zusammenhang, ob dem Arbeitnehmer im Einzelfall andere wirksame Mittel zur Aufklärung der Missstände zur Verfügung gestanden haben.
5. Die Motive, die hinter dem Handeln des Arbeitnehmers stehen:[239] Wenn der Grund für die Informationsweitergabe persönlicher Groll oder Feindschaft oder die Erwartung persönlicher, einschließlich finanzieller Vorteile ist, rechtfertigt dies keinen besonderen Schutz. Es ist auffällig, dass der EGMR

---

235 EGMR 21.7.2011 – 28274/08, Heinisch/Deutschland, NZA 2011, 1269, Rn. 50; EGMR 16.2.2021 – 23922/19, Gawlik/Liechtenstein, BeckRS 2021, 1820, Rn. 64.

236 EGMR 12.2.2008 – 14277/04, Guja/Moldawien, Rn. 70.

237 EGMR 21.7.2011 – 28274/08, Heinisch/Deutschland, NZA 2011, 1269, Rn. 65; EGMR 13.1.2015 – 79040/12, Rubins/Lettland, NZA 2016, 1009, Rn. 87.

238 EGMR 16.2.2021 – 23922/19, Gawlik/Liechtenstein, BeckRS 2021, 1820, Rn. 65 ff.

239 EGMR 21.7.2011 – 28274/08, Heinisch/Deutschland, NZA 2011, 1269, Rn. 69; EGMR 16.2.2021 – 23922/19 Gawlik/Liechtenstein, BeckRS 2021, 1820, Rn. 83.

bisher in keinem typischen Whistleblowing-Fall einem Hinweisgeber aufgrund seines egoistischen Motivs den Schutz versagt hat.[240] In einem Fall, in dem ein Beamter aufgrund seines Motivs nicht geschützt wurde, unterstreicht der EGMR, dass der vorliegende Fall von Fällen des sogenannten Whistleblowings zu unterscheiden sei, bei denen das Verhalten besonderen Schutz nach Art. 10 EMRK verdiene. Im vorliegenden Fall ziele die Äußerung des Beamten nicht auf die Aufdeckung einer untragbaren Situation im Amt für Wohnungswesen ab, sondern auf persönlichen Vorbehalten des Beamten gegen den beigeordneten Bürgermeister wegen der Aussicht auf die bevorstehende Auflösung seiner Unterabteilung beruht habe.[241] Das Motiv einer Anzeige wird in den Urteilen des EGMR wie folgt formuliert: Es ist wichtig festzustellen, dass die Person in gutem Glauben und in der Überzeugung gehandelt hat, dass die Informationen der Wahrheit entsprachen, dass die Offenlegung von öffentlichem Interesse war, und dass ihr keine anderen, diskreteren Mittel zur Behebung des Fehlverhaltens zur Verfügung standen.[242]

6. Die Schwere der Sanktion, die der Arbeitnehmer aufgrund der Meinungsäußerung erlitten hat, und ihre Folgen: Die Sanktion darf keinen abschreckenden Effekt für potenzielle Hinweisgeber haben.

Diese sechs Kriterien finden in den Entscheidungen des EGMR regelmäßig Anwendung. Ein Rangverhältnis zwischen den Kriterien – abgesehen von einer vermutlich untergeordneten Bedeutung der Motivation der Hinweisgeber – ist nicht ersichtlich. Während etwa der EGMR die Kündigung eines Chefarztes, der auf einen Sterbehilfeverdacht im Krankenhaus hingewiesen hat, trotz der Erfüllung aller anderen Kriterien aufgrund der mangelhaften Prüfung der Authentizität des Hinweises als zulässige Einschränkung der Meinungsfreiheit gem. Art. 10

240 In der Literatur wird teilweise ausgeführt, dass der EGMR zur Wahrung einer effektiven Rechtsdurchsetzung und zu der Vermeidung von chilling-effect einige Kriterien u.a. die Motivation des Hinweisgebers nicht mehr berücksichtigen soll, siehe etwa Abazi, Common Market Law Review 2021, 813 (847); siehe aber die Ausführungen der vorliegenden Arbeit in Bezug auf unterschiedliche Zielsetzung des EGMR und der HinSch-RL, Kap. § 6, D, III.

241 Siehe EGMR 17.9.2015 – 14464/11 Langner/Deutschland, NZA 2017, 237 (239), Rn. 47.

242 EGMR 21.7.2011 – 28274/08, Heinisch/Deutschland, NZA 2011, 1269, Rn. 69; EGMR 12.2.2008 – 14277/04, Guja/Moldawien, Rn. 77; EGMR 16.2.2021 – 23922/19, Gawlik/Liechtenstein, BeckRS 2021, 1820, Rn. 83; siehe auch Anm. Ulber, NZA 2011, 962 (963).

EMRK bewertet hat,[243] hat er in einem anderen Fall, in dem der Hinweisgeber eine illegale Steuerpraxis von Unternehmen in Luxemburg offengelegt hatte, wegen einer (angeblich) geringen Bedeutung der Information für die Allgemeinheit und überwiegenden Nachteilen, die der Arbeitgeber wegen der Informationsoffenlegung erlitten hat, zuerst die Verletzung der Meinungsfreiheit des Hinweisgebers verneint.[244] Später hat die Große Kammer die Entscheidung des Gerichtshofs aus dem folgenden Grund aufgehoben: das öffentliche Interesse an der Information über komplexe Steuerangelegenheiten ist im vorliegenden Fall überwiegend.[245]

Der EGMR zieht das öffentliche Interesse an der Anzeige als Abwägungsmerkmal ebenso ständig heran, keine Leitlinien sind aber bisher entstanden, wonach zu bestimmen wäre, wann von einem besonderen öffentlichen Interesse auszugehen ist.[246] Arbeitsgerichte in Deutschland ebenso liefern keine Kriterien, wonach ein öffentliches Interesse an einer Arbeitnehmeranzeige begründet wäre. Ein solches wurde etwa bejaht, wenn es um eine Anzeige von Straftaten geht,[247] nicht hingegen, wenn es um die Aufdeckung eines Verstoßes gegen eine

---

243 EGMR 16.2.2021 – 23922/19, Gawlik/Liechtenstein, BeckRS 2021, 1820; näher dazu unter Kap. § 5, C, II, 3, a), (1).

244 EGMR 11.5.2021 – 21884/18, Halet/Luxemburg, Pressemitteilung, becklink 2019767, abrufbar unter, https://hudoc.echr.coe.int/fre#{%22itemid%22:[%22001-209869%22]}.

245 EGMR (Große Kammer) 14.2.2023 – 21884/18, Halet/Luxembourg, Rn. 180 ff., eine englische Fassung des Urteils abrufbar unter, https://hudoc.echr.coe.int/eng?i=001-223259, näher dazu unter Kap. § 9, B, II.

246 Ebenso Sasse, ArbRB 2011, 227; Brors, HFR 2012, 9 (21).

247 Nach dem Urteil des BVerfG von 2011 wurde das öffentliche Interesse berücksichtigt, etwa in Fällen von Veruntreuung von Geschäftsgeldern, BAG 7.12.2006 – 2 AZR 400/05, NZA 2007, 502 (504). Ein öffentliches Interesse an der Strafverfolgung wurde in den vor dem Urteil des BVerfG von 2001 ergangenen Fällen, in denen die Anzeige gegenüber dem Arbeitgeber, der etwa gegen das Steuerrecht oder die Verkehrsordnung verstoßen hatte, hingegen nicht berücksichtigt, siehe etwa BAG 4.7.1991 – 2 AZR 80/91, BeckRS 1991, 30738133; BAG, 14.12.1972 – 2 AZR 115/72, AP KSchG § 1 Nr. 8; vor dem BVerfG 2001 sind öffentliche Interessen wie Sicherheit der Allgemeinheit in dem Hoechst AG-Fall, LAG Frankfurt 16.4.1989 – 11 Sa 1357/88, zitiert nach Berthold, S. 33, berücksichtigt worden, und zwar nur unregelmäßig. Siehe weitere Nachweisen, LAG Köln 23.2.1996 – 11 (13) Sa 976/95, BB 1996, 2411, setzt das Gericht über ein Allgemeininteresse an der Verkehrssicherheit gar nicht auseinander, obwohl ein solches öffentliches Interesse an der Feststellung eines verkehrsuntauglichen LKWs begründet werden könnte, so eben Anm. Becker, S. 77.

zivilrechtlich gestaltete Norm wie Antidiskriminierungsrechte geht.[248] Einbeziehung öffentlicher Interessen war dem Konzept des Kündigungsschutzrechts fremd.[249] In der Sache von Heinisch hingegen kam der EGMR zum Schluss, die fristlose Kündigung von Frau Heinisch sei unverhältnismäßig und nicht notwendig in einer demokratischen Gesellschaft gewesen; infolgedessen ist von einer Verletzung nach Art. 10 EMRK auszugehen. Das öffentliche Interesse an Informationen über Mängel bei der Bereitstellung einer institutionellen Betreuung älterer Menschen durch ein teilweises staatliches Unternehmen ist demnach in einer demokratischen Gesellschaft so wichtig, dass das Interesse am Schutz des Rufs und der Interessen des Unternehmens überwiegt. Der Arbeitgeber hat schließlich selbst Interesse daran, derartige Mängel zu beheben, ggf. durch öffentliche Diskussion.[250]

In der türkischen Rechtsprechung ist demgegenüber eine wie oben dargelegte Entwicklung von Zulässigkeitskriterien zum Whistleblowing nicht zu beobachten. Eine dem Beschluss des BVerfG 2001 ähnliche Entscheidung hat der Kassationshof im Jahre 1999 getroffen; eine Zeugenaussage gegenüber dem Arbeitgeber darf keine Kündigung des Arbeitnehmers begründen, welche in 40 Tagen nach der Zeugenaussage ausgesprochen war und deren kausaler Zusammenhang mit der Zeugenaussage zu bejahen ist.[251] Nach ständiger Rechtsprechung des Kassationshofes ist eine Maßregelung von Beschäftigten nicht zulässig, sofern ihre Aussage bzw. Beschwerde nicht völlig haltlos ist oder Arbeitnehmer von deren Wahrheitsmäßigkeit ausgehen dürfen.[252] Soweit es ausreichend Anhaltspunkte für einen Betrug des Arbeitgebers zulasten des Arbeitnehmers gibt, ist das Interesse des Arbeitnehmers an der Wahrnehmung seiner Rechte gegenüber dem Interesse des Arbeitgebers in Bezug auf dessen wirtschaftliches Ansehen geschützt.[253] Gesetzliche Normen wie § 18 IK finden in Fällen aus jüngerer Zeit oftmals Anwendung. Ein typischer Fall einer Arbeitnehmeranzeige und

---

248 OLG Frankfurt a. M. 8.5.2014 – 16 U 175/13, NZA-RR 2014, 437 (439); vgl. Becker, DB 2011, 2202 (2203); siehe ebenso die Ablehnung des öffentlichen Interesses bei der Durchsetzung der zivilrechtlich gestalteten Normen, Kreis, S. 148.

249 Preis, S. 237.

250 EGMR 21.7.2011 – 28274/08, Heinisch/Deutschland, NZA 2011, 1269, Rn. 88 ff.

251 Y9HD 9.2.1999, 19655/1789, kazanci.com.tr.

252 Y9HD 31.3.1998, E. 1998/3213 K. 1998/6233; Y9HD 8.4.1988, E. 1988/2513 K. 1988/3945.

253 Y4HD 6.5.2019, E. 2018/5207, K. 2019/2590; YHGK 24.11.2004, E. 2004/4-604, K. 2004/608; YHGK 7.7.2010, E. 2010/364, K. 2010/374; YHGK 9.10.2013, E. 2013/8, K. 2013/1458.

deren richterliche Bewertung läuft wie folgt: Ein Arbeitnehmer übt Kritik über Betriebsvorgänge (betriebsintern oder in der Öffentlichkeit) oder bei einer staatlichen Stelle oder beim Gericht, etwa eine Klage aufgrund der fehlenden Erstattung der Sozialkassenbeiträge, fehlerhafter Dokumentation der tatsächlich geleisteten Arbeitsstunden etc. und erhält gem. § 25 Abs. 2 IK seine fristlose Kündigung.[254] Die Arbeitsgerichte prüfen, ob im Einzelfall die Kündigung gerechtfertigt ist. Falls der Arbeitnehmer den gesetzlichen Kündigungsschutz gem. § 18 IK genießt, greift das Benachteiligungsverbot aus § 18 Abs. 3 lit. c IK und der Arbeitnehmer ist auf diese Weise vor Kündigung geschützt. Bei der fehlenden Anwendung des gesetzlichen Kündigungsschutzes aus § 18 IK greift das Gericht § 17 Abs. 6 S. 2 IK – sog. „kötü niyet tazminati" – auf, was häufiger der Fall ist. Der Arbeitgeber macht sich demnach schadenersatzpflichtig, wenn er sein Kündigungsrecht missbräuchlich nutzt, etwa als Reaktion auf eine zulässige Ausübung des Anzeigerechts des Arbeitnehmers.

Ein das erste Mal vom türkischen Kassationshof (tr. Yargıtay) als Whistleblowing eingestufter Fall ist 2016 ergangen.[255] Der Fall betrifft eine Arbeitnehmerin eines Supermarkts, die auf den Verkauf von abgelaufenem Hähnchenfleisch durch Personal des Supermarkts mittels der Veröffentlichung von Fotos von Packungen anhand des Haltbarkeitsdatums hingewiesen hat. Danach hat sich ein Kunde beim Supermarkt über den Verkauf von gesundheitsgefährdenden Hähnchenfleischprodukten beschwert und als Beleg angeblich dieselben Fotos vorgelegt, die die Arbeitnehmerin dem Personal zugeschickt hat. Der Arbeitgeber hat daraufhin die Arbeitnehmerin fristlos gem. § 25 Abs. 2 lit. e IK gekündigt, weil sie den Kunden, mit dem die Arbeitnehmerin – nach Auffassung des Arbeitgebers – befreundet gewesen sei, vom Missstand in Kenntnis gesetzt habe und ihr Ziel es sei, ihren Vorgesetzten, mit dem sie sich nicht gut verständigen könne, kündigen zu lassen, indem sie bei Kunden einen falschen Eindruck über den Verkauf von abgelaufenem Hähnchenfleisch mache und Kundenbeschwerden provoziere. Selbst wenn es dem Text des Urteils nicht zu entnehmen ist, dass der Kassationshof Kriterien des EGMR oder denen des AYM, welche ein

254 Im Falle von Arbeitnehmeranzeigen trifft einen Arbeitnehmer in der türkischen Arbeitsrechtspraxis nicht selten der Vorwurf, er habe den Arbeitgeber wegen seiner Anzeige hinsichtlich etwa eines Betruges beleidigt, Y22HD 2.3.2016, E. 2014/33470, K. 2016/6083; Y9HD 1.6.2017, E. 2016/142203, K. 2017/9524; Y22HD 24.11.2011, E. 2011/3629, K. 2011/5892; Y9HD 3.12.2018, E. 27110/2015, K. 22088/2018.

255 Y7HD 24.10.2016, E. 2016/12401, K. 2016/17196.

ähnliches Vorgehen wie der EGMR vornimmt, berücksichtigt hat,[256] ist eine solche Berücksichtigung allerdings aus der Begründung des Gerichts abzuleiten. Der Kassationshof prüft, ob es ein öffentliches Interesse an der Offenlegung gibt, ob die Vorwürfe sachlich berechtigt sind, ob interne Abhilfe möglich war und die Arbeitnehmerin böswillig gehandelt hat. Das öffentliche Interesse sei demnach an dem Schutz der Gesundheitsinteressen der Allgemeinheit gegeben. Der Arbeitgeber habe zudem die Sachwidrigkeit des Vorwurfs, das Haltbarkeitsdatum von Produkten sei abgelaufen, nicht begründen können. Weiterhin sei trotz der Meldung der Arbeitnehmerin beim Personal des Markts keine Maßnahme durch den Supermarkt getroffen worden, um dem Verkauf von vermeintlich gesundheitsschädlichen Produkten abzuhelfen. Das Versenden von belastenden Fotos von vermutlich laut dem Haltbarkeitsdatum abgelaufenen Produkten an eine dritte Person, mit der sie möglicherweise befreundet ist, wodurch sie Kundenbeschwerden heraufbeschworen habe, sei nicht nachzuweisen. Folglich lehnte das Gericht die Kündigung ab.

Schließlich lohnt sich ein Blick auf die Beurteilung der Arbeitnehmeranzeigen durch das türkische Verfassungsgericht (AYM). Das AYM verfolgt bei der Prüfung der Zulässigkeit der Meinungsfreiheitseinschränkungen ein mit dem des EGMR sehr ähnliches Vorgehen. Der AYM prüft die Zulässigkeit eines Eingriffs in die Meinungsfreiheit aus Art. 25, 26 AY anhand dessen, ob der Eingriff in die Meinungsfreiheit gesetzlich vorgesehen ist, zu einem legitimen Zweck erfolgt ist und der Eingriff in einer demokratischen Gesellschaft und zur Erreichung des legitimen Zwecks erforderlich und verhältnismäßig ist.[257] Art. 13 AY stellt dabei den Maßstab für die Rechtmäßigkeit der Eingriffe in die Grundrechte dar. Laut Art. 26 Abs. 2 AY hingegen ist die Beschränkung der Meinungsfreiheit mit folgenden Gründen möglich: [...] der Schutz der nationalen Sicherheit, die Sicherheit der Allgemeinheit, die Einhaltung der Rechtsordnung [...] die Strafverfolgung und -ahndung, der Schutz von Staatsgeheimnissen, der anderen, [...] der gesetzlich geschützten Geschäftsgeheimnisse. Das Rechtsstaatsprinzip aus Art. 2 AY fordert schließlich einen Ausgleich zwischen kollidierenden Interessen. Das türkische Verfassungsgericht AYM prüft folglich, ob Instanz-Gerichte im Einzelfall einen gerechten Ausgleich zwischen den Interessen Privater

256 Urteile des Kassationshofes zu Arbeitsrechtssachen enthalten keine Zitate aus der Rechtsprechung und der Literatur.

257 AYM 20.9.2018, Balcioglu Nr. 2015/522; AYM 6.2.2019, Yigci Nr. 2015/5402; AYM 16.11.2017, Talas Nr. 2014/12143.

durchgeführt haben und dabei die Grundrechte der Parteien verletzt worden sind.[258] Bei der Interessenabwägung sind weiterhin die Motivation der Äußerung,[259] die Einschaltung interner Rekursverfahren, die Gefahr des Ansehensverlustes zu berücksichtigen.[260] In einer bekannten Rechtssache, Ilter Nur, sind diese Kriterien angewandt. Es ging um die fristlose Kündigung der Arbeitnehmerin Frau Nur, weil sie ihren Arbeitgeber aufgrund von Verstößen gegen ihren Arbeitsvertrag – u.a. diskriminierende Behandlung bei der Vergütung – bei der staatlichen Stelle BIMER angezeigt hat. Der Kassationshof hat die Kündigung für wirksam erklärt, weil die Äußerungen von Frau Nur über eine Ausübung des berechtigten Interesses an gerechten Arbeitsbedingungen hinausgehen; sie seien Beleidigung bzw. Kreditschädigung.[261] Frau Nur hat daraufhin eine Verfassungsbeschwerde beantragt; ihre Meinungsfreiheit sei verletzt worden. Nach Auffassung des AYM fällt die Anzeige von Missständen in den Schutzbereich der Meinungsfreiheit; demzufolge habe Frau Nur ihr Recht zur Anzeige ausgeübt.[262] Anders als die Feststellung des Kassationshofes stelle die Anzeige bei BIMER

258 AYM 16.11.2016, Yalcin Nr. 2014/5959, Rn. 37; auf die positive Pflicht des Staats zur Wahrung der Meinungsfreiheit in privaten Rechtsverhältnisse hinweisend, siehe EGMR 15.6.2021 – 35786/19, Melike/Türkei, NZA 2022, 33, Rn. 39; EGMR 12.9.2011 – 28955/05, u.a., Palomo Sanchez u.a./Spanien, NZA 2012, 1421, Rn. 59; EGMR 5.11.2019 – 11608/15, Herbai/Hungary, BeckRS 2019, 35729, Rn. 37.

259 Die Berücksichtigung der Motivation des Anzeigenden lässt sich so wie folgt exemplifizieren: In einem Fall besagt das AYM hierzu, dass ein Beamte zwar Recht hat, auf Missstände hinzuweisen. Er habe allerdings mit der von ihm eingereichten zahlreichen Petitionen darauf abgezielt, die Spannungen mit seinen Kollegen und Managern fortzusetzen und das Konfliktumfeld lebendig zu halten. Menschen werden in einer Gemeinschaft gestört, wenn sich jemanden über Anderen ständig beschwert. Untersuchungen, die infolge Beschwerden eingeleitet werden, machen Menschen unangenehm; es verursache Spannungen, Konflikte und Spaltungen am Arbeitsplatz und zerstöre das allgemeine Frieden. Gerade aufgrund dieser Auswirkungen von Ermittlungen besteht das Risiko, dass man Missstände als Waffen für zweckwidrige Motive verwendet, AYM 20.9.2018, Balcioglu Nr. 2015/522, Rn. 32 f.

260 AYM 16.11.2017, Talas Nr. 2014/12143, Rn. 51; AYM 15.9.2020, Koç Nr. 2016/11722, Rn. 51.

261 Y7HD 1.7.2013, E. 2013/12100, K. 2013/12423, die Äußerung von Frau Nur, die der Kassationshof als Beleidigung wahrnimmt ist Folgendes: „Was für eine Gerechtigkeit ist das? Der Kontrolleur kommt, sie füttern ihn und schicken ihn. Wenn wir uns beschweren, bedrohen sie uns“ […].

262 AYM 14.4.2016, Ilter Nur Nr. 2013/6829, Rn. 33, das Gericht verweist hier auf das Urteil des EGMR vom 17.9.2015 – 14464/11, Langner/Deutschland.

vielmehr eine Hilfesuche dar.[263] Sie konnte sich keine Abhilfe erhoffen, sie sei sogar gehindert gewesen, sich gegenüber Personen aus der Behörde zu äußern, die während einer üblichen Kontrolle im Betrieb waren. Außerdem sei eine Verletzung des geschäftlichen Ansehens des Arbeitgebers nicht festzustellen gewesen; die Information über Missstände ist nur an BIMER gelangen, nicht hingegen an die Öffentlichkeit.[264] Folglich sei die Meinungsfreiheit verletzt worden.[265]

III. Zwischenergebnis

Das Whistleblowing in Deutschland hat längst eine schuldrechtsbezogene Beurteilung erfahren. Es ist unter Heranziehung von arbeitsrechtlichen Gesichtspunkten und abhängig vom Ergebnis einer im Einzelfall vorzunehmenden Interessenabwägung geschützt worden, in die u.a. deren konkreten Inhalt nur schwer zu bestimmenden Kriterien wie ein öffentliches Interesse an der Anzeige einfließen. Die gesetzlichen Vorschriften mit unterschiedlichen Zielrichtungen und in verschiedenen Rechtsgebieten hingegen liefern keinen umfassenden Schutz für Whistleblower. Unter diesen Umständen ist es nicht absehbar, ob ein hinreichender Schutz für Hinweisgeber in den Fällen von der Art gewahrt wird, mit der die bisherige Rechtsprechung und gesetzliche Vorgaben keine Erfahrung gemacht haben.[266] Dies sorgt für eine erhebliche Rechtsunsicherheit.[267] Anderes gilt für das türkische Recht zum Whistleblowing nicht. Weder die gesetzlichen Grundlagen noch die Rechtsprechung bieten eine zuverlässige Grundlage, um das Whistleblowing zu schützen.

D. Regulierung des Whistleblowings als ein Rechtsdurchsetzungsinstrument

I. Internationale Anreize

Das Whistleblowing ist auf internationaler Ebene schon seit Langem anerkannt. Hervorzuheben ist vor allem der Appell, das Whistleblowing nicht von vornherein als illoyales Verhalten zu betrachten, vielmehr solle es als eine Chance für eine effektive Rechtsdurchsetzung gelten.[268] In diese Richtung veranlassen etwa

263 AYM 14.4.2016, Ilter Nur Nr. 2013/6829, Rn. 38.
264 AYM 14.4.2016, Ilter Nur Nr. 2013/6829, Rn. 35.
265 AYM 14.4.2016, Ilter Nur Nr. 2013/6829, Rn. 39.
266 Király, RdA 2012, 236 (239).
267 Herbert/Oberrath, NZA 2005, 193 (195); Forst, NJW 2011, 3477 (3480).
268 Näher dazu Ledergerber, S. 38 ff.

Corporate Social Responsibility (CSR) Regelungen von Organisation für wirtschaftliche Zusammenarbeit und Entwicklung (OECD), International Labour Organisation (ILO) und UN Global Compact, dass Unternehmen sowie ihre Mitarbeiter aus ökologischen und sozialen Aspekten wie Engagement für Gesellschaft und Wissenschaft, für Umwelt- und Klimaschutz verantwortungsbewusst handeln.[269] Demnach sollen Unternehmen eine Whistleblowing-Hotline einrichten, worüber Mitarbeiter relevante Verstöße wie gegen Umweltschutz melden können. Darüber hinaus gilt Whistleblowing als ein effektives Instrument für die Bekämpfung gegen Korruption.[270] 2009 hat die OECD zur Bekämpfung der Korruption und Bestechung ausländischer Beamter bei internationalen Geschäftstransaktionen empfohlen, für Beschäftigte des öffentlichen und privaten Sektors einen Schutz vor disziplinarischen Maßnahmen vorzusehen.[271] ILO und Transparency International heben zudem ständig hervor, Whistleblower seien von wesentlicher Bedeutung für das Aufdecken von Fehlverhalten, die die Gesundheit und Sicherheit der Allgemeinheit, finanzielle Integrität, Menschenrechte etc. bedrohen.[272] Der Whistleblower-Schutz sollte demnach ein wichtiges

269 Hauschka/Moosmayer/Lösler, § 1 Rn. 13; OECD Corporate Governance Prinzipien, http://www.oecd.org/corporate/ca/corporategovernanceprinciples/31557724.pdf; OECD Leitsätze für Multinationale Unternehmen, http://www.oecd.org/investment/mne/1922428.pdf; Anti-fraud and anti-corruption policy of ILO, https://www.ilo.org/public/english/edmas/transparency/download/EDMSP1_195602.pdf.

270 OECD Konvention zum Kampf gegen Korruption, https://www.oecd.org/daf/anti-bribery/ConvCombatBribery_ENG.pdf.

271 Recommendation of the Council for Further Combating Bribery of Foreign Public Officials in International Business Transactions vom 26. November 2009, https://www.oecd.org/daf/anti-bribery/44176910.pdf; OECD Abkommen ist von der Türkei mit dem Gesetz Nr. 4518, RG: 10.5.2000/24045. Um die nationalen Normen zu Anzeigepflichten und auf die Erfüllung der Art. 3, 12 des OECD-Abkommens zur Verhinderung von Bestechungen gegenüber ausländischen Beamten in internationalen Handelssachen zu vereinbaren, hat der türkische Gesetzgeber Beamten gem. § 252 Abs. 5 TCK mit der Anzeige von Korruptionen oder Bestechungen im öffentlichen Dienst verpflichtet. Im privaten Sektor sollte hingegen § 18 Abs. 3 lit. c IK im Einklang mit der Anzeigepflicht § 252 Abs. 5 TCK und der strafbewehrten Anzeigepflicht aus § 278 TCK vorgeschrieben worden sein, Gesetzesbegründung zu § 18 Abs. 3 lit. c IK, S. 97, abrufbar unter https://www.tisk.org.tr/tr/eyayinlar/is_kanunu_yenilenmis_4__baski/pdf_is_kanunu_yenilenmis_4__baski.pdf.

272 https://www.transparency.org/whatwedo/publication/best_practice_guide_for_whistleblowing_legislation; Working Papers 328 Law and practice on protecting whistleblowers in the public and financial services sectors https://www.ilo.org/wcmsp5/groups/public/---ed_dialogue/---sector/documents/publication/wcms_718048.pdf.

Mittel zur Verbesserung der Transparenz und Rechenschaft im öffentlichen und privaten Sektor sein. In diesem Zusammenhang kamen internationale Prinzipien und Leitlinien eines Whistleblower-Schutzes sowie exemplarische Rahmen eines gesetzlichen Whistleblowing-Schutzes zur Vorstellung. Der Schutz soll beispielsweise einen weiten sachlichen und persönlichen Anwendungsbereich erhalten, es gelte Meldekanäle einzurichten und Hinweisgeber aufgrund ihrer Meldungen allumfassend vor Repressalien zu schützen.[273] Internationale Organisationen verzichten allerdings, darauf verbindliche Angaben für Ratifikationsstaaten zu machen.[274] Ihre Schwachstelle kann gerade an deren Unverbindlichkeit liegen. Die Durchsetzungskraft ihrer Angaben ist größtenteils durch einen internationalen Druck begrenzt, der dadurch erzeugt wird, dass Berichte über die fehlende Aktivität der Vertragsstaaten, die Empfehlungen der Organisation nicht oder nur unzureichend wahrgenommen haben, veröffentlicht werden.[275]

II. Erlass der Richtlinie zum Schutz von Whistleblowern (HinSch-RL)

Die Regulierung eines umfassenden Whistleblower-Schutzes ist erst durch die HinSch-RL eine verbindliche Vorgabe – zumindest für Mitgliedstaaten der

---

273 G20 Anti-Corruption Action Plan, Protection of Whistleblowers Study on Whistleblower Protection Frameworks, Compendium of Best practices and guiding principles for legislation, https://www.oecd.org/corruption/48972967.pdf; WorkingPapers 328, https://www.ilo.org/wcmsp5/groups/public/---ed_dialogue/---sector/documents/publication/wcms_718048.pdf.

274 Forst, EuZA 2013, 37 (43).

275 Art. 12 Abs. 1 UNCAC verpflichtet die ratifizierenden Staaten, Maßnahmen zu ergreifen, die Korruption in Übereinstimmung mit den grundlegenden Prinzipien der nationalen Rechtsordnungen auch im privaten Sektor unterbinden. Der OECD 2018 Bericht über die Korruptionsbekämpfung in der Türkei ist negativ, https://www.oecd.org/turkey/turkey-s-foreign-bribery-enforcement-framework-needs-to-be-urgently-strengthened-and-corporate-liability-legislation reformed.htm, sowie für Deutschland https://www.oecd.org/daf/anti-bribery/Germany-Phase-4-Report-ENG.pdf; jüngst ist ein Lieferkettengesetz in Deutschland erlassen worden, welches in Anlehnung an internationale Standards zum Schutz der Menschenrechte und Umwelt in globaler Wirtschaft zum Ziel hat und demnach international agierende Unternehmen damit verpflichtet, Analyse menschenrechtlicher Risiken zu machen, Präventions- und Abhilfemaßnahmen zu ergreifen, Beschwerdemöglichkeiten zu schaffen sowie über ihre Aktivitäten zu berichten, abrufbar unter https://www.bundestag.de/dokumente/textarchiv/2021/kw23-de-lieferkettengesetz-845608; m. w. N. Kreis, S. 193 f.; Forst, EuZA 2013, 37 (45 f.).

Europäischen Union – geworden. Eine Reihe von Skandalen wie u.a. Lux-Leaks, einer der größten Finanzskandale des einundzwanzigsten Jahrhunderts, welcher sich darum handelte, dass durch eine Kooperation zwischen einem Unternehmen, Wirtschaftsprüfungsgesellschaft (PricewaterhouseCoopers) und Luxemburger Steuerbehörde, zugunsten von mehr als 300 internationaler Konzerne Steuervermeidungspraktiken erfolgt sind, hat die Existenz eines erheblichen Mangels an der effektiven Rechtsverfolgung in Europa veranschaulicht.[276] Infolge von Verhandlungen auf europäischer Ebene, namentlich die Empfehlung des Ministerkomitees des Europarats zum Schutz von Whistleblowern 2014[277] und der Vorschlag für eine Richtlinie des Europäischen Parlaments und des Rates zum Schutz von Hinweisgebern 2018,[278] kam es zur Intensivierung des Bewusstseins über das Whistleblowing als ein wesentliches Instrument zur Verbesserung der Rechtsdurchsetzung und zum Hinweis auf die Beeinträchtigung der Durchsetzung des Unionsrechts infolge der gegenwärtigen Fragmentierung beim Hinweisgeberschutz in den europäischen Ländern; hätten potenzielle Hinweisgeber keinen ausreichenden Schutz bei der Meldung von Verstößen, würden Meldungen von Rechtsverstößen aus Angst vor Repressalien gänzlich unterbleiben und dies bedeute eine „verpasste Chance" für die Verhütung und Aufdeckung von Verstößen gegen das Unionsrecht, die schwere Schäden für das öffentliche Interesse zur Folge haben könnten.[279] Endlich, am 26. Dezember 2019, trat die Richtlinie (EU) 2019/1937 in Kraft, welche einheitliche, gemeinsame Mindeststandards im Hinblick auf den Whistleblower-Schutz in Europa festgelegt hat.[280]

Das Ziel der HinSch-RL ist gem. Art. 1 der RL die Verbesserung der Durchsetzung des Unionsrechts und der Unionspolitik durch die Festlegung gemeinsamer Mindeststandards zum Schutz von Personen, die Verstöße gegen das Unionsrecht melden.[281] Diese Mindeststandards werden gem. Art. 2 der RL nur

---

276 Näher dazu, Abazi, Common Market Law Review 2021, 813 (818 f.).

277 Recommendation CM/Rec (2014)7 and explanatory memorandum, S. 11, https://rm.coe.int/16807096c7.

278 Brüssel, 23.4.2018 COM (2018) 218 final, https://ec.europa.eu/info/law/better-regulation/initiatives/com-2018-218_en.

279 Impact assessment-SWD (2018)116/973421, S. 9 ff., https://ec.europa.eu/info/law/better-regulation/initiatives/com-2018-218_en.

280 Richtlinie (EU) 2019/1937 des Europäischen Parlaments und des Rates vom 23. Oktober 2019 zum Schutz von Personen, die Verstöße gegen das Unionsrecht melden, ABl. L 305 vom 26.11.2019, 17.

281 Es gibt verschiedene Perspektiven, denen die Regulierung des Whistleblowings zugrunde liegt und demnach könnte u.a. der Inhalt eines Hinweisgeberschutzgesetzes unterschiedlich gestaltet werden. Die HinSch-RL kann unter einer dieser

in bestimmten Bereichen des Unionsrechts etabliert, erfasst etwa im Umwelt- und Gesundheitsschutz sowie in der Verkehrs- und Lebensmittelsicherheit, nicht aber im Arbeitsschutz.[282] Um das Ziel der RL zu erreichen, gilt es, Hinweisgeber zu schützen; sie sind die Personen, die im beruflichen Kontext auftretende Gefährdungen oder Schädigungen des öffentlichen Interesses häufig als Erste

---

Perspektiven fallen. Diese Perspektive sind wie folgt beschrieben: employment perspective, open government perspective, market or regulatory perspective und human rights perspective, siehe Vaughn, S. 286 ff. Demnach konzentriert sich die sog. employment perspective auf die Wahrnehmung der Rechte der Arbeitnehmer, sodass ein Whistleblower-Schutz mit diesem Konzept die Ermutigung der Arbeitnehmer zur Anzeige von bestimmten Missständen am Arbeitsplatz wie Diskriminierung zum Ziel haben würde. Der Erfolg dieses Konzepts würde sich daran ablesen, dass sich Arbeitgeber um die Schaffung einer whistleblowing-freundlichen Atmosphäre im Unternehmen kümmern. Aufgrund des diesem Konzept geschuldigten Ausgleichs der Interessen der Arbeitgeber und Arbeitnehmer ähnelt sich dieser Schutz dem bisherigen, deutschen Rechtspraxis zum Whistleblowing, siehe oben die Rechtsprechung, Kap. § 3, C, II. Ein Whistleblower-Schutz mit der sog. open government pespective fördert weiterhin das Recht der Allgemeinheit zur Auskunft über staatliches Handeln und sorgt damit für die Einhaltung der demokratischen Rechenschaftspflichten. Typische Missstände, deren Offenlegung nach diesem Konzept geschützt ist, sind etwa Korruption und Machtmissbrauch. Die sog. market regulation perspective hingegen bezieht sich vornehmlich auf Bedenken über den internationalen Kapitalverkehr, welcher wieder durch Missstände wie Korruption besonders gefährdet wird. Durch den Schutz der Informationen über potenzielle Missstände in diesem Bereich sollen die Effizienz des Wirtschaftsmarkts geschützt werden. Das US-amerikanische Sarbanes Oxley Act von 2002 wird als ein Beispiel für dieses Konzept gegeben. Schließlich basiert die sog. human rights perspective auf den Schutz der freien Meinungsäußerung. Das schwedische Whistleblower-Recht wird dabei als Beispiel gegeben, welches für seinen umfassenden Schutz der Freiheit der Meinungsäußerung bekannt ist. Nähere Informationen über Schwachen und Stärken jeweiliger Konzeption sowie deren Verhältnis miteinander, Vaughn, S. 288 f., 291 f. 293 ff. und 299 ff. Betrachtet man den Inhalt der HinSch-RL ist es nur schwer zu erkennen, in welche Perspektive die RL eingeordnet werden kann. Die RL weist zwar in ihrer Präambel auf den Schutz der Meinungsfreiheit sowie auf entsprechende Rechtsprechung des EGMR einschließlich auf deren Bedeutung für eine demokratische Ordnung hin. Sie erklärt aber sein Ziel gem. Art. 1 deutlich, namentlich die Verbesserung der Durchsetzung des geltenden Unionsrechts. Daraus dürfte man schlussfolgern, dass es bei der europäischen Regulierung des Whistleblowings mehr als um die Wahrnehmung der Meinungsfreiheit – sog. human rights perspective – oder um den Schutz der Arbeitnehmerrechte – sog. employment perspective – geht.

282 Näher dazu Kap. § 4, E, III, 1.

wahrnehmen; daher befinden sie sich in einer privilegierten Position, um die Verstöße ans Licht zu bringen.[283] Um dieses Potenzial effektiv zu nutzen, hat die RL eine Reihe von strukturellen und antidiskriminierungsrechtlichen Maßnahmen vorgesehen.[284] Zuerst sind interne und externe Whistleblowing-Kanäle einzurichten, welche Verstoß-Meldungen der Hinweisgeber entgegennehmen und erforderliche Folgemaßnahmen treffen sollen.[285] Die Whistleblowing-Kanäle haben zudem einigen Pflichten nachzukommen wie u.a. die umfassende Dokumentation der eingehenden Meldungen, die unparteiische und vertrauliche Bearbeitung der Hinweise sowie die Einleitung ordnungsgemäßer Folgemaßnahmen.[286] Auf diese Weise kommt es zum Abbau von möglichen Hemmnissen vor einer Meldeabgabe zugunsten potenzieller Hinweisgeber wie u.a. die Angst vor Benachteiligung. Die RL beinhaltet weiterhin als ein Wendepunkt bewertete antidiskriminierungsrechtliche Vorgaben, und zwar das Verbot von Repressalien und die Beweislastumkehr.[287] Gem. Art. 19 der RL sind im Zusammenhang mit Whistleblowing eingesetzte Benachteiligungen aller Art wie u.a. Kündigung, Mobbing etc. verboten.[288] Mit der Beweislastumkehr gem. Art. 21 im Gegensatz zur früheren Rechtslage Deutschlands tragen die Hinweisgeber nicht mehr die Beweispflicht. Arbeitgeber müssen nachweisen, dass die verhängte Sanktion nicht im Zusammenhang mit dem Whistleblowing erfolgt. Auf einen derartig umfassenden Schutz haben Hinweisgeber Anspruch gem. Art. 6 Abs. 1 HinSch-RL, sofern sie einen hinreichenden Grund zu der Annahme haben, die gemeldeten Informationen über Verstöße hätten zum Zeitpunkt der Meldung der Wahrheit entsprochen und diese Informationen fielen in den Anwendungsbereich dieser Richtlinie, und wenn die Hinweisgeber das in Art. 7, 10 und 15

---

283 Erwägungsgründe Nr. 1, 3 der HinSch-RL.

284 Siehe eine mit dem vor dem Erlass geltenden deutschen Recht vergleichende Darstellung von Schutzniveau, Gerdemann RdA 2019, 16 (19 f.).

285 Art. 8, 10, 11 Abs. 1 HinSch-RL; näher zu institutionellem Schutz nach Maßgaben der HinSch-RL, Riesenhuber FS Martinek 2020, 673 (678 f.).

286 Art. 9 ff. HinSch-RL; näher etwa zum Umfang der vertraulichen Behandlung der Meldungen, Dilling, CCZ 2019, 214 (217 f.).

287 Gerdemann, NZA-Beilage 2020, 43 (49); krit. zu dieser verfahrensrechtlichen Regelung der HinSch-RL, Degenhart/Dziuba, BB 2021, 570 (573 f.), hierzu näher unter Kap. § 6, D, IV, 4.

288 Granetzny/Markworth, jurisPR-Compl 2020, Anm. 1; vor Repressalien geschützt sind zudem nicht nur Hinweisgeber, sondern auch Verwandte und sonstige Dritte, die mit dem Hinweisgeber in Kontakt stehen und berufliche Repressalien aufgrund eines Hinweises erleiden könnten, vgl. Art. 4 Abs. 4 lit. d RL; Siemes, CCZ 2022, 7.

vorgesehene Meldeverfahren – Einschaltung der zuständigen Meldekanäle – eingehalten haben. Die HinSch-RL stellt somit europaweit geltende Mindeststandards zum Schutz von Whistleblowern auf.[289] Diese gehen über den Schutz der Hinweisgeber in Deutschland deutlich hinaus, welcher als flächenbezogen und defizitär betrachtet wurde.[290]

III. Gesetzgebungsverfahren in Deutschland

In der Vergangenheit Deutschlands sind einige Versuche zu finden, die die Regulierung eines allgemeinen Anzeigerechts abgezielt hatten, wie ein Entwurf zur Neufassung des § 612a BGB, des Anzeigerechts der Beschäftigten, und die sind letztendlich gescheitert.[291] Die Regelung eines einheitlichen Whistleblower-Schutzes ist dem deutschen Gesetzgeber erst nach dem Erlass der HinSch-RL gelungen. Nach Art. 26 Abs. 1 der RL müsste die HinSch-RL ins deutsche Recht bis zum 17. Dezember 2021 umgesetzt werden.

Deutschland hat die fristgemäße Umsetzung der RL versäumt. Das seinerzeit von der SPD geführte Bundesjustizministerium hatte zwar bereits im Dezember 2020 einen Entwurf für ein Hinweisgeberschutzgesetz (HinSchG-RefE) vorgelegt.[292] Allerdings war es aufgrund von Kontroversen innerhalb der damaligen Koalition – CDU/CSU und SPD – nicht möglich, sich auf einen Gesetzesvorschlag zu verständigen. Auslöser der Meinungsverschiedenheiten war u.a. die Ausweitung des sachlichen Anwendungsbereichs der RL auf das nationale Recht; der HinSchG-RefE hat zwar einen mit der RL übereinstimmenden Inhalt, geht aber darüber hinaus und nimmt auch Verstöße gegen nationales Recht – u.a. Straftaten und Ordnungswidrigkeiten – in den Anwendungsbereich auf gem. § 2 HinSchG-RefE. Die Ausweitung sollte einen kohärenten und umfassenden Whistleblower-Schutz schaffen, ansonsten könne es zu Rechtsunsicherheiten zum Nachteil von potenziellen Hinweisgebern kommen, und zwar in Bezug auf die Frage, ob ihre Hinweise sich auf einen Verstoß gegen Unionsrecht oder gegen nationales Recht beziehen.[293] Die Gegenansicht befürchtete eine

289 Erwägungsgründe Nr. 5, 16, 20, 104, 108 der HinSch-RL.

290 Gerdemann, RdA 2019, 16 (18 f.).

291 Siehe eine chronologische Darstellung dieser Vorgaben, Berthold, S. 331; weiterführend, Deiseroth, Whistleblowing in Zeiten von BSE, S. 209 ff.; näher zu dem Entwurf für die Neufassung des § 612a BGB, Deiseroth/Derleder, ZRP 2008, 248 (251).

292 Der Entwurf ist abrufbar unter https://www.whistleblower-net.de/wp-content/uploads/2021/02/2020_11_26-Referentenentwurf-Whistleblowing-BMJV-1.pdf.

293 Verbände Whistleblower-Netzwerk, Transparency Deutschland und die Gesellschaft für Freiheitsrechte (GFF), Pressemitteilung der Gesellschaft für Freiheitsrechte e.V.

„überschießende Umsetzung“ der RL.[294] Demnach galt es, ohne Notwendigkeit nicht über die Vorgaben der RL hinauszugehen. Eine Ausweitung des Schutzes auf deutsches Recht wie auf Ordnungswidrigkeiten rufe ein großes Missbrauchspotenzial in Form einer zur Verschaffung eines Hinweisgeberschutzes abgegebenen Meldung geringer Verstöße hervor.[295]

Die infolge der Bundestagswahlen 2021 gegründete neue Koalition von SPD, FDP und Grünen hatte zwar in ihrem Koalitionsvertrag vom November 2021 angekündigt, dass eine rechtssichere und praktikable Umsetzung der HinSch-RL erfolgen wird; Whistleblower sollten nicht nur bei Meldungen von Verstößen gegen Unionsrecht einen Schutz erfahren, sondern auch bei erheblichen Verstößen gegen Vorschriften oder einem sonstigen erheblichen Fehlverhalten, dessen Aufdeckung im besonderen öffentlichen Interesse liegt.[296] Dazwischen ist allerdings die Umsetzungsfrist abgelaufen und die Kommission hat aufgrund der fehlenden Umsetzung der RL am 27. Januar 2022 ein Vertragsverletzungsverfahren gegen Deutschland und 23 weiteren Mitgliedstaaten eingeleitet.[297] Das Bundesministerium der Justiz (FDP) hat entsprechend dem Koalitionsvertrag im April 2022 einen neuen Referentenentwurf vorgelegt. Dieser basierte weitgehend auf dem ersten Entwurf von 2020.[298] Die Gestalt des neuen Entwurfs ist weiterhin auf Kritik gestoßen, dass u.a. sonstige Fehlverhalten nicht einbezogen sind, dessen Aufdeckung von öffentlichem Interesse wäre.[299] Trotz mehrfacher

---

v. 29.4.2021, https://www-1juris-1de-1h74nszac008e.han.sub.uni-goettingen.de/perma?d=jnachr-JUNA210401714; Gerdemann, ZRP 2021, 37 f.

294 Kaufmann, Legal Tribune Online v. 6.5.2021, https://www.lto.de/recht/hintergruende/h/whistleblower-deutschland-muss-eu-richtlinie-umsetzen-hinweisgeberschutz-unternehmen-behoerden-verstoee-melden/.

295 BDA, Positionspapier mit Vorschlägen zur Umsetzung der Whistleblowing-Richtlinie in nationales Recht, vom Januar 2021, https://www.whistleblower-net.de/wp-content/uploads/2021/02/BDA_Stellungnahme_Umsetzung-Whistleblowingrichtlinie.pdf.

296 Koalitionsvertrag 2021–2025 zwischen der Sozialdemokratischen Partei Deutschlands (SPD), BÜNDNIS 90/DIE GRÜNEN und den Freien Demokraten (FDP) v. 24.11.2021, https://www.spd.de/fileadmin/Dokumente/Koalitionsvertrag/Koalitionsvertrag_2021-2025.pdf, S. 111.

297 Abrufbar ist eine Übersicht zum gegenwärtigen Stand der Umsetzung der RL in Mitgliedstaaten, https://www.whistleblowingmonitor.eu/country/.

298 Obst, Whistleblower Netzwerk, v. 7.4.2022, https://www.whistleblower-net.de/online-magazin/2022/04/07/neuer-gesetzentwurf-zur-umsetzung-der-eu-whistleblowing-richtlinie/.

299 Siehe entsprechende Kritiken, Gerdemann, ZRP 2022, 98 (101); Falter, Whistleblower Netzwerk, v. 12.5.2022, https://www.whistleblower-net.de/online-magazin/2022/05/

Hinweise auf das Fehlen der Einbeziehung erheblicher Missstände und weitere Mängel des Entwurfs wurde dieser inhaltlich mit nur wenigen Änderungen am 27. Juli desselben Jahres durch den Regierungsentwurf ergänzt.[300] Danach fand die erste Lesung im Bundestag am 19. September 2022 statt und der Gesetzentwurf (HinSchG-E) wurde mit dem gleichen Inhalt des Regierungsentwurfs veröffentlicht.[301] Einige Änderungen am HinSchG-E wurden nach der zweiten und dritten Lesung im Rechtsausschuss vorgenommen.[302] Diese bezogen sich u.a. auf den sachlichen Anwendungsbereich des Gesetzes. Der Erlass des Gesetzes wurde wiederum aufgrund der Kontroversen über u.a. den sachlichen Anwendungsbereich des Schutzes blockiert; der Bundesrat hat den Entwurf nicht zugestimmt.[303] Das HinSchG konnte erst am 31. Mai 2023 nach einigen Änderungen an dem Inhalt des Entwurfs im Vermittlungsausschuss verabschiedet worden.[304]

In Ermangelung des Umsetzungsgesetzes stellte sich im Rechtsschrifttum die Frage nach den Konsequenzen der fehlenden Umsetzung der RL für Hinweisgeber.[305] Nach allgemeinen Erkenntnissen wirkt eine RL im nationalen Recht entweder unmittelbar oder mittelbar auf dem Wege nach einer richtlinienkonformen Auslegung aus. Die unmittelbare Wirkung einer RL kommt in Betracht, wenn die RL nicht fristgemäß umgesetzt ist oder eine mangelhafte, unzutreffende Umsetzung erfolgt hat.[306] Eine RL gilt unmittelbar, sofern ihre

12/stellungnahme-zum-referententwurf-fuer-ein-hinweisgeberschutzgesetz/; Rudl, netzpolitik.org, v. 7.4.2022, https://netzpolitik.org/2022/whistleblowing-mit-grenzen-loechriger-hinweisgeberschutz/; Obst, Whistleblower Netzwerk, v. 7.4.2022, https://www.whistleblower-net.de/online-magazin/2022/04/07/neuer-gesetzentwurf-zur-umsetzung-der-eu-whistleblowing-richtlinie/.

300 Colneric, Stellungnahme zum Referentenentwurf eines Gesetzes für einen besseren Schutz hinweisgebender Personen sowie zur Umsetzung der Richtlinie zum Schutz von Personen, die Verstöße gegen das Unionsrecht melden, v. 6.5.2022, S. 1, https://www.bmj.de/SharedDocs/Gesetzgebungsverfahren/Stellungnahmen/2022/Downloads/0506_Stellungnahme_Prof._Dr._Ninon_Colneric_HinSchG-E.pdf;jsessionid=CD11E4AF4930A3CBC714F07BB8593575.2_cid324?__blob=publicationFile&v=2; Brockhaus/Gerdemann/Thönnes, Verfassungsblog, v. 8.8.2022, https://verfassungsblog.de/immer-noch-luckenhaft/; Falter, Whistleblower Netzwerk, v. 29.8.2022, https://www.whistleblower-net.de/online-magazin/2022/08/29/whistleblower-beim-rbb/.

301 BT-Drs. 20/3442.

302 BT-Drs. 20/4909 und BT-Drs. 20/4910.

303 Die Tagesordnung des Bundesrats ist erreichbar unter, https://www.bundesrat.de/DE/plenum/to-plenum/to-plenum-node.html.

304 BGBl. 2023 I Nr. 140.

305 Wienbracke, NZA-RR 2021, 425 (426 f.); Gerdemann, NJW 2021, 3489 (3491).

306 Calliess/Ruffert/*Ruffert*, AEUV Art. 288 Rn. 53.

Bestimmungen unbedingt und inhaltlich hinreichend genau bestimmt sind.[307] Konkret heißt es beim Whistleblowing, dass Hinweisgeber ihre Rechte und Interessen durch eine Berufung auf die HinSch-RL wahrnehmen dürfen, sofern die betroffenen Rechtsträger den Inhalt der RL bzw. ihre aus der RL sich ergebenden Pflichten auch ohne nationalen Umsetzungsakt erkennen können.[308] Eine solche Wirkung entfaltet demnach grds. die Pflicht zur Einrichtung einer externen Meldestelle.[309] Hinweisgeber würden dennoch keinen umfassenden Schutz genießen, sofern sie sich bei einer anderen internen Stelle als die nach den HinSch-RL einzurichtenden Whistleblowing-Behörden melden.[310] Eine mittelbare Wirkung der RL hingegen erfolgt mittels einer richtlinienkonformen Auslegung des nationalen Rechts.[311] Im Falle eines Whistleblowing bedeutet das, dass ein Arbeitnehmer durch die Auslegung von arbeitsrechtlichen Pflichten zur Treue und Rücksichtnahme i. S. d. § 241 Abs. 2 BGB Abwehrrechte und Ansprüche aus der RL gegenüber seinem Arbeitgeber geltend machen kann.[312] Selbst der Begriff „Auslegung" ruft allerdings Rechtsunsicherheiten hervor, und zwar in wesentlichen Fragen eines Whistleblowings; wie würden z. B. Gerichte die Rücksichtnahmepflicht eines Arbeitnehmers in Bezug auf ein Verhältnis zwischen internen und externen Meldestellen auslegen, während die RL dieses Verhältnis auch nicht eindeutig geregelt hat?[313] Der traditionelle Vorrang einer internen

---

307 Siehe nur Calliess/Ruffert/*Ruffert*, AEUV Art. 288 Rn. 54 ff.

308 Gerdemann, NJW 2021, 3489 (3492).

309 Gerdemann, NJW 2021, 3489 (3492).

310 Anders würde sich aus dem europarechtlichen Effizienzgebot ergeben, wonach die Vorgaben der RL möglichst effektiv durchgesetzt werden sollen, siehe Gerdemann, NJW 2021, 3489 (3493); näher zu der Frage nach der Ausweitung des Schutzes auf Meldungen an de lege lata Stelle, die vor dem Erlass der RL existieren, Kap. § 7, C.

311 Calliess/Ruffert/*Ruffert*, AEUV Art. 288 Rn. 78 ff.

312 Wienbracke, NZA-RR 2021, 425 (427); infolge einer richtlinienkonformen Auslegung dürfte etwa die wertungsoffene Generalklausel des § 612a BGB, Maßregelungsverbot, zugunsten der Whistleblower-Arbeitnehmer ausgelegt werden. Dies hätte zur Folge, dass der Arbeitgeber auch bei einer Probezeitkündigung nachweisen müsste, dass die Kündigung nicht aufgrund eines zuvor erfolgten Whistleblowings ausgesprochen worden ist, vgl. Art. 21 Abs. 5 HinSch-RL, siehe, Merget, DB 2022, 246 (247); ein Fall von Probezeitkündigung einer Hinweisgeberin, Kanning, Greenwashing- Vorwürfe, FAZ.NET, https://www.faz.net/aktuell/wirtschaft/unternehmen/dws-durfte-whistleblowerin-kuendigen-greenwashing-kritik-17748744.html.

313 Vgl. Art. 7, 10 HinSch-RL, ausführlich zum Diskussionsstand unter Kap. § 6.

Abhilfe dürfte sich ohne eindeutige Umsetzungsnorm schwer durchsetzen.[314] Schließlich wäre der sachliche Anwendungsbereich des Schutzes in Frage zu stellen. Die oben beschriebene Rechtslage nach dem Ablauf der Umsetzungsfrist gilt für Sachverhalte, die in den sachlichen Anwendungsbereich der RL fallen.[315] Ein Hinweisgeber könnte etwa trotz der Meldung eines vergleichbaren Sachverhalts keinen Whistleblower-Schutz genießen, wenn dieser Sachverhalt nicht von der RL erfasst ist und es an einem Umsetzungsgesetz fehlt, welches einen weiteren Anwendungsbereich garantiert.[316]

E. Zwischenergebnis

Das Whistleblowing, die Aufdeckung von betrieblichen Missständen durch Arbeitnehmer, ist ein Phänomen, welches über einen Konflikt der Subjektivrechte der Arbeitnehmer und Arbeitgeber hinausgeht.[317] Das Whistleblowing dient der effektiven Durchsetzung des geltenden Rechts. Es bedarf daher eines gesonderten Rechtsrahmens, in welchem das Whistleblowing seine Funktion als Rechtsdurchsetzungsinstrument ausüben kann. Die HinSch-RL hat einen solchen Rahmen beschrieben. Bei einer fehlenden bzw. mangelhaften Umsetzung der RL erscheint ein rechtssicheres, ausgewogenes Whistleblower-Schutzrecht nicht möglich. Zuerst betroffen ist die Effektivität der Rechtsdurchsetzung. Die HinSch-RL stellt für Verstöße gegen von ihr aufgezählten Rechtsakte der Union die Mindeststandards eines Whistleblower-Schutzes auf. Mitgliedstaaten sollen darüber hinaus gehen, um die Effektivität der Rechtsdurchsetzung durch umfassende Hinweisgeberschutzgesetze zu erhöhen. Die Rechtsunsicherheiten, die bisher Whistleblower aufgrund des fragmentarischen und defizitären Schutzes erlitten haben, erführen insofern ihre Abmilderung bei der Herstellung eines besseren Rechtszustandes mittels einer Direktwirkung oder einer richtlinienkonformen Auslegung. Die Arbeitgeberinteressen würden allerdings unverhältnismäßig beeinträchtigt, wenn für potenzielle Hinweisgeber ein Meldeverfahren

314 Diejenigen, die in der Literatur vertreten, dass der Wortlaut der RL für ein Wahlrecht des Whistleblowers zwischen interner und externer Meldekanäle spricht, plädieren aber schon für eine Auslegung der Loyalitätspflichten, wonach es kein Vorrang interner Abhilfe mehr durchgesetzt werden darf, siehe etwa Gerdemann, NJW 2021, 3489 (3493 f.).

315 Vgl. Gerdemann, NJW 2021, 3489 (3494).

316 Näher dazu Kap. § 4, E, I.

317 Kreis, S. 111 f.; Fischer-Lescano, in: Transnationales Recht 2014, S. 435 (447 f.).

bzw. bestimmte Meldeadressaten nicht verfügbar wären und sie auf betriebliche Missstände in der Öffentlichkeit hinzuweisen bräuchten.

Zugunsten aller beteiligten Interessen, Arbeitgeber, Hinweisgeber und in Bezug auf ein rechtsstaatliches Interesse an der effektiven Rechtsdurchsetzung, ist es daher von Bedeutung, sich mit wesentlichen Fragen einer nationalen Whistleblowing-Regelung, u.a. eines sachlichen Anwendungsbereichs des Schutzes, auseinanderzusetzen. Der HinSchG lässt sich als aktuelle Rechtsmaterie bedienen, wodurch es möglich ist, sich die Stärken und Schwächen des deutschen Hinweisgeberschutzes vorzustellen. Das Ziel sollte weder die strenge Verwirklichung der (öffentlichen) Rechtsdurchsetzung durch eine Wahrnehmung der RL als „charte blanche“ noch die Übung eines größtmöglichen Einwandes gegenüber einer richtlinienkonformen Umsetzung sein.[318] Erwünscht ist ein interessenharmonisches Hinweisgeberschutzgesetz.

318 Schröder, ZRP 2020, 212 (213).

§ 4. Theoretische Grundlage des guten Glaubens eines Hinweisgebers

Die vorliegende Arbeit setzt sich zum Ziel, den guten Glauben eines Whistleblowers unter Betrachtung der Relevanz des Whistleblowings für eine effektive Rechtsdurchsetzung und der entgegenstehenden Interessen der Arbeitgeber zu konkretisieren. Der gute Glaube darf nicht unabhängig von der rechtspolitischen Bedeutung des Whistleblowings bewertet werden, weil der als Schutzvorkehrung entwickelte Begriff des „guten Glaubens" eines Whistleblowers zwei wesentliche Funktionen erfüllt; Effektivierung der Rechtsdurchsetzung durch den Schutz gutgläubig abgegebener Meldungen einerseits und die Verhinderung von missbräuchlichen Anzeigen andererseits. Das Whistleblowing dient somit dem öffentlichen Interesse. Das öffentliche Interesse, zu dessen Wohle der Whistleblower geschützt wird, wird im sachlichen Anwendungsbereich des Schutzgesetzes verortet. Mit anderen Worten, der Gesetzgeber gestaltet den Schutzrahmen so, dass vornehmlich die Weitergabe der Informationen erfasst wird, die von öffentlichem Interesse sind. Auf diese Weise bildet der Gesetzgeber auch die theoretische Grundlage des guten Glaubens der Hinweisgeber. Die Frage, ob bzw. inwieweit vom Hinweisgeber zu erwarten ist, dass er seinen guten Glauben an der Relevanz der Information nachweist, mit anderen Worten, welchen Sorgfalt er bei der Sicherstellung der Relevanz der Information erbringen muss, wird in dem nächsten Kapitel (Kap. § 5) bearbeitet. Um die dortigen Ausführungen zu den Anforderungen an den guten Glauben des Hinweisgebers nachvollziehen zu können, bedarf es hier zuerst der Erörterung des sachlichen Anwendungsbereichs des Whistleblower-Rechts, welches nicht nur einen umfassenden und rechtssicheren Schutz anbietet und somit die Effektivierung der Rechtsdurchsetzung fördert, sondern auch missbräuchliche Hinweise eindämmt, denen es nicht um die Rechtsdurchsetzungsinteresse im öffentlichen Interesse geht. Damit befasst sich dieses Kapitel. In diesem Zusammenhang werden zuerst die von der HinSch-RL bestimmte Reichweite des Whistleblowing-Schutzes (A) und dessen Erweiterung durch das deutsche Umsetzungsgesetz (B) dargelegt. Danach werden Bedenken geäußert, dass der deutsche Gesetzgeber kollidierende Interessen der Arbeitgeber sowie Missbrauchsrisiken nicht hinreichend berücksichtigt haben könnte (C). Um diese Bedenken zu veranschaulichen, werden zudem Erfahrungen des britischen Whistleblower-Rechts aufgegriffen (D). Zum Schluss werden Handlungsempfehlungen seitens der vorliegenden Arbeit thematisiert (E).

A. Anwendungsbereich der HinSch-RL

Die HinSch-RL schafft Voraussetzungen, unter denen das Whistleblowing als ein Instrument zur Verbesserung der Durchsetzung des Unionsrechts eingesetzt werden kann. Die Europäische Kommission hat sich für einen Einsatz von Whistleblowern vor allem dort entschieden, wo sie ein Whistleblowing zur Beseitigung der Rechtsdurchsetzungsdefizite für notwendig, erfolgsversprechend sowie verhältnismäßig hält.[319] Es sollten gemeinsame Mindeststandards zur Gewährleistung eines wirksamen Hinweisgeberschutzes in Rechtsakten und Politikbereichen gelten, in denen die Notwendigkeit besteht, Rechtsdurchsetzung zu verbessern, eine unzureichende Meldung von Verstößen durch Hinweisgeber die Rechtsdurchsetzung wesentlich beeinträchtigt und Verstöße gegen das Unionsrecht das öffentliche Interesse ernsthaft schädigen können.[320] Auf diese Weise wurde der sachliche Anwendungsbereich des Whistleblower-Schutzes bestimmt. Art. 2 der RL umfasst die Bereiche von öffentlichem Auftragswesen, Finanzdienstleistungen, Finanzprodukte und Finanzmärkte sowie die Verhinderung von Geldwäsche und Terrorismusfinanzierung, Produktsicherheit und -konformität, Verkehrssicherheit, Umweltschutz, Strahlenschutz und kerntechnische Sicherheit, Lebensmittel- und Futtermittelsicherheit, Tiergesundheit und Tierschutz, öffentliche Gesundheit, Verbraucherschutz und Schutz der Privatsphäre und personenbezogener Daten sowie Sicherheit von Netz und Informationssystemen. Nicht erfasst sind hingegen Arbeitnehmerrechte wie Arbeitsschutz sowie Sachverhalte, die nationale Sicherheit der Mitgliedstaaten betreffen, gem. Art. 3 Abs. 2 und 4 der RL.[321] Die Europäische Kommission beschränkt den Anwendungsbereich des Whistleblower-Schutzes i. S. d. Art. 6 der RL aufgrund der sachlich begrenzten Rechtsetzungskompetenz der Union.[322] Mitgliedstaaten der Europäischen Union dürfen gem. Art. 2 Abs. 2 HinSch-RL den Anwendungsbereich des Whistleblower-Schutzes auf nationale Sachverhalte ausdehnen.

Der sachliche Anwendungsbereich des Schutzes wird gem. Art. 6 Abs. 1 HinSch-RL eröffnet, wenn Hinweisgeber hinreichenden Grund zu der Annahme hatten, dass die weitergegebenen Informationen über Verstöße zum Zeitpunkt der Meldung der Wahrheit entsprachen und dass diese Informationen in den

---

319 Gerdemann, RdA 2019, 16 (19); Erwägungsgrund Nr. 84 der HinSch-RL.

320 Erwägungsgrund Nr. 5 der HinSch-RL.

321 Erwägungsgründe Nr. 21, 24 und 25 der HinSch-RL.

322 Colneric/Gerdemann, HSI-Schriftenreihe Band 34, S. 23; impact assessment-SWD (2018)116/973421, S. 30, https://ec.europa.eu/info/law/better-regulation/initiatives/com-2018-218_en.

Anwendungsbereich der Richtlinie fielen. Weist ein Whistleblower auf einen Verstoß gegen die aufgelisteten Rechtsbereiche hin, kann er einen umfassenden Schutz nach Maßgaben der RL genießen, wie Schutz vor Repressionsmaßnahmen jeder Art gem. Art. 19 der RL sowie eine zugunsten der Whistleblower wirkende Beweislastumkehr gem. Art. 21 Abs. 5, wonach maßregelnde Person wie ein Arbeitgeber nachweisen muss, die Maßregelungsmaßnahme wie Kündigung des Whistleblowers habe nicht aufgrund des Whistleblowings erfolgt.

B. Erweiterung des Whistleblower-Schutzes

Die Auflistung der Rechtsbereiche – anstatt einer unklaren Formulierung wie „öffentliches Interesse an der Anzeige" als Schutzvoraussetzung –[323] gilt als eine für eine gewisse Rechtssicherheit sorgende Methode bei Whistleblowing-Regulierungen.[324] Die Kehrseite der Auflistung der Rechtsbereiche ist allerdings, dass sich ein Whistleblower-Schutz nicht an künftigen Fällen orientieren kann, wenn eine Verstoß-Information außerhalb des sachlichen Anwendungsbereichs der RL fällt, die aber doch als solche von öffentlichem Belang anzusehen ist. Dieses Szenario ist durch einen Fall innerhalb des Tönnies-Konzerns bestätigt worden. Eine Arbeitnehmerin hatte Verstöße gegen die nordrhein-westfälischen Infektionsschutzverordnungen angezeigt.[325] Verstöße gegen Pandemieschutzmaßnahmen betreffen die öffentliche Gesundheit. Sie sind als vergleichbarer Whistleblowing-Fall anzusehen.[326] Dennoch ist die HinSch-RL auf Verstöße gegen Infektionsschutzverordnungen nicht anwendbar, weil die Pandemiebekämpfung nicht unter den Rechtsakten der HinSch-RL gem. Art. 2 Abs. 1 aufgezählt wird.[327] Um diesen und ähnliche Fälle zu erfassen, muss der Whistleblower-Schutz sachlich erweitert werden. Eine Erweiterung des Schutzes erfolgt durch zwei Wege; Gestaltung des sachlichen Anwendungsbereichs des nationalen Hinweisgeberschutzgesetzes und Auslegung „des hinreichenden Grundes" i. S. d. Art. 6 Abs. 1 HinSch-RL bzw. § 33 HinSchG.

---

323 Siehe die Rechtsprechung, Kap. § 3, C, II.

324 Sog. „objective list approach", eine international bekannte Methode bei der Whistleblowing-Regulierung, siehe Boot, Law and Philosophy 2020, 1 (20).

325 Willemsen, Legal Tribune Online, 6.7.2020, https://www.lto.de/persistent/a_id/42110/.

326 Siehe etwa den Fall von Frau Heinisch, EGMR 21.7.2011 – 28274/08, Heinisch/Deutschland, NZA 2011, 1269.

327 Thönnes, Legal Tribune Online, 23.7.2020, https://www.lto.de/persistent/a_id/42285/.

I. Gestaltung des sachlichen Anwendungsbereichs des deutschen Hinweisgeberschutzgesetzes

Es ist angebracht, durch ein Umsetzungsgesetz den Anwendungsbereich des Whistleblower-Schutzes über das Unionsrecht hinaus auf nationales Recht auszudehnen. Hauptmotiv der Ausdehnung ist die Schaffung von Rechtssicherheit zugunsten potenzieller Hinweisgeber. Die Beschränkung des Anwendungsbereichs auf Informationen über Verstöße gegen Unionsrecht i. S. d. Art. 2 RL führt demnach zu Rechtsunsicherheit zum Nachteil von potenziellen Hinweisgebern.[328] Diese Rechtsunsicherheit wird häufig damit begründet, dass einem juristischen Laien als Hinweisgeber es nicht möglich wäre, im Vorfeld einer Meldung rechtlich zu qualifizieren, ob es sich beim Missstand um einen Verstoß gegen Unionsrecht oder lediglich gegen nationales Recht handelt.[329] Eine mangelhafte Einschätzung des Hinweisgebers würde seinen Schutz entfallen lassen. Der sachliche Anwendungsbereich des Schutzes ist zugunsten der Schaffung eines widerspruchsfreien und praktisch handhabbaren Schutzsystems auszuweiten.[330] Der deutsche Gesetzgeber sollte daher unnötige Unterschiede im Schutzniveau zwischen von Sachverhalten abbauen, die von dem europäischen Hinweisgeberschutz umfasst und daher unabdingbar geschützt werden, und die vergleichbar schutzwürdig sind.[331] In diesem Zusammenhang hat der Rechtsschrifttum Vorschläge unterbreitet. Zu empfehlen war etwa, dass die Erstreckung auf nationale Regelungssachverhalte durch die Einführung einer Generalklausel – anstatt einer enumerativen Auflistung der Rechtsnormen – erfolgt, wonach Verstöße gegen einen abstrakt bestimmten Normtypus, bei deren Verfolgung ein überwiegendes öffentliches Interesse typischerweise angenommen wird, in den sachlichen Anwendungsbereich des Whistleblower-Schutzgesetzes fallen.[332] Aufzunehmen wäre konkret Straf- und Verbandstaten,[333] nicht hingegen mangels (besonderen) öffentlichen Interesses an ihrer Verfolgung absolute Antragsdelikte sowie vertragliche Pflichtverletzungen und Verstöße gegen unternehmensinterne

328 Schmitt, NZA-Beilage 2020, 50 (55).

329 Garden/Hiéramente, BB 2019, 963 (964); Schröder, ZRP 2020, 212 (213 f.).

330 Schmitt, NZA-Beilage 2020, 50 (55).

331 DGB, Positionspapier zur Umsetzung der Whistleblower-Richtlinie in deutsches Recht – Anforderungen aus gewerkschaftlicher Sicht vom 7. Dezember 2020, S. 1, https://www.dgb.de/themen/++co++d0533b8a-706d-11eb-8330-001a4a160123; Schröder, ZRP 2020, 212 (214).

332 Colneric/Gerdemann, HSI-Schriftenreihe Band 34, S. 155 ff.

333 Colneric/Gerdemann, HSI-Schriftenreihe Band 34, S. 159 ff.

Verhaltens- und Ethikkodizes.[334] Darüber hinaus sollte ein Auffangtatbestand eingefügt werden, wonach erhebliche Missstände, die nicht rechtswidrig sind, deren Aufdeckung aber im öffentlichen Interesse liegt so wie dies beispielsweise für die von Frau Heinisch gemeldeten Missstände, konkret der Personalmangel im Altenpflegeheim, der Fall war,[335] ebenfalls erfasst werden können.[336]

Entsprechend der Empfehlungen aus der Literatur hat der deutsche Gesetzgeber von dem durch die RL eröffneten Ermessensspielraum gem. Art. 2 Abs. 2 HinSch-RL Gebrauch gemacht; er hat den sachlichen Anwendungsbereich des Hinweisgeberschutzes über die in der RL aufgelisteten Rechtsakte hinaus auf das nationale Recht ausgedehnt.[337] Davon betroffen ist zuerst das Arbeitsschutzrecht. Gem. § 2 Abs. 1 Nr. 2 HinSchG genießt die Aufdeckung von bußgeldbewehrten Verstößen Hinweisgeberschutz, soweit die verletzte Vorschrift dem Schutz von Leben, Leib oder Gesundheit oder dem Schutz der Rechte von Beschäftigten oder ihrer Vertretungsorgane dient. Falls die verletzte Norm nicht u.a. dem Schutz von Leben, Leib oder Gesundheit dient, sollte der sachliche Anwendungsbereich des Schutzgesetzes weiterhin gemäß anderen Nummern des Abs. 1 oder des Abs. 2 eröffnet sein.[338] Gem. § 2 Abs. 1 Nr. 1 HinSchG findet beispielsweise der Hinweisgeberschutz Anwendung, wenn es um die Aufdeckung von strafbewehrten Verstößen geht. Die Einbeziehung der Straftaten in den Anwendungsbereich des Schutzes dient der Schaffung der Rechtssicherheit für Hinweisgeber. Hinweisgeber können demnach auf einen Schutz nach diesem Gesetz vertrauen, wenn sie ausreichend schwerwiegende Verstöße melden.[339] Von einer ausreichenden Schwere des Verstoßes sei hingegen in all jenen Fällen auszugehen, in denen der Gesetzgeber einen Verstoß straf- oder bußgeldbewehrt hat, und hier habe schließlich der Gesetzgeber bereits durch die Sanktionierung deutlich gemacht, dass ein nicht nur unerheblicher Verstoß vorliege. Mögliche Wertungswidersprüche zwischen der RL und dem Umsetzungsgesetz sollen demnach abgebaut werden und das nationale Hinweisgeberschutzsystem für Rechtsanwender soll handhabbar sein, weil oftmals ursprünglich nationale

334 Colneric/Gerdemann, HSI-Schriftenreihe Band 34, S. 162.
335 Siehe den Sachverhalt, Kap. § 3, C, II.
336 Colneric/Gerdemann, HSI-Schriftenreihe Band 34, S. 169; vgl. Positionspaper Transparency International 2019, S. 4, https://images.transparencycdn.org/images/2019_EU_whistleblowing_EN.pdf.
337 Begründung zum HinSchG-E, allgemeiner Teil, S. 33; Gerdemann, ZRP 2021, 37 (37 f.).
338 Begründung zu Abs. 1 Nr. 2 HinSchG-E § 2, S. 58.
339 Begründung zu Abs. 1 Nr. 1 HinSchG-E § 2, S. 56 f.

und europäische Vorgaben so eng miteinander verwoben sind, dass andernfalls keine Rechtssicherheit gewährleistet wäre.[340] Aus diesem Grund ist der Anwendungsbereich des Schutzes weiterhin auf die Aufdeckung von Verstößen gegen nationale Kartellrechtsvorschriften ausgedehnt.[341] Ebenso darf die Aufdeckung von Vorgängen, die als Verschlusssachen des Bundes und der Länder eingeordnet sind, gem. § 5 Abs. 2 Nr. 1 HinSchG unter bestimmten Voraussetzungen geschützt werden.[342] Infolge der am 16. Dezember 2022 im Rechtsausschuss erfolgten Änderungen am HinSchG-E greift der Schutz schließlich für der tierärztlichen Schweigepflicht unterliegende Informationen, wenn es sich um die Aufdeckung von Verstöße gegen von § 2 Abs. 1 Nr. 3 lit. k HinSchG erfasste Vorschriften zum Schutz von gewerblich gehaltenen landwirtschaftlichen Nutztieren handelt.[343] Eine Vorgabe für die Einbeziehung von Verstößen gegen die Infektionsschutzverordnungen, deren Aufdeckung vergleichbare Whistleblowing-Fälle wären,[344] ist dagegen in dem HinSchG nicht ersichtlich. Die Begründung von HinSchG-RefE aus dem Jahre 2020 zu Nr. 2 § 2 Abs. 1 des Entwurfs hatte die Verstöße gegen eine Allgemeinverfügung des Bundes oder der Länder erfasst.[345] Unter einer Allgemeinverfügung wird gem. § 35 VwVfG ein Verwaltungsakt verstanden, welcher sich an einen nach allgemeinen Merkmalen bestimmten oder bestimmbaren Personenkreis richtet oder die öffentlich-rechtliche Eigenschaft einer Sache oder ihre Benutzung durch die Allgemeinheit betrifft. Pandemieschutzverordnungen gelten als Allgemeinverfügung. Der Anwendungsbereich des Hinweisgeberschutzes könnte für den oben dargestellten Tönnies-Fall und

340 Begründung zu HinSchG-E, allgemeiner Teil, S. 34, und Begründung zu § 2 HinSchG-E, S. 56 f.

341 Begründung zu Abs. 1 Nr. 8 HinSchG-E § 2, S. 63.

342 Näher dazu unter Kap. § 4, E, III, 4.

343 Änderung am § 5 Abs. 2 Nr. 4 HinSchG-E, siehe BT-Drs. 20/4910, S. 2; BT-Drs. 20/4909, S. 16.

344 Siehe die Gründe hierfür, unter Kap. § 4, E, I.

345 Begründung zu Abs. 1 Nr. 2 HinSchG-RefE § 2, S. 37, „Unter dieser Ziffer werden Rechtsbereiche aufgezählt, in denen Verstöße über die straf- und bußgeldbewehrten Vorschriften nach Ziffer 1 hinaus in den sachlichen Anwendungsbereich fallen. In den unter den einzelnen Buchstaben aufgezählten Rechtsbereichen wird der sachliche Anwendungsbereich bereits dann eröffnet, wenn ein Verstoß gegen ein Gesetz, eine Rechtsverordnung, eine Allgemeinverfügung oder eine sonstige Vorschrift des Bundes oder der Länder oder gegen unmittelbar geltende Rechtsakte der Europäischen Union oder der Europäischen Atomgemeinschaft in Rede steht. Hierbei kommt es nicht darauf an, ob der Verstoß straf- oder bußgeldbewehrt ist."

vergleichbare andere Fälle eröffnet werden,[346] wenn diese in den sachlichen Anwendungsbereich des HinSchG aufgenommen würden. Ebenso sind auch sonstige Fehlverhalten in den sachlichen Anwendungsbereich des Schutzes nicht erfasst, obwohl dies nach dem Koalitionsvertrag der Regierung versprochen war; Whistleblower sollten u.a. auch bei erheblichen Verstößen gegen Vorschriften oder einem sonstigen erheblichen Fehlverhalten geschützt werden, dessen Aufdeckung im besonderen öffentlichen Interesse liegt.[347]

Nach § 33 Abs. 1 Nr. 2 und 3 HinSchG wird schließlich der sachliche Anwendungsbereich des Schutzes nach Maßgaben des Gesetzes eröffnet, wenn die Informationen zutreffend sind oder Hinweisgeber zum Zeitpunkt der Meldung oder Offenlegung hinreichenden Grund zu der Annahme hatten, dass die gemeldeten oder offengelegten Informationen der Wahrheit entsprechen, und die Informationen Verstöße betreffen, die in den Anwendungsbereich dieses Gesetzes fallen, oder Hinweisgeber zum Zeitpunkt der Meldung oder Offenlegung hinreichenden Grund zu der Annahme hatten, dass dies der Fall sei.

II. Auslegung des „hinreichenden Grundes" i. S. d. Art. 6 Abs. 1 HinSch-RL bzw. § 33 Abs. 1 HinSchG: Der gute Glaube des Hinweisgebers

Der „hinreichender Grund" als Schutzvoraussetzung ist einschlägig, wenn eine Verstoß-Information tatsächlich falsch ist und/oder diese in der Tat nicht in den Anwendungsbereich des Hinweisgeberschutzgesetzes fällt. Liegt eine wahre und in den Anwendungsbereich dieses Gesetzes fallende Verstoß-Information vor, ist der Hinweisgeber geschützt; d. h. einem Hinweisgeber, der tatsächlich eine wahre Verstoß-Information mitgeteilt hat, darf der Schutz nicht deshalb versagt werden, weil sein Glauben an die Wahrheitsmäßigkeit der Information zweifelhaft bzw. nicht vernünftig erscheint.[348] Hat sich hingegen ein Hinweisgeber über

346 In einem Fall erklärte das ArbG Dessau Roßlau die Kündigung eines Arbeitnehmers für unwirksam, der ein Fehlverhalten des Arbeitgebers bei einer Behörde angezeigt hatte. Der Arbeitgeber verstoße demnach gegen die Ausgangs- und Kontaktbeschränkungen i. S. d. § 28a Abs. 1 Nr. 3 IfSG, ArbG Dessau-Roßlau 1. Kammer 12.8.2020 – 1 Ca 65/20, siehe Klenter, jurisPR-ArbR 2021, Anm. 4.

347 Koalitionsvertrag 2021–2025 zwischen der Sozialdemokratischen Partei Deutschlands (SPD), BÜNDNIS 90/DIE GRÜNEN und den Freien Demokraten (FDP) vom 24.11.2021, https://www.spd.de/fileadmin/Dokumente/Koalitionsvertrag/Koalitionsvertrag_2021-2025.pdf, S. 111.

348 Es ist zwar dem Wortlaut der RL nicht zu entnehmen, der Sinn und Zweck der RL gem. Art. 1 ergibt aber, dass der Hinweisgeberschutz nicht ausschließlich an die

die Wahrheitsmäßigkeit und den notwendigen rechtlichen Umfang der Information geirrt, ist er geschützt, sofern er hinreichenden Grund zu der Annahme hatte, dass die Information wahr ist und diese in den Anwendungsbereich des Schutzgesetzes fällt.[349] Der sachliche Anwendungsbereich des Whistleblower-Schutzes wird faktisch erweitert, wenn ein Rechtsirrtümer Hinweisgeber, konkret, der sich über den notwendigen rechtlichen Rahmen der Information geirrt hat, geschützt wird.[350] Unter welchen Umständen ein hinreichender Grund zu der Annahme vorliegt, dass eine Information vom Hinweisgeberschutzgesetz erfasst ist, ist hingegen nicht klar.[351] Diese Unklarheit ergibt sich zum einen aus dem konkretisierungsbedürftigen Begriff „hinreichender Grund" zum anderen aus der unterschiedlichen Formulierung der Schutzvoraussetzungen in Art. 6 Abs. 1 RL und in § 33 Abs. 1 Nr. 3 HinSchG.

1. *Konkretisierungsbedürftigkeit des Begriffs „hinreichender Grund"*

In der HinSch-RL ist kein Maßstab zur Konkretisierung des Begriffs „hinreichender Grund" in Bezug auf Rechtsirrtum ersichtlich. Zu finden ist lediglich der Erwägungsgrund Nr. 32 der RL, wonach der Schutz greift, wenn Hinweisgeber zum Zeitpunkt der Meldung angesichts der Umstände und der verfügbaren Informationen hinreichenden Grund zu der Annahme haben, dass die von ihnen gemeldeten Sachverhalte der Wahrheit entsprechen. Ob dies auch für

---

subjektiv-objektive Auffassung der Hinweisgeber geknüpft ist. Siehe entsprechende teleologische Auslegung, Riesenhuber, FS Martinek 2020, 673 (682). Siehe auch the report of the Whistleblowing Commission on the effectiveness of existing arrangements for workplace whistleblowing in the UK, PCAW 2013, para. 81, https://www.tuc.org.uk/sites/default/files/Whistleblowing%20Commission%20Report%20Final.pdf.

349 Erwägungsgrund Nr. 32 der HinSch-RL.

350 Gerdemann, NZA-Beilage 2020, 43 (48); Schmitt, NZA-Beilage 2020, 50 (55).

351 Die Auseinandersetzung mit dem guten Glauben des Hinweisgebers in der Literatur bezieht sich vornehmlich auf die Sorgfalt, die der Hinweisgeber in Bezug auf die Annahme der Wahrheitsmäßigkeit der Information erbringen soll. Weitgehend übersehen ist hingegen die Frage nach dem guten Glauben des Hinweisgebers in Bezug auf die Relevanz der Information, konkret, die Frage, unter welchen Umständen ein hinreichender Grund zu der Annahme, dass die Information in den sachlichen Anwendungsbereich der RL fällt, zu bejahen ist. Siehe etwa die Ausführungen zu dem Sorgfaltsmaßstab in Bezug auf Rechts- und Tatsachenfragen, Kap. § 5, C, II, 2 und D, II, 2, b); auf die Konkretisierungsbedürftigkeit des Begriffs „hinreichender Grund" hinweisend ebenso, Siemes, CCZ 2022, 293 (297 ff.); Kain, Italian Labour Law e-Journal 2020, 131 (139).

den Rechtsirrtum der Hinweisgeber gilt, ist aber nicht eindeutig. Die Begründung zu § 33 Abs. 1 Nr. 3 HinSchG besagt lediglich Folgendes: Bei der Bewertung, ob ein hinreichender Grund zu der Annahme bestand, dass ein Verstoß in den sachlichen Anwendungsbereich des Hinweisgeberschutzgesetzes fällt, ist tätigkeitsspezifisches Wissen und Verständnis zu berücksichtigen, während darüber hinaus auf das Verständnis eines juristischen Laien abzustellen ist.[352] Dabei spielen die subjektiven Beweggründe der Hinweisgeber, konkret die Frage, was ein Hinweisgeber anstrebte, keine Rolle.[353] Die Prüfung von Beweggründen für die Anzeige von Missstände ist in Whistleblowing-Regelungen bewusst abgeschafft worden, um sich auf die Anzeige zu konzentrieren – anstatt auf die Anzeigenden –, sodass eine effektive Rechtsdurchsetzung gewahrt werden kann.[354] Schuldrechtsbezogene, traditionelle Motivforschung sollte daher nicht mehr durchgesetzt werden, welche sowohl eine effektive Rechtsdurchsetzung als auch die Schaffung einer Rechtssicherheit für Hinweisgeber erschweren würde.[355] Ebenso dürfte es gem. Art. 6 Abs. 1 RL nicht vorausgesetzt sein, dass der Hinweisgeber auch tatsächlich daran geglaubt hat, die Information falle in den sachlichen Anwendungsbereich der RL.[356] Der Schutz greift, wenn es hinreichenden Grund für die einschlägige Annahme gibt. Schließlich finden sich in der Literatur einige Angaben zur Konkretisierung des „hinreichenden

---

352 Begründung zu Abs. 1 Nr. 3 HinSchG-E § 33, S. 92.

353 Begründung zu Abs. 1 Nr. 3 HinSchG-E § 33, S. 92.

354 Siehe den Fall von Shipman Inquiry, wodurch man davon überzeugt worden ist, dass die Forschung der Motivation des Hinweisgebers, der bei der Anzeige des Täters, Dr. Shipman, der seine Patienten getötet haben soll, aus egoistischen Motiven gehandelt haben kann, zu einer erheblichen Abschreckung von rechtszeitiger Meldung von schweren Missständen führen kann, Lewis/Bowers/Fodder/Mitchell, paras. 2. 25, 5. 08, 5. 10.

355 Erwägungsgrund Nr. 32, S. 5 der HinSch-RL; EuArbRK/*Schubert*, EMRK Art. 10, Rn. 34; Gerdemann, RdA 2019, 16 (26); Groß/Platzer, NZA 2018, 913 (914); Dzida/Granetzny, NZA 2020, 1201 (1204); krit. Schmolke, NZG 2020, 5 (10 ff.); Garden/Hiéramente, BB 2019, 963 (967); krit. Thüsing/Rombey, NZG 2018, 1001 (1005).

356 A.A. Brobeil, S. 172, demnach ist sowohl ein hinreichender Grund für die Annahme als auch die Annahme an sich erforderlich. Nicht schutzwürdig sind demzufolge Hinweisgeber, auch wenn die Umstände und verfügbaren Informationen grundsätzlich den Schluss zulassen würden, dass der gemeldete Sachverhalt der Wahrheit entspricht. Die tatsächliche Annahme des Hinweisgebers müsse zum Vorliegen eines hinreichenden Grundes hinzutreten. Entsprechendes gelte hinsichtlich der Eröffnung des Anwendungsbereichs der RL, d. h. auch das muss der Hinweisgeber tatsächlich annehmen und zusätzlich tatsächliche Anhaltspunkte für diese Annahme haben.

Grundes". Nach einer Ansicht stellt dies auf die subjektive Auffassung des Hinweisgebers ab.[357] Auf diese Weise soll vermieden werden, dass dem Hinweisgeber ein Whistleblower-Schutz versagt wird, indem die Vernünftigkeit der subjektiven Annahme des Vorliegens eines Rechtsverstoßes ex-post geprüft und verneint wird.[358] Ein „guter Glaube", welcher national bekannt und mehrfach in unterschiedlichen Kontexten praktiziert worden ist, wäre demnach eine entsprechende Übersetzung des von der RL verwendeten englischen Terminus „reasonable ground to belief".[359] Dass der deutsche Gesetzgeber den Begriff stattdessen als „hinreichender Grund" zu der Annahme eines Rechtsverstoßes übersetzt hat, soll darauf zurückgehen, dass er vermeiden will, dass der gute Glaube mit dem englischen Begriff „good faith" verwechselt wird, welcher einem Motiv der Hinweisgeber entspricht und für den Hinweisgeberschutz irrelevant ist.[360] In diese Richtung fügt eine weitere Ansicht hinzu, dass sich der deutsche Gesetzgeber neben dem Rechtsbegriff „guter Glaube" auch auf national bekannte Verschuldensmaßstäbe von Vorsatz und Fahrlässigkeit beziehen soll.[361] Demnach soll der Schutz für einen Hinweisgeber nur dann entfallen dürfen, wenn er wusste oder er aufgrund von grober Fahrlässigkeit – welche vorliegt, wenn man die im

357 Gerdemann, Position paper on the national implementation of the Directive for the protection of persons reporting on breaches of Union law ("Whistleblowing Directive") 2019, S. 5, https://www.whistleblower-net.de/wp-content/uploads/2020/05/Paper-National-Implementation-WBD.pdf.

358 Gerdemann, Position paper on the national implementation of the Directive for the protection of persons reporting on breaches of Union law ("Whistleblowing Directive") 2019, S. 5, https://www.whistleblower-net.de/wp-content/uploads/2020/05/Paper-National-Implementation-WBD.pdf.

359 Gerdemann, Position paper on the national implementation of the Directive for the protection of persons reporting on breaches of Union law ("Whistleblowing Directive") 2019, S. 5, https://www.whistleblower-net.de/wp-content/uploads/2020/05/Paper-National-Implementation-WBD.pdf.

360 Gerdemann, Position paper on the national implementation of the Directive for the protection of persons reporting on breaches of Union law ("Whistleblowing Directive") 2019, S. 5, https://www.whistleblower-net.de/wp-content/uploads/2020/05/Paper-National-Implementation-WBD.pdf.

361 Steinhauser/Kreis, EuZA 2021, 422 (427, 435); ähnlicher Weise, DIHK, Stellungnahme von Deutscher Industrie- und Handelskammertag zum Entwurf eines Gesetzes für einen besseren Schutz hinweisgebender Personen sowie zur Umsetzung der Richtlinie zum Schutz von Personen, die Verstöße gegen das Unionsrecht melden, v. 28.9.2022, S. 14, https://www.bundestag.de/resource/blob/914948/a5ecd119e4f956bb40d37b86a748b007/Stellungnahme_Reppelmund_DIHK-data.pdf.

Verkehr erforderliche Sorgfalt in ungewöhnlichem Maße außer Acht lässt –[362] nicht gewusst hatte, dass sein Hinweis nicht der Wahrheit entspricht oder nicht dem Anwendungsbereich des Schutzgesetzes unterliegt.[363] Dagegen findet sich schließlich die Meinung, dass ein Abstellen auf rein subjektive Einschätzungen des Hinweisgebers die Gefahr des Missbrauchs, wie Anschwärzen von Kollegen und eine sich hieraus ergebende Störung des Betriebsfriedens, hervorruft.[364] Demnach sollte die Schutzvoraussetzung dahingehend konkretisiert werden, dass der hinreichend Grund zu der Annahme nur dann vorliegt, wenn der Hinweisgeber bei der Beurteilung des Sachverhalts alle ihm zur Verfügung stehenden Informations- und Beratungsangebote erschöpft hat.[365]

Es gibt bis dato keine Rechtsprechung, die den hinreichenden Grund in Bezug auf den rechtlichen Rahmen der Information konkretisiert hat. Anhand einer Gesamtbewertung der gesetzlichen Vorgaben und der Literatur lässt sich zuerst annehmen, dass es sich beim „hinreichenden Grund" um eine objektiv-subjektive Annahme handelt und dieser einzelfallabhängig zu beurteilen ist. Bereits die Fassung der RL „reasonable ground to belief" spricht dafür, dass es nicht um einen reinen „belief" bzw. subjektive Vorstellungen der Hinweisgeber geht.[366] Die Whistleblowing-Normen formulieren den guten Glauben der Hinweisgeber nicht selten mit Begriffen wie „begründete Annahme", „hinreichender Grund" oder „eine geeignete Aufdeckung". So etwa hatte auch der Regierungsentwurf zu § 5 Nr. 2 GeschGehG zum Schutz von Whistleblowing die „Absicht, das öffentliche Interesse zu schützen", vorausgesetzt, ist aber in der finalen Fassung dadurch ersetzt worden, dass die Aufdeckung einer rechtswidrigen Handlung,

362 BGH 11.7.2007 – XII ZR 197/05, NJW 2007, 2988 (2989), Rn. 15.

363 Steinhauser/Kreis, EuZA 2021, 422 (427, 435).

364 BDA, Positionspapier mit Vorschlägen zur Umsetzung der Whistleblowing-Richtlinie in nationales Recht, vom Januar 2021, S. 3, https://www.whistleblower-net.de/wp-content/uploads/2021/02/BDA_Stellungnahme_Umsetzung-Whistleblowingrichtlinie.pdf.

365 BDA, Positionspapier mit Vorschlägen zur Umsetzung der Whistleblowing-Richtlinie in nationales Recht, vom Januar 2021, S. 3, https://www.whistleblower-net.de/wp-content/uploads/2021/02/BDA_Stellungnahme_Umsetzung-Whistleblowingrichtlinie.pdf; ebenso weitgehend, DIHK, Stellungnahme zum Entwurf eines Gesetzes für einen besseren Schutz hinweisgebender Personen sowie zur Umsetzung der Richtlinie zum Schutz von Personen, die Verstöße gegen das Unionsrecht melden, v. 28.9.2022, S. 14, https://www.bundestag.de/resource/blob/914948/a5ecd119e4f956bb40d37b86a748b007/Stellungnahme_Reppelmund_DIHK-data.pdf.

366 Vgl. Düsel, S. 372; Lewis, J Bus Ethics 2008, 497 (499).

eines beruflichen oder sonstigen (unethischen) Fehlverhaltens „geeignet ist, das allgemeine öffentliche Interesse zu schützen".[367] Anstatt einer reinen guten Absicht muss der Whistleblower nun hinreichenden Anlass haben anzunehmen, dass die Aufdeckung einer rechtswidrigen Handlung oder eines sonstigen Fehlverhaltens geeignet ist, das öffentliche Interesse zu schützen.[368] Damit im Einklang steht die Formulierung der RL bzw. HinSchG.[369] Es geht nicht um eine rein subjektive Annahme, sondern darum, dass die Annahme der Wahrheit der Informationen und der Eröffnung des Anwendungsbereichs des Whistleblower-Schutzes objektiv vertretbar ist.[370] Der Glaube eines Hinweisgebers, die Information falle in den Anwendungsbereich der RL bzw. HinSchG, was aber tatsächlich nicht der Fall ist, würde demzufolge einen Schutz begründen, wenn dieser Glaube vernünftig ist. Inwieweit eine diesbezügliche Annahme eines Hinweisgebers als vernünftig anzusehen ist, unterliegt weiterhin einer einzelfallbezogenen Beurteilung. Denn – wie der Begründung des § 33 Abs. 1 Nr. 3 HinSchG zu entnehmen ist – Umstände des Einzelfalls wie u.a. tätigkeitsspezifisches Wissen des Hinweisgebers spielen eine Rolle.[371] Folglich wäre der Anwendungsbereich eines Hinweisgeberschutzes faktisch erweitert, wenn das Gericht im Einzelfall bejahen würde, dass der Hinweisgeber einen hinreichenden Grund zu der Annahme hatte, dass die Information in den Anwendungsbereich des Hinweisgeberschutzgesetzes fällt. Hierzu befindet sich allerdings derzeit noch keine Rechtsprechung aus dem deutschen Sprachraum.[372]

2. *Unterschiedliche Formulierung des Art. 6 der RL und § 33 HinSchG: eine vom Zeitpunkt der Meldung abhängige Bewertung?*

Zuletzt sorgt für die Unklarheit die unterschiedliche Formulierung der Schutzvoraussetzungen des Art. 6 Abs. 1 RL und § 33 Abs. 1 HinSchG. Die vorliegenden

367 Laut der Beschlussempfehlung des Bundestags enthält die englischsprachige Originalfassung der Richtlinie den Begriff „purpose", der statt mit „Absicht" besser mit „Zweck" zu übersetzen ist. Die Begründung in der Beschlussempfehlung BT-Drs. 19/8300, S. 14.

368 EuArbRK/*Schubert*, RL (EU) 2016/943 Art. 5 Rn. 10 ff.; Ohly, GRUR 2019, 441 (448).

369 Begründung zu Abs. 1 Nr. 3 HinSchG-E § 33, S. 92.

370 Lewis, EJICLS 2020, 1 (6 f.); vgl. Schmitt, NZA-Beilage 2020, 50 (54 f.); ebenso befürwortet objektive und subjektive Komponenten des guten Glaubens, Siemes, CCZ 2022, 293 (298 f.).

371 Begründung zu Abs. 1 Nr. 3 HinSchG-E § 33, S. 92.

372 Hierzu Erfahrungen der britischen Rechtsprechung, unter Kap. § 4, D.

Normen veranlassen die Frage, ob ein Hinweisgeber den hinreichenden Grund zum Zeitpunkt der Meldung bzw. Offenlegung gehabt haben muss oder er auch nach der Meldung bzw. Offenlegung den hinreichenden Grund haben darf. Mit anderen Worten stellt sich die Frage, ob er zum Zeitpunkt der Informationsweitergabe wissen muss, dass die Information für das öffentliche Interesse relevant ist oder diese von einem Gesetz geschützt wird.

Die Voraussetzung „hinreichender Grund" bezieht sich sowohl auf die Wahrheit einer Information als auch auf den rechtlichen Rahmen dieser Information. Auffallend ist dabei, dass Art. 6 Abs. 1 lit. a RL den Begriff „zum Zeitpunkt der Meldung bzw. Offenlegung" nicht auf den rechtlichen Rahmen der Information bezieht.[373] Hinweisgeber haben demnach Anspruch auf Schutz, wenn sie hinreichenden Grund zu der Annahme hatten, dass die weitergegebenen Informationen über Verstöße zum Zeitpunkt der Meldung der Wahrheit entsprachen und dass diese Informationen in den Anwendungsbereich dieser Richtlinie fielen. Daraus lässt sich schlussfolgern, dass ein Hinweisgeber zu der Auffassung, die Information falle in den Anwendungsbereich des Schutzgesetzes, auch nach der Meldung bzw. Offenlegung kommen kann. Die Erfahrungen der Whistleblower unterstützen diese Schlussfolgerung; man erfährt von der Bedeutung der mitgeteilten Information typischerweise erst dann, wenn man infolge der Meldung bzw. Offenlegung benachteiligt wird und man sich an einen Rechtsanwalt zur Rechtsberatung wendet, welcher das Handeln rechtlich qualifiziert, oder wenn man in den Medien als Whistleblower genannt wird. In Interviews sagen Whistleblower nicht selten so etwas wie: „Ich wusste nicht, dass ich ein Whistleblower bin, bevor ich als Whistleblower genannt wurde."[374] Hinweisgeber handeln also

---

373 Siehe auch Erwägungsgrund Nr. 32 der HinSch-RL, im Zusammenhang mit der Anforderung „Zeitpunkt der Meldung" erwähnt der Erwägungsgrund den notwendigen Umfang der Information nicht; EuArbRK/*Fest*, RL (EU) 2019/1937 Art. 6 Rn. 8.

374 Interview mit Theranos Whistleblowerin, Erika Cheung, die den größten Betrugsskandal im Silikon Valley enthüllt hat „To summarize Erika's story in case you're not familiar or need a refresher, she was just out of college and working in the Theranos lab back in 2014 when she started to notice regular failures in their blood testing technology. She escalated her concerns and eventually approached Theranos COO, Sunny Balwani, arguing that they needed to stop processing patient samples. [...] – When did you think you were a whistleblower, cause that's, you know that's, that's a term right now that isn't just applied to startups. It's applied, my goodness to the government, you know, as you know, in the news. So when, at what point did you think you were becoming one of them, a whistleblower? – Honestly, I didn't consider myself as a whistleblower until other people started calling me a whistleblower. You know initially going in and asking questions and being curious about 'Is this right or is this

i. d. R. nicht deshalb, weil sie zu einem Whistleblower werden möchten, sondern mit der Absicht, einen Missstand zu beheben, und zwar, ohne dabei über betroffene (öffentliche) Interessen nachzudenken.[375] Zu berichten ist sogar – auch in Großbritannien, wo Whistleblowing schon seit langem gesetzlich geschützt wird –, dass viele Whistleblower keine Kenntnis von dem Schutz haben.[376] Während man vom Vorliegen eines Gesetzes nicht weiß, ist es unmöglich, im Vorfeld einer Aufdeckung den Inhalt bzw. die Schutzvoraussetzungen des einschlägigen Gesetzes zu kennen. Im Gegensatz dazu bezieht sich die deutsche Umsetzungsnorm bei der Anforderung an den rechtlichen Rahmen der Information auch auf den Zeitpunkt der Aufdeckung. § 33 Abs. 1 Nr. 3 HinSchG lautet, geschützt seien die Informationen, welche Verstöße betreffen, die in den Anwendungsbereich dieses Gesetzes fallen, oder die hinweisgebende Person zum Zeitpunkt der Meldung oder Offenlegung hinreichenden Grund zu der Annahme hatte, dass dies der Fall sei. Ob es bei der Formulierung des § 33 Abs. 1 Nr. 3 HinSchG um einen Schreibfehler geht oder der deutsche Gesetzgeber doch intendiert hat, bei der Beurteilung des hinreichenden Grundes zu der Annahme rechtlichen Rahmen der Informationen auf den Zeitpunkt der Aufdeckung abzustellen, ist nicht klar.[377] Zu beobachten ist jedenfalls, dass die gegenwärtige Formulierung dem Wortlaut der RL sowie der Erfahrungen der Hinweisgeber widerspricht. Die Anforderung, dass potenzielle Hinweisgeber im Vorfeld einer Meldung bzw. Offenlegung ihr Verhalten rechtlich qualifizieren bzw. wissen, ob es von einem Hinweisgeberschutzgesetz erfasst ist, kann dazu führen, dass die meisten Whistleblower nur deshalb vom Schutz ausgeschlossen werden, weil sie zum Zeitpunkt der Aufdeckung eines Verstoßes nicht im Bewusstsein waren, dass ihre Hinweise von einem Gesetz geschützt sind bzw. wären. Folglich wäre der Anwendungsbereich des Schutzes nach Art. 6 Abs. 1 RL faktisch erweitert, wenn der gute Glaube des Hinweisgebers in Bezug auf das Vorliegen einer relevanten Information im Einzelfall bejaht würde. Demgegenüber wäre eine solche Erweiterung des Schutzes nach Maßgaben des § 33 Abs. 1 HinSchG nicht möglich,

wrong,' this was just me trying to do my job and to do it well.", https://ecorner.stanford.edu/podcasts/theranos-whistleblower-erika-cheung-on-incentivizing-ethics/.

375 Empirische Studien geben auch keine deutlichen Hinweise auf Absicht der Whistleblower, Kap. § 2, B, IV.

376 Thüsing/*Forst*, § 6 Whistleblowing, Rn. 64.

377 Dass es um einen Schreibfehler geht, scheint aber unwahrscheinlich zu sein. Denn die einschlägigen Normen des HinSchG-RefE von 2020 und des HinSchG-RefE von 2022 sowie die des HinSchG-RegE sind auch identisch formuliert. Ansonsten hätte der Gesetzgeber diesen Fehler zuletzt im HinSchG-E behoben.

weil § 33 Abs. 1 HinSchG voraussetzt, dass der gute Glaube des Hinweisgebers in Bezug auf die Relevanz der Information bereits im Vorfeld der Informationsweitergabe gegeben ist. Eine solche Anforderung wäre – wie es oben erläutert wird – den tatsächlichen Gegebenheiten des Whistleblowings fremd.

C. Bedenken hinsichtlich eines überschießenden Whistleblower-Schutzes

Der Whistleblower-Schutz ist besonders zur Effektivierung der Rechtsdurchsetzung angelegt und vom Schutz sind vornehmlich Informationen von öffentlichem Interesse erfasst. Eine über dessen Sinn und Zweck hinausgehende Anwendung des Whistleblower-Schutzes birgt die Gefahr, dass Whistleblowingaktivitäten und gutgläubige (potenzielle) Hinweisgeber mit einem schlechten Ansehen behaftet werden. Whistleblowing könnte z. B. als „politisches oder weltanschauliches Kampfmittel" wahrgenommen werden.[378] Es ist daher angebracht, Bedenken über eine zu weit gehende Anwendung des Hinweisgeberschutzes zu erörtern. Diese ergeben sich zum einen aus der Gestaltung des sachlichen Anwendungsbereichs des HinSchG zum anderen aus der einzelfallabhängigen Auslegung des Begriffs „hinreichender Grund" bzw. des guten Glaubens der Hinweisgeber.

I. In Bezug auf die Ausweitung des sachlichen Anwendungsbereichs

Über die Ausdehnung des sachlichen Anwendungsbereichs des Whistleblower-Schutzes auf nationales Recht äußerten sich zuerst Gegenstimmen in deutschem Parlament, welche dazu führten, dass der HinSchG-RefE von 2020, der den guten Glauben eines Hinweisgebers in seinem § 32 Abs. 1 so genau wie § 33 Abs. 1 HinSchG-E formulierte, in der Legislaturperiode 2021 nicht abgestimmt werden konnte. Demnach sorgt die Ausweitung des Schutzes auf deutsches Recht für Missbrauch des Hinweisgeberschutzes; man könnte durch Meldung von geringen Verstößen einen Whistleblower-Schutz verschaffen.[379] Außerdem

---

378 Schmolke, NZG 2020, 5 (10).

379 Es wird berichtet von Quast, F.A.Z. v. 28.7.2021, https://zeitung.faz.net/faz/wirtschaft/2021-07-28/7124f3f88184078725a1124408fb04ab; BDA, Positionspapier mit Vorschlägen zur Umsetzung der Whistleblowing-Richtlinie in nationales Recht, vom Januar 2021, https://www.whistleblower-net.de/wp-content/uploads/2021/02/BDA_Stellungnahme_Umsetzung-Whistleblowingrichtlinie.pdf.

werden Interessen der Unternehmer aufgrund der weitreichenden Anforderungen des HinSchG-RefE übermäßig beeinträchtigt, obwohl Unternehmen bereits wegen der Corona Krise wirtschaftlich erheblich belastet sind.[380] Aus den ähnlichen Gründen wurde auch der HinSchG-E von 2022 in der Sitzung des Bundesrats am 16. September 2023 nicht zugestimmt und der Entwurf wurde an den Vermittlungsausschuss weitergeleitet.[381] Die entgegengesetzten Stimmen aus dem Parlament erscheinen zwar nur mangelhaft begründet.[382] Um einen ausgewogenen Hinweisgeberschutz zu etablieren, ist es aber angebracht, mögliche unerwünschte Auswirkungen des Inhalts des deutschen Hinweisgeberschutzgesetzes zu berücksichtigen. Der deutsche Gesetzgeber könnte mit seiner Ausweitung des sachlichen Anwendungsbereichs dafür gesorgt haben, dass der Whistleblower-Schutz über seinen Zweck hinaus, namentlich zur Wahrung privater Angelegenheiten, angewendet wird, während ein Whistleblower-Schutz nicht zur Aufklärung von interpersonalen Konflikten – sog. personal grievances – gedacht ist; ein Whistleblower soll sich von einem „aggrieved worker" unterscheiden müssen.[383] Dies und ähnliche Bedenken müssen berücksichtigt werden. In diesem Zusammenhang macht die Literatur darauf aufmerksam, dass eine pauschale Einbeziehung sämtlicher Verstöße gegen nationales Recht unnötig Kosten verursachen würde.[384] Whistleblowing-spezifische Institutionen wie Whistleblowing-Stellen und -Behörden dürfen beispielsweise mit Beschwerden über private Konflikte nicht überfordert werden.[385] Eine zu weitgehende

---

380 Es wird berichtet von Hey/Nentwig, Bird & Bird, http://www.twobirds.com/de/news/articles/2021/germany/hinweisgeberschutzgesetz-buerokratische-huerde-oder-chance.

381 Pressmitteilung des Vermittlungsausschusses v. 5.4.2023, https://www.vermittlungsausschuss.de/SharedDocs/texte/va/23/20220405-va-hinweisgeber.html.

382 So kritisiert man scharf, siehe Kaufmann, Legal Tribune Online v. 6.5.2021, https://www.lto.de/recht/hintergruende/h/whistleblower-deutschland-muss-eu-richtlinie-umsetzen-hinweisgeberschutz-unternehmen-behoerden-verstoee-melden/.

383 „It is important to make a distinction between whistleblowers – who report violations which affect the public interest – and other categories of complainants, such as aggrieved workers, whose reports relate to personal grievances or breaches of individual working conditions (public v. private interest)." impact assessment-SWD (2018)116/973421, S. 8, https://ec.europa.eu/info/law/better-regulation/initiatives/com-2018-218_en.

384 Schmolke, NZG 2020, 5 (10).

385 Die Einführung des Kriteriums der Geeignetheit statt einer subjektiven Absicht, um öffentliches Interesse zu schützen, in § 5 Nr. 2 GeschGehG findet dementsprechend seinen Nutzen darin, dass die Behörden nicht mehr dadurch überfordert wären,

Anwendung würde betroffene Interessen, vor allem Arbeitgeber, unverhältnismäßig benachteiligen, die Whistleblowing-spezifische Anforderungen, wie u.a. Einrichtung der Whistleblowing-Stelle sowie Pflichten wie Dokumentierung von Meldungen, nachkommen müssen.[386] Die Ausdehnung des Hinweisgeberschutzes auf das gesamte Strafrecht und erhebliche Teilen des Ordnungswidrigkeitenrechts, auf das Arbeitsschutzrecht sowie das kollektive Arbeitsrecht findet man ebenso zu weitgehend, und zwar vor allem dann, wenn es bereits Schutzmechanismen in bestimmten Bereichen wie z. B. § 17 ArbSchG im Arbeitsschutzrecht gibt.[387] Eine übermäßige Belastung des Hinweisgeberschutzgesetzes und Umgehung von u.a. existierenden sektorspezifischen Schutzvorschriften sollte vermieden werden.[388] Abzuraten ist schließlich, dass es einem Arbeitnehmer ermöglicht wird, zur Erlangung eines faktischen Kündigungsschutzes eine „Whistleblowerkarte" zu ziehen.[389] Ansonsten könnte die gesellschaftliche

---

indem Whistleblower jede Art von Regelverstößen, vor allem unterhalb der Schwelle zum Ordnungswidrigkeitentatbestand – anzeigen würden. Die Aufdeckung solcher Verstöße ist nämlich aus objektiver Sicht nicht geeignet, um ein öffentliches Interesse zu schützen, siehe BeckOK GeschGehG/*Hiéramente*, § 5 Rn. 32.

386 BCM, Positionspapier zum Referentenentwurf-HinSchG-RefE v. 27.4.2021, https://www.bvdcm.de/sites/default/files/bcm-positionspapier_hinweisgeberschutzgesetz_final.pdf.

387 DIHK, Stellungnahme zum Entwurf eines Gesetzes für einen besseren Schutz hinweisgebender Personen sowie zur Umsetzung der Richtlinie zum Schutz von Personen, die Verstöße gegen das Unionsrecht melden, v. 28.9.2022, S. 3, https://www.bundestag.de/resource/blob/914948/a5ecd119e4f956bb40d37b86a748b007/Stellungnahme_Reppelmund_DIHK-data.pdf; Bayreuther, NZA-Beilage 2022, 20 (21), demnach führt die Einbeziehung von Straftaten und Ordnungswidrigkeiten zu einer tatsächlich ausgesprochen weitem Anwendungsbereich des Schutzes.

388 Thüsing, Stellungnahme zum Regierungsentwurf eines Gesetzes für einen besseren Schutz hinweisgebender Personen sowie zur Umsetzung der Richtlinie zum Schutz von Personen, die Verstöße gegen das Unionsrecht melden, BT-Drs. 20/3442, v. Oktober 2022, S. 4, https://www.bundestag.de/resource/blob/916300/c9e376352f8d669db199efcb96e12c2e/Stellungnahme_Thuesing-data.pdf; Thüsing/Musiol, BB 2022, 2420 (2422).

389 Schmolke, AG 2018, 769 (779); entsprechende Sorgen sind ausgeführt auch von DIHK, Stellungnahme zum Entwurf eines Gesetzes für einen besseren Schutz hinweisgebender Personen sowie zur Umsetzung der Richtlinie zum Schutz von Personen, die Verstöße gegen das Unionsrecht melden, v. 28.9.2022, S. 3 ff., https://www.bundestag.de/resource/blob/914948/a5ecd119e4f956bb40d37b86a748b007/Stellungnahme_Reppelmund_DIHK-data.pdf.

Akzeptanz des Whistleblowings als ein wertvolles Instrument zur Rechtsdurchsetzung gefährdet werden.[390]

Es ist daher von Bedeutung, dass der deutsche Gesetzgeber eine bewusste Auswahl von Meldegegenstände trifft. Der Gesetzgeber macht es hingegen nicht deutlich, nach welchem Kriterium ein öffentliches Interesse an einer Verstoß-Information zu begründen ist und demnach der Whistleblower-Schutz ausgeweitet wird. Der deutsche Gesetzgeber scheint zwar bei der Ausdehnung des Anwendungsbereichs des Hinweisgeberschutzes auf die Schwere des Missstandes abgestellt zu haben. So hatte er die Einbeziehung von Straftaten in den Anwendungsbereich des Gesetzes begründet. Dennoch bleiben folgende Fragen offen: Wie schwerwiegend muss ein Verstoß sein – wird etwa ein Arbeitnehmer, der ein bußgeldbewehrtes Verhalten wie Falschparken eines Mitarbeiters anzeigt, als Whistleblower geschützt? –[391] und wer soll dies beurteilen – der Hinweisgeber oder das Gericht – ist nicht geklärt. Frau Heinisch meldete z. B.

390 BDA, Stellungnahme zum Referentenentwurf des BMJ: Entwurf eines Gesetzes für einen besseren Schutz hinweisgebender Personen sowie zur Umsetzung der Richtlinie zum Schutz von Personen, die Verstöße gegen das Unionsrecht melden (Hinweisgeberschutzgesetz), vom Mai 2022, S. 3, https://www.bmj.de/SharedDocs/Gesetzgebungsverfahren/Stellungnahmen/2022/Downloads/0512_Stellungnahme_bda_HinSchG-E.pdf;jsessionid=3095664022BB4E6B0CA14AFF1F33623C.2_cid297?__blob=publicationFile&v=2; die Gefahr von Missbrauch des Whistleblowings wird auch von den Befürwortern der Ausweitung des Schutzes auf nationales Recht berücksichtigt und Vorschläge für die Vorbeugung dieser Gefahr sind unterbreitet. Demnach könnte etwa die Einführung eines (oben unter Kap. § 4, B, I erwähnten) Auffangtatbestands Missbrauchsgefahr entgegenwirken, siehe Gerdemann, Stellungnahme zum Gesetzentwurf der Bundesregierung Entwurf eines Gesetzes für einen besseren Schutz hinweisgebender Personen sowie zur Umsetzung der Richtlinie zum Schutz von Personen, die Verstöße gegen das Unionsrecht melden – BT-Drs. 20/3442 – Oktober 2022, S. 5, https://www.bundestag.de/resource/blob/914478/83be0d66d79fa13bc255cf0745795631/Stellungnahme_Gerdemann-data.pdf.

391 Vgl. Stein, BB 2004, 1961 (1963); ebenso krit. EuArbRK/*Fest*, RL (EU) 2019/1937 Art. 2, Rn. 48, plädiert weiterhin für eine auf Straftaten beschränkte Anwendung; siehe auch Gerdemann, Stellungnahme zum Gesetzentwurf der Bundesregierung Entwurf eines Gesetzes für einen besseren Schutz hinweisgebender Personen sowie zur Umsetzung der Richtlinie zum Schutz von Personen, die Verstöße gegen das Unionsrecht melden – BT-Drs. 20/3442 – Oktober 2022, S. 3, https://www.bundestag.de/resource/blob/914478/83be0d66d79fa13bc255cf0745795631/Stellungnahme_Gerdemann-data.pdf.

einen Missstand – Pflegenotstand –, welcher keinen Rechtsverstoß darstellt,[392] die Meldung aber genoss Schutz nach Art. 10 EMRK vor dem EGMR, welcher die Meldung des Personalmangels in einem Altenpflegeheim als „zweifellos von öffentlichem Interesse“ fand.[393]

II. In Bezug auf die Auslegung des hinreichenden Grundes im Einzelfall

Schließlich besteht bei einer zu weiten Auslegung des hinreichenden Grundes im Einzelfall das Risiko, dass der Schutz zweckfremdet, also über das öffentliche Interesse hinaus zur Wahrung privater Angelegenheiten greift. Ein zweckwidriges Greifen des Whistleblower-Schutzes lässt sich mit folgendem Szenario illustrieren: Ein Arbeitnehmer beschwert sich über schlechte Vergütung und ruft Kollegen zur Wahrnehmung ihrer berechtigten Interessen an einem gerechten Lohn auf. Daraufhin – oder aus einem anderen (berechtigten) Grund – wird er gekündigt. Er wendet sich an einen Rechtsanwalt, um einen Weg zur Unwirksamerklärung der Kündigung zu finden. Der Rechtsanwalt rät, einen Anspruch auf Schutz vor Kündigung nach Maßgaben des Hinweisgeberschutzgesetzes geltend zu machen,[394] und zwar mit der Begründung, dass der Arbeitnehmer auf einen Missstand hingewiesen hat, welcher über seine eigenen Interessen hinaus mehrere Interessen, u.a. die der Kollegen und sogar aller Beschäftigten in der Branche betrifft. Ein gerechter Lohn ist nach seiner Auffassung von öffentlichem Interesse.[395] Das Gericht, das sich mit der Whistleblower-Schutzklage befasst, wird freilich feststellen, dass die vom Arbeitnehmer mitgeteilte Information über den schlechten Lohn nicht von dem sachlichen Anwendungsbereich des Gesetzes (vgl. Art. 2 HinSch-RL bzw. § 2 HinSchG) erfasst ist. Der Schutz greift

---

392 Näher zu den Ausführungen über die rechtliche Einordnung des Pflegenotstandes im Falle von Heinisch, Kap.

393 EGMR 21.7.2011 – 28274/08, Heinisch/Deutschland, NZA 2011, 1269, Rn. 88 ff.; Darstellung des Sachverhalts, Kap. § 3, C, II.

394 Ein solcher Anspruch wäre nämlich vorteilhafter als ein Schutzanspruch über die allgemeinen Maßregelungsverbote wie § 612a BGB, denn die Beweislast im letzteren Fall trägt der Arbeitnehmer, im ersten hingegen der Arbeitgeber, vgl. Art. 21 HinSch-RL.

395 Eine solche Rechtfertigung einer Anzeige bei Beeinträchtigung kollektiver Interessen ist nicht von der Hand zu weisen, denn man findet etwa bei der Auslegung eines hinreichenden Grunds i. S. d. § 5 Nr. 1 GeschGehG erhebliche Beurteilungsspielräume, siehe Dann/Markgraf, NJW 2019, 1774 (1777). Die Aufdeckung eines Missstandes, der kollektive Interessen beeinträchtigt, kann daher die erforderliche vernünftige Annahme wohl bejahen, dass die Anzeige mit berechtigten Interessen erfolgt sei.

aber nicht ausschließlich beim tatsächlichen Vorliegen eines relevanten Verstoßes. Das Gericht muss gem. Art. 6 RL bzw. § 33 HinSchG weiterhin prüfen, ob es einen hinreichenden Grund gibt, anhand dessen der Arbeitnehmer annehmen dürfte, dass die Beschwerde über schlechte Vergütung in den Anwendungsbereich des Hinweisgeberschutzes fällt. Hier kommt es zu Unsicherheiten. Das Vorliegen des hinreichenden Grundes wird unter Umständen des Einzelfalls bejaht oder verneint.[396] Wonach würde nun das Gericht messen, dass diese Vorstellung des Arbeitnehmers nicht vernünftig ist bzw. es an einem hinreichenden Grund zu seiner Annahme gefehlt hat? Wird etwa der Grund hinreichend sein, dass der Arbeitnehmer juristischer Laie ist und/oder er aufgrund eines Rechtsrats vom Vorliegen des notwendigen Rahmens der Information ausgeht? Würde dies nicht zu Rechtsunsicherheit zulasten der Betroffenen bzw. Arbeitgeber führen, wenn das Gericht den hinreichenden Grund einzelfallabhängig bejahen und somit den Schutzbereich eines Whistleblower-Schutzes ausweiten würde? Wie könnte sich der Arbeitgeber dann gegen den Vorwurf wehren, er habe den Arbeitnehmer nach Art. 19 HinSch-RL verbotenerweise benachteiligt? Sollte eine bei Whistleblower-Schutzklagen geltende Vermutung angewendet werden, dass der Hinweisgeber gutgläubig gehandelt hat,[397] müsste der Arbeitgeber den Schutzanspruch durch den Einwand zurückweisen lassen, dass die Annahme des Arbeitnehmers nicht objektiv vertretbar ist bzw. dass der Arbeitnehmer keinen hinreichenden Grund für diese Annahme hat. Ansonsten müsste der Arbeitgeber nachweisen, dass die Kündigung nicht aufgrund der Beschwerde des Arbeitnehmers gem. Art. 19 i. V. m. Art. 21 Abs. 5 HinSch-RL erfolgt ist. Ein solcher Nachweis wird dem Arbeitgeber weiterhin nur schwer gelingen.[398] Er wird nämlich – zumal er den Arbeitnehmer nicht als Whistleblower angesehen hat – wahrscheinlich die den Arbeitnehmer treffenden, benachteiligenden Maßnahmen nicht dokumentiert haben – sog. Dokumentationspflicht i. S. d. RL –, was ansonsten dazu dienen würde, die fehlende Kausalität zwischen der Meldung des Arbeitnehmers und seiner arbeitsrechtlichen Maßnahme, Kündigung zu beweisen. All diese Umstände tragen dazu bei, dass der Arbeitnehmer im

396 Nach der Begründung zu Abs. 1 Nr. 3 HinSchG-E § 32, S. 92.

397 Siehe entsprechende Leitsätze der Parlamentarischen Versammlung, para. 12. 6. 1., abrufbar unter PACE Resolution 2300 (2019), http://assembly.coe.int/nw/xml/XRef/Xref-XML2HTML-EN.asp?fileid=28150&lang=en#.

398 Vgl. Degenhart/Dziuba, BB 2021, 570 (573); Graser, S. 105; Schmolke, AG 2018, 769 (778); Aszmons/Herse, DB 2019, 1849 (1850).

Falle einer Bejahung seines guten Glaubens[399] einen Whistleblower-Schutz nach Maßgaben der RL bzw. HinSchG genießen kann,[400] obwohl der (europäische) Gesetzgeber einen Einsatz des Whistleblowings nicht in solchen vertraglichen, privaten Angelegenheiten intendiert hatte.

D. Erfahrungen des britischen Whistleblower-Schutzes mit dem guten Glauben eines Hinweisgebers

Im deutschen Recht gibt es derzeit keine Rechtspraxis zur Konkretisierung des hinreichenden Grundes bzw. des guten Glaubens der Hinweisgeber. Die Erfahrungen des britischen Whistleblowing-Rechts mit der Gutgläubigkeit der Hinweisgeber veranschaulichen demgegenüber, wie der gute Glaube eines Hinweisgebers konkretisiert wird und welchen Herausforderungen ein Whistleblowing-Recht bei der Absicherung der Gutgläubigkeit begegnen würde.[401]

Nach dem britischen Whistleblower-Schutz-Gesetz (Public Interest Disclosure Act/PIDA 1998) ist die Aufdeckung eines Missstandes gem. Sec. 43A ERA 1996 geschützt, wenn dies u.a. eine qualifizierte Enthüllung – sog. „qualifying disclosure“ – i. S. d. 43B(1) ist.[402] Eine qualifying disclosure liegt vor, wenn die

---

399 Näher zu der Sorgfalt, die der Hinweisgeber- Arbeitnehmer erbringen soll, unter Kap. § 5, B.

400 Aus einer anderen Fallkonstellation, in der etwa der Arbeitnehmer eine bevorstehende Kündigung abzuweisen sucht und deshalb einen Missstand anzeigt, kommt man zum Ergebnis, dass es zu einer missbräuchlichen Nutzung des Hinweisgeberschutzsystems kommt, siehe den Hinweis auf Erfahrungen in England, Dzida/Granetzny, NZA 2020, 1201 (1204); Garden/Hiéramente, BB 2019, 963 (966). Ebenso wird eine zweckwidrige Anwendung des Schutzes unter Betrachtung der gesamten Maßnahmen des deutschen Hinweisgeberschutzgesetzes illustriert, siehe Thüsing, Stellungnahme zum Regierungsentwurf eines Gesetzes für einen besseren Schutz hinweisgebender Personen sowie zur Umsetzung der Richtlinie zum Schutz von Personen, die Verstöße gegen das Unionsrecht melden, BT-Drs. 20/3442, v. Oktober 2022, S. 1, https://www.bundestag.de/resource/blob/916300/c9e376352f8d669db199efcb96e12c2e/Stellungnahme_Thuesing-data.pdf.

401 Eine kurze Darstellung der Unterschiede zwischen den materiellen und institutionellen Schutzvoraussetzungen von PIDA und der HinSch-RL finden sich in Lewis/Bowers/Fodder/Mitchell, para. 1. 36.

402 Ein Schema für die Anwendung des PIDA, siehe Lewis/Bowers/Fodder/Mitchell, para. 2. 44, Fig. 2. 1; demnach kann nur qualifying disclosure zum Gegenstand einer protected disclosure werden, und nur ein protected disclosure eröffnet die Anwendung von Mechanismen zum Schutz vor Repressalien. Whistleblower-Schutzvoraussetzungen

Aufdeckung eines Missstandes auf einer begründeten Überzeugung (reasonable belief) des Arbeitnehmers beruht, dass die Aufdeckung im öffentlichen Interesse liegt – sog. „public interest test" – und der Missstand einen Verstoß gegen einen oder mehrere von Sec. 43B(1) aufgeführte Bereiche, wie u.a. eine Verletzung gegen den Arbeitsvertrag (breach of an employment contract) oder ein Verstoß gegen gesetzliche Verpflichtungen (failure to comply with a legal obligation) betrifft.[403] Die aufgezählten Bereiche sind zwar diejenigen, wo der britische Gesetzgeber ein öffentliches Interesse an der Aufdeckung von Verstößen angenommen hat und das Whistleblowing daher dort einsetzen wollte.[404] 2013 hat er allerdings zusätzlich ein öffentliches Interesse an der Anzeige vorausgesetzt.[405] Die Einführung des „public interest test" hat die Verhinderung einer unerwünschten Wirkung zum Zweck, namentlich „remove an opportunistic use of the legislation for private purposes".[406] Dieser Vorgabe war es geschuldet, dass sich ein Arbeitnehmer im Fall Parkins vs. Sodexho bei der fehlenden Voraussetzung von „öffentlichem Interesse" auf den Schutz berufen konnte, obwohl der von ihm gemeldete Missstand lediglich persönlicher Natur war, konkret es ging um Verstoß gegen seinen eigenen Arbeitsvertrag.[407] Falls sich nun ein

---

befinden sich in 43B bis 43H ERA, para. 2.07; siehe Anhang der vorliegenden Arbeit, Gesetzestexte, A.

403 Lewis/Bowers/Fodder/Mitchell, paras. 2. 10 ff.

404 Düsel, S. 270 f.

405 43B(1) inserted (25.6.2013) by Enterprise and Regulatory Reform Act 2013 (c. 24) https://www.legislation.gov.uk/ukpga/2013/24/section/17; ausführlich Lewis/Bowers/Fodder/Mitchell, para. 5.03.

406 Chesterton Global Ltd. vs. Nurmohamed [2015] IRLR 614, 616, para. 18; „the sole purpose of the amendment to section 43B (1) by section 17 of the 2013 Act was to reverse the effect of Parkins vs. Sodexho Ltd. The words 'in public interest' were introduced to do no more than prevent a worker from relying on a breach of his own contract of employment where the breach is of a personal nature and there are no wider public interest implications", Chesterton Global Ltd. vs. Nurmohamed [2015] IRLR 614, 616, paras. 17, 36.

407 Im Fall Parkins vs. Sodexho interpretiert das Gericht „public interest" i. S. d. Sec. 43B(1) ERA 1996 sehr weit und sieht „a breach of *any legal obligation*" ausreichend für den Schutz des Whistleblowers. Dies führt dazu, dass ein Verstoß aller rechtlichen Verpflichtungen (inklusive der Pflichten aus dem Arbeitsverhältnis) ein geschütztes Whistleblowing begründen kann. Das gilt auch, obwohl man den Einbezug privater Angelegenheiten in den Schutzbereich des Gesetzes entgegen dem Sinn und Zweck des PIDA findet, siehe Parkins vs. Sodexho Ltd. [2002] IRLR 109; siehe Darstellung von Kritiken über die Einbeziehung rein privater Vertragsstreitigkeiten, Groneberg S. 115. Den Einbezug von arbeitsvertraglichen Interessen findet aus dem

Hinweisgeber auf Whistleblower-Schutz beruft, muss er eine vernünftige Überzeugung haben, dass der Hinweis im öffentlichen Interesse ist.[408]

I. Anwendung des „reasonable belief test" in Bezug auf den sachlichen Anwendungsbereich

In Bezug auf die aufgezählten Bereiche wirkt sich reasonable belief test[409] zunächst so aus, dass ein Hinweisgeber, der im guten Glauben annimmt, dass der Verstoß einen dieser Bereiche betrifft, trotz seines Irrtums geschützt wird. So z. B. in einem Fall, Babula vs. Waltham Forest College,[410] zeigte ein Dozent seinen Kollegen wegen seines angeblich strafbaren Verhaltens, namentlich rassistische Anstiftung beim Lehren, an. Der Dozent wurde als Whistleblower geschützt – obwohl das Fehlverhalten des Kollegen tatsächlich eine religiöse Diskriminierung war und dies vom PIDA nicht erfasst ist –, weil die Auffassung des Dozenten, der Kollege verstoße gegen eine Verpflichtung i. S. d. Sec. 43B(1) – sog. „failure to comply with a legal obligation" – vernünftig war.[411] Reasonable belief test besteht aus subjektiven und objektiven Merkmalen. Der Hinweisgeber muss zuerst zum Zeitpunkt der Informationsweitergabe der Auffassung sein, dass die Information geeignet ist, einen relevanten Verstoß – zumindest einen der von

---

deutschen Rechtsschrifttum Düsel auch überraschend, weil es um einen besonderen Whistleblower-Schutz nach PIDA geht, welches für den Schutz öffentlicher Interessen gedacht ist. Eine weitere Kritik übt er allerdings nicht, nimmt nur den Einbezug unter der geltenden Rechtslage Großbritanniens an, siehe Düsel, S. 265. Der Grund dafür wäre es, dass sein Werk älter (2009) ist als das Urteil von Nurmohammed Chesterton von 2013, wo das EAT den Einbezug individueller Interessen des Arbeitnehmers in Frage gestellt und die Bedeutung der Voraussetzung des „öffentlichen Interesses" im Hinblick auf Parkins vs. Sodexho Fall unterstrichen hat.

408 Chesterton Global Ltd. vs. Nurmohamed [2015] IRLR 614, 618, para. 34.

409 Reasonable belief ist nicht mit good faith oder personal gain zu verwechseln. Bei good faith geht es um die Motivation des Hinweisgebers, also um die Frage, aus welchem Grund er einen Hinweis gibt, aus Rache o.Ä. Bei personal gain hingegen geht es darum, ob der Hinweisgeber durch die Aufdeckung eines Missstandes einen persönlichen bzw. finanziellen Vorteil erzielt. Im Grunde beziehen sich beide auf die Gründe eines Hinweises. Good faith und personal gain sind auf Kritiken gestoßen, allerdings nur good faith setzt sich ab 2013 nicht mehr durch. Siehe Kritiken, Lewis, J Bus Ethics, 2008, 497 (502). Siehe personal gain als Schutzvoraussetzung in Sec. 43G(1)(c) und 43H(1)(c) ERA, Anhang der vorliegenden Arbeit, Gesetzestexte, A.

410 Babula vs. Waltham Forest College [2007] IRLR 346.

411 Babula vs. Waltham Forest College [2007] IRLR 346, 354, para. 78.

Sec. 43B(1) lit. a bis f – aufzuzeigen.[412] Danach muss diese Auffassung objektiv vertretbar sein.[413] Was objektiv vertretbar ist, lässt sich anhand der Umstände des Einzelfalls bestimmen, wobei das Gericht auf die Perspektive des Hinweisgebers abstellt.[414] Deshalb werden u.a. personenbezogene Merkmale wie sachspezifische Kenntnisse des Hinweisgebers und ihm zumutbare Forschungsmöglichkeiten berücksichtigt.[415] Für einen Arbeitnehmer, der sich aufgrund seines Studiums mit Chemikalien auskennt, wäre es z. B. vernünftig, dass er die Gefährdung seines Lebens befürchtet, wenn er infolge eines Kontakts mit einem mit Chemikalien versetzten Arbeitsmittel krank wird, obwohl es infolge medizinischer Untersuchungen festgestellt wird, für seine Krankheit sei etwas anderes ursachlich.[416] Nicht zu erwarten ist, dass der Anzeigende einen Missstand rechtlich bzw. fachlich zutreffend qualifiziert oder so formuliert.[417] Dies wäre nämlich weder realitätsnah noch dem Zweck des PIDA entsprechend.[418] Eine zu strenge Anwendung des Tests reasonable belief hätte letztlich einen abschreckenden Effekt für potenzielle Hinweisgeber zur Folge.

II. Anwendung des „public interest test“

In Bezug auf das Vorliegen eines public interest an der Aufdeckung hingegen wird reasonable belief test so wie folgt angewandt: Reasonable belief ist zu bejahen, wenn ein Hinweisgeber zum Zeitpunkt der Aufdeckung geglaubt hat, es gäbe ein öffentliches Interesse an der Information. Die Aufgabe der Gerichte ist zu prüfen, ob der Hinweisgeber der Auffassung (subjective belief) war, dass die Information im öffentlichen Interesse liegt, und ob diese Auffassung objektiv vertretbar (reasonable) bzw. vernünftig ist.[419] Festzustellen sind dabei zuerst die Faktoren, die seine Auffassung gebildet haben und darauf hindeuten, dass der Hinweisgeber den Glauben (subjective belief) hatte, die Information sei von

412 Einzelheiten zu sog. subjective belief, Lewis/Bowers/Fodder/Mitchell, paras. 4. 129 ff.

413 Einzelheiten zu sog. reasonableness of belief, Lewis/Bowers/Fodder/Mitchell, paras. 4. 136 ff.

414 Lewis/Bowers/Fodder/Mitchell, paras. 4. 230 ff.

415 Siehe weitere Merkmale, die berücksichtigt werden können, Lewis/Bowers/Fodder/Mitchell, paras. 4. 109 (7, lit. d) und 4. 148 ff.; ebenso Düsel, S. 346; Beyer, S. 152.

416 Vgl. Bassnett vs. Nutriculture UK Ltd. (Case No. 2405266/18, 23 May 2019) para. 78, abrufbar unter, https://assets.publishing.service.gov.uk/media/5ce6755bed915d24770bc175/Mr_M_Bassnett_v_Nutriculture_UK_Ltd_2405266_2018_-_Judgment.pdf.

417 Babula vs. Waltham Forest College [2007] IRLR 346, 352, paras. 57, 58.

418 Babula vs. Waltham Forest College [2007] IRLR 346, 352, paras. 57, 58.

419 Chesterton Global Ltd. vs. Nurmohamed [2015] IRLR 614, 618, para. 34.

öffentlichem Interesse.[420] Seinem einschlägigen Glauben schadet nicht, dass er das betroffene Interesse nicht präzise formuliert hat. Danach sind die Faktoren zu prüfen, angesichts deren die Auffassung des Hinweisgebers, dass die Information von öffentlichem Interesse war, objektiv vertretbar erscheinen würde.[421] Die Schwere des Missstandes – wie die Anzeige eines relevanten Verstoßes aus den oben gesetzlich aufgeführten Bereichen – kann demnach ein Indikator dafür sein, dass die Anzeige von öffentlichem Interesse sei.

Der public interest test wurde erst im Urteil des Employment Appeal Tribunal (EAT) zum Fall von Chesterton Global Ltd. vs. Nurmohamed angewandt.[422] Der dem Urteil zugrunde liegende Fall betrifft die Kündigung von Herrn Nurmohamed, der Unregelmäßigkeiten bei den monatlichen Abschlüssen von Immobilienunternehmen Chesterton angezeigt hat. Infolge der Missstände kommt es zu erheblichen Lohnmanipulationen. Das EAT bejaht die Vernünftigkeit des Glaubens an dem Vorliegen eines öffentlichen Interesses an der Information in Anlehnung der folgenden Beurteilung des Employment Tribunal (ET): „[…] we conclude that the disclosures made in the belief of Mr. Nurmohamed at the time that it was in the interest of the 100 senior managers. We conclude that that is a sufficient group of the public to amount to being a matter in the public interest."[423] Anders als das ET stellt das EAT zwar nicht auf den Anzahl von Betroffenen ab; die Betroffenheit einer kleinen Gruppe könnte auch das öffentliche Interesse begründen, dies unterliege einer einzelfallbezogenen Beurteilung (fact-sensitiv).[424] Bei der Annahme der Vernünftigkeit der Auffassung, die Information über die Lohnmanipulation sei von öffentlichem Interesse, lässt das Gericht allerdings das Risiko der Betroffenheit mehrerer Interessen nicht völlig außer Acht. Das Gericht berücksichtigt nämlich den Umstand des Einzelfalls, dass der Missstand in einem Unternehmen entstanden ist, welches eine erhebliche und prominente Rolle im Londoner Immobilienmarkt spielt.[425] Dem

---

420 Siehe sog. subjective element of the public interest test, Lewis/Bowers/Fodder/Mitchell, para. 5. 39.

421 Siehe sog. objective element of the public interest test, Lewis/Bowers/Fodder/Mitchell, paras. 5. 67, 5. 79 f.

422 Chesterton Global Ltd. vs. Nurmohamed, [2015] IRLR 614.

423 Chesterton Global Ltd. vs. Nurmohamed, [2015] IRLR 614, 616, paras. 14 und 35.

424 "[…] I agree with Ms Mayhew that a relatively small group may be sufficient to satisfy the public interest test. What is sufficient is necessarily fact-sensitive." Chesterton Global Ltd. vs. Nurmohamed, [2015] IRLR 614, 617, para. 25.

425 Chesterton Global Ltd. vs. Nurmohamed, [2015] IRLR 614, 616, para. 37; Lewis/Bowers/Fodder/Mitchell, paras. 5. 28 f., sog. „fourfold list of factors", welche relevant

Gericht zufolge hat der Hinweisgeber zum Zeitpunkt der Meldung von Lohnmanipulation in der Überzeugung gehandelt, dass diese Meldung von öffentlichem Interesse ist; er hat nämlich zu diesem Zeitpunkt damit gerechnet, dass die Lohnmanipulation nicht nur sein eigenes Interesse, sondern weitere Interessen beeinträchtigt.[426] Ähnlich weist das ET den Schutzanspruch eines anderen Hinweisgebers zurück, weil er zum Zeitpunkt der Meldung lediglich im eigenen Interesse gehandelt hatte. Es ging um einen Dolmetscher in einer Klinik, der sich infolge eines Gerüchts, datenschutzrechtliche Interessen der Patienten seien verletzt worden, bei der Klinik meldet und um eine interne Untersuchung bittet, um seinen guten Ruf wiederherzustellen. Nachdem er gekündigt wurde, machte er einen Anspruch auf Whistleblower-Schutz gem. Sec. 43B geltend, weil er aufgrund seiner Meldung gekündigt worden sei. Das ET lehnte seinen Schutz mit folgender Begründung ab: „[...] He did not have a subjective belief in the public interest element of his disclosure. The development of the argument that his concern was for the integrity of data protection was not evidenced as having been in his mind at the relevant time. It was a personal concern of the claimant that he was being defamed."[427] Der Arbeitnehmer legte eine Berufung bei EAT ein und behauptete, dass sich ET u.a. bei der Feststellung, die Anforderung des public interest test sei nicht erfüllt, geirrt habe. Die Berufung hatte keinen Erfolg. Das EAT formulierte die Anwendung des public interest test wie folgt: „As set out in Chesterton by Underhill LJ there are a number of important general points relevant to the exercise of the Tribunal's Judgment in considering the 2013 amendment and the public interest requirement in a protected disclosure. The Tribunal has to ask itself (a) whether the worker believed at the time that he was making it that the disclosure was in the public interest and (b) whether if so, that belief was reasonable. [...]"[428] Folglich schloss sich das EAT der oben zitierten

sein könnten, darunter fallen neben Anzahl der Betroffenen, Art des betroffenen Interesses, Art bzw. Schwer des Misstandes und Identität des Täters – „the larger or more prominent the wrongdoer (in terms of the size of its relevant community), the more obviously should a disclosure about its activities engage public interest".

426 Chesterton Global Ltd. vs. Nurmohamed, [2015] IRLR 614, 616, para. 38.

427 Ibrahim vs. HCA International Ltd. [2019] IRLR 690.

428 Ibrahim vs. HCA International Ltd. [2019] IRLR 690, 693, para. 24, „To satisfy limb (a) a Claimant must have a belief that the disclosure is in the public interest, why s/he considers it to be so may be relevant as to the genuineness of the professed belief, but the necessary belief is simply that the disclosure is in the public interest. The particular reasons why the worker believes that to be so are not of the essence (Chesterton, para. 29) To satisfy limb (b) it is to be remembered that there may be more than one reasonable view as to whether a particular disclosure is in the public interest. Whilst

Begründung des ET an; „[…] The development of the argument his concern was for the integrity of data protection appears later, but it is not evidenced as being in his mind at the time".[429]

Diese Praxis der britischen Rechtsprechung, vornehmlich zur Anwendung des public interest test, erscheint problematisch, weil zum Schutz ein tatsächliches Vorliegen des öffentlichen Interesses an der Information nicht ausreicht. Darüber hinaus muss man auch daran geglaubt haben, dies sei der Fall. Ein potenzieller Hinweisgeber muss im Vorfeld einer Aufdeckung eine vernünftige Überzeugung haben, die Aufdeckung sei von öffentlichem Interesse, und zwar, obwohl ein öffentliches Interesse selbst von der Rechtsprechung nicht rechtssicher konkretisiert werden kann. Was ausreichend wäre, um den public interest test zu erfüllen, unterliegt nämlich nach dem Chesterton-Urteil einer einzelfallbezogenen Beurteilung (fact-sensitive). Diese Praxis widerspricht zuerst der Tatsache, dass potenzielle Hinweisgeber erst nach der Aufdeckung von Verstößen zu einer Auffassung kommen, sie seien Whistleblower und ihre Meldungen seien von einem Schutzgesetz erfasst und von öffentlichem Interesse. Dies führt letztlich zu dem Risiko, dass der britische Whistleblower-Schutz, entgegen dem Ziel einer effektiven Rechtdurchsetzung, nur lückenhaft zur Anwendung kommt.

In der britischen Rechtsliteratur finden sich ähnliche Bedenken in Bezug auf die Anforderung an den guten Glauben am Vorliegen eines öffentlichen Interesses an einer Aufdeckung. Aus dem Urteil Chesterton Global Ltd. vs. Nurmohamed wird etwa gefolgert, dass sich die Antwort auf die Frage, was im öffentlichen Interesse aufdeckbar sein kann, nicht für absolute Regeln eignet, d. h. es ist nicht ausgeschlossen, dass die Aufdeckung eines Verstoßes gegen eigene Vertragsinteressen eines Arbeitnehmers doch ein öffentliches Interesse berührt.[430] Das Fehlen bestimmter Kriterien zur Beurteilung einer vernünftigen Annahme, die Information liege im öffentlichen Interesse, soll für Rechtsunsicherheiten sorgen.[431] Aufzuwerfen sind beispielsweise folgende Fragen:[432] Lassen Verstöße wie Mobbing und Belästigung am Arbeitsplatz ein öffentliches Interesses an deren Aufdeckung annehmen? Worauf kommt es an, auf die Art oder die Häufigkeit

the worker must have a genuine and reasonable belief that the disclosure is in the public interest, that does not have to be his or her predominant, or indeed any part of the motive in making it".

429 Ibrahim vs. HCA International Ltd. [2019] IRLR 690, 693, para. 26.

430 Asthon, Industrial Law Journal 2015, 450 (458).

431 Lewis, International Journal of Law and Management 2015, 141 (149).

432 Lewis, International Journal of Law and Management 2015, 141 (151 f.).

des Missstandes? Könnte man mit einem Verweis auf die Betroffenheit mehrerer Mitarbeiter eigene Interessen auf die Stufe des öffentlichen Interesses heben? Ist etwa die Ausübung einer gesetzlichen Anzeigepflicht durch Whistleblower geeigneter für die Begründung eines öffentlichen Interesses an der Anzeige als die Ausübung eines(r) vertraglichen Rechts (Pflicht)?

Aus diesem Grund plädiert man nicht selten für eine Abschaffung des public interest test.[433] Hierfür spricht die Unklarheit, wie ein potenzieller Hinweisgeber seinen vernünftigen Glauben am öffentlichen Interesse an seiner Informationsweitergabe nachweisen kann.[434] Dies hätte einen abschreckenden Effekt für Hinweisgeber, die als juristische Laien die gesetzlich erforderte Relevanz der Information nicht erkennen können.[435] Sie würden die Anzeige eines Verstoßes vermeiden, weil sie nicht in Kauf nehmen würden, dass ihnen im Falle der Verneinung des vernünftigen Glaubens in ein public interest der Anzeige Schutz versagt werden könnte.[436] Dies wirkt sich folglich auch auf den Erfolg eines Whistleblower-Schutzgesetzes negativ aus. Als Alternative zur Abschaffung des public interest test wird empfohlen, dass zumindest Kriterien entwickelt werden, um dieses zu begründen.[437] Das Urteil des EAT im Fall Chesterton vs. Nurmohamed stellt nicht klar auf, wonach man genau die Vernünftigkeit einer Überzeugung zu dem Vorliegen eines öffentlichen Interesses bemessen sollte.[438] Für eine Bewahrung des public interest test spricht hingegen zuerst, dass auf diese Weise verhindert wird, dass private Angelegenheiten zum Gegenstand eines Whistleblower-Schutzgesetzes gemacht werden, welches ursprünglich den Schutz öffentlicher Interessen zum Ziel hatte. Die Ausweitung dieses besonderen Schutzes auf private Angelegenheiten würde nämlich die Anerkennung (credibility) und die Effektivität (effectivness) des Schutzes in Frage stellen.[439] Das

433 Lewis, International Journal of Law and Management 2015, 141 (152).

434 The report of the Whistleblowing Commission on the effectiveness of existing arrangements for workplace whistleblowing in the UK, PCAW 2013, para. 79, https://www.tuc.org.uk/sites/default/files/Whistleblowing%20Commission%20Report%20Final.pdf.

435 Lewis, International Journal of Law and Management 2015, 141 f.

436 Lewis, International Journal of Law and Management 2015, 141 (152).

437 Asthon, Industrial Law Journal 2015, 450 (458), der public interest test sollte sich nicht per se als schwer zu überwindende Schwelle begreifen; siehe auch Lewis, International Journal of Law and Management 2015, 141 (153).

438 Asthon, Industrial Law Journal 2015, 450 (459).

439 Lewis/Bowers/Fodder/Mitchell, paras. 5. 19 f.; Chesterton Global Ltd. vs. Nurmohamed, [2015] IRLR 614, 616, para. 18.

öffentliche Interesse ist zudem ein operativer Begriff; weitere Fälle könnten vom Whistleblower-Schutz erfasst werden.[440] Die zur Konkretisierung eines öffentlichen Interesses an einer Information entwickelten Kriterien können folglich die Erweiterung des Schutzes auf vergleichbare Fälle ermöglichen.[441]

Eine vernünftige Annahme (reasonable belief) in Bezug auf die rechtliche Relevanz einer Verstoß-Information wird also bewertet nach den Umständen des Einzelfalls, und zwar bezieht sich dies in der britischen Rechtspraxis auf den Zeitpunkt der Aufdeckung. Der public interest test, also die Voraussetzung, dass ein Hinweisgeber zusätzlich vernünftig angenommen hat, die Information sei von öffentlichem Interesse, dient weiterhin dazu, rein private Angelegenheiten vom Whistleblower-Schutz auszuschließen. Rechtsunsicherheiten, die sich auf die einzelfallbezogene Beurteilung des reasonable belief sowie auf den public interest test zurückführen lassen, sorgen für ein Spannungsverhältnis zwischen einem lückenhaften Schutz der Hinweisgeber und einer Einbeziehung privater Angelegenheiten in den Whistleblower-Schutz. Das britische Whistleblowing-Recht steht vor der Herausforderung, zum einen private Konflikte aus der Whistleblowing-Arena zu nehmen, zum anderen Hinweisgeber nicht abzuschrecken, indem ihnen der Schutz, abhängig vom Ausgang der Beurteilung des reasonable belief, im Einzelfall versagt wird. Der public interest test, dessen vernünftige Annahme im Einzelfall keinen bestimmten Kriterien unterliegt, trägt schließlich zu dem abschreckenden Effekt bei.

E. Handlungsempfehlungen

I. Etablierung eines umfassenden kohärenten Hinweisgeberschutzgesetzes

Für eine effektive Rechtsdurchsetzung ist es von Bedeutung, dass der normative Rahmen einen umfassenden und kohärenten Schutz gewährleistet, sodass möglichst viele Missstände – ohne Differenzierung nach deren rechtlichen Einordnung wie als rechtswidrige oder sonstige Fehlverhalten –, deren Meldung oder Offenlegung von öffentlichem Interesse sein kann, von geschütztem

---

440 Die britischen Gerichte sollen allerdings nicht befugt sein, den Anwendungsbereich dadurch zu erweitern. Siehe Düsel, S. 271; Lewis/Bowers/Fodder/Mitchell, paras. 2. 16 (3) und 4. 242.

441 PCAW 2013, para. 83, https://www.tuc.org.uk/sites/default/files/Whistleblowing%20Commission%20Report%20Final.pdf; Lewis, International Journal of Law and Management 2015, 141 (142).

Whistleblowing erfasst werden.[442] Auf diese Weise kann die Rechtssicherheit gefördert werden. Je zutreffender der Gesetzgeber demzufolge den sachlichen Anwendungsbereich des Hinweisgeberschutzgesetzes definiert, desto weniger wird es beim Schutz der Hinweisgeber auf das Vorliegen des hinreichenden Grundes zu der Annahme des notwendigen rechtlichen Rahmens der Verstoß-Information ankommen und Rechtsunsicherheiten, die sich aus der einzelfallabhängigen Beurteilung des guten Glaubens der Hinweisgeber ergeben können, werden vermieden.

Die Ausdehnung des Hinweisgeberschutzes auf vergleichbaren weiteren Sachverhalten als die von der RL erfassten ist zutreffend. Die Erweiterung des Anwendungsbereichs scheint hingegen zufällig zu sein. Es können weitere Fälle vorkommen, mit denen der Gesetzgeber bisher nicht gerechnet hatte, und der geltende Whistleblower-Schutz würde daher weiter unzureichend greifen. Es ist z. B. der Fall, dass ein Hinweisgeber wie Heinisch, welcher sich mit mangelhafter Pflege von alten Menschen in einem Altenpflegeheim auseinandersetzt und vor dem EGMR als ein Whistleblower geschützt war, künftig nur dann Whistleblower-Schutz genießen kann, sofern der gemeldete Missstand in einen der Rechtsbereiche (wie öffentliche Gesundheit, Qualität und Sicherheit von Organen und Stoffen menschlichen Ursprungs oder Qualität und Sicherheit von EU-Arzneimitteln) einbezogen werden kann (gem. Art. 2 Abs. 1 lit. a Zif. viii HinSch-RL).[443] Ansonsten wird der Schutz darauf ankommen, dass der Hinweisgeber den hinreichenden Grund für eine Annahme hatte, dass dies der Fall sei – und zwar zum Zeitpunkt des Hinweises, falls § 33 Abs. 1 Nr. 3 HinSchG dabei weiter auf den Zeitpunkt der Aufdeckung abstellt.[444] Der Hinweisgeber wird geschützt, sofern sich seine Annahme unter den Umständen des Einzelfalls, wie u.a. sein tätigkeitsspezifisches Wissen, nicht als unvernünftig herausstellt.[445] Dieser und ähnliche Fälle, in denen Hinweisgeberschutz nur unzureichend oder rechtsunsicher greift, sind denkbar, sofern der Gesetzgeber vergleichbare

---

442 Recommendation CM/Rec (2014)7 and explanatory memorandum, S. 24, Nr. 43, https://rm.coe.int/16807096c7.; Empfehlungen, wie die Verfügung über einen möglichst breiten sachlichen Anwendungsbereich (a wide range of wrongdoing bzw. no closed list of reportable wrongdoings) geben internationale Institutionen wie Transparency International, siehe International Principles for Whistleblower Legislation Transparency International, S. 3, https://www.transparency.org/whatwedo/publication/best_practice_guide_for_whistleblowing_legislation.

443 White, eucrim 2018, 170 (174).

444 Siehe Kap. § 4, B, II.

445 Vgl. Begründung zu Abs. 1 Nr. 3 HinSchG-E § 33, S. 107.

Sachverhalte nicht hinreichend in den sachlichen Anwendungsbereich des Schutzes aufnimmt.

1. *Die der HinSch-RL zu entnehmenden Kriterien zur Bestimmung der Schutzbereiche*

Es gibt keine allgemeingültige Formel, um mögliche Einsatzbereiche des Whistleblowings zu bestimmen.[446] Ausschließlich der Gesetzgeber entscheidet, wo Whistleblowing zur Rechtsdurchsetzung eingesetzt werden soll.[447] Geht man aber davon aus, dass Whistleblowing zur Durchsetzung eines Rechts beitragen soll,[448] dürfte die Etablierung eines Hinweisgeberschutzes dort sinnvoll sein, wo es in einer Rechtsordnung Durchsetzungsdefizite gibt. Erwägungsgründe der RL (Nr. 6 ff.), in denen der europäische Gesetzgeber Durchsetzungsdefizite in bestimmten Bereichen des Unionsrechts begründet, ergeben, dass Verstöße, deren Verfolgung defizitär erscheint, einige Merkmalen haben. Sie haben z. B. kein bestimmtes Opfer, sie haben schwer kalkulierbare Folgen – sie verletzen oder gefährden gleichzeitig so viele Interessen, dass eine Grenzziehung zwischen

446 Gerdemann/Colneric, ELLJ 2021, 253 (262); nach einer früheren Vorgabe der Union, namentlich der Empfehlung des Ministerausschusses des Europarats von 2014, wird das öffentliche Interesse im Allgemeinen als Wohlergehen einer Allgemeinheit verstanden. Dies kann aber in den Mitgliedstaaten unterschiedlich sein, siehe Recommendation CM/Rec (2014)7 and explanatory memorandum, S. 24, Nr. 41, 42, https://rm.coe.int/16807096c7. Die Empfehlung hat demnach bewusst nicht definiert, was ein öffentliches Interesse ausmacht. Es sollte Mitgliedstaaten obliegen, zu bestimmen, was im öffentlichen Interesse liegt. In diesem Zusammenhang weist die Empfehlung indes darauf hin, dass die Mitgliedstaaten den Anwendungsbereich der nationalen Schutzgesetze ausdrücklich festlegen sollen, welcher zumindest Rechts- und Menschenrechtsverletzungen sowie Risiken für die öffentliche Gesundheit und Sicherheit sowie für die Umwelt umfasst, Appendix to Recommendation CM/Rec (2014)7 Principles, S. 7, I, 2. Jeder Mitgliedstaat kann dabei unterschiedlich vorgehen, so etwa soll u.a. Großbritannien einen umfangreichen Katalog von Verstößen bzw. sonstigen Missständen haben, die von öffentlichem Interesse zu melden bzw. offenzulegen sind, Recommendation CM/Rec (2014)7 and explanatory memorandum, S. 24, Nr. 43, https://rm.coe.int/16807096c7. Darunter fallen etwa Verstöße gegen Lebensmittelstandards, Korruption, Machtmissbrauch, Misswirtschaft öffentlicher Einrichtungen (einschließlich gemeinnütziger Stiftungen) sowie Verschwendung öffentlicher Mittel bzw. Gelder. Die Liste könnte fortgesetzt werden (non exhaustive), Appendix to Recommendation CM/Rec (2014)7 Principles, S. 8, III.

447 Riesenhuber, FS Martinek 2020, 673 (675).

448 Vgl. Art. 1 HinSch-RL.

Betroffenen und/oder die Bestimmung der Schäden kaum möglich ist –, eine Beweiserhebung ist besonders schwierig und die Sachverhalte sind so komplex, dass Außenstehende kaum erkennen können, dass es einen Missstand gibt. Diese Besonderheiten können Schwächen bei der Rechtsdurchsetzung der ausgewählten Rechtsbereiche sowie einen Schutz von Whistleblowern begründen, die sich gewöhnlich in einer privilegierten Position befinden, um Verstöße ans Licht zu bringen.[449]

2. Whistleblowing in den beispielhaft aufgeführten Bereichen

Diese Merkmale lassen sich zuerst bei Verstößen in der Wirtschaftskriminalität beobachten, an deren Verfolgung ein hohes staatliches Interesse vorliegt. Das Whistleblowing gilt als ein „Antidot" gegen wirtschaftliche Kriminalität,[450] wo es aufgrund von dem überindividuellen Charakter des betroffenen Rechtsguts an einem identifizierbaren Opfer fehlt.[451] Bei opferlosen Delikten bleibt die Täter-Opfer-Beziehung regelmäßig anonym und dies erleichtert dem Täter die subjektive Rechtfertigung seiner Tat, während eine strafrechtliche Verfolgung des Falles durch den Antrag eines Opfers kaum möglich ist.[452] Das geringe Anzeigepotenzial hat zur Folge, dass die Taten nicht effektiv verfolgt werden können; in diesen Bereichen existieren klassische „Kontrolldelikte".[453] Die durch die staatliche Kontrolle enthüllten Fälle betreffen demnach einen geringen Anteil der Verstöße. Die vorhandenen Rechtsdurchsetzungsmittel des Staates sind aufgrund des Fehlens eines konkreten Opfers bei der Aufdeckung bestimmter Verstöße nicht handhabbar und deren Verfolgung ist daher vornehmlich auf Hinweisgeber angewiesen.[454]

Die Wirtschaftskriminalität hat weiterhin einen Kreis von gefährdeten bzw. verletzten Interessen, welcher ist kaum begrenzbar bzw. grenzüberschreitend – sog. spill-over effect bzw. cross-border impact.[455] Deren Folgen finden sich

---

449 Erwägungsgrund Nr. 3 der HinSch-RL.

450 White, eucrim 2018, 170 (174).

451 Lindemann, ZRP 2006, 127; Rotsch/Achenbach/Ransiek/Rönnau, Rn. 66; Aytekin İnceoğlu, GSÜHFD 2020, 119 (129 f.).

452 Lindemann, ZRP 2006, 127.

453 Lindemann, ZRP 2006, 127 (128 f.).

454 Koch, ZIS 2008, 500 (502); Engländer/Zimmermann, NZWiSt 2012, 328 (329).

455 "Recent scandals with cross-border impacts unveiled by whistleblowers illustrate how insufficient protection of whistleblowers in a given Member State can have negative impacts not only on the functioning of EU policies in that Member State, but also spill-over impacts in other Member States and the EU as a whole, considering that

zuerst in erheblichem wirtschaftlichem Schaden.[456] Die EU-Kommission hatte den RL-Vorschlag damit begründet, dass es allein im öffentlichen Auftragswesen im Falle des mangelnden Hinweisgeberschutzes jährlich 5,6 bis 9,6 Mrd. Euro zu Schäden kommt.[457] Verstöße wie Betrug und Korruption im Besonderen schaden demnach dem Haushalt der Union einen jährlichen Verlust von 179–256 Mrd. Euro, falls die nationalen Behörden bei der Verfolgung von Verstößen durch Insiderwissen nicht unterstützt werden.[458] Auf nationaler Ebene ist die Höhe des in Deutschland durch Wirtschaftsdelikte entstandenen Schadens 3,356 Mrd. Euro, ein Anteil von 46,0 % am in der Polizeilichen Kriminalstatistik 2017 ausgewiesenen Gesamtschaden.[459] Die Wirtschaftskriminalität verursacht

---

violations and abuse of EU law reported by whistleblowers typically are of a cross-border nature or, even when purely national, have a cross-border impact. […]", impact assessment-SWD (2018)116/973421, S. 3, 20, 30 f. https://ec.europa.eu/info/law/better-regulation/initiatives/com-2018-218_en.

456 Impact assessment-SWD (2018)116/973421, S. 15 f. https://ec.europa.eu/info/law/better-regulation/initiatives/com-2018-218_en.

457 Brüssel, den 23.4.2018 COM(2018) 218 final, S. 3, https://ec.europa.eu/info/law/better-regulation/initiatives/com-2018-218_en; estimating the economic benefits of whistleblower protection in public procurement, S. 15, https://data.europa.eu/doi/10.2873/125033.

458 Brüssel, den 23.4.2018 COM(2018) 218 final, S. 8, https://ec.europa.eu/info/law/better-regulation/initiatives/com-2018-218_en.

459 Bericht des Bundeskriminalamts, vom 2018, S. 24, https://www.bka.de/SharedDocs/Downloads/DE/Publikationen/JahresberichteUndLagebilder/Wirtschaftskriminalitaet/wirtschaftskriminalitaetBundeslagebild2018.html;jsessionid=20D6308D0B3A65EAAE1CB505D60FD9B4.live0602?nn=28030. Der Schaden der Wirtschaftskriminalität bei Betrug lag bei 653 Mio. Euro (2017: 2,065 Mrd. Euro; -68,4 %), bei den Anlage- und Finanzierungsdelikten betrug er 340 Mio. Euro (2017: 1,558 Mrd. Euro; -78,2 %) und bei Betrug/Untreue i. Z. m. Kapitalanlagen 286 Mio. Euro (2017: 1,617 Mrd. Euro; -82,3 %). Der Schaden beim Abrechnungsbetrug im Gesundheitswesen sank gesondert hiervon auf 42 Mio. Euro (2017: 120 Mio. Euro; -65,0 %). S. 5; eine Umfrage zur Wirtschaftskriminalität 2020 von PwC stellt fest, dass etwa 13 % der weltweit Befragten, die in den letzten 24 Monaten Opfer von Wirtschaftskriminalität geworden sind, einen Schaden von insgesamt mehr als 50 Mio. US-Dollar (in Deutschland 12 %) erlitten haben. Die Gesamtschadenssumme von wirtschaftsdeliktischen Handlungen wird demnach mit 42 Mrd. US-Dollar beziffert, S. 3. Weltweit häufige Wirtschaftstaten sind Korruption (36 %), Bilanzfälschung (31 %), Vermögensdelikte (24 %) und wettbewerbs- und kartellrechtliche Verstöße (22 %). PwC-Studie 2020: Global Economic Crime and Fraud Survey, S. 4, 6, https://www.pwc.de/de/managementberatung/forensic-services/fast-jedes-zweite-unternehmen-von-wirtschaftskriminalitaet-betroffen.html.

außerdem Schäden wie Gefährdung der Interessen von Geschäftspartnern aufgrund finanzieller Abhängigkeiten und Geflechten im Falle eines wirtschaftlichen Zusammenbruchs, Reputationsverluste von einzelnen Unternehmen oder auch ganzer Wirtschaftszweige sowie Vertrauensverluste in die Funktionsfähigkeit der Wirtschaftsordnung.[460] Wettbewerbsverzerrungen, erhöhte Geschäftskosten, untergrabene Interessen von Anlegern und Aktionären, verringerte Anreize für Investitionen und schließlich ungleiche Bedingungen für Unternehmen und die Beeinträchtigung eines ordnungsgemäßen Funktionierens des Binnenmarkts in der Europäischen Union sind weitere Kosten der Wirtschaftskriminalität.[461]

Der Einsatz von Whistleblowing erscheint weiterhin im Gemeinwohlinteresse gebotenen des Gesundheits- und Umweltschutzschutzes erforderlich.[462] Gesundheit der Allgemeinheit und Umweltschutz betreffende Missstände haben ebenso weitgehende Auswirkungen. Dass die Folgen von Umweltrechtsverstößen unkalkulierbar schwer sind, kann dazu geführt haben, dass das Umweltrecht gegenüber umweltrelevanten Gefahren sehr empfindlich ist. Im Umweltrecht

---

460 Berndt/Hoppler, BB 2005, 2623 (2626); Bericht des Bundeskriminalamts, von 2018, S. 6, https://www.bka.de/SharedDocs/Downloads/DE/Publikationen/JahresberichteUndLagebilder/Wirtschaftskriminalitaet/wirtschaftskriminalitaetBundeslagebild2018.html;jsessionid=20D6308D0B3A65EAAE1CB505D60FD9B4.live0602?nn=28030; Wirtschaftsdelikte können sogar zu einer nationalen Wirtschaftskrise und zum Bruch des Vertrauens der Allgemeinheit in die staatliche Rechtsverfolgung führen. Bei der als „Şubat 2001 Krizi" bekannten Wirtschaftskrise in der Türkei soll die Aushöhlung der zumindest fünf großen Banken von ihrem Geschäftsinhaber eine Rolle gespielt haben, indem das Kapital von mindestens fünf von ihnen von den Eigentümern entleert und auf Offshore-Konten deponiert worden war. Demzufolge hatte die Allgemeinheit ihr Vertrauen in die staatliche Bekämpfung gegen Korruption verloren, und dies führte sogar dazu, dass die damalige Regierung beinahe gestürzt wurde, siehe Gültekin, in: Sarre/Das/Albrecht, Policing corruption, 2005, S. 189 (191); Global Corruption Report von Transparency International vom 2001, S. 141, https://images.transparencycdn.org/images/2001_GCR_Inaugural_EN.pdf.

461 Erwägungsgründe Nr. 6. Nr. 15, 18 der HinSch-RL.

462 Paschke/Jessen, RdTW 2015, 1 (8); betreffende Rechtsakte, Anhang Teil I, E, Amtsblatt der Europäischen Union L 305/50; Verstöße gegen Lebens- und Futtermittelsicherheit in Erwägungsgründe Nr. 11, 12 der HinSch-RL; zu deren grenzüberschreitende Dimension, Nr. 72 der HinSch-RL. In den einzelnen Umweltschutzgesetzen wird zwar der Mensch durch den Schutz der Umweltmedien wie Boden, Wasser, Luft indirekt geschützt, während der Schutz des Menschen auf anderen Rechtsgebieten, wie im Gesundheitsrecht oder dem Arbeitsschutzrecht, in erster Linie steht, siehe Burgi, NVwZ 1993, 954 (954 f.); Reichel/Meyer, RdA 2003, 101 (102 ff.).

gilt eine wissenschaftliche Unsicherheit bei der Feststellung der umweltrelevanten Gefahren, sodass ein Prinzip entwickelt worden ist, namentlich das Vorsorgeprinzip, wonach schädliche Umwelteinwirkungen a priori abzuwenden sind, und zwar bevor eine konkrete Gefahrdung zustande kommt.[463] Wie schließlich die Folge des Wegsehens eines Verdachts über einen gesundheitsgefährdenden Missstand eine globale Dimension hat, wurde durch den Covid-19-Ausbruch bestätigt.[464] Das Virus wurde zuerst in einem Großhandelsmarkt für Fische und Meeresfrüchte in Wuhan, China festgestellt, es hat sich aber aufgrund der Verzögerung von Gegenmaßnahmen innerhalb weniger Wochen zuerst in den Nachbarstaaten und danach über die ganze Welt ausgebreitet.[465] Bis zum 19. Dezember 2022 sind weltweit über 658 Mio. Erkrankungsfälle bestätigt worden, mehr als 6,6 Mio. sind Todesfälle.[466] Wirtschaftliche, ökonomische

463 Reichel/Meyer RdA 2003, 101 (104); Die rechtswidrige Entsorgung radioaktiver Abfälle hat Auswirkungen nicht nur auf die Umwelt, sondern auch auf Wasser, Pflanzen und Lebensmittel. Die Auswirkungen der Fehlentwicklungen im Bereich nukleare Sicherheit können jahrelang anhalten, wie das Ausströmen von massiver Radioaktivität in die Atmosphäre und in die Erde und die radioaktive Belastung von Lebensmitteln infolge eines nuklearen Desasters wie Tschernobyl 1986, siehe deutsches Krebsforschungszentrum, https://www.krebsinformationsdienst.de/vorbeugung/risiken/radioaktivitaet-und-roentgenstrahlen.php; sowie Bundesamt für Strahlenschutz, https://www.bfs.de/DE/themen/ion/umwelt/lebensmittel/pilze-wildbret/pilze-wildbret.html.

464 Siehe die Berichte von Fällen, in denen Whistleblower aufgrund ihrer Hinweise benachteiligt worden sind wie Dr. Wenig Lian, der in Wuhan bereits vor dem Ausbruch des Virus gewarnt hatte, einige seiner Patienten hätten so ähnliche Symptome wie SARS-Virus, und demzufolge von chinesischer Polizei bedroht worden war, sowie Beschäftigte in Krankenhäusern in den USA und in vielen europäischen Ländern, die Missstände beim Umgang mit dem Virus gemeldet und daher arbeitsrechtliche Vergeltungsmaßnahmen wie Kündigung erlitten haben, berichtet Abazi, European Journal of Risk Regulation 2020, 375 f., beschreibt Whistleblower als Covid-19 watchdogs in Bezug auf deren Rolle für die Förderung von Transparenz sowie ihrem Beitrag zum Kampf gegen die Pandemie; Böge, FAZ.NET v. 6.2.2020, https://www.faz.net/aktuell/gesellschaft/gesundheit/coronavirus/li-wenliang-warnte-vor-dem-coronavirus-jetzt-ist-er-tot-16620890.html; Wurzel, tagesschau.de v. 31.12.2020, https://www.tagesschau.de/ausland/ein-jahr-corona-china-wuhan-101.html.

465 Radtke, statista v. 20.12.2022, https://de.statista.com/statistik/daten/studie/1103240/umfrage/entwicklung-der-weltweiten-todesfaelle-aufgrund-des-coronavirus/.

466 Siehe die aktuellen Zahlen, Radtke, statista v. 20.12.2022, https://de.statista.com/statistik/daten/studie/1103240/umfrage/entwicklung-der-weltweiten-todesfaelle-aufgrund-des-coronavirus/.

und gesellschaftspsychologische Folgen des Ausbruchs hingegen sind kaum entzifferbar.

Datenschutzrechtsverstößen und Steuervermeidungspraktiken sind weitere Gegenstände eines Whistleblowings, bei denen die Schwierigkeit einer Beweiserhebung veranschaulicht werden kann. Die technische Unterwelt ist nicht für alle durchsichtig, und deshalb bleibt die massive Sammlung personenbezogener Daten im Dunkeln.[467] Das Täter-Profil von Cybercrime bilden zudem nicht nur Dritte, sondern auch eigene Mitarbeiter eines Unternehmens.[468] Die Verstöße gegen die Sicherheit von Netz- und Informationssystemen und gegen Sicherheitsanforderungen für die Einrichtungen, die vor allem grundlegende Dienste wie Energie, Gesundheit, Verkehr und Bankwesen erbringen, haben erhebliche Schäden zur Folge.[469] Cyberattacken bedrohen die Existenz des betroffenen Unternehmens, sie verursachen Produktions- bzw. Betriebsausfälle.[470] Darüber hinaus schaden sie der Allgemeinheit, wenn wegen der Lähmung des Betriebs wichtige Dienstleistungen wie Strom, Pflege etc. nicht mehr oder nur mit erheblicher Verzögerung zugänglich sind.[471] Unzureichend wäre daher ein Hinweisgeber-Schutz, wenn vertragliche Pflichtverletzungen wie Verstöße gegen IT-Sicherheitsvorgaben aus dem Anwendungsbereich des Schutzgesetzes

---

467 Die durch die Nutzung von Informationstechnologie begangenen Straftaten haben sich in den letzten Jahren vermehrt. Im Jahre 2019 gab es weltweit insgesamt 32.002 Cybersicherheitsvorfälle. Die fachlichen Dienstleistungen und der öffentliche Sektor, u.a. Finanz, Bildung und Gesundheit, sind mit ungefähr 7.000 gemeldeten Vorfällen die am stärksten Betroffenen. Eine massive Zunahme gibt es zudem im zweiten Quartal 2020 infolge der Corona-Pandemie, siehe Johnson, Statista v. 4.6.2021, https://www.statista.com/statistics/194246/cyber-crime-incidents-victim-industry-size/; siehe den Anstieg von Datendiebstahlfälle, siehe Johnson, Statista v. 25.1.2021, https://www.statista.com/statistics/215794/identity-theft-data-breaches-worldwide/.

468 Klarmann/Waag, NZA-Beilage 2019, 107 (107 f.); siehe auch eine Statistik, die den Anteil der Akteure einer organisierten Kriminalität u.a. Cyberkriminalität darlegt, VzfK, Stellungnahme zum Referentenentwurf eines Gesetzes für einen besseren Schutz hinweisgebender Personen sowie zur Umsetzung der Richtlinie zum Schutz von Personen, die Verstöße gegen das Unionsrecht melden, v. 11.5.2022, S. 4 f. https://whistleblowing.international/wp-content/uploads/2022/05/2022.05.11-VzfK-zum-Hinweisgeberschutz-Endfassung-3.pdf, demnach kommen die meisten Handlungen von „innen", konkret von Mitarbeitern.

469 Erwägungsgrund Nr. 14 der HinSch-RL.

470 Müllmann/Volkamer, ZD 2021, 8 (9); Habbe/Gergen, CCZ 2020, 281 (282 f.).

471 Klarmann/Waag, NZA-Beilage 2019, 107 (108 f.).

ausgeschlossen würden.[472] Der Bereich der Unternehmensbesteuerung ist ebenfalls mit seiner hohen Undurchsichtigkeit bekannt.[473] Geringe Transparenz in der Unternehmensbesteuerung sollte Unternehmen dazu ermutigen, missbräuchliche Steuervermeidungspraktiken auszuüben – auf diese Weise soll sich der LuxLeaks Skandal, die schwere Steuerhinterziehung durch multinationale Unternehmen, ereignet haben.[474] Die Verhinderung solcher Steuervermeidungspraktiken ist daher auf Insider angewiesen, die sich aufgrund ihrer Beschäftigungsverhältnisse in Unternehmen in einer privilegierten Position befinden und Zugang zu Beweisen haben, um diese Praktiken ans Licht zu bringen.[475]

Schließlich kann die Komplexität der Sachverhalte für eine defizitäre Rechtsverfolgung sorgen. Die wirtschaftsdeliktischen Sachverhalte sind z. B. so vielschichtig, dass ein einzelner Betroffener von der Verletzung seiner Interessen überhaupt nichts ahnt oder er aufgrund der kleinen Beteiligung seiner Interessenschädigung an der Schadenssumme den großen Teil der gesamten Schäden nicht sehen und deshalb keine Anzeige erstatten würde.[476] Damit man seine Interessen wahrnehmen kann, muss man zuerst wissen, dass sie verletzt worden sind. Dieses Wissen fehlt dem Individuum bei komplexen Sachverhalten,

---

472 Dilling, CCZ 2021, 60 (62); ein kleiner Fehler wie Öffnen einer dessen Absender unbekannten E-Mail könnte zu erheblichen Schäden führen, wie zur Lahmlegung des ganzen Betriebssystems, daher ist die zeitnahe Meldung von (eigenen) Fehlverhalten von wesentlicher Bedeutung für Unternehmen, siehe Müllmann/Volkamer, ZD 2021, 8 (9 f.); siehe einen grundsätzlichen Ausschluss des Schutzes für Meldungen von Verstößen außerhalb des sachlichen Anwendungsbereichs des HinSchG, Dzida/Seibt, NZA 2023, 657 (660); a.A. Reuter, BB 2023, 1539 (1541), befürwortet die Erweiterung des Schutzes durch Unternehmen auf Meldungen von Verstößen gegen unternehmensinterne Richtlinien.

473 Deltour, in: Whistleblowing on Luxembourg's Tax Practices 2019, S. 81 (83).

474 Diese Praktiken sollen zudem nicht hinterfragt; die Mitgliedstaaten der EU verfügen demnach nicht über die relevanten Informationen, um die Auswirkungen ausländischer Steuersysteme auf ihr eigenes Steuersystem erforschen zu können, zumal Gesetzeslücken zwischen nationalen Steuersystemen dadurch unbekannt bleiben, dass Unternehmen die Gelegenheit haben, durch eine Verschiebung ihrer erzielten Gewinne in Niedrigsteuerländer ihre Steuerlast auf ein Minimum zu reduzieren, Maßnahmenpaket der Europäischen Kommission zur Verbesserung der Steuertransparenz vom März 2015, https://ec.europa.eu/taxation_customs/tax-transparency-package_de.

475 Halet, in: Making Transparency Possible 2019, S. 87 (88).

476 Aytekin İnceoğlu, GSÜHFD 2020, 119 (130); siehe den geringen Handlungsdruck bei abstrakten Wirtschaftsdelikten, Kap. § 2, B, III.

und deshalb ist die Verfolgung von Rechtsverletzungen mangelhaft.[477] Vor allem im Gesundheitswesen wäre es für Außenstehende wie Patienten, Krankenkasse etc. nur schwer erkennbar, was medizinisch geboten ist und welche Leistungen tatsächlich erbracht wurden bzw. werden sollten.[478] Der Arzt verschreibt z. B. unnötige Medikamente, weil er sich mit bestimmten Apotheken abgesprochen hat.[479] Bei der Ausnutzung des Vertrauens der Patienten durch etwa einen Arzt sind hingegen die Betroffenen auf diejenigen angewiesen, die das Fehlverhalten des Arztes bemerken und anzeigen können, damit sie ihre Interessen wahrnehmen können.[480]

II. Ausschluss rein privater Angelegenheiten aus dem Schutzbereich

Zu empfehlen ist weiterhin, dass rein private Angelegenheiten aus dem Anwendungsbereich des Hinweisgeberschutzes ausgeschlossen werden. Diese können aus dem sachlichen Anwendungsbereich des Schutzes durch zwei Wege ausgeschlossen werden. Erstens: Der Gesetzgeber erkennt, dass es kein Defizit bei der Wahrnehmung dieser privaten Interessen besteht, welches ansonsten einen Einsatz des Whistleblowings begründen würde, und er schließt die Anwendung des besonderen Whistleblower-Schutzes für diese Angelegenheiten aus (1). Zweitens: Der Gesetzgeber passt seine Formulierung in § 33 Abs. 1 Nr. 3 HinSchG an die Formulierung des Art. 6 Abs. 1 RL an (2). Diese Anpassung ermöglicht einem juristischen Laien Hinweisgeber seinen guten Glauben auch ex-post – nach der Meldung bzw. Offenlegung – vorzubringen. Das Argument für die Erweiterung des sachlichen Anwendungsbereichs, ein juristischer Laie als Hinweisgeber könnte „im Vorfeld einer Meldung" den rechtlichen Rahmen seines Hinweises nicht einschätzen, würde folglich entschärft. Der sachliche Anwendungsbereich

---

477 Sogar der Gesetzgeber wäre nicht in der Lage, das gegenwärtige Recht an neue Tatbestände zu entkoppeln. So z. B. versucht der Gesetzgeber im Bereich von Cybercrime, die unterschiedlichen Begehungsmethoden von Cybercrime in das Strafrecht zu inkorporieren, um die Tatbestände umfassend zu regeln, damit Verstöße verfolgen zu können, siehe etwa Gehring, CCZ 2021, 162 (168); Klarmann/Waag, NZA-Beilage 2019, 107 (110).

478 Forst, SGb 2014, 413 (416 f.); näher zur Bekämpfung von Fehlverhalten im Gesundheitswesen, Meseke, KrV 2015, 133.

479 Taş/Antalyali, MAKÜ İktisadi ve İdari Bilimler Fakültesi Dergisi 2015, 21 (39).

480 Deiseroth, ZRP 2007, 25 (27).

des Schutzes müsste demzufolge nicht auf Sachverhalte ausgeweitet werden, die möglicherweise von rein privater Natur sind.

1. Durch eine Ausnahme rein privater Konflikte aus dem sachlichen Anwendungsbereich des Schutzes

Von Whistleblowing sollen sich Sachverhalte abgrenzen, welche sich auf persönliche Konflikte individuellen Charakters beziehen.[481] Die Abgrenzung rein privater Angelegenheiten von dem besonderen Schutz von Hinweisgebern kann dazu beitragen, zweckentfremde Anwendung des Hinweisgeberschutzes zu vermeiden.[482] So würden sich beispielsweise auch vermieden, whistleblowing-spezifische Stellen wie Whistleblowing-Behörden mit Konflikten interpersonaler Art zu befassen.[483] Zwischenmenschliche Beschwerden können ferner erkannt und in andere, entsprechenden Verfahren übergeleitet werden.[484] Ebenso würden schließlich Interessen der Betroffenen bzw. Arbeitgeber hinreichend Rechnung getragen; sie könnten sich einschätzen, wem – einem Whistleblower oder einem aggrieved worker – sie konfrontiert sind.[485]

---

481 Deiseroth, Berufsethische Verantwortung in der Forschung, S. 233; Ogorek, FS Weiss 2005, 539 (550); International Principles for Whistleblower Legislation Transparency International, S. 3, https://www.transparency.org/whatwedo/publication/best_practice_guide_for_whistleblowing_legislation, kein public interest test – vgl. das britische Whistleblowing-Recht – sollte zwar durchgeführt werden, stattdessen seien aber private Angelegenheiten (privat employment grievances) vom Anwendungsbereich auszuschließen; es wird ebenso empfohlen, dass der Gesetzgeber in Bezug auf Meldegegenstände – auch wenn es streitig ist, inwieweit der sachliche Anwendungsbereich reichen soll –, zumindest klarstellt, was nicht in den sachlichen Anwendungsbereich des Hinweisgeberschutzes einbezogen werden soll, Thüsing, DB 2022, 1066 (1067, 1069).

482 Siehe Kap. § 4, C.

483 Laut einer Studie aus dem Jahre 2021 gelangen nicht selten interpersonale Konflikte (HR-related issues, diversity and respect in the workplace) wie Diskriminierung, Belästigung, etc. an den Hinweisgebersystemen von Unternehmen, siehe Hauser/Bretti-Rainalter/Blumer, Whistleblowing Report 2021, S. 63, https://f.hubspotusercontent40.net/hubfs/4749693/White%20Paper/Whistleblowing%20Report%202021_EN_final.pdf?utm_medium=email&utm_content=167244872&utm_source=hs_automation.

484 Erwägungsgrund Nr. 22 der HinSch-RL; näher dazu unter Kap. § 8, A, II.

485 Bei der Entgegennahme eines Whistleblowing-Sachverhalts durch eine interne Meldestelle sind einige whistleblowing-spezifischen, gesetzlichen Organisationspflichten, u.a. die Dokumentation der Meldungen, zu erfüllen. Bei Beschwerden über private

Das Whistleblowing ist ein Beitrag zur effektiven Durchsetzung der Rechtsverfolgung, dessen rechtliche Bedeutung in Bereichen mit mangelhafter Rechtsdurchsetzung fand.[486] Aus dem Umkehrschluss lässt sich folgern, dass es einem Whistleblowing und somit einem Whistleblower-Schutz dort nicht bedarf, wo es kein whistleblowing-typisches Rechtsdurchsetzungsdefizit – wie es z. B. aufgrund des mangelhaften Opfers begründet würde – gibt.[487] Ein großer Teil von Verstößen gegen Arbeitsverträge, wie Überschreitung von gesetzlich erlaubten Arbeitsstunden, Diskriminierung aufgrund des Geschlechts oder irgendeine Abweichung hinsichtlich einer Orientierungsnorm, wie das verspäte Kommen zur Arbeit oder ähnliche menschliche Nachlässigkeiten in der Routine eines Betriebs, fällt in diese Gruppe.[488] Sie sind keine typischen Gegenstände von Whistleblowing.[489] Die deutsche Rechtsordnung hat bereits Rechtsdurchsetzungsmittel zur Verfügung gestellt, die für die Aufklärung privater Konflikte geeignet sind. Zu diesen Konfliktlösungsmitteln zählt etwa ein Beschwerderecht gem. § 84 BetrVG, wonach Betriebsräte Beschwerden von Arbeitnehmern entgegennehmen und auf ihre Abstellung durch Verhandlung mit dem Arbeitgeber hinwirken können.[490] Zudem ist die effektive Durchsetzung dieser Interessen durch Maßregelungsverbote wie aus § 84 Abs. 4 BetrVG im Besonderen und aus § 612a BGB im Allgemeinen abgesichert, wonach Beschwerde-führende Arbeitnehmer vor drohenden Repressalien, die durch ihre Rechtsausübung entstehen könnten (wie eine arbeitgeberseitige Kündigung), geschützt sind.

Angelegenheiten gibt es solche Pflichten nicht; für die Beilegung der interpersonalen Konflikte werden möglicherweise gelegentliche Mechanismen wie Human Resources, Personalrat, etc. eingesetzt, siehe Kreßel, NZG 2018, 841 (849, 851). Sofern zur Aufklärung eines Konflikts geeignet, muss es gleichgültig sein, welches Verfahren eingeleitet wird. Die Erkennung der Art des Sachverhalts sowie die Einhaltung eines whistleblowing-spezifischen Aufklärungsverfahrens könnte allerdings einen praktischen Nutzen haben, wenn der Arbeitgeber damit beschuldigt würde, dass er den Hinweisgeber maßgeregelt habe. An dieser Stelle kann die Einhaltung der whistleblowing-spezifischen Organisationspflichten dem Arbeitgeber dabei helfen, nachzuweisen, dass der Sachverhalt zulässig bearbeitet und verfolgt wird sowie keine Vergeltungsmaßnahmen i. S. d. Art. 19, 21 HinSch-RL ergriffen worden sind, siehe die dargelegte Fallkonstellation unter Kap. § 4, C, II.

486 Paschke/Jessen, RdTW 2015, 1 (7); vgl. Erwägungsgründe Nr. 3, 8 der HinSch-RL.

487 Siehe oben Kap. § 4, E, I; vgl. Erwägungsgrund Nr. 36 der HinSch-RL.

488 Deiseroth/Derleder, ZRP 2008, 248 (250).

489 Ogorek, FS Weiss 2005, 539 (550); Deiseroth, Betrifft Justiz 2004, 296 f.

490 Richardi BetrVG/*Thüsing*, BetrVG § 84 Rn. 1 f.

Das öffentliche Interesse an einer Verstoß-Information lässt sich von arbeitsrechtstypischen privaten Interessen dadurch abgrenzen, dass für die Wahrnehmung der im typischen Whistleblowing-Fall betroffenen Interessen keine bereitgestellten Konfliktlösungsmechanismen vorliegen oder die vorliegenden Mechanismen für die Aufklärung des Sachverhalts nicht geeignet sind.[491] So z. B. ist es allgemein anerkannt, dass ein Beschwerderecht gem. § 84 BetrVG untauglich für die Zielsetzung von Whistleblowing ist, weil ein einzelner Arbeitnehmer darüber keine Missstände, die die Angelegenheiten der Dritten oder der Allgemeinheit betreffen, rügen kann, es sei denn er ist dadurch persönlich beeinträchtigt.[492] Das öffentliche Interesse, welches nach der Zielsetzung der RL durch das Whistleblowing geschützt werden soll, unterscheidet sich schließlich von einem öffentlichen Interesse, was als gesetzgeberisches Motiv hinter jeder Gesetzgebung stehen muss. Während sich das Erste als ein Beitrag zur Verbesserung der Durchsetzung des Rechts in bestimmten Bereichen erweist,[493] würde das Zweite bereits bei der Verletzung bzw. Gefährdung jedes Rechts (einschließlich privater) Interessen tangiert werden.[494]

2. *Durch eine vom Zeitpunkt der Meldung unabhängige Bewertung des guten Glaubens*

Für die Gestaltung des Hinweisgeberschutzgesetzes in Deutschland lässt sich abraten, dass der Gesetzgeber Voraussetzungen schafft, unter denen sich rein private Angelegenheiten in den besonderen Schutz für Whistleblower einbeziehen würden. Eine Anpassung der Formulierung des § 33 Abs. 1 Nr. 3 HinSchG an die Formulierung des Art. 6 Abs. 1 RL könnte dagegenwirken, dass der Schutz auf private Konflikte ausgeweitet wird. Eine fragwürdige überschießende Anwendung des Hinweisgeberschutzgesetzes käme beispielsweise wie folgend in Betracht: Nach dem Wortlaut des § 33 Abs. 1 Nr. 3 HinSchG geht man davon aus, dass Hinweisgeber den hinreichenden Grund für die Annahme der gesetzlich angeforderten Relevanz einer Verstoß-Information „zum Zeitpunkt einer Meldung" gehabt haben müssen. Einem juristischen Laie Hinweisgeber ist es zudem schwierig, im Vorfeld einer Meldung die mitzuteilende Information rechtlich einzuordnen. Daher hat sich der deutsche Gesetzgeber entschieden, den Hinweisgeberschutz zur Schaffung von Rechtssicherheit zugunsten

491 Kreis, S. 233.
492 MAH ArbR/*Dendorfer-Ditges*, § 35 Rn. 154; Kreis, S. 128.
493 Erwägungsgrund Nr. 3 der HinSch-RL.
494 Ausführlich Leisner, DöV 1970, 217.

potenzieller Hinweisgeber neben Unionsrechtsverstößen auf Verstöße gegen nationales Recht, wie Straftaten und Ordnungswidrigkeiten, auszuweiten, so wie § 2 Abs. 1 Nr. 1 und 2 HinSchG. Zur Wahrung der Rechtssicherheit dürfte man sich allerdings nicht mit Straftaten und Ordnungswidrigkeiten genügen, sondern alle weiteren Verstöße gegen das deutsche Recht müssten einbezogen werden. Denn einem juristischen Laie-Hinweisgeber muss es ebenso schwer sein, im Vorfeld einer Meldung zu erkennen, ob es beim Missstand etwa um eine Straftat oder einen zivilrechtlichen Verstoß geht.[495] Falls man deswegen jede Art von Verstößen gegen deutsches Recht in den Anwendungsbereich des Schutzgesetzes aufnimmt, besteht die Gefahr, dass auch interpersonale Konflikte in die Whistleblowing-Arena eingeführt werden, und somit der Hinweisgeberschutz über seinen Zweck hinaus zur Wahrung privater Interessen angewendet wird.

Eine derartig zu weit gehende Anwendung des Whistleblower-Schutzes kann man durch die Anpassung des § 33 Abs. 1 Nr. 3 HinSchG an die Formulierung des Art. 6 Abs. 1 RL verhindern. Demnach muss man – wie es sich aus dem Wortlaut der RL sowie der oben dargestellten Rechtstatsachen ergibt[496] – davon ausgehen, dass ein hinreichender Grund für die Annahme der angeforderten Relevanz der Verstoß-Informationen nicht zwingend zum Zeitpunkt der Aufdeckung gegeben sein muss. Mit anderen Worten, die Überzeugung des Hinweisgebers sollte sich auf den Gegenstand des Hinweises beziehen – egal wann diese Überzeugung entstand. Danach gäbe es keinen Grund, Rechtsunsicherheit für potenzielle Hinweisgeber zu befürchten, und den sachlichen Anwendungsbereich deswegen auszuweiten. Hinweisgeber dürfen nämlich auch nach der Meldung den hinreichenden Grund mit Hilfe von Informationsgrundlagen, wie einer Rechtsberatung, darlegen, dass ihre Hinweise von dem Hinweisgeberschutzgesetz erfasst sind. Rechtsunsicherheit könnte sich lediglich daraus ergeben, dass der Schutz der Hinweisgeber im Falle einer einzelfallabhängigen Bejahung des hinreichenden Grundes für die Annahme zu dem notwendigen Rahmen der Verstoß-Informationen greifen würde. Diese Rechtsunsicherheit schließlich wäre umso vermeidbarer, als das Hinweisgeberschutzgesetz so einen umfassenden Anwendungsbereich hätte, dass der Whistleblower-Schutz nicht auf die Beurteilung der vernünftigen Überzeugung des Hinweisgebers ankommen würde.[497]

---

495 Vgl. Babula vs. Waltham Forest College [2007] IRLR 346, 354, para. 78.
496 Siehe Kap. § 4, B, II, 2.
497 Dies wird bereits im Eingang von Kap. § 4, E, I vorgeschlagen.

III. Auseinandersetzung mit Graubereichen

Bisher ist es gar nicht oder nur teils erörtert worden, ob Missstände in Bezug auf Arbeitsschutz, Straftaten, kollektive Wahrnehmung der Interessen und nationale Sicherheit als typischer Whistleblowing-Gegenstände eingestuft werden können. Für einen umfassenden und zweckmäßigen Hinweisgeberschutz ist es angebracht, sich mit dieser Frage auseinanderzusetzen. Es ist nicht das Ziel der vorliegenden Arbeit, die Frage letztgültig zu beantworten. Vielmehr sollen Argumente für und gegen Einsatz des Whistleblowings in diesen Bereichen dargestellt bzw. entwickelt werden. Ihr Ziel wäre erreicht, wenn die einschlägige Auseinandersetzung eine wissenschaftliche Diskussion rund um die Frage anregen bzw. der bestehenden Diskussionen beitragen würde.

1. Arbeitsschutz

Art. 2 HinSch-RL erfasst Verstöße gegen das Arbeitsschutzrecht nicht. Grund hierfür findet sich im Erwägungsgrund Nr. 21 der RL. Demnach besteht bei der Durchsetzung des Arbeitsschutzes kein vergleichbares Rechtsdurchsetzungsdefizit; das Rechtsdurchsetzungsinteresse in diesem Bereich ist dadurch befriedigt, dass das nationale Recht mit der Umsetzung der Arbeitsschutz-RL 89/391/EWG des Rates dafür sorgt, dass Arbeitnehmern keine Nachteile entstehen, wenn sie zum Vorbeugen der Gefahren bzw. zum Ausschalten der Gefahrenquellen den Arbeitgeber um geeignete Maßnahmen ersuchen und ihm Vorschläge machen.[498] Die HinSch-RL versagt aber Mitgliedstaaten die Eröffnung eines nationalen Whistleblowing-Schutzes in diesem Bereich auch nicht; Mitgliedstaaten sind berechtigt, den Hinweisgeberschutz auf den Bereich des Arbeitnehmerschutzes zu erstrecken.[499] Der deutsche Gesetzgeber hat demzufolge im Rahmen des gem. Art. 2 Abs. 2 der HinSch-RL überlassenen Umsetzungsspielraums das Thema zum Schutz der Gesundheit und Sicherheit der Arbeitnehmer und ihrer Arbeitsbedingungen in die Whistleblowing-Area eingeführt. Gem. § 2 Abs. 1 Nr. 2 HinSchG werden Hinweise auf die Verstöße gegen Vorschriften geschützt, die dem Schutz von Leben, Leib oder Gesundheit oder dem Schutz der Rechte von Beschäftigten oder ihrer Vertretungsorgane dienen. Die Begründung des Entwurfs zu Nr. 2 konkretisiert die Norm.[500] Demnach werden im Bereich

---

498 ABl. L 183 S. 1; die Arbeitsschutz-RL wurde ins deutsche Recht durch das Arbeitsschutzgesetz (ArbSchG) umgesetzt, BGBI, I S. 1246.

499 EuArbRK/*Fest*, RL (EU) 2019/1937 Art. 2, Rn. 53.

500 Begründung zu Abs. 1 Nr. 2 HinSchG-E § 2, S. 57.

des Arbeitsschutzes sowohl die dem Gesundheitsschutz und der Sicherheit der Beschäftigten dienenden Vorschriften als auch arbeitsschutzrechtliche Mitteilungs-, Erlaubnis-, Prüfungs-, Bestellungs-, Belehrungs-, Dokumentations- und Anzeigepflichten erfasst. Hierzu zählen beispielsweise Verstöße u.a. gegen die Pflicht zur Zahlung des Mindestlohnes nach § 20 MiLoG und bußgeldbewehrte Verstöße gegen Vorgaben des Arbeitnehmerüberlassungsgesetzes, die in erster Linie der Einhaltung der Ordnung auf dem Arbeitsmarkt, aber zugleich auch dem Schutz der Rechte von Beschäftigten dienen. Der Gesetzgeber nennt zu der einschlägigen Norm keinen besonderen Grund.[501] Er gibt nur im Allgemeinen vor, dass die Ausdehnung des Schutzbereiches für die Etablierung eines umfassenden, rechtssicheren und kohärenten Hinweisgeberschutzes erforderlich ist.[502] Weitere Gründe finden sich in der Literatur, deren nicht unerheblicher Anteil die Erweiterung des Hinweisgeberschutzes im Allgemeinen unterstützt.[503] Im Besonderen zur Einbeziehung des Arbeitsschutzes wird dies – neben der Schaffung eines kohärenten, umfassenden Whistleblower-Schutzes – vornehmlich mit dem Gleichheitsgrundsatz des Art. 3 Abs. 1 GG begründet.[504] Einer Ansicht nach wären Hinweisgeber bei einem Ausschluss des Arbeitsschutzes ungleichbehandelt, wenn ein Whistleblower, der einen rechtswidrigen Umgang mit personenbezogenen Daten enthüllt, gem. Art. 6 i. V. m. Art. 2 RL einen umfassenden Schutz genießt als ein anderer Whistleblower, der lediglich nach Maßgabe der nationalen Schutzgesetze geschützt würde, obwohl er sogar einen erheblichen Missstand wie Gefährdung von Leib und Leben anzeigt.[505] Schließlich findet man es abwegig, dass die RL die Aufdeckung von Verstößen gegen den Tierschutz schützt, die Aufdeckung von Gefährdungen des Lebens und der Gesundheit der Beschäftigten aber nicht.[506]

Im Gegensatz dazu lassen sich auch Argumente gegen die Aufnahme des Arbeitsschutzes in das deutsche Hinweisgeberschutzgesetz vorbringen. Zuerst

---

501 Begründung zu Abs. 1 Nr. 2 HinSchG-E § 2, S. 57.

502 Begründung zu HinSchG-E, allgemeiner Teil, S. 33.

503 Grimm/Singraven, ArbRB 2019, 241 (241 f.); Schmitt, NZA-Beilage 2020, 50 (55); Garden/Hiéramente, BB 2019, 963 (964).

504 DGB, Positionspapier zur Umsetzung der Whistleblower-Richtlinie in deutsches Recht – Anforderungen aus gewerkschaftlicher Sicht v. 7.12.2020, S. 2, https://www.dgb.de/themen/++co++d0533b8a-706d-11eb-8330-001a4a160123.

505 Brockhaus/Gerdemann/Thönnes, Verfassungsblog v. 29.10.2020, https://verfassungsblog.de/ungleicher-schutz-fur-whistleblower/; Brockhaus/Gerdemann/Thönnes, NVwZ 2021, 204 (210).

506 Thüsing/Rombey, NZG 2018, 1001 (1002).

erscheint das Gleichbehandlungsgebot nicht hinreichend, um die Aufnahme des Arbeitsschutzes zu rechtfertigen.[507] Geht man davon aus, dass die Hauptsache in Bezug auf das Whistleblowing die Behebung der Rechtsdurchsetzungsdefizite ist, nicht hingegen die Frage, welche Rechtsgüter vitaler bzw. vorrangig zu schützen sind,[508] ist der Einsatz des Whistleblowings etwa im Tierschutzbereich sowie folgend begründet: anders als Menschen sind Tiere nicht in der Lage, ihre Rechte wahrzunehmen, d. h. es bedarf eines Rechtsdurchsetzungsmittels im Tierschutzbereich, also einem Whistleblower, der Verstöße in diesem Bereich ans Licht bringen und dadurch zur Durchsetzung des Tierschutzes beitragen kann.[509] Das Ziel der RL ist zudem die Wahrung einer effektiven Rechtsdurchsetzung, nicht hingegen die Gewährung eines allgemeinen, umfassenden Schutzes für Informanten bzw. Beschwerdeführer.[510] Der Schutz eines Informanten ist nur das Mittel, um die defizitäre Rechtsdurchsetzung mit Hilfe von Insiderwissen bekämpfen zu können. Würde es in erster Linie um die Schaffung eines allgemeinen Maßregelungsverbots für Beschwerdeführer gehen, müssten alle nationalen Schutzgesetze durch den umfassenden Schutz nach Maßgaben der RL ersetzt werden. Nur dann könnte man eine Gleichbehandlung von Beschwerdeführern sichern.

Außerdem könnte das Fehlen eines typischen Durchsetzungsdefizites im deutschen Arbeitsschutzrecht, gegen den Einsatz des Whistleblowings in diesem Bereich sprechen. Es gibt z. B. einen bestimmbaren Opferkreis, namentlich Beschäftigte. Demzufolge sind ihnen Anspruchsrechte wie aus § 618 BGB zur Wahrnehmung der Arbeitsschutznormen oder ein externes Anzeigerecht aus § 17 ArbSchG sowie Maßregelungsverbote aus § 612a BGB bzw. § 17 Abs. 2

---

507 Vgl. EuArbRK/*Fest*, RL (EU) 2019/1937 Art. 2, Rn. 47, demnach ist eine überschießende Umsetzung der RL verfassungsrechtlich nicht notwendig geboten; ebenso – ohne Einbeziehung mit der Aufnahme des Arbeitsschutzes im Besonderen – sieht eine andere Ansicht kein verfassungsrechtliches Gebot in der Ausweitung des Schutzes, siehe Thüsing, Stellungnahme zum Regierungsentwurf eines Gesetzes für einen besseren Schutz hinweisgebender Personen sowie zur Umsetzung der Richtlinie zum Schutz von Personen, die Verstöße gegen das Unionsrecht melden, BT-Drs. 20/3442, v. Oktober 2022, S. 4, https://www.bundestag.de/resource/blob/916300/c9e376352f8d669db199efcb96e12c2e/Stellungnahme_Thuesing-data.pdf; Thüsing/Musiol, BB 2022, 2420 (2422).

508 Erwägungsgrund Nr. 3 der HinSch-RL.

509 Erwägungsgrund Nr. 12 der HinSch-RL.

510 Vgl. Art. 1 HinSch-RL.

ArbSchG eingeräumt.[511] Für Beschäftigte ist gesichert, dass sie aufgrund der Wahrnehmung ihrer (Anzeige)Rechte nicht benachteiligt werden dürfen – darauf hat auch der Erwägungsgrund Nr. 21 der RL hingewiesen. Dies lässt sich weiterhin mit der staatlichen Schutzpflicht für Leben und Gesundheit nach Art. 2 Abs. 2 GG unterstützen. Für den Schutz der Gesundheit und die Sicherheit der Arbeitnehmer am Arbeitsplatz ist nämlich in erster Linie der Staat verantwortlich; er muss durch staatliche Mittel wie Aufsichtsbehörden, Zwang, Strafe- oder Bußgeldverhängung für Verstöße gegen Arbeitsschutznormen die Durchsetzung der Arbeitsschutznormen absichern.[512] Das Whistleblowing ist hingegen eine Zivilcourage, welche – trotz gesetzlichen Schutzes – erhebliche Risiken für Whistleblower, wie etwa zwischenmenschliche Repressalien, mit sich bringt. Der Umstand, dass ein Staat seiner Schutzpflicht nicht nachkommt, indem er etwa staatliche Mittel wie Aufsichtsbehörden unzureichend einsetzt, darf einen Einsatz von Privaten zur Durchsetzung des Arbeitsschutzrechts ohnehin nicht rechtfertigen.[513] Whistleblower sind keine „Hilfssheriffs des überforderten Staates".[514] Die Schutzpflicht des Staates ergibt sich aus der Anerkennung, dass Arbeitnehmer bei der Gestaltung der Arbeitsverträge gegenüber Arbeitgebern eine schwächere Verhandlungsposition haben. Wäre eine solche staatliche Schutzpflicht der Rechtsordnung fremd, wäre ein Einsatz des Whistleblowings im Arbeitsschutzrecht sinnvoll, wie es z. B. in Großbritannien und in den USA der Fall ist.[515] Ihre Rechtsordnungen sehen Arbeitsverträge als „freies Forum", wo Vertragsparteien gleiche Verhandlungsmacht haben.[516] In Deutschland,

---

511 Beim Vorliegen hinreichender Rechtsdurchsetzungsmechanismen in diesem Bereich wäre die Ausdehnung des Hinweisgeberschutzes auf das Arbeitsschutzrecht nicht nur überflüssig, sondern würde dies zur Überfrachtung von bestehender Schutznormen führen, nach Angaben von BDA, Stellungnahme zum Referentenentwurf des BMJ: Entwurf eines Gesetzes für einen besseren Schutz hinweisgebender Personen sowie zur Umsetzung der Richtlinie zum Schutz von Personen, die Verstöße gegen das Unionsrecht melden (Hinweisgeberschutzgesetz), vom Mai 2022, S. 2 f., abrufbar unter, https://www.bmj.de/SharedDocs/Gesetzgebungsverfahren/Stellungnahmen/2022/Downloads/0512_Stellungnahme_bda_HinSchG-E.pdf;jsessionid=3095664022BB4E6B0CA14AFF1F33623C.2_cid297?__blob=publicationFile&v=2.

512 MHdB ArbR/*Fischinger*, § 4 Rn. 14 ff.

513 Vgl. Kohte, ARP 2022, 123 f.

514 Zittel, Whistleblower Netzwerk v. 2.9.2021, https://www.whistleblower-net.de/online-magazin/2021/09/02/pressemitteilung-whistleblower-sind-keine-hilfssheriffs-des-ueberforderten-staates/.

515 Siehe etwa Sec. 43B (d) ERA; Graser, S. 97 ff., 199.

516 Beyer, S. 234.

welches zum einen als Mitglied der Europäischen Union die Arbeitsschutz-RL 89/391/EWG umgesetzt hat,[517] zum anderen als ein Rechtsstaat Schutzpflichten aus Art. 2 Abs. 2 GG nachkommen muss,[518] bedarf ein Rechtsdurchsetzungsdefizit im Bereich von Arbeitsschutz daher weiterer Begründung.

---

517 Im türkischen Arbeitsrecht gibt es z. B. keine hinreichenden gesetzlichen Maßnahmen, die etwa mit dem deutschen § 17 ArbSchG vergleichbare Maßregelungsverbote ergriffen hat. § 4 f. ISGK (türkisches Arbeits- und Sicherheitsschutzgesetz) verpflichtet vielmehr den Arbeitgeber zur Ergreifung erforderlicher Maßnahmen. Die Pflicht der Beschäftigten liegt darin, den ergriffenen Arbeitsschutzmaßnahmen nachzukommen. § 13 Abs. 1, 2 ISGK sieht ein Arbeitsverweigerungsrecht vor, wenn die Beschäftigten von einer erheblichen und nahenden Gefahr betroffen sind. Nach einer zumutbaren Anzeige bei der zuständigen innerbetrieblichen Stelle oder beim Arbeitgeber können sie die Arbeit verweigern, soweit es nicht zum Ergreifen von erforderlichen Maßnahmen gegen die gemeldete Gefahr kommt. Eine Einschränkung ihrer Rechte bzw. eine Benachteiligung ihrerseits aufgrund der Arbeitsverweigerung ist nicht zulässig. Nach § 18 Abs. 1 lit. a ISGK hat der Arbeitgeber zudem Beschäftigten Gelegenheit zu geben, damit sie Vorschläge über Fragen der Sicherheit und Gesundheit am Arbeitsplatz machen können. Nach § 18 Abs. 3 ISGK dürfen sie anhand ihrer Aussagen über unzureichende Maßnahmen zu Sicherheit und Gesundheit bei der Arbeit sowie ihrer Anzeige während einer behördlichen Kontrolle bei der Arbeit keine Maßregelung erfahren, siehe Akin, AÜHFD 2005, 1 (60); Çelik/Caniklioğlu/Canbolat, S. 331; zum Schluss regelt § 96 Abs. 1 IK ein Maßregelungsverbot, wonach der Arbeitgeber Beschäftigte nicht bedrohen bzw. hindern darf, wenn sie bei behördlicher Kontrolle im Betrieb Auskünfte über betriebliche Angelegenheiten geben sollen. Macht ein Beschäftigter wissentlich falsche Angaben oder irreführende Informationen in einer Kooperation mit dem Arbeitgeber, werden beide mit Bußgeld sanktioniert, gem. § 107 IK. Auch diese Maßnahmen wirken sich allerdings nicht effektiv aus, siehe Erogluer/Saribay Öztürk, in: Köse/Alp 2020, S. 343 (372).

518 Bei der Durchsetzung der türkischen Arbeitsschutznormen gibt es Defizite. Im Mai 2014 hat sich ein tödliches Grubenunglück in einem der Braunkohlebergwerke in Soma in der westlichen Provinz Manisa der Türkei ereignet. Nach offiziellen Angaben sind 301 Bergarbeiter ums Leben gekommen. Als Grund für das Unglück wird u.a. die mangelhafte Kontrolle der Einhaltung der Sicherheitsmaßnahmen in Bergarbeiten genannt, siehe zum Report von türkischem Bar (TBB) 2014, S. 10 und 111 f., abrufbar unter https://www.barobirlik.org.tr/dosyalar/duyurular/20141112_somamadenfaciasi pdf.pdf. Zu berichten ist häufig, dass behördliche Kontrolle von Betrieben nicht genug ist, siehe zur geringen Anzahl der behördlich in Bezug auf die Erhaltung der Arbeits- und Gesundheitsnormen besuchten Betriebe in der Türkei, S. 30, Occupational safety and health profile: Turkey ILO Office Ankara 2016, https://www.ilo.org/wcmsp5/groups/public/---europe/---ro-geneva/---ilo-ankara/documents/publication/wcms_498818.pdf. Darüber hinaus ist ein Bewusstsein unter Beschäftigten über die Bedeutung der Einhaltung der Gesundheit und Sicherheitsmaßnahmen am Arbeitsplatz gering.

Die Folgen der Verstöße gegen Arbeitsschutznormen scheinen ferner nicht typisch unkalkulierbar bzw. nicht grenzüberschreitend zu sein. Aus einem ähnlichen Grund, namentlich, weil es in diesem Bereich u.a. keine grenzüberschreitende Dimension oder andere spill-over Effekte gibt, hatte die Europäische Kommission die Einbeziehung des Schutzes der Arbeitnehmerrechte i. V. m. Art. 153 AEUV unterlassen.[519] Nach Angaben der Folgenabschätzung (impact assessment) der RL wäre die Ausdehnung des Schutzes auf diesen Bereich weitreichend und kostspielig, was den Anforderungen der Verhältnismäßigkeit nicht entsprechen würde. Eine solche Initiative hätte schließlich nur eine begrenzte Wirkung bei der Verbesserung der Durchsetzung des Unionsrechts, weil es hierdurch nur zu einer vermehrten Anzahl der Meldungen über arbeitsbezogene individuelle Missstände und damit zu höheren Kosten für Arbeitgeber im Zusammenhang mit den Folgemaßnahmen für diese Meldungen kommen würde.[520]

Damit schließt allerdings der europäische Gesetzgeber einen Einstieg des Whistleblowings in den Bereich des Arbeitsschutzrechts nicht aus. Die Ausweitung des Schutzes nach Maßgaben der RL auf das Arbeitsschutzrecht ist denkbar, falls sich im Lichte etwaiger neuer Erkenntnisse oder der Ergebnisse einer Evaluierung des Funktionierens dieser Richtlinie die Notwendigkeit ergibt, die Durchsetzung dieser Richtlinie zu verstärken.[521] Bei der Durchsetzung des Arbeitnehmerschutzes innerhalb der EU kann es zu länderbezogenen Diskrepanzen kommen und dies könnte den europäischen Gesetzgeber dazu veranlassen, die Aufnahme des Arbeitsschutzes in die Whistleblowing-Arena erneut zu ermessen. Dies wäre der Fall, wenn die Defizite bei der Durchsetzung des Arbeitsschutzes durch einige EU-Länder einen spill-over Effekt entfalten bzw.

Nach einer Studie, die die Bedeutung der Einhaltung der Arbeits- und Gesundheitsnormen innerhalb der Belegschaft im Vergleich zwischen Deutschland und der Türkei untersucht, sehen Beschäftigte in der Türkei die Bedenken über Gesundheit- und Sicherheitsmaßnahmen am Arbeitsplatz als nicht besonders wichtig an. Sie sollen sich sogar der gesetzlichen Verpflichtungen ihrer Arbeitgeber in dieser Hinsicht nicht bewusst sein, d. h. sie würden trotz mangelhafter Einhaltung der Gesundheit- und Sicherheitsnormen arbeiten, siehe Sadullah/Aydinli Kulak/Sermet, İş,Güç Endüstri İlişkileri ve İnsan Kaynakları Dergisi 2015, 30 (45).

519 Impact assessment-SWD (2018)116/973421, S. 38, https://ec.europa.eu/info/law/better-regulation/initiatives/com-2018-218_en.

520 Impact assessment-SWD (2018)116/973421, S. 38, https://ec.europa.eu/info/law/better-regulation/initiatives/com-2018-218_en.

521 Erwägungsgrund Nr. 106 der HinSch-RL.

sie sich so grenzüberschreitend auswirken würden, dass etwa das ordnungsgemäße Funktionieren des Binnenmarkts in der Europäischen Union gefährdet würde.[522] So müsste z. B. die Verletzung unionsrechtlicher Vorschriften im technischen Arbeitsrecht eine hinreichende Wettbewerbsrelevanz haben.[523] Schließlich hat auch die Kommission vor, es bis zum 17. Dezember 2025 zu prüfen, ob u.a. eine Ausweitung des Anwendungsbereichs der Richtlinie auf zusätzliche Bereiche, wie z. B. auf das Arbeitsschutzrecht, im Hinblick auf die Verbesserung der Arbeitsumwelt zum Schutz der Gesundheit und der Sicherheit der Arbeitnehmer und der Arbeitsbedingungen erforderlich ist.[524]

Die Anwendung des Hinweisgeberschutzes auf die Aufdeckung von Verstößen gegen das Arbeitsschutzrecht lässt sich schließlich aufgrund der besonderen Art der Missstände begründen. Obwohl das Arbeitsschutzrecht die Interessen der Vertragsparteien im Fokus hat; d. h. Interessen der Allgemeinheit sind den Arbeitsschutzgesetzen fremd,[525] kann es zu Fällen kommen, in denen eine klare Abgrenzung zwischen den involvierten Interessen nicht möglich ist.[526] Ein dem Anschein nach allein arbeitsrechtliche Interessen tangierender Missstand – sog. personal grievance – kann zugleich ein öffentliches Interesse betreffen.[527] So z. B. während der Ausgangspunkt des Konflikts im Heinisch-Fall die Überlastung der Arbeitskraft von Beschäftigten wegen des Personalmangels war, der als ein das Arbeitsverhältnis bezogener Konflikt wahrzunehmen ist, stufte der EGMR die Enthüllung von Personalmangel als „zweifellos von öffentlichem Interesse" ein, weil der Personalmangel zu niedriger Qualität bei der Altenpflege führe und dies die Gesundheit der Allgemeinheit betreffe.[528] Wenn sich

---

522 Vgl. Erwägungsgründe Nr. 6. Nr. 15, 18 der HinSch-RL.

523 Krause, SR 2019, 138 (150); auf mögliche Auswirkungen auf den Wettbewerb zwischen den Mitgliedstaaten weiterhin hinweisend, Forst, EuZA 2020, 283 (286); Schmitt, NZA-Beilage 2020, 50 (55).

524 Art. 27 Abs. 3 HinSch-RL.

525 Müller, NZA 2002, 424 (432); Schmitt, S. 83.

526 Siehe Brown u.a., Clean as a whistle 2019 Report, S. 12, 17 und 21.

527 Brown/Mazurski/Olsen, in: Whistleblowing in the Australian Public Sector 2008, S. 25 (36); Roberts/Olsen/Brown, S. 40.

528 EGMR 21.7.2011 – 28274/08 NJW 2011, 3501, Rn. 63; ähnlich könnte eine Beitragshinterziehung mittels Lohndumpings im Pflegebereich, welche ebenso öffentliche Gesundheit betrifft, durch die Anzeige eines Einzelnen verhindert werden, während dieser lediglich um sein Interesse an einem gerechten Lohn kämpft, siehe Brors, HFR 2012, 9 (20); Vgl. mit dem Chefarztfall, in dem etwa ein Chefarzt in einem Zeitungsartikel seine finanziellen Anforderungen gegenüber dem Krankenhaus geäußert und behauptet hatte, man sei mit ihm wie mit einem Sklaven umgesprungen. Die

ein Sachverhalt zuerst als rein arbeitsrechtlicher Konflikt erweist, kann sich herausstellen, dass er ein Volumen hat, welches ein öffentliches Interesse betrifft. So z. B. kann man die Verletzung der vertraglichen Interessen eines Arbeitnehmers, wie eine unterhalb des gesetzlichen Mindestlohns erfolgte Vergütung, das Unterlassen einer arbeitgeberseitigen Meldepflicht aus §§ 2, 3, 16, 20 MiLoG oder sozialversicherungsrechtlicher Pflichten aus §§ 28a, d, e SGB IV erst als private Angelegenheiten einstufen. Eine Anzeige durch den betroffenen einzelnen Arbeitnehmer kann aber dazu beitragen, einen erheblichen Rechtsbruch etwa i. S. d. § 3a UWG zu enthüllen, wie ein Rechtsbruch in dem Falle, dass der Arbeitgeber durch diese Rechtsverstöße sich im Wettbewerb besser als seine Konkurrenten gestellt hat.[529] Es geht darum, dass über einen rein Arbeitnehmerschutz hinaus die wirtschafts- oder sozialpolitischen Ziele betroffen sind.[530] Weitere Fälle sind auch in den Bereiche wie im Bereich des technischen Arbeitsschutzes denkbar, wo das unternehmerische Fehlverhalten nicht unerhebliche Risiken für die Allgemeinheit mit sich bringen würde.[531] Dies veranschaulicht eine Explosion in einer Feuerluftwerke-Fabrik in Sakarya-Türkei im Juli 2020. Die Explosion hat nicht nur 4 Tote und 97 Verletzte unter den Beschäftigten verursacht, sondern auch die Gesundheit der Allgemeinheit bedroht. Die Experten haben nämlich davor gewarnt, dass die chemischen Stoffe der Luftwerke in die

Äußerungen fanden die Gerichte – BAG und BVerfG – von privater Art und lehnten die Klage des Arztes zum Schutz vor ausgesprochenen Kündigung wegen seiner öffentlichen Äußerung ab, obwohl der Missstand, auf den der Arzt hingewiesen hat, mit einem Personalmangel in einem Altenpflegeheim, welches Frau Heinisch angezeigt hatte, vergleichbar ist und daher über rein privates Belangen hinausgehend angesehen werden könnte, BAG 5.2.1981 – 2 AZR 883/78, das Urteil ist nicht auffindbar, zitiert nach Berthold, S. 38.

529 Ähnlich kommt es in der Türkei häufig vor, dass Arbeitnehmer in der Schwarzarbeit tätig sind. Der Arbeitgeber meldet beim Amt für Arbeit und Soziales (IsKur) nicht, wer bei ihm zur Arbeit angestellt ist. Daraus ergeben sich Streitigkeiten, wo der betroffene Arbeitnehmer seinen Arbeitgeber anzeigt, weil er ihn ohne Registrierung beim Amt beschäftigen lässt und dies dafür ausnutzt, ihm geringe Löhne zu bezahlen und Sozialkassenbeiträge für Arbeitnehmer zu vernachlässigen. Somit versucht der Arbeitgeber, sich besser als seine Konkurrenten zu stellen.

530 Vgl. DGB, Positionspapier zur Umsetzung der Whistleblower-Richtlinie in deutsches Recht – Anforderungen aus gewerkschaftlicher Sicht v. 7.12.2020, S. 3, https://www.dgb.de/themen/++co++d0533b8a-706d-11eb-8330-001a4a160123.

531 Groneberg, S. 250; Beyer, S. 238.

Luft gemischt wurden und sie lebensgefährdend seien.[532] Zu berücksichtigen ist daher, dass eine per se Qualifizierung als privater Belang derartiger Sachverhalten ein dahinter stehendes öffentliches Interesse gefährden würde.[533] In diesem Zusammenhang ist zutreffend, dass § 2 Abs. 1 Nr. 2 HinSchG Verstößen wie etwa gegen Mitteilungs- bzw. Dokumentationspflichten aus dem MiLoG erfasst.[534]

2. *Kollektive Interessen*

Es stellt sich die Frage, ob eine bedeutende Mehrheit von Betroffenen entscheidend sein könnte, um die Aufdeckung eines Missstandes als von öffentlichem Belang einzuordnen. Mit anderen Worten: Die Frage ist, ob ein Arbeitnehmer Hinweisgeberschutz genießt, indem er sich bei seiner Beschwerde auf kollektive Interessen beruft.[535] Anlass für diese Fragestellung ist zuerst die Rechtsprechung des EGMR zum Fall Heinisch. Bei der Begründung eines öffentlichen Interesses an der Enthüllung von Pflegemängeln in einem Altenpflegeheim hatte der EGMR auf den großen Anteil älterer Menschen in Pflegeheimen hingewiesen, die von Pflegemängeln betroffen sind und angesichts ihrer besonderen Verwundbarkeit möglicherweise häufig nicht in der Lage seien, selbst auf Missstände aufmerksam zu machen.[536] Ebenso hatte das britische Gericht im Falle von Chesterton

---

532 Der Bericht über den Fall in der Türkei ist abrufbar unter, https://www.hurriyet.com.tr/gundem/son-dakika-haberi-patlamanin-ardindan-risk-danismani-uyardi-bunlarin-gaz-ve-dumanlari-zehirlidir-41556823.

533 Siehe die Studie, Roberts, in: International Handbook on Whistleblowing Research 2014, S. 207 (224); Brown u.a., Clean as a whistle 2019 Report, Fig. 8, S. 16, 21, das Risiko einer unzureichenden Bearbeitung bzw. Verfolgung eines Missstandes sollte bei Sachverhalten von gemischtem Charakter sowie die Benachteiligung der Hinweisgeber bei diesen Sachverhalten nicht selten der Fall sein. Bei der Entgegennahme eines derartigen Sachverhalts ist es daher empfehlenswert, dass Meldestelle den Missstand vorsorglich als einen Whistleblowing-Gegenstand behandelt. Ansonsten könnte eine Information von womöglich öffentlichem Belang unbearbeitet den internen Meldestellen entgehen und der Konflikt würde eskalieren, und zwar in der Öffentlichkeit und mit einem Vorwurf, dass der Hinweisgeber wegen eines geschützten Whistleblowings maßregelt.

534 Siehe die Begründung zu Abs. 1 Nr. 2 HinSchG-E § 2, S. 57.

535 Siehe etwa ein das zweckfremde Greifen des Whistleblower-Schutzes illustrierendes Szenario unter Kap. § 4, C, II.

536 EGMR 21.7.2011 – 28274/08, Heinisch/Deutschland, NZA 2011, 1269, Rn. 71; siehe die Falldarstellung unter Kap. § 3, C, II.

bei der Feststellung, dass die Information von öffentlichem Interesse ist, die Betroffenheit einer Vielzahl von Personen berücksichtigt.[537]

Ein Missstand, von dem eine Vielzahl von Personen betroffen ist, kann sich doch nur auf einen interpersonalen Konflikt beziehen.[538] Das Merkmal schwer kalkulierbare Folgen eines Verstoßes, welches die Aufdeckung des Verstoßes als solche von öffentlichem Belang machen würde,[539] ähnelt zwar dem Merkmal der Vielzahl von Betroffenen. Denn auch bei einer Vielzahl von Betroffenen muss es schwierig sein, die Reichweite der durch den Verstoß entstandenen Schäden zu bestimmen. Der Unterschied liegt hingegen darin, dass die Vielzahl der Betroffenen nicht regelmäßig einen Mangel an Rechtsdurchsetzung zur Folge hätte. Sie würde vielmehr die praktische Durchsetzbarkeit der Interessen erschweren und dies hat Lösungen. So z. B. empfiehlt sich, dass bei der Geltendmachung von Ansprüchen aus AGG eine Verbandsklage als ein kollektives Rechtsdurchsetzungselement eingesetzt wird, um die Durchsetzung des Antidiskriminierungsrechts zu verbessern.[540] Die Empfehlung wird damit begründet, das Machtverhältnis zwischen Angestellten und Unternehmen eine effektive Durchsetzung im Bereich von Antidiskriminierungsrecht hindert.[541] Die mit

537 Siehe Kap. § 4, D, II.

538 Lewis/Bowers/Fodder/Mitchell, paras. 5. 99, 100.

539 Kap. § 4, E, I.

540 Ponti/Tuchtfeld, ZRP 2018, 139 f.; dagegen wird teilweise für die Einbeziehung von sämtlichen Verstößen gegen Arbeitnehmerschutznormen wie die des AGG in den sachlichen Anwendungsbereich des HinSchG gesprochen, siehe etwa DGB, Stellungnahme zum Regierungsentwurf eines Gesetzes für einen besseren Schutz hinweisgebender Personen sowie zur Umsetzung der Richtlinie zum Schutz von Personen, die Verstöße gegen das Unionsrecht melden, v. 17.10.2022, S. 4, https://www.bundestag.de/resource/blob/916598/604261e2ca5b08cdeabb3090a6203bc5/Stellungnahme_Woempner_DGB-data.pdf.

541 So ähnlich wäre es aufgrund einer schwächeren Verhandlungsposition der Arbeitnehmer im Arbeitsverhältnis der Fall, dass ein Arbeitnehmer aus Furcht vor Entlassung einen Anspruch auf höhere Vergütung bei der Überschreitung der Höchstarbeitszeit nicht geltend macht, siehe Molitor, RdA 1951, 254 (255). Dem sollte die Einrichtung eines Arbeitszeiterfassungssystems, wonach die Arbeitszeiten der Arbeitnehmer objektiv und verlässlich eingetragen werden, entgegenwirken, damit die Durchsetzung der Arbeitnehmerinteressen in Bezug auf den Arbeitszeitschutz realisiert wird, siehe zum Beitrag der Pflicht der Arbeitgeber zur Einrichtung eines objektiven und verlässlichen Arbeitszeiterfassungssystems einer effektiven Rechtsdurchsetzung des Arbeitszeitschutzrechts, EuGH (Große Kammer) 14.5.2019 – C-55/18 – CCOO/Deutsche Bank, ECLI:EU:C:2019:402; vgl. Groneberg S. 250, allerdings wäre etwa die Verachtung der Überstunden eines Arbeitnehmers wie eines Lkw-Fahrers nicht nur für

dem Zusammenschluss von Arbeitgeber und Arbeitnehmer gebildete Verhandlungsmacht kann zur Gestaltung der Arbeitsbedingungen eingesetzt werden, sodass die wirtschaftliche Unterlegenheit von Arbeitnehmern ausgeglichen wird.[542] Gewerkschaften sind in den Prozess der Aufklärung eines Beschwerdegegenstandes einbezogen und die effektive Wahrung der Interessen der Einzelnen durch eine Einbindung in die Interessen derjenigen, die in der gleichen Lage sind, wird somit ermöglicht.[543] Dieses Beispiel veranschaulicht, dass die Vielzahl von Betroffenen nicht notwendig eine Information von öffentlichem Interesse i. S. d. Whistleblowings ausmacht. Geschützte Interessen sind von privater Art. Sie werden nur kollektiv wahrgenommen, um zu deren Durchsetzung beizutragen. Das deutsche Recht verfügt über Mechanismen zur kollektiven Interessenwahrnehmung, und zwar bereits auf betrieblicher Ebene. Dabei spielen vor allem Betriebsräte eine besondere Rolle. Betriebsräte in Deutschland haben eine Reihe von Rechten und Pflichten. Darunter fallen etwa die Mitwirkungs- und Mitbestimmungsrechte in § 80 Abs. 1 BetrVG genannten Angelegenheiten wie u.a. Überwachung der Durchführung der zugunsten der Arbeitnehmer geltenden Gesetze, Verordnungen, Unfallverhütungsvorschriften etc., sowie in personellen Angelegenheiten gem. §§ 92 BetrVG ff. wie deren Anhörung zur Kündigung und in sozialen Angelegenheiten gem. §§ 87 ff. BetrVG wie Mitwirkung bei den Fragen der betrieblichen Lohngestaltung zur Umsetzung der Lohngerechtigkeit.[544] Betriebsräte können folglich zur Wahrung der privaten Interessen der Arbeitnehmer eingeschaltet werden.

Der Grund dafür, dass die Vielzahl der Betroffenen im englischen Sprachraum ein öffentliches Interesse begründet hat, wie es im Falle von Chesterton der Fall ist, kann in dem in Großbritannien geltenden individualistischen System liegen. Diesem ist eine kollektive Interessenvertretung fremd.[545] Das Fehlen institutionalisierter Konfliktlösungsmechanismen kann zu einem systembedingten Mangel an Durchsetzung der kollektiven Interessen führen.[546] Wo es

---

seine Gesundheit gefährlich, sondern auch für die Sicherheit der Allgemeinheit. In einem solchen Fall könnte man daher das Vorliegen eines öffentlichen Interesses an der Anzeige der Verstöße gegen Arbeitszeitvorschriften bejahen.

542 Richardi, § 10 S. 122 ff.

543 Wendeling-Schröder, S. 95; Kreis, S. 131.

544 Siehe nur Richardi BetrVG/*Thüsing*, BetrVG § 80 Rn. 6, 7; Richardi BetrVG/*Thüsing*, BetrVG § 92 Rn. 7 f.; Richardi BetrVG/*Richardi/Maschmann* BetrVG § 87, Rn. 750 ff.

545 Düsel, S. 221 f.; Graser, S. 222; vgl. Beyer, S. 233.

546 Skivenes/C. Trygstad, in: International Handbook on Whistleblowing Research 2014, S. 95 (105).

an Rechtsdurchsetzung mangelt, tritt Whistleblowing als Mittel zur effektiven Rechtsdurchsetzung auf. Infolgedessen kann es dem britischen Gericht gelungen sein, aufgrund einer Vielzahl an Betroffenen von Lohnmanipulation ein öffentliches Interesse an der Information zu begründen. Der Grund für die Annahme des öffentlichen Interesses an der Information ist wiederum nicht die Vielzahl der Betroffenen, sondern das womöglich aus dem individualistischen System herangewachsene Defizit an Rechtsdurchsetzung. Im Gegensatz dazu darf man für ein kollektivistisches System, wozu Deutschland gehört, folgendes schlussfolgern: Eine Vielzahl von Betroffenen begründet den Einsatz des Whistleblowings für die Wahrnehmung kollektiver Interessen im deutschen Recht nicht notwendig.

3. *Straftaten*

§ 2 Abs. 1 Nr. 1 und 2 HinSchG erfasst ein Fehlverhalten, wenn dies strafbar oder ordnungswidrig ist.[547] Die HinSch-RL enthält eine solche Vorgabe nicht. In dieser Hinsicht stellt sich die Frage, ob die Anzeige eines straf- oder bußgeldbewehrten Fehlverhaltens den Anzeigenden zu einem Whistleblower macht, mit anderen Worten, ob die strafrechtliche (oder öffentlich-rechtliche) Ausgestaltung einer Norm dafürspricht, dass die Durchsetzung dieser Norm eines Whistleblowings bedarf.[548]

Diese Frage kann man zwar aufgrund des Beschlusses des BVerfG von 2001 annehmen. Vor dem Erlass der HinSch-RL ging es beim Whistleblowing vornehmlich um einen Konflikt der Subjektivrechte zwischen Arbeitnehmer und Arbeitgeber, die Funktion des Whistleblowings als Instrument zur Rechtsdurchsetzung ist weitgehend versehen worden.[549] BVerfG hat dann im Zeugenaussagefall von 2001 entschieden, dass eine Zeugenaussage kein Grund zur Kündigung sein dürfe, weil es ein öffentliches Interesse an der Verfolgung von Straftaten gebe. Die weitere Rechtsprechung und die Literatur haben danach ein öffentliches Interesse (nur) dort begründet, wo es um eine Strafanzeige ging.[550] Ob das

---

547 Begründung zu Abs. 1 Nr. 1 und 2 HinSchG-E § 2, S. 56 f.

548 Dies stellt sich unabhängig von der Frage, ob es einem Hinweisgeberschutz für Ordnungswidrigkeiten im Bereich des Arbeitsschutzrechts bedarf. Diese Frage nach dem Bedarf zur Ausweitung des Hinweisgeberschutzes auf das nationale Arbeitsschutzrecht wurde bereits oben unter Kap. § 4, E, III, 1 erörtert; siehe eine auf eine öffentlich-rechtlich gestaltete Norm, namentlich auf § 17 ArbSchG, beschränkte Auseinandersetzung, S. 148 f., 167.

549 Kreis, S. 111 f.; Fischer-Lescano, in: Transnationales Recht 2014, S. 435 (447 f.).

550 OLG Frankfurt a. M. 8.5.2014 – 16 U 175/13, NZA-RR 2014, 437 (439).

BVerfG von der besonderen Funktion des Whistleblowings wusste und deshalb den zeugenaussagenden Arbeitnehmer geschützt hatte, ist hingegen fraglich. Die Begründung des Urteils spricht eher dafür, dass das BVerfG dabei lediglich das Anzeigerecht der Arbeitnehmer verfassungsrechtlich bestätigt hat, ohne dabei ein Whistleblowing-Recht zu etablieren. Beim Zeugenaussagefall, wie auch in anderen Fällen von Benachteiligung infolge einer Strafanzeige,[551] begründet nämlich das BVerfG die Unwirksamkeit der Kündigung des Arbeitnehmers mit dem Rechtsstaatsprinzip, wonach ein Staat darauf nicht verzichten dürfe, eine angezeigte Tat aufzuklären bzw. zu verfolgen.[552] Nach dieser Argumentation wäre es mit dem staatlichen Gewaltmonopol nicht vereinbar, wenn ein Arbeitnehmer infolge einer Zeugenaussage gegen einen Arbeitgeber in einem Strafverfahren Nachteile erleiden würde. Aus diesen Begründungen ergibt sich nicht zwingend, dass das BVerfG einen Whistleblower-Schutz herausgebildet hat.

Die Strafanzeige ist nur ein Rechtsdurchsetzungsmittel wie andere, z. B. zivilrechtliche Anspruchsrechte, welche auch zur Wahrung privater Interessen eingesetzt werden können. Das ausgewählte Mittel, um ein Interesse durchzusetzen, bestimmt nicht, welches Interesse durchzusetzen ist; das Interesse vielmehr bestimmt, welches Mittel einzusetzen ist. Welches Mittel zur Wahrnehmung eines Rechts bzw. Interesses einzusetzen ist, entscheidet der Gesetzgeber unter Berücksichtigung des Rangs des betroffenen Rechtsgutes, der Art des Interesses, dem Ausmaß und der Gefahr der Beeinträchtigung.[553] So z. B. gibt es für Private im Falle von Mord, Totschlag etc. eine Pflicht zur Anzeige gem. § 138 StGB, und zwar nicht ausschließlich gegenüber Behörden, sondern auch gegenüber dem von der Tat Bedrohten.[554] Dass es nicht um ein Recht geht, sondern um

---

551 BVerfGE 74, 257 (262 f.), aufgrund der aus dem Verbot der Privatgewalt und der Verstaatlichung der Rechtsdurchsetzung resultierenden Schutzpflicht des Staats verbietet das BVerfG die Benachteiligung einer Schülerin, die gegen einen Arzt wegen sexueller Belästigung eine Strafanzeige erstattet hatte, welche später ein Einstellen des Strafverfahrens zur Folge hatte.

552 Bei der Begründung des Urteils von 2001 weist das BVerfG gerade auf dieses Urteil (BVerfGE 74, 257) hin, wonach Verstöße eine Handhabung des Schadensersatzrechts, die den gutgläubigen Strafanzeigeerstatter mit dem Risiko des Schadensersatzes für den Fall belaste, dass seine Anzeige nicht zum Erweis des behaupteten Vorwurfs führe, gegen Art. 2 Abs. 1 GG in Verbindung mit dem Rechtsstaatsprinzip, siehe BVerfG 2.7.2001 – 1 BvR 2049/00, NJW 2001, 3474 (3475).

553 BVerfGE 49, 89 (142).

554 Ziel des § 138 StGB ist – anders als in der Arbeitsrechtsliteratur behauptet – nicht die Pflege der Strafrechtsordnung, sondern die Prävention verbrecherischer Erfolge, die

eine Pflicht, und zwar auch gegenüber dem Bedrohten, lässt sich damit erklären, dass die Gefahr nah und das betroffene Interesse vital ist. Nichts anderes gilt bei zivil- oder öffentlich-rechtlicher Ausgestaltung der Normen.[555] Es geht um die Sicherung der praktischen Durchsetzbarkeit eines Interesses. So etwa sind Arbeitsschutznormen öffentlich-rechtlich ausgestaltet, d. h. deren Durchsetzung ist nicht im Belieben der Privaten überlassen, sondern sie wird durch staatliche Mittel wie Aufsichtsbehörden überwacht.[556] Ansonsten wären Arbeitnehmer etwa in die Lage versetzt, ihr vitales Interesse wie Leben und Gesundheit um ihren Arbeitsplatz oder um Entgelt zu opfern, indem sie etwa Überstunden machen, schlechtere Löhne annehmen oder trotz der Sicherheitsdefizite am Arbeitsplatz weiterarbeiten.[557] Das Mittel ist also straf- oder öffentlich-rechtlich, das geschützte Interesse ist aber grds. privat.[558]

Damit wird nicht übersehen, dass es Straftaten gibt, die nur schwer als rein private Angelegenheiten einzustufen sind. Hierzu zählen Straftaten, die typischer Weise durch Whistleblower aufgedeckt werden, wie sexualisierte Gewalt an Kindern und Jugendlichen in Bildungsstätten wie Schulen, Kirchen und in Hilfsorganisationen oder in Kliniken[559] sowie Sextortion, eine Form

---

von besonders schweren Straftaten drohen, siehe Schönke/Schröder/*Sternberg-Lieben*, StGB § 138 Rn. 2; vgl. etwa Vitt, BB 2022, 1844 f.

555 Eine Norm bekommt ihren privatrechtlichen Charakter nicht unbedingt aus der zivilrechtlichen Gestaltung; so ist z. B. bei der Kündigung von Schwerbehinderten eine behördliche Zustimmung erforderlich. Es ist vielmehr entscheidend, dass das Gesetz aus Gründen der öffentlich-rechtlichen Fürsorge bei der Auflösung eines Arbeitsverhältnisses gegen den Willen eines Schwerbehinderten eine Mitwirkung einer Behörde für notwendig hält und sie anordnet. Die Beteiligung der Behörden an der Rechtsdurchsetzung, der Unterstützung der Normen mit Zwang oder Bestrafung des Arbeitgebers bzw. des Arbeitnehmers richten sich auf die Effektivierung des Schutzes besonders wichtiger Güter wie Leib, Leben und Sittlichkeit des Arbeitnehmers, BAG 30.4.1987 – 2 AZR 192/86, AP SchwbG § 12 Nr. 15.

556 Reinhardt, FS Hueck 1959, 439 (447 f.).

557 MHdB ArbR/*Fischinger*, § 3 Rn. 37; Maunz/Dürig/*Scholz*, GG Art. 9 Rn. 154.

558 Siehe die Gründe für die Einordnung der Verstöße gegen Arbeitsschutz als typischer Whistleblowing-Gegenstand, Kap. § 4, E, III, 1.

559 Reportage mit Neil Patrick Carrick, Whistleblower, der finanzielle und sexuelle Missbrauchsfälle in Kirchen aufgedeckt hat, https://beta.prx.org/stories/349301; Reportage mit Jane Turner, Whistleblowerin, die sexualisierte Gewalt an Kindern in ihrer Beschäftigung im Ausland enthüllt hat, https://beta.prx.org/stories/365598; Fälle aus Deutschland, siehe etwa Schültke, Deutschlandfunk v. 29.12.2019, https://www.deutschlandfunk.de/whistleblowing-ueber-sexualisierte-gewalt-ueberleben-und.1346.de.html?dram:article_id=466824; Fannrich-Lautenschläger, Deutschlandfunk

geschlechtsspezifischer Korruption, bei der Geschlechtsverkehr als Währung des Bestechungsgeldes eingesetzt wird und Menschen dazu gezwungen werden, im Austausch für grundlegende Dienstleistungen wie Bildung oder Gesundheitsversorgung sexuelle Handlungen vorzunehmen.[560]

4. *Nationale Sicherheit*

Schließlich lässt sich auf ein Sonderproblem des Whistleblowings eingehen, welches als hoch empfindlich bekannt ist.[561] Es geht um die Aufdeckung eines Missstandes im öffentlichen Interesse, deren Zulässigkeit man aufgrund der nationalen Sicherheit bezweifelt. Die HinSch-RL umfasst Sachverhalten nicht, die nationale Sicherheit der Mitgliedstaaten betrifft.[562] Der europäische Gesetzgeber nimmt allerdings die Sicherheitsinteressen der Staaten aus dem Anwendungsbereich der RL nicht mangels der Notwendigkeit zu der Verbesserung der Rechtsdurchsetzung in diesem Bereich aus, sondern aus dem Grunde, dass die nationale Sicherheit in die alleinige Verantwortlichkeit der einzelnen Mitgliedstaaten fällt. Falls sie sich für die Ausweitung des Anwendungsbereichs des Schutzes entscheiden, sollten sie diesbezüglich besondere Bestimmungen zum Schutz grundlegender Interessen der nationalen Sicherheit erlassen.[563] Der Ausschluss der Sachverhalte in Bezug auf nationale Sicherheit aus dem Anwendungsbereich der RL ist daher kein hinreichender Grund für einen Ausschluss dieser Sachverhalte aus dem Anwendungsbereich eines nationalen Whistleblower-Schutzgesetzes.[564] Der HinSchG schließt die Weitergabe von Informationen, die die nationale Sicherheit und wesentliche Sicherheitsinteressen betreffen, von dem Anwendungsbereich des Hinweisgeberschutzes aus, gem. § 5 Abs. 1 Nr. 1 und 2 HinSchG. Dazu gehören etwa Informationen über militärische Angelegenheiten der Bundeswehr wie über Auslandseinsätzen.[565] Sie betreffen

---

v. 27.1.2020, https://www.deutschlandfunk.de/zehn-jahre-nach-dem-canisius-kolleg-skandal-sexuelle-gewalt.724.de.html?dram:article_id=468911.

560 Percentage of people who experienced sextortion or know someone who has, Global corruption barometer European Union 2021, Deutschland nimmt mit 8 % den 11. Platz ein, S. 24, https://images.transparencycdn.org/images/TI_GCB_EU_2021_web.pdf.

561 Näher dazu Yurttagül, S. 32 ff.

562 Art. 3 Abs. 2 HinSch-RL.

563 Erwägungsgrund Nr. 24, S. 3 der HinSch-RL.

564 Siehe etwa die Begründung des HinSchG-RefE von 2020, S. 29 und die Begründung des HinSchG-RefE von 2022, S. 47.

565 Begründung zu Abs. 1 Nr. 1 HinSchG-E § 5, S. 68.

die nationale Sicherheit, weil demnach durch die Bekanntgabe der Informationen, die den Bestand oder Sicherheit der Bundesrepublik Deutschland oder der Länder oder die verfassungsmäßige Ordnung gefährden würde. Vom Hinweisgeberschutzgesetz erfasst ist ausnahmsweise die Aufdeckung von Missständen, die als Verschlusssachen mit geringstem Geheimhaltungsgrad „Nur für den Dienstgebrauch" eingestuft sind.[566] Gem. § 5 Abs. 2 Nr. 1 HinSchG ist der Schutz für eine Meldung oder Offenlegung ausgeschlossen, wenn ihr eine Geheimhaltungs- oder Vertraulichkeitspflicht zum materiellen oder organisatorischen Schutz von Verschlusssachen entgegensteht, es sei denn, es geht um eine interne Meldung von strafbewehrten Vorgängen, die als Verschlusssachen mit geringstem Geheimhaltungsgrad eingestuft sind. Der Gesetzgeber sieht ansonsten den Ausschluss der die nationale Sicherheit oder Sicherheitsinteressen betreffenden Informationen aus den Gründen des Staatswohls als gerechtfertigt an.[567]

Ein umfassender Schutz ist hingegen in diesem Bereich erforderlich.[568] Irrtümlich wäre die Erwartung, dass mit einem Ausschluss nationaler Sicherheit aus dem Anwendungsbereich eines nationalen Schutzgesetzes keine Whistleblowing-Aktivitäten in diesem Bereich ausgeübt werden. Ein Whistleblower würde trotz aller rechtlichen und persönlichen Konsequenzen einen staatlichen Missstand enthüllen, und seine Enthüllung würde geschützt nach anderen Rechtsgrundlagen wie nach Art. 10 EMRK, wenn er daran glaubt, dass er dadurch einen erheblichen Missstand wie Menschenrechtsverletzung im öffentlichen Interesse verhindern kann.[569] Der Whistleblower würde und dürfte sogar die Informationen unmittelbar in der Öffentlichkeit offenlegen, weil ihm

---

566 Begründung zu Abs. 2 Nr. 1 HinSchG-E § 5, S. 69.

567 Begründung zu Abs. 1 Nr. 1 HinSchG-E § 5, S. 68.

568 Positionspapier von Whistleblower Network und Reporters Ohne Grenzen, https://www.whistleblower-net.de/online-magazin/2020/10/23/ein-jahr-eu-whistleblowing-richtlinie-und-kein-fortschritt-sichtbar-positionspapier-von-whistleblower-netzwerk-und-reporter-ohne-grenzen/; für eine Ausweitung sprechen viele u.a. Lewis EJICLS 2020, 1 (19); Colneric/Gerdemann HSI-Schriftenreihe Band 34, S. 106; Hinweise auf lückenhafte Einbeziehung von Verschlusssachen gem. § 5 Abs. 2 Nr. 1 HinSchG-RegE, Brockhaus/Gerdemann/Tönnes, Verfassungsblog v. 8.8.2022, https://verfassungsblog.de/immer-noch-luckenhaft/.

569 EGMR 8.1.2013 – 40238/02, Bucur und Toma/Rumänien, erreichbar unter, https://hudoc.echr.coe.int/eng?i=002-7395; siehe die Anwendung von sog. public interest defence, namentlich Rechtfertigung des Whistleblowings im Falle von Offenlegung der Informationen, die aufgrund der nationalen Sicherheit geheim gehalten werden sollten, Boot, Law and Philosophy 2020, 1 (5 f.).

kein diskretes Meldeverfahren eingeräumt wird.[570] Falls neben Informationen, die auf Fehlverhalten des Staats hinweisen, auch Staatsgeheimnisse offengelegt werden, kann ein pauschaler bzw. weitgehender Ausschluss des Whistleblowing-Einsatzes im Bereich von nationaler Sicherheit dem Staat irreversible schaden.[571] Der Gesetzgeber sollte daher Whistleblowing in diesem Bereich Schutz gewähren und entsprechende Meldeverfahren vorsehen. Problematisch wäre zwar zu bestimmen, was unter der nationalen Sicherheit zu verstehen ist und welche Informationen somit von dem Anwendungsbereich des Hinweisgeberschutzgesetzes ausgeschlossen werden dürfen. Dabei könnten allerdings internationale Prinzipien über nationale Sicherheit und Recht zur Information – sog. Tshwane Principles –[572] behilflich sein,[573] und zwar bei Fragen, inwieweit die Informationsfreiheit aus Gründen der nationalen Sicherheit beschränkt werden darf,[574]

570 National security and European case law https://www.echr.coe.int/Documents/Research_report_national_security_ENG.pdf; vgl. „Festzustellen ist weiter, dass das deutsche Recht kein spezielles Verfahren kennt, mit dem die Untersuchung der Beschwerde eines Informanten und Abhilfemaßnahmen durchgesetzt werden können. Aus diesen Gründen kann unter den Umständen wie im vorliegenden Fall die Weitergabe von Informationen nach außen durch eine Strafanzeige gerechtfertigt sein.", EGMR 21.7.2011 - 28274/08, Heinisch/Deutschland, NZA 2011, 1269, Rn. 75, 76.

571 Siehe Schäden von Snowden's Enthüllungen für die Sicherheitsinteressen von USA, Stone/Bollinger, S. 65 f.; siehe weitere Whistleblowing-Fälle in diesem Bereich, Vaughn, S. 215 f.

572 Tshwane Prinzipien sind internationale Grundsätze, wonach zu bestimmen ist, welche Informationen Gründen der nationalen Sicherheit geheim gehalten werden dürfen. Die Grundsätze gehen auf internationales und nationales Recht, auf Praktiken sowie Abhandlungen von Experten zurück. Sie heißen Tshwane Prinzipien, weil sie infolge von 14 Treffen in Tshwane in Südafrika zustande kamen. Die Prinzipien sind durch Beiträge von zahlreichen Organisationen und wissenschaftlichen Zentren entstanden, und zwar sie sind mit mehr als 500 Experten aus mehr als 70 Staaten abgestimmt worden. Sie wurden schließlich am 12. Juni 2013 veröffentlicht. Die deutsche Übersetzung von Tshwane Prinzipien gehört dem Whistleblower-Netzwerk e.V. und abrufbar unter, https://www.justiceinitiative.org/uploads/0ae19fd0-920a-42c1-bbfa-a862f7ecbfbe/tshwane-german-20150209.pdf.

573 Darauf hinweisend ebenso Positionspaper by Transparency International 2019, S. 5, https://images.transparencycdn.org/images/2019_EU_whistleblowing_EN.pdf; The report of the Whistleblowing Commission on the effectiveness of existing arrangements for workplace whistleblowing in the UK, PCAW 2013, Rn. 92, https://www.tuc.org.uk/sites/default/files/Whistleblowing%20Commission%20Report%20Final.pdf; ebenso hinweisend Yurttagül, S. 39 f.

574 Prinzip 3: „Eine Einschränkung des Rechts auf Informationsfreiheit aus Gründen der nationalen Sicherheit darf nur dann vorgenommen werden, wenn der Staat

nationale Sicherheitsinteressen eines Staates betreffen würden[575] sowie an welche Art von Informationen die Allgemeinheit überwiegendes Interesse zu wissen haben würden.[576]

F. Zwischenergebnis

Das Whistleblowing geht über Angelegenheiten der Europäischen Union hinaus; es geht im Allgemeinen um eine Courage zur Behebung eines Missstandes im öffentlichen Interesse. Der nationale Gesetzgeber trägt die Verantwortung dafür, dass alle Rechtsverstöße und sonstige Missstände von einem Hinweisgeberschutzgesetz erfasst sind, deren Aufdeckung im öffentlichen Interesse liegt, weil dadurch Defizite in Bezug auf eine effektive, wirksame Durchsetzung des geltenden Rechts behoben werden. Auf diese Weise bereitet er die Grundlage dafür vor, dass Informationen von öffentlichem Interesse geschützt werden, missbräuchliche Hinweise hingegen aus dem Schutz ausgeschlossen bleiben. Dabei ist die Art des Missstandes nicht entscheidend; es kann ein Rechtsverstoß (zivil-, öffentlich-rechtlich- oder strafrechtlicher Art) sein, aber auch ein legales Fehlverhalten. Ebenso wenig kommt es darauf an, ob es um ein Interesse geht, welches über die Ausübung einer Pflicht oder eines Rechts zur Anzeige wahrgenommen wird. Bei der Gestaltung des sachlichen Anwendungsbereichs des deutschen Hinweisgeberschutzes erscheint es allerdings notwendig, dass rein private, interpersonale Konflikte nicht einbezogen werden. Auf diese Weise würden neben dem öffentlichen Interesse an der effektiven Rechtdurchsetzung auch entgegengesetzte Interessen wie die der Arbeitgeber angemessen Rechnung getragen. Sofern der Gesetzgeber einen klaren und umfassenden Rahmen

---

nachweisen kann, dass: (1) die Beschränkung (a) gesetzlich bestimmt ist und (b) in einer demokratischen Gesellschaft notwendig ist (c) zum Schutz eines legitimen Interesses der nationalen Sicherheit, und (2) das Gesetz angemessene Schutzvorkehrungen gegen Missbrauch beinhaltet, einschließlich einer umgehenden, umfassenden, zugänglichen und wirksamen Kontrolle der Gültigkeit der Beschränkung durch eine unabhängige Aufsichtsbehörde sowie einer vollständigen Überprüfung durch die Gerichte", abrufbar unter https://www.justiceinitiative.org/uploads/0ae19fd0-920a-42c1-bbfa-a862f7ecbfbe/tshwane-german-20150209.pdf.

575 Die betrifft die Regeln für die Einstufung der Informationen als geheim (classification) und für die Aufhebung dieser Einstufung (declassification), Prinzipien 11 ff.

576 Siehe Prinzip 10, betrifft Informationen, an denen es nach ihrer Natur ein überwiegendes öffentliches Interesse an der Offenlegung gibt, wie Verletzung der internationalen Menschenrechte und des humanitären Völkerrechts und daher keinesfalls eine Geheimhaltung aus Gründen der nationalen Sicherheit gerechtfertigt werden darf.

eines Whistleblower-Schutzes bestimmt, und zwar ohne die Einbeziehung rein privater Angelegenheiten in den Rahmen des Schutzes, kann man Whistleblowing in der Praxis sowohl rechtssicher für alle beteiligten Interessen als auch zweckmäßig zur Wahrung des öffentlichen Interesses einsetzen. Damit das Whistleblower-Schutzgesetz auch zukunftsorientiert bleibt, empfiehlt es sich schließlich, dass der Gesetzgeber regelmäßig prüft, ob neue Erkenntnisse erfordern, den Anwendungsbereich des Whistleblowing-Schutzes auf weitere Sachverhalte auszuweiten.

§ 5. Der gute Glaube im Vorfeld einer Aufdeckung

Gem. Art. 6 HinSch-RL bzw. § 33 HinSchG haben Hinweisgeber Anspruch auf Schutz, wenn sie hinreichenden Grund zu der Annahme hatten, dass die Information über einen (Rechts-) Verstoß zum Zeitpunkt des Hinweises wahr war und dass diese in den Anwendungsbereich der RL bzw. HinSchG gem. Art. 2 HinSch-RL bzw. § 2 HinSchG fällt. Daraus ergibt sich eine Anforderung zulasten der Hinweisgeber; sie müssen Verstoß-Informationen auf ihre Wahrheits- und Rechtmäßigkeit überprüfen. An dieser Stelle stellt sich die Frage, wie hoch diese Anforderung sein soll. Zum Wohle einer effektiven Rechtsdurchsetzung, zu welcher Whistleblower-Hinweise beitragen sollen,[577] ist es zu vermeiden, dass potenzielle Hinweisgeber so hohe Anforderungen erfüllen müssten, dass sie auf eine Anzeige von Rechtsverstößen verzichten würden. Ebenso sollten Betroffene, die in Verstoß-Hinweisen beschuldigt werden, nicht falsch verleumdet werden. Zu stellen ist somit eine Anforderung, welche Hinweisgeber weder abschreckt noch sie zu wissentlich falschen bzw. rechtlich irrelevanten Hinweisen anreizt. Die deutsche Rechtsprechung und Arbeitsrechtsliteratur haben vor dem Erlass der HinSch-RL einige Maßstäbe geäußert, damit die Anforderung diese Kriterien erfüllt. Unter Berücksichtigung der Anforderungen aus der RL bedarf es allerdings einer erneuten Auseinandersetzung mit einschlägigem Fragen. Mit einer solchen befasst sich dieses Kapitel. Dazu werden teils auch fremde Rechte herangezogen, zum einen das türkische Recht, um das kulturabhängige Moralverständnis von einem „Missstand" zu veranschaulichen, zum anderen das britische Whistleblowing-Recht, welches wertvolle Erfahrungswerte zu den Sorgfaltsanforderungen in Bezug auf Whistleblower-Hinweise bietet. Zuerst einmal ist darzustellen, über welche Merkmale ein Zustand verfügen müsste, damit ein potenzieller Whistleblower den Zustand als Missstand wahrnehmen würde (A). Danach wird auf rechtliche Fragen eingegangen. Nach einem kurzen Blick auf verfassungsrechtliche Grundsätze zu den Anforderungen an einen sachlich und rechtlich berechtigten Hinweis (B) soll die arbeitsrechtliche Auseinandersetzung mit der einschlägigen Frage (C und D) stattfinden.

577 Art. 1 HinSch-RL.

A. Wahrnehmung eines Missstandes

Dem Glauben eines Hinweisgebers, dass es einen Missstand gibt, liegt eine Bewertung zugrunde, die mit Hilfe von ihm bekannter Wertordnungen wie Rechtsordnung und Berufsethik erfolgt (I) und die auf den bestimmten konkreten Anhaltspunkten beruht (II). Hier geht es zuerst darum, diese Bewertung und ihre Quellen darzustellen.

I. Wertordnungen

Als Missstand gilt eine Abweichung des Seins vom Sollen.[578] Ein potenzieller Whistleblower nimmt je nach der ihm bekannten Ordnung wie Gesetzen, Ethik- oder Verhaltenskodizes des Unternehmens und einem Moralverständnis einen Zustand als Missstand wahr, wenn dieser gegen eine einschlägige Ordnung verstößt.[579]

1. Rechtsordnung und Berufsethik oder Verhaltenskodexe

Als Rechtsverstoß wahrzunehmen sind Verhaltensweisen, die gegen eine einschlägige Rechtsordnung verstoßen, wie Verstöße gegen Arbeitsschutzgesetze, Sozialversicherungs-, Steuer- und Umweltschutzrecht etc.[580] Als unethisch lässt sich ein Verhalten weiterhin nach beruflichen Standards wie Berufsethikregeln bewerten, die sich an bestimmte berufliche Gruppen wie Ärzte richten und darlegen, welches Verhalten der Berufsethik entgegensteht.[581] Anhand der beruflichen Standards kann ein Fachmann somit einschätzen, ob eine betriebliche Praxis einen Missstand darstellt.[582] Eine Produktion mit niedriger oder schädlicher Qualität, die missbräuchliche Verwendung von Geldern für unnötige Bauarbeiten usw. sind Beispiele für Missstände, die von Fachkräften als solche zu erkennen sind.[583] Auch bei Verhaltens- und Ethikkodizes handelt es sich um Wertordnungen, die bestimmte Verhaltensweisen in Unternehmen wie Bestechung, Belästigung, Mobbing etc. untersagen.[584]

---

578 Strack, in: Transparenz contra Geheimhaltung 2015, S. 105 (108).

579 Weibler/Feldmann, WiSt 2008, 505.

580 Beispiele zu Rechtsverstößen als Gegenstand eines Whistleblowings, siehe Schulz, S. 44.

581 Wendeling-Schröder, AiB 1991, 529 (531).

582 Schmitt, S. 4 f.; Wendeling-Schröder, AiB 1991, 529 (533 f.).

583 Alp, S. 4.

584 Briegel, S. 113.

2. *Moral*

Wertordnungen, die sich an einer Moral, tr. „Ahlak", orientieren, können jedoch problematisch sein. Unter Moral zu verstehen ist die Gesamtheit ethisch-sittlicher Normen bzw. Werte, die das zwischenmenschliche Verhalten einer Gesellschaft regulieren.[585] So wird z. B. aufgrund der familienorientierten Kultur der Türkei in diesem Land ein Verhalten als unmoralisch empfunden, welches Menschen, vor allem jüngere, zur Transsexualität antreiben soll.[586] Stellt ein Moralverständnis auf subjektive, kulturabhängige Bewertungen ab, besteht z. B. die Gefahr, dass ein Mitarbeiter die sexuelle Orientierung seines Kollegen als unmoralisch betrachtet und sie zum Gegenstand seines Beschwerderechts macht.[587] Einem Beschäftigten darf es nicht ermöglicht werden, durch seine Beschwerden eine moralische Erziehung der Kollegen oder des Arbeitgebers anzustreben. Aus diesem Grund muss ein Maßstab festgelegt werden, anhand dessen ein potenzieller Hinweisgeber einen Zustand als unmoralisch bewerten kann. Dieser könnte etwa auf die Wertvorstellungen der Gesellschaft abstellen.[588] Übersehen werden dabei aber die moralischen Vorstellungen des potenziellen Hinweisgebers, wenn er z. B. nicht in der einschlägigen Gesellschaft geboren wurde und ihm die gesellschaftliche Moralanschauung fremd ist. Ein Abstellen auf moralische Wertungen des potenziellen Hinweisgebers wäre ebenso unangemessen, weil ihn dies zum Wächter über die Moral der anderen machen würde.[589]

Weil es beim Whistleblowing um die Aufdeckung betrieblicher Missstände geht, könnte auf eine Arbeitsmoral abgestellt werden, welche über die

585 Aktan, Hukuk ve İktisat Araştırmaları Dergisi 2009, 38 (56).

586 Y7HD 29.5.2008, K. 2008/5196, E. 2008/4109, der Kassationshof hat die Gründung eines Vereins, welcher zur Unterstützung der Wahrnehmung der Rechte von LGBTs gegründet ist, aus dem Grund her gem. § 56 Abs. 2 TMK (türkisches Zivilgesetzbuch) für unzulässig erklärt, dass der Verein zur Wahrung der unmoralischen Zwecke gegründet worden sei. Es ist gem. § 56 Abs. 2 TMK unzulässig, einen Verein mit einem rechtswidrigen oder unmoralischen Zweck zu gründen. Die sexuelle Orientierung ist zwar geschützt, aber die Mobilisierung bzw. Förderung der Reste der Gesellschaft zur Transsexualität o. Ä. ist als unmoralisch anzusehen. Dem Wortlaut des Urteils nach versteht man unter einer sexuellen Orientierung etwas von Geburt hergekommen oder aus der Erziehungsweise des Kindes entstanden ist.

587 Schulz, S. 65; Maus, S. 49.

588 Wendeling-Schröder, S. 142; BeckOK GeschGehG/*Hieramente*, § 5 Rn. 26.3.

589 Berndt/Hoppler, BB 2005, 2623 (2624).

Moralanschauung einer bestimmten Gesellschaft hinaus als global anzusehen wäre.[590] Die Arbeitsmoral – tr. „iş ahlakı“ – wird in der türkischen Betriebswirtschaftslehre als eine Konformität mit Regeln oder bestimmten Standards definiert, die die Mitglieder einer Arbeitsorganisation bei Produktion, Verkauf etc. einhalten sollen.[591] Hierzu zählt etwa die Rücksichtnahme auf Menschenrechte sowie Verbraucher-, Umwelt- und weitere Sozial- und Arbeitnehmerbelange.[592] Die Verinnerlichung eines gewünschten Moralverständnisses würde Unternehmen, die aufgrund des Wettbewerbsdrucks unmoralische Praktiken ausüben, davon abhalten, etwa ein Produkt, dessen Verkauf wegen Gesundheitsgefahr verboten oder eingeschränkt ist, in einem anderen Land zu verkaufen, in dem es darüber an einer gesetzlichen Bestimmung fehlt.[593] Dieses Moralverständnis setzt sich unabhängig von Kultur, Land, Religion o. Ä. durch; konkret dürfte es z. B. als unmoralisch gelten, wenn ein Unternehmen muslimische Verbraucher über den islamischen Regeln entsprechend produzierte Produkte täuscht, auch wenn dies im örtlichen Recht nicht problematisch ist. Ebenso wäre es unmoralisch, dass eine andere (Religions-) Gruppe getäuscht würde. Weitere vergleichbare Fälle von Vertrauensmissbrauch der Allgemeinheit sind denkbar. Der Anhaltspunkt für unmoralisches Verhalten kann also der Missbrauch des Vertrauens sein.[594] Es fehlt den Verbrauchern an Wissen über den Missstand und sie sind darauf angewiesen, dem Unternehmen zu vertrauen. Das Unternehmen hingegen nutzt diese Unkenntnis aus.

II. Konkrete Tatsachen als Anhaltspunkte

Die Wahrnehmung eines Zustandes als Missstand stellt im Grunde eine subjektive Auffassung eines potenziellen Hinweisgebers dar. Diese subjektive Auffassung muss auf konkreten Tatsachen beruhen. So wären etwa Unregelmäßigkeiten bei Rechnungen, verschwundene Dokumente, fehlende Quittungen

590 Vgl. etwa mit sog. Hypernorms, Warren, Academy of Management Review 2003, 622 (628).

591 Aktan, Hukuk ve İktisat Araştırmaları Dergisi 2009, 38 (56); Keser/Zengingönül, Kamu Is Dergisi 1994, 81 (86 ff.).

592 So wie es sich das LkSG zum Ziel gesetzt hatte, siehe Kap. § 3, C, I.

593 Keser/Zengingönül, Kamu Is Dergisi 1994, 81 (86); Deiseroth, ZRP 2007, 25 (27).

594 Auch der typischen Gegenstände der bisherigen Whistleblowing-Fällen wie Korruption, Bilanzfälschung, etc. ist es gemeinsam, dass das Vertrauen Dritter oder der Allgemeinheit, die von Fehlstand nicht ahnen würden, gebrochen wird, siehe weitere Beispiele oben unter Kap. § 4, E, I, 2.

o. Ä. als Tatsachen denkbar, aus denen Bedenken erwachsen würden, dass am Arbeitsplatz ein Missstand vorliegt.[595]

„Konkrete Anhaltspunkte" ist kein neuer Begriff im juristischen Kreis. Im Zusammenhang mit dem arbeitsschutzrechtlichen Beschwerderecht aus § 17 Abs. 2 ArbSchG gelten konkrete Anhaltspunkte als Tatsachen, die nach Wahrnehmung eines Arbeitnehmers den Verdacht begründen, dass beim Arbeits- und Gesundheitsschutz Mängel bestehen, weil sein Arbeitgeber seine Pflichten nicht hinreichend erfüllt hat.[596] Bei dieser Wahrnehmung geht es nicht um bloße Behauptungen, sondern der Arbeitnehmer gelangt zu der Auffassung durch objektive Anhaltspunkte, auf die sich auch ein verständiger, objektiver Dritten beruhen dürfte.[597] In diesem Zusammenhang stellen etwa ungewöhnliche Gerüche, ungewöhnlich laute Geräusche oder Unregelmäßigkeiten nach dem Einsatz neuer Arbeitsmittel oder einer neuen Technologie Indizien dar, durch die ein Beschäftigter vermuten könnte, es gäbe einen Mangel bei der Durchsetzung der Arbeits- und Gesundheitsschutznormen.[598] Ebenso würde eine Pflegekraft einen Qualitätsmangel in einer Klinik wahrnehmen, wenn sie beobachten würde, dass sich neu eingestellte Auszubildende mit der Station nicht hinreichend auskennen und sie verstehen konkrete Beschwerden der Patienten nicht.[599]

Nicht nur Verstöße, die bereits begangen wurden, sondern auch die Verstöße, die sehr wahrscheinlich erfolgen – sog. eng. „wrongdoings likely to occur" – müssen auf konkrete Anhaltspunkte beruhen.[600] Der Begriff „likely" weist auf das Vorliegen einer so hohen Wahrscheinlichkeit von künftigem Missstand hin, dass diese nicht mehr ignoriert werden darf.[601] Nach Art. 5 Nr. 2 der RL kann eine Meldung bzw. Offenlegung Informationen, einschließlich begründeter Verdachtsmomente, in Bezug auf tatsächliche oder potenzielle Verstöße, die bereits begangen wurden oder sehr wahrscheinlich erfolgen werden, zum Gegenstand haben. Die Einbeziehung der Aufdeckungen von künftigen Verstößen zeigt, dass das Ziel des Whistleblowings sowie dessen Schutz nicht nur die Sanktionierung der Verstoß-Verantwortlichen ist, sondern die Prävention des Eintretens der

---

595 Vgl. LG Nürnberg-Fürth 3.3.2021 – 12 KLs 504 Js 1658/18, NZWiSt 2021, 268.

596 Kollmer/Klindt/Schucht/*Schucht*, ArbSchG § 17 Rn. 41, 42.

597 Kollmer/Klindt/Schucht/*Schucht*, ArbSchG § 17 Rn. 41, 43; Kohte/Faber/Feldhoff/*Feldhoff/Schulze-Doll*, ArbSchG § 17 Rn. 26.

598 Kollmer/Klindt/Schucht/*Schucht*, ArbSchG § 17 Rn. 42.

599 LAG Niedersachsen 12.9.2018 – 14 Sa 140/18, BeckRS 2018, 25518.

600 Siehe die englische Fassung der HinSch-RL, Art. 5 Nr. 2, abrufbar unter, https://eur-lex.europa.eu/legal-content/en/TXT/?uri=CELEX%3A32019L1937.

601 Lewis/Bowers/Fodder/Mitchell, para. 4. 185 f.; Groneberg S. 117.

Verstöße. Zur Verfolgung von Verstößen sollen auch Personen geschützt werden, die Informationen weitergeben, die zur Aufdeckung von u.a. Verstößen, die zwar noch nicht eingetreten sind, aber mit deren Eintreten mit hoher Wahrscheinlichkeit zu rechnen ist.[602] Bloßer Verdacht auf einen Missstand ist nicht ausreichend, es muss hinreichende Anhaltspunkte geben, um von einem sehr wahrscheinlichen Eintreten des Missstandes auszugehen. Dies wäre der Fall, dass ein potenzieller Hinweisgeber eine Kartellabsprache verdächtigt, weil sich sein Arbeitgeber auf ein Treffen mit seinen Konkurrenten vorbereitet, wohin er auch die Akten mitnehmen will, die vertrauliche Informationen z. B. über die Preisbestimmung beinhalten. Dies und ähnliche Umstände lassen sich im Einzelfall einem potenziellen Hinweisgeber das Eintreten eines Verstoßes so wahrscheinlich erachten, dass er dies nicht mehr hinwegsehen kann. Ob es hinreichenden Grund für die Annahme, das Eintreten eines Verstoßes sei hoch wahrscheinlich, lässt sich anhand Besonderheiten des Einzelfalls beurteilen, in der u.a. personenbezogene Merkmale wie Fachwissen des Hinweisgebers zu berücksichtigen sind.[603]

Als konkrete Anhaltspunkte darf man jedenfalls nicht Gerüchte aufgreifen.[604] So z. B. für die Wahrnehmung eines Verstoß-Verdachts wäre nicht ausreichend, dass ein Arzt in einem Gespräch von Kollegen mitbekommt, dass der Anzahl von gestorbenen Patienten im Krankenhaus auffälliger Weise zugestiegen ist,[605] oder ein Angestellte ähnlicher Weise erfährt, dass der Vorgesetzte mit dem öffentlichen Geldern angeblich rechtswidrig umgehe.[606] Man muss seinen Verdacht durch – wie oben exemplifizierte – konkrete Anhaltspunkte unterstützen, bloße Gerüchte sind nicht solche.[607]

602 Erwägungsgrund Nr. 43 der HinSch-RL.

603 Lewis/Bowers/Fodder/Mitchell, para. 4. 185 f.

604 Erwägungsgrund Nr. 43, S. 3 der HinSch-RL.

605 In Veranstaltung des Whistleblower-Netzwerk e.V. v. 10.3.2021, https://www.whistleblower-net.de/termine/gawlik-gegen-liechtenstein-bedeutung-des-egmr-urteils-fuer-den-deutschen-whistleblowerschutz/, erzählte Dr. Gawlik den Ablauf seines Whistleblowings. Demnach soll der Anlass für seinen Verdacht über aktive Sterbehilfe im Krankenhaus folgende Frage einer Spitalärztin an ihn geworden sein: *„Ist Dir eigentlich schon aufgefallen wie viel Patienten in letzter Zeit bei uns gestorben sind?“*, EGMR 16.2.2021 – 23922/19, Gawlik/Liechtenstein, BeckRS 2021, 1820, Rn. 10.

606 EGMR 21.6.2016 – 79972/12, Soares/Portugal, https://hudoc.echr.coe.int/fre?i=001-163822, Rn. 7.

607 EGMR 21.6.2016 – 79972/12, Soares/Portugal, https://hudoc.echr.coe.int/fre?i=001-163822, Rn. 46.

B. Allgemeine verfassungsrechtliche Grundsätze

I. Zur Anforderung an einen sachlich berechtigten Hinweis

Der Hinweis auf betriebliche Missstände ist im Rahmen der Ausübung der Meinungsfreiheit i. S. d. Art. 5 Abs. 1 GG verfassungsrechtlich geschützt, sofern es beim Hinweis nicht um böswillige Diffamierungen oder bewusst unwahre Tatsachenbehauptungen geht.[608] Das BVerfG machte 2001 im Zeugenaussagefall deutlich, dass die Aussagen eines Arbeitnehmers in einem Strafverfahren gegenüber seinem Arbeitgeber nach Art. 2 Abs. 1 i. V. m. Art. 20 Abs. 3 GG geschützt sind, es sei denn, der Arbeitnehmer macht wissentlich falsche Angaben.[609] Der Schutz eines Hinweisgebers bleibt demnach bestehen, wenn sich die Information über einen Missstand im Nachhinein als falsch erwiesen hat.[610] Für den Schutz des Hinweisgebers ist entscheidend, dass er zum Zeitpunkt der Informationsweitergabe von der Wahrheitsmäßigkeit der Information ausgehen durfte.[611] Diese geringe Anforderung an die sachliche Berechtigung einer Anzeige wird mit einem aus dem Rechtsstaatsprinzip entwickelten Verbot von Privatgewalt begründet.[612] Das Verbot der Privatgewalt ergibt die Pflicht des Staates, die Sicherheit der Bürger sowie die Beachtung ihrer Rechte zu gewährleisten.[613] Die Anzeige eines Missstandes stellt demzufolge einen Anreiz für die zuständige Stelle dar, welche das staatliche Gewaltmonopol ausübt, den gemeldeten Missstand aufzuklären. Damit wäre es unvereinbar, wenn ein Bürger im guten Glauben eine Strafanzeige erstattet und Nachteile erleidet, wenn sich seine Behauptungen infolge staatlicher Ermittlungen als falsch erweisen.[614] Der Einzelne als Privatperson darf und kann folglich nicht wie ein Staatsanwalt nach der Wahrheit suchen. Zu vermeiden ist eine Anforderung, die die Bereitschaft zum Gebrauch des Rechts auf Meinungsäußerung herabsetzt und den freien Kommunikationsprozess, den Art. 5 Abs. 1 GG im Sinn hat, einschnürt.[615] Ob eine Information wahr ist oder nicht, stellt sich erst im Prozess einer Kommunikation heraus, sodass bereits dieser Kommunikationsprozess verkümmern

---

608 Dürig/Herzog/Scholz/*Grabenwarter*, GG Art. 5 Abs. 1, Abs. 2 Rn. 47 ff.

609 BVerfG 2.7.2001 - 1 BvR 2049/00, NJW 2001, 3474 (3475).

610 BVerfG 25.6.2009 - 1 BvR 134/03, NJW-RR 2010, 470, Rn. 62.

611 Redder, S. 79 f.

612 BVerfG 2.7.2001 - 1 BvR 2049/00, NJW 2001, 3474 (3475).

613 BVerfGE 74, 257 (262).

614 BVerfGE 74, 257 (263).

615 BVerfGE 99, 185 (198).

würde, wenn ausschließlich zweifellos wahre Tatsachenbehauptungen geschützt würden.[616] Eine hohe Sorgfaltsanforderung würde sonst dazu führen, dass auch Aussagen über zutreffende Mitteilungen oder über einen berechtigten Verstoß-Verdacht aus Angst vor einem Ausschluss der Schutzwürdigkeit unterlassen werden – sog. „chilling effect" in dem amerikanischen Terminus[617] oder „einschüchternde Wirkung" in der Terminologie des BVerfG.[618]

Bei einer Abwägung der betroffenen Interessen, die durch eine Meinungsäußerung beeinträchtigt sind, gilt ferner eine Vermutung für die Freiheit der Rede, wenn es um die Auseinandersetzung mit einer die Allgemeinheit wesentlich berührenden Frage geht.[619] Aus diesem Grund sollte sich etwa ein Zweifel über die Wahrheitsmäßigkeit eines Hinweises nicht zum Nachteil des Hinweisgebers auswirken, wenn der Hinweis einen Missstand wie eine schwerwiegende Gefährdung oder Bedrohung eines höherrangigen Rechtsgutes zum Gegenstand hat.[620] Hiermit wird allerdings der Meinungsfreiheit kein absoluter Vorrang eingeräumt.[621] Zu berücksichtigen sind auch Interessen der Betroffenen, die wegen der Anzeige irreversibel verletzt werden können – und zwar auch, wenn sich die Anzeige später als falsch herausstellt.[622] Ein solches Risiko ist demnach umso höher, als die Information einer breiteren Öffentlichkeit bekannt ist – es käme zu einer Rufschädigung. Je schwerwiegender eine Äußerung die Rechte eines anderen beeinträchtigt, desto höher sind die Sorgfaltsanforderungen an die sich Äußernden.[623] Im Falle einer öffentlichen Bekanntgabe einer Information ist daher eine höhere Anforderung an die Wahrheitsmäßigkeit der Information zu stellen als bei einer betriebsinternen Meldung eines angeblichen Fehlverhaltens der Betroffenen.[624] Dabei wird auf eine grobe Fahrlässigkeit abgestellt; der Hinweisgeber sollte demnach eine im Verkehr erforderliche Sorgfalt erbringen, um die Wahrheitsmäßigkeit einer Information zu prüfen.[625] Nicht zu erwarten ist

616 BVerfGE 97, 125 (149 f.).
617 Grimm, NJW 1995, 1697 (1704).
618 BVerfGE 43, 130 (136).
619 BVerfGE 7, 198 (212).
620 Redder, S. 245.
621 Grimm, NJW 1995, 1697 (1703).
622 Redder, S. 245.
623 BVerfG 25.6.2009 – 1 BvR 134/03, NJW-RR 2010, 470, Rn. 62.
624 Redder, S. 245.
625 Redder, S. 245; Leuchten, ZRP 2012, 142 (144), empfiehlt allerdings eine „holzschnittartige" Umschreibung des Begriffs „leichtfertig" als besonders grobe Außerachtlassung der im Verkehr erforderlichen Sorgfalt.

eine intensive Tatsachenüberprüfung, wie staatliche Stellen sie vornehmen würden. Es sollte bei der groben Fahrlässigkeit um ein nicht mehr entschuldbares Fehlverhalten gehen, welches über ein gewöhnliches Maß hinausgeht.[626]

II. Zur Anforderung an einen rechtlich berechtigten Hinweis

Die Frage nach der Anforderung an einen rechtlich berechtigten Hinweis lässt sich in zwei Gruppen aufgeteilt bearbeiten: Es geht zum einen um die Prüfung, ob der Hinweis einen Rechtsverstoß zum Gegenstand hat, und zum anderen um die Prüfung, ob dieser Verstoß einen rechtlichen Umfang hat, welcher in Art. 2 RL bzw. § 2 HinSchG bestimmt wurde. Gem. Art. 6 HinSch-RL bzw. § 33 HinSchG genießt nämlich nur die Aufdeckung einer bestimmten Art von Verstößen Schutz, und zwar diejenige, die in den sachlichen Anwendungsbereich des Schutzes gem. Art. 2 RL bzw. § 2 HinSchG fallen. In Bezug auf die Pflicht zur Überprüfung dieses Rahmens einer Information i. S. d. Art. 2 RL bzw. § 2 HinSchG finden sich zum gegenwärtigen Zeitpunkt keine verfassungsrechtlichen Ansätze. Ebenso gibt es aber auch kaum Angaben zu der Frage, inwieweit ein Hinweisgeber prüfen sollte, ob es sich beim Missstand überhaupt um einen Rechtsverstoß handelt. Hierzu findet sich lediglich der Ansatz, der in Bezug auf Straftaten und im Hinblick auf die sachliche Berechtigung von Anzeigen gebildet wurde, und zwar, dass die Einholung eines Rechtsrats gegen die Leichtfertigkeit der Strafanzeige sprechen sollte.[627]

Unter Betrachtung von verfassungsrechtlich geringen Anforderungen an die Wahrheitsmäßigkeit eines Hinweises lässt sich zumindest vermuten, dass an die Prüfung der Rechtswidrigkeit eines Fehlverhaltens sowie dessen rechtlichen Rahmen geringere Anforderungen zu stellen sind als an die sachliche Berechtigung der Hinweise.[628] Für einen juristischen Laien wie einen Whistleblower wäre nämlich kaum einschätzbar, wann ein Verhalten rechtswidrig ist.[629] Er würde und dürfte sich weiterhin über die Art des Rechtsverstoßes irren, namentlich darüber, ob das vermeintliche Fehlverhalten eine Straftat oder lediglich ein Bagatelldelikt oder einen zivilrechtlichen, vertraglichen Verstoß darstellt. Demgemäß ist vom Hinweisgeber kaum zu erwarten, dass er mit hinreichender Sicherheit feststellt, dass der gemeldete Missstand einen Rechtsverstoß darstellt, der vom Art. 2 RL bzw. § 2 HinSchG erfasst wird. Zuverlässige Ansätze

---

626 BGH 1.7.2007 - XII ZR 197/07, NJW 2007, 2988 (2989), Rn. 15.

627 Redder, S. 245.

628 A.A. Kreis, S. 177.

629 von Pelchrzim, CCZ 2009, 25 (26).

zur Anforderung an die rechtliche Berechtigung eines Hinweises lassen sich erst infolge einer Auseinandersetzung bilden, die im Rahmen eines Whistleblower-Schutzgesetzes – RL bzw. HinSchG – durchgeführt wird.[630]

C. Annahme eines wahren Hinweises

I. Relevanz einer wahren Information

Es gibt kein Rechtsdurchsetzungsinteresse an einem falschen Hinweis. Wissentlich oder vorsätzlich falsche Meldungen, unbegründete Spekulationen oder Gerüchte sind nicht geschützt.[631] Sie rechtfertigen demzufolge die Benachteiligung des Hinweisgebers wie etwa eine Kündigung gem. § 626 BGB wegen einer Verletzung der vertraglichen Pflicht zur Loyalität gegenüber dem Arbeitgeber i. S. d. § 241 Abs. 2 BGB oder eine Strafverfolgung wegen einer falschen Verleumdung gem. § 164 StGB.[632]

Der Whistleblower genießt den Schutz nach Maßgaben der RL bzw. HinSchG, sofern er gutgläubig eine wahre Information gab bzw. wenn er zum Zeitpunkt der Aufdeckung hinreichenden Grund zu der Annahme hatte, dass die Information wahr ist.[633] Maßgeblich ist eine objektive Ex-ante-Sicht des Whistleblowers; der Schutz fällt demnach nicht aus, wenn sich später herausstellt, dass die Information tatsächlich falsch ist.[634] Auf diese Weise wird es verhindert, dass dem Hinweisgeber Schutz aufgrund von nachträglichen Erkenntnissen versagt wird, welche die Vernünftigkeit der Annahme, es liege eine wahre Information, ablehnen.[635] Ebenso kommt es beim guten Glauben auch nicht darauf an, ob der Hinweis zu einer strafrechtlichen Ermittlung geführt hat oder ein eingeleitetes Strafverfahren eingestellt wurde.[636] Da der Schutz jedoch bei einem wissentlich unwahren oder leichtfertig gegebenen falschen Hinweis ausfällt, ist es für eine effektive Rechtsdurchsetzung von Bedeutung, einen gutgläubigen Hinweisgeber von einem wissentlich falsch Aussagenden zu unterscheiden. Falls ein potenzieller Hinweisgeber befürchten müsste, dass er etwa infolge von sich als

---

630 Unter Kap. § 5, D.

631 Vgl. Art. 23 Abs. 2 HinSch-RL und Erwägungsgründe Nr. 101, 102 der HinSch-RL.

632 Forst, NJW 2011, 3477 (3481); Simon/Schilling, BB 2011, 2421 (2423); Becker, S. 89.

633 Art. 6 Abs. 1 HinSch-RL bzw. § 33 Abs. 1 Nr. 2 HinSchG.

634 Erwägungsgrund Nr. 32 der HinSch-RL; Begründung zu Abs. 1 Nr. 2 HinSchG-E § 33, S. 92.

635 Vgl. Düsel, S. 348.

636 EGMR 21.7.2011 – 28274/08, Heinisch/Deutschland, NZA 2011, 1269, Rn. 72 f.

falsch herausstellenden Vorwürfen benachteiligt werden kann, würde er keine Missstände melden, über deren tatsächliches Vorliegen er nicht zweifellos sicher ist.[637] Deshalb muss eine gerechte Anforderung an die Wahrheitsmäßigkeit der Information gestellt werden, um sowohl einen Abschreckungseffekt gegenüber potenziellen Hinweisgebern als auch einen Anreiz zur Abgabe wissentlich falscher Angaben zu vermeiden.

II. Wahrheitsmäßigkeitsprüfung

1. Rechercheobliegenheiten eines Hinweisgebers

Nicht jede sich als falsch erwiesene Meldung wurde wissentlich falsch abgegeben. Der Hinweisgeber könnte aufgrund fehlender Informationen bestimmter Art oder Zusammenhänge betriebliche Vorkommnisse falsch wahrgenommen haben.[638] So kann es sich z. B. bei einem Geschenk, das angeblich ein Kunde einer Kollegin überreicht hat, nicht um eine Bestechung gehandelt haben, weil die als Kunde betrachtete Person der Verlobte der Kollegin ist, der ihr das Geschenk tatsächlich aus privaten Gründen überreicht hat. Aus irgendeinem Grund, etwa wegen der kulturellen, moralischen Erziehung oder Vorurteilen gegenüber einem Kollegen, kann ein Beschäftigter dazu neigen, ein beobachtetes Verhalten eines Kollegen als Missstand zu bewerten. Was ein Beschäftigter von einem Dritten gehört hat, wären ebenso bloße Gerüchte. Ein potenzieller Hinweisgeber darf damit rechnen können, dass er einen Zustand missinterpretiert hat. Ein Hinweis auf einen Verstoß-Verdacht darf nicht auf Gerüchten, Gefühle oder bloßen Tatsachenbehauptungen beruhen; der Hinweisgeber muss nach weiteren Auskünfte suchen.[639] Aufgrund der Loyalitätspflicht gem. § 241 Abs. 2 BGB ist ein Arbeitnehmer ferner angehalten, im Vorfeld einer Anzeige zu überprüfen, ob der Vorwurf sachlich berechtigt ist.[640] Ein Vorwurf „ins Blaue hinein" würde sonst eine Pflichtverletzung rechtfertigen, weil es sich dabei um eine leichtfertig Falschanzeige handeln würde.[641] Die Sorgfaltspflicht eines Hinweisgebers betrifft hier nicht die Prüfung eines Zutreffend-Seins der Meinung, sondern der der Meinung zugrunde liegenden Tatsachen. Meinungen drücken

637 Vgl. Positionspaper 1/2019, Transparency International, S. 7, https://images.transparencycdn.org/images/2019_EU_whistleblowing_EN.pdf.

638 Miege, CCZ 2021, 149 (151).

639 Redder, S. 89.

640 Forst, NJW 2011, 3477 (3481).

641 Simon/Schilling, BB 2011, 2421 (2423).

einen Standpunkt oder eine persönliche Bewertung eines Ereignisses oder einer Situation aus; es ist kaum möglich nachzuweisen, dass sie richtig oder falsch sind, es kann jedoch nachgewiesen werden, dass die Tatsachen, die der Meinung zugrunde liegen, wahr oder falsch sind.[642]

2. *Sorgfaltsmaßstab*

Die HinSch-RL schreibt nicht vor, welche Sorgfalt ein Hinweisgeber bei der Absicherung der Wahrheitsmäßigkeit einer Verstoß-Information erbringen muss.[643] In dem Erwägungsgrund Nr. 32 der RL heißt es nur, dass der Schutz greift, wenn Hinweisgeber zum Zeitpunkt der Meldung angesichts der Umstände und der verfügbaren Informationen hinreichenden Grund zu der Annahme haben, dass die von ihnen gemeldeten Sachverhalte der Wahrheit entsprechen. Es gibt derzeit keine Rechtsprechung, die die Sorgfaltspflicht der Hinweisgeber unter Anforderungen der RL konkretisiert. Schrifttum hingegen, das sich im Hinblick auf die RL äußert, stellt überwiegend auf eine grobe Fahrlässigkeit ab.[644] Ein Hinweisgeber muss demnach als gutgläubig angesehen werden, wenn er bei der Prüfung der Zuverlässigkeit der Information eine verkehrserforderliche Sorgfalt gem. § 276 Abs. 2 BGB erbringt. Die grobe Fahrlässigkeit soll bejaht werden, wenn er die im Verkehr erforderliche Sorgfalt in ungewöhnlich hohem Maße unterlässt, indem er etwa unbeachtet lässt, was im gegebenen Fall jedem hätte einleuchten müssen.[645] Hinzu kommt auch die Begründung des deutschen Gesetzgebers zu § 33 Abs. 1 Nr. 2 HinSchG. Danach sind an die Sorgfalt eines Hinweisgebers zwar keine überhöhten Anforderungen zu stellen, die Meldung oder Offenlegung darf aber nicht leichtfertig ohne Bemühen um Verifizierung erfolgen, sofern dieses Bemühen zumutbar ist.[646] Nicht zumutbar wäre die Überprüfung des Wahrheitsgehalts einer Meldung, wenn der Hinweisgeber fürchten muss, dadurch seine Identität zu offenbaren und sich somit bereits vor einer Aufdeckung des Verstoßes der Gefahr drohender Repressalien auszusetzen.[647]

642 YHGK 9.10.2013, E. 2013/8, K. 2013/1458.

643 Garden/Hiéramente, BB 2019, 963 (964).

644 Forst, EuZA 2020, 283 (297); Schmitt, NZA-Beilage 2020, 50 (55); Steinhauser/Kreis, EuZA 2021, 422 (427, 435); Klaas, CCZ 2019, 163 (167); mit einem Verweis auf die Setzung des gleichen Maßstabs für Hinweise nach den sektorspezifischen Whistleblowing-Regelungen wie nach § 48 GwG, ebenso Vitt, BB 2022, 1844 (1847); vgl. Taschke/Pielow/Volk, NZWiSt 2021, 85 (88); diff. Siemes, CCZ 2022, 293 (299 f.).

645 BGH 11.7.2007 – XII ZR 197/05, NJW 2007, 2988 (2989), Rn. 15.

646 Begründung zu Abs. 1 Nr. 2 HinSchG-E § 33, S. 92.

647 Begründung zu Abs. 1 Nr. 2 HinSchG-E § 33, S. 92.

Damit wird auf ähnliche Anforderungen an die Wahrheitsmäßigkeitsprüfung wie die der RL sowie des EGMR abgestellt.[648] Auch nach dem EGMR sind Hinweisgeber geschützt, wenn sie ihnen zumutbare Mühe gegeben und nach verfügbarer Faktengrundlage geprüft haben, ob die Verdachtsmomente zuverlässig sind; verneint wurde etwa eine leichtfertige Strafanzeige im Falle der Altenpflegerin Heinisch, in dem die Hinweisgeberin ihre Anzeige wegen falscher Dokumentierung der Personalausstattung durch ihre Arbeitgeberin mit folgenden Tatsachen unterstützt:[649] Sie sei wegen Personalmangels in ihrer Arbeitskraft überlastet gewesen, habe wegen dieser Überlastung mehrere Tage krankheitsbedingt gefehlt und habe ihre Arbeitgeberin auf den Mangel hingewiesen. Zudem habe ein Drittbetrachter, der Medizinische Dienst der Krankenkassen, während seines Besuchs in dem Pflegeheim die personale Ausstattung mangelhaft gefunden.

Eine leichtfertig falsche Anzeige und somit eine Pflichtverletzung liegt vor, wenn die Vorwürfe aus Sicht eines vernünftig urteilenden Dritten nicht nachvollzuziehen oder auf den ersten Blick sachlich nicht zu begründen sind.[650] Dies wäre z. B. der Fall, wenn ein Arbeitnehmer eine Aussage seines Arbeitgebers wie „Der muss weg!" über die wirtschaftlich belastende Beschäftigung eines unkündbaren Betriebsratsmitglieds als Mordauftrag interpretiert und seinen Arbeitgeber deswegen angezeigt hätte.[651] Ein potenzieller Hinweisgeber muss Bedenken über einen vermutlichen Missstand in Bezug auf ihre Wahrheitsmäßigkeit prüfen.[652] Diese Prüfung erfolgt sorgfältig und gewissenhaft im Rahmen seiner Kompetenz bzw. seiner Erfahrung und der Möglichkeiten zu der Informationsbeschaffung.[653] Zu berücksichtigen ist etwa, ob der Missstand in seinem Arbeitsumfeld bzw. in Bezug auf seine Aufgaben entstanden ist und ob er berechtigt ist, auf bestimmte Informationen im Betrieb zuzugreifen.[654] Ein Arbeitnehmer ist nicht angehalten, einen Sachverhalt eigenständig aufzuklären; er muss seine arbeitsrechtlichen Zuständigkeiten nicht überschreiten.[655] Die vollständige

648 Forst, NJW 2011, 3477 (3480).

649 EGMR 21.7.2011 – 28274/08, Heinisch/Deutschland, NZA 2011, 1269, Rn. 76 f.; Schlachter, RdA 2012, 108 (111).

650 Düsel, S. 356.

651 LAG Hamm 28.11.2003 – 10 Sa 1036/03, NZA-RR 2004, 475.

652 Groneberg, S. 265 f.; Gach/Rützel, BB 1997, 1959 (1960); Herbert/Oberrath, NZA 2005, 193 (198); Müller, NZA 2002, 424 (435).

653 Groneberg, S. 266.

654 Groneberg, S. 266; ebenso Kreis, S. 178.

655 Kreis, S. 175 f.

Verifizierung sowie Aufklärung eines Verstoß-Verdachts ergeben sich erst aus einer aufgrund der Meldung von zuständigen Stellen einzuleitenden Ermittlung.[656] Aufgrund der Nachforschung der Wahrheit seiner Bedenken muss der Arbeitnehmer eine vertragliche Pflichtverletzung wie wegen einer innerhalb der Arbeitszeit erfolgten Recherche oder eines unzulässigen Zugangs zu Räumen oder Dokumenten oder sonstige Nachteile nicht in Kauf nehmen.[657] Zu berücksichtigen ist, dass das Whistleblowing selbst mit erheblichen Risiken für den Hinweisgeber verbunden. Während der Versuche, einen Verstoß-Verdacht zu verifizieren, könnte er sich z. B. der Gefahr der Bekanntgabe seiner Identität gegenüber dem angeblichen Verstoß-Täter aussetzen, was weder erwünscht noch erforderlich ist.[658]

Aus der Gesamtschau der Rechtsprechung und der Literatur ergibt sich zusammenfassend, dass die Wahrheitsmäßigkeitsprüfung einer Information über einen angeblichen Missstand auf grobe Fahrlässigkeit abstellt. Die Wahrheit der Information anzunehmen, muss demnach dem Hinweisgeber zum Zeitpunkt der Informationsweitergabe aufgrund konkreter Anhaltspunkte plausibel erscheinen. Objektive Anhaltspunkte hingegen finden sich in Umständen des Einzelfalls wie u.a. verfügbare Informationen und Zumutbarkeit der Recherche.

3. Umstände des Einzelfalls

a) Position und Sachkompetenz des Hinweisgebers

Die Position und der Sachverstand eines Hinweisgebers können bei der Prüfung der Wahrheitsmäßigkeit eines Verstoß-Bedenkens eine Rolle spielen.[659] Die Berücksichtigung von Position und Sachverstand wird zuerst dogmatisch durch die vertragliche Pflicht zur Loyalität und Rücksichtnahme gem. § 241 Abs. 2 BGB begründet.[660] Von einem Mitarbeiter in gehobener Position wird ein hoher Grad von Treue erwartet; ein leitender Arbeitnehmer etwa müsste sorgfältig prüfen, ob sein Verdacht der Wahrheit entspricht, bevor er sich in breiter Öffentlichkeit äußert.[661] Seine Aussagen genießen nämlich für Außenstehende eine besondere Glaubwürdigkeit und Aufmerksamkeit. Zudem hat er aufgrund seiner Position regelmäßig einen privilegierten Zugang zu oberen Etagen des Unternehmens

---

656 BAG 7.12.2006 – 2 AZR 400/05, NZA 2007, 502 (504).
657 Kreis, S. 175; Schmitt, S. 54; Becker, S. 90.
658 Vgl. Begründung zu Nr. 2 Abs. 1 HinSchG-E § 33, S. 92.
659 Düsel, S. 192 f.
660 Kreis, S. 179 f.
661 Kreis, S. 179; Strack, in: Transparenz contra Geheimhaltung 2015, S. 105 (114).

bzw. hinreichende Informationsquellen, d. h. er ist in der Lage, mögliche Missverständnisse und Fehlvorstellungen über einen Verdacht zu beseitigen, bevor es unnötig zu einer externen Meldung oder Offenlegung sowie zu Reputationsschäden für das Unternehmen kommt.[662] Darüber hinaus bestätigt die Praxis, dass Beschäftigte in gehobener Position eher selten auf externe Meldungen angewiesen sind, weil sie durch ihre Position grds. hinreichend den Mut und die Macht haben, eine Verbesserung der Missstände herbeizuführen.[663] Ebenso müssen fachspezifische Qualifikationen einem Beschäftigten ermöglichen, mit hinreichender Sicherheit einzuschätzen, ob er mit seinem Verdacht Recht hat. Die Hauptsache beim Whistleblowing ist nicht die Meldung eines Missstandes, sondern die Aufklärung des Missstand-Verdachts bzw. die Behebung des Missstandes – wenn dieser tatsächlich vorliegt. Eine Meldung oder Offenlegung ist nur Mittel hierfür. Deshalb dürfte ein Hinweisgeber seine Fachkenntnisse sowie besondere Position zum Wohle der Aufklärung der Verdachtsmomente nutzen können, falls ihm dies zumutbar ist. Unzumutbar wäre es dann, wenn er über seine Befugnisse bzw. Kenntnisse hinausgehend eigenständige Aufklärungsmaßnahmen ergreifen müsste, und zwar unter der Gefahr vor Repressionen. In einem Fall, in dem die Vernünftigkeit der Annahme eines Hinweisgebers, eine Verstoß-Information sei wahrheitsgemäß, geprüft wird, wäre die wesentliche Frage folgende: Nach welcher Nachforschung würde ein Dritter, der in einer vergleichbaren Lage und Position wie der Hinweisgeber ist und über einen vergleichbaren Sachverstand wie dieser verfügt, von einer wahren Information über einen Missstand ausgehen?

(1) Der Fall „Gawlik“

Mit der oben gestellten Frage hat sich der EGMR in einem Fall, Gawlik vs. Liechtenstein aus dem Jahr 2021, beschäftigt.[664] Herr Gawlik, stellvertretender Chefarzt in einem liechtensteinischen Landesspital, beobachtet anhand elektronischer Patientenakten, dass zwölf Patienten kurz nach der Verabreichung von Morphin durch Dr. H. gestorben sind. In den elektronischen Akten sieht er, dass die Patienten keine Schmerzen hatten, ihnen dennoch Morphin gegeben wurde und schließlich für die Behandlung der Patienten die Bezeichnung „supportive Therapie“ verwendet wird. Demzufolge nimmt Gawlik an, H. habe rechtswidrig eine aktive Euthanasie praktiziert. Danach erstattet er eine Strafanzeige

662 BeckOK GeschGehG/*Hiéramente*, § 5 Rn. 45.1.
663 Mesmer-Magnus/Viswesvaran, J Bus Ethics 2005, 277 (289); krit. Düsel, S. 193.
664 EGMR 16.2.2021 – 23922/19, Gawlik/Liechtenstein, BeckRS 2021, 1820.

gegenüber H.[665] Als der Vizepräsident des Stiftungsrates des Krankenhauses von der Anzeige erfährt, prüft er die Wahrheitsmäßigkeit des Euthanasie-Vorwurfs durch eine interne Untersuchung, u.a. durch eine Einsicht in Papierakten der Patienten. Es stellt sich heraus, dass alle Patienten nach WHO-Standards in einer palliativen Situation waren.[666] Die aus Sicht von Gawlik fragliche Verabreichung von Morphin sei gerade aufgrund von Schmerzen und Schwierigkeiten bei der Atmung der betroffenen Patienten erforderlich gewesen, was aber in den elektronischen Akten allein nicht einzusehen ist. Herr Gawlik hätte wissen müssen, dass elektronische Akten – anders als Papierakten – keine vollständigen Informationen über den Zustand und die Behandlung der Patienten enthalten. Er hätte sofort erkennen können, dass sein Verdacht auf aktive Sterbehilfe eindeutig unbegründet war, wenn er auch die Papierakten der Patienten eingesehen hätte, zu denen er regelmäßig Zugang habe.[667] Nach der Einholung eines übereinstimmenden Gutachtens von einem beauftragten externen medizinischen Sachverständigen für Palliativmedizin kündigt das Krankenhaus Gawlik fristlos.[668] Gegen ihn wird zudem aufgrund einer falschen Verleumdung ein strafrechtliches Verfahren eingeleitet.

Demgegenüber führt Gawlik den Einwand aus, dass die elektronischen Akten ihn von der Sterbehilfe genug überzeugt haben und eine Einsicht in die physischen Akten ihn in dieser Überzeugung nur noch mehr bestätigt hätte.[669] Zudem sei ihm der Zugang zu den Papierakten nicht jederzeit möglich und zumutbar gewesen, denn die Akten seien irgendwo in der Klinik unterwegs und die Registrierung der Archivbesucher würde seine Identität gegenüber dem Beschuldigten bekannt machen, d. h. er hätte dann mit Repressalien rechnen müssen. Der Einwand von Gawlik überzeugt jedoch weder die nationalen Gerichte noch den EGMR. Der Gerichtshof kommt im Einklang mit dem nationalen Arbeits- und Verfassungsgericht zum Ergebnis, dass Gawlik entgegen einer von ihm erwarteten Sorgfalt einer zuverlässigen Informationsweitergabe seinen Vorwurf anhand jederzeit zugänglicher Informationen aus den Papierakten der Patienten nicht geprüft hat.[670] Anhand zweier unabhängiger, externer Sachverständiger sei festgestellt worden, dass die Papierakten der Patienten den Vorwurf einer aktiven

665 EGMR 16.2.2021 – 23922/19, Gawlik/Liechtenstein, BeckRS 2021, 1820, Rn. 6.
666 EGMR 16.2.2021 – 23922/19, Gawlik/Liechtenstein, BeckRS 2021, 1820, Rn. 17 ff.
667 EGMR 16.2.2021 – 23922/19, Gawlik/Liechtenstein, BeckRS 2021, 1820, Rn. 12.
668 EGMR 16.2.2021 – 23922/19, Gawlik/Liechtenstein, BeckRS 2021, 1820, Rn. 15, 16.
669 EGMR 16.2.2021 – 23922/19, Gawlik/Liechtenstein, BeckRS 2021, 1820, Rn. 56.
670 EGMR 16.2.2021 – 23922/19, Gawlik/Liechtenstein, BeckRS 2021, 1820, Rn. 74, 75.

Sterbehilfe in der Klinik verneinen. Herr Gawlik hätte wissen müssen, dass elektronische Akten keine vollständigen Informationen über die Behandlungen der Patienten enthalten. Als stellvertretender Chefarzt und damit als hochrangiger und hochqualifizierter Mitarbeiter schulde er seinem Arbeitgeber eine Loyalitäts- und Verschwiegenheitspflicht und dementsprechend hätte er besonders sorgfältig prüfen müssen, ob die von ihm offengelegten Informationen richtig und zuverlässig waren.

(2) Würdigung des Urteils im Hinblick auf seine Auswirkung auf den Schutz von Whistleblowern

Dieses Urteil des EGMR wurde von der Literatur heftig kritisiert. Es sei eine „Niederlage für einen adäquaten Schutz von Whistleblowern", weil die Meldung eines Verdachts auf Sterbehilfe in einer Klinik nur unter erschwerten Voraussetzungen als zulässig gilt.[671] Eine intensive Forschungspflicht in Bezug auf das tatsächliche Vorliegen eines Missstandes entfaltet einen abschreckenden Effekt, d. h. potenzielle Hinweisgeber könnten die Anzeige eines Verstoß-Verdachts unterlassen.[672] Der Zweck der Einleitung einer strafrechtlichen Ermittlung ist gerade die Aufklärung der Vorwürfe, und zwar durch den Nutzen hoheitlicher Ermittlungsbefugnisse sein, nicht hingegen durch „hierfür ungebildete Privater".[673] Eine Nachforschungspflicht im Vorfeld einer externen Meldung ist schließlich dem deutschen Recht fremd.[674] Sollte aufgrund des Urteils im Fall Gawlik vs. Liechtenstein eine prinzipielle Nachforschungspflicht aufgestellt werden, wäre die Prüfung einer derartigen zusätzlichen Sorgfaltspflicht der Hinweisgeber mit der bisherigen deutschen Rspr. unvereinbar.[675]

Die Literatur hat mit ihren Bedenken Recht, vor allem in Bezug auf die Abschreckung potenzieller Hinweisgeber. Falls sich Hinweisgeber zu einer eigenständigen Aufklärung eines Sachverhalts angehalten sehen würden, würden sie eine Meldung von Rechtsverstößen vermeiden. Nur scheint schwer zu bejahen, dass der EGMR im Sachverhalt zu Gawlik von den bisherigen Anforderungen an die Sorgfalt der Hinweisgeber zur Wahrheitsmäßigkeitsprüfung abweicht.[676] Die Umstände eines Einzelfalls wie u.a. die notwendige Zeit zur

---

671 Häußinger, EuZA 2021, 368 (376).
672 Johnson, CCZ 2021, 206 (208).
673 Gerdemann, SR 2021, 89 (103).
674 Gerdemann, NJW 2021, 2324 (2327).
675 Gerdemann, NJW 2021, 2324 (2326).
676 Ebenso Vitt, BB 2022, 1844 (1846).

Überprüfung der Wahrheitsmäßigkeit der Information und die Sachverständigkeit eines Hinweisgebers entscheiden, welche Anforderungen an die Richtigkeit einer Verstoß-Meldung zu stellen sind.[677] Wie aus den bisherigen Rspr. deutscher Gerichte bekannt ist,[678] ist die Kündigung von Dr. Gawlik weiterhin nicht deshalb zu rechtfertigen, weil sich sein Verdacht auf eine Sterbehilfe als falsch herausgestellt hat; sondern deshalb, weil er die seinem Verdacht zugrunde liegenden Tatsachen mangelhaft überprüft hat; die Zuverlässigkeit der Quellen wie der elektronischen Akten, denen seine Überzeugung zugrunde liegt, muss er als Chefarzt erfahrungsmäßig bezweifeln.[679] Er erstattet eine Strafanzeige, obwohl

677 Redder, NVwZ 2021, 1043 (1048).

678 Es muss zudem dem deutschen Recht bekannt sein, dass es bei der Prüfung der Gutgläubigkeit eines Hinweisgebers in Bezug auf die Richtigkeit seines Hinweises auf ihm zumutbare, im Einzelfall verfügbare Möglichkeiten zur Verifizierung des Hinweises ankommt; die Umstände des Einzelfalls werden von der bisherigen Rspr. des EGMR ständig berücksichtigt. Sie sind auch künftig im Rahmen der Verifizierung einer wahren Information im Rahmen eines Whistleblower-Schutzgesetzes zu berücksichtigen, Begründung zu Nr. 2 Abs. 1 HinSchG-E § 33, S. 92. Es geht beim Gawlik-Urteil also nicht um eine zusätzliche oder neue Anforderung an die Wahrheitsmäßigkeitsprüfung einer Information.

679 Der EGMR hat seine Ansicht auf die Feststellung von zweien unabhängigen, externen Sachverständigen unterstützt, dass die Papierakten der Patienten den Vorwurf einer aktiven Sterbehilfe in der Klinik verneinen. Gegen diese Auffassung des EGMR führte Gawlik den Einwand aus, dass sich die vom Gerichtshof herangezogenen Gutachten nicht mit der Frage befassen, ob Gawlik aus den elektronischen Akten zu der Überzeugung gelangen dürfte, es gehe um eine aktive Sterbehilfe. Nach Auffassung von Gawlik hat der Gerichtshof zu Unrecht einen von seinerseits eingereichten Gutachten übersehen, obwohl dieser Gutachten der Einzige sei, dass seine anhand der elektronischen Akten gebildete Überzeugung von ihrer Nachvollziehbarkeit geprüft habe. Der Gutachten lautet wie folgend: „Als Rechtsmediziner ist für mich nachvollziehbar, dass Herr Dr. Gawlik, der hier von einer Häufung der Todesfälle ausging und Sorge um weitere Todesfälle hatte, aktiv wurde und die ihm vorliegenden Informationen anderen zur Kenntnis brachte. Insgesamt entsteht der Eindruck, dass Hinweise auf eine Opiat-Überdosierung bewusst vermieden wurden, indem die Dokumentation der Vitalparameter (bewusst!) frühzeitig abgebrochen wurde“, entnommen von der Stellungnahme von Gawlik, siehe Hopmann, widerstaendig v. 8.6.2021, https://widerstaendig.de/whistleblower/pressemitteilung-dr-gawlik/. Im ersten Blick scheint Gawliks Einwand nachvollziehbar, er übersieht aber selbst, dass dieser Gutachten seine Prüfung darauf eingeschränkt hat, ob Gawlik aus elektronischen Daten eine Sterbehilfe annehmen dürfte, prüft hingegen nicht die relevante Frage, ob Gawlik als ein Arzt wissen müsste, dass elektronische Akten nur unvollständige Informationen enthalten. Der EGMR verneint nicht, dass Gawliks Überzeugung aus den elektronischen Akten

ihm die Möglichkeit zur Verifizierung seines Verdachts anhand zuverlässiger Informationsgrundlagen wie physischer Patientenakten möglich war. Ein Einwand könnte sich daraus ergeben, dass der EGMR die Zumutbarkeit der Wahrheitsmäßigkeitsprüfung nur unzureichend berücksichtigt hat; Gawlik hätte sich Repressionen aussetzen können, wenn er Papierakten angefragt hätte.[680] Unzumutbar wäre die Überprüfung des Wahrheitsgehalts seines Verstoß-Verdachts, wenn er befürchten müsste, durch die Überprüfung seine Identität zu offenbaren und sich somit bereits vor einer Aufdeckung des Verstoßes der Gefahr drohender Repressalien auszusetzen.[681] Aus der Annahme, Beschäftigte in gehobener Position hätten hinreichenden Mut und hinreichende Macht, um gegen Missstände vorzugehen, ergibt sich nicht zugleich, dass sie kein Interesse an der Geheimhaltung ihrer Identität gegenüber Beschuldigten hätten. Das Whistleblowing bringt erhebliche Risiken, u.a. von zwischenmenschlichen Maßregelungen wie Mobbing, mit sich, und zwar auch, wenn Whistleblower wahre Informationen mitteilen. Ein vernünftiger Mensch, der mit diesen Risiken rechnet, würde daher keine wissentlich falschen Vorwürfe machen. Die Angst vor Repressionen als Entschuldigung für die mangelhafte Überprüfung der Wahrheitsmäßigkeit einer Information verdient folglich eine gewisse Berücksichtigung.[682]

Dem Ansatz hingegen, dass der EGMR im Einzelfall eine ausgewogene Lösung bei der Kollision der Interessen Gawliks und der Betroffenen bzw. des Krankenhauses herbeigeführt hat,[683] kann sich aus dem folgenden Grund nicht angeschlossen werden: Bei der Interessenabwägung ist es unzulässiger Weise unterlassen, zu berücksichtigen, dass die Verantwortung Gawliks für die Offenlegung des Sterbeverdachts nicht bestätigt wurde. Der EGMR prüft demnach, ob der Eingriff in die Meinungsfreiheit, im vorliegenden Fall die aufgrund der Strafanzeige ausgesprochene Kündigung von Dr. Gawlik, in einer demokratischen Gesellschaft notwendig war.[684] Diese Prüfung veranlasst dann eine Abwägung

---

zutreffend ist. Der Gerichtshof kritisiert vielmehr, dass er sich mit den elektronischen Akten genügt hat, obwohl ihm Papierakten zuverlässige Informationen anbieten und er davon bewusst sein müsste sowie sie leicht zugänglich sind.

680 Dies hatte der EGMR hingegen im Falle von Heinisch berücksichtigt, sodass dessen Unterlassen beim Fall von Gawlik kritikwürdig ist, siehe etwa Colneric, AuR 2021, 419 (422).

681 Begründung zu Nr. 2 Abs. 1 HinSchG-E § 33, S. 92.

682 Siemes, CCZ 2022, 293 (303).

683 Ibel, MMR-Aktuell 2021, 438954.

684 Siehe die Auflistung der Kriterien unter „relevant principles“ des Urteils zum Gawlik vs. Liechtenstein von EGMR 16.2.2021 – 23922/19, BeckRS 2021, 1820, Rn. 64.

der kollidierenden Interessen, Interessen an der Anzeige einerseits, Interessen der Betroffenen an dem Schutz der Reputation des Krankenhauses andererseits. Letztere sollen aufgrund des öffentlich bekannt gegebenen Sterbehilfe-Vorwurfs verletzt worden sein. Bei einer mangelhaften Überprüfung der Wahrheitsmäßigkeit des Vorwurfs durch Gawlik überwiegen die Interessen der Betroffenen. Der EGMR lässt dabei unberücksichtigt, dass sich Gawlik ausschließlich an die Staatsanwaltschaft gewandt hat, von welcher er erwarten dürfte, dass der Sachverhalt vertraulich behandelt wird.[685] Obwohl nicht geprüft bzw. bestätigt wurde, dass Dr. Gawlik zugleich für die öffentliche Bekanntgabe des Verdachts verantwortlich ist, hat er Folgen einer Veröffentlichung eines Missstandes erleiden müssen.[686]

Im Allgemeinen lässt sich allerdings vorhersehen, dass sich eine mangelhafte Überprüfung der Zuverlässigkeit eines Verstoß-Verdachts in Zukunft eher unwahrscheinlich zum Nachteil eines Hinweisgebers auswirken wird, falls Verstoß-Bedenken von einer nach der RL einzurichtenden Meldestelle entgegengenommen und ordnungsgemäß bearbeitet werden.[687] Interne und externe Meldestellen sollen gem. Art. 16 Abs. 1 und 22 Abs. 2 RL eingegangene Hinweise vertraulich bearbeiten, d. h. keine Dritten bzw. die Allgemeinheit würden von dem Verstoß-Verdacht wissen. Daher dürfte ein Betroffener keinen Grund haben, einen Hinweisgeber aufgrund eines öffentlichen Reputationsschadens zu verklagen, selbst wenn der Hinweisgeber etwa – mit oder ohne gehobene Position und fachliche Kenntnisse – die Wahrheitsmäßigkeit eines Verstoß-Verdachts nicht hinreichend überprüfen und eine externe Stelle einschalten würde. Bei einer internen Meldung dürfte weiterhin die Überprüfung der Zuverlässigkeit eines Verstoß-Verdachts durch den Hinweisgeber von untergeordneter Bedeutung sein und deren Unterlassen für ihn eher unbeschadet bleiben.[688] Die interne Meldung dient nämlich dazu, klarzustellen, ob es tatsächlich einen

685 Ebenso, Häußinger, EuZA 2021, 368 (375 f.); im Falle von Heinisch hingegen wird dies berücksichtigt, siehe EGMR 21.7.2011 – 28274/08, Heinisch/Deutschland, NZA 2011, 1269, Rn. 86.

686 So bezog das LAG Köln in einem Fall in die Abwägung mit, dass sich der Arbeitnehmer nicht an die Presse gewandt hatte, sondern seine Vorwürfe mit Bitte um vertrauliche Behandlung an eine Behörde gerichtet hat und sich der angerichtete Schaden somit in Grenzen hielte, siehe LAG Köln 2.2.2012 – 6 Sa 304/11, NZA-RR 2012, 298 (301).

687 Vgl. Ibel, MMR-Aktuell 2021, 438954.

688 Vgl. Düsel, S. 346, 362.

Verstoß gibt, und zwar ohne Betroffeneninteressen zu gefährden.[689] Eine geringe Anforderung an die Wahrheitsmäßigkeit einer intern gemeldeten Verstoß-Information könnte schließlich potenzielle Hinweisgeber zur (internen) Anzeige von Verdachtsmomenten anregen,[690] wie es letztlich auch dem Rechtsdurchsetzungsinteresse der einschlägigen Rechtsordnung entsprechen würde.[691]

b) Schwere der Vorwürfe

Weiterhin spielt die Schwere der Vorwürfe eine Rolle bei der Anforderung an die Wahrheitsmäßigkeit einer Verstoß-Information, und zwar werden umso geringere Anforderungen gestellt, je schwerer der Verstoß-Verdacht ist; je schwerwiegender eine (vermeintliche) Gefahr ist, desto geringer sind die Anforderungen an die Aufklärungsbemühungen.[692] Es sprechen allerdings gute Gründe dafür, dass die Schwere eines Verstoßes einem potenziellen Hinweisgeber die Anforderung an die Zuverlässigkeit seines Verstoß-Verdachts nicht ohnehin entzieht. Ein lebensbedrohlicher Verstoß-Verdacht kann durch eine zeitnahe Wahrheitsmäßigkeitsprüfung (besser) aufgeklärt werden, sofern diese dem potenziellen Hinweisgeber zumutbar ist.

---

689 So etwa im Falle von Heinisch hatten die erfolglosen Abhilfebemühungen von Frau Heinisch bei der Berechtigung ihrer Strafanzeige eine bedeutsame Rolle gespielt. Die Vorwürfe, Strafanzeige sei leicht fertig, lehnte der Gerichtshof damit ab, dass Frau Heinisch ihre Bedenken mehrmals intern geäußert hat, siehe EGMR 21.7.2011 – 28274/08, Heinisch/Deutschland, NZA 2011, 1269, Rn. 65. Gawlik hingegen hat sich unmittelbar an die Staatsanwaltschaft gewandt, dennoch wurde der Verdacht öffentlich bekannt. Die mangelhafte Überprüfung der Wahrheitsmäßigkeit des Verdachts über angebliche Sterbehilfe hätte sich für Gawlik wenig nachteilhafter bei der Interessenabwägung auswirken können, falls sein Verdacht zumindest nicht in der Öffentlichkeit bekannt gewesen wäre. D. h., wenn er hätte sich einmal versucht, nach einer internen Aufklärung des Verdachts zu suchen, seine Mühe um Aufklärung des Verdachts hätte sich auf seine Überzeugung von der Wahrheitsmäßigkeit seines Verdachts unterstützt.

690 So etwa im britischen Whistleblower-Recht ist eine vernünftige Überzeugung, die Information sei wahr, nicht vorausgesetzt, wenn es um eine interne Meldung geht. Dies begründet man damit, dass Arbeitnehmer nur beschränkt ein Bild über interne Vorgänge hätten, Arbeitgeber hingegen wären besser in der Lage, um Verstoß-Bedenken aufzuklären, siehe Lewis/Bowers/Fodder/Mitchell, paras. 2.13 f., 6. 01 ff.

691 Und zwar zu einer internen Anzeige, vgl. Art. 7 HinSch-RL.

692 Vgl. Redder, S. 245; Schlachter, RdA 2012, 108 (112), demnach „je höher das öffentliche Interesse an der Aufdeckung von Verstöße wie ein Pflegemangel in Altenpflegeheimen sei, desto leichter dürften sich Beschäftigte mit Vermutungen an die Staatsanwaltschaft wenden, um die Verstöße aufklären zu lassen“.

Dafür sprechen zuerst verfassungsrechtliche Grundsätze, die im Eingang der vorliegenden Arbeit dargestellt sind. Demnach genießt eine Information mit wesentlichem Inhalt für die Allgemeinheit nicht ohnehin einen vorrangigen Schutz; zu berücksichtigen ist auch die Beeinträchtigung der Interessen der Betroffenen.[693] Je schwerer eine Meinungsäußerung Interessen eines anderen eingreift, umso gewichtiger müssen die Interessen an der Äußerung sein, damit der Eingriff legitimiert ist;[694] d. h. von einem Hinweisgeber darf erwartet werden, dass er die Wahrheitsmäßigkeit der Vorwürfe umso sorgfältiger überprüft, je schwerer seine Vorwürfe die schutzwürdigen Interessen der Beschuldigten beeinträchtigen.[695] Dabei unterscheiden sich die Anforderungen zwischen einer Behördenanzeige und einer Offenlegung; bei Letzterer sind die Anforderungen an die Zuverlässigkeit der Vorwürfe höher, weil dies ein höheres Risiko für eine dauerhafte Schädigung des guten Rufs der Betroffenen birgt.[696]

Weiterhin bestätigt der EGMR im Falle von Gawlik, dass die Relevanz der Zuverlässigkeit einer Information auch in solchen Fällen wie dem Verdacht auf eine rechtswidrige Sterbehilfe nicht ignoriert werden darf.[697] Vom EGMR wäre zu erwarten gewesen, dass er sich für geringere Anforderungen an die Wahrheitsmäßigkeit des Sterbehilfeverdachts einsetzt, weil eine vermeintliche Tötung auf Verlangen die Gesundheit und Sicherheit der Allgemeinheit bedroht.[698] In die gleiche Richtung führte Gawlik aus, dass es bei seinem Verdacht um ein vitales Interesse der Patienten an Leib und Leben geht und er sich deshalb zu einem umgehenden Handeln (gemeint zu einer Strafanzeige) gezwungen sah; er habe keine Zeit gehabt, nach den Papierakten zu forschen; bei einer Anfrage nach Papierakten hätten die Beweise frisiert werden können.[699] Damit stimmt der

693 Siehe Kap. § 5, B, I.

694 Düsel, S. 327.

695 BVerfGE 114, 339 (353 f.).

696 Vgl. Redder, S. 245.

697 Redder, NVwZ 2021, 1043 (1048).

698 Brockhaus, Legal Tribune Online, v. 23.2.2021, https://www.lto.de/persistent/a_id/44338/; Häußinger, EuZA 2021, 368 (375); demnach handelt der Gerichtshof beim Gawlik-Fall mit seiner früheren Rspr. zum Fall von Heinisch widersprüchlich, wo er aufgrund von Vorliegen eines gesundheits- oder lebensgefährdenden Behandlungsmissstandes, namentlich Pflegemangel, geringere Anforderungen an die Wahrheitsmäßigkeitsprüfung durch Hinweisgeber gestellt hatte. Ähnlicher Weise, Colneric, AuR 2021, 419 (422).

699 Stellungnahme von Dr. Gawlik, siehe Hopmann, widerstaendig v. 8.6.2021, https://widerstaendig.de/whistleblower/pressemitteilung-dr-gawlik/.

EGMR nicht überein und weist darauf hin, dass die Information über einen Verdacht auf Sterbehilfe aufgrund des Interesses am Schutz des Lebens der Patienten unstreitig von öffentlichem Interesse ist; die auf die Lebensgefahr zurückführende Dringlichkeit steht aber diesem Interesse nicht entgegen, weil Gawlik die Papierakten ohne größeren zeitlichen Aufwand hätte einsehen können und diese die Unbegründetheit des Verdachts zweifellos bestätigen würden.[700] Die Beeinträchtigung der betroffenen Interessen hingegen sei schwerwiegend. Infolge der Strafanzeige von Gawlik wurde der Vorwurf auch in der Öffentlichkeit kommuniziert.[701] Die Allgemeinheit hat von einer angeblichen Tötung auf Verlangen in einem staatlichen Krankenhaus erfahren. Ein so schwerer Vorwurf sorgt für einen Verlust des Vertrauens der Allgemeinheit in Krankenhäuser im Allgemeinen und für Nachteile des beschuldigten Arztes im Besonderen.[702]

Schließlich begründen nach der Praxis die Umstände wie Gefährdung der Allgemeinheit, Schwere der Tat etc. nicht regelmäßig den Bedarf an einem externen Whistleblowing.[703] Ein Krankenhaus, welches dem Verdacht am nächsten ist und Sachverstand hat, muss i. d. R. in der Lage sein, zeitnah dem Verdacht

---

700 EGMR 16.2.2021 – 23922/19, Gawlik/Liechtenstein, BeckRS 2021, 1820, Rn. 67, 78, 81.

701 EGMR 16.2.2021 – 23922/19, Gawlik/Liechtenstein, BeckRS 2021, 1820, Rn. 79.

702 EGMR 16.2.2021 – 23922/19, Gawlik/Liechtenstein, BeckRS 2021, 1820, Rn. 79.

703 Siehe empirische Befunde, Kap. § 2, B, III. Eine aus Medien bekannte Hinweisgeberin, Erika Cheung zeigt es zudem, wie sie sorgfältig ihre Bedenken zu prüfen brauchte: sie fing kurz nach ihrem Abschluss von Biologie-Studium an, in einem weltweit berühmten Silikon-Valley Biotech-Unternehmen, welches medizinische Geräte produziert, als eine Laborantin zu arbeiten. Sie beobachtet, dass bei einem neu entwickelten Gerät, das sich zum Bluttesten von Patienten bedienen soll, nicht in Ordnung funktioniert. Sie macht sich Sorge dafür, dass aufgrund eines fehlerhaften Testens durch das Gerät Patienten falsch diagnoziert werden könnten und dies lebensbedrohlich ist. Erika denkt, sie könnte sich geirrt haben. Bevor sie sich meldet, prüft sie daher das Gerät mehrmals von seiner Leistung her, sie führt u.a. erforderliche Experimente durch und konsultiert mit Kollegen und schließlich gelangt sie zu der Überzeugung, dass sie mit ihren Bedenken Recht hat. Die Schwer des Missstandes hat sie also nicht davon abgehalten, erforderliche und zumutbare Bemühen zur Verifizierung ihrer Bedenken zu geben. Gerade der gute Ruf des Unternehmens und öffentliches Vertrauen in seine Produkte sowie die Gefahr für die Allgemeinheit haben sie zur sorgfältigen Überprüfung ihrer Bedenken veranlasst. Sie geht dabei sogar so weit, dass ihre Mühe als eine Aufklärung des Missstandes eingeordnet werden könnte. Siehe ein Interview mit Theranos Whistleblower, Erika Cheung, unter https://ecorner.stanford.edu/podcasts/theranos-whistleblower-erika-cheung-on-incentivizing-ethics/.

nachzugehen bzw. Sterbehilfe abzustellen.[704] Das öffentliche Interesse am Schutz von Leib und Leben könnte auf diese Weise am ehesten wahrgenommen werden. Der EGMR weist daher zutreffend auf eine zeitnahe Aufklärung des Verdachtsmoments hin; die auf die Lebensgefahr zurückzuführende Dringlichkeit stehe dem öffentlichen Interesse an Leib und Leben nicht entgegen, weil Gawlik ohne größeren zeitlichen Aufwand durch Papierakten hätte feststellen können, dass sein Verdacht falsch ist.[705] Ein Widerstand könnte sich letztlich wiederum aus der Unzumutbarkeit einer Wahrheitsmäßigkeitsprüfung ergeben. Falls die Betroffenen bzw. das Krankenhaus nicht abgeholfen hätten, hätte sich Dr. Gawlik durch die Nachfrage nach Papierakten zum einen gegenüber den Betroffenen bekannt gemacht und sich eventuell Vergeltungsmaßnahmen ausgesetzt, zum anderen hätten die Beweise frisiert werden können. Es wäre mit dem Ziel einer effektiven Rechtsdurchsetzung unvereinbar, potenzielle Hinweisgeber in die Lage zu versetzen, die einzelfallabhängige Unzumutbarkeit der Wahrheitsmäßigkeitsprüfung nachweisen zu müssen.

c) Zugangsberechtigung

(1) Fehlender Zugang zu Informationen

Ein Hinweisgeber muss zum Wohle der Verifizierung eines Verstoß-Verdachts keine vertragliche Pflichtverletzung in Kauf nehmen. Ein unberechtigter Zugang zu Räumen kann eine vertragliche Pflichtverletzung i. S. d. § 241 Abs. 2 BGB sowie damit einhergehende Rechtsfolgen begründen. Eine fehlende Berechtigung zum Zugang zu bestimmten Abteilungen oder zu einigen Dokumenten wäre daher die Grenze für die Überprüfung der Wahrheitsmäßigkeit einer Information durch potenzielle Hinweisgeber.

Ein unbefugtes Eindringen in die Räume würde sogar über ein zulässiges Whistleblowing hinausgehen, sodass das Eindringen sanktioniert werden dürfte. So äußert etwa ein Lehrer in einer britischen Schule seine Bedenken gegenüber der Sicherheit eines neu eingeführten Computersystems in der Schule bei dem Schulleiter. Darüber hinaus hackt er das System, um seine Bedenken nachzuweisen. Er wird daraufhin diszipliniert. Bei seiner Whistleblower-Schutzklage vor dem britischen Gericht EAT wird die Disziplinierung des Lehrers für zulässig erklärt.[706] Die Disziplinarmaßnahme im vorliegenden Fall stellt demnach keine

704 Erwägungsgrund Nr. 47 der HinSch-RL.

705 EGMR 16.2.2021 – 23922/19, Gawlik/Liechtenstein, BeckRS 2021, 1820, Rn. 67, 78, 81.

706 Bolton School vs. Evans [2006] IRLR 500, 504, para. 30, 65.

Vergeltungsmaßnahme dar, welche infolge eines Whistleblowings erfolgt und daher verboten ist. Der Lehrer wurde nicht wegen seines Hinweises auf die Sicherheitsbedenken gegenüber dem neuen System sanktioniert, sondern aufgrund seines rechtswidrigen, vorsätzlichen Hackerangriffs auf das Sicherheitssystem.

Obwohl ein Hinweisgeber nicht verpflichtet ist, auf Informationen unzulässig zuzugreifen, würde ein solcher Zugriff ausnahmsweise zum Wohle einer effektiven Rechtsdurchsetzung gebilligt. So ist nach der HinSch-RL anerkannt, dass die Hinweisgeber Informationen erlangen, indem sie auf E-Mails eines Mitarbeiters oder auf Dateien, die sie im Rahmen ihrer Arbeit normalerweise nicht nutzen, zugreifen oder indem sie Räumlichkeiten der Organisation fotografieren oder Räume betreten, zu denen sie normalerweise keinen Zugang haben.[707] Hinter dem Schutz eines unzulässigen Zugangs zu Räumen bzw. zu Dokumenten findet sich ein legitimes Ziel, namentlich die Erhöhung der Effektivität der Rechtsdurchsetzung; durch diesen Schutz wird potenziellen Hinweisgebern die Sorge genommen, dass sie aufgrund der Informationsweitergabe selbst zur Verantwortung gezogen werden.[708] Sie werden auf diese Weise dazu ermutigt, zu einer effektiven Rechtsdurchsetzung beizutragen, was dort einen besonderen Nutzen hätte, wo die Schwierigkeit einer Beweiserhebung vornehmlich mit Hilfe von Whistleblowern abgebaut werden könnte.[709]

(2) Grenzen des Schutzes für unzulässige Zugänge zu Informationen

Die Strafbarkeit des Zugangs und fehlenden Zusammenhangs zu einem Whistleblowing stellt die Grenzen des Schutzes für unzulässige Zugänge zu Informationen dar.

Gem. Art. 21 Abs. 3 S. 1 HinSch-RL bzw. § 35 Abs. 1 HinSchG können Hinweisgeber für die Beschaffung der oder den Zugang zu Informationen, die gemeldet oder offengelegt wurden, haftbar gemacht werden, wenn die Beschaffung oder der Zugriff eine eigenständige Straftat dargestellt haben. Begeht der Hinweisgeber beispielsweise eine Straftat wie Hausfriedensbruch oder Hacking, ist das Verhalten strafbar.[710]

707 Erwägungsgrund Nr. 92, S. 3, 4 der HinSch-RL.

708 Begründung zu Abs. 1 HinSchG-E § 35, S. 94.

709 Siehe oben Beweisschwierigkeit unter Kap. § 4, E, I.

710 Garden/Hiéramente, BB 2019, 963 (968); Begründung zu Abs. 1 HinSchG-E § 35, S. 94; Rößler, FAZ.NET v. 4.9.2020, https://www.faz.net/aktuell/politik/ausland/football-leaks-hacker-held-oder-boesewicht-16938759.html.

Hinweisgeber dürfen für Handlungen oder Unterlassungen weiterhin nicht verantwortlich gemacht werden, sofern diese mit der Meldung oder Offenlegung in einem Zusammenhang stehen oder für die Aufdeckung eines Verstoßes erforderlich sind.[711] Hierzu zählt neben einer im Nachgang einer Meldung erfolgten Kommunikation mit einer Meldestelle wie einer Behörde eine auch im Vorfeld einer Meldung erfolgte Informationsbeschaffung.[712] Mit der Voraussetzung der Erforderlichkeit bzw. des Zusammenhangs zur Aufdeckung wird die persönliche bzw. private Nutzung der Informationen vermieden, die mit dem öffentlichen Interesse i. S. d. Rechtsverfolgung nichts zu tun hat.[713]

Ein Irrtum eines Hinweisgebers über die Zulässigkeit einer Informationsbeschaffung jedoch ist hinnehmbar. Ein Hinweisgeber kann nicht mit Sicherheit vorhersehen, welche Inhalte die Informationen haben und ob erlangte Informationen für die Aufdeckung des Verstoßes notwendig sind.[714] Das Erkennen der für die Meldung bzw. Offenlegung relevanten Informationen ist von einem Menschen nicht zu erwarten, der aufgrund eines heimlichen, unzulässigen Zugangs zu Räumen bzw. Dokumenten unter Stress und Zeitdruck steht.[715] Er kann durch die Eile irrelevante Informationen erlangt haben. Wird berücksichtigt, dass sich der Whistleblower freiwillig an der Rechtsdurchsetzung beteiligt und sich dadurch persönlichen Nachteilen wie Repressionsrisiken aussetzt, ist sein Irrtum zu billigen. Daher muss der Schutz eines gutgläubig irrenden Whistleblowers i. S. d. Art. 6 HinSch-RL auch im Vorfeld einer Meldung, namentlich bei der Beschaffung von und beim Zugriff auf Informationen, weiter greifen.[716] Ansonsten wäre es abschreckend für potenzielle Hinweisgeber, wenn ihnen Schutz bei einem Irrtum über den notwendigen Umfang einer zu beschaffenen Information versagt werden sollte.[717] Zu empfehlen ist allerdings vorauszusehen, dass Hinweisgeber vorsorglich überprüft, ob er unter den ihm beschafften Informationen lediglich die für die Aufdeckung des Verstoßes notwendigen

711 Art. 21 Abs. 4 HinSch-RL.

712 Gerdemann, SR 2021, 2 (10).

713 PACE Resolution 2300 (2019), para. 12.11, http://assembly.coe.int/nw/xml/XRef/Xref-XML2HTML-EN.asp?fileid=28150&lang=en#.

714 Colneric/Gerdemann, HSI-Schriftenreihe Band 34, S. 82.

715 Colneric/Gerdemann, HSI-Schriftenreihe Band 34, S. 82.

716 Colneric/Gerdemann, HSI-Schriftenreihe Band 34, S. 63, 82 f.

717 Colneric/Gerdemann, HSI-Schriftenreihe Band 34, S. 63, 82 f.

Informationen weitergibt.[718] Auf diese Weise könnten die berechtigten Geheimhaltungsinteressen der Betroffenen angemessen berücksichtigt werden.[719]

III. Zwischenergebnis

Bei der Anforderung an eine wahre Verstoß-Information geht es um einen Ausgleich der Interessen der mit der Information beschuldigten Betroffenen und der Interessen an der Aufklärung von Verstößen. In Anbetracht der whistleblowing-spezifischen Risiken wie Repressionsgefahren sowie rechtlicher Folgen einer falschen Verleumdung lässt sich annehmen, dass ein vernünftiger Hinweisgeber keine wissentlich falschen Angaben machen würde. Aus diesem Grund lässt sich davon ausgehen, dass ein potenzieller Hinweisgeber gutgläubig eine wahre Verstoß-Information mitteilen würde. Bei der Annahme einer wahren Information darf der gute Glaube eines Hinweisgebers ausnahmsweise dann ausfallen, wenn objektive Gründe dafür sprechen, dass er in ungewöhnlich hohem Maße unterlassen hat, die Zuverlässigkeit des Verstoß-Verdachts zu überprüfen. Dies wäre der Fall, wenn etwa aufgrund eines ihm eingeräumten Zugangs zu Dokumenten sowie seiner Fachkenntnisse zur Evaluierung des fraglichen Zustandes die Zuverlässigkeit des Verstoß-Verdachts bezweifelt werden müsste. Zu achten ist allerdings dabei die Zumutbarkeit der Wahrheitsmäßigkeitsprüfung, namentlich dass sich ein Hinweisgeber zur Verifizierung des Verstoß-Verdachts Vergeltungsmaßnahmen, einer vertraglichen Pflichtverletzung sowie einer strafrechtlichen Haftung nicht aussetzen muss. Ein Hinweisgeber, dessen Glaube an die Wahrheitsmäßigkeit der Verstoß-Meldung zweifelhaft erscheint, dürfte zudem günstig behandelt werden, wenn er sich intern meldet, um den Verstoß-Verdacht aufklären zu lassen. Schließlich würden Betroffeneninteressen gewahrt bleiben, wenn Meldeadressaten einer vertraulichen Behandlung der Verstoß-Meldungen unterliegen würden.

D. Annahme eines relevanten Hinweises

Whistleblower-Hinweise haben Fehlverhalten von unterschiedlicher Qualität zum Gegenstand. In Betracht kommen etwa sowohl strafbares Verhalten wie die Steuerhinterziehung eines Arbeitgebers als auch moralisch verwerfliche Praktiken wie Sicherheitsbedenken über die Bauweise eines neuen Reaktortyps in einem Reaktorbauunternehmen.[720] Ein Hinweisgeber genießt allerdings Schutz

718 Colneric/Gerdemann, HSI-Schriftenreihe Band 34, S. 82 f.; siehe Kap. § 9.
719 Vgl. Art. 21 Abs. 2, Abs. 7 HinSch-RL; Erwägungsgrund Nr. 92 der HinSch-RL.
720 Vgl. Müller, NZA 2002, 424 (426).

i. S. d. Art. 6 HinSch-RL bzw. § 33 Abs. 1 Nr. 3 HinSchG, wenn die Information die in Art. 2 RL bzw. § 2 des HinSchG vorausgesetzte Relevanz aufweist.[721] Die Information muss entweder tatsächlich diese Relevanz aufweisen oder der Hinweisgeber im guten Glauben diese Relevanz angenommen haben. Art. 6 RL und § 33 Abs. 1 Nr. 3 HinSchG formulieren dies wie folgt: Hinweisgeber haben Anspruch auf Schutz nach dieser Richtlinie, sofern sie hinreichenden Grund zu der Annahme hatten, dass ihre Informationen in den Anwendungsbereich dieser Richtlinie fallen (Art. 6 Abs. 1 lit. a RL). Gem. § 33 Abs. 1 Nr. 3 HinSchG sind die Schutzmaßnahmen anwendbar, sofern die Informationen Verstöße betreffen, die in den Anwendungsbereich dieses Gesetzes fallen, oder die hinweisgebende Person zum Zeitpunkt der Meldung oder Offenlegung hinreichenden Grund zu der Annahme hatte, dass dies der Fall sei.

An dieser Stelle stellt sich die Frage, welche Anforderungen an die Annahme der Relevanz eines Hinweises zu stellen sind; mit anderen Worten, ob überhaupt bzw. inwieweit ein juristischer Laie wie der Hinweisgeber das Risiko einer irrtümlichen Qualifizierung des gemeldeten Verstoßes tragen muss. Um dieser Frage nachzugehen, soll zuerst kurz dargelegt werden, was genau unter einem Rechtsverstoß im allgemeinen Sinne und im Sinne der RL bzw. des HinSchG zu verstehen ist (I). Danach werden die bisher durch die Rspr. und Literatur gestellten Anforderungen an die rechtliche Berechtigung einer Anzeige beschrieben (II, 1). Anschließend findet eine Erörterung der Sorgfaltsanforderungen an den gem. der RL bzw. HinSchG geforderten Relevanz einer Verstoß-Information statt (II, 2).

I. Rechtsverstoß

1. Im allgemeinen Sinne

Die Einordnung eines Missstandes als Rechtsverstoß erfolgt durch Rechtsnormen. Eine einschlägige Rechtsordnung beschreibt, welches Verhalten geboten bzw. verboten ist. Rechtsverstöße sind etwa fehlende Vergütung der Arbeitnehmer, Diskriminierung nach Geschlecht, Alter etc. sowie Verstöße gegen Arbeitsschutzgesetze, Sozialversicherungs-, Steuer- und Umweltschutzrecht, die Gefährdung der Gesundheit und Sicherheit der Allgemeinheit wie z. B. durch die Benutzung von schädlichen Stoffen bei einem Produkt.[722]

---

721 Siehe den sachlichen Anwendungsbereich der RL bzw. HinSchG, siehe Kap. § 4, A und B.

722 Schulz, S. 44.

2. *Im Sinne eines Hinweisgeberschutzgesetzes*

Meldewürdig ist ein Verstoß im Sinne eines Hinweisgeberschutzgesetzes, wenn er einen durch das Schutzgesetz beschriebenen Rahmen hat. Dabei handelt es sich im Besonderen um Verstöße, deren Aufdeckung vom Hinweisgeberschutzgesetz erfasst wird. Darunter versteht etwa die HinSch-RL Verstöße gegen das Unionsrecht.[723] Das von der HinSch-RL geschützte Whistleblowing hat Verstöße zum Gegenstand, die im Anhang I der HinSch-RL aufgezählte Rechtsakte einschließlich ihrer nationalen Umsetzungsnormen betreffen.[724] Hierzu nennen sind u.a. die Bereiche des öffentlichen Auftragswesens, der Finanzdienstleistungen, Finanzprodukte und Finanzmärkte sowie der Verhinderung von Geldwäsche und Terrorismusfinanzierung, des Umweltschutzes, der öffentlichen Gesundheit, gem. Art. 2 HinSch-RL. Zur Aufdeckung bzw. Verhinderung einer ernsthaften Schädigung des öffentlichen Interesses erstreckt sich zudem ein Verstoß i. S. d. Art. 2 HinSch-RL auch auf missbräuchliche Praktiken wie grenzüberschreitende Steuervermeidung.[725] Damit sind Unterlassungen und Handlungen gemeint, die in formaler Hinsicht nicht rechtswidrig, jedoch mit dem Zweck der einschlägigen Rechtsvorschriften unvereinbar sind.[726] Das melderelevante Verhalten kann sich aus dem Rechtsverstoß oder aus einem rechtsmissbräuchlichen Unterlassen oder Tun ergeben.[727] Schließlich fallen in den Anwendungsbereich der HinSch-RL nicht nur Meldungen bereits begangener Verstöße gegen die

723 Siehe den sachlichen Anwendungsbereich des Schutzes nach Maßgaben der HinSch-RL, Kap. § 4, A.

724 Art. 5 Nr. 1 lit. i HinSch-RL.

725 Art. 5 Nr. 1 lit. ii HinSch-RL; Erwägungsgrund Nr. 42 der HinSch-RL; Gerdemann, RdA 2019, 16 (23 f.); der Gesetzgeber weist in der Begründung zu § 3 Abs. 2 Nr. 2 HinSchG-E auf die Rechtsprechung des EuGH zu der Rechtssache Halifax hin, EuGH (Große Kammer) 21.2.2006 – C-255/02, Slg. 2006 I, 1609, wo das Gericht den allgemeinen Grundsatz des Verbots missbräuchlicher Praktiken im Bereich der Mehrwertsteuer angewandt und dies erneut bestätigt hat, dass einerseits eine betrügerische oder missbräuchliche Berufung auf das Unionsrecht – bzgl. der steuerrechtlichen Vorteile des Unionsrechts – nicht zugelassen ist und andererseits die Anwendung des Unionsrechts nicht so weit gehen darf, dass die missbräuchliche Praktiken von Wirtschaftsteilnehmern im Dunkel bleiben, konkret diejenigen Umsätze, die nicht im Rahmen normaler Handelsgeschäfte, sondern nur zu dem Zweck getätigt sind, um missbräuchlich die unionrechtlich vorgesehenen Vorteilen zu genießen, siehe die Begründung des HinSchG-E, S. 64.

726 Erwägungsgrund Nr. 42 der HinSch-RL.

727 Garden/Hieramente BB 2019, 963 (964); Gerdemann, RdA 2019, 16 (22 f.).

aufgelisteten Rechtsnormen, sondern auch Informationen über begründete Verdachtsmomente und potenzielle Verstöße einschließlich Versuche der Verschleierung der Verstöße.[728] Als Verstoß i. S. d. § 2 Abs. 2 HinSchG gelten weitgehend die gleichen Missstände wie die der RL.[729] Zusätzlich nimmt HinSchG Verstöße gegen nationales Recht in den Anwendungsbereich auf, die u.a. eine Straftat oder eine Ordnungswidrigkeit darstellen.[730]

II. Rechtsmäßigkeitsprüfung

Hier handelt es sich um die Frage, ob und inwieweit ein potenzieller Hinweisgeber überprüfen muss, dass sein Hinweis einen Rechtsverstoß im allgemeinen Sinne oder einen melderelevanten Verstoß im Sinne eines Whistleblower-Schutzgesetzes betrifft. In Bezug auf die rechtliche Berechtigung einer Anzeige liefern die bisherige Rspr. und Literatur kein klares Bild. Deren Auswertungen müssen zudem unter den Anforderungen der Whistleblower-Schutznormen, der HinSch-RL bzw. HinSchG, erneut behandelt werden. Darzulegen sind zuerst die Anforderungen an die Rechtsmäßigkeit eines Hinweises, die bisher in der Rechtsprechung und in der Literatur gestellt worden sind (1). Danach geht es um die Frage nach der Prüfung der Relevanz des Hinweises i. S. d. RL bzw. HinSchG (2).

1. Allgemeine Sorgfaltsanforderungen

Zu der Anforderung an die Rechtswidrigkeit eines Missstandes machen die bisherige Rechtsprechung und die Literatur in Bezug auf Strafanzeigen einige Angaben. Zuerst ging der EGMR dieser Problematik im Falle von Heinisch nach.[731] Es geht um die Strafanzeige von Frau Heinisch gegen ihre Arbeitgeberin aufgrund eines vermeintlichen schweren Abrechnungsbetrugs. Die der Strafanzeige zugrundeliegende Tatsache ist Personalmangel in einem Altenpflegeheim. Die Arbeitgeberin habe demnach Pflegeleistungen nicht korrekt dokumentiert. Personalmangel begründet tatsächlich weder einen Straftatbestand noch eine gesetzwidrige Praxis.[732] Das Strafverfahren wurde – womöglich deshalb – eingestellt und die Arbeitgeberin kündigte Frau Heinisch. Nach Auffassung des LAG Berlin habe Frau Heinisch die Strafanzeige wissentlich und/oder leichtfertig

728 Art. 5 HinSch-RL, Erwägungsgrund Nr. 43 der HinSch-RL.
729 Vgl. § 3 Abs. 2, 3 HinSchG; Begründung zu Abs. 3 HinSchG-E § 3, S. 64.
730 Siehe den sachlichen Anwendungsbereich des HinSchG, Kap. § 4, B, I.
731 EGMR 21.7.2011 – 28274/08, Heinisch/Deutschland, NZA 2011, 1269.
732 Schlachter, RdA 2012, 108 (111).

erstattet.[733] Der EGMR hält die Strafanzeige jedoch nicht für leichtfertig. Die rechtliche Bewertung des Pflegemangels als besonders schwerer Betrug erfolgte demnach erst infolge einer Rechtsberatung durch den Anwalt von Frau Heinisch und demzufolge wurde eine Strafanzeige erstattet.[734] Frau Heinisch habe allerdings bereits vor der Strafanzeige die Arbeitgeberin mehrmals über die für den Vorwurf des Abrechnungsbetrugs relevanten Tatsachen informiert.[735] Aus dem Urteil des EGMR lässt sich schließlich Folgendes ableiten: Dass die mitgeteilten Tatsachen erst nach dem Aufsuchen des Anwalts als Betrugsfall qualifiziert wurden – nicht also während der Suche nach Abhilfe bei der Arbeitgeberin –, schadet der Berechtigung der Anzeige nicht.[736] Die Einholung eines Rechtsrats vom Anwalt spricht ebenso gegen die Leichtfertigkeit.[737]

Das BAG hingegen stellt auf einen bloß vermeidbaren und damit verschuldeten Irrtum über die Voraussetzungen zu der Strafbarkeit des Missstandes ab.[738] In einem Fall, in dem ein Hochschuldozent aufgrund einer gegen das Datenschutzrecht verstoßenden Evaluierung einer Lehrveranstaltung eine Strafanzeige erstattet hat und daraufhin gekündigt wird, besagt das BAG, dass sich die Strafanzeige als leichtfertig und unangemessen erweist, weil für das zur Erfüllung des Straftatbestands notwendige Motiv, namentlich die Absicht, einen anderen zu schädigen, keine Anhaltspunkte vorhanden sind.[739] Obgleich der Arbeitnehmer Tatsachen zutreffend dargestellt hat, begründet sein Vermögen zur Erkennung der Haltlosigkeit des Vorwurfs eine Pflichtverletzung.[740] Im Einklang mit dem Urteil des BAG wird in der Literatur ausgeführt, dass Vermutungen und rein theoretische Aussichten wie allgemeine Erwägungen zur Möglichkeit einer rechtswidrigen Vorteilszuwendung einen Anfangsverdacht, welcher die Einleitung eines Strafverfahrens veranlassen würde, nicht begründen können.[741] Ein Verschulden bei der Erstattung einer Strafanzeige ist nur dann zu verneinen,

---

733 LAG Berlin 28.3.2006 – 7 Sa 1884/05, BeckRS 2009, 68064.

734 EGMR 21.7.2011 – 28274/08, Heinisch/Deutschland, NZA 2011, 1269, Rn. 72.

735 EGMR 21.7.2011 – 28274/08, Heinisch/Deutschland, NZA 2011, 1269, Rn. 73; Mengel, CCZ 2011, 229 (230).

736 Simon/Schilling, BB 2011, 2421 (2427); Ulber, NZA 2011, 962 (963).

737 Diff. Schlachter, RdA 2012, 108 (111); Ulber, NZA 2011, 962 (963); Fuhlrott/Oltmann, DB 2017, 2354 (2358).

738 BAG 15.12.2016 – 2 AZR 42/16, NJW 2017, 1833.

739 BAG 15.12.2016 – 2 AZR 42/16, NJW 2017, 1833, Rn. 14, 19.

740 Reinhardt-Kasperek/Denninger, BB 2018, 2484 (2485); Fuhlrott/Oltmann, DB 2017, 2354 (2358).

741 Ott/Lüneborg, CCZ 2019, 71 (76).

wenn der Hinweisgeber seinen Verdacht über ein strafbares Fehlverhalten auf konkrete Tatsachen stützt.[742] Prüft der Hinweisgeber zudem die Rechtsmäßigkeit eines Zustandes sorgfältig anhand ihm bekannten Ermessungsvorschriften, lässt sich ihm Verschulden entziehen.[743] Die Einholung eines anwaltlichen Rats, beispielsweise zur Aufklärung des Verstoßes, weist schließlich auf den guten Glauben des Arbeitnehmers hin, wenn er sich infolge der Rechtsberatung bei Behörden meldet.[744] Eine Pflicht zur Suche nach Rechtsberatung findet sich allerdings nicht.[745]

2. *Sorgfaltsanforderung an die Relevanz der gemeldeten Verstöße*

Es ist problematisch festzustellen, welche Anforderung an die in Art. 2 RL bzw. § 2 HinSchG geforderte Bedeutung einer Verstoß-Information zu stellen ist. Denn zum einen gibt es keine eindeutigen Anhaltspunkte aus den normativen Vorgaben und zum anderen stehen die vorliegenden Anhaltspunkte mit dem Ziel der effektiven Rechtsdurchsetzung praktisch im Widerspruch.

a) Fehlen eindeutiger gesetzlicher Vorgaben

Art. 6 Abs. 1 lit. a RL fordert, dass Hinweisgeber hinreichenden Grund zu der Annahme hatten, dass diese Informationen in den Anwendungsbereich dieser Richtlinie fielen. Ihr Erwägungsgrund Nr. 32 bezieht sich auf eine Tatsachenüberprüfung. Dort heißt es, dass der Schutz greift, wenn Hinweisgeber zum Zeitpunkt der Meldung angesichts der Umstände und der verfügbaren Informationen hinreichenden Grund zu der Annahme haben, dass die von ihnen gemeldeten Sachverhalte der Wahrheit entsprechen. Nicht eindeutig ist, dass sich diese Angaben auch auf Rechtsfragen beziehen. § 33 Abs. 1 Nr. 3 HinSchG hingegen fordert, dass die Informationen Verstöße betreffen, die in den Anwendungsbereich dieses Gesetzes fallen oder die hinweisgebende Person zum Zeitpunkt der Meldung oder Offenlegung hinreichenden Grund zu der Annahme hatte, dass dies der Fall sei. Nach der Begründung zu Nr. 3 HinSchG § 33 Abs. 1 sind bei der Bewertung, ob ein hinreichender Grund zu der Annahme bestand, dass der Verstoß in den sachlichen Anwendungsbereich dieses Gesetzes fällt, tätigkeitsspezifisches Wissen und Verständnis des Hinweisgebers zu berücksichtigen, während darüber hinaus auf das Verständnis eines juristischen Laien

742 Forst, NJW 2011, 3477 (3481); Fuhlrott/Oltmanns, DB 2017, 2354 (2357).
743 Graser, S. 215; Becker, S. 92; diff. Fuhlrott/Oltmanns, DB 2017, 2354 (2358).
744 Kohte/Faber/Feldhoff/*Feldhoff/Schulze-Doll*, ArbSchG § 17 Rn. 34; diff. Düsel, S. 357.
745 Redder, S. 217.

abzustellen ist.[746] In Bezug auf die Sorgfaltsanforderungen sollten darüber hinaus die Erläuterungen zur Wahrheitsmäßigkeitsprüfung (gemeint Erwägungsgrund Nr. 32 RL) weiter gelten. Aus den gesetzlichen Vorgaben ergibt sich ein Schutz zusammenfassend in folgenden Konstellationen: Hat ein Hinweis tatsächlich einen Verstoß i. S. d. RL bzw. HinSchG zum Gegenstand – wie z. B. illegale Abfallentsorgung, welche den Umweltschutz gem. Art. 2 Abs. 1 lit. a Ziff. v RL betrifft –, ist der Hinweisgeber geschützt. Fällt ein hingewiesener Verstoß jedoch tatsächlich nicht in den Anwendungsbereich der RL bzw. des HinSchG, wird der Hinweisgeber geschützt, wenn er hinreichenden Grund hat, den notwendigen Bezug des Hinweises anzunehmen, und zwar zum Zeitpunkt der Meldung, gem. § 33 Abs. 1 Nr. 3 HinSchG.[747] Ob diese Annahme vorliegt, lässt sich einzelfallabhängig beurteilen; wie z. B. unter Berücksichtigung dessen, ob der Hinweisgeber tätigkeitsspezifisches Wissen und Verständnis hat und ein juristischer Laie ist.[748]

b) Würdigung der Ansichten in der Literatur

Zur Anwendung dieser Sorgfaltsanforderung findet sich bis dato keine Rechtsprechung aus dem deutschen Raum. Die Literatur äußert sich zwar in Bezug auf die RL und dabei wird allerdings nur teilweise ein Maßstab erwähnt, und zwar ohne Differenzierung zwischen Rechts- und Tatsachenfragen zu machen. Einer Ansicht nach wird es etwa auf grobe Fahrlässigkeit abgestellt.[749] Der Irrtum über tatsächliches Vorliegen und über den notwendigen Rahmen des gemeldeten Verstoßes ist geschützt, solange der Hinweisgeber im guten Glauben gehandelt hat.[750] Der Schutz dürfte demnach entfallen, wenn der Hinweisgeber die im Verkehr erforderliche Sorgfalt in ungewöhnlich hohem Maße dadurch verletzt, dass er missachtet, was im gegebenen Fall jedem hätte einleuchten müssen. Eine andere Ansicht hingegen verneint eine Gleichstellung des in Art. 6 Abs. 1 lit. a der RL eingeführten „reasonable belief test“ mit einer Gutgläubigkeit im Sinne eines Ausschlusses von Vorsatz und grober Fahrlässigkeit oder mit einfacher Fahrlässigkeit.[751] Dieser Ansicht nach kommt es weiterhin nicht darauf an, ob der Irrtum des Hinweisgebers in Bezug auf die Richtigkeit der Information und die

---

746 Begründung zu Abs. 1 Nr. 3 HinSchG-E § 33, S. 92.

747 Siehe Kritiken in Bezug auf das Abstellen auf den Zeitpunkt der Meldung, Kap. § 4, B, II.

748 Begründung zu Abs. 1 Nr. 3 HinSchG-E § 33, S. 92.

749 Forst, EuZA 2020, 283 (297); vgl. Siemes, CCZ 2022, 293 (299 f.).

750 Forst, EuZA 2020, 283 (297).

751 Siemes, CCZ 2022, 293 (302).

Eröffnung des sachlichen Anwendungsbereichs zu vermeiden wäre; beim reasonable belief test geht es um „einen mittleren Maßstab".[752] Der Sorgfaltsmaßstab liegt darin, dass ein Hinweisgeber hinreichenden Grund zu der Annahme hatte, der Anwendungsbereich der RL bzw. des Umsetzungsgesetzes eröffne.[753] Es soll nicht mehr darauf abgestellt sein, ob der Irrtum vermeidbar war.[754] Hervorzuheben ist schließlich, dass der Sorgfaltsmaßstab im Interesse der Wahrung einer effektiven Rechtsdurchsetzung wesentlich herabgesetzt werden soll.[755]

Zusammenfassend lässt sich sagen, dass in Anbetracht des juristischen Laie-Seins potenzieller Hinweisgeber – konkret, dass sie nicht in der Lage sind, Sachverhalte rechtlich zu qualifizieren – Anforderungen an die rechtliche Berechtigung ihrer Hinweise bewusst niedrig zu stellen sind; auf diese Weise werden sie nicht in die Lage versetzt, eine rechtliche Qualifizierung vorzunehmen, und werden somit nicht abgeschreckt, Rechtverstöße zu melden. Dennoch besteht keine eindeutige Aussage darüber, wie hoch genau diese Anforderung sein soll. Die vorliegende Arbeit empfindet die grobe Fahrlässigkeit als eine hohe Anforderung, welche mit dem Ziel des Whistleblower-Schutzes nicht vereinbar wäre. Diese Auffassung lässt sich mit einer Rechtsprechung aus dem englischsprachigen Raum, dem Urteil vom Babula vs. Waltham Forest College[756] und dem Urteil des EGMR zu der Heinisch-Sache unterstützen. Bei ersterem geht um den Schutz eines Dozenten, Herrn Babula, der seinen Kollegen angezeigt hat, weil dieser Studenten angeblich zum Rassenhass angestachelt habe. Infolge der Kündigung von Herrn Babula macht er einen Anspruch auf Schutz gem. 43B(1) lit. a, b ERA geltend, wonach ein Arbeitnehmer einen Whistleblower-Schutz genießt, wenn er u.a. in einer vernünftigen Überzeugung ein strafbares Fehlverhalten oder eine Verletzung einer rechtlichen Pflicht anzeigt. Seine Schutzklage vor dem Gericht EAT hatte Erfolg, obwohl das Fehlverhalten seines Kollegen in der Tat weder strafbar ist noch eine rechtliche Pflicht verletzt. Aus dem Urteil wird abgeleitet, dass es darauf abgestellt wird, ob sich ein Arbeitnehmer im Rahmen der Whistleblower-Schutzklage vernünftiger Weise vorgestellt hat, dass die Angelegenheiten in Bezug auf seine Anzeige ein strafbares Verhalten oder eine Pflichtverletzung darstellen.[757] Durch dieses Urteil soll weiterhin ein vorheriges

752 Siemes, CCZ 2022, 293 (302).
753 Schmitt, NZA-Beilage 2020, 50 (55); Steinhauser/Kreis, EuZA 2021, 422 (428).
754 Schmitt, NZA-Beilage 2020, 50 (55).
755 Schmitt, NZA-Beilage 2020, 50 (55).
756 Babula vs. Waltham Forest College [2007] IRLR 346.
757 Düsel, S. 370.

Urteil, namentlich Kraus vs. Penna plc., aufgehoben werden, in dem der Schutz eines Whistleblowers aufgrund des tatsächlichen Fehlens einer Straftat versagt worden war.[758] Deshalb waren Whistleblower auf die Einholung eines Rechtsrats angewiesen, um ihren guten Glauben in Bezug auf die rechtliche Berechtigung ihrer Anzeige zu begründen.[759] Mit dem Urteil im Fall Babula vs. Waltham Forest College wurde bestätigt, dass die Anforderung, Beschäftigte sollen einen Missstand rechtlich zutreffend qualifizieren, und zwar so wie es das Schutzgesetz formuliert, weder realistisch noch mit dem Zweck des Whistleblower-Schutzgesetzes vereinbar wäre.[760] Im deutschen Recht stellt man sich ebenso vor, dass erst nach genauerer fachspezifischer Prüfung festzustellen wäre, ob etwa ein ungenauer Vorwurf zum Mobbing am Arbeitsplatz ein zivilrechtlicher Verstoß ist oder er eine Straftat begründet.[761]

Ähnlich ist dem Urteil des EGMR im Fall Heinisch zu entnehmen, dass eine rechtliche Qualifizierung eines Missstandes für Hinweisgeber als juristische Laien unzumutbar ist. Für einen Schutz muss es ausreichend sein, dass ein Hinweisgeber vor Gericht vernünftiger Weise die Tatsachen vorgestellt hat, denen seine Annahme zugrunde liegt; z. B. hat Frau Heinisch die aus Personalmangel resultierende Überlastung der Arbeitskraft, ihre Abwesenheit aus Gesundheitsgründen, die mangelhafte Pflege von alten Menschen und schließlich ihre Strafanzeige wegen falscher Dokumentierung der Personalausstattung vorgebracht.[762] Der EGMR hat die Relevanz der Anzeige für das öffentliche Interesse an dem Schutz der Gesundheit der Allgemeinheit festgestellt, und zwar ohne zu prüfen, ob Frau Heinisch – im Vorfeld der Strafanzeige – davon bewusst ist oder war, welche Bedeutung ihr Hinweis für die Allgemeinheit hat. In komplexen Rechtsbereichen wie Umwelt-, Wettbewerbs- oder Steuerrecht ist es für Hinweisgeber schwer zu beurteilen, ob der Missstand überhaupt einen Rechtsverstoß darstellt.[763] Eine weitere Prüfung, ob dieser Verstoß von einem Hinweisgeberschutzgesetz erfasst ist, wäre ihnen kaum zumutbar. Ansonsten wäre der Hinweisgeber zur Einholung eines Rechtsrats gezwungen, obwohl er weder dazu noch zu einem Whistleblowing verpflichtet ist. Dies hätte zur Folge, dass

758 Düsel, S. 370.

759 Düsel, S. 369.

760 Babula vs. Waltham Forest College [2007] IRLR 346, 352, paras. 57, 58; ausführlich Lewis/Bowers/Fodder/Mitchell, paras. 4.167 f., 4.193 f., 4.225; bereits oben unter Kap. § 4, D.

761 Siehe Fuhlrott/Henckel, ArbRAktuell 2022, 441 (442).

762 Siehe Kap. § 5, D, II, 1.

763 Graser, S. 215.

potenzielle Hinweisgeber die Anzeige von Verstößen – entgegen dem Ziel der RL zur effektiven Rechtsdurchsetzung – unterlassen. Aus diesem Grund ist der gute Glaube eines Hinweisgebers, es gäbe einen relevanten Missstand, als gegeben anzusehen, sofern der Hinweisgeber Tatsachen vorgebracht hat, welche einen relevanten Verstoß i. S. d. Art. 2 RL bzw. § 2 HinSchG darstellen würde – und zwar ohne vorauszusehen, dass er die Relevanz seines Hinweises bereits im Vorfeld einer Meldung wahrgenommen hat.

3. *Einholung einer Rechtsberatung*

Aufgrund der geringen Anforderung an den rechtlichen Rahmen eines Hinweises kann es vorkommen, dass auch die Aufdeckung von irrelevanten Verstößen den besonderen Hinweisgeberschutz genießt – wenn z. B. das Gericht im Einzelfall die Überzeugung des Hinweisgebers, der Hinweis habe einen Verstoß i. S. d. RL bzw. HinSchG zum Gegenstand, unter Betrachtung des juristischen Laie-Seins des Hinweisgebers vernünftig findet. Sollte der Gesetzgeber eine solche Folge vermeiden, empfiehlt es sich, dass er potenziellen Hinweisgebern unparteiische, leicht zugängliche und kostenlose Rechtsberatung anbietet. Hinweisgeber könnten etwa zu der Frage beraten werden, ob die gemeldeten Informationen die Voraussetzungen zum Schutz von Hinweisgebern erfüllen oder nach welchen alternativen Verfahren vorgegangen werden kann, falls diese nicht erfüllt sind.[764] Auf diese Weise kann sich das Risiko eines Rechtsirrtums der Hinweisgeber verringern, und zwar umso eher, als einem Hinweisgeber zeitnah wie bereits im Vorfeld einer Meldung der rechtliche Rahmen des Verstoßes klargemacht werden könnte. Daraus dürfte sich allerdings keine Verpflichtung für potenzielle Hinweisgeber zur Inanspruchnahme dieser Beratung ergeben.[765] Wie eine solche Beratung den guten Glauben der Hinweisgeber absichern würde, soll in den folgenden Abschnitten erklärt werden.

a) *Behördenbescheinigung*

Bei der Behördenbescheinigung handelt es sich um eine Unterstützungsmaßnahme i. S. d. Art. 20 Abs. 1 lit. b HinSch-RL. Demnach sollen die zuständigen Behörden den (potenziellen) Hinweisgebern bescheinigen, dass die Voraussetzungen für einen Schutz nach der Richtlinie erfüllt sind.[766] Durch den Erlass

764 Art. 20 Abs. 1 HinSch-RL; Erwägungsgrund Nr. 89, S. 3 der HinSch-RL.
765 Vgl. Erwägungsgrund Nr. 89, S. 1 der HinSch-RL.
766 Erwägungsgrund Nr. 90 der HinSch-RL.

einer einstweiligen Vergeltungsschutzanordnung wird einem Hinweisgeber bis zu einer endgültigen Entscheidung des Gerichts ein provisorischer Schutz vor Kündigung oder anderen Repressalien gewährt.[767] Ein Arbeitnehmer kann von dieser Bescheinigung profitieren, um seinen guten Glauben an dem Vorliegen eines Verstoßes, welcher den rechtlichen Rahmen i. S. d. RL haben soll, abzusichern.[768] Sofern das nationale Recht eine Möglichkeit zur Behördenbescheinigung vorsieht – eine solche Möglichkeit ist im HinSchG derzeit nicht ersichtlich –,[769] ermöglicht einem Hinweisgeber die Bescheinigung, dass er seine subjektive Annahme zu der gesetzlich geforderten Relevanz der Information objektiv begründet.[770]

Der Zugang zu einer solchen Bescheinigung muss schnell und unkompliziert gewährt werden.[771] Kompliziert oder verwirrend würde es wirken, wenn etwa nicht absehbar wäre, was die Behörde nach seinem Antrag auf eine Bescheinigung machen würde; ob die Behörde nämlich zugleich den Antrag als eine externe Anzeige wahrnimmt oder sich mit einer Ausstellung der Bescheinigung genügen würde.[772] Falls die Behörde den Verstoß – von

---

767 Colneric/Gerdemann, HSI-Schriftenreihe Band 34, S. 54.

768 Dilling, CCZ 2019, 214 (217).

769 Art. 20 Abs. 1 lit. b HinSch-RL soll zwar durch § 24 Abs. 2 HinSchG umgesetzt worden sein, Begründung zu Abs. 2 HinSchG-E § 24, S. 85. Die externen Meldestellen sollen gem. § 24 Abs. 2 HinSchG-E in einem gesonderten, leicht erkennbaren und leicht zugänglichen Abschnitt ihrer Webseite die Bedingungen für den Schutz nach Maßgabe dieses Gesetzes, Informationen über die verfügbaren Abhilfemöglichkeiten und Verfahren für den Schutz vor Repressalien sowie die Verfügbarkeit einer vertraulichen Beratung von potenzieller Hinweisgeber veröffentlichen, Nr. 1, 4. Ein ausdrücklicher Hinweis auf die Ausstellung von einer Bescheinigung findet sich hingegen weder im Gesetzestext noch in der Begründung des Entwurfs. Es sieht vielmehr so aus, dass potenzielle Hinweisgeber weitgehend allein gestellt sind, so etwa sie müssten selbst nach einem Rechtsrat suchen, siehe ebenso, Dilling, CCZ 2021, 60 (66).

770 Siehe auch folgende Empfehlung von der parlamentarischen Versammlung des EU-Rats: „[…] it is essential for a whistle-blower to be able to have speedy confirmation that he or she meets the criteria required in order to benefit from the specific whistle-blowing legislation. While this can be finally determined only by a court decision, the assessment of these criteria at the earliest opportunity (especially by the independent authority) is an important element for keeping the whistle-blower safe.“, PACE Resolution 2300 (2019), para. 12.7, abrufbar unter http://assembly.coe.int/nw/xml/XRef/Xref-XML2HTML-EN.asp?fileid=28150.

771 Dilling, CCZ 2019, 214 (216).

772 Dilling, CCZ 2019, 214 (218).

Amts wegen – an die zuständige Behörde weiterleiten würde oder müsste, wäre ein Arbeitnehmer in einer schwierigen Situation.[773] Dies wäre etwa der Fall, wenn er sich nur intern melden will und hierfür die Bescheinigung braucht, aber die Behörde seinen Antrag bereits als externe Meldung wahrnimmt.[774] Die Gefahr, dass der Arbeitnehmer in eine solche Bedrängnis geraten würde, kann ihn davon abhalten, sich bei der zuständigen Behörde wegen einer Bescheinigung zu melden. Mit anderen Worten, die Unsicherheit darüber, was bei einem Kontakt mit Behörden passieren würde, kann ihn vor weiteren Handlungen abschrecken. Aus diesem Grund sollten potenzielle Hinweisgeber darüber aufgeklärt werden, wie die Behörden bei einem Antrag auf die Bescheinigung über die gesetzlich geforderte Relevanz der Information vorgehen werden. Die Hürden einer Bescheinigungssuche sollen sich nicht zu ihrem Nachteil auswirken.

b) Externe unabhängige Berater

Potenzielle Hinweisgeber können zudem durch unparteiische und kostenlose Beratung absichern, dass ihre Hinweise für ein Whistleblower-Schutzgesetz relevant sind.[775] Es gibt verschiedene Möglichkeiten, um entsprechende Rechtsberatung anzubieten. Beratungs- und Unterstützungsmaßnahmen können etwa von einem Informationszentrum oder einer einzelnen, unabhängigen Verwaltungsbehörde ergriffen werden.[776] Entsprechende Maßnahmen

---

773 Dilling, CCZ 2019, 214 (218).

774 Dilling, CCZ 2019, 214 (218).

775 Andreis, European Papers 2019, 575 (585); vgl. Thüsing/Rombey, NZG 2018, 1001 (1006).

776 Erwägungsgrund Nr. 89, S. 5 der HinSch-RL; als Beispiel wird House of Whistleblowers in Niederlanden genannt, siehe etwa DICO, Stellungnahme zum Entwurf eines Gesetzes für einen besseren Schutz hinweisgebender Personen sowie zur Umsetzung der Richtlinie zum Schutz von Personen, die Verstöße gegen das Unionsrecht melden (HinSchG-E), v. 11.5.2022, S. 9, https://www.dico-ev.de/wp-content/uploads/2022/05/DICO_Stellungnahme_HinSchG_11052022.pdf. Die Webseite von Hous of Whistleblowers ist abrufbar unter, https://www.huisvoorklokkenluiders.nl/; es gibt weiterhin Organisationen, die Hinweisgebern psychologische Unterstützung anbieten, wie Transparency International Irland, siehe Pressemitteilung der Organisation bzgl. der Einrichtung einer psychologischen Dienste für Hinweisgeber und ihre Verwandte, v. 3.5.2023, https://transparency.ie/news_events/psychological-support-service-launched-whistleblowers-ireland.

sind allerdings im HinSchG nicht vorgesehen.[777] Mitgliedstaaten sollen gem. Art. 20 Abs. 1 RL sicherstellen, dass potenzielle Hinweisgeber darüber, wie sie Meldungen erstatten können und ob sie letztendlich geschützt werden, in einer klaren und der Öffentlichkeit leicht zugänglichen Weise informiert werden und individuelle unparteiische und vertrauliche Beratungen kostenlos sind.[778] Weiterhin können Rechtsanwälte, die vom Arbeitgeber als Meldestelle beauftragt worden sind, Arbeitnehmer über die erforderliche Relevanz der Information für das Greifen eines Whistleblower-Schutzes beraten. Soweit diese die entsprechenden Garantien für die Wahrung der Unabhängigkeit und Vertraulichkeit, des Datenschutzes und der Geheimhaltung geben, ist zudem eine unparteiische, zuverlässige Aufarbeitung der vom Arbeitnehmer übermittelten Information durch Rechtsanwälte und externe Berater möglich.[779] Dann dürfen diese Adressaten entsprechend Art. 9 Abs. 1 lit. c HinSch-RL auch für die Folgemaßnahmen und für die internen Untersuchungen zuständig sein.[780] Unter Folgemaßnahmen interner Meldungen fällt ein Verweis des Verfahrens an die zuständige Stelle, falls die Meldung ausschließlich individuelle Rechte des Whistleblowers betrifft.[781] Auf diese Weise würde schließlich einem Hinweisgeber bekannt, dass sich der Verstoß nicht auf den Anwendungsbereich der RL bezieht.

III. Zwischenfazit

Die rechtliche Berechtigung eines Hinweises erfordert, dass ein Missstand gegen eine bestimmte Wertordnung verstößt. Um also Hinweisgeberschutz zu genießen, muss sich der Hinweis entweder tatsächlich auf einen Verstoß

777 Hierzu Kritiken etwa, DICO, Stellungnahme zum Entwurf eines Gesetzes für einen besseren Schutz hinweisgebender Personen sowie zur Umsetzung der Richtlinie zum Schutz von Personen, die Verstöße gegen das Unionsrecht melden (HinSchG-E), v. 11.5.2022, S. 9, https://www.dico-ev.de/wp-content/uploads/2022/05/DICO_Stellungnahme_HinSchG_11052022.pdf.

778 Art. 20 Abs. 1 HinSch-RL.

779 Erwägungsgrund Nr. 54 der HinSch-RL; wird diese Beratung von z. B. zivilgesellschaftlichen Organisationen gem. Art. 8 Abs. 6 der RL übernommen, sollte die Rechtsordnung sicherstellen, dass sie keinen Repressalien ausgesetzt werden, indem sie etwa dadurch wirtschaftlich geschädigt werden, dass ihr Zugang zu Finanzmitteln eingeschränkt wird, oder indem sie auf eine „schwarze Liste" gesetzt werden und daher nicht mehr richtig arbeiten können, Erwägungsgrund Nr. 89 der HinSch-RL.

780 Dilling, CCZ 2020, 132 (137).

781 Erwägungsgrund Nr. 58 der HinSch-RL.

i. S. d. Art. 2 RL bzw. § 2 HinSchG beziehen oder Hinweisgeber müssen annehmen dürfen, dass dies der Fall ist. Zumal die Erkennung der vom Gesetz geforderten rechtlichen Relevanz des Hinweises – vor allem im Vorfeld der Hinweisgabe – einem juristischen Laien wie dem Hinweisgeber unzumutbar wäre, wäre es gerecht, die Anforderung an die rechtliche Berechtigung der Hinweise besonders gering zu stellen. Hinweisgeber können demnach geschützt werden, wenn sie Tatsachen vorgebracht haben, welche einen relevanten Verstoß bilden könnten.

§ 6. Verhältnis zwischen interner und externer Meldung

Der gute Glaube eines Hinweisgebers kommt weiterhin im Zusammenhang mit der Wahl des Meldeweges in Betracht. Dieser Zusammenhang ist zwar bisher nicht empirisch belegt.[782] In dem Rechtsschrifttum finden sich hingegen Ansätze dazu. Ausgeführt wird z. B., dass die Böswilligkeit eines Whistleblowers auf die Wahl der externen Meldungen oder einer Offenlegung Einfluss nehmen kann.[783] Damit der Arbeitgeber einen möglichst großen Schaden aufgrund der Bekanntgabe der Missstände erleidet, könnte der Whistleblower Missstände offenlegen. Noch bemerkenswerter ist die Rechtsprechung des EGMR. Der Gerichtshof definiert den guten Glauben des Hinweisgebers im Zusammenhang zu der Wahl der Meldeadressaten. Ein Whistleblower muss in der Überzeugung gehandelt haben, dass u.a. ihm keine anderen, diskreten Mittel zur Behebung der Missstände zur Verfügung standen.[784] In Bezug auf Meldeverfahren setzen demgegenüber die HinSch-RL und das HinSchG die Gutgläubigkeit der Hinweisgeber gem. Art. 15 der RL bzw. § 32 HinSchG lediglich für die Berechtigung der Offenlegung voraus.[785] Der Hinweisgeber muss demnach hinreichenden Grund zu der Annahme haben, dass die externe Meldung unwirksam war bzw. wäre. Ein damit geschaffenes Rangverhältnis zwischen Meldungen und einer Offenlegung wirkt nicht nur böswilligen Meldungen entgegen, dies schützt auch Interessen der Betroffenen, wie etwa die der Arbeitgeber. Während ein Rangverhältnis zwischen der internen Meldung und einer externen Anzeige, welche Arbeitgeberinteressen ebenso beeinträchtigt, vorgesehen werden könnte, bleibt die Frage nach einem Rangverhältnis zwischen interner und externer Meldung in den Vorgaben der HinSch-RL und des HinSchG unklar.[786] Nichtdestotrotz veranlasst die Rspr. des EGMR die Notwendigkeit für eine Antwort auf die Frage, ob

782 Für die Frage, ob ein Missstand intern oder externe gemeldet wird, sind vornehmlich situative Faktoren wie organisatorische Einstellung zu dem Whistleblowing entscheidend, siehe Kap. § 2, B, II.

783 Groneberg, S. 151; Herold, S. 343; näher zu diesem Verhältnis unter Kap. § 6, D, IV, 3.

784 EGMR 21.7.2011 – 28274/08, Heinisch/Deutschland, NZA 2011, 1269, Rn. 69; EGMR 12.2.2008 – 14277/04, Guja/Moldawien, Rn. 77; EGMR 16.2.2021 – 23922/19, Gawlik/Liechtenstein, BeckRS 2021, 1820, Rn. 83.

785 Näher dazu Kap. § 9.

786 Näher dazu Kap. § 6, A, I.

ein Hinweisgeber zur Berechtigung einer externen Anzeige in der Überzeugung von der Unwirksamkeit der internen Meldungen handeln muss. Der Gerichtshof orientiert sich nämlich an der nationalen Definition des Verhältnisses zwischen interner und externer Meldung, wenn er sich mit dieser Frage befasst; wenn das nationale Recht z. B. einen Vorrang vorsieht, prüft der EGMR auch die vorrangige interne Meldung.[787] Aus diesem Anlass muss das Verhältnis zwischen interner und externer Meldung klargestellt werden, und zwar unter Betrachtung der Funktionen des guten Glaubens zur Effektivität der Rechtsdurchsetzung und zur Prävention böswilliger Hinweise. Damit beschäftigt sich dieses Kapitel. Dabei werden teils auch eine fremde Rechtsmaterie, namentlich das türkische Recht, und empirische Studien aufgegriffen, weil Unterschiede der Rechtsordnungen bzw. Erfahrungswerte aus verschiedenen Ländern zu der Diskussion beitragen. Sie können dazu dienen, für die deutsche Rechtsordnung eine nachvollziehbare Antwort zu der vorliegenden Frage zu vermitteln. Es wird zuerst dargelegt, wie Gesetze das Verhältnis zwischen internen und externen Meldestellen regeln (A) sowie welche Positionen die einschlägige Rechtsprechung und die Arbeitsrechtsliteratur bisher zu einem Rangverhältnis eingenommen haben (B). Im Anschluss geht die vorliegende Arbeit den Debatten im Rahmen der Umsetzung der HinSch-RL nach (C) und abschließend findet eine Stellungnahme (D) statt.

A. Gesetzliche Vorgaben zum Verhältnis zwischen interner und externer Meldung

I. HinSch-RL und HinSchG

Der ursprüngliche Loyalitätskonflikt beim Whistleblowing ergibt sich daraus, dass sich ein Arbeitnehmer über einen betrieblichen Missstand entgegen Arbeitgeberinteressen in breiter Öffentlichkeit äußert. Ein öffentlicher Hinweis kann schwere Folgen für Unternehmen bedeuten, wie die Schädigung des guten Ansehens, den Verlust des Vertrauens der Kunden, den Rückgang von Aufträgen sowie Strafen und Bußgelder.[788] Ferner interessieren sich hinweisgebende Arbeitnehmer und die Rechtsordnung selbst dafür, dass Rechtsverstöße verfolgt werden.[789] Widerstreitende Interessen werden durch eine Voraussetzung ausgeglichen, dass man zuerst diskrete Abhilfebemühungen ausschöpft, bevor

787 Näher dazu Kap. § 6, D, III.

788 Schmitt, S. 45; Düsel, S. 228.

789 BVerfG 2.7.2001 – 1 BvR 2049/00, NJW 2001, 3474 (3476).

man einen Missstand in der Öffentlichkeit offenlegt.[790] Nicht hinreichend klar ist hingegen, ob zwischen internen und externen Meldestellen ein solches Vorrangverhältnis gelten soll; mit anderen Worten geht es um die Frage, ob ein Arbeitnehmer zunächst intern seinen Arbeitgeber auf einen Missstand hinweisen muss und erst danach externe Stellen wie Behörden einschalten darf, falls er intern keine Hilfe bekommen hat bzw. würde.

Mit dieser Frage haben sich die deutsche Rechtsprechung und Literatur bereits intensiv befasst und es besteht eine gewisse Überzeugung von einem grundsätzlichen Vorrang interner Abhilfe.[791] Aufgrund der Vorgaben der HinSch-RL aus dem Jahr 2019 hat sich allerdings der Bedarf an einer erneuten Beschäftigung mit dieser Frage ergeben. Damit ein Hinweisgeber einen Schutz nach Art. 6 HinSch-RL genießen kann, muss er das von der RL vorgesehenen Meldeverfahren eingehalten haben. Die RL äußert sich allerdings nicht eindeutig dazu, ob es zwischen einer externen Meldung und eine interne Meldung grundsätzlich ein Rangverhältnis gibt.[792] Gem. Art. 10 der RL melden Hinweisgeber unbeschadet eine Offenlegung bzw. einen öffentlichen Hinweis gem. Art. 15 der RL eine Information über Verstöße, nachdem sie zuerst intern gem. Art. 7 ff. oder indem sie direkt extern gem. Art. 10 ff. gemeldet haben. Art. 10 der RL schreibt demnach nicht ausdrücklich einen Vorrang interner Anzeige vor.[793] Art. 7 Abs. 2 der RL schließlich besagt, dass Mitgliedstaaten sich dafür einsetzen, die Meldung über interne Meldekanäle wird gegenüber der Meldung über externe Meldekanäle in den Fällen bevorzugt, in denen intern wirksam gegen den Verstoß vorgegangen werden kann und der Hinweisgeber keine Repressalien befürchtet.

Der deutsche Gesetzgeber gibt ebenso nicht eindeutig vor, ob es ein Rangverhältnis zwischen interner und externer Meldung geben soll oder nicht. Gem. § 7 Abs. 1 S. 1 HinSchG können Hinweisgeber wählen, ob sie sich an eine interne Meldestelle oder eine externe Meldestelle wenden. Diese Personen sollen aber interne Meldekanäle bevorzugen, wenn eine Abhilfe möglich ist und sie nicht maßgeregelt werden würden, gem. § 7 Abs. 1 S. 2. Wenn einem intern gemeldeten Verstoß nicht abgeholfen wird, bleibt es dem Hinweisgeber unbenommen, sich an eine externe Stelle zu wenden, gem. § 7 Abs. 1 S. 3. Die Formulierung des § 7 Abs. 1 S. 2 und 3 HinSchG erweckt den Eindruck, dass doch ein Vorrang interner Meldekanäle eingeführt ist.[794] Der Gesetzgeber wirkt, dass er sich von

790 Art. 7, 15 HinSch-RL; BAG 3.7.2003 – 2 AZR 235/02, NJW 2004, 1547 (1549).
791 Siehe nur BAG 3.7.2003 – 2 AZR 235/02, NJW 2004, 1547 (1549); Düsel, S. 327 ff.
792 Schmitt, NZA-Beilage 2020, 50 (56); Aszmons/Herse, DB 2019, 1849 (1851).
793 Taschke/Pielow/Volk, NZWiSt 2021, 85 (89).
794 Dilling, CCZ 2021, 60 (62).

einer deutlichen Rückkehr von dem Grundsatz des Vorrangs interner Abhilfe scheut, und er lässt die Frage nach einem Rangverhältnis zwischen interner und externer Meldung eher offen. Dies lässt sich an weiteren Vorschriften des HinSchG ablesen. So § 22 HinSchG gibt ein eindeutiges Wahlrecht vor, wenn es um die Aufdeckung von Kartellverstöße geht, deren Verfolgung besonders schwer ist. Warum hat sich der Gesetzgeber zu dieser Vorgabe veranlasst gesehen, wenn Hinweisgeber bereits nach § 7 Abs. 1 HinSchG ein Wahlrecht haben? Nach § 22 Abs. 1 S. 2 HinSchG können Hinweisgeber jederzeit – auch wenn sie bereits intern gemeldet haben – sowie unabhängig vom Ausgang des Verfahrens über eine interne Meldung das Bundeskartellamt als zuständige Whistleblowing-Behörde[795] bzgl. der Kartellabsprachen einschalten. Dadurch sollte eine umfassende und effektive Durchsetzung des Kartellverbots sichergestellt werden, an dem immer mehrere Unternehmen beteiligt sind.[796] Das betroffene Unternehmen mag demnach infolge einer internen Meldung seine Beteiligung am Kartell stillschweigend einstellen, was allerdings nicht der Aufdeckung von Kartellverstoß dient, sondern dies besonders erschwert. Weiterhin kommt es in der Begründung zu dem Allgemeinen Teil des HinSchG-E zum Ausdruck, dass an mehreren Stellen interne Meldungen von Bedeutung sind, da auf diesem Weg oftmals am schnellsten eine effektive Beseitigung von Missständen erreicht werden könnte.[797] § 7 HinSchG-RefE von 2020 hatte einen dritten Absatz, wonach Arbeitgeber dafür Anreize schaffen sollten, dass sich Hinweisgeber zunächst an die interne Meldestelle wenden. Dieser wurde im HinSchG-E zuerst gestrichen. Stattdessen hat der Gesetzgeber in der Begründung zu § 12 Abs. 1 HinSchG-E darauf hingewiesen, dass es im eigenen Interesse der Unternehmen liegt, die mit der Einrichtung interner Meldestellen verpflichtet sind, dafür Anreize zu schaffen, dass sich Hinweisgeber nicht im ersten Schritt extern melden.[798] Nach einer Änderung des Entwurfs im Rechtsausschuss vom 16. Dezember 2022 wurde

---

795 Näher zur Funktion des Bundeskartellamts als zuständige externe Meldestelle, Kap. § 7, A, III.

796 Begründung zu Abs. 1, S. 2 HinSchG-E § 22, S. 84.

797 Begründung zu HinSchG-E, allgemeiner Teil, S. 32.

798 Begründung zu Abs. 1 HinSchG-E § 12, S. 77; kritisch zum Fehlen der Anreize für interne Meldungen und dessen europarechtlichen Konformität, Thüsing, Stellungnahme zum Regierungsentwurf eines Gesetzes für einen besseren Schutz hinweisgebender Personen sowie zur Umsetzung der Richtlinie zum Schutz von Personen, die Verstöße gegen das Unionsrecht melden, BT-Drs. 20/3442, v. Oktober 2022, S. 2, https://www.bundestag.de/resource/blob/916300/c9e376352f8d669db199efcb96e12c2e/Stellungnahme_Thuesing-data.pdf; Thüsing/Musiol, BB 2022, 2420.

dieser Absatz wieder aufgenommen; gem. § 7 Abs. 3 HinSchG sollen Arbeitgeber Anreize für die vorrangige Nutzung interner Meldekanäle schaffen.[799] Die geänderte Fassung des HinSchG enthält schließlich weitere Ergänzungen zu der Nutzung interner Kanäle. Unter Aufgaben der externen Meldestellen gem. § 24 Abs. 2 S. 2 HinSchG fällt etwa nun insbesondere die Informierung der Hinweisgeber über die Möglichkeit einer internen Meldung.[800]

II. Sonstige gesetzliche Vorgaben

Der deutsche Gesetzgeber hat bisher in einigen Bereichen auf einen Vorrang interner Anzeige verzichtet, während eine interne Abhilfe in anderen Bereichen als Voraussetzung für eine externe Meldung vorgesehen ist. Zu den ersten zählen vor allem Vorgaben, die außerdem einen unionsrechtlichen Hintergrund haben sollen wie § 48 GwG, § 25a Abs. 1 S. 6 Nr. 3 KWG, § 23 Abs. 3 WpHG und § 4 d Abs. 6 FinDAG.[801] Diese Normen sind inhaltlich identisch formuliert. Als Beispiel dient § 4 d Abs. 1 FinDAG. Danach dürfen Beschäftigte keine arbeitsrechtlichen, straf- oder schadenersatzrechtlichen Folgen erleiden, wenn sie gem. § 4 d Abs. 1 FinDAG Verstöße gegen aufsichtsrechtliche und andere Vorschriften bei der von der BaFin betriebenen Whistleblowing-Stelle melden. Ein Rangverhältnis zwischen interner Abhilfe und externer Meldung bei zuständigen Behörden ist nicht ersichtlich.[802] Aus dem Nebeneinanderstehen von internen Meldeverfahren der Finanzunternehmen und externen Meldeverfahren der Aufsichtsbehörden wird abgeleitet, dass potenzielle Hinweisgeber Recht zur Wahl zwischen internem und externem Whistleblowing haben.[803]

Zu den zweiten Normen gehört hingegen § 17 Abs. 2 S. 1 ArbSchG, welcher oftmals bei Beurteilungen zu einem externen Anzeigerechts eines Arbeitnehmers herangezogen wird.[804] Nach § 17 Abs. 2 S. 1 ArbSchG steht einem Arbeitnehmer ein externes Anzeigerecht zu, sofern er einen begründeten Verdacht auf unzureichende Maßnahme zum Schutz der Sicherheit und Gesundheit am Arbeitsplatz hat und innerbetriebliche Meldewege erfolglos ausgeschöpft hat. Aus dieser Norm mit einem sachlich eng definierten Anwendungsbereich leitet

799 BT-Drs. 20/4909, S. 16.
800 BT-Drs. 20/4909, S. 31.
801 Gerdemann, RdA 2019, 16 (24 f.).
802 Gerdemann, S. 402; Gerdemann, NZA-Beilage 2020, 43 (44).
803 Helm, BB 2018, 1538 (1546); Gerdemann, NZA-Beilage 2020, 43 (44).
804 Müller, NZA 2002, 424 (432); Wlotzke, NZA 1996, 1017 (1022).

man jedoch keine generelle Pflicht zur vorrangigen internen Abhilfe ab.[805] Eine vereinzelte Ansicht in der Literatur findet den gesetzlich vorgesehenen Vorrang in § 17 Abs. 2 S. 1 ArbSchG europarechtswidrig, weil die der Norm zugrundeliegende Art. 11 Abs. 6 Arbeitsschutz-RL keinen solchen Vorrang etabliert habe.[806] Nichtdestotrotz ist die überwiegende Ansicht die Annahme der Entbehrlichkeit einer internen Abhilfe in den im Arbeitsschutzrecht exemplarisch gezählten Konstellationen als einen für alle denkbaren Whistleblowing-Fällen geltenden Grundsatz.[807] Das Nebeneinander des externen Anzeigerechts und der internen Anzeigepflicht soll die Grundrechtskollision zwischen Unternehmerfreiheit des Arbeitgebers aus Art. 12 Abs. 1 GG und Meinungsfreiheit des Arbeitnehmers aus Art. 5 Abs. 1 GG abbilden.[808] Die Durchführung eines innerbetrieblichen Abhilfeversuchens erfolgt nach dem Ultima-Ratio-Grundsatz.[809] Auf diese Weise wird ein angemessener Ausgleich zwischen kollidierenden Interessen der Arbeitgeber und Arbeitnehmer geschaffen.[810] Wegen der zwischen den Arbeitsvertragsparteien bestehenden Rücksichtnahmepflicht hat der Arbeitnehmer bei Verstößen gegen Arbeitsvorschriften erst dann das Recht zur externen Anzeige des Arbeitgebers, wenn er die innerbetrieblichen Abhilfemöglichkeiten ausgeschöpft hat.[811] Darf man sich mit einer Abhilfe vom Arbeitgeber nicht rechnen, würde die Meinungsfreiheit des Arbeitnehmers aufgrund einer derartigen Einschränkung des Beschwerderechts unverhältnismäßig eingegriffen.[812] Deshalb gilt der Vorrang interner Meldung nicht uneingeschränkt. Er unterliegt vielmehr einem Zumutbarkeitsvorbehalt. Die interne Abhilfe wäre nicht mehr nötig, wenn aufgrund objektiver Anhaltspunkte anzunehmen ist, dass der Arbeitgeber nicht abhelfen wird.[813]

In der türkischen Rechtsordnung gibt es schließlich nur wenige Normen, namentlich § 17 Abs. 5 des Gesetzes zur Antidiskriminierungsstelle (TİHEK)[814]

---

805 Müller, NZA 2002, 424 (436 f.); Düsel, S. 327 f.; Schulz, S. 90; Kreis, S. 233; Schmitt, S. 72 ff.

806 Beyer, S. 278.

807 Ascheid/Preis/Schmidt/*Greiner*, ArbSchG § 17 Rn. 12b; Becker, S. 114; Preis/Seiwerth, RdA 2019, 351 (355).

808 Ascheid/Preis/Schmidt/*Greiner*, ArbSchG § 17 Rn. 12b; Wendeling-Schröder, S. 156 ff.

809 Kollmer/Klindt/Schucht/*Schucht*, ArbSchG § 17 Rn. 44, 45.

810 Schmitt, RdA 2017, 365 (368).

811 Denck, DB 1980, 2132 (2132); Müller, NZA 2002, 424 (434 f.).

812 Schmitt, RdA 2017, 365 (368).

813 Wiebauer, NZA 2015, 22 (23); Preis/Seiwerth, RdA 2019, 351 (355).

814 Gesetz mit Nr. 6701, RG: 20.4.2016/29690.

und § 14 Abs. 2 des Gesetzes zum Schutz der personenbezogenen Daten (KVKK),[815] die die Ausschöpfung eines internen Hinweises für eine Beschwerde bei jeweiliger staatlicher Stelle, der Antidiskriminierungsstelle und der Datenschutzbehörde, voraussehen.

B. Auffassungen in der bisherigen Rechtsprechung und Literatur

I. Arbeitsgerichte

Bei den deutschen Arbeitsgerichten ist der Vorrang einer internen Abhilfe vor einer externen Anzeige gegenüber Behörden Tradition. Er ist einer von Gesichtspunkten, die Arbeitsgerichte zur Verhältnismäßigkeit einer Arbeitnehmeranzeige berücksichtigen. Eine vorrangige Einschaltung interner Meldekanäle ist von der Loyalitäts- und Rücksichtnahmepflicht der Arbeitnehmer aus § 241 Abs. 2 BGB geboten. Der Vorrang interner Abhilfe ist allerdings nicht absolut. In dem Fall von Gammelfleisch von 1987, in dem eine Arbeitnehmerin in einer Fleischabteilung eines Kaufhofes beobachtet, dass verdorbene Hackfleisch erneuet mit neuen Etikette verpackt und verkauft werden, und sie diese gesundheitsgefährdende Praktik des Kaufhofes unmittelbar gegenüber der Behörde angezeigt hatte, hat das LAG das Übersehen einer internen Anzeige für entschuldbar gehalten, wenn dem Arbeitgeber der Missstand bekannt war und er diese geduldet hat.[816] In dem bekannten Urteil von 2003 besagte das BAG weiterhin, dass eine unverhältnismäßige Reaktion eine Anzeige sei, wenn sich der Arbeitnehmer um keine interne Abhilfe bemüht habe.[817] Unzumutbar wäre hingegen eine interne Abhilfe, wenn sich der Arbeitnehmer bei Unterlassen der Anzeige selbst einer Strafverfolgung aussetzen würde. Der Arbeitgeber, der gegen Gesetze verstoßen hat, darf sich zudem nicht auf Unterlassen einer Anzeige verlassen können.[818] Eine innerbetriebliche Klärung ist deshalb auch nicht zu erwarten, wenn es etwa um schwere Straftaten geht oder der Arbeitgeber selbst die Straftat begeht.[819]

815 Gesetz mit Nr. 6698, RG: 7.4.2016/29677.

816 LAG Baden-Württemberg 3.2.1987 – 7 (13) Sa 95/86, BeckRS 1980, 43584.

817 BAG 3.7.2003 – 2 AZR 235/02, NJW 2004, 1547 (1549).

818 LAG Rheinland-Pfalz 15.4.2019 – 3 Sa 411/18, BeckRS 2019, 20971, Rn. 56; Preis/Seiwerth RdA 2019, 351 8355).

819 BAG 7.12.2006 – 2 AZR 400/05, NZA 2007, 502 (503 f.).

In der Rechtsprechung des türkischen Kassationshofes fand die vorrangige Ausschöpfung interner Abhilfe erst in seinem Whistleblowing-Urteil aus dem Jahr von 2016 Beachtung. Die aufgrund einer Offenlegung gekündigte Arbeitnehmerin hatte zuerst eine interne Stelle per E-Mail darauf hingewiesen, dass abgelaufenes Hühnerfleisch trotz Mahnungen der Arbeitnehmerin verkauft werden.[820] In früheren Urteilen wird nicht ersichtlich, ob Arbeitnehmer zuerst nach internen Abhilfemöglichkeiten suchen müssen.[821] Der Grund dafür jedoch wäre nicht, dass ein Rangverhältnis zwischen interner und externer Meldeadressaten von vornherein abgelehnt wird. Die vorliegende Arbeit geht davon aus, dass der Grund darin liegt, dass interne Konfliktlösungsmechanismen im privaten Sektor in der Türkei nicht üblich sind. Gesetzliche Vorgaben, in denen Unternehmen interne Meldeadressaten wie Datenschutzbeauftragte gem. § 13 Abs. 1 KVKK haben sollen, sind relativ neu und derzeit ist keine Rechtsprechung zu diesen Vorgaben verfügbar. Gibt es einen rechtlich zulässigen internen Beschwerdemechanismus in einem Unternehmen, ist der Vorrang interner Abhilfe nicht irrelevant. Dies lässt sich mit zwei Urteilen des türkischen Verfassungsgerichts (AYM) belegen. Bei dem ersten Urteil geht es um die Entlassung eines Offiziers beim türkischen Militärdienst (TSK), der ohne ein in § 26, 27 Disziplinargesetz des Militärs[822] festgelegtes Beschwerdeverfahren zu befolgen, sich bei der staatlichen Stelle BIMER meldete, da er unter Mobbing litt und mehrfach unberechtigte Disziplinarmaßnahmen aushalten musste. Das türkische Verfassungsgericht (AYM) stellt es fest, dass ein gesetzlich vorgeschriebenes Beschwerdeverfahren für die Soldaten einen zulässigen Grund i. S. d. Art. 13 AY für die Einschränkung der Meinungsfreiheit zu Gunsten des Schutzes von Interessen des TSK darstelle und dieses Beschwerdeverfahren vor einem Einreichen der Beschwerden an höhere, externe Stelle ausgeschöpft werden solle.[823] Der Antragsteller habe hingegen bereits im Vorfeld der Durchsetzung jeder Disziplinarmaßnahmen, die aufgrund seiner Inkompetenz für die genannten Aufgaben verhängt wurden,

---

820 Y7HD 24.10.2016, E. 2016/12401, K. 2016/17196.

821 Ein solches Vorrangverhältnis lässt sich nur mittelbar ergeben. In einem Fall, in dem Beschäftigten eine WhatsApp-Gruppe erstellt und dort über ihre betrieblichen Missstände u.a. Mobbing, schlechte Vergütung gesprochen haben, bewertet der Kassationshof etwa die Gruppe als einen demokratischen Versuch zur Aufklärung bestimmter Missstände. Da die Gespräche in der Gruppe zudem unter vier Augen durchgeführt wurden, hätten sie den Betriebsfrieden nicht gestört, anders als der Arbeitgeber behauptet hat, Y9HD 1.6.2017, E. 2016/14206, K. 2017/9527.

822 Gesetz mit Nr. 211, RG: 10.1.1961/10703.

823 AYM 16.11.2017, Talas Nr. 2014/12143, Rn. 51.

Folgendes ausgesagt: die ihm übertragenen Arbeiten verstoßen gegen das Verbot der Plackerei, die Arbeiten seien ohne Betrachtung u.a. seiner Spezialisierungsbereichen vergeben und er sei ungerecht von Disziplinarstrafen bedroht worden.[824] Seine Beschwerde bei externer Stelle BIMER stellt demzufolge eine berechtigte Hilfesuche dar.[825] Dass die Ausschöpfung interner Abhilfe auch in privaten Rechtsverhältnissen nicht irrelevant ist, lässt das Urteil Ilter Nur des AYM mit folgenden Ansätzen spüren: „Frau Nur äußert sich ihre Hilflosigkeit mit Folgenden: ‚Was für eine Gerechtigkeit ist das? Der Kontrolleur kommt, sie füttern ihn und schicken ihn. Wenn wir uns beschweren, bedrohen sie uns' […] Der arbeitsrechtliche Senat des Kassationshofes versieht es, dass Anzeige der Arbeitnehmerin eine weitere Hilfeanfrage bei BIMER darstellt, weil ihre Beschwerde (intern) nicht ernsthaft untersucht wurden bzw. worden wären."[826]

II. EGMR

Die Suche nach einer internen Abhilfe ist einer der Gesichtspunkte des EGMR. Im Rahmen des Kriteriums, die Wahl der diskreten Mittel zur Aufdeckung, prüft der Gerichtshof, ob es für einen Arbeitnehmer im Einzelfall andere wirksame Mittel zur Behebung des Missstandes gab.[827] Wie der EGMR dieses Kriterium anwendet, lässt sich in häufig zitierten Urteilen zu Guja/Moldawien und zu Heinisch/Deutschland veranschaulichen.

Im Fall Guja/Moldawien geht es darum, dass Herr Guja, Angestellter in der Presseabteilung der moldauischen Generalstaatsanwaltschaft, zwei Briefe an eine Zeitung schickte, in denen offenlegte, dass die anhängige Korruptionsbekämpfung durch die Staatsanwaltschaft politisch beeinflusst sei; konkret, dass der stellvertretende Vorsitzende des Parlaments der Republik Moldau die Staatsanwälte einschüchtere.[828] Unter dem Druck des Vorsitzenden solle die Generalanwaltschaft entscheiden, wer als Staatsanwalt eingestellt bzw. entlassen werde. Infolge der Veröffentlichung der Briefe wurde Guja entlassen, da er vertrauliche Informationen offenlegte, und zwar ohne, den Vorgesetzten der

824 AYM 16.11.2017, Talas Nr. 2014/12143, Rn. 50.
825 AYM 16.11.2017, Talas Nr. 2014/12143, Rn. 50.
826 AYM 14.4.2016, Ilter Nur Nr. 2013/6829, Rn. 38.
827 EGMR 12.2.2008 – 14277/04, Guja/Moldawien, Rn. 65; EGMR 21.7.2011 – 28274/08, Heinisch/Deutschland, NZA 2011, 1269, Rn. 65; EGMR 21.3.2017 – 30655/09, Ana Ioniță/Rumänien, NJW 2018, 2247, Rn. 54; EGMR 13.1.2015 – 79040/12, Rubins/Lettland, NZA 2016, 1009, Rn. 89.
828 EGMR 12.2.2008 – 14277/04, Guja/Moldawien, Rn. 13 ff.

Generalstaatsanwaltschaft auf den fraglichen Missstand hingewiesen zu haben. Der EGMR stellt fest, dass die für Arbeitnehmer geltenden Pflichten zur Loyalität, Zurückhaltung und Diskretion auch für Beamten gelten.[829] An dieser Stelle bringt der EGMR folgendes Vorrangverhältnis zum Ausdruck: Im Hinblick auf die oben genannte Pflicht zur Diskretion ist die Offenbarung in erster Linie der übergeordneten oder sonstigen Zuständigkeitsbehörde oder -stelle der Person, der sog. „the person's superior or other competent authority or body", zu machen.[830] Nur wenn dies eindeutig nicht durchführbar ist, könnte man die Informationen als letztes Mittel in der Öffentlichkeit zugänglich machen.[831] Im vorliegenden Fall legt der EGMR fest, dass weder die moldauische Gesetzgebung noch die internen Vorschriften der Generalstaatsanwaltschaft Bestimmungen über die Meldung von Unregelmäßigkeiten durch Arbeitnehmer enthalten.[832] Es scheint daher keine andere Behörde als die Vorgesetzten des Beschwerdeführers zu geben, bei der er seine Bedenken hätte melden können. Ferner besteht kein vorgeschriebenes Verfahren für die Meldung solcher Angelegenheiten.[833] Der Gerichtshof weist schließlich darauf hin, dass es um das Fehlverhalten eines stellvertretenden Parlamentspräsidenten gehe, der ein hochrangiger Beamter sei, und dass der Generalstaatsanwalt trotz seines Wissens über die Situation dem Missstand nicht abgeholfen habe, sondern den Eindruck erweckt habe, er sei dem politischen Druck erlegen.[834] Abschließend kommt der Gerichtshof zu dem Ergebnis, dass unter den Umständen des vorliegenden Falles die an die Presse gelangte Berichterstattung gerechtfertigt sei.[835]

In dem Fall von Heinisch/Deutschland bemüht sich Frau Heinisch mehrfach um die interne Aufklärung von Pflegemängeln in einem Altenpflegeheim. Anschließend erstattet sie Strafanzeige gegen ihren Arbeitgeber aufgrund der Betrüge in Personalausstattung. Nachdem das Strafverfahren eingestellt worden war, wurde sie fristgemäß gekündigt. Daraufhin wendet sich Frau Heinisch an die Gewerkschaft ver.di, welche den Pflegemangel und die Kündigung der Hinweisgeberin durch Flugblätter öffentlich gemacht hatte. Aufgrund der Veröffentlichung des Missstandes erhält Frau Heinisch eine fristlose Kündigung. Der

829 EGMR 12.2.2008 – 14277/04, Guja/Moldawien, Rn. 70.
830 EGMR 12.2.2008 – 14277/04, Guja/Moldawien, Rn. 73.
831 EGMR 12.2.2008 – 14277/04, Guja/Moldawien, Rn. 73.
832 EGMR 12.2.2008 – 14277/04, Guja/Moldawien, Rn. 81.
833 EGMR 12.2.2008 – 14277/04, Guja/Moldawien, Rn. 81.
834 EGMR 12.2.2008 – 14277/04, Guja/Moldawien, Rn. 83.
835 EGMR 12.2.2008 – 14277/04, Guja/Moldawien, Rn. 84.

EGMR stellt in diesem Fall fest, dass Frau Heinisch bei der Erstattung der Strafanzeige in der Überzeugung gehandelt habe, [...] dass ihr kein anderes, diskretes Mittel zur Verbesserung der Lage zur Verfügung stand.[836] Nach ihren Erfahrungen mit vielen gescheiterten internen Abhilfesuchen dürfte sie annehmen, dass die Strafanzeige das letzte Mittel zur Verbesserung der Lage war.[837] Dazu fügt der Gerichtshof hinzu, dass sie nicht die Verteilung von Flugblättern veranlasst habe, um eine größtmögliche öffentliche Aufmerksamkeit zu erhalten, sondern dass sie vornehmlich die Strafverfolgungsbehörden eingeschaltet habe.[838] Dieses Vorgehen weise nach Ansicht des EGMR darauf hin, dass sie einen Beistand und Rat eines Rechtsanwalts gesucht habe, der die von ihr berichteten Tatsachen rechtlich bewerte und dementsprechend eine Strafanzeige abfasse.[839] Als Ergebnis findet das Gericht die fristlose Kündigung unverhältnismäßig und nicht notwendig in einer demokratischen Gesellschaft, sodass Art. 10 EMRK verletzt wurde.

III. Rechtsliteratur

Die überwiegende Ansicht der deutschen Literatur ist, dass sich der Arbeitnehmer zuerst intern melden muss.[840] Daher befürwortet sie u.a. das Kriterium der Vorrang interner Abhilfe in der Rechtsprechung der deutschen Arbeitsgerichte und der des EGMR.[841] Die Entscheidung des EGMR im Fall Heinisch hat demnach keine wesentliche Veränderung der bisherigen Rechtsprechung der deutschen Gerichte veranlasst. Vielmehr ist dies nur eine Präzisierung der bestehenden Rechtslage.[842] Es wird ausgeführt, dass der Vorrang interner Abhilfe, den der EGMR regelmäßig berücksichtigt, als eine zulässige die Beschränkung der Meinungsfreiheit anzusehen ist.[843] Es geht um einen Vorrang interner Anzeigen unter einem Zumutbarkeitsvorbehalt. Die Zumutbarkeitserwägungen der

836 EGMR 21.7.2011 - 28274/08, Heinisch/Deutschland, NZA 2011, 1269, Rn. 65.
837 EGMR 21.7.2011 - 28274/08, Heinisch/Deutschland, NZA 2011, 1269, Rn. 83.
838 EGMR 21.7.2011 - 28274/08, Heinisch/Deutschland, NZA 2011, 1269, Rn. 86.
839 EGMR 21.7.2011 - 28274/08, Heinisch/Deutschland, NZA 2011, 1269, Rn. 65.
840 Preis/Reinfeld, ArbuR 1989, 361 (370); Müller, NZA 2002, 424 (436); Gach/Rützel, BB 1997, 1959 (1961 f.).
841 Simon/Schilling, BB 2011, 2421 (2428); Ulber, NZA 2011, 962 (963); Forst, NJW 2011, 3477 (3480 f.); krit. Pabel, FS Berka 2013, 161 (169 f.); Redder, S. 161.
842 EuArbRK/*Schubert*, EMRK Art. 10 Rn. 37, 38; Wienbracke, FS Pulte 2012, 21 (37 ff.); Becker, DB 2011, 2202 (2203).
843 Schmitt, RdA 2017, 365 (368); Thüsing/Rombey, NZG 2018, 1001 (1003).

Literatur lassen sich wie folgt zusammenfassen:[844] Ein Arbeitnehmer ist im Hinblick auf seine Rücksichtnahmepflicht bzgl. der Arbeitgeberinteressen gehalten, sich zuerst um interne eine Abhilfe zur Aufklärung der Missstände zu bemühen. Die interne Abhilfe ist ausnahmsweise unzumutbar und deshalb nicht erforderlich, wenn es beispielsweise um eine (schwerwiegende) Straftat geht, wenn allein Behörden mit der Verfolgung von Verstößen verantwortlich ist, oder wenn etwa der Arbeitnehmer eine strafbewehrte Pflicht zur Anzeige aus § 138 StGB hat.

Ob der EGMR ein Vorrangverhältnis aufgestellt hat, ist umstritten. In der Literatur werden einige Ansichten deutlich, die skeptisch gegenüber dem Vorrang interner Abhilfe sind; den Arbeitnehmer soll demnach ein Auswahlrecht zwischen internem und externem Stellen eingeräumt werden, weil eine Pflicht zur internen Meldung Arbeitnehmer vor Anzeigen abhalten würde, wenn sie Repressalien befürchten müssen.[845] Dem könnte allerdings mittels einem entsprechenden Regel-Ausnahme-Verhältnis Rechnung getragen werden, wobei interne Anzeigen einen grundsätzlichen Vorrang genießen.[846] Zum Schluss gibt es vereinzelt die Meinung, dass eine vorrangige interne Abhilfesuche i. d. R. nicht erforderlich sei. Die Ausnahme ergebe sich aus einem Rechtsmissbrauch. Das ist der Fall, wenn etwa der Arbeitnehmer völlig haltlos oder böswillig Anzeige erstatte.[847] Man findet allerdings einen geringen Unterschied zwischen der gegen und für einen Vorrang sprechenden Ansichten, weil erstere durch die Zumutbarkeitsvorbehalt und letztere durch den Rechtsmissbrauch zumindest im Ergebnis die gleichen Einschränkungen vornehmen sollen.[848] Abseits von teils ausweichenden Auffassungen gilt im deutschen Schrifttum grds. der Vorrang interner Abhilfe.

Der Vorrang interner Abhilfe im türkischen Rechtsschrifttum ist hingegen ein neues Phänomen. In Bezug auf bisherige Rechtsprechungen wurde die Erforderlichkeit einer innerbetrieblichen Aufklärungsbemühung bisher nicht diskutiert. In den letzten Jahren – und womöglich unter Einfluss von ausländischem Recht wie dem deutschen Recht – hat man es angefangen, einen Vorrang interner Anzeigen anzusprechen.[849] Demnach gilt das Unterlassen der Nutzung interner

844 Ascheid/Preis/Schmidt/*Vossen*, BGB § 626 Rn. 193a; Söllner, FS Herschel 1982, 389 (404); Becker, S. 105 f.; Reinhardt-Kasperek/Denninger, BB 2018, 2484 (2487).

845 Vgl. etwa, Colneric/Gerdemann, HSI-Schriftenreihe Band 34, S. 91.

846 Groneberg, S. 246.

847 Hinrichs, Das ArbR der Gegenwart, Band 18, 35 (52).

848 Graser, S. 208 f.; Becker, S. 96.

849 Alp, DEUHFD 2013, 385 (420).

Meldung als Indiz für eine unverhältnismäßige Reaktion des Arbeitnehmers auf Missstände. Der Arbeitnehmer ist aufgrund der Loyalitäts- und Rücksichtnahmepflicht gem. § 396 TBK angehalten, zur Aufklärung eines Missstandes das geeignete, diskrete Mittel auszuwählen.[850] Eine verhältnismäßige Anzeige ist gegeben, wenn diese zur Aufklärung des Missstandes im Einzelfall geeignet und erforderlich ist.[851] Überschreitet die Vorgehensweise des Arbeitnehmers die Grenzen der Verhältnismäßigkeit, ist sein Recht zur Anzeige nicht mehr schutzwürdig.[852] Je nach dem Einzelfall wäre ein unmittelbares externes Anzeigen das einzige geeignete Mittel, den Missstand aufzuklären.[853] Nicht selten ist zudem, dass man den Vorrang interner Abhilfe mit dem Motiv des Anzeigenden bzw. mit einem Verbot von Schädigungsabsicht einbezieht.[854] Demnach kann man sich über einen Missstand beschweren, darf dieses Recht allerdings nicht missbräuchlich ausüben.[855] Die Rücksichtnahmepflicht des Arbeitnehmers aus § 369 TBK fordert im Verhältnis zu allgemeinen Gebot Treu und Glauben aus § 2 TMK eine interne Abhilfe. Der Grund für die Einbeziehung des Motivs in die vorrangige internen Aufklärungsbemühungen könnte darin liegen, dass in der türkischen Rechtsprechung kein Katalog von Verhältnismäßigkeitskriterien einer Anzeige besteht, in dem sich das Motiv und interne Abhilfe als zwei eigenständige Kriterien befinden.

---

850 Arslan Ertürk, S. 346.

851 Aydin, Sosyal Bilimler Dergisi 2003, 79 (97).

852 Erogluer/Saribay Öztürk, in: Köse/Alp 2020, S. 343 (367).

853 Alpagut, Sicil 2012, 23 (24 f.); Çelik/Caniklioğlu/Canbolat, S. 306; Alp, S. 180, 222.

854 Ein ähnlicher Einbezug findet sich teils auch in der deutschen Rechtsprechung und der Literatur. So etwa führt das LAG Rheinland-Pfalz folgenden Ausführungen: „Auch die an sich berechtigte Anzeige darf nicht missbräuchlich ausgeübt werden. Wenn bei objektiver Betrachtung erwartet werden kann, der Arbeitgeber werde einer Beschwerde nachgehen, darf der Arbeitnehmer nicht unmittelbar eine Anzeige erheben. Gerechtfertigt ist die Anzeige aber andererseits jedenfalls dann, wenn der Versuch, innerbetriebliche Abhilfe zu schaffen, erfolglos geblieben ist." LAG Rheinland-Pfalz 15.4.2019 – 3 Sa 411/18, BeckRS 2019, 20971, Rn. 58; in der Literatur sind Aussagen zu finden, die ein Verhältnis zwischen dem Motiv und der sachlichen Berechtigung der Anzeige bzw. dem betroffenen Rechtsgut andeuten, siehe etwa, Herbert NZA 2005, 193 (198), Groneberg, S. 267.

855 Alp, S. 151, 153.

C. Diskussionen im Rahmen der Umsetzung der HinSch-RL

Die HinSch-RL sieht drei Meldewege für Whistleblowing vor: die interne Meldung beim Arbeitgeber, die externe Meldung bei einer Behörde und die Offenlegung in der Öffentlichkeit.[856] Hinsichtlich eines Rangverhältnisses zwischen der Meldewege gab der Kommissionsentwurf der RL zuerst ein Rangverhältnis zwischen interner und externer Anzeige vor: das sog. Drei-Stufen-Modell.[857] Demnach darf ein Whistleblower erst nach einer unzumutbaren internen Abhilfesuche oder einem Ausbleiben einer zeitnahen, angemessenen internen Aufklärung des Missstandes externe Stellen einschalten. Der Gang an die Öffentlichkeit ist als letztes Mittel zu wählen. Die Etablierung dieses dreistufigen Meldeverfahrens führte allerdings zu Diskussionen zwischen einzelnen EU-Staaten u.a. zwischen Deutschland und dem EU-Parlament.[858] Nach den Trilog-Verhandlungen hat sich der Inhalt der HinSch-RL endgültig so gestaltet, dass ein grundsätzlicher Vorrang interner Anzeige vor einem externen Whistleblowing aufgegeben wurde.[859] Die Offenlegung von Verstößen ist weiter als letztes Mittel beibehalten. Der Weg zur Offenlegung wird gem. Art. 15 HinSch-RL nur dann eröffnet, wenn die internen oder externen Meldestellen innerhalb von Art. 9 Abs. 1 lit. f oder Art. 11 Abs. 2 lit. d HinSch-RL vorgesehenen Rückmeldefristen keine geeigneten Maßnahmen ergriffen haben.

Nichtsdestotrotz besteht noch immer Unklarheit in Bezug auf das Rangverhältnis zwischen internen und externen Meldekanäle. Art. 10 HinSch-RL enthält nicht ausdrücklich einen Vorrang interner Anzeige gegenüber externem Whistleblowing. Art. 7 Abs. 2 HinSch-RL verpflichtet Mitgliedstaaten jedoch sicherzustellen, dass Hinweisgeber zuerst interne Kanäle einschalten. Unter Betrachtung dieser zweifelhaften Vorgaben der HinSch-RL stellt sich die Frage, ob er die Tradition des Vorrangs interner Abhilfe befolgen oder dem Arbeitnehmer ein freies Wahlrecht zwischen interner und externer Meldestelle einräumen soll. Dass das HinSchG keine eindeutige Entscheidung hierzu getroffen hat, wurde bereits zu Beginn der vorliegenden Arbeit erwähnt.[860] Bisher hat man

---

856 Art. 7, 10 und 15 HinSch-RL.

857 Vandekerckhove, J Bus Ethics 2022, 1 (6).

858 Näher dazu Abazi, Common Market Law Review 2021, 813 (822 f.).

859 Leitsätze der Parlamentarischen Versammlung des EU-Rats, Document 14958, 30. 08.2019, paras. 42, 43, https://pace.coe.int/pdf/e9ff9646579e26ed3d9034c674b-508d3bc3ce49de2320393335aefb078da9779/doc.%2014958.pdf.

860 Siehe Kap. § 6, A.

sich vornehmlich in Bezug auf die einschlägigen Vorgaben der HinSch-RL geäußert, sodass in den folgenden Abschnitten diese Meinungen geschildert werden.

I. Vorrang grundsätzlicher interner Anzeige

Nach einer Ansicht in der Literatur sollte der Gesetzgeber bei der Umsetzung der RL das Hierarchieverhältnis fortsetzen, das von der bisherigen Rechtsprechung entwickelt worden ist. Eine Vorschrift, die die Auswahl der Meldewege ins Belieben des Whistleblowers stellt, würde demnach die berechtigten Interessen des Arbeitgebers an der Kenntnisnahme von betrieblicher Vorfälle sowie an der zeitnahen Reaktion auf Missstände vernachlässigen.[861] Die völker- und primärrechtlichen Vorschriften von Art. 10 EMRK und Art. 11, 16, 17 GRCh dürfen nicht außer Acht bleiben, wonach eine externe Meldung grundsätzlich subsidiär ist.[862] Ein unmittelbares externes Whistleblowing ist entsprechend der Rechtsprechung des EGMR nur dann zulässig, wenn es zumutbare, internen Meldestelle fehlt oder wenn deren angemessene Funktion vernünftigerweise nicht zu erwarten ist.[863] Das freie Ermessen des Whistleblowers, sich intern oder extern zu melden, wäre folglich unverhältnismäßig.[864] Der deutsche Gesetzgeber hat in einigen Bereichen wie im Finanzaufsichtsrecht einen Vorrang interner Abhilfe entsprechend der bisherigen Rechtsprechung des EGMR bzw. dem Primärrecht vermieden, weil Verstöße in diesem Bereich erhebliche Auswirkungen auf die Allgemeinheit haben können und interne Anzeigen erfahrungsgemäß nicht wirksam sind.[865] Gerade bei Meldungen über Kartellabsprachen o. Ä. liegt demnach das Risiko vor, dass Beweismittel unterschlagen werden, welches dazu führen würde, dass Behörden nicht mehr effektiv tätig werden können.[866] Eine solche sachspezifische Regelung dürfte durch ein prinzipielles Wahlrecht zur Meldewege nicht auf sämtliche Sachverhalte ausgedehnt werden.[867]

Ein Vorrangverhältnis zwischen einem internen und externen Anzeigen würde zudem das Ziel einer effektiven Rechtsdurchsetzung nicht gefährden.[868]

---

861 Schmitt, NZA-Beilage 2020, 50 (56).

862 Thüsing/Rombey, NZG 2018, 1001 (1003); Garden/Hiéramente, DB 2019, 963 (964); Kort, FS Windbichler 2020, 837 (853).

863 Thüsing, DB 2022, 1066 (1068).

864 Schmitt, NZA-Beilage 2020, 50 (56); Buchwald, ZESAR 2021, 69 (72); Klaas, CCZ 2019, 163 (168); Aszmons/Herse, DB 2019, 1849 (1851).

865 Schmitt, NZA-Beilage 2020, 50 (56); Buchwald, ZESAR 2021, 69 (70).

866 Schmitt, NZA-Beilage 2020, 50 (56).

867 Buchwald, ZESAR 2021, 69 (70).

868 Buchwald, ZESAR 2021, 69 (72).

Ein Hinweisgeber ist schließlich bei einem unmittelbaren externen Whistleblowing geschützt, wenn ihm kein interner Meldekanal zur Verfügung stand und intern nicht wirksam gegen den Verstoß vorgegangen werden kann oder er Repressalien befürchtete.[869] Ein Vorrang interner Abhilfeversuche gilt ferner nicht, wenn die Aufklärung des Verstoßes nach vernünftigem Ermessen nicht zu erwarten ist oder der Hinweisgeber von dem Fehlen einer internen Abhilfe ausgehen darf.[870] Die Rückmeldung von interner Stelle über die Maßnahmen gem. Art. 9 HinSch-RL würde schließlich bestätigen, dass er die ihm zumutbaren Meldewege genutzt hat.[871]

Zum Schluss rechnet man auch die anderen Vorgaben der RL wie Beweislastumkehr gem. Art. 21 HinSch-RL und dessen Auswirkung auf den Ausgleich der betroffenen Interessen ein.[872] Die Abkehr von dem Vorrangverhältnis zwischen interner und externer Meldung könnte zu einem unverhältnismäßigen Nachteil für die betroffenen Unternehmen führen, weil Hinweise in der Praxis auch aus unlauteren Motiven heraus gemeldet werden.[873] Einer Missbrauchsgefahr trägt demnach u.a. die Gleichrangigkeit der Meldekanäle bei. In der Gesamtschau verursachen diese Gesichtspunkte – gemeinsam mit der Regelung zur Beweislastumkehr – eine einseitige und erhebliche Beeinträchtigung der Interessen der Unternehmen.[874] Zusammenfassend soll nach Ansicht der Befürworter für den Vorrang interner Abhilfe das Rangverhältnis zwischen interner und externer Meldung fortgesetzt werden.

II. Regelmäßige Gleichwertigkeit von interner und externer Anzeige

Ein anderer Teil der Literatur ist der Meinung, dass die HinSch-RL auf interne und externe Meldestelle offenbar einen gleichen Wert legt. Der Vorrang interner Anzeige sei auf der Grundlage von Art. 7 Abs. 2 HinSch-RL nicht mehr

---

869 EuArbRK/*Fest*, RL (EU) 2019/1937 Art. 6 Rn. 15.

870 Schmolke, AG 2018, 769 (778).

871 EuArbRK/*Fest*, RL (EU) 2019/1937 Art. 6 Rn. 21.

872 Siehe etwa Buchwald, ZESAR 2021, 69 (73).

873 BCM, Positionspapier zum Referentenentwurf-HinSchG-RefE v. 27.4.2021, S. 11, https://www.bvdcm.de/sites/default/files/bcm-positionspapier_hinweisgeberschutzgesetz_final.pdf.

874 BCM, Positionspapier zum Referentenentwurf-HinSchG-RefE v. 27.4.2021, S. 3 f., https://www.bvdcm.de/sites/default/files/bcm-positionspapier_hinweisgeberschutzgesetz_final.pdf; Buchwald, ZESAR 2021, 69 (73).

beizubehalten.[875] Praktische Bedeutung der Gleichwertigkeit von internem und externem Whistleblowing finden sich in ihrem Beitrag zur Rechtsdurchsetzung. Die Effektivität der Rechtsdurchsetzung würde bei einem Vorrang interner Abhilfe bedroht, zumal ein potenzieller Whistleblower nur schwer ermessen kann, unter welchen Umständen er sich extern melden darf; ob also die Voraussetzungen der Unzumutbarkeit einer internen Abhilfe erfüllt sind.[876] Bei einer tatsächlich unzumutbaren und unwirksamen Abhilfebemühung macht er sich aufgrund interner Anzeige häufig gegenüber Arbeitgeber bzw. Täter bekannt und er setzt sich daher Repressalien aus.[877] Die Mitgliedstaaten können ihrer Pflicht aus Art. 7 Abs. 2 durch Information über Meldestelle nachkommen oder sie können finanzielle Anreize für externe Meldungen vorsehen und voraussetzen, dass die Belohnung erst im Falle von einer erfolglosen oder unzumutbaren internen Meldung in Betracht kommt.[878]

Trotz der Anerkennung einer Gleichwertigkeit interner und externer Meldung gibt es in der Literatur einige Ansätze, die den Eindruck erwecken, dass man die Abschaffung des traditionellen Vorrangs interner Anzeige nur „halbherzig" annimmt.[879] So hatte man zwar eine Abschaffung der in dem Kommissionsvorschlag zu der HinSch-RL von 2018 vorgesehenen klaren Eskalationsstufen empfohlen. Demnach sollte man sich mit einer prinzipiellen Gleichwertigkeit übereinstimmen und den Whistleblowern das Recht einräumen, entsprechend den Umständen unmittelbar die zuständigen Behörden einzuschalten.[880] Aufgrund einer Bezugnahme auf Umstände des Einzelfalls unterscheidet sich dieser Ansatz allerdings nicht eindeutig von dem Vorrang interner Abhilfe. Denn auch die Vertreter des Vorrangverhältnisses nehmen ein unmittelbares, externes Anzeigerecht unter Umständen des Einzelfalls an. Ebenso ist man der Ansicht, dass die Abkehr vom traditionellen Drei-Stufen-Modell und die damit einhergehende Möglichkeit des Whistleblowers, sich unmittelbar an Behörden zu wenden, eine fragwürdige Entwicklung sei.[881] Zweifelhaft findet man, ob bei einem Recht zu unmittelbarem externem Whistleblowing die kollidierenden Interessen

875 Forst, EuZA 2020, 283 (296).
876 Krause, SR 2019, 138 (151).
877 Zu hoher Wahrscheinlichkeit eines Ausfindig-Machens der Identität der Hinweisgeber im Falle einer internen Meldung, Kölbel/Herold, ZGR 2020, 961 (988).
878 Dzida/Granetzny, NZA 2020, 1201 (1204 ff.); Forst, EuZA 2020, 283 (296); Granetzny/Markworth, jurisPR-Compl 2020, Anm. 1.
879 Garden/Hiéramente, BB 2019, 963 (965).
880 Krause, SR 2019, 138 (151).
881 Garden/Hiéramente, BB 2019, 963 (965); Wiedmann/Seyfert, CCZ 2019, 12 (16).

(Interessen an der effektiven Rechtsdurchsetzung und an der Meinungsfreiheit des Whistleblowers einerseits und wirtschaftliche Interessen des Arbeitgebers andererseits) in einem angemessenen Verhältnis sind.[882] Nicht selten wäre es der Fall, dass Unternehmen die Chance verlieren, zunächst selbst Aufklärungsmaßnahmen zu ergreifen.[883] Eine unmittelbare externe Meldung könnte daher nachteilhafte Auswirkungen wie die Schädigung des Rufes haben. Folglich erscheint es unklar, ob bzw. wie man die von Art. 7 geforderte Nutzung einer internen Meldestelle in der Praxis umsetzen kann, ohne dabei zu hohe Anforderungen an die Unterstützung der internen Meldekanäle auf Seiten der Unternehmen zu stellen.[884]

III. Völlige Wahlfreiheit zwischen interner und externer Anzeige

Diese Meinung spricht ebenfalls für eine Gleichstellung von internem und externem Whistleblowing, sie erwähnt jedoch keine „Umstände", unter denen man ein direktes externes Whistleblowing wählen sollte.[885] Dies weckt den Eindruck, dass sich der Whistleblower unmittelbar extern melden darf, auch wenn eine interne Abhilfe wirksam erscheint. Er braucht also die Umstände des Einzelfalls nicht zu überlegen. Für den Whistleblower ist die Einschaltung interner Kanäle nach dieser Meinung freiwillig.[886] Diese Ansicht ist gesondert darzulegen, weil sie weiterhin Argumente liefert, die die Bedenken über die Gleichstellung von internem und externem Whistleblowing ausräumen würden. Darzulegen sind diese Argumente in Bezug auf einen Ausgleich aller beteiligten Interessen – der Arbeitgeber, Hinweisgeber und Effektivität der Rechtsdurchsetzung – auf eine normative Begründung des unmittelbaren externen Whistleblowing-Rechts und auf seine Vereinbarkeit mit der EMRK sowie mit dem Primärrecht der EU.

In Bezug auf den Ausgleich der Interessen führt man Folgendes aus: Die Gleichstellung interner und externer Anzeige entgegenwirkt erstens, dass ein Hinweisgeber schutzlos bleibt, falls nachträglich darauf verwiesen wird, dass er interne, zumutbare Abhilfemöglichkeiten nicht ausgeschöpft hat.[887] Ein Schutzausschluss ist beim Vorrang interner Abhilfe sehr wahrscheinlich der Fall, denn die Unzumutbarkeit der internen Abhilfe könnte beim Wenden an Behörde

882 Garden/Hiéramente, BB 2019, 963 (965).
883 Reppelmund, EuZW 2019, 307 f.
884 Dzida/Granetzny, NZA 2020, 1201 (1203 f.).
885 Gerdemann, SR 2021, 2 (10).
886 Colneric/Gerdemann, HSI-Schriftenreihe Band 34, S. 86.
887 Gerdemann, SR 2021, 2 (10).

falsch beurteilt und ein Arbeitnehmer mit einer unverhältnismäßigen Anzeige bei der Behörde geschuldigt werden. Zweitens generieren gleichgestellte Meldekanäle einen Wettbewerb zwischen internen und externen Meldeadressaten, was wiederum der effektiven Rechtsdurchsetzung dienen soll.[888] Eine externe Anzeige ist aus Sicht der internen Stelle nachteilhaft. Damit negative Folgen eines externen Whistleblowings vermieden werden, wird ein Arbeitgeber dafür konkurrieren, günstigste Voraussetzungen für potenzielle Whistleblower zu schaffen, sodass ein Whistleblower interne Meldestellen bevorzugt.[889] Drittens trägt die HinSch-RL dem berechtigten Interesse des Arbeitgebers an einer Vermeidung von Falschbeschuldigungen durch ihre materiellen Voraussetzungen des Whistleblower-Schutzes Rechnung, indem sie die Weitergabe der Informationen, die bewusst falsch und/oder für die Rechtsdurchsetzung irrelevant sind, gem. Art. 6 RL nicht schützt.[890] Schließlich muss die Beeinträchtigung der Arbeitgeberinteressen wegen einer externen Anzeige gering sein, denn nach den empirischen Befunden neigen Whistleblower dazu, selbst beim Vorliegen externer Stelle einen Missstand zunächst intern zu melden.[891]

Seine normative Begründung findet das unmittelbare, externe Whistleblowing-Recht zuerst in Art. 10 HinSch-RL, wonach es kein institutioneller Vorrang vorgeschrieben gibt.[892] Art. 7 Abs. 2, wonach die Nutzung interner Meldekanäle gefördert werden soll, ist demnach überflüssig, weil es im freien Ermessen des Whistleblowers steht, intern oder extern Meldung zu erstatten.[893] Eine Vorschrift, die einen Vorrang der internen Anzeige auf der Grundlage von Art. 7 Abs. 2 HinSch-RL vorsieht, würde eine Beschränkung des Rechts zum externen Whistleblowing darstellen, was nach Art. 21 Abs. 2 i. V. m. Art. 24 HinSch-RL hingegen verboten ist.[894] Die Mitgliedstaaten könnten ihre Verpflichtung aus Art. 7 Abs. 2 folglich nur mit der in Art. 7 Abs. 3 vorgesehenen Durchführung von Informationskampagnen erfüllen.[895] Schließlich steht das Recht zu einem unmittelbaren externen Whistleblowing mit vorheriger Whistleblower-Rechtsakte der Union im Einklang. Denn auch die vorangegangenen Unions-Rechtsakten

888 Colneric/Gerdemann, HSI-Schriftenreihe Band 34, S. 90 f.
889 Gerdemann, NZA-Beilage 2020, 43 (48).
890 Gerdemann, SR 2021, 2 (10).
891 Gerdemann, SR 2021, 2 (10); die HinSch-RL hat ebenso die Tendenz berücksichtigt, siehe Erwägungsgrund Nr. 33 der HinSch-RL.
892 Gerdemann, SR 2021, 2 (10).
893 Colneric/Gerdemann, HSI-Schriftenreihe Band 34, S. 86.
894 Colneric/Gerdemann, HSI-Schriftenreihe Band 34, S. 88.
895 Colneric/Gerdemann, HSI-Schriftenreihe Band 34, S. 87.

wie § 4d FinDAG enthalten keinen Vorrang interner Abhilfe.[896] Ebenso ist in den internationalen Vorgaben ein Vorrang interner Anzeigen nicht ersichtlich. Hierzu zählt etwa Art. 5 des ILO Abkommens Nr. 150, wonach die Behördenanzeige keinen Grund für die Kündigung des Arbeitnehmers darstellen darf. Ein Ratifikationsstaat, der den Schutz von Behördenanzeige nicht von der Ausschöpfung interner Kanäle abhängig sieht, würde den Anforderungen der ILO nachgekommen sein.[897]

Die Vereinbarkeit des unmittelbaren externen Whistleblowing-Rechts mit der EMRK und mit dem Primärrecht der Europäischen Union begründet man jedoch mit Folgenden:[898]

Zuerst ist das unmittelbare externe Whistleblowing-Recht als eine unionsrechtlich zulässige Einschränkung der Ausübung der unternehmerischen Freiheit auf Seiten der Arbeitgeber gem. Art. 16 der Grundrechte der Charta (GRCh) zu betrachten. Nach Art. 52 Abs. 1 der GRCh muss jede Einschränkung der Ausübung der Unternehmensfreiheit gesetzlich vorgesehen sein, den Wesensgehalt dieser Freiheit achten, unter Wahrung des Grundsatzes der Verhältnismäßigkeit erforderlich sein und den von der Union anerkannten, dem Gemeinwohl dienenden Zielsetzungen oder den Erfordernissen des Schutzes der Rechte und Freiheiten anderer tatsächlich entsprechen. Nach Art. 21 Abs. 2 HinSch-RL ist die Meldung oder Offenlegung geschützt, wenn der Hinweisgeber hinreichenden Grund zur Annahme hatte, dass die Weitergabe der Information für die Aufdeckung von Verstößen nach dieser RL notwendig war. Die Norm soll zu der Verbesserung der Durchsetzung des Unionsrechts beitragen, was ein von der Union anerkanntes und dem Gemeinwohl dienendes Ziel i. S. d. Art. 52 Abs. 1 der Charta sei. Das Recht zu einem unmittelbaren externen Whistleblowing ist ferner für die Erreichung des Ziels geeignet, weil es die Chance einer besseren Aufdeckung von Verstößen verbessert. Denn das Recht zum unmittelbaren externen Whistleblowing beugt einer abschreckende Wirkung vor, für die der Vorrang interner Abhilfe gesorgt hätte, indem er potenzielle Whistleblower dem Kontakt zu organisationsinternen Adressaten und Repressionsrisiken aussetzt.[899] Die mit Art. 21 Abs. 2 HinSch-RL herbeigeführte Einschränkung überschreitet weiterhin die Grenzen einer zur Erreichung des Ziels gesuchten Erforderlichkeit nicht, denn, nach der Vorschrift muss einerseits der Hinweisgeber annehmen,

896 Colneric/Gerdemann, HSI-Schriftenreihe Band 34, S. 87.
897 Colneric/Gerdemann, HSI-Schriftenreihe Band 34, S. 95.
898 Colneric/Gerdemann, HSI-Schriftenreihe Band 34, S. 89 f.
899 Colneric/Gerdemann, HSI-Schriftenreihe Band 34, S. 90 f.

dass die Meldung bzw. Offenlegung zur Aufdeckung von Verstößen notwendig ist.[900] Andererseits sollte er nach der Auslegung des Art. 21 Abs. 2 HinSch-RL i. V. m. Art. 7 Abs. 2 HinSch-RL zu einer vorrangigen internen Meldung ermutigt werden.[901] Auf diese Weise soll die HinSch-RL den berechtigten Interessen des Arbeitgebers Rechnung tragen.

Die Vertreter der Wahlfreiheit führen ebenfalls aus, dass unmittelbare Behördenanzeige in Bezug auf die von Art. 10 EMRK garantierte Freiheit zu der Meinungsäußerung des Whistleblowers zulässig ist.[902] Für Zweifel über die Konformität des unmittelbaren Whistleblowing-Rechts ist demnach eine irrtümliche Schlussfolgerung aus dem bekannten Urteil des EGMR-Heinisch verantwortlich. Anders als in der Literatur aus dem Urteil, stellt der EGMR in der Tat keinen konventionsrechtlichen Vorrang interner Meldestelle gegenüber Anzeigen bei Behörden auf.[903] Der EGMR erwägt den Vorrang interner Abhilfe, der vom BAG aufgestellt war, nur im Rahmen der Prüfung, ob die Einschränkung der Meinungsfreiheit durch das nationale Recht in dem in einer demokratischen Gesellschaft notwendigen Maße i. S. d. Art. 10 Abs. 2 EMRK erfolgt hat.[904] Die Auffassung des BAG zu der Erforderlichkeit eines Vorrangs interner Abhilfe macht sich der Gerichtshof hingegen nicht zu eigen.[905] Die Aufstellung einer vorrangigen internen Abhilfe sei zudem den ständigen Rechtsprechungen des EGMR fremd. Ein solcher Vorrang interner Abhilfe fehlt z. B. im Urteil von Guja/Moldawien.[906] Der EGMR sieht einen Vorrang interner Abhilfe allein für die Offenlegung von Verstößen vor, genauso wie es Art. 15 HinSch-RL vorsieht.

Zusammenfassend sollte ein Whistleblower frei entscheiden dürfen, ob er einen Missstand intern oder extern melden möchte. Das Wahlrecht des Whistleblowers dient einer effektiven Rechtsdurchsetzung.

---

900 Colneric/Gerdemann, HSI-Schriftenreihe Band 34, S. 90 f.

901 Colneric/Gerdemann, HSI-Schriftenreihe Band 34, S. 90.

902 Gerdemann, NZA-Beilage, 2020, 43 (44); Colneric/Gerdemann, HSI-Schriftenreihe Band 34, S. 91 f.

903 Colneric/Gerdemann, HSI-Schriftenreihe Band 34, S. 91.

904 Gerdemann, NZA-Beilage, 2020, 43 (45); Colneric/Gerdemann, HSI-Schriftenreihe Band 34, S. 94.

905 Gerdemann, SR 2021, 2 (16).

906 Colneric/Gerdemann, HSI-Schriftenreihe Band 34, S. 92 ff.

D. Stellungnahme

Es ist schwer, in Bezug auf die Frage nach dem Verhältnis zwischen einer internen und externen Meldung, eine Entscheidung zu treffen. Art. 10 HinSch-RL und vorherige unionsrechtliche sowie internationale Vorgaben und der EGMR treffen ebenfalls keine Entscheidung zu der Frage, ob Meldestellen gleichwertig sind oder eine gegenüber der anderen vorrangig einzuschalten ist (I, II und III). Theoretisch bestehen keine Hindernisse für beide Modelle; weder für eine Etablierung des Wahlrechts noch für eine Fortsetzung des traditionellen Vorrangs interner Meldung. Das Wahlrecht scheint aber für Deutschland praktisch sinnvoll. Das unmittelbare externe Whistleblowing-Recht könnte vorgesehen werden, wenn allen beteiligten Interessen – die der Arbeitgeber und Arbeitnehmer sowie die Effektivität der Rechtsdurchsetzung – hinreichend Rechnung getragen werden.[907] Daher müssen die Chancen und Risiken der beiden Modelle abgewogen werden (IV). Anschließend trifft die vorliegende Arbeit eine Entscheidung zu dieser Frage (V).

I. Auslegung von Art. 10 HinSch-RL i. V. m. Art. 7, 21 und 24 HinSch-RL

Aus dem Fehlen einer ausdrücklichen Voraussetzung der Abschöpfung interner Abhilfe in Art. 10 HinSch-RL könnte man systematisch ein Auswahlrecht zwischen interner und externer Meldekanäle folgern. Diese Schlussfolgerung ist allerdings nicht absolut.[908] Eine interne Abhilfe darf für externe Meldungen vorausgesetzt werden, sofern gesichert wird, dass dies nicht zu einer unangemessenen Einschränkung der Behördenanzeige führt.[909] Zu diesem Ergebnis kam die vorliegende Arbeit durch die Auslegung des Art. 10 i. V. m. Art. 7, 21 und 24 HinSch-RL.

Der Wortlaut des Art. 10 ist wie folgt: Unbeschadet des Art. 15 Abs. 1 lit. b – sog. unmittelbare Offenlegung – melden Hinweisgeber Informationen über Verstöße unter Nutzung der Kanäle und Verfahren gem. Art. 11 und 12, nachdem sie zuerst über interne Meldekanäle Meldung erstattet haben oder, indem sie direkt über externe Meldekanäle Meldung erstatten. Ohne besonderen Ausschluss der Offenlegung i. S. d. Art. 15 Abs. 1 lit. b hätte die RL die Norm Art. 10 so verfassen können, dass es bedeuten würde, es gäbe ein Vorrangverhältnis zwischen drei

907 Redder, S. 222; Buchwald, ZESAR 2021, 69 (70 ff.).
908 Buchwald, ZESAR 2021, 69 (71).
909 Buchwald, ZESAR 2021, 69 (70).

Arten von Aufdeckung: das sog. Drei-Stufen-Modell. Der Grund für die Ausnahme des Art. 15 Abs. 1 lit. b kann darin liegen, dass die HinSch-RL selbst das Recht zum externen Whistleblowing nicht einschränken wollte. So stellt Art. 21 Abs. 2 das Recht zur Anzeige gegenüber Behörden zusätzlich unter Garantie. Demnach darf der Hinweisgeber aufgrund seiner Meldung oder Offenlegung nicht haftbar gemacht werden, sofern er hinreichenden Grund hatte, dass die Informationsweitergabe zur Aufdeckung von Verstöße nach dieser RL notwendig war. Weiterhin sichert die RL das Recht zur Behördenanzeige durch Art. 24 zu, wonach Mitgliedstaaten sicherstellen sollen, dass die von der RL vorgesehenen Rechte wegen einer Beschäftigungsvereinbarung o. Ä. nicht aufgehoben oder eingeschränkt werden können. Hätte die RL eine vorrangige interne Anzeige als Schutzvoraussetzung für externes Whistleblowing vorgesehen, hätte sie selbst widersprüchlich mit diesen Vorgaben gehandelt. Die HinSch-RL hat hingegen das Bewusstsein, dass externes Whistleblowing für die effektive Rechtsdurchsetzung von erheblicher Bedeutung ist. Eine wirksame Rechtsverfolgung wäre demnach nur dann möglich, wenn potenzielle Whistleblower die Informationen an die zuständigen Behörden weitergeben können, die in der Lage sind, das Problem zu untersuchen und so weit wie möglich zu beheben.[910] Die Bedeutung externer Meldungen ist umso erheblicher, als dass interne Meldungen unwirksam wären. Dafür liefert die RL in ihren Erwägungsgründen mit Nr. 51, 61, und 62 Beispiele, in denen man vernünftigerweise annehmen dürfte, dass interne Anzeigen nicht abhelfen würden. Hierzu zählen etwa über das Fehlen einer internen Meldestelle hinaus die Umstände, unter dem man nicht erwarten kann, dass die Nutzung interner Kanäle angemessen funktioniert. Dies ist der Fall, wenn der Hinweisgeber Grund zu der Annahme hat, infolge der Verletzung der Vertraulichkeitspflicht Repressalien zu befürchten oder wenn zuständige Behörden besser in der Lage sind, den Verstoß zu verfolgen.[911] Zu Recht meint die HinSch-RL damit nicht, dass sich der Hinweisgeber lediglich in solchen Fällen unmittelbar an zuständige Behörde wenden darf.[912] Sie verdeutlicht mit diesen Beispielen nur, dass externes Whistleblowing unter Umständen den geeignetsten Weg für eine effektive Rechtsdurchsetzung darstellt.

Art. 7 Abs. 2, nach dem sich die Mitgliedstaaten dafür einsetzen sollen, dass eine vorherige interne Meldung von potenziellen Hinweisgebern gegenüber externen Meldungen bevorzugt wird, in denen intern wirksam gegen den

910 Erwägungsgrund Nr. 60 der HinSch-RL.

911 Erwägungsgründe Nr. 51 und 62 der HinSch-RL.

912 Colneric/Gerdemann, HSI-Schriftenreihe Band 34, S. 86.

Verstoß vorgegangen werden kann und der Hinweisgeber keine Repressalien befürchtet, ist weiterhin nicht überflüssig. Die Norm dient einem Vorzug interner Abhilfe, insofern man vernünftigerweise – unter Umständen des Einzelfalls – annehmen darf, dass die interne Abhilfe das geeignetste Mittel ist, um gegen einen Missstand vorzugehen. Zuzustimmen ist daher die Ansicht, dass es sich bei Art. 7 Abs. 2 HinSch-RL weder um die Vorgabe eines Hierarchieverhältnisses noch um ein Umsetzungsspielraum der Mitgliedstaaten handelt.[913] Die HinSch-RL meint hier vielmehr, dass die Entscheidung der Hinweisgeber zugunsten der internen Stellen eingewirkt werden soll, etwa mittels der Aufklärungs- und Informationskampagnen oder der finanziellen Belohnung von internen Anzeigen.[914] Um die Verfolgung eines Verstoßes voranzutreiben, sollten die Informationen rasch zu denjenigen gelangen, die der Ursache des Problems am nächsten sind, der Meldung am ehesten nachgehen können und über entsprechende Befugnisse verfügen, das Problem, soweit möglich, zu lösen.[915] Bei der Auswahl der Stelle ist also Folgendes entscheidend: Welche Stelle ist rechtlich und tatsächlich in der Lage, den vermeintlichen Verstoß aufzuklären, zu verhindern bzw. zu verfolgen? Diese könnte im Einzelfall sowohl eine interne als auch externe Stelle sein. Von einem potenziellen Whistleblower ist zu erwarten, dass er seine Entscheidung nach diesem Kriterium trifft, damit sein Hinweis dem Zweck zur Verfolgung bzw. Verhinderung von Verstößen dienen kann. Ein völlig freies Ermessen könnte dazu führen, dass die Information an die zuständigen Stellen zu spät gelang. Die RL fordert nicht auf, dass Hinweisgeber völlig frei entscheiden, auf welchem Wege sie Missständen melden sollen. Die RL legt die Verantwortung nur nicht auf die Schultern der Hinweisgeber – andernfalls hätte sie einen ausdrücklichen Vorrang interner Abhilfe vorgeschrieben. Stattdessen tragen Unternehmen bzw. Behörden die Verantwortung dafür, dass Hinweisgeber den effektivsten Meldeweg wählen. Interne und externe Meldestellen müssen daher zweckdienliche Informationen bereitstellen, sodass potenzielle Hinweisgeber eine fundierte Entscheidung darüber treffen können, ob, wann und auf welche Weise sie melden.[916]

Als Fazit bleibt festzuhalten, dass die HinSch-RL das Verhältnis zwischen internen und externen Meldestellen offenlässt. Eine effektive Rechtsverfolgung

913 Buchwald, ZESAR 2021, 69 (70).

914 Buchwald, ZESAR 2021, 69 (70).

915 Erwägungsgrund Nr. 47, S. 1 der HinSch-RL.

916 Art. 7 Abs. 3 HinSch-RL; Erwägungsgründe mit Nr. 57, 58, 59 sowie Nr. 75 der HinSch-RL.

ist je nach Einzelfall durch eine interne Meldung oder durch eine externe Behördenanzeige möglich. Sofern eine nationale Umsetzungsvorschrift, welche einen Vorrang interner Anzeige vorschreibt, die Voraussetzungen schafft, unter denen potenzielle Hinweisgeber Missstände ohne Angst vor Repressionen anzeigen und damit eine Abhilfe schaffen können, dürfte diese Vorschrift aus Sicht der RL unproblematisch sein.

II. Sonstige unionsrechtliche und internationale Vorgaben

Aus dem Umstand, dass unionsrechtliche und internationale Vorgaben keinen Vorrang interner Meldung haben, ergibt sich nicht notwendig, dass sie den Vorrang interner Abhilfe regelmäßig unwirksam für eine Rechtsdurchsetzung finden. Den unionsrechtlichen und internationalen Vorgaben zur Beschäftigtenanzeigen ist gemeinsam, dass sie die Mindeststandards zur Erreichung des Ziels der einschlägigen Rechtsakte festlegen und den Mitgliedstaaten ein Ermessensspielraum in bestimmten Fragen wie nach der Art und Weise der Erreichung des Ziels lassen.[917] Die Zielerreichung ist hingegen nicht zwingend davon abhängig,

917 So z. B. in Bezug auf die Anforderungen an missbräuchlichen Einsatz der Leiharbeitnehmer besagt der EuGH folgendes: „In Art. 5 V 1 der RL 2008/104, der zu diesen Mindestvorschriften zählt, heißt es, dass die Mitgliedstaaten die erforderlichen Maßnahmen gemäß ihren nationalen Rechtsvorschriften und/oder Gepflogenheiten ergreifen, um eine missbräuchliche Anwendung dieses Artikels zu verhindern und um insbesondere aufeinanderfolgende Überlassungen, mit denen die Bestimmungen dieser Richtlinie umgangen werden sollen, zu verhindern. Diese Bestimmung verpflichtet die Mitgliedstaaten somit nicht dazu, die Zahl der aufeinanderfolgenden Überlassungen desselben Arbeitnehmers bei demselben entleihenden Unternehmen zu begrenzen oder den Einsatz von befristeter Arbeitnehmerüberlassung von der Angabe der technischen oder mit der Produktion, der Organisation oder der Ersetzung eines Arbeitnehmers zusammenhängenden Gründe abhängig zu machen. Außerdem sieht diese Bestimmung ebenso wenig wie die anderen Bestimmungen dieser Richtlinie spezifische Maßnahmen vor, die die Mitgliedstaaten zu diesem Zweck treffen müssten. […] Aus der Rechtsprechung des Gerichtshofs ergibt sich nämlich, dass diese Bestimmung dahin zu verstehen ist, dass sie den Rahmen festlegt, in dem sich die Regelungstätigkeit der Mitgliedstaaten in Bezug auf Verbote und Einschränkungen des Einsatzes von Leiharbeit abspielen darf, und nicht den Erlass einer bestimmten Regelung in diesem Bereich, auch nicht zur Verhinderung von Missbräuchen, vorschreibt.“, EuGH (Zweite Kammer) 14.10.2020 – C-681/18 (JH/KG), ECLI:EU:C:2020:823. Ebenso legt die die Europäische Menschenrechtskonvention mit Art. 10 den Mindeststandards der Schutz der Freiheit der Meinungsäußerung fest. Die Rspr. des EGMR, dessen Mission Herausbildung eines gemeinsamen europäischen

dass Mitgliedstaaten einen Vorrang interner Abhilfe vermeiden. Nationalspezifische Besonderheiten dürfen deshalb Berücksichtigung finden, sofern diese den festgelegten Mindeststandard nicht unterschreiten. Nach einer praktischen Konkordanz der beteiligten Interessen würde sich dann jeder Mitgliedstaat entweder für oder gegen einen Vorrang interner Abhilfe entscheiden.

So enthält z. B. § 17 Abs. 2 ArbSchG, die deutsche Umsetzung des Art. 11 Abs. 6 Arbeitsschutz-RL einen Vorrang interner Abhilfe, während der deutsche Gesetzgeber auf einen Vorrang interner Anzeige im Bereich des Finanzaufsichtsrechts verzichtet hat. Daraus lässt sich keine allgemeine Priorisierung von unmittelbaren externen Anzeigen schlussfolgern.[918] Da das Finanzaufsichtsrecht ein besonders sensibler und abgrenzbarer Bereich ist, in dem sich eine interne Anzeige aufgrund der hohen Wahrscheinlichkeit einer Verstoß-Vertuschung als unzumutbar erweist, versteht sich der Verzicht auf einen Vorrang interner Anzeige zugunsten der effektiven Durchsetzung des Unionsrechts in diesem Bereich.[919] Anders als das Finanzaufsichtsrecht betrifft der Arbeitsschutz Arbeitnehmer und Arbeitgeberinteressen unmittelbar. Während einem Beschäftigten bei einem Verstoß gegen das Finanzaufsichtsrecht keine Erfüllungsansprüche

---

Menschenrechtsstandards ist, muss zwar in Vertragsstaaten berücksichtigt werden. Die Pflicht zur Rücksichtnahme auf die Rspr. des EGMR erkennt aber wiederum die Berücksichtigung des rechtskulturellen Hintergrundes eines Sachverhalts und spezifische Besonderheiten der nationalen Rechtsordnung nicht ab. Sie sind berücksichtigt, soweit die vom EGMR aufgestellten Mindestschutzstandards eingehalten werden, BVerfGE 128, 326 (369 f.). Nichts anderes gilt für türkische Gerichte in Bezug auf die Verpflichtung zur Rücksichtnahme der Menschenrechte und der Rspr. des EGMR aus Art. 1 und Art. 46 EMRK. Die Türkei hat die EMRK 20.3.1952 ratifiziert und die Konvention ist 19.3.1954 in Kraft gesetzt worden, RG: 19.3.1954/8662. Laut Art. 90 Abs. 5 AY genießt zudem ein internationales Abkommen, welches sich um Grundrechte und Freiheiten handelt, in einer Kollision mit dem nationalen Gesetz den Vorrang. Dies bedeutet allerdings nicht, dass die EMRK in der Normenhierarchie oberhalb der nationalen Gesetze stehe. Der Art. 90 Abs. 5 ist so zu verstehen, dass die EMRK sowie die Rspr. des EGMR für die Bestimmung von Inhalt und Reichweite der Grundrechte und Freiheiten bzw. für Auslegung nationaler Rechtsnormen als Hilfsmaßstab – tr. „destek ölcü norm" – heranzuziehen ist, Fendoglu, AYD 2000, 363 (364 f.).

918 Buchwald, ZESAR 2021, 69 (70).

919 Schmitt, NZA-Beilage 2020, 50 (55); Buchwald, ZESAR 2021, 69 (70); aus den ähnlichen Gründen sieht § 22 Abs. 1 S. 2 HinSchG ein Wahlrecht zwischen interner und externer Meldekanäle vor, wenn es um die Aufdeckung von Kartellrechtsverstöße geht, siehe eingangs des vorliegenden Kapitels bereits erwähnt.

gegenüber dem Arbeitgeber zur Verfügung stehen, hat er beim Verstoß gegen den Arbeitsschutz gesetzliche und vertragliche Rechte gegenüber Arbeitgeber.[920] Diese in Anspruch zu nehmen, muss dem Beschäftigte grds. zumutbar sein, um den Verstoß zu beseitigen.[921] Das gesetzgeberische Interesse an der Schaffung eines Ausgleichs zwischen den Interessen der Arbeitgeber und Arbeitnehmer macht schließlich eine vorrangige Abhilfebemühungen beim Arbeitgeber erforderlich und nachvollziehbar.

Der fehlende Vorrang interner Anzeige geht weiterhin nicht unbedingt auf eine regelmäßige Unwirksamkeit interner Anzeige zurück. Auch länderspezifische Gegebenheiten können einen Einfluss auf die Entscheidung für oder gegen einen Vorrang interner Anzeige haben. Diese Annahme lässt sich mit der Umsetzung des Art. 5 lit. c des ILO-Übereinkommen Nr. 158 im türkischen Recht stützen.[922] Die Türkei hat als Ratifikationsstaat den Art. 5 des ILO Wort für Wort in das türkische Arbeitsgesetzbuch aufgenommen. Genau wie Art. 5 lit. c ILO Nr. 150 zählt § 18 Abs. 3 IK beispielhaft die Gründe auf, die keinen anerkannten Grund für eine Kündigung darstellen dürfen. § 18 Abs. 3 lit. c IK enthält Folgendes: Verfolgung der gesetzlichen oder vertraglichen Rechte und Erfüllung der Verpflichtungen des Arbeitnehmers gegenüber dem Arbeitgeber durch Beschwerde bei Behörden, gerichtliche Klage oder Beitritt zu einem in dieser Angelegenheit anhängigen Verfahren. In der Praxis dieser Vorschrift sieht man allerdings keine Prüfung, ob der Arbeitnehmer zuerst den Arbeitgeber auf einen Missstand hingewiesen hat, bevor er sich an Behörden wendet. Die fehlende Prüfung der Ausschöpfung interner Abhilfe geht aber nicht darauf zurück, dass sich der türkische Gesetzgeber dadurch um die angemessene Anwendung des Art. 5 lit. c ILO gekümmert hat – es geht also nicht um eine bewusste legislative Entscheidung –,[923] der Grund liegt vielmehr darin, dass innerbetriebliche Konfliktlösungsmechanismen wie Betriebsräte, Mitarbeiter-Hotlines etc. in der türkischen Rechtsordnung nicht vorhanden sind. Übrigbleibt daher nur der Arbeitgeber als interner Meldeadressat. Dieser wäre aber nicht wirksam, da die Klage i. S. d. § 18 Abs. 3 lit. c IK selbst auf ein Fehlverhalten des Arbeitgebers

920 Vgl. Kreis, S. 135, 151; siehe ebenso das Kriterium von Opferlosigkeit, welches den Einsatz des Whistleblowings in bestimmten Bereichen erfordert, Kap. § 4, E, I, 1.

921 Maßregelungsverbot in § 17 Abs. 2 ArbSchG oder allgemeine Benachteiligungsverbot aus § 612a BGB sichert die praktische Anwendbarkeit dieser Ansprüche ab.

922 Convention C158 – Termination of Employment Convention, 1982 (No. 158), seit 4. Januar 1995 in Kraft in der Türkei.

923 Eine solche Begründung findet sich zumindest in der Gesetzesbegründung des § 18 Abs. 3 lit. c IK nicht.

gerichtet ist. Aus diesem Grund ist es vernünftig, dass die Norm keine interne Abhilfe voraussetzt.

Die gleiche Handlungsweise lässt sich auch in der HinSch-RL beobachten. Sie legt Mindeststandards zum Schutz von Whistleblowern zur Erreichung einer effektiven Rechtsdurchsetzung fest.[924] Solange es nicht zur Unterschreitung des von der HinSch-RL aufgestellten Schutzniveaus des Whistleblowings führt, dürfen bzw. sollen Besonderheiten der nationalen Rechtsordnung bei der Auswahl der Rechtsdurchsetzungsmitteln berücksichtigt werden können. Während etwa in manchen Ländern wie Norwegen die Kultur der Offenheit in Organisationen sowie gute betriebsinterne Strukturen zur Konfliktlösung für einen Vorzug internes Whistleblowing sprechen und dies als das geeignete oder sogar wirksamste Mittel für die Rechtsdurchsetzung wahrnehmen lässt, kann dies für ein anderes Land wie die Türkei nicht der Fall sein, weil dieses keine strukturierten betrieblichen Konfliktlösungsmechanismen in Unternehmen hat.[925] Die Berücksichtigung nationalspezifischer Umstände kann sogar zwingend sein: Würde nämlich im internationalen und europäischen Kontext festgelegt, mit welchem Mittel das Rechtsdurchsetzungsinteresse am besten wahrnehmbar ist, und wäre dieses für alle Staaten verbindlich, wäre das Ziel zur Erreichung eines Mindeststandards beim Schutz von Whistleblowern nicht erreichbar, denn die nationalspezifischen Umstände fordern zur Erreichung des Ziels andere Wege.

Zusammenfassend bleibt festzuhalten, dass unionsrechtliche und internationale Normen keine Entscheidung zu der Frage treffen, mit welchem konkreten Weg eine Norm durchzusetzen ist. Die Entscheidung betrifft die Einzelheiten der Durchsetzung einer Norm bzw. Erreichung des einschlägigen Ziels und wird von Mitgliedstaaten getroffen.

III. Würdigung der Judikatur des EGMR

Es ist nicht die Aufgabe des EGMR, Meldewege als das allgemein geeignete Mittel zur Rechtsdurchsetzung festzulegen. Seine Aufgabe ist nur zu prüfen, ob die Meinungsfreiheitseinschränkung nach Maßgaben des Art. 10 EMRK zulässig ist. Er bringt dabei das Recht auf freie Meinungsäußerung und den mit dem

---

924 Näher dazu, Gerdemann, RdA 2019, 16.

925 Eine andere Besonderheit könnte sich aus dem einschlägigen Rechtssystem ergeben. So etwa den Unterschied des US-amerikanischen Whistleblowing-Rechts von dem britischen PIDA in Bezug auf den privilegierten Schutz des externen Whistleblowings erklärt man u.a. mit einer geringen Bedeutung vertraglicher Rücksichtnahmepflichten im US-amerikanischen Arbeitsrecht, siehe Groneberg, S. 246.

Arbeitsvertrag verbundenen Rechten und Pflichten in einen angemessenen Ausgleich.[926] Die Auswahl eines milderen Mittels bezieht sich in diese Prüfung ein. Zuzustimmen ist daher die Ansicht, dass der EGMR damit kein konventionelles Rangverhältnis zwischen interner und externer Meldestelle aufstellt.[927] Dies lässt sich allerdings nicht so verstehen, dass der EGMR auch regelmäßig einen Vorrang interner Anzeige ablehnen würde bzw. sollte.[928] Die Auswahl der milderen Mittel zur Aufdeckung eines Missstandes ist einer der Gesichtspunkte des Gerichtshofs. Unter einem milderen Mittel lassen sich sowohl interne Adressaten als auch Behörden verstehen. Es hängt davon ab, wie das einschlägige nationale Recht dies definiert. Der EGMR berücksichtigt, ob der Vertragsstaat ein internes Beschwerdeverfahren vorsieht bzw. nationale Gerichte ein bestimmtes milderes Mittel berücksichtigen oder die Frage nach einem Rangverhältnis offenlassen.[929]

Bei Vorliegen eines solchen vorrangigen Meldeweges findet der EGMR diesen im Einzelfall anwendbar.[930] Im Fall Guja stellt der Gerichtshof das Fehlen eines solchen innerbetrieblichen Beschwerdeverfahrens der Generalanwaltschaft fest.[931] Aufgrund der Behauptungen der Generalanwaltschaft, dass sich Herr Guja zuerst an seinen Vorgesetzen gewandt habe, nimmt der EGMR Stellung und besagt, dass dies unzumutbar sei, da der Vorgesetzte das Fehlverhalten geduldet habe.[932] Daher ist es auch nicht überraschend, dass der EGMR beim Fall Heinisch, welcher ebenfalls ein Offenlegungsfall ist, zur Rechtfertigung der Strafanzeige von Frau Heinisch nach der Ausschöpfung interner Aufklärungsmöglichkeiten gesucht hat.[933] Weil diese durch deutsche Gerichte im Einzelfall berücksichtigt worden sind.[934] Ein gesetzlich vorgesehener bzw. durch nationale Gerichte angewandter Vorrang einer internen Abhilfe stellt aus Sicht des EGMRs

---

926 EGMR 13.1.2015 – 79040/12, Rubins/Lettland, NZA 2016, 1009, Rn. 87; EGMR 16.2.2021 – 23922/19, Gawlik/Liechtenstein, BeckRS 2021, 1820, Rn. 81.

927 Colneric/Gerdemann, HSI-Schriftenreihe Band 34, S. 95; a.A. Buchwald, ZESAR 2021, 69 (73).

928 EGMR 21.6.2016 – 79972/12, Soares/Portugal, https://hudoc.echr.coe.int/fre?i=001-163822, Rn. 33, 41 und 48.

929 Deutlich hingewiesen ist etwa, dass es bei nationalem Recht an einer Praxis zu dem Vorrangverhältnis fehlt, EGMR 13.1.2015 – 79040/12, Rubins/Lettland, NZA 2016, 1009, Rn. 89.

930 EGMR 21.7.2011 – 28274/08, Heinisch/Deutschland, NZA 2011, 1269, Rn. 62 ff.

931 EGMR 12.2.2008 – 14277/04, Guja/Moldawien, Rn. 81.

932 EGMR 12.2.2008 – 14277/04, Guja/Moldawien, Rn. 81.

933 Überraschend finden, Colneric/Gerdemann, HSI-Schriftenreihe Band 34, S. 94.

934 EGMR 21.7.2011 – 28274/08, Heinisch/Deutschland, NZA 2011, 1269, Rn. 62.

eine mit dem Art. 10 EMRK vereinbare Einschränkung der Meinungsfreiheit dar.[935] Das Fehlen eines solchen Vorrangs interner Abhilfe verstößt ebenso nicht gegen Art. 10 EMRK. Der EGMR wendet nur das national angewandte mildere Mittel an, ohne daraus einen allgemeinen Vorrang dieses bestimmten Aufdeckungsmittels abzuleiten.

Wie der EGMR die Frage nach einem Rangverhältnis offenlässt, weil diese von dem nationalen Recht ebenfalls offengelassen worden ist, lässt sich mit seinem Urteil im Fall Gawlik verdeutlichen.[936] Es geht um die fristlose Kündigung des Arztes Gawlik in einem Krankenhaus in Liechtenstein, der eine Strafanzeige gegen seinen Chefarzt Dr. H aufgrund des Verdachts erstattet, der Chefarzt habe bei mehreren Patienten eine aktive Sterbehilfe durchgeführt. Die Staatsanwaltschaft ist zwar verschwiegenheitspflichtig, der Vorwurf von Gawlik über Dr. H wird aber infolge anschließender Ermittlungen, einschließlich der Beschlagnahme der Krankenakten im Landeskrankenhaus, in einer größeren Öffentlichkeit bekannt.[937] Im Rahmen der üblichen Prüfung und der Abwägungsgesichtspunkte, u.a. durch interne Aufklärungsversuche, beobachtet der EGMR, dass sowohl das nationale Arbeitsgericht als auch das Verfassungsgericht die Frage offenlassen, ob der Kläger zunächst hätte intern versuchen müssen, den Verdacht aufzuklären.[938] Es bleibe abzuwarten, ob der Kläger seinen Verdacht entweder bei einem Mitglied des Stiftungsrats des Krankenhauses oder beim Direktor des Krankenhauses vor Erstattung einer Strafanzeige hätte melden müssen.[939] Der Gerichtshof weist in diesem Zusammenhang auf eine seinerzeit verfügbare europäische Vorgabe, die Empfehlung des Ministerkomitees des Europarats (2014)7 zum Schutz von Whistleblowern, hin.[940] Der Gerichtshof stellt fest, dass in der Empfehlung eine Rangordnung zwischen den verschiedenen Melde- und Offenlegungskanälen nicht ersichtlich ist. Weiterhin erwägt der EGMR zwar die Umstände des Einzelfalls, wonach der geeignetste Weg zu ermitteln sei.[941] So wäre z. B. eine interne Meldung bei dem internen Meldekanal CIRS (Critical Incident Reporting System) des Krankenhauses nicht zumutbar, weil es Gawlik nicht klar war, dass seine Identität gegenüber dem angeblichen

---

935 EGMR 16.2.2021 – 23922/19, Gawlik/Liechtenstein, BeckRS 2021, 1820, Rn. 48 ff.
936 EGMR 16.2.2021 – 23922/19, Gawlik/Liechtenstein, BeckRS 2021, 1820.
937 EGMR 16.2.2021 – 23922/19, Gawlik/Liechtenstein, BeckRS 2021, 1820, Rn. 17.
938 EGMR 16.2.2021 – 23922/19, Gawlik/Liechtenstein, BeckRS 2021, 1820, Rn. 81.
939 EGMR 16.2.2021 – 23922/19, Gawlik/Liechtenstein, BeckRS 2021, 1820, Rn. 82.
940 EGMR 16.2.2021 – 23922/19, Gawlik/Liechtenstein, BeckRS 2021, 1820 Rn. 36, 37.
941 EGMR 16.2.2021 – 23922/19, Gawlik/Liechtenstein, BeckRS 2021, 1820 Rn. 82.

Täter geheim bleiben würde.[942] Die Gefahr, sich beim Unterlassen einer Anzeige strafbar zu machen, rechtfertigt die unmittelbare Einschaltung der Strafanwaltschaft ebenfalls.[943] Der EGMR vermeidet jedoch, sich diese Abhilfebemühungen zu eigen zu machen. Er wiederholt, dass unter den Umständen des Falles die Frage offenbleiben könne, ob der Kläger verpflichtet sei, seinen Verdacht zuerst gegenüber den genannten internen Stellen zu äußern.[944]

Abschließend lässt sich aufklären, warum der EGMR diese Vorgehensweise in Bezug auf die Wahl des milderen Mittels fortsetzt. In der Literatur findet sich die Meinung, dass Whistleblower aus einem EU-Mitgliedstaat und aus einem Nicht-EU-Mitgliedstaat vor dem EGMR im Hinblick auf die Schutzvoraussetzungen unterschiedlich behandelt würden, wenn der Gerichtshof den Vorrang interner Anzeige fortsetzen würde.[945] Die HinSch-RL setze nämlich keinen Vorrang interner Abhilfe voraus, und die RL schaffe somit einen verbesserten Schutz der Meinungsfreiheit. Um einen divergierenden Schutz der Whistleblower vor dem EGMR zu vermeiden, müsste der EGMR die Berücksichtigung sein internes Abhilfebemühen aufgeben.[946] Die vorliegende Arbeit schließt sich dieser Meinung aus den folgenden Gründen nicht an:

Erstens: Die RL schafft zwar einen verbesserten Schutz für Hinweisgeber, es gibt allerdings keine hinreichenden Beweise dafür, dass nach der RL ein verbesserter Schutz von Hinweisgebern vornehmlich durch die Abschaffung des Vorrangs interner Abhilfe möglich ist.[947] Zweitens: Der EGMR und HinSch-RL haben zwei unterschiedliche Zielrichtungen und auch bei der Berücksichtigung interner Abhilfe erreicht der EGMR den gleichen Schutz der Meinungsfreiheit. Beim EGMR steht im Vordergrund der Schutz der Meinungsfreiheit, wobei ein

942 EGMR 16.2.2021 – 23922/19, Gawlik/Liechtenstein, BeckRS 2021, 1820 Rn. 11, 81.

943 EGMR 16.2.2021 – 23922/19, Gawlik/Liechtenstein, BeckRS 2021, 1820 Rn. 82.

944 EGMR 16.2.2021 – 23922/19, Gawlik/Liechtenstein, BeckRS 2021, 1820 Rn. 82.

945 Kafteranis/Brockhaus, European Law Blog v. 21.9.2020, https://europeanlawblog.eu/2020/09/21/time-to-reconsider-strasbourgs-whistleblower-case-law/.

946 Nach einer entsprechenden Anwendung dieser Ausführungen wäre z. B. der türkische Offizier des TSK bei einer fehlenden Ausschöpfung des gesetzlich vorgesehenen internen Beschwerdeverfahrens nicht geschützt – siehe zu dem Fall oben Fn. 828, hingegen geschützt würde Frau Heinisch bei einer unmittelbaren Anzeige gegenüber Strafanwaltschaft aufgrund eines vom deutschen Recht eingeräumten Wahlrechts zwischen interner und externer Anzeige.

947 Siehe die Ausführungen unter Kap. § 6, D, IV, 1, in Bezug auf den vermeintlichen Beitrag des fehlenden Vorrangverhältnisses zu der effektiven Rechtsdurchsetzung.

Eingriff in einer demokratischen Gesellschaft erforderlich sein muss.[948] Bei der HinSch-RL geht es hingegen um die Erhöhung der Effektivität der Durchsetzung des Unionsrechts, gem. Art. 1 der RL. Der Schutz der Meinungsfreiheit der Whistleblower ist dabei nur ein Mittel, anhand dessen Whistleblower zu einer Aufdeckung von Verstößen zugunsten der Rechtsdurchsetzung motiviert werden können.[949] Die Berücksichtigung innerbetrieblicher Abhilfebemühungen durch EGMR führt dabei nicht notwendig zu einem niedrigen Schutzniveau bei der Meinungsfreiheit. Dies muss man vor allem dann bejahen, wenn man beobachtet, dass sich der EGMR meistens mit der Offenlegung von Informationen beschäftigt. Als der EGMR in einem Fall die Offenlegung aufgrund der erfolglosen Ausschöpfung der externen Anzeige für zulässig erklärt, würde er den Schutz eines Whistleblowers nicht deshalb versagen, weil er ein vom Mitgliedstaat vorgesehenes internes Abhilfebemühen vor einer Behördenanzeige vernachlässigt. Drittens: Die Vertragsstaaten der EMRK, die keine EU-Länder sind,[950] sind nur dazu eingeladen, ihre einschlägigen Rechtsvorschriften zu überarbeiten oder neue Gesetze zu verabschieden, um Hinweisgebern in ihren Ländern auf dem gleichen Niveau schützen zu können, wie in einem EU-Mitgliedstaat.[951] Es besteht also keine Pflicht, sondern eine Empfehlung. Ferner ist es erforderlich, ein gleiches Schutzniveau zu erreichen, und dabei ist nicht (allein) die Abschaffung interner Abhilfe entscheidend. Es gibt doch eine Reihe von anderen Maßnahmen wie die Beweislastumkehr, den Schutz der Vertraulichkeit der Identität

948 EGMR 21.7.2011 – 28274/08, Heinisch/Deutschland, NZA 2011, 1269, Rn. 50; EGMR 16.2.2021 – 23922/19, Gawlik/Liechtenstein, BeckRS 2021, 1820, Rn. 64.

949 Auf den instrumentalen Charakter des Whistleblower-Schutzes hinweisend auch, Krause, SR 2019, 138 (149).

950 Die Türkei trat dem Europarat am 13. April 1950 bei, https://www.coe.int/de/web/portal/turkey.

951 „The Assembly invites: Council of Europe member States that are not members of the EU, as well as observer States or States whose parliaments have partner for democracy status, to revise their relevant legislation or pass new laws that draw on the proposal for a European directive and paragraph 11 of this resolution, in order to grant whistleblowers in their countries the same level of protection as those from an EU member State; […] All EU member countries will be legally required to transpose this directive into their national law within two years from its entry into force. However, the member States of the Council of Europe that are not, or not yet, members of the EU also have a strong interest in drawing on the draft directive with a view to adopting or updating legislation in accordance with the new European standards“ paras. 11, 13.2., PACE Resolution 2300 (2019), http://assembly.coe.int/nw/xml/XRef/Xref-XML2HTML-EN.asp?fileid=28150&lang=en#.

der Hinweisgeber o. Ä., die das wesentliche Hindernis von Whistleblowing, nämlich Angst vor Repressalien, hinreichend abbauen können. Dadurch kann ein Nicht-EU-Mitglied das gleiche Schutzniveau erreichen.

Folglich ist es festzuhalten, dass der EGMR seine Prüfung zur Auswahl des milderen Mittels danach gestaltet, wie sich das einschlägige nationale Recht verhält. Der Gerichtshof stellt somit weder einen institutionellen Vorrang interner Meldungen auf, noch lehnt er den Vorrang interner Anzeige regelmäßig ab.

IV. Europarechtliche Konformität der Abschaffung vorrangiger interner Abhilfe

Gem. Art. 52 Abs. 1, S. 2 GRCh muss die Einschränkung der Vertragsfreiheit der Arbeitgeber durch eine Abschaffung der vorrangigen internen Abhilfe verhältnismäßig sein. Beim privaten Arbeitgeber geht es um eine Kollision der unternehmerischen Freiheit des betroffenen Unternehmens aus Art. 16 GRCh und der Meinungsäußerungsfreiheit des Hinweisgebers aus Art. 11 Abs. 1 GRCh.[952] Aufgrund des Grundsatzes der Verhältnismäßigkeit sollen kollidierende subjektive Rechte in einen angemessenen Ausgleich gebracht werden.[953] Für den Ausgleich der Grundrechte bedarf es einer umfassenden Betrachtung aller tatsächlichen und rechtlichen Gegebenheiten. Zu prüfen sind, ob das unmittelbare externe Whistleblowing-Recht geeignet ist, um zur Effektivität der Rechtsdurchsetzung beizutragen (1), ob bzw. inwieweit die Abschaffung des Vorrangs interner Abhilfe den Gang an die Allgemeinheit zum Nachteil der Betroffenen erleichtert (2), ob das böswillige Motiv beim Wahlrecht zwischen der Meldestelle einen bedeutsamen Einfluss auf die Wahl der Meldestelle haben würde (3) und schließlich, ob es sich lohnt, den Vorrang interner Abhilfe aufrechtzuerhalten, um den aufgrund der Beweislastumkehr besonders unterbleibenden Interessen der Arbeitgeber hinreichend berücksichtigen zu können (4).

1. Der Beitrag des unmittelbaren externen Whistleblowings zu einer effektiven Rechtsdurchsetzung

Nach empirischen Befunden und Erfahrungswerten aus dem ausländischen Whistleblowing-Recht liegt der Erfolg einer effektiven Rechtsdurchsetzung in der Förderung der Kommunikationskultur in Unternehmen.[954] Es gibt weltweit

952 Buchwald, ZESAR 2021, 69 (72).
953 Buchwald, ZESAR 2021, 69 (73 f.).
954 Nayir/Herzig, J Bus Ethics 2012, 197 (210); Nayır/Rehg/Asa, J Bus Ethics 2018, 147 (162); Groneberg, S. 75, das übergeordnete Ziel des britischem Whistleblower-Schutzes

verschiedene Formen der Whistleblower-Schutz-Regelungen wie u.a. Vergeltungsvorschriften – sog. „anti-retaliation-provisions".[955] Solche Vorschriften erweisen sich nicht selten als unwirksam bei der Förderung des Whistleblowings.[956] Ein erfolgreiches Whistleblowing-Recht ist das Whistleblowing-Recht in Norwegen, welches für seine gute Kommunikationskultur und die Zusammenarbeit bei der Verfolgung von Fehlverhalten in norwegischen Organisationen bekannt ist.[957] Die offene Kommunikationskultur soll demnach Repressionsrisiken verringern, welche das wesentliche Hindernis bei einer Meldeabgabe sind. Aus diesem Grund ist zu prüfen, ob die Abschaffung interner Abhilfe ebenso Repressionsrisiken mildern und einen positiven Effekt auf die Rechtsdurchsetzung haben.

Der Angst vor Repressalien, denen man sich bei einer internen Meldung aussetzt, ist nicht unbegründet. Dies ist sowohl empirisch nachgewiesen als auch in der Literatur mehrmals betont. Ein Arbeitnehmer kann infolge seiner Meldung unter Mitarbeitern als „Nestbeschmutzer" bezeichnet werden, der Arbeitgeber kann ihn von finanziellen Vorteilen wie Prämien ausschließen, sein Karrieremachen verhindern oder zwischenmenschliche Repressalien wie Mobbing anwenden.[958] Allerdings bestehen keine Hinweise dafür, dass das unmittelbare externe Whistleblowing-Recht die Gefahr der Aussetzung von Repressionen ausschließt oder abmildert. Hinweisgeber setzen sich Repressionen unabhängig davon aus, ob sie sich zuerst intern oder direkt extern melden. Das Risiko, Repressalien zu erleiden, ist bei externem Whistleblowing sogar höher als bei internen.[959] Das externe Whistleblowing wird häufig mit Illoyalität in Verbindung gebracht, sodass der Arbeitgeber häufiger als bei einem internen Whistleblowing mit Repressalien reagiert.[960] Nur die Reaktion des Arbeitgebers erfolgt bei internem

---

(PIDA) sei es, einen Wandel von einer Kultur der Verschwiegenheit (culture of secrecy) zu einer Kultur der Offenheit (culture of openness) zu schaffen.

955 Näher dazu, Brown, EJICLS 2013, 4 (9 ff.); eine Analyse von Faktoren für den Erfolg und Misserfolg der existierenden Whistleblowing-Regelungen, vornehmlich der US-amerikanischen Regelungen, siehe Vaughn, 2012.

956 Anhand der von untersuchten 35 Staaten gelieferten Daten kommt der Bericht des International Bar Assosication und des Government Accountability Project zum Ergebnis, dass Whistleblowing-Gesetze in meisten Fällen entweder nicht genutzt bzw. Whistleblowing-Rechte nicht geltend gemacht werden oder sie wirken sich in der Praxis nur unzureichend aus, siehe Feinstein/Devine, S. 71.

957 Skivenes/C. Trygstad, Human Relations 2010, 1071 (1901).

958 Siehe nur Graser, S. 167.

959 Mesmer-Magnus/Viswesvaran, J Bus Ethics 2005, 277 (288).

960 Dworkin/Baucus, J Bus Ethics 1998, 1281 (1281).

Whistleblowing sofort. Bei dem Externem reagiert er in einem weiten Zeitraum, zumal der Arbeitgeber dem Whistleblower nicht durch sofortige Maßregelung schaden kann, da er dadurch die Aufmerksamkeit des Außenstehenden auf sich selbst zieht.[961] In Bezug auf Vergeltungsmaßnahmen besteht ein Unterschied nur darin, dass der Whistleblower-Schutz Maßregelungen verbietet, die wegen einer internen oder externen Meldung drohen, gem. Art. 19 HinSch-RL bzw. § 36 Abs. 1 HinSchG. Ob ein Maßregelungsverbot und die Sanktionierung von Maßregelungen die Benachteiligung der Hinweisgeber in Deutschland ausschließen, bleibt abzuwarten.

Der Beitrag des unmittelbaren externen Whistleblowing-Rechts zu der effektiven Rechtsdurchsetzung hingegen hängt davon ab, ob dies über den Arbeitgeber ausreichend Druck ausübt, um sich für die Verfolgung von Verstößen zu entscheiden. Ein Hinweisgeber würde sich erst dann melden, und zwar zunächst intern, wenn er vom Interesse des Arbeitgebers an der Aufklärung bzw. Verfolgung von Verstößen überzeugt ist. Unternehmen interessieren sich demgegenüber für die Verfolgung von Verstößen abhängig davon, dass die Fortsetzung der Verstöße ökonomisch, wirtschaftlich nicht vorteilhaft ist bzw. dass sich der Verfolgungsaufwand lohnt etc.[962] Die Nachteile, die sich aufgrund des unmittelbaren externen Whistleblowing-Rechts ergeben können, stellen nun einen zusätzlichen Gesichtspunkt dar, den Unternehmen erwägen müssen. Man erwartet, dass sich Unternehmen bemühen werden, dass potenzielle Hinweisgeber interne Meldesysteme bevorzugen.[963] Ob diese Erwartung zu verwirklichen wird, bleibt wieder abzuwarten. Eine unerwartete Tendenz kann sich aus den folgenden Gründen ergeben: Zuerst mag der Arbeitgeber für die Förderung der Mitarbeiter zu einem Whistleblowing zurückhaltend sein. Vor allem aufgrund eines (angeblichen) Missbrauchs der Meldesysteme wie durch die zweckwidrige Nutzung oder durch die Weitergabe von unnötigen Informationen etc. kann ein Arbeitgeber verzichten, Mitarbeiter über Whistleblowing-Systeme zu informieren und sie somit zur Meldeabgabe zu motivieren.[964] Weiterhin würde

---

961 Dworkin/Baucus, J Bus Ethics 1998, 1281 (1287, 1295).

962 Siehe empirische Befunde, unter Kap. § 2, B, II, 1.

963 Sog. Konkurrenz generierender Effekt der Gleichstellung von interner und externer Meldung, Colneric/Gerdemann, HSI-Schriftenreihe Band 34, S. 90 f.; diff. Kölbel/Herold, ZGR 2020, 961 (969 f.).

964 Puma Speak-up platform, "Internal company whistleblowing channels are becoming increasingly popular. However, when it comes to communicating reporting channels, many companies are hesitant. They are afraid they will be flooded with reports.", S. 8, https://f.hubspotusercontent40.net/hubfs/4749693/Case%20Studies/

der Arbeitgeber eine Investition in die Attraktivität und Funktionstüchtigkeit interner Meldestellen nicht lohnend finden, wenn er sich nicht darauf verlassen kann, dass sich Mitarbeiter intern melden. Aus Unternehmensperspektive sind die Hinweisgebersysteme nämlich nur dann bedeutsam, wenn sie ökonomisch vorteilhaft sind.[965] Auch wenn die Wahl über die Meldewege nach bisherigen Studien erheblich von organisatorischen Faktoren beeinflusst ist, ist die Entscheidung des potenziellen Whistleblowers schließlich eine individuelle Entscheidung. D. h. außerhalb der Faktoren, die der Arbeitgeber bestimmen kann, gibt es weitere Entscheidungserheblichkeiten für Hinweisgeber. Das Risiko, dass sich ein Mitarbeiter aus irgendeinem Grund extern melden darf, würde einen Arbeitgeber demotivieren, wenn dies einen erheblichen Aufwand für die Meldestelle und sogar finanzielle Anreize geben sollte.[966] Es könnte zwar zu einer Konkurrenz zwischen internen und externen Meldestellen generiert kommen und dies würde somit zur Verbesserung interner Meldekanäle durch Unternehmen führen. Dennoch ist es ohnehin nicht anzunehmen, dass Unternehmen gemeldete Missstände nachhaltig beheben würden.[967] Die Verfolgung der gemeldeten Missstände durch Unternehmen würde nämlich entsprechend den Interessen der Unternehmen erfolgen, welche nicht unbedingt mit dem öffentlichen Interesse an der Verfolgung von Missständen kongruieren.[968]

Würde schließlich die Fortsetzung des Vorrangs interner Abhilfe an der Milderung der Repressionsrisiken und an der Effektivität der Rechtsdurchsetzung etwas ändern? Das Repressionsrisiko besteht weiter. Der Einsatz von Repressalien gegenüber Whistleblower würde nur dann verhindert, wenn das Whistleblowing

---

2021-02-Puma-Case-Study_EN.pdf?utm_medium=email&utm_content=118411190&utm_source=hs_automation. Siehe eine Darstellung diesbezüglicher und anderer Sorgen der Unternehmen wie um Kosten für die Implementierung interner Meldesysteme, DIHK, Stellungnahme zum Entwurf eines Gesetzes für einen besseren Schutz hinweisgebender Personen sowie zur Umsetzung der Richtlinie zum Schutz von Personen, die Verstöße gegen das Unionsrecht melden, v. 28.9.2022, S. 2 ff., https://www.bundestag.de/resource/blob/914948/a5ecd119e4f956bb40d37b86a748b007/Stellungnahme_Reppelmund_DIHK-data.pdf.

965 Kölbel/Herold, ZGR 2020, 961 (964).

966 Ähnliche Bedenken äußern auch BCM, Positionspapier zum Referentenentwurf-HinSchG-RefE vom 27. April 2021, S. 4, 11, https://www.bvdcm.de/sites/default/files/bcm-positionspapier_hinweisgeberschutzgesetz_final.pdf.

967 Herold, Der Wirtschaftsführer 2020, 15 (19).

968 Herold, Der Wirtschaftsführer 2020, 15 (19).

in seinem sozialen Umfeld erwünscht ist.[969] Solange es als illoyal betrachtet wird, wird auch das beste Whistleblowing-Recht Repressionen nicht verhindern können. Was dagegen zu unternehmen bleibt, ist die Sanktionierung des maßregelnden Arbeitgebers bzw. der Betroffenen, gem. Art. 23 Abs. 1 lit. b HinSch-RL.[970] Dies ändert allerdings nichts daran, dass man einmal maßgeregelt wird und wiederholt maßgeregelt werden kann[971] und zwar in der Form von Mobbing,[972] die

969 Nach dem sog. social learning theory machen Mitarbeiter die Einstellung ihrer Vorgesetzten bzw. des Arbeitgebers nach, d. h. wenn Vorgesetzte eine negative Einstellung gegenüber dem Whistleblowing nimmt, benehmen sich auch Mitarbeiter gegen Whistleblower negativ, siehe Park/Bjørkelo/Blenkinsopp, J Bus Ethics 2020, 591 (593).

970 Siehe eine Bewertung der Erfolgsaussichten der in der RL bzw. HinSchG vorgesehenen Maßnahmen zum Schutz von Hinweisgebern u.a. Sanktionierung des maßregelnden Arbeitgebers, unter Betrachtung von Vorgaben der GRCh, u.a. Schutz vor Entlassung gem. Art. 30 GRCh, Schlachter/Lehnart, EuZA 2022, 431, 452. Von den Autoren wird etwa vorgeschlagen, dass dem Arbeitgeber kein Recht zur Wahl für eine Beendigung des Arbeitsverhältnisses durch eine Abfindung gem. § 9 KSchG eingeräumt wird, wenn die Fortsetzung des Arbeitsverhältnisses als vorrangige Form der Wiedergutmachung des erlittenen Schadens i. S. d. Art. 21 Abs. 8 der RL sichergestellt sowie eine Abschreckung von potenzieller Hinweisgeber vermieden werden soll. Siehe zudem Kritiken bzw. unionsrechtliche Konformität der Vorgabe des § 37 Abs. 2 HinSchG-E, wonach der Verstoß gegen Verbot von Repressalien keinen Anspruch auf die Begründung eines Beschäftigungsverhältnisses begründen soll, Colneric, Stellungnahme zum Referentenentwurf eines Gesetzes für einen besseren Schutz hinweisgebender Personen sowie zur Umsetzung der Richtlinie zum Schutz von Personen, die Verstöße gegen das Unionsrecht melden, v. 6.5.2022, S. 5, https://www.bmj.de/SharedDocs/Gesetzgebungsverfahren/Stellungnahmen/2022/Downloads/0506_Stellungnahme_Prof._Dr._Ninon_Colneric_HinSchG-E.pdf;jsessionid=CD11E4AF4930A3CBC714F07BB8593575.2_cid324?__blob=publicationFile&v=2.

971 Der Pressesprecher der Generalstaatsanwaltschaft Guja in Moldawien ist ein zweites Mal entlassen worden, und zwar diesmal angeblich aufgrund eines privaten Arbeitskonfliktes. Aufgrund der ihm vorliegenden Materials schlussfolgert der Gerichtshof indes, dass hinreichende Anhaltspunkte befürworten, dass die zweite Entlassung von Guja keinen Zusammenhang mit einem normalen Arbeitskonflikt hatte. Alle Indizien weisen eine weitere Repressalie für seine Briefe im Jahre 2003 – seiner vorherigen Whistleblowing-Akt – auf, siehe EGMR 27.2.2018 – 1085/10, Guja/Moldau Nr. 2, übersetzt worden von Meyer-Ladewig/Petzold, NJW 2019, 1273, Rn. 57.

972 Siehe Studie zu der Frage, wie schwer die Reichweite des Mobbings durch Arbeitgeber und Kollegen bestimmt werden kann und wie das Recht und NGOs bei der Verhinderung der Repressionen gegenüber Whistleblower erfolglos bleiben, Park/Bjørkelo/Blenkinsopp, J Bus Ethics 2020, 591 (594).

nur schwer nachzuweisen ist.[973] Die Effektivität der Rechtsdurchsetzung jedoch scheint davon abhängig, ob die Verfolgung von Verstößen aus Unternehmensperspektive gewinnbringend bzw. ökonomisch wenig nachteilhaft erscheint. Falls Unternehmen entschlossen für die Fortsetzung der Verstöße sind, würde das Vorliegen eines internen Meldekanals für Rechtsdurchsetzung nichts bedeuten. Eine (vorrangige) interne Meldung hingegen würde nur dazu beitragen, „Corporate Crimes“ sorgfältig zu vertuschen.[974] Auch wenn es eine interne Meldestelle an Hinweisgeber nach Art. 9 HinSch-RL eine Rückmeldung über Folgemaßnahmen geben sollte, befürchtet man zu Recht, dass diese in diesem Fall eine „inhaltsleere Formalie“ darstellen würde, die Hinweisgeber abwarten lassen und die Effektivität behördlicher Ermittlungen oder eine verspätete Ermittlung gefährden.[975] Eine Verbesserung der effektiven Rechtsdurchsetzung und Verringerung der Maßregelungen von Hinweisgebern hängt folglich von der guten

---

973 Die Lebenssachverhalte sind weiterhin so facettenreich, dass die Repressalien so eine Reichweite erreichen, dass man nicht leicht bejahen kann, ob es die erforderliche Kausalität zwischen den Repressalien und dem Whistleblowing besteht. Es kann nämlich die Fälle geben, in denen Auswirkungen einer Benachteiligung des Hinweisgebers unklar sind und die Auswirkungen auf das Privatleben des Hinweisgebers von dem, was er auf seine Beschäftigung hat, nur schwer zu unterscheiden sind. Ein Beispiel dafür stellt sich ein Urteil aus dem englischen Sprachraum dar. Der Fall Tiplady vs. City of Bradford Metropolitan Council veranlasst die Frage aufzuwerfen, ob die verbotenen Vergeltungsmaßnahmen im Zusammenhang zur Beschäftigung des Hinweisgebers stehen müssen oder die auch auf sein privates Leben einwirkenden Repressionen einbezogen sind. Die Gerichte haben Schwierigkeiten bei der Bestimmung von kausalem Zusammenhang zwischen Repressionen und Whistleblowing gehabt. Das Arbeitsgericht (Employment Tribunal) wies die Klagen von Hinweisgeberin Frau Tiplady zurück und stellte es fest, dass Counsil weder einem Nachteil ausgesetzt hat noch die Benachteiligung von Frau Tiplady auf ihr Whistleblowing beruht. Das Employment Appeal Tribunal legte hingegen fest, dass der Schutz vor Schaden den Arbeitnehmern gewährt wird, so dass es sich um das Leiden eines Nachteils in der Beschäftigung beziehen muss. Das Berufungsgericht wies auch das Rechtsmittel von Frau Tiplady zurück. Es kam zu dem Schluss vor, dass das Gericht bei der Prüfung, ob ein Schaden „im Beschäftigungsbereich“ entstanden sei, versuchen sollte, festzustellen, in welcher „Kapazität“ der Schaden erlitten wurde. Mit anderen Worten, „ob [der Schaden] dem Kläger als Arbeitnehmer zusteht“. Es sei jedoch darauf hingewiesen, dass der Gerichtshof nicht der Ansicht war, dass „der Beschäftigungsbereich“ eng auszulegen ist und dass Grenzfälle möglich sind. Daher sei dieser Fall nicht als Versuch zu nehmen, endgültige Leitlinien festzulegen, [2019] EWCA Civ 2180.

974 Lobato, NZWiSt 2019, 131 (135 f.).

975 Kölbel/Herold, Working Papers 01/2020, 4 (10).

Kommunikationskultur und der sozialen Verantwortung von Unternehmen ab, in deren Rahmen Hinweisgeber als Personen gelten, die wesentlich zu Selbstverbesserung und herausragender Kompetenz innerhalb der Organisation beitragen.[976] Sind Unternehmen davon überzeugt, dass die Aufrechterhaltung der Rechtsverstöße langfristig keinen Gewinn bringt, sondern irreversible Schäden wie letztendlich den Zusammenbruch der Organisation bedingen, würden sie sich whistleblowing-freundlich verhalten. Ob dies durch einen Vorrang interner Abhilfe oder eher ein unmittelbares externes Anzeigerecht erfolgt, ist allerdings noch nicht abschließend zu beantworten.

2. *Ein unverhältnismäßig erleichterter Gang an die Öffentlichkeit*

Es ist nicht zu von der Hand zu weisen, dass die Abschaffung interner Abhilfe den Gang an die Öffentlichkeit erleichtert. Auf diese Weise würden die Interessen der Betroffenen bzw. des Arbeitgebers erheblich beeinträchtigt. Dies ist umso mehr der Fall, wenn man auch die bisherige Tendenz zur vorrangigen Einschaltung der internen Meldestelle für künftige Fälle nicht absichern kann.

Die Veröffentlichung von betrieblichen Missständen wäre folgendermaßen unverhältnismäßig erleichtert worden sein: Erstens ist es nicht selten der Fall, dass die Missstände in der Öffentlichkeit bekannt werden, obwohl sich der Hinweisgeber ausschließlich bei einer Behörde meldet. So etwa war der Pflegemangel in dem Altenpflegeheim durch die Verteilung von Flugblättern öffentlich bekannt geworden, obwohl sich Frau Heinisch letztlich an die Gewerkschaft als externe Stelle gewandt hatte. Ihr Mitwirken bei der Verteilung von Flugblättern und bei der Offenlegung von Pflegemangel ist nicht bewiesen.[977] Zweitens können Behörden gesetzlich dazu verpflichtet werden, betriebliche Missstände

---

976 Erwägungsgrund Nr. 47 der HinSch-RL; die Bedeutung der Schaffung einer offenen Kommunikation, vornehmlich der Abschaffung des zentralen Hemmfaktors, Angst vor Repressalien, für den Erfolg des Hinweisgeberschutzes ist allerdings nur unzureichend betont, siehe etwa nur in einer Stellungnahme eines Sachverständigen zu dem Entwurf von Hinweisgeberschutzgesetzes in Deutschland, Herold, Stellungnahme zum Gesetzentwurf der Bundesregierung Entwurf eines Gesetzes für einen besseren Schutz hinweisgebender Personen sowie zur Umsetzung der Richtlinie zum Schutz von Personen, die Verstöße gegen das Unionsrecht melden BT-Drs. 20/3442, v. Oktober 2022, S. 3, https://www.bundestag.de/resource/blob/916878/a7dc7e432ca40fc7e04fb264ed7a0d77/Stellungnahme_Herold-data.pdf.

977 Das gleiche gilt auch für den Fall von Gawlik, siehe Falldarstellung unter Kap. § 5, C, II, 3, a).

und ihre Verantwortlichen zu veröffentlichen – sog. „naming and shaming".[978] So eine Pflicht besteht etwa für Verstöße gegen das Wertpapierhandelsgesetz (§§ 123 ff. WpG), das Kreditwesengesetz (§§ 60b ff. KWG), die in typische Whistleblowing-Fälle fallen.[979] Ebenso werden bei Verstößen gegen das Geldwäschegesetz die Entscheidungen und Maßnahmen auf der Internetseite der BaFin mit Nennung der für den Verstoß Verantwortlichen bekannt gegeben.[980] Es muss sich nicht um schwere Gesetzesverstöße handeln. Gem. § 40 Abs. 1a LFGB veröffentlicht die zuständige Behörde lebensmittel- und futtermittelrechtliche Verstöße eines Unternehmens, die nicht notwendig mit einer Gesundheitsgefährdung verbunden sind. Der Zweck ist, die Allgemeinheit in die Lage zu versetzen, ihre Konsumentscheidung in Kenntnis der veröffentlichten Missstände zu treffen und ggf. von einem Vertragsschluss mit den betroffenen Unternehmen abzusehen.[981] Der Nachteil der öffentlichen Bekanntgabe von Missständen ist hingegen umso schwerer, als das Unternehmen an dem guten Ruf in der Allgemeinheit lebt.[982] Hinzukommt schließlich die Berechtigung zur Offenlegung gem. Art. 15 Abs. 1 RL. Der Weg zu einer Offenlegung eines betrieblichen Missstandes ist eröffnet, wenn interne Stellen einem Hinweisgeber innerhalb von sieben Tagen den Eingang seines Hinweises nicht bestätigen können.[983]

Das Risiko der Beeinträchtigung der Betroffeneninteressen wäre nicht gering, wenn sich die Tendenz, sich zuerst intern zu melden, unter geänderten Umständen nicht mehr durchsetzen würde. Die deutsche Empirie erwartet zwar nicht, dass ein Wahlrecht des Hinweisgebers zu mehr externem Whistleblowing

---

978 Armbrüster/Böffel, ZIP 2019, 1885; dabei sollen Behörden einer Art von staatlichem Whistleblower gleichen, sog. staatliche Whistleblower, siehe Hoeren, ZD 2021, 497.

979 Vgl. mit dem sachlichen Anwendungsbereich der HinSch-RL, Art. 2 der RL.

980 Sollte künftig eine Gesetzesänderung wie Abschaffung der behördlichen Pflichten zur Veröffentlichung von Verstößen und deren Verantwortlichen gemacht werden, wäre dieses Argument entkräftet. Eine Abschaffung der Veröffentlichungspflicht erscheint aber nicht der Fall zu sein, denn doch der neu erlassene Gesetzesentwurf zur Stärkung der der Integrität in der Wirtschaft (VerSanG-E) sieht eine Veröffentlichung der Verurteilung des Verbandes vor, wenn durch die zugrunde liegende Straftat eine große Anzahl von Personen geschädigt wurde. Die Veröffentlichung soll in diesem Fall vor allem der Kenntnissetzung potenziell Geschädigter von Missständen dienen, BMJV Gesetzentwurf zur Stärkung der Integrität in der Wirtschaft, v. 16.6.2020, S. 7 f., https://www.bmjv.de/SharedDocs/Downloads/DE/News/Artikel/FAQ_Integri taet_Wirtschaft.pdf?__blob=publicationFile&v=1.

981 BVerfG 21.3.2018 – 1 BvF 1/13, NJW 2018, 2109 (2111).

982 Bürkle, VersR 2020, 1 (2 f.); Düsel, S. 247.

983 Gem. Art. 9 HinSch-RL.

gegenüber Behörden führen würde.[984] Diese Prognose beruht allerdings auf eine Auswertung ausländischer Studien, nicht hingegen auf eigene Erfahrungen mit einem Hinweisgeberschutzgesetz.[985] Studien, die ein gesetzliches Wahlrecht für Hinweisgeber und dessen Auswirkungen untersuchen, gibt es auch im türkischen Sprachraum nicht. Der Einfluss eines Kündigungsschutzes auf die Wahl der Meldewege ist allerdings geprüft. Beim Ausbleiben eines gesetzlichen Kündigungsschutzes melden sich demnach Mitarbeiter im privaten Sektor eher intern und ggf. anonym, während eine solche Tendenz bei Beschäftigten im öffentlichen Sektor, die einen besseren Bestandsschutz haben, nicht so prominent ist.[986] Dieser Befund der türkischen Empirie veranlasst, es zu überlegen, dass ein verbesserter Schutz für Hinweisgeber in Deutschland eine Tendenzänderung bei der Wahl der Meldekanäle zur Folge haben kann.[987] Die Präferenz interner Kanäle durch Hinweisgeber ist unter den folgenden Umständen entstanden: Ein Arbeitnehmer meldete sich zunächst intern, weil interne Adressaten leicht erreichbar und dem Beschäftigten bekannte Konfliktlösungsmechanismen waren.[988] Ein unmittelbares externes Vorgehen erwies sich als unpraktisch, zumal die Behörde zur Aufklärung des Missstandes von dem Arbeitgeber Auskunft verlangt, der wiederum den Arbeitnehmer befragt.[989] Ebenso stellte es sich als untauglich

984 Herold, Der Wirtschaftsführer 2020, 15 (20).

985 Diese Studien, die eine Tendenz bei Hinweisgeber, sich zunächst intern zu melden, festgestellt haben, unterscheiden zudem die Meldegegenstände nach deren Relevanz für ein Whistleblower-Schutzgesetz nicht. D. h. falls mehr als die Hälfte von in interne Meldekanäle eingegangenen Verstoß-Meldungen etwa private Angelegenheiten zwischen Hinweisgeber und Arbeitgeber zum Gegenstand hat, welche nicht von einem Whistleblower-Schutzgesetz sachlich erfasst sind, würde die festgestellte Neigung eher für die Aufklärung der Konflikte interpersonaler Art gelten. Nach einem Report von OECD liegt der Anzahl der Meldungen über Arbeits- und Sicherheitsbedingungen und sonstige Arbeitsbedingungen ((work place safety and health issues (27 %) and industrial relations and labour issues (24 %)) insgesamt bei 51 % in internen Meldestellen. siehe dort Fig. 7 Types of corporate misconduct reported via internal company mechanisms, S. 10, https://www.oecd.org/corruption/Committing-to-Effective-Whistleblower-Protection-Highlights.pdf. Bevor sich deutsche Studien auf ausländische Befunde verlassen, empfiehlt sich, dass sie die vermutliche Tendenz gesondert für typische Whistleblowing-Fälle wie etwa Korruptionsdelikte überprüfen, die auch vom Hinweisgeberschutzgesetz erfasst sind.

986 Nayır/Rehg/Asa, J Bus Ethics 2018, 147 (160); Taş/Antalyali, MAKÜ İktisadi ve İdari Bilimler Fakültesi Dergisi 2015, 34 (46).

987 Ebenso Anmerkung zu empirischen Erkenntnissen, Kap. § 2, C.

988 Kölbel/Herold, NK 2015, 375 (381 f.).

989 Becker, S. 170 ff.; Denck, DB 1980, 2132 (2133).

heraus, dass sich der Arbeitnehmer nach einer internen Anzeige anonym bei den zuständigen Behörden meldet, denn er wird wegen der vorherigen internen Abhilfesuche unmittelbar für das behördliche Einschreiten verantwortlich gemacht.[990] Dem Arbeitnehmer war es schließlich schwierig, die rechtliche Zulässigkeit von externer Anzeige auf Grundlage der aktuellen, rechtsunsicheren Rechtspraxis zutreffend zu beurteilen.[991] Diese Umstände würden sich mit einer durch die RL verbesserten Rechtslage ändern. Man dürfte sich zuerst darauf verlassen, dass er als Whistleblower einen besseren Schutz wie etwa u.a. durch den Schutz der Identität der Hinweisgeber gegenüber Arbeitgeber genießen wird.[992] Nun könnte ein unmittelbares externes Whistleblowing praktischer sein – auch wenn sich die Behörde wieder an den Arbeitgeber wenden würde – weil der Hinweisgeber dadurch nicht in Kauf nehmen würde, dass er sich intern Repressionen aussetzt und/oder der Missstand durch den Arbeitgeber vertuscht wird. Gem. Art. 15 HinSch-RL setzt schließlich die eskalierte Offenlegung voraus, dass ein Hinweisgeber zuerst intern und extern oder direkt extern gemeldet und aber keine Abhilfe geschafft hat. Dies würde Hinweisgeber dazu anreizen, anstatt einer internen Meldung direkt extern zu melden,[993] weil das externe Whistleblowing sich bisher auch als effektives Mittel erwiesen hat.[994] Eine sofortige Tendenzänderung aufgrund einer verbesserten Rechtslage wäre aber nicht der Fall, wenn man davon ausgeht, dass Menschen sich nach ihren Rechtsbewusstsein oder -kenntnissen verhalten, nicht hingegen nach der tatsächlich geltenden Rechtslage, d. h. auch wenn sich Umstände, unter denen eine Tendenz entwickelt ist, durch die Änderung der Rechtslage nicht mehr fortsetzen, kann sich die Tendenz noch eine gewisse Zeit weiter durchsetzen.

Als Ergebnis lässt sich sagen, dass das unmittelbare externe Whistleblowing-Recht erhebliche Nachteile für Betroffene birgt und diese nicht abgemildert werden, wenn die Tendenz zur vorrangigen internen Meldung nicht weiter gelten würde.

990 Redder, S. 159.

991 Becker, S. 171.

992 Näher dazu unter Kap. § 8, B, II, 3, a).

993 Gerdemann, SR 2021, 2 (12), findet eine solche Tendenz in den Fällen eher unwahrscheinlich, in denen man einen geringfügigen Verstoß bei einer Behörde meldet und er ist willig, wohl auch an die Öffentlichkeit zu wenden, die Behörde allerdings stellt das Verfahren aufgrund der Geringfügigkeit des Verstoßes ein.

994 Herold, in: Kriminologische Welt in Bewegung 2018, S. 228 (236).

3. *Das Verhältnis zwischen unlauterer Motivation und der Wahl der externen Stellen*

Indem die HinSch-RL die Relevanz der Motivation der Hinweisgeber verneint, macht sie keinen Unterschied zwischen der Entscheidung, aus welchem Grund man etwas überhaupt melden wollte und aus welchem Grund man eine bestimmte Meldestelle auswählte. Zugunsten einer effektiven Rechtsdurchsetzung sollte der Beweggrund der Hinweisgeber irrelevant bleiben.[995] Sollte einem Hinweisgeber zudem ein Wahlrecht zwischen der Meldestelle eingeräumt werden, dürfte man nicht prüfen, warum der Hinweisgeber die externe Stelle vor einer internen Abhilfe bevorzugt. Schließt dies aber die Tatsache aus, dass sich eine Schädigungsabsicht auf die Einschaltung der Behörde einwirkt? Die Empirie gibt dazu keine Antwort.[996] Das Motiv ist bisher kaum zu einem Untersuchungsgegenstand geworden. Aus diesem Grund nimmt man eher organisatorische bzw. situative Faktoren, die bereits empirisch untersucht worden waren,

---

995 Erwägungsgrund Nr. 32, S. 5 der HinSch-RL; siehe auch eine philosophische Betrachtung zu der Gestalt der Schutzvoraussetzungen eines Whistleblowings, Kumar/Santoro, Philosophy and Social Criticism 2017, 669 (678). Die Autoren untersuchen die Voraussetzungen, unter denen das Whistleblowing moralisch als gerechtfertigt anzusehen ist. Demnach ist das Whistleblowing unter folgenden drei Voraussetzungen gerechtfertigt: Erstens muss der Hinweisgeber mit einem vertretbaren Motiv (proper intent) gehandelt haben, welches beim Überwiegen der Nachteile, die der potenzielle Hinweisgeber erlitten hat bzw. erleiden könnte, gegenüber der Vorteile, die der Hinweisgeber aus dem Whistleblowing ziehen könnte, als gegeben betrachtet wird – „sog. harm test". Zweitens muss die Information von öffentlichem Interesse sein, welches nach einer Konzeption – sog. an account of public interest – im Falle einer Verletzung der u.a. bürgerlichen und politischen Rechte bejaht wird. Schließlich muss der Hinweisgeber ein vorgeschriebenes Meldeverfahren verfolgt haben. Die Untersuchung hat allerdings unter folgenden Einschränkungen stattgefunden: Zuerst hat sie eine bestimmte Art von Whistleblowing zum Gegenstand, nämlich sog. political whistleblowing, welches die Aufdeckung, und zwar vornehmlich die Offenlegung von besonderen Missständen im öffentlichen Dienst wie Machtmissbrauch betrifft, deren Geschehen als ein wesentliches Problem in demokratischer Ordnung wahrgenommen wird. Zweitens wird eine Motivforschung vorgeschlagen, welche nach der Konzeption des Hinweisgeberschutzes in Europa irrelevant ist. Die Autoren geben auch zu, dass der sog. harm test als problematisch zu betrachten wäre, weil es auch der Fall ist, dass der Hinweisgeber ausschließlich aus egoistischen Gründen handelt, dessen Hinweis aber der Aufdeckung von Missständen dient, Kumar/Santoro, Philosophy and Social Criticism 2017, 669 (676).

996 Siehe Kap. § 2, B, III.

in den Fokus, um Whistleblowing-Ansätze zu bilden.[997] Erfahrungsgemäß ist es hingegen nicht ausgeschlossen, dass ein unlauter motivierter Hinweisgeber zur Anregung einer Aufmerksamkeit für seine Feindseligkeiten absichtlich einen für den Arbeitgeber ungünstigen Adressaten wählen würde.[998] Ein Rangverhältnis zwischen Meldeadressaten rechnet sich gerade mit dieser Problematik und hält die böswilligen Aufdeckungen möglichst gering.[999] Für eine Bekanntgabe von Missständen in der Öffentlichkeit ist etwa die Ausschöpfung anderer milderen Meldewege wie Behörden vorausgesetzt, gem. Art. 15 RL. Eine Anzeige gegenüber Behörden ist ebenso ungünstig für Arbeitgeber, deshalb ist die Frage nachvollziehbar, ob missbräuchliche Einschaltung der Behörden durch einen Vorrang interner Abhilfe begegnet werden sollte.[1000] Im Rahmen der vorliegenden Arbeit wird festgestellt, dass es gewichtige Gründe für eine Nichtberücksichtigung der Motivation gibt. Auch in schlimmsten Fällen, in denen die böswillige Absicht eines Hinweisgebers bei der Wahl der externen Meldestelle eine bedeutsame Rolle spielt, ist dies der Fall. Dies lässt sich mit folgenden Fallkonstellationen verdeutlichen:

Eine aktive oder verdeckte Schädigungsabsicht könnte negative Auswirkungen auf die Qualität, Vollständigkeit und Rechtzeitigkeit der Meldungen haben.[1001] Die Schutzwürdigkeit eines Hinweisgebers wird in Frage gestellt, wenn der Whistleblower den Angezeigten lediglich schädigen wollte und sein Whistleblowing nicht der Aufklärung des Missstandes dient.[1002] In Bezug auf die negativen Auswirkung der Motivation und auf eine rechtzeitige Meldung lässt sich folgendes Beispiel geben: Der Arbeitnehmer meldet ein betriebliches Sicherheitsdefizit unmittelbar bei der Behörde, nicht hingegen bei einem zuständigen Betriebsbeauftragter, der rechtzeitig präventive Maßnahmen ergreifen würde. Die Einschaltung der Behörde wäre es zu spät, um das Defizit zu verhindern, es bliebe daher beim Eintreten eines Schadens nur die Sanktionierung der Verantwortlichen. Einer effektiven Rechtsverfolgung würde es hingegen besser dienen, wenn man das Defizit zeitnah beheben könnte, bevor es zu einem Schaden kommt.[1003] Der Vorrang interner Abhilfe könnte in diesem Fall eine

997 Düsel, S. 247.

998 Groneberg, S. 151.

999 Groneberg, S. 151.

1000 Vgl. Steinhauser/Kreis, EuZA 2021, 422 (436).

1001 Herold, S. 343.

1002 Forst, EuZA 2013, 37 (71).

1003 Der Anlass zur Regelung des Whistleblowings als wertvolle Quelle für eine effektive Rechtsdurchsetzung war nämlich der Gedanke, dass die Fälle, die das öffentliche

verspätete, nur bedingte, Rechtsdurchsetzung begegnen. Gegen einen Vorrang interner Anzeige sprechen allerdings gewichtige Gründe. Zuerst würde es eine abschreckende, hemmende Wirkung entfalten, wenn man zuerst prüfen muss, ob der interne Adressat abhelfen würde. Ein potenzieller Hinweisgeber könnte die Bereitschaft der internen Adressaten aus Versehen verneinen oder annehmen oder der Adressat würde sich im Einzelfall mit dem Defizit nicht ernsthaft befassen, was einer effektiven Rechtsdurchsetzung widerspricht. Weiterhin sieht die RL keine Frist vor, in der man einen Missstand melden sollte. Die Literatur äußert sich dazu lediglich, dass eine Strafanzeige auch 40 Jahre nach einem erfolglosen Versuch des Arbeitnehmers zur internen Abhilfe möglich sein soll; eine zeitliche Einschränkung des Anzeigerechts wäre nicht adäquat.[1004] Auch in einem Fall, in dem Hinweisgeber zu einem für den Arbeitgeber ungünstigen Zeitpunkt wie z. B. kurz vor einem vom Arbeitgeber geplanten Abschluss eines öffentlichkeitswirksamen Vertrages mit einem anderen Unternehmen melden, wäre es unangemessen, den Hinweisgeber mit einer absichtlich verspäteten Meldung zu beschuldigen.[1005] Eine solche Absicht ist praktisch kaum zu beweisen. Zudem darf der Hinweisgeber den Zeitpunkt wählen können, zu dem er sich für eine (freiwillige) Meldung bereit fühlt; er könnte z. B. nach hinreichenden Beweisen gesucht haben.

Ein weiterer Fall ist, wenn man sich nicht aus einer Schädigungsabsicht hinaus, sondern aus Geldgier bei der Behörde meldet, welche eine Prämie für Hinweisgeber verspricht – und zwar bewusst spät, um möglichst viel Geld zu bekommen, weil sich die Prämien je nach der Summe der durch den Rechtsverstoß verursachten Schäden erhöhen.[1006] Auch in dieser Konstellation wäre das Motiv zu tolerieren, soweit man keine wissentlich falschen Angaben macht. Denn die Rechtsordnung selbst reizt die Geldgier des Hinweisgebers an, um die

---

Interesse verletzt haben, hätte verhindert werden können, wenn ein Insider auf die Gefahrenquelle frühzeitig hingewiesen hätte, siehe Forst, EuZA 2013, 37 (54).

1004 Redder, S. 230.

1005 Redder, S. 206, seiner Ansicht nach könnte sich dies zu Lasten der Whistleblower auswirken.

1006 So bezahlt etwa die türkische Steuerbehörde ein Teil von Summe der durch Steuerhinterziehung verursachten Schäden als Belohnung, gem. § 6 des Gesetzes mit Nr. 1905, RG: 31.12.1931/1990, bereits oben Kap. § 3, C, I; kontroverse Diskussionen über Prämienzahlungen in Deutschland, da sie das Risiko missbräuchlicher Meldungen erhöhen können, siehe nur Dzida/Granetzny, NZA 2020, 1201 (1206 f.).

Meldebereitschaft zu erhöhen.[1007] Eine Beschuldigung des Hinweisgebers mit einer unlauteren Absicht wäre damit widersprüchlich. Ein Vorrang interner Anzeige könnte das Problem mit der verspäteten Meldung nicht lösen. Denn der Hinweisgeber würde dann die Unzumutbarkeit der internen Anzeige pauschal annehmen, und dies würde funktionieren, weil finanzielle Anreize regelmäßig für schwere Rechtsverstöße wie Steuerhinterziehung eingesetzt werden und eine interne Abhilfe sich bei diesen Verstößen nicht selten als unwirksam erweist.[1008] Dieses Problem könnte die Rechtsordnung eventuell damit lösen, einen Zeitraum festzulegen, innerhalb dessen sich Hinweisgeber melden sollen.[1009]

Zusammenfassend lässt sich sagen, dass der mögliche Einfluss der unlauteren Motivation der Hinweisgeber übersehen werden kann. Dies ist sogar erforderlich, wenn sonst das Rechtdurchsetzungsinteresse gefährdet würde.

4. *Die Auswirkung der Beweislastumkehr auf einen Ausgleich der kollidierenden Interessen*

Dem Ansatz, dass die Abschaffung interner Abhilfe zu einem unverhältnismäßigen Zurückdrängen der Arbeitgeberinteressen führt, wenn man auch die Beweislastumkehr Rechnung trägt, ist nicht anzuschließen. Die Beweislastumkehr i. S. d. Art. 21 Abs. 5 HinSch-RL, wonach der Arbeitgeber beweisen muss, dass die arbeitgeberseitige Handlung nicht als eine Vergeltungsmaßnahme i. S. d. Art. 19 HinSch-RL angesehen werden darf, weil die den Arbeitnehmer benachteiligende Handlung mit dem Whistleblowing nichts zu tun hat, ist an sich eine interessengerechte, notwendige Maßnahme der RL.[1010] Auf diese Weise wird

---

1007 Einzelne zu der Zulässigkeit der finanziellen Anreize aus verfassungsrechtlicher Perspektive, Redder, S. 246 f.

1008 Siehe erhöhtes Risiko von Einsatz der Repressionsmaßnahmen bei der Anzeige von schweren Rechtsverstößen, Mesmer-Magnus/Viswesvaran, J Bus Ethics 2005, 277 (288).

1009 Damit eine Prämie für Meldungen von Steuerhinterziehungen durch türkische Steuerbehörde bezahlt werden kann, muss sich der Hinweisgeber gemeldet haben, bevor die Verjährungsfrist für Steuern abgelaufen ist. Nach § 114 des türkischen Steuerverfahrensgesetz verjähren die Steuern, wenn sie den Steuerpflichtigen innerhalb von fünf Jahren ab dem Beginn des folgenden Jahres, in dem die Steuerforderung entstanden ist, nicht mitgeteilt sind, Gülçiçek, S. 46.

1010 Gerdemann/Colneric, ELLJ 2021, 253 (257); Colneric/Gerdemann, HSI-Schriftenreihe Band 34, S. 153; diff. Thüsing/Rombey, NZG 2018, 1001 (1005); Aszmons/Herse, DB 2019, 1849 (1850); Schmolke, AG 2018, 769 (779); ebenso kritisch aufgrund der hohen Herausforderungen der Beweislastumkehr für Arbeitgeber, Dzida/Granetzny, NZA 2020, 1201 (1204); Schmitt, NZA-Beilage 2020, 50 (57).

nämlich verhindert, dass dem Hinweisgeber, welchem es kaum möglich ist, den kausalen Zusammenhang zwischen der Benachteiligung und dem Whistleblowing zu beweisen, der Schutz versagt wird.[1011] Sollte sich der Vorrang interner Abhilfe durchsetzen, würde diese wesentliche Maßnahme der RL ins Leere laufen. Einem Hinweisgeber könnte der Schutz entzogen werden, indem im Nachhinein darauf verwiesen wird, dass eine interne Abhilfe möglich war.[1012] Dem Arbeitgeber wäre es nicht besonders schwer nachzuweisen, dass er (angeblich) bereit war, einen Missstand zu beheben und dass er über eine funktionstüchtige Meldestelle verfügt, die Meldungen ernsthaft bearbeitet und verfolgt etc. Falls man denkt, dass die Gleichwertigkeit interner Abhilfe unter Rechnung mit der Beweislastumkehr den Arbeitgeberinteressen gänzlich zurückdrängt, kann die Beweislast zugunsten der Arbeitgeber dadurch entschärft werden, dass ein „System der abgestuften Darlegungs- und Beweislast" eingeführt wird, wonach etwa dem Arbeitgeber nicht die Führung eines abschließenden Nachweises auferlegt werden soll, sondern nur die Widerlegung der entsprechenden Vermutung.[1013] Zugunsten eines angemessenen Ausgleichs zwischen Arbeitgeber- und Hinweisgeberinteressen lohnt es sich folglich nicht, den Vorrang interner Abhilfe aufrechtzuerhalten, welcher die Beweislastumkehr nutzlos macht, weil die Gefahr besteht, dass dem Hinweisgeber durch einen Nachweis der vermeintlichen Zumutbarkeit interner Abhilfe der Schutz verwehrt wird.

V. Zwischenergebnis

Zulässig wäre ein unmittelbares externes Whistleblowing-Recht, wenn alle beteiligten Interessen hinreichend berücksichtigt würden. Es gibt theoretisch keine Hindernisse für die Aufrechterhaltung des Vorrangs interner Abhilfe als eine Voraussetzung für ein externes Whistleblowing. Aus den Vorgaben von Art. 10 HinSch-RL, der bereits existierenden Rechtsakten der Union, der internationalen Vorgaben sowie der Rechtsprechung des EGMR ergibt sich nicht zwingend ein Wahlrecht zwischen internen und externen Meldestellen. Die Entscheidung, mit welchem konkreten Weg das Ziel eines Rechts, namentlich eine effektive Rechtsdurchsetzung mit Hilfe von umfassendem Schutz von Hinweisgebern, erreichbar ist, liegt im Ermessen der jeweiligen Rechtsordnung bzw. der Staaten. Für Deutschland lässt sich sagen, dass dieser Weg ein Wahlrecht zwischen interner und externer Meldestelle sein kann. Denkt man an den Gang an die

---

1011 Erwägungsgründe Nr. 93, 95 und 99 der HinSch-RL.
1012 Gerdemann, SR 2021, 2 (10).
1013 Vgl. Degenhart/Dziuba, BB 2021, 570 (573 f.).

Allgemeinheit, den das Wahlrecht unverhältnismäßig für Betroffeneninteressen vereinfacht, würde man für den Vorrang interner Meldestellen plädieren. Der erleichterte Gang ist allerdings nicht ausreichend, um das Vorrangverhältnis fortzusetzen. Die Bedenken des Einflusses der Motivation auf die Wahl der Stelle und in Bezug auf die Auswirkung der Beweislast auf den Ausgleich der Interessen unterstützen die Fortsetzung des Vorrangs interner Anzeigen auch nicht hinreichend. Sie haben bei der Annahme eines Vorrangverhältnisses das Potenzial, einen abschreckenden Effekt für potenzielle Hinweisgeber zu entfalten. Der Hinweisgeber muss es demgegenüber gesichert werden, dass er mit dem Täter des gemeldeten Verstoßes nicht konfrontiert wird. Der Vorrang interner Abhilfe, auch wenn dieser nicht absolut ist, also einem Zumutbarkeitsvorbehalt unterliegt, zwingt einen Hinweisgeber zur Konfrontation mit dem Täter bzw. Arbeitgeber. Falls dieser nicht an der Verfolgung des Verstoßes interessiert ist, setzt sich der Hinweisgeber der Gefahr von Repressionen aus. Dies entfaltet eine Abschreckung für den Hinweisgeber vor Abgabe einer Meldung. Er kann nicht vorab einschätzen, ob der Arbeitgeber im Einzelfall auf die Meldung positiv oder negativ reagieren wird. Das Wahlrecht zwischen der Meldestelle gibt dagegen potenziellen Hinweisgeber die erforderliche Sicherheit, dass sie sich nicht mit dem Täter bzw. Arbeitgeber gegenüberstellen müssen. Ein Hinweisgeber würde schließlich nicht abgeschreckt und er könnte zu einer effektiven Rechtsverfolgung beitragen, falls sich auch der Arbeitgeber aufgrund des Risikos, dass sich der Hinweisgeber unmittelbar extern melden kann, für eine wirksame interne Bearbeitung von Hinweisen interessieren würde. Deshalb stellt sich das Wahlrecht zwischen interner und externer Meldung im deutschen Recht als eine zulässige und wirksame Maßnahme dar.

§ 7. Annahme der Zuständigkeit der Meldeadressaten

Im Folgenden geht es um die Frage, wie es um guten Glauben eines Hinweisgebers steht, wenn er einen Missstand bei einer Stelle meldet, die in der Tat nicht zuständig ist, um die Meldung entgegenzunehmen. Könnte man die Gutgläubigkeit des Hinweisgebers sowie seine Schutzwürdigkeit in diesem Fall negieren? Hierzu finden sich nachvollziehbare Ansätze in der Literatur, die von der Literatur bereits vor dem Erlass der HinSch-RL gebildet worden sind. Zu nennen ist beispielsweise der Ansatz, dass der Hinweisgeber geschützt werden soll, wenn er eine ihm erfahrungsgemäß zuständig erscheinende Stelle einschaltet.[1014] Die HinSch-RL sowie das HinSchG äußern sich zu dieser Frage nicht. Die Frage nach dem Schutz der Hinweisgeber bei der Wendung an eine unzuständige Stelle ist hingegen für die Erfüllung der Funktionen des guten Glaubens als Beitrag zur Effektivität des Rechtsdurchsetzungsinteresses und zur Prävention der missbräuchlichen Anzeigen von wesentlicher Bedeutung. Eine effektive Rechtsdurchsetzung ist auf die Bereitschaft potenzieller Hinweisgeber zur Anzeige von Rechtsverstößen angewiesen.[1015] Falls sich die Einschaltung eines falschen Meldeadressaten zu ihren Lasten auswirken sollte, würden sie sich mit einer Anzeige von Rechtsverstößen zurückhalten. Ferner könnte die Einschaltung eines falschen Meldeadressaten auf verwerflichen Motiven des Arbeitnehmers beruhen.[1016] Falls eine eingeschaltete Stelle Geheimhaltungsinteressen der beschuldigten Arbeitgeber vernachlässigen würde, könnte die Meldung an eine unzuständige Stelle dazu führen, dass dem Arbeitnehmer die Verletzung von vertraglichen Geheimhaltungspflichten vorgeworfen wird.[1017] Die mit der Wahl der Meldeadressaten verbundenen Unklarheiten sind daher zu beheben.[1018]

1014 Graser, S. 216.

1015 Art. 1 HinSch-RL bzw. § 1 HinSchG.

1016 Steinhauser/Kreis, EuZA 2021, 422 (437); siehe aber Anmerkungen dazu unter Kap. § 6, D, IV, 3.

1017 Vgl. Groneberg, S. 151.

1018 Auf diesen Bedarf hinweisend ebenso DGB, Stellungnahme zum Regierungsentwurf eines Gesetzes für einen besseren Schutz hinweisgebender Personen sowie zur Umsetzung der Richtlinie zum Schutz von Personen, die Verstöße gegen das Unionsrecht melden, v. 17.10.2022, S. 11, https://www.bundestag.de/resource/blob/916598/604261e2ca5b08cdeabb3090a6203bc5/Stellungnahme_Woempner_DGB-data.pdf.

Zu klären ist zuerst, ob de lege lata, bereits existierende Stellen wie Betriebs- und Personalräte oder (Aufsichts-)Behörden und Staatsanwaltschaft einige whistleblowing-stellenspezifische Organisationspflichten übernehmen sollten. Nach der RL bzw. HinSchG sind interne und externe Meldestellen – sog. Whistleblowing-Stellen und -Behörden – einzurichten und diese Stellen sollen gem. Art. 9, 12 HinSch-RL Organisationspflichten haben, konkret u.a. eine Pflicht zur Wahrung der Vertraulichkeit der Identität des Hinweisgebers, des Betroffenen wie des Arbeitgebers, der in der Meldung beschuldigt wird. Demzufolge kann eine Meldung bei der Staatsanwaltschaft, die nicht dieser Pflicht unterliegt, zur Folge haben, dass Identitätsschutzinteressen des Hinweisgebers (Repressionsgefahr) sowie die des Arbeitgebers (Imageschädigung) beeinträchtigt werden.[1019] Zu erörtern ist, ob auch de lege lata Adressaten whistleblowing-spezifische Organisationspflichten erfüllen sollten, um berechtigte Interessen der Hinweisgeber sowie der Betroffenen zu schützen. Klarzustellen ist weiterhin, ob ausschließlich eine Meldung bei der nach der RL eingerichteten Meldestellen de lege ferenda einen Schutz auslöst. Nach Art. 6 Abs. 1 lit. b HinSch-RL genießen Hinweisgeber einen Schutz, sofern sie intern gem. Art. 7 oder extern gem. Art. 10 Meldung erstattet haben oder eine Offenlegung gem. Art. 15 vorgenommen haben. Mit den in Art. 7, 10 HinSch-RL erwähnten Meldeverfahren sind die Meldungen gemeint, die an die nach der RL einzurichtenden internen und externen Meldestellen – sog. Whistleblowing-Stellen und -Behörden – abgegeben werden.[1020] Nicht klargestellt ist – auch nicht im HinSchG –, ob man den Whistleblower-Schutz genießen darf, wenn man sich nicht bei den Whistleblowing-Stellen oder -Behörden gemeldet hat, sondern bei bereits existierenden Stellen wie bei einem Betriebsbeauftragten oder bei Staatsanwaltschaften.

Aus diesem Anlass soll nach einer kurzen Darstellung der de lege lata und de lege ferenda Meldeadressaten sowie der Zuständigkeitsverteilung unter Meldekanäle (A) untersucht werden, ob eine de lege lata interne bzw. externe Meldestelle einer Vertraulichkeitspflicht i.S.d RL unterliegen soll (B), und ob eine

---

1019 Es ist nicht ausgeschlossen, dass ein betrieblicher Missstand doch in der Öffentlichkeit bekannt wird, obwohl der Hinweisgeber ausschließlich bei einer staatlichen Stelle gemeldet hat und diese Stelle einer Verschwiegenheitspflicht im Allgemeinen Sinne unterliegen, bereits beobachtet in dem Fall von Gawlik, siehe § 5, C, II, 3, a). Ebenso erörtert worden ist, unter Kap. § 6, D, IV, 2.

1020 Taschke/Pielow/Volk, NZWiSt 2021, 85 (89).

Meldung an diese Stellen den Schutz nach Maßgaben der Richtlinie auslösen soll (C).

A. Zuständige Meldestelle

I. Meldeadressaten de lege lata

Gegenwärtig kommt als interner Adressat eines Whistleblowings zunächst der Arbeitgeber in Betracht. Die Arbeitgeber stellen zudem Fachkräfte bzw. Betriebsbeauftragte ein, die als betriebliche Institutionen die Einhaltung von bestimmten Rechten wie Immissionsschutz, Umweltschutz etc. überwachen und dementsprechend Arbeitnehmerhinweise auf relevante Rechtsverstöße entgegennehmen dürfen. Darüber hinaus gibt es Betriebsräte, die allgemeine Beschwerden von Arbeitnehmern gem. §§ 84 ff. BetrVG entgegennehmen. Freiwillig kann ein Arbeitgeber auch eine Whistleblowing-Hotline eingerichtet haben, die beispielsweise im Rahmen eines Compliance-Verfahrens die Einhaltung der Unternehmensordnung bzw. des Verhaltenskodexes gewährleisten. Jenseits dieser internen Institutionen gibt es Gewerkschaften als externe Meldeadressaten, die sich mit Beschwerden über arbeitsrechtliche Angelegenheiten auseinandersetzen. Weiterhin stehen (Aufsichts-, Datenschutz-)Behörden, Antidiskriminierungs-Stellen und externe Hinweisgebersysteme, wie das von der BaFin für finanzaufsichtsrechtliche Verstöße eingerichtete, zur Verfügung.

II. Nach dem Hinweisgeberschutzgesetz einzurichtende Whistleblowing-Stellen

Nach Art. 8 Abs. 1, 3 HinSch-RL bzw. § 12 HinSchG müssen Unternehmen mit mindestens fünfzig Beschäftigten Kanäle sowie Verfahren für interne Meldungen und für Folgemaßnahmen einrichten.[1021] Die Meldestelle müssen darunter einige Organisationspflichten wie Dokumentation der Hinweise und Gebote wie Wahrung der Vertraulichkeit der Identität des Hinweisgebers bzw. Betroffenen wahrnehmen.[1022] Ebenso sind nach Angaben von Art. 11 Abs. 1, 2 lit. a

1021 Gem. Art. 8 Abs. 7 HinSch-RL können die Mitgliedstaaten nach einer geeigneten Risikobewertung möglich ist, die der Art der Tätigkeiten der juristischen Personen und dem von ihnen ausgehenden Risiko – insbesondere für die Umwelt und die öffentliche Gesundheit – Rechnung trägt, juristische Personen des privaten Sektors mit weniger als 50 Arbeitnehmern verpflichten, interne Meldekanäle und -verfahren einzurichten.

1022 Art. 9 Abs. 1 und 2 HinSch-RL; § 8 ff. HinSchG.

HinSch-RL unabhängige, autonome externe Meldestellen (Whistleblowing-Behörden) einzurichten.[1023] Dies betrifft die externe Meldestelle des Bundes, gem. § 19 HinSchG und andere externe Meldestellen gem. § 20 ff. HinSchG. Auch die Whistleblowing-Behörden unterliegen den gleichen Pflichten und Geboten.[1024] Die Mitarbeiter von Whistleblowing-Behörden sollen schließlich zu spezifischen Sachverhalten geschult werden, um eingegangene Hinweise bearbeiten zu können.[1025]

III. Zuständigkeitsverteilung unter Whistleblowing-Meldekanäle

Die HinSch-RL lässt die organisatorische Gestaltung der internen Meldekanäle im Ermessen der Unternehmen. Demnach soll jedes Unternehmen abhängig von seiner individuellen Struktur entscheiden, welche Personen oder Abteilungen am besten geeignet sind, um die Aufgaben der Whistleblowing-Stelle zu erfüllen.[1026] Es besteht beispielweise die Möglichkeit, sich externer Dritter als interner Meldekanal zu bedienen,[1027] mit anderen juristischen Personen die gleichen Ressourcen zu nutzen[1028] oder ein eigenes (zentralisiertes oder dezentralisiertes) Meldesystem einzurichten.[1029] Kleine Unternehmen sind zudem

---

1023 Anstatt einer einzigen Bundes-Whistleblowing-Behörde hält man die Einrichtung einer Bundes-Whistleblowing-Behörde und 16 weiterer Landes-Whistleblowing-Behörden für sinnvoller, Colneric/Gerdemann, HSI-Schriftenreihe, Band 34, S. 55.

1024 Art. 12 Abs. 1 und 3 HinSch-RL; § 8 ff. HinSchG.

1025 Erwägungsgründe Nr. 64, 65 der HinSch-RL.

1026 Erwägungsgrund Nr. 56 der HinSch-RL; unzutreffend wäre einer Meinung nach, dass „eine in sämtlichen juristischen Personen binnenorganisatorisch zuständige Stelle oder Ebene" einheitlich festgelegt wird, weil Unternehmen und Verwaltungen über verschiedene Rechtsformen, Größen, Arbeitsstrukturen und Verflechtungen verfügen, siehe Colneric/Gerdemann, HSI-Schriftenreihe Band 34, S. 45.

1027 Art. 8, Abs. 5 HinSch-RL; Erwägungsgrund Nr. 54 der HinSch-RL; § 14 Abs. 1 HinSchG.

1028 Unternehmen mit 50 bis 249 Arbeitnehmer dürfen diese Möglichkeit nutzen, Unternehmen mit mehr als 249 Arbeitnehmer müssen eigene internen Meldekanäle betreiben, ggf. durch den Einsatz der externen Dritter als interne Meldestelle, § 14 Abs. 2 HinSchG.

1029 Ein Whistleblowing soll zentral erfolgen, wenn nur eine Stelle Meldungen aus dem gesamten Unternehmen, aus einem gesamten Verwaltungsstrang oder aus einem bestimmten Lebensbereich entgegennimmt. Dezentral ist hingegen ein Whistleblowing beim Vorliegen eines eigenen Hinweisgebersystems in jedem Betrieb bzw. jeder Behörde. Für große Unternehmen mit mehreren Satzungen im Ausland wäre ein dezentralisiertes Meldesystem denkbar, das in unterschiedlichen Ländern je nach

nicht gehindert, eine Person oder Abteilung neben ihrer anderen Tätigkeit auch als interne Meldestelle zu beauftragen.[1030] Diese wäre z. B. ein Direktor der Compliance-Abteilung, ein Rechts- oder Datenschutzbeauftragter oder ein Vorstandsmitglieder.[1031] Sicherzustellen ist dabei die Unabhängigkeit der Stellen. Die internen Meldekanäle sind demnach jeweils organisatorisch getrennt zu gestalten wie beispielsweise mit Hilfe von unterschiedlichen Telefonnummern oder E-Mail-Adressen, Abteilungen innerhalb der die Hinweise bearbeitenden Organisation, etc.[1032]

Über die konkrete verwaltungsorganisatorische Gestaltung der Whistleblowing-Behörden entscheiden Mitgliedstaaten gem. Art. 11 Abs. 1 RL nach ihrem freien Ermessen. Die Mitgliedstaaten sollen aber sicherstellen, dass Behörden, die eine Meldung erhalten haben, nicht befugt sind, gegen den gemeldeten Verstoß vorzugehen, sollen die Meldung innerhalb einer angemessenen Frist auf sichere Weise an die zuständige Behörde weiterleiten und den Hinweisgeber unverzüglich über die Weiterleitung in Kenntnis setzen.[1033] Unter zuständiger Behörde sind gem. Art. 5 Nr. 14 der RL die nach dieser RL einzurichtenden Whistleblowing-Behörden zu verstehen, nicht hingegen bereits existierende Behörden der Mitgliedstaaten. Der deutsche Gesetzgeber macht in dem HinSchG nähere Angaben zur Zuständigkeitsverteilung externer Meldeadressaten. Demnach gibt es vier Gruppen von externen Whistleblowing-Stellen; eine externe Meldestelle des Bundes – diese sollte beim Bundesbeauftragten für Justiz angesiedelt werden –,[1034] externe Meldestellen der Länder, die Bundesanstalt

---

unterschiedlichen Bedürfnissen der Tochterunternehmen gestaltet werden könnte. In Bezug auf Meldegegenstände wäre etwa bei weniger schwerwiegender Missstände ein dezentrales Whistleblowing vorzugswürdiger. Siehe zur Definition und zu der weiteren missstandsbezogenen Bewertung der Effektivität der zentralen und dezentralen Whistleblowing-Systeme, Thüsing/*Forst*, § 6 Whistleblowing, Rn. 29, 30; siehe zudem Diskussionen in Bezug auf die Einführung eines sog. Konzernprivilegs, wonach die Pflicht zur Einrichtung interner Meldestelle durch die Einrichtung einer zentralen Whistleblowing-Stelle innerhalb eines Konzerns nachgekommen werden kann, nach der Begründung zu Abs. 1 HinSchG-E § 14, S. 91, Gerdemann, ZRP 2022, 98 (99).

1030 Vgl. Erwägungsgrund Nr. 45 der HinSch-RL; Wiedmann/Seyfert, CCZ 2019, 12 (16); Bittmann/Brockhaus/von Coelln, NZWiSt 2019, 1 (5).

1031 Dilling, CCZ 2019, 214 (221); vgl. Stuke/Fehr, BB 2021, 2740.

1032 § 13 i. V. m. § 15 HinSchG; Forst, EuZA 2020, 283 (294).

1033 Art. 11 Abs. 6 HinSch-RL.

1034 Gem. § 19 Abs. 1 HinSchG-RefE von 2020 war dies Bundesbeauftragten für Datenschutz und Informationsfreiheit. Für die Wahl des Bundesamts für Justiz als externe,

für Finanzdienstleistungsaufsicht (BaFin) und Bundeskartellamt (BKartA) als externe Meldestellen und weitere externe Meldestellen.[1035] Gem. § 19 Abs. 4 HinSchG ist die externe Meldestelle des Bundes zuständig, soweit nicht eine externe Meldestelle nach den §§ 20 bis 23 zuständig ist.[1036] Die zentrale Meldestelle des Bundes im Sinne eines „one-stop-shop" soll Hinweisgeber davon befreien, sich mit Zuständigkeitsfragen auseinanderzusetzen und schon im Vorfeld den Mut zur Meldung zu verlieren.[1037] BaFin gilt gem. § 21 HinSchG als Meldestelle für Meldungen von Verstößen gegen nationale und europäische Vorschriften, die in den Aufsichtsbereich der BaFin fallen. Die Stelle betreibt bereits aufgrund der Vorgaben der Marktmissbrauchsverordnung zur Einrichtung eines vertraulichen Systems für die Aufnahme von Hinweisen ein einheitliches System, welches die Vorgaben des Hinweisgeberschutzgesetzes erfüllt, und für das soll weitere Vorgaben des § 4d FinDAG als lex specialis gelten.[1038] Ebenso fungiert das BKartA gem. § 22 Abs. 1 HinSchG als zuständige externe Stelle für Meldungen von Verstößen gegen europäisches und nationales Wettbewerbsrecht. Hierdurch sollte von umfangreichen Erfahrungen des BKartA profitiert werden, weil dieses seit vielen Jahren ein digitales Hinweisgebersystem – sowie ein Kronzeugenprogramm – betreibt, welches für Hinweise, die in den Anwendungsbereich des Hinweisgeberschutzgesetzes fallen, sowie sonstige Hinweise

---

zentrale Meldestelle des Bundes enthält die Begründung zu § 19 Abs. 1 des HinSchG-E keine Angaben. Die Funktion der Stelle bleibt unverändert.

1035 §§ 20 ff. HinSchG.

1036 Im Laufe der Umsetzung der RL wurde es dem deutschen Gesetzgeber vorgeschlagen, dass in komplexen Bereichen wie Finanzdienstleistungsaufsicht, wo eine lediglich zentral betriebene Whistleblowing-Behörde und Mitarbeiter zur Bearbeitung der Hinweise über ein erforderliches bereichspezifisches Sachverständnis regelmäßig nicht verfügen würden, „anstelle einer auf Bundesebene allzuständigen Einzelbehörde spezielle Whistleblowing-Behörden oder unabhängige Behördenteile" etabliert werden, um ein effizientes Kooperationsverhältnis zwischen Whistleblower und Whistleblowing-Behörde zu ermöglichen, siehe Colneric/Gerdemann, HSI-Schriftenreihe Band 34, S. 56, denkbar wäre demnach – aufbauend auf der bereits existierenden BaFin-Hinweisgeberstelle – die Integration eines organisatorisch autonomen und personell geschulten Behördenteils in die vorliegenden Verwaltungsstruktur; siehe auch Groneberg, S. 259, 260. In dem HinSchG-E sind diese Vorschläge teilweise berücksichtigt, wie es in den Vorgaben der errichteten externen Meldestelle gem. §§ 19 ff. zu sehen ist.

1037 Begründung zu Abs. 1 HinSchG-E § 19, S. 34 und 83.

1038 Begründung zu § 21 HinSchG-E, S. 83.

einheitlich genutzt werden kann.[1039] Gem. § 4 Abs. 1 i. V. m. § 31 Abs. 2 HinSchG gilt die Sonderzuständigkeit eines spezifischen Meldesystems gegenüber der allgemeinen Zuständigkeit der externen Meldestelle, die im Rahmen HinSchG einzurichten ist, d. h. eingerichtete sektorspezifische Meldesysteme sind vorrangig zuständig, um relevante Verstöße entgegenzunehmen und zu verfolgen. In solchen Situationen sollen keine parallelen Nachforschungen stattfinden, sondern die hinweisgebende Person ist über die bestehende Sonderzuständigkeit in Kenntnis zu setzen und der Sachverhalt ist ggf. an zuständige Stelle weiterzugeben.[1040] Eine Weiterleitung sollte demnach insbesondere erforderlich sein, wenn aus Sicht der Meldestelle sämtliche weiteren Maßnahmen durch die Fach-, Aufsichts- und/oder Strafverfolgungsbehörden zu veranlassen sind. Schließlich muss eine externe Meldestelle, die nicht zuständig für eine Meldung ist oder wenn es ihr unmöglich ist, dem gemeldeten Verstoß weiter nachzugehen, die entgegengenommene Meldung unverzüglich an die jeweilige für die Aufklärung, Verhütung und Verfolgung des Verstoßes zuständige Stelle weiterleiten.[1041]

B. Übertragung der Organisationspflichten auf de lege lata Adressaten

Es stellt sich die Frage, ob eine interne und/oder externe Meldestelle dem Hinweisgeber genauso wie Whistleblowing-Stellen und Behörden die Vertraulichkeit seiner Identität gewähren sollte, um möglichen (arbeitgeberseitigen) Vergeltungsmaßnahmen entgegenzuwirken.[1042] Dazu äußert sich der HinSchG nicht eindeutig. Nach § 8 Abs. 2 HinSchG gilt zwar das Gebot der Vertraulichkeit der Identität unabhängig davon, ob die Meldestelle für die eingehende Meldung zuständig ist. Demnach darf ein Hinweisgeber den gleichen Schutz genießen so wie in den Fällen, in denen die Meldestelle zuständig ist, wenn er sich unter der fälschlichen Annahme der Zuständigkeit einer Meldestelle an diese gewandt hat.[1043] Es ist allerdings nicht klar, ob auch de lege lata Adressaten unter diesen Begriff „unzuständiger“ Meldestelle fallen. Dies würde man verneinen, sofern man von der gesetzlichen Definition einer „Meldung“ ausgehen würde. Nach § 3 Abs. 1 Nr. 4 HinSchG gilt eine Meldung als Mitteilungen von Informationen

1039 Begründung zu Abs. 1 HinSchG-E § 22, S. 84.

1040 Begründung zu Abs. 2 HinSchG-E § 31, S. 89.

1041 Art. 11 Abs. 6 HinSch-RL; § 31 Abs. 2 HinSchG.

1042 Colneric/Gerdemann, HSI-Schriftenreihe Band 34, S. 76 f.

1043 Begründung zu Abs. 2 HinSchG-E § 8, S. 74.

über Verstöße an interne Meldestellen (§ 12 HinSchG) oder externe Meldestellen (§§ 19 bis 24 HinSchG).[1044] „Unzuständig" wäre demnach lediglich eine Meldestelle, die nach Maßgaben des HinSchG eingerichtet ist und unbefugt eine Meldung entgegengenommen hat, weil diese Meldung beispielsweise nach der oben dargestellten Zuständigkeitsverteilung des HinSchG (§ 19 ff.) nicht in ihren Zuständigkeitsbereich fällt. Eine klarstellende Angabe des Gesetzgebers zu dieser Frage wäre angebracht.

In der Literatur finden sich hingegen derzeit nur wenige Ansätze. Nach einer Ansicht sollen de lege lata Adressaten mit den nach der RL einzurichtenden Whistleblowing-Kanälen nicht als gleichwertige Meldeadressaten eingestuft werden und daher sollen sie keine Organisationspflichten übernehmen.[1045] Der Grund dafür ist, dass die Befolgung der Dokumentationspflichten – was auch eine Organisationspflicht ist – zu hohe Herausforderungen stellt, denen eine unternehmensinterne Stelle wie Vorgesetzte oder Betriebsräte nicht nachkommen könnte.[1046] Die Anforderungen in Art. 7 ff. bzw. Art. 10 ff. HinSch-RL wie die Einleitung ordnungsgemäßer Folgemaßnahmen und vor allem die Durchführung effektiver und vertraulicher Ermittlungen bedürfen demnach erhebliche personelle und materielle Ressourcen.[1047] Aus denselben Gründen hält man es weder für praktikabel noch für kostengünstig, dass die für Whistleblowing-Behörden geltenden Vorgaben aus Art. 10 ff. der RL auf anderen staatlichen Stellen übertragen werden.[1048] Diesen Ansätze kann man sich zwar anschließen, eine nach dem Meldegegenstand und der Organisationspflicht der Wahrung der Vertraulichkeit im Besonderen differenzierte Beurteilung erscheint allerdings angebracht.

Die Dokumentation von Hinweisen als Organisationsaufgabe wäre zutreffend eine unverhältnismäßige Belastung von de lege lata Meldeadressaten. Ein Schutz der Identität eines Hinweisgebers, der sich bei einem Betriebsrat oder bei einer Aufsichtsbehörde gemeldet hat, hingegen wäre erforderlich, wenn es um einen typischen Whistleblowing-Fall geht. Vertraulichkeitsgebote sind whistleblowing-spezifische Maßnahmen. Deren Einsatz darf man für überflüssig halten, sofern ein Hinweis nicht mit whistleblowing-typischen Risiken, vornehmlich Vergeltung aufgrund des Hinweises, verbunden ist. Dies lässt sich mit

---

1044 Vgl. Art. 5 Nr. 3, 4, 5 und 14 HinSch-RL.
1045 Colneric/Gerdemann, HSI-Schriftenreihe Band 34, S. 74 f.
1046 Colneric/Gerdemann, HSI-Schriftenreihe Band 34, S. 74 f.
1047 Colneric/Gerdemann, HSI-Schriftenreihe Band 34, S. 75.
1048 Colneric/Gerdemann, HSI-Schriftenreihe Band 34, S. 81.

einem Vergleich zwischen interner und externer Meldestelle sowie der Sachverhalte, mit denen sie sich befassen, wie folgend verdeutlichen:

Befasst sich etwa eine Behörde mit einem interpersonalen Konflikt zwischen Hinweisgeber und Arbeitgeber wie z. B. mit einem Diskriminierungsvorwurf, wäre die Bekanntgabe der Identität des ungleich behandelten Arbeitnehmers seinem Arbeitgeber zur Aufklärung des Vorwurfs erforderlich bzw. angemessen. Der Arbeitnehmer ist zudem vor Nachteilen infolge seines Hinweises an die Behörde gem. § 27 Abs. 2 AGG geschützt. Ist allerdings eine Behörde, die nicht Whistleblowing-Behörde ist, mit einem typisch Whistleblower-Hinweis konfrontiert, kann die Bekanntgabe der Identität des Hinweisgebers gegenüber dem Arbeitgeber dazu führen, dass der Hinweisgeber Repressionen erleidet. In diesem Falle müsste die Behörde den Sachverhalt gem. Art. 11 Abs. 6 RL auf sichere Weise an die zuständige Whistleblowing-Behörde weiterleiten, es sei denn diese Weiterleitungspflicht gilt ausschließlich für externe Meldestelle, die nach Maßgaben der RL als Whistleblowing-Behörde eingerichtet sind, die aber eine Meldung entgegengenommen haben, deren Entgegennahme sowie Bearbeitung in ihren oben dargestellten Zuständigkeitsbereich nicht fallen.[1049] Die Whistleblowing-Behörde würde aufgrund des ihm auferlegten Vertraulichkeitsgebots die Identität der Hinweisgeber schützen. Was mit „auf sichere Weise" genau gemeint ist, ist zwar nicht vorgeschrieben. Aus der Systematik der RL ergibt sich allerdings die Meinung, dass die die Meldung weiterzuleitende Behörde bei der Weiterleitung darauf zu achten, die Identität des Hinweisgebers gegenüber dem Beschuldigten nicht zu offenbaren.

Eine solche unter Wahrung der Vertraulichkeit zu erfolgende Weiterleitungspflicht ist für interne Adressaten nicht vorgesehen. Dies könnte sich entgegen dem berechtigten Schutzinteresse der Hinweisgeber auswirken, und zwar dann, wenn es beim Hinweis um einen typischen Whistleblowing-Sachverhalt geht.[1050] Dies lässt sich durch folgende zwei Szenarien veranschaulichen: Ein Betriebsrat – ein interner Adressat – erhält eine Beschwerde von einem Arbeitnehmer gem. § 84 BetrVG, welche sich auf einen persönlichen Konflikt zwischen Arbeitgeber und

1049 Gem. Art. 5 Nr. 14 der HinSch-RL ist die zuständige Behörde" die nationale Behörde, die benannt wurde, um Meldungen gem. Art. 10 ff. entgegenzunehmen und dem Hinweisgeber Rückmeldung zu geben und/oder als die Behörde benannt wurde, welche die in dieser Richtlinie vorgesehenen Aufgaben, vornehmlich die Pflicht zur Folgemaßnahmen gem. Art. 13 ff. erfüllt.

1050 Siehe zum Befund der Empirie, dass sich Hinweisgeber tendenziell zuerst intern melden, § 2, B, III.

Arbeitnehmer bezieht, und der Betriebsrat ist folglich befugt für die Beilegung. Nach dem geltenden Recht existiert keine Pflicht der Betriebsräte zur Geheimhaltung der Identität des beschwerdeführenden Arbeitnehmers. Ein Betriebsrat kann sogar dem Arbeitgeber die Identität des Arbeitnehmers mitteilen müssen, um den Sachverhalt aufklären zu können. Der Arbeitnehmer ist zudem vor Vergeltungsmaßnahmen durch das Maßregelungsverbot aus § 84 BetrVG geschützt, d. h. die Wahrung der Vertraulichkeit der Identität des Arbeitnehmers darf für entbehrlich gehalten werden. Erhält der Betriebsrat hingegen einen Hinweis über eine seine Zuständigkeit überschreitende Angelegenheit, also einen typischen Whistleblowing-Gegenstand, ist die Bekanntgabe der Identität des Hinweisgebers gegenüber dem Arbeitgeber mit Vergeltungsmaßnahmen verbunden, welche § 84 BetrVG nicht abwenden könnte. Die für unzuständige Behörden geltende Weiterleitungspflicht ist für unzuständige interne Adressaten nicht vorgesehen. D. h. ein Hinweisgeber würde sich Vergeltungsmaßnahmen aussetzen, wenn er einen Whistleblowing-Sachverhalt (irrtümlich) bei einer internen Stelle vorbringen würde. Dementgegen wirken könnte es, wenn interne Meldestelle in einer solchen Fallkonstellation einer gewissen Verschwiegenheitspflicht unterliegen – auch wenn dies nicht die gleiche, strikte Vertraulichkeitspflicht i. S. d. RL sein sollte – und sie den Sachverhalt an die zuständige Stelle – etwa an eine interne Whistleblowing-Stelle – weiterleiten würden.

C. Ausweitung des Schutzes auf Meldungen an die de lege lata Meldekanäle

Es stellt sich weiterhin die Frage, ob eine Meldung an die de lege lata Meldestelle denselben Schutz wie eine an die Whistleblowing-Stelle und -Behörden Schutz auslösen darf.[1051] Die in den Vorgaben der Art. 6, 7 und 10 der RL erwähnten Meldestellen oder zuständigen Behörden sind diejenigen, die nach der RL einzurichten sind, namentlich interne Whistleblowing-Stellen und Whistleblowing-Behörden. Nicht gemeint sind die lege lata, bereits existierende interne und externe Adressaten wie Betriebsbeauftragte und Staatsanwaltschaften.

I. Der Fall „greenwashing"

Die Frage ist für die Gutgläubigkeit der Hinweisgeber und für die Effektivität der Rechtsdurchsetzung von erheblicher Bedeutung. Dies lässt sich durch einen

1051 Colneric/Gerdemann, HSI-Schriftenreihe Band 34, S. 76; vor dem Erlass der HinSch-RL setzte sich ebenso Graser damit auseinander, siehe Graser, S. 215.

in den Medien bekannt gegebenen Fall veranschaulichen.[1052] Es geht um die Nachhaltigkeits-Chefin der Fondgesellschaft DWS, Frau Fixler. Sie wird während ihrer Probezeit (innerhalb der ersten sechs Monate ihrer Beschäftigung) gekündigt. Nach Angaben der Presse gibt sie infolge ihrer Kündigung öffentlich bekannt, dass sich DWS und ihre Fonds nach außen hin als viel nachhaltiger darstellen, als sie eigentlich sind – sog. greenwashing.[1053] Das Unternehmen soll Fixler die Beendigung des Anstellungsverhältnisses gegen eine Abfindungszahlung von 100.000 Euro angeboten haben, sie soll dies allerdings abgelehnt und mehr als ein Jahresgehalt von 640.000 Euro als Abfindung gefordert haben. Das mit dem Sachverhalt befasste Arbeitsgericht stellt fest, dass, die Kündigung wirksam ist, da diese innerhalb der ersten sechs Monate der Beschäftigung ausgesprochen wurde, und dass das Kündigungsschutzgesetz daher keine Anwendung findet. Das Gericht äußert sich zu den Vorwürfen bzw. der Frage nicht, ob Fixler aufgrund ihrer Bedenken über das Nachhaltigkeitsportfolio der Gesellschaft gekündigt worden sein kann.

Angesichts des greenwashings hat man in der Literatur Folgendes ausgeführt: Ein außenstehender Beobachter würde den Fall so wahrnehmen, als ob die Arbeitnehmerin erst nach dem Zugang der Kündigung angebliche Missstände offengelegt hätte. Dann wäre der Missbrauch evident; der Anzeigende wäre nicht eine Hinweisgeberin, sondern eine Denunziantin.[1054] In Anbetracht des Missbrauchspotenzials empfiehlt man, dass Arbeitnehmern, die keinen Kündigungsschutz im Rahmen von bereits existierenden Kündigungsschutznormen genießen, nicht ermöglicht werden soll, sich einen künstlichen Schutz durch das Hinweisgeberschutzgesetz zu verschaffen.[1055] Im Rahmen einer Ausweitung des Bereichs der schutzauslösenden Adressaten hingegen haben Gerdemann und Colneric das Risiko einer missbräuchlichen Berufung auf den Whistleblower-Schutz geprüft, und sie fanden dies aufgrund der Schwierigkeit der Erfüllung der folgenden Voraussetzungen gering:[1056] Dafür müsste der Arbeitnehmer zuerst von einer bevorstehenden benachteiligenden Maßnahme wie einer arbeitgeberseitigen Kündigung erfahren, und zwar ohne, dass diese offiziell bekannt gegeben oder durchgeführt wurde. Weiterhin müsste man Informationen über

1052 Kanning, FAZ.NET v. 24.1.2022, https://www.faz.net/aktuell/wirtschaft/unternehmen/dws-durfte-whistleblowerin-kuendigen-greenwashing-kritik-17748744.html.

1053 Ahrens/Redwitz, CCZ 2023, 6 (8).

1054 Löw, DB 2022, M16 (M17).

1055 Löw, DB 2022, M16 (M16).

1056 Colneric/Gerdemann, HSI-Schriftenreihe Band 34, S. 76.

Verstöße beschaffen und diese im Vorfeld der Durchführung der Maßnahme an ein internes Hinweisgebersystem so weitergeben wie dies gem. Art. 18 RL vorgesehen ist. Schließlich dürfte es dem Arbeitgeber nicht gelingen, das Fehlen eines Zusammenhangs zwischen der benachteiligenden Maßnahme und der Informationsweitergabe des Arbeitnehmers nachzuweisen.

In der Literatur geht man vermutlich davon aus, dass Hinweisgeber wie Frau Fixler, die erst nach einer benachteiligenden Maßnahme des Arbeitgebers, wie einer Kündigung, Missstände aufgedeckt haben, von vornherein aus dem Whistleblower-Schutz ausgeschlossen sind.[1057] Übersehen werden allerdings Fälle, in denen der Zeitpunkt der Meldung nicht mit hinreichender Sicherheit festgestellt werden kann.[1058] Ein potenzieller Hinweisgeber, der einen fragwürdigen Zustand beobachtet hat, meldet sich nicht notwendig sofort. Das Whistleblowing ist ein Prozess; ein Hinweisgeber würde etwa gegenüber Kollegen seine Bedenken äußern und dies ist nach den empirischen Erkenntnissen nicht selten der Fall.[1059] Er würde weiterhin bei internen Adressaten nach seinen Verdacht unterstützenden Informationen suchen. Während er bemüht ist, Gewissheit über seinen Verdacht zu erlangen und/oder den Mut zu bekommen, sich endlich zu melden, besteht bereits das Risiko seiner Kündigung. Die Kündigung würde ihn schließlich ermutigen, seinen Verdacht aufzudecken, da er keinen Job mehr zu verlieren hat, er sich rächen will oder er zu der Überzeugung gekommen ist, dass er mit seinen Bedenken im Recht ist und der Arbeitgeber ihn

---

1057 Vgl. hingegen mit Art. 4 Abs. 2 und 3 der HinSch-RL, wonach die RL auch für Hinweisgeber gelten soll, die Informationen über Verstöße im Rahmen eines inzwischen beendeten Arbeitsverhältnisses, eines noch nicht begonnenen Arbeitsverhältnisses, während eines Einstellungsverfahrens oder anderer vorvertraglicher Verhandlungen erlangt haben. Siehe zudem das Urteil von EGMR 13.1.2015 – 79040/12, Rubins/Lettland, NZA 2016, 1009, Rn. 86 f. In diesem Fall berücksichtigt der EGMR das folgende Argument nicht: Der Hinweisgeber, Professor an einer Universität, hätte auf Missstände nicht hingewiesen, wenn seine Position als Inhaber einer Abteilung in der Universität nicht abgeschafft worden wäre. Stattdessen stellt der EGMR darauf ab, dass der Hinweisgeber Missstände bei den zuständigen Adressaten in der Universität gemeldet hat und die Wahrheitsmäßigkeit der Informationen nicht streitig war.

1058 Nach Art. 20 Abs. 1 lit. b HinSch-RL besteht lediglich die Möglichkeit, dass Hinweisgeber von Whistleblowing-Behörden eine Bescheinigung erhalten, dass sie Schutzvoraussetzungen erfüllen. Diese wäre als Nachweis für den Erfolg einer externen Meldung einzusetzen. Eine entsprechende Umsetzungsnorm findet sich allerdings in dem HinSchG – so wie auch in den vorherigen Entwürfen wie HinSchG-RefE vom 2020 – nicht.

1059 Siehe Kap. § 2, A.

zum Schweigen bringen will. Die Kündigung durch den Arbeitgeber kann zwar rechtmäßig sein, z. B., wenn es sich um die Ausübung des Kündigungsrechts innerhalb der Probezeit handelt. Er kann aber den Arbeitnehmer auch deshalb gekündigt haben, weil ihm die Informationssuche des Arbeitnehmers bei internen Adressaten bekannt geworden ist, und dass der Arbeitnehmer eine Meldung erwägt.[1060] Falls der Schutz ausschließlich bei einer Meldung an eine nach der RL bzw. dem Hinweisgeberschutzgesetz eingerichtete Whistleblowing-Stelle greifen soll, wird eine Schutzlücke entstehen; der Arbeitgeber hätte die Möglichkeit, den Hinweisgeber im Vorfeld einer Meldung an die Whistleblowing-Stelle erfolgreich zu kündigen.[1061] Infolgedessen käme es gar nicht zu der Prüfung, ob der Hinweisgeber mit seinen Bedenken Recht hatte. Er würde stattdessen als Denunziant betrachtet.[1062] Aus diesem Grund ist es angebracht, mit der Frage nach einer Ausweitung der Schutzauslösung auf Meldestellen de lege lata auseinanderzusetzen. Um diese Frage zu beantworten, muss geprüft werden, ob der europäische Gesetzgeber den Schutz tatsächlich auf Meldungen an die Whistleblowing-Stelle und -Behörden beschränken wollte – sowie sein Motiv hierfür – oder ob eine Ausweitung der Schutzauslösung auf Meldestellen de lege lata doch zweckmäßig wäre.

1060 Dieses Verhalten des potenziellen Hinweisgebers ist geeignet, sich gegenüber dem Verantwortlichen, bzw. dem Arbeitgeber, bekannt zu machen, so wie z. B. Gawlik befürchtet hatte, sich selbst dem Täter bekannt zu machen, wenn er vom Archiv Patientenakten verlangen würde, siehe Kap. § 5, C, II, 3, b).

1061 Nach der Begründung zu § 36 Abs. 2 HinSchG-E kann das Gericht im Rahmen der Beweiswürdigung u.a. auch die Tatsache, dass die Person, die die benachteiligende Maßnahme ergriffen hat, keine Kenntnis von der Meldung hatte, berücksichtigen, siehe die Begründung zu Abs. 2 HinSchG-E § 36, S. 96. In diesem Fall würde ein Arbeitgeber die Vermutung, die Maßregelung habe infolge der Meldung erfolgt, verneinen, indem er seine Unkenntnis von der Meldung damit begründet, dass die Meldung nicht bei der von dem Arbeitgeber nach Maßgaben des Hinweisgeberschutzgesetzes eingerichteten internen Whistleblowing-Stelle abgegeben ist, sondern bei einem anderen internen Adressaten.

1062 Der Gesetzgeber scheint hingegen einer Assoziierung des Whistleblowings mit Denunziantentum entgegenwirken zu wollen; der Entwurf sowie dessen Begründung erwähnen Denunziantentum nicht wörtlich. Demgegenüber hatte der HinSchG-RefE von 2020 etwa die fehlende Verpflichtung der Meldestellen zur Bearbeitung anonymer Meldungen damit begründet, dass u.a. denunzierende Meldungen vermieden werden sollen, siehe die Begründung des HinSchG-RefE, S. 31. HinSchG-RefE von 2022 sowie HinSchG-E enthalten allerdings keinen Begriff „Denunziantentum“.

II. Auswertung der Argumente gegen und für die Ausweitung des Schutzes

Für eine auf die Meldung an die Whistleblowing-Stellen und -Behörden beschränkte Schutzauslösung spricht die ausdrückliche Anknüpfung der RL an die Einschaltung dieser Stellen und Behörden, gem. Art. 6, 7 und 10 RL.[1063] Demnach ist der Wille des europäischen Gesetzgebers, den richtlinienspezifischen Schutz von Whistleblowern auf Meldungen an gesondert nach den Vorgaben der Richtlinie agierende Adressaten zu beschränken, als legislative Grundentscheidung Rücksicht zu nehmen, und zwar vor allem im Zeitraum der anstehenden Umsetzung der RL ins deutsche Recht; d. h. beim Fehlen eines die RL umsetzenden Gesetzes in Deutschland darf eine Meldung an bestehende staatliche Stellen für Whistleblower keinen richtlinienspezifischen Schutz i. S. d. Art. 6 Abs. 1 RL auslösen.[1064] Eine solche Folge dürfte allerdings jeder in Zweifel ziehen, der sich den Zweck der RL vor Augen führt; die RL will Rechtsdurchsetzung verbessern und sie schafft dafür sichere Voraussetzungen, unter denen potenzielle Hinweisgeber motiviert wären, Rechtsverstöße zu melden.[1065] Die Beschränkung der Schutzauslösung auf Whistleblowing-Stellen und -Behörden kann demgegenüber Voraussetzungen für potenzielle Hinweisgeber erschweren; sie würden sich verpflichtet für eine zutreffende Identifizierung der zuständigen Meldestelle im Vorfeld einer Meldung sehen. Falls sie kein Schutzversagen im Falle einer Meldung an eine unzuständige Stelle in Kauf nehmen wollen, könnten sie eine Meldung unterlassen. Diese zu Anzeigehemmnissen führende Wirkung bedarf einer Rechtfertigung.

Der Grund dafür könnte die Sorge des Unionsgesetzgebers bezüglich der Unabhängigkeit der Meldestellen und/oder vertrauliche Behandlung der Hinweise sein. Die nach der RL einzurichtenden Meldestelle müssen bei der Erfüllung ihrer Aufgaben die Unabhängigkeit sowie die Vertraulichkeit der Identität der Hinweisgeber garantieren. Schutzinteressen der Hinweisgeber könnten dagegen bei einer Meldung an einen Betriebsbeauftragten oder an einen Staatsanwalt beeinträchtigt werden, weil diese keinem derartigen Vertraulichkeitsgebot unterliegen.[1066] Die Einhaltung des Gebots von Unabhängigkeit und Vertraulichkeit ist so erheblich, dass die RL sogar auch einem mit der Bearbeitung bzw.

1063 Steinhauser/Kreis, EuZA 2021, 422 (437).

1064 Gerdemann, NJW 2021, 3489 (3493 f.).

1065 Art. 1 HinSch-RL; Erwägungsgründe Nr. 1, 3 der HinSch-RL; Kap. § 3, D, II.

1066 Colneric/Gerdemann, HSI-Schriftenreihe Band 34, S. 76, 79.

Entgegennahme der Meldungen unbefugten Mitarbeiter innerhalb einer nach der RL eingerichteten Whistleblowing-Behörde den Zugang zu der Identität der Hinweisgeber verwehrt.[1067] Falls dieser eine Meldung unbefugt entgegengenommen hat, ist es ihm untersagt, Informationen offenzulegen, durch die die Identität des Hinweisgebers oder der betroffenen Person bekannt werden könnte, und er ist verpflichtet, die Meldung unverzüglich und unverändert an die für die Bearbeitung von Meldungen zuständigen Mitarbeiter weiterzuleiten.[1068] Die Unabhängigkeit der Meldestelle und Vertraulichkeit der Identität der Hinweisgeber müssen so wichtig sein, dass der Unionsgesetzgeber – trotz des Gebots eines raschen Gelangen der Informationen zu denjenigen, die der Meldung am ehesten nachgehen können und zur Abhilfe des Verstoßes zuständig sind –[1069] einen Umweg der Meldungen in Kauf nimmt.[1070] Nach Art. 11 Abs. 6 hat eine Behörde, die eine Meldung erhalten hat, aber nicht befugt ist, gegen den gemeldeten Verstoß vorzugehen, die Meldung auf sichere Weise an die zuständige Behörde zu weiterleiten. Falls z. B. eine Aufsichtsbehörde, de lege lata Meldeadressat, demnach als unbefugt zum Vorgehen gegen einen für sie relevanten Verstoß zu betrachten ist – nur deshalb, weil diese nach dem Hinweisgeberschutzgesetz bzw. der RL nicht als zuständige Stelle ernannt ist –, könnte sie die Verstoß-Meldung an eine nach der RL eingerichtete Whistleblowing-Behörde weiterleiten müssen, welche möglicherweise als Folgemaßnahme dafür entscheiden würde, wiederum die Aufsichtsbehörde mit der Meldung bzw. Untersuchung des Sachverhalts zu befassen.[1071]

Für eine Ausweitung der Schutzauslösung auf de lege lata Meldeadressaten sprechen allerdings gewichtige Gründe. Hierfür spricht zuallererst die Effektivität der Rechtsdurchsetzung. Durch die Ausweitung des Schutzes auf die Meldungen an de lege lata Meldeadressaten müssten sich potenzielle Hinweisgeber keine Sorge um eine Identifizierung der Zuständigkeitsverteilung zwischen Meldeadressaten machen. Sie würden somit von einer Meldeabgabe nicht abgeschreckt. Weiterhin ist dies verfassungsrechtlich durch Gleichbehandlungsgrundsatz gem.

1067 Art. 12 Abs. 1 lit. a. HinSch-RL.

1068 Art. 12 Abs. 3 HinSch-RL; Erwägungsgründe Nr. 76, 77 der HinSch-RL.

1069 Erwägungsgrund Nr. 47 der HinSch-RL.

1070 Dies wird als ein Argument gegen die Beschränkung der Schutzauslösung auf Whistleblowing-Stellen und -Behörden ähnlicher Weise ausgeführt, siehe Colneric/Gerdemann, HSI-Schriftenreihe Band 34, S. 77 f.

1071 Art. 11 Abs. 1 HinSch-RL; Erwägungsgrund Nr. 65 der HinSch-RL; siehe Folgemaßnahmen der Whistleblowing-Behörden, Kap. § 8, C, III, 1, a).

Art. 3 GG geboten.[1072] Hinweisgeber wären demnach diskriminiert, wenn ihnen ein Whistleblower-Schutz allein aus dem Grund versagt würde, dass sie sich an eine außerhalb der nach HinSch-RL eingerichtete Meldestelle gewendet haben wie beim Wenden an Betriebsräte oder Fachkräfte.[1073] Bei der Ablehnung eines Whistleblower-Schutzes für einen Hinweisgeber, der sich an eine interne Meldestelle – nicht an eine Whistleblowing-Stelle – gewandt hat und daraufhin gekündigt wird, würde er lediglich durch die mangelhafte, unzureichende de lege lata Schutznormen wie Maßregelungsverbote „geschützt", auch wenn der Hinweisgeber einen erheblichen Missstand gemeldet hätte.[1074] Die Beschränkung der Schutzauslösung auf die Meldungen an die Whistleblowing-Stelle und -Behörden steht zudem dem Erwägungsgrund Nr. 62 der RL entgegen. Demnach soll durch diese RL auch Schutz gewährt werden, wenn der Hinweisgeber nach Unionsrecht oder dem nationalen Recht gehalten ist, den zuständigen nationalen Behörden Meldung zu erstatten, beispielsweise im Rahmen seiner mit der Stelle verbundenen Aufgaben und Zuständigkeiten oder weil der Verstoß eine Straftat darstellt, d. h. eine Anzeige bei einem de lege lata Adressaten wie bei der Staatsanwaltschaft dürfte dem Hinweisgeber den Schutz nicht versagen lassen.

Relevant ist es, dass der Hinweis an diejenigen gelangt, die sich um die Behebung des Missstandes kümmern kann. Dessen Bedeutung für die Rechtsverfolgung lässt sich durch die Praxis im britischen Whistleblower-Recht exemplifizieren. Im britischen PIDA ist eine Pflicht zur Einrichtung interner und externer Meldekanäle nicht ersichtlich. Vorschriften von Sec. 43C bis 43E ERA betreffen die erste Stufe des Meldeverfahrens, sog. first tier of protection, welche im deutschen Recht als interne Meldung bekannt ist. Als Adressaten interner Meldung kommen gem. Sec. 43C nicht nur Arbeitgeber in Betracht, sondern u.a. auch Personen, dessen Fehlverhalten der Gegenstand der Meldung ist, sowie diejenige, die für Fehlverhalten Verantwortung tragen sollen, Ministry of the Crown, einschließlich ein (Rechts)Berater.[1075] Die Reichweite der Meldeadressaten ist also umfassend und dahinter steht der Gedanke, dass die Meldung eines Missstandes von demjenigen entgegengenommen werden soll, der in der Lage ist bzw. verantwortlich ist, den Missstand zu beheben.[1076] Aus diesem Grund muss es dem britischen Whistleblower-Recht gelungen sein, den Schutz des

1072 Colneric/Gerdemann, HSI-Schriftenreihe Band 34, S. 77 f.
1073 Colneric/Gerdemann, HSI-Schriftenreihe Band 34, S. 77 f.
1074 Colneric/Gerdemann, HSI-Schriftenreihe Band 34, S. 77 f.
1075 Lewis/Bowers/Fodder/Mitchell, paras. 6. 01 ff., 6. 49 f.
1076 Lewis/Bowers/Fodder/Mitchell, paras. 6. 02, 6. 14.

Hinweisgebers auf Meldungen an Kollegen auszuweiten, aufgrund deren Rolle bzw. Position die Meldung an sie als eine Meldung an den Arbeitgeber i. S. d. Sec. 43C(1)(a) ERA angesehen werden kann. Dies ist etwa der Fall, wenn sich ein Bauleiter seinem Kollegen, einem anderen Bauleiter, Gesundheits- und Sicherheitsrisiken meldet, die sich aus dem Fehlverhalten eines Arbeitnehmers im Treppenbereich eines Bauprojekts ergeben, welches unter Verantwortung dieses anderen Bauleiters durchgeführt wird.[1077] Auch wenn dieser Bauleiter auf der gleichen Hierarchie wie der beschwerdeführende Bauleiter arbeitet, stellt sich im Einzelfall fest, dass die Meldung beim Kollegen als eine Meldung beim Arbeitgeber angesehen werden darf und diese kann nach Maßgaben des Gesetzes geschützt werden.[1078]

Weiterhin wäre eine Ausweitung des Schutzes auf de lege lata Stellen dem deutschen Recht nicht fremd. Im Falle der Ausweitung der Schutzauslösung auf de lege lata Stellen im deutschen Whistleblower-Recht ist nämlich ein Maßstab für Sorgfalt der Hinweisgeber anwendbar, welcher bereits aus anderen Konstellationen bekannt ist. So wird z. B. ein Schutzversagen für einen Arbeitnehmer, der einen Missstand i. S. d. § 17 Abs. 2 ArbSchG bei einer unbefugten Behörde gemeldet hat, mit dem Zweck der Meldung, namentlich der Aufklärung der Gesundheit und Sicherheit der Beschäftigten gefährdenden Zustände, für unvereinbar gehalten.[1079] Die unbefugte Behörde sollte den Sachverhalt an die zuständige Stelle weiterleiten.[1080] Maßstab ist, dass der Arbeitgeber die Stelle eingeschaltet hat, die ihm geeignet erscheinen dürfte.[1081] In Anlehnung an diese Ausführungen lässt sich von potenziellen Hinweisgebern erwarten, dass sie Verstöße bei der ihnen vernünftiger Weise zuständig erscheinenden Stellen melden.[1082] Je nach

1077 Lewis/Bowers/Fodder/Mitchell, para. 6. 07 ff.

1078 Lewis/Bowers/Fodder/Mitchell, para. 6. 10, sog. Stanton v. Overbury Plc. Fall abrufbar unter, https://assets.publishing.service.gov.uk/media/5e187c1740f0b65dc79ee100/Mr_S_Stanton_vs_Overbury_Plc_-_Judgment.pdf.

1079 Beyer, S. 264.

1080 Becker, S. 92.

1081 Graser, S. 216.

1082 Colneric/Gerdemann, HSI-Schriftenreihe Band 34, S. 79.; ein Irrtumsrisiko kann zusätzlich durch Beratungen potenzieller Hinweisgeber verringert werden. Eine leicht zugängliche, verständliche Rechtsberatung würde dazu beitragen, dass Meldungen über geeignete Kanäle und in verantwortungsvoller Weise vorgenommen und Verstöße zeitnah aufgedeckt oder gar verhindert werden, gem. Erwägungsgrund Nr. 89, S. 4 der HinSch-RL; diff. Steinhauser/Kreis, EuZA 2021, 422 (437), demnach soll der Hinweisgeber, der sich an eine unzuständige Behörde gewandt hat, unter Voraussetzungen einer Offenlegung gem. Art. 15 HinSch-RL geschützt

dem gemeldeten Verstoß wäre dies eine Meldung an die interne Rechtsabteilung, an Vorgesetzte oder an den Betriebsrat oder eben eine Aufsichtsbehörde.[1083]

Falls diese Stelle schließlich eine Behörde und diese unbefugt für die Entgegennahme der Meldung sowie für die Aufklärung des Sachverhalts ist, muss die Meldung unter Wahrung der Vertraulichkeit der Identität des Hinweisgebers an die zuständige Behörde weitergeleitet werden, gem. Art. 11 Abs. 6 RL. Dies könnte auch für unbefugte anderen Stellen wie den Betriebsrat gelten, wenn der deutsche Gesetzgeber eine Weiterleitungspflicht unter Geheimhaltung der Identität des Hinweisgebers gegenüber dem Betroffenen auch für interne Adressaten vorsehen würde.[1084] Falls die Stelle über sachspezifische Kenntnisse zur Aufklärung des Sachverhalts verfügt, aber es Sorge um ihre Unabhängigkeit oder um die vertrauliche Behandlung der Meldung besteht – nur deshalb weil diese Stelle nicht eine Whistleblowing-Stelle oder -Behörde ist –, bestehen zwei Handlungsmöglichkeiten für den Gesetzgeber. Er kann erstens diese über fachspezifische Kenntnisse verfügenden Stellen als Whistleblowing-Adressaten anerkennen. Dies hat er etwa bei der Bundesanstalt für Finanzaufsicht vorgenommen;[1085] diese ist als externe Meldestelle zur Entgegennahme relevanter Verstöße zuständig. Eine solche Anerkennung für andere staatlichen Stellen wie für Staatsanwaltschaften sowie für interne Meldeadressaten wie Betriebsbeauftragte gibt es nicht. In diesem Fall wäre als eine zweite Möglichkeit eine Vorgabe denkbar, wonach z. B. der Staatsanwalt eine gemeldete Straftat oder der Betriebsbeauftragte einen gemeldeten Umweltrechtsverstoß-Verdacht verfolgen soll, aber in Koordination[1086] mit den Whistleblowing-Stellen bzw. -Behörden.[1087] Auf beide Weisen können zum einen Vertraulichkeits- und Unabhängigkeitsgebote eingehalten werden, zum anderen relevante Informationen ohne Umweg zu

---

werden. Ansonsten wäre der Maßstab Folgendes: der Hinweisgeber hat gutgläubig die Behörde als zuständig erachtet.

1083 Colneric/Gerdemann, HSI-Schriftenreihe Band 34, S. 79.

1084 Wie es bereits oben empfohlen wurde, Kap. § 7, B.

1085 § 19 bis 23 HinSchG; siehe auch für Sonderzuständigkeit der sachspezifischen Meldesysteme wie z. B. für Meldungen von Verstößen gegen Kreditwesengesetz gem. § 25a Abs. 1 S. 6 KWG. Gem. § 4 Abs. 1 i. V. m. § 31 Abs. 1 HinSchG gehen die sachspezifischen Meldestellen aus den Bereichen des Kreditwesengesetzes den externen Stellen vor, die nach dem HinSchG einzurichten sind. Für diese sachspezifischen Meldestelle de lege lata wird auch die Wahrung der Vertraulichkeit ihrer Identität erfordert, gem. § 25a Abs. 1 Nr. 3 KWG.

1086 Vgl. § 4 Abs. 3 HinSchG.

1087 Vgl. Erwägungsgrund Nr. 65 der HinSch-RL.

denjenigen gelangen, die der Ursache am nächsten sind, der Meldung am ehesten nachgehen können und über entsprechende Befugnisse verfügen, um den Verstoß vorzugehen.[1088] Die Schutzausweitung auf die Meldungen an de lege lata Meldeadressaten für Hinweisgeber sowie für effektive Rechtdurchsetzung lässt sich so wie folgend praktisch umsetzen: Es geht z. B. um einen Umweltrechtsverstoß, welcher als typischer Whistleblowing-Gegenstand vom Art. 2 RL bzw. § 2 HinSchG erfasst ist und Whistleblowing-Stellen sowie -Behörden daher für dessen Meldung zuständig sind. Ein potenzieller Hinweisgeber meldet sich aber bei einem internen Betriebsbeauftragte, den er erfahrungsmäßig für zuständig hält. Der Schutz der internen Meldung an den Beauftragten ist von Bedeutung, wenn er Repressalien befürchten muss – weil z. B. sein Arbeitgeber durch den Verstoß Gewinn macht und den Beauftragten drängt, den Verstoß zu vertuschen. Erfolgt die Verfolgung des Verstoßes durch den Betriebsbeauftragten unter Aufsicht einer Whistleblowing-Stelle oder -Behörde, kann diese über interne Adressaten Druck ausüben, damit der Sachverhalt unparteiisch und vertraulich behandelt wird und der Verstoß sachgerecht sowie zeitnah abgestellt wird.

Als Ergebnis lässt sich empfehlen, dass sich der deutsche Gesetzgeber mit einer Ausweitung des Hinweisgeberschutzes auf die Meldungen an de lege lata Stellen auseinandersetzt. Der Sorge um die Unabhängigkeit dieser Stellen sowie um die Wahrung der Vertraulichkeit der Identität der Hinweisgeber kann er dadurch entgegenwirken, die gemeldeten Verstöße in Koordination mit Whistleblowing-Stellen oder -Behörden verfolgen zu lassen. Wenn die Sachverhalte nicht in ihren Zuständigkeitsbereich fallen, sollen sie sie auf sichere Weise an die zuständigen Stellen weiterleiten. Der Hinweisgeber sollte schließlich Schutz nach Maßgaben des Hinweisgeberschutzgesetzes genießen, sofern er die Stelle eingeschaltet hat, die ihm geeignet erscheinen dürfte.

1088 Erwägungsgrund Nr. 47 der HinSch-RL.

§ 8. Annahme der (Un)Wirksamkeit der Meldewege

Der Zweck eines Whistleblowings ist die Behebung von Rechtsverstößen und somit der Beitrag zu einer effektiven Durchsetzung des geltenden Rechts. Ein Whistleblower weist auf Rechtsverstöße auf drei Wegen hin; intern – beim Arbeitgeber oder bei von ihm Beauftragten –, extern – bei staatlichen Stellen – oder in der Öffentlichkeit – sog. Offenlegung.[1089] Falls das Verhältnis zwischen interner und externer Meldung im deutschen Recht abschließend geklärt und der Vorrang interner Meldung gestrichen wird,[1090] bezieht sich der gute Glaube des Hinweisgebers zwar vornehmlich auf die Wahl der dritten Meldewege, Offenlegung. Die Berechtigung zur Offenlegung setzt nämlich gem. Art. 15 HinSchRL einen „hinreichenden Grund" zu der Annahme der Unwirksamkeit externer Meldung voraus.[1091] Zumal der Gesetzgeber aber seine Position zu dem Verhältnis zwischen der internen und externen Meldung (noch) nicht aufgeklärt hat und es noch keine Rechtsprechung gibt, die dazu Klarheit schafft, ist es auch noch relevant zu erörtern, wann die die Annahme eines Hinweisgebers zu der Unwirksamkeit interner Meldung vernünftig ist.

Diese Erörterung ist zudem sowohl für Effektivität der Rechtsdurchsetzung als auch für Arbeitgeber und Hinweisgeber von praktischer Bedeutung. Sofern der Hinweis auf einen Missstand rasch zu demjenigen gelangt, der in der Lage ist, dem Missstand am ehesten nachzugehen und befugt ist dem Problem, soweit möglich, abzuhelfen,[1092] darf es für die Rechtsdurchsetzung von untergeordneter Bedeutung sein, auf welchem Weg der Hinweis erfolgt. Dieser wäre sowohl eine der internen Meldeadressaten wie Arbeitgeber oder eine Person bzw. Stelle, die entsprechende Kompetenzen hat, um den Missstand abzuhelfen, als auch eine der externen Adressaten wie eine Aufsichtsbehörde. An dieser Stelle sollte ein Hinweisgeber nur die Verantwortung dafür tragen, eine Stelle einzuschalten, von deren Zuständigkeit er ausgehen dürfte.[1093] Relevant ist es für Hinweisgeber allerdings, einschätzen zu können, welcher Weg im Einzelfall – intern oder

1089 Art. 10 HinSch-RL.

1090 Näher dazu, unter Kap. § 6.

1091 Näher dazu, unter Kap. § 8, C, III.

1092 Erwägungsgrund Nr. 47 der HinSch-RL.

1093 Unter Kap. § 7 ist es bereits bearbeitet worden.

extern oder sogar eine Offenlegung – wirksam wäre, und zwar mit möglichst geringem Aufwand, d. h. ein solcher, der zeitnah und vertrauenswürdig eine Aufklärung bietet.[1094] Sie dürfen weiterhin Verstoß-Informationen nicht unverhältnismäßig in breiter Öffentlichkeit offenlegen. Eine Offenlegung ist zum Ausgleich der Interessen der Betroffenen, die in einem Hinweis beschuldigt werden, aufgrund der Veröffentlichung ihrer angeblichen Fehlverhalten irreversibel geschädigt werden, unter strengen Voraussetzungen zulässig.[1095] Für Arbeitgeber demgegenüber ist es von wesentlicher Bedeutung, dass sich Hinweisgeber intern melden. Denn eine externe Meldung bzw. Offenlegung hätte Strafen oder Bußgelder sowie einen Reputationsverlust für Unternehmen zur Folge.[1096] Angesichts dieser Risiken einer externen Meldung steht ein Arbeitgeber unter dem Druck, sich mit externen Stellen zu konkurrieren, er muss potenzielle Hinweisgeber davon überzeugen können, dass eine interne Meldung wirksam wäre, um Missstände aufzuklären.[1097] Hinweisgebern dürfen sich hierdurch keine Nachteile wie Repressionen erwachsen. Dafür muss er Chancen und Risiken kennen; also wissen, unter welchen Umständen eine interne Meldung für potenzielle Hinweisgeber attraktiv erscheinen würde. Eine zeitnahe Abhilfe infolge einer wirksamen internen Meldung wäre letztlich auch für die Rechtsdurchsetzung bedeutsam.[1098]

Zugunsten aller beteiligten Interessen – Interesse an einer effektiven Rechtsdurchsetzung sowie Interessen der Arbeitgeber und Hinweisgeber – ist es demzufolge angebracht, herauszuarbeiten, wann eine interne, externe Meldung und eine Offenlegung vernünftig wäre, um einen Missstand aufzuklären. Damit beschäftigt sich das vorliegende Kapitel. Es geht um die Untersuchung der Anhaltspunkte, die einen Whistleblower zu einer internen Meldung, zu einer externen Anzeige oder sogar zu einer Offenlegung veranlassen würden. Die bisherige deutsche Rechtsprechung und Literatur haben zwar bereits Gründe für eine zulässige externe Meldung bzw. Offenlegung geliefert, allerdings nur beschränkt auf einzelfallspezifische Umstände, wie die Notwendigkeit einer externen Anzeige begründet wurde, wenn ein Arbeitgeber im Einzelfall einen Missstand geduldet hat.[1099] Nicht konkretisiert worden ist hingegen, aus welchen

---

1094 Art. 7, 10 HinSch-RL.
1095 Art. 15 HinSch-RL bzw. § 32 HinSchG, näher dazu unter Kap. § 8, C.
1096 Taschke/Pielow/Volk, NZWiSt 2021, 85 (91).
1097 Steinhauser/Kreis, EuZA 2021, 422 (439).
1098 Erwägungsgrund Nr. 47, S. 1 der HinSch-RL.
1099 BAG 7.12.2006 – 2 AZR 400/05, NZA 2007, 502 (504); Becker, S. 99 ff.

Anhaltspunkten ein potenzieller Whistleblower von einer Unwirksamkeit interner Meldung wie etwa von der Duldung des Arbeitgebers ausgehen dürfte. Ob eine interne Meldung wirksam ist, stellt sich häufig erst nachträglich heraus.[1100] Wenn potenziellen Hinweisgebern hingegen diese Anhaltspunkte bekannt sind, können sie die Unwirksamkeit einer internen Meldung bereits annehmen – bevor sich die interne Meldung a posteriori als unwirksam erwiesen – und sie würden somit zeitnah alternative Stellen wie Behörden einschalten oder sie würden sich in der Öffentlichkeit äußern, wenn die Voraussetzungen der Offenlegung erfüllt sind. Zudem bieten die HinSch-RL bzw. HinSchG neue Rechtsmaterien, um Voraussetzungen für einen rechtssicheren und effektiven Umgang mit Missständen zu schaffen. Unter Berücksichtigung dieser Vorgaben müssen daher die bisherigen Auswertungen der Rechtsprechung und der Literatur auseinandergesetzt und weiterentwickelt werden. Letztlich werden auch Rechtstatsachen und die Rechtspraxis aus fremden Rechten teils aufgegriffen, namentlich dem türkischen Recht und dem britischen Whistleblower-Recht, um Anhaltspunkte zu festzustellen und Ausführungen zu unterstützen. In diesem Rahmen geht die vorliegende Arbeit zuerst auf die Anlässe für ein internes Whistleblowing (A) und danach auf die für ein externes Vorgehen (B) ein. Anschließend wird sich mit der Berechtigung einer Offenlegung auseinandergesetzt (C).

A. Anlässe für eine interne Meldung

I. Abwendung einer Gefahr bzw. eines Schadens

1. Gesetzliche Anzeigepflicht

Eine wirksame Aufklärung eines Missstandes ist erst dann möglich, wenn die Information über den Missstand rasch zu denjenigen gelangt, die der Ursache des Problems am nächsten sind, die dem Missstand am ehesten nachgehen können und über entsprechende Befugnisse verfügen, um dem Problem, soweit möglich, abzuhelfen.[1101] Geht es bei einem Missstand um eine unmittelbare, nahe Gefahrsituation am Arbeitsplatz, kann daher eine interne Anzeige ein geeignetstes Mittel sein, um die Gefahr rechtzeitig zu unterbinden. Dieser Gedanke ist bereits in § 16 ArbSchG verankert. Demnach verpflichten sich Beschäftigte bei Arbeitgebern oder Vorgesetzten jede von ihnen festgestellte unmittelbare erhebliche Gefahr für die Sicherheit und Gesundheit sowie jeden an den Schutzsystemen

1100 EuArbRK/*Fest*, RL (EU) 2019/1937 Art. 7 Rn. 14.
1101 Erwägungsgrund Nr. 47, S. 1 der HinSch-RL.

festgestellten Defekt unverzüglich zu melden. Dies betrifft die Situationen, in denen der Schadenseintritt sehr wahrscheinlich bzw. nicht mehr abwendbar ist und der Schaden nach Art und Umfang besonders schwer wie ein Ausbruch von Feuer ist.[1102] Liegen konkrete Anhaltspunkte vor, aufgrund derer ein Beschäftigter eine meldewürdige Gefährdungslage annehmen kann,[1103] muss er ohne schuldhaftes Zögern i. S. d. § 121 Abs. 1 S. 1 BGB interne Adressaten informieren, die in der Lage sind, die Gefahr zu beurteilen und Gegenmaßnahmen einzuleiten.[1104] Vernachlässigt man seiner Meldepflicht gem. § 16 ArbSchG grundlos und meldet stattdessen bei Behörden, ist sein Verhalten als rechtsmissbräuchlich zu bewerten.[1105] Ein Arbeitgeber hat nämlich berechtigtes Interesse an der Früherkennung von Gefahrenpotential, um intern die Gefährdungssituation prüfen und somit externe Meldung und mögliche Verhängung der Sanktionen durch Behörden zu vermeiden.[1106] Eine Angst vor Repressalien dürfte hier keinen Grund für das Unterlassen der Anzeigepflicht darstellen. Denn eine Repressionsmaßnahme ist wenig wahrscheinlich, wenn sich Arbeitgeber für die interne Meldung interessieren sowie Arbeitnehmer dazu gesetzlich verpflichtet sind.[1107]

Dass es bei § 16 ArbSchG nicht um ein Recht, sondern um eine Pflicht zur Meldung geht, und als Meldeadressat nicht Behörden, sondern interne Stellen wie Arbeitgeber, Vorgesetzte, Fachkräfte etc. vorgeschrieben sind, lässt sich mit Folgendem begründen: Ein verfassungsrechtlich hochpositioniertes Rechtsgut – Gesundheit und Sicherheit – wird gefährdet und zwar die Gefahr ist nah bzw. unmittelbar.[1108] Zuständige interne Stellen sind dem Problem am nächsten und sie sind in der Lage Gefahrsituationen genau zu evaluieren und sie rasch abzustellen.[1109] Die praktische Bedeutung einer vorrangigen Einschaltung der internen Meldestelle in solchen Gefahrsituationen liegt schließlich darin, dass dadurch eine Gefahr beseitigt werden kann, bevor sie über den Betrieb hinaus Auswirkungen entfaltet. Z. B. würde die interne Meldung von einer

---

1102 Kollmer/Klindt/Schucht/*Schucht*, ArbSchG § 16 Rn. 10 f.

1103 Kohte/Faber/Feldhoff/*Feldhoff/Schulze-Doll*, ArbSchG § 17 Rn. 15; diff. Kollmer/Klindt/Schucht/*Schucht*, ArbSchG § 16 Rn. 16 f.; vgl. LAG Niedersachsen 12.9.2018 – 14 Sa 140/18, Anm. Stück, CCZ 2019, 243 (244).

1104 Kohte/Faber/Feldhoff/*Feldhoff/Schulze-Doll*, ArbSchG § 17 Rn. 17, 18.

1105 Kohte/Faber/Feldhoff/*Feldhoff/Schulze-Doll*, ArbSchG § 17 Rn. 35.

1106 LAG Niedersachsen 12.9.2018 – 14 Sa 140/18, BeckRS 2018, 25518.

1107 Mesmer-Magnus/Viswesvaran, J Bus Ethics 2005, 277 (282).

1108 Siehe dieses Kriterium bereits oben unter Kap. § 4, E, III, 3.

1109 Vgl. Erwägungsgrund Nr. 47, S. 1 der HinSch-RL.

Explosionsgefahr in einer Fabrik eine eventuelle Explosion sowie die Gefährdung der Leben und der Gesundheit der Beschäftigten sowie der Allgemeinheit abwenden. Eine externe Meldung hingegen wäre für eine Abwendung zu spät, es käme bereits zur Explosion, und die Meldung würde nur zu einer Sanktionierung der Verantwortlichen dienen.

2. *Vertragliche Pflicht zur internen Anzeige*

Wird ein Arbeitnehmer zulässigerweise verpflichtet einen Missstand intern zu melden, wäre es vernünftig davon auszugehen, dass eine interne Meldung wirksam wird. Eine vertragliche Pflicht zur internen Anzeige ergibt sich entweder aus der allgemeinen Treuepflicht zur Schadenabwendung im Interesse des Arbeitgebers (a)) oder aus einer vertraglichen Vereinbarung (b)). Der Arbeitnehmer hätte in diesen Fällen grds. keinen Grund, um eine interne Anzeige zu vermeiden. Die Angst vor einer Kündigung wäre z. B. kein Grund. Zumal eine aufgrund der Meldung ausgesprochene Kündigung ein widersprüchliches Verhalten des Arbeitgebers darstellt; sie wäre nach dem Grundsatz von venire contra factum proprium unwirksam.[1110] Ein Verzicht auf die interne Meldung hingegen lässt sich damit begründen, dass eine diesbezügliche Schadenabwendungspflicht oder eine vertragliche Vereinbarung an ihre Zulässigkeitsgrenzen stößt. Im Folgenden sollen vertragliche Pflichten zur internen Anzeige und ihre Grenzen vorgestellt werden.

a) *Schadenabwendungspflicht und ihre Grenzen*

Arbeitnehmer haben aus der Treuepflicht gem. § 242 i. V. m. 241 Abs. 2 BGB eine Pflicht, Schäden abzuwenden, welche Arbeitgeberinteressen beeinträchtigen.[1111] Aus der Schadensabwehrpflicht ergibt sich üblicherweise eine Anzeigepflicht.[1112] Dieser Pflicht liegt der Gedanke zugrunde, dass ein Arbeitnehmer im konstanten Kontakt zu den Rechtsgütern eines Arbeitgebers steht und er deshalb in einer besonderen Lage ist, Gefahren und Schäden frühzeitig zu erkennen und zu melden.[1113] Dies rechtfertigt allerdings keine pauschale Pflicht zur Anzeige betrieblicher Vorkommen, welche jeglichen Interessen des Arbeitgebers entgegenstehen.[1114] Als eine Ausprägung von Treu und Glauben gem. § 242

1110 Wisskirchen/Körber/Bissels, BB 2006, 1567 (1571); Müller, NZA 2002, 424 (432).

1111 Hauschka/Moosmayer/Lösler/*Wessing*, § 46 Rn. 46 ff.; Preis, in: Der Arbeitsvertrag 2015, A 40 Rn. 14a; Müller-Petzer, CCZ 2018, 162 (165).

1112 Diller, DB 2004, 313 (317).

1113 Becker, S. 173.

1114 NK-ArbR/*Kerwer*, KSchG § 1 Rn. 1070 f.; ErfK/*Preis*, BGB § 611a Rn. 846 ff.

BGB findet die Pflicht zur Schadenabwehr ihre Grenzen darin, dass den Arbeitnehmern schadensabwendende Maßnahmen unter Umständen des Einzelfalls zumutbar sind.[1115] Dabei spielen u.a. mögliche Nachteile für Arbeitnehmer, Höhe des drohenden Schadens und das Vorliegen anderer Mittel der Schadensabwehr eine Rolle.[1116] Die Zumutbarkeit einer Wahrnehmung der Schadensabwendungspflicht lässt sich durch den Umfang des Aufgabenbereiches der Arbeitnehmer bzw. Schwere des Missstandes ((1)) und die Freiheit der Selbstbezichtigung ((2)) konkretisieren.

(1) Aufgabenbereich bzw. Schwer des Missstandes

Unterlassen der Meldung eines Fehlverhaltens am Arbeitsplatz kann eine vertragliche Pflichtverletzung darstellen, wenn der Arbeitgeber ein berechtigtes Interesse an der Auskunft über das Fehlverhalten hat.[1117] So hat sich der türkische Kassationshof mit einem Fall befasst, in dem eine Arbeitnehmerin, die in einem Kinderpflegeheim tätig ist, sich zur Zeugin macht, indem sie behauptet, ihre Kollegin vergieße heißes Wasser über den Kopf eines schwerbehinderten Kindes, um das Kind zu disziplinieren, weil es mit anderen Kindern streitet. Die Arbeitnehmerin meldet dieses Fehlverhalten ihrer Kollegin zuerst nicht, weil sie denkt, dem Kind passiere nichts Schlechtes. Sie äußert sich zu dem Vorfall erst, als sich herausstellte, dass das Kind am Rücken rote Flecken bekommen hat. Der Arbeitgeber kündigt sie gem. § 25 Abs. 2 IK fristlos, und zwar mit folgender Begründung: Das Kind sei aufgrund ihres Schweigens verletzt worden, es wäre nicht zur Verletzung gekommen, wenn sie das Fehlverhalten ihrer Kollegin zeitnah gemeldet hätte. Sie habe dem Arbeitgeber die Chance genommen, dem Kind zu helfen. In Anlehnung an die vom Arbeitgeber dargelegten Gründe hält der Kassationshof die Kündigung für gerechtfertigt.[1118] Das Urteil ist das einzige, das bisher zu der Frage eine Auskunft gibt, ob das Unterlassen einer Meldung von Fehlverhalten der Mitarbeiter eine vertragliche Pflichtverletzung begründen würde. Die Frage, inwieweit Arbeitnehmer Fehlverhalten von Kollegen melden müssen, ist nur wenig erörtert; dazu äußert sich die türkische Literatur, dass es auf die Umstände des Einzelfalls ankommt, wie z. B. sollte eine solche Pflicht zur Meldung von Fehlverhalten der Kollegen bei schweren Taten wie Diebstahl, Bestechung etc. bejaht werden.[1119] Diese Frage hat im deutschen

---

1115 Diller, DB 2004, 313 (314).

1116 Diller, DB 2004, 313 (314).

1117 NK-ArbR/*Kerwer*, KSchG § 1 Rn. 1070 f.

1118 Y9HD 20.11.2018, E. 2018/2956, K. 2018/20981.

1119 Çelik/Caniklioğlu/Canbolat, S. 277; Alp, S. 231 f.

Rechtsraum auch keine abschließende Antwort. Zu finden sind aber zumindest einige Kriterien. So z. B. das BAG folgenden Kriterien heran: Aufgabenbereich des Arbeitnehmers und Wiederholungsgefahr.[1120] Demnach besteht eine solche Verpflichtung, falls sich das Fehlverhalten des Kollegen in dem Aufgabenbereich des Arbeitnehmers abspielt und wenn eine Wiederholungsgefahr vorliegt, sodass aufgrund des Unterlassens der Anzeige des Fehlverhaltens der Schaden nicht behoben oder sogar vergrößert wird.[1121] Ein einmaliges Fehlverhalten des Mitarbeiters begründet keine Anzeigepflicht.[1122] Fällt ein von Kollegen verursachter Missstand außerhalb des Aufgabenbereichs, sind Anforderungen an die Anzeigepflicht eines Arbeitnehmers strenger.[1123] Die Erheblichkeit des drohenden Schadens bildet schließlich den Maßstab.[1124] Geht es um einen Ausfall der Produktion mit einem nicht unerheblichen Schaden oder einen drohenden Schaden der körperlichen Unversehrtheit des Arbeitgebers oder der anderen Personen, ist eine interne Anzeigepflicht anzunehmen.[1125]

(2) Selbstbezichtigungsfreiheit

(a) Anwendbarkeit des allgemeinen Grundsatzes „Nemo-tenetur“

Es ist nicht ausgeschlossen, dass ein Arbeitnehmer selbst (Mit)Täter eines Missstandes ist.[1126] Dies hat Bedeutung, wenn er im Rahmen einer staatlichen oder unternehmensinternen Ermittlung nach Auskünften über den Missstand gefragt wird. Er würde die Auskunft vermeiden, um sich nicht zu belasten. So etwa sollen sich Vorfälle im Bereich von IT-Sicherheits- und Datenschutz nicht selten aus eigenem Fehlverhalten der Mitarbeiter ergeben und Mitarbeiter verweigern oftmals Aussagen zu eigenem Fehlverhalten, wenn sie aufgrund ihrer Fehlverhalten arbeitsrechtliche Konsequenzen wie eine Kündigung befürchten müssen.[1127] Es ist allgemein anerkannt, dass sich Arbeitnehmer gegenüber staatlichen Stellen selbst nicht bezichtigen müssen – sog. Nemo-tenetur-Grundsatz – gem. Art. 2 Abs. 1 i. V. m. Art. 1 Abs. 1 GG.[1128] Sie dürfen demnach nicht deshalb

---

1120 BAG 18.6.1970 – 1 AZR 520/69, NJW 1970, 1861.

1121 BAG 18.6.1970 – 1 AZR 520/69, NJW 1970, 1861; Schmitt, S. 42.

1122 Redder, S. 88.

1123 Redder, S. 88.

1124 Redder, S. 88; Rudkowski, NZA 2011, 612 (614).

1125 Redder, S. 88 f.

1126 Hommel, CCZ 2021, 95 (97), erfährungsgemäß sei es sogar oftmals der Fall, dass sich der Hinweisgeber selbst unrechtmäßig gehandelt hat.

1127 Müllmann/Volkamer, ZD 2021, 8 (9 ff.).

1128 BGH 23.2.1989 – IX ZR 236/86, NJW-RR 1989, 614, Rn. 23 f.

sanktioniert werden, weil sie im Rahmen sie betreffender, von einer Behörde durchgeführten Ermittlungen Auskünfte verweigern, aus denen sich etwa eine strafrechtliche Verantwortlichkeit für sie ergeben kann.[1129] Umstritten ist allerdings, ob eine Selbstbelastungsfreiheit auch gegenüber dem Arbeitgeber gilt.

Eine Selbstbelastungsfreiheit begründet man im Arbeitsverhältnis vornehmlich mit dem Persönlichkeitsrecht gem. Art. 2 Abs. 1 i. V. m. Art. 1 Abs. 1 GG.[1130] Der daraus ergebende Nemo-tenetur-Grundsatz gilt demnach auch gegenüber dem Arbeitgeber, sodass ein Arbeitnehmer dem Arbeitgeber gegenüber Informationen verweigern darf, welche dessen Kündigung schlüssig machen können.[1131] Eine Auskunftspflicht hingegen leitet sich aus §§ 666, 675 BGB oder allgemein aus § 242 BGB ab.[1132] Arbeitgeber haben ein berechtigtes Interesse an der Informierung über betriebliche Missständen, um sie zeitnah aufklären zu können, und dieses Interesse müsste von Arbeitnehmern aufgrund ihrer vertraglichen Pflichten zur Rücksichtnahme der Arbeitgeberinteressen anerkannt worden sein, weil sie – anders als in ein Verhältnis zu staatlicher Stelle – privatautonom

---

1129 EuGH (Große Kammer) 2.2.2021 – C 481/19, DB vs. Consob, ECLI:EU:C:2021:84.

1130 Thüsing/*Forst*, § 6 Whistleblowing, Rn. 47; Mengel, Compliance und Arbeitsrecht, Kapitel 1 Rn. 27, 28; Rudkowski, NZA 2011, 612 (614); für eine Selbstbelastungsfreiheit der Arbeitnehmer spricht auch eine Norm des Entwurfs zum Verbandssanktionengesetz, namentlich § 17 Abs. 1 Nr. 5 VerSanG-E, wonach sich ein Unternehmen um eine Strafmilderung hoffen kann, wenn es ein faires Verfahren bei der Untersuchung der Rechtsverstöße geleitet hat; ein faires Verfahren liegt etwa vor, wenn die bei der Untersuchung nach ihrer Auskunft gefragten Mitarbeiter Auskünfte auf die Fragen verweigern durften, welche sie in Gefahr aussetzen, aufgrund einer Straftat oder Ordnungswidrigkeit verfolgt zu werden. Der Entwurf war im Oktober 2020 in den Bundestag eingebracht, konnte aber aufgrund des fehlenden Kompromisses in der Regierungskoalition nicht mehr behandelt worden.

1131 BAG 23.10.2008 – 2 AZR 483/07, NZA-RR 2009, 362 (364); Tödtmann/von Erdmann, NZA 2020, 1577 (1578 f.); von der Auskunftsverweigerung unterscheidet sich ein Verhalten des Arbeitnehmers, vorliegende Aufklärungsmaßnahmen des Arbeitgebers zu verhindern oder die Aufklärung eines Sachverhalts mit unlauterem Einwirken auf etwaige Beweismittel zu vereiteln. Eine Einflussnahme des Arbeitnehmers auf die Zeugen bzw. Mitarbeiter, um diese zu einer falschen Angaben gegenüber dem Arbeitgeber zu fordern und/oder das Fehlverhalten des Arbeitnehmers zu verheimlichen, stellt einen Verstoß gegen vertragliche Rücksichtnahmepflicht gem. § 241 Abs. 2 BGB dar, siehe ArbG Köln 9. Kammer 14.10.2020 – 9 Ca 1130/20, Hiéramente/Garden, jurisPR-StrafR 2021, Anm. 5.

1132 Bittmann/Brockhaus/von Coelln, NZWiSt 2019, 1 (7); Krug/Skoupil, NJW 2017, 2374 (2375).

in ein Arbeitsverhältnis eintreten.[1133] Soweit die Auskunftserteilung für Arbeitnehmer keine unzumutbare Belastung ist, können sie zur Aussage verpflichtet werden.[1134] Das Aufklärungsinteresse der Arbeitgeber wäre etwa vorzugswürdig, wenn er für die Vermeidung von dem bedrohenden Schaden wie einem Bußgeld wegen eines Kartellverstoßes auf die Aussagen der Arbeitnehmer angewiesen wäre[1135] oder wenn die Existenz des Unternehmens gefährdet wird, ggf. einen Verlust zahlreicher Arbeitsplätze hervorruft oder körperliche Unversehrtheit bzw. das Leben der Personen bedroht, die unbewusst in die Gefahr geraten sind.[1136]

(b) Schutzwürdigkeit des (Mit)Täter-Hinweisgebers im Hinblick auf die Rechtsdurchsetzung

Die Frage nach einer Auskunftspflicht eines (Mit)Täter-Hinweisgebers würde künftig weiter diskutiert werden. Eine Einstellung hierzu einzunehmen, ist äußerst schwer; einerseits geht es um die Wahrung des berechtigten Interesses der Arbeitgeber an einer Schadensabwehr sowie des Staats an einer Rechtsverfolgung, andererseits um grundrechtlich geschütztes Interesse der Mitarbeiter an der Vermeidung von persönlichen Nachteilen. Ein Ausweg aus dieser Kollision lässt sich dort finden, wo das Benachteiligungsrisiko zugunsten potenzieller (Mit)Täter-Hinweisgeber abgemildert wird. Dann würden sie sich zu Missständen äußern. Gegenwärtig ist es z. B. der Fall, dass Arbeitgeber zur Aufklärung von Verstößen die Auskünfte der beschuldigten bzw. mitwirkenden Mitarbeiter benötigen und sie auf arbeitsrechtliche Konsequenzen verzichten, um sie zur Aussage zu motivieren – sog. Mitarbeiteramnestieprogramme.[1137] Ein Schutzausschluss für (Mit)Täter-Hinweisgeber leitet sich aus den Vorgaben der HinSch-RL nicht ab. Aus dem Wortlaut des Art. 6 RL ergibt sich nicht, dass (Mit) Täter-Hinweisgeber aus dem Schutz ausfallen.[1138] Die Umsetzungsnorm, § 33

1133 Redder, S. 85.

1134 BAG 7.9.1995 – 8 AZR 828/93, NZA 1996, 637 (639 f.).

1135 Röß, NZA 2021, 675 (677); Redder, S. 83.

1136 Redder, S. 83 f.

1137 MAH ArbR/*Dendorfer-Ditges*, § 35 Rn. 247.

1138 Vgl. mit dem Wortlaut Art. 5 Nr. 11 RL bzw. Umsetzungsnorm § 3 Nr. 6 HinSchG, wonach unter Repressalien Handlungen oder Unterlassungen im Zusammenhang mit der beruflichen Tätigkeit zu verstehen seien, die eine Reaktion auf eine Meldung oder eine Offenlegung sind und durch die der hinweisgebenden Person ein ungerechtfertigter Nachteil entsteht oder entstehen kann. Aus dem Begriff „eines ungerechtfertigten Nachteils" ergibt sich der Eindruck, dass disziplinarische Maßnahmen

HinSchG ist ebenso identisch formuliert. Auch dieser ist nicht zu entnehmen, dass diejenigen Hinweisgeber nicht geschützt werden, die sich an dem gemeldeten Verstoß beteiligt haben. Allerdings können nach Angaben der Begründung zu § 36 Abs. 2 HinSchG diejenige Hinweisgeber vom Schutz vor Repressalien ausgeschlossen werden, die für Verstöße (mit)verantwortlich sind. Demnach kann die in § 36 Abs. 2 HinSchG vorgesehene Vermutungsregel – die Benachteiligung eines Hinweisgebers sei eine gem. § 36 Abs. 1 verbotene Repressalie – widergelegt werden, wenn die benachteiligende Maßnahme deshalb erfolgt hat, weil der Hinweisgeber selbst an einem gemeldeten Verstoß wie an einem Korruptionssachverhalt beteiligt war.[1139] Es gibt derzeit keine deutsche Rechtsprechung zu einer derartigen Fallkonstellation.

Die Zweckmäßigkeit eines solchen Schutzausschlusses darf in Frage gestellt werden.[1140] Auch wenn man an einer Tat mitgewirkt hat, zeigt er nämlich die Tat an, und somit trägt er einer Rechtsdurchsetzung bei. Dieser Schutz wäre umso mehr von besonderer Bedeutung, als die Aufdeckung von Verstößen ansonsten gänzlich unterbleiben würde. So soll z. B. bei Verstößen gegen das AntiDopG eine klassische Täter-Opfer-Konstellation verschwommen sein, d. h., beteiligte Personen wären sowohl Opfer als auch Täter.[1141] Das Risiko, dass sie sich bei einer Aufdeckung der Verstöße rechtlichen Sanktionen aussetzen, führt demnach dazu, dass alle Beteiligten bei Planung, Durchführung sowie bei der Vertuschung von Dopingverstößen abgeschottet sind.[1142] Gegen einen Schutz für (Mit)Täter-Hinweisgeber jedoch würde sprechen, dass Beschäftigten dadurch Verstöße gegen die Rechtsordnung erleichtert würden, mit anderen Worten,

für einen Hinweisgeber, der am berichteten Missstand eigene Verantwortung hat, als zulässig betrachtet werden können, siehe etwa Hommel, CCZ 2021, 95 (97).

1139 Begründung zu Abs. 2 HinSchG-E § 36, S. 95 f.

1140 Im Widerspruch steht dieser Ausschluss auch mit § 22 HinSchG, wonach Hinweisgeber unmittelbar externe Meldestellen einschalten können, wenn es um Kartellrechtsverstöße geht, und hinter diesem externen Whistleblowing-Recht liegt u.a. der Gedanke, dass es Hinweisgebern ermöglicht wird, als potenzielle Kronzeugen aufzutreten, was bei einer ausschließlich internen Meldung nicht möglich wäre, d. h. derjenige, der sich an einem Missstand wie einem Kartellverstoß beteiligt hat, ist vom Schutz nicht von vornherein ausgeschlossen, siehe die Begründung zu Abs. 1 S. 2 HinSchG-E § 22, S. 84.

1141 Hauptmann/Klarmann, SpuRt 2019, 190 (191).

1142 Hauptmann/Klarmann, SpuRt 2019, 190 (191); siehe auch, Zimmer/Schwung, NZA 2022, 1167 (1169).

einem Täter darf es nicht ermöglicht werden, sein Delikt zu legitimieren.[1143] Dies würde zuletzt dem Zweck des Hinweisgeberschutzes entgegenstehen.[1144] In ähnlicher Weise befand es das türkische Oberverwaltungsgericht (Danıştay) mit dem Zweck der staatlichen Prämie unvereinbar, dass ein Geschäftsführer, der steuerrechtswidrige Praktiken seines Arbeitgebers, an denen er mitgewirkt hat, bei der Behörde anzeigt und sich für eine gesetzlich vorgesehene Prämie angemeldet hat, neben § 347 VUK – Kronzeugenregelung – zusätzlich verschont wird.[1145] Das Gericht hat demzufolge dem Geschäftsführer die Prämie abgesagt. Das Ziel der staatlichen Prämie ist es, mit Hilfe von Insidern steuerrechtliche Verstöße effektiv zu verfolgen, nicht hingegen Private dazu anzureizen, auf einen Rechtsverstoß anzukommen.[1146]

Wie sich die deutsche Rechtsprechung zu (Mit)Täter-Hinweisgebern entscheiden wird, bleibt abzuwarten. Anhand von derzeitiger Rechtslage lässt sich zumindest vorhersehen, dass potenzielle Hinweisgeber zwar das Recht zur Verweigerung von selbstbelastendem Aussagen genießen dürfen, sie können aber auch durch den Schutz vor rechtliche Folgen ihrer Fehlverhalten zur Anzeige von Verstößen angereizt werden, um Missstände zugunsten einer effektiven Rechtsverfolgung zeitnah abstellen zu können.

b) Vertragliche Vereinbarung zur internen Anzeige (sog. Whistleblowing-Klauseln)

(1) Grundlagen und allgemeine Zulässigkeitsgrenzen

Über die allgemeinen Pflichten zur internen Meldung hinaus gibt es vertragliche Vereinbarungen, wonach eine weitergehende Pflicht für Beschäftigte zu einer Anzeige von Verstößen gegen bestimmte Ordnungen wie sog. Ethikrichtlinien in Unternehmen vorgesehen wird.[1147] Unternehmen richten dementsprechend Whistleblowing-Hotlines ein, worüber die Verstöße zu melden sind.[1148] Diese

1143 Seventh General Activity Report of GRECO (2006), S. 13, Strasbourg 21 March 2007, Greco (2007) 1E Final, abrufbar unter, https://www.coe.int/en/web/greco/news-archive-2005-2015/-/asset_publisher/5Q0KS70Uqdfi/content/publication-of-greco-s-7th-general-activity-report-2006-?inheritRedirect=false.

1144 Thüsing/*Forst*, § 6 Whistleblowing, Rn. 47.

1145 Danıştay 7D 12.4.1967, E.1965/2139, K.1967/343.

1146 Gülçiçek, S. 121.

1147 Berthold, S. 110.

1148 Mengel, Compliance und Arbeitsrecht, Kapitel 1 Rn. 25; siehe mitbestimmungsrechtliche Aspekte der Whistleblowing-Hotlines, Deinert, AuR 2008, 90 f.

Hotlines setzten sich als ein Teil der Compliance-Bemühungen von Unternehmen dazu ein, dass sich Unternehmen über Missstände frühzeitig informieren und sie durch entsprechende Aufklärungsmaßnahmen rechtliche und wirtschaftliche Folgen der Missstände vermeiden können.[1149] Eine derartige Verpflichtung zur Anzeige ist bislang nur in gewissen Grenzen zugelassen worden. Eine allgemeine Pflicht zur Denunziation, welche über die Anzeigepflicht aus §§ 242, 241 Abs. 2 BGB hinausgeht, verstößt etwa gegen das Persönlichkeitsrecht der Beschäftigten aus Art. 2 Abs. 1 i. V. m. Art. 1 Abs. 1 GG und ist somit unzulässig.[1150] Demnach fehlt z. B. ein berechtigtes Interesse eines Arbeitgeber darüber informiert zu werden, ob die Mitarbeiter ggf. mit jemandem in einer Liebesbeziehung sind.[1151] Nimmt der Arbeitgeber von seinem Direktionsrecht aus § 106 GewO in Anspruch, um Beschäftigten die Meldung von Missständen anzuweisen, unterliegt diese Anweisung weiterhin verfassungsrechtlichen Einschränkungen, namentlich einer Beachtung des Persönlichkeitsrechts der Anzeigenden.[1152] Ebenso darf der Arbeitgeber durch die Ausübung seines Direktionsrechtes nach § 315 BGB, § 106 GewO nicht eine umfassende Meldungspflicht aller Pflichtverstöße wie jede Unredlichkeit von Kollegen anordnen.[1153] Die Zulässigkeit einer vertraglichen Bestimmung zu einer Anzeigepflicht ist schließlich nach einer Inhaltskontrolle i. S. d. § 307 ff. BGB und von einer Sittenwidrigkeit her i. S. d. § 138 BGB zu prüfen.

(2) Konformität mit der HinSch-RL?

Sollten allerdings nach Vorgaben der HinSch-RL Whistleblowing-Stellen und -Behörden eingerichtet und interne und externe Meldungen an diese Adressaten gem. Art. 10 RL gleichgestellt werden,[1154] wäre eine vertragliche Vereinbarung fraglich, wonach Mitarbeiter betriebliche Missstände bei internem Adressaten melden sollen.[1155] Denn gem. Art. 9 Abs. 1 lit. g HinSch-RL sollen Unternehmen

1149 Eroglu/Saribay, in: Köse/Alp 2020, S. 343 (370).

1150 Preis, in: Der Arbeitsvertrag 2015, A 40 Rn. 14a; Mengel, Compliance und Arbeitsrecht, Kapitel 1 Rn. 17; Mahnhold, NZA 2008, 737 (739).

1151 LAG Düsseldorf 14.11.2005 – 10 TaBV 46/05, BeckRS 2005, 43849, Rn. 50 ff.; BAG 22.7.2008 – 1 ABR 40/07, NZA 2008, 1248 (1250 f.).

1152 MAH ArbR/*Gragert/Katerndahl*, § 15 Rn. 2.

1153 Hauschka/Moosmayer/Lösler/*Wessing*, § 46 Rn. 54; MAH ArbR/*Dendorfer-Ditges*, § 35 Rn. 144 f.

1154 Diesbezügliche Auseinandersetzung und Vorhaben des HinSchG finden sich unter Kap. § 6.

1155 Vgl. Lewis/Bowers/Fodder/Mitchell, para. 1. 71.

den Mitarbeitern klare und leicht zugängliche Informationen über die Verfahren für externe Meldungen an die zuständigen Behörden erteilen. Unwirksam sind alle Vereinbarungen, die die Rechte eines Hinweisgebers – insbesondere das Recht zu einem freien Zugang zu externen Meldestellen – beschränken oder ausschließen.[1156]

Die Meldepflicht könnte zwar einen zum Whistleblowing stimulierenden Effekt entfalten.[1157] Eine Verpflichtung zum Whistleblowing scheint aber nicht bedenkenlos, auch wenn dies keine konkrete Auswahl der Meldewege trifft. Die Entscheidung für ein Whistleblowing ist nämlich eine Gewissensentscheidung, d. h. ein Whistleblower darf nach eigenem Ermessen entscheiden können, ob er einen Missstand aufdecken will oder nicht.[1158] Eine Pflicht zum Whistleblowing wäre zudem mit der Meinungsfreiheit unvereinbar, weil diese auch das Unterlassen einer Meinungsäußerung umfasst – sog. „negative Meinungsäußerungsfreiheit".[1159] Schließlich könnte die Pflicht zum Whistleblowing zu einem Übertreiben von Meldungen sowie zu einer damit einhergehenden Zerstörung der Effizienz der Meldesysteme führen; Arbeitgeber würden sich auf die Kontrolle konzentrieren, ob Arbeitnehmer dieser Meldepflicht nachkommen, nicht hingegen auf die Verfolgung von gemeldeten Verstößen sowie die Sicherstellung der Effektivität der Whistleblowing-Systeme.[1160] Daher wäre eine Pflicht zur internen Anzeige im Anwendungsbereich der RL nicht zulässig.

3. *Zwischenfazit*

Gibt es eine rechtlich zulässige Pflicht zur internen Anzeige, lässt sich annehmen, dass die interne Meldung zur Aufklärung von Missständen wirksam wird. Zur Abwendung eines Schadens im Interesse der Arbeitgeber sind Arbeitnehmer zur Anzeige der Missstände verpflichtet. Diese Pflicht ergibt sich entweder aus einer gesetzlichen Bestimmung oder aus dem Arbeitsverhältnis. Die vertragliche Pflicht zur Meldung betrieblicher Vorkommnisse lässt sich mit der Treuepflicht eines Arbeitnehmers im Allgemeinen, namentlich mit der Schadenabwendungspflicht, oder mit einer vertraglichen Vereinbarung begründen. Beide Arten der vertraglichen Pflicht sind Anlässe für eine interne Anzeige, sofern diese Pflichten rechtlich zulässig sind. Nicht zulässig wäre eine Anzeigepflicht, wenn sie

---

1156 Art. 24 HinSch-RL; Begründung zu § 39 HinSchG-E, S. 97.
1157 Kölbel/Herold, ZGR 2020, 961 (974).
1158 Thüsing/*Forst*, § 6 Whistleblowing, Rn. 52, 53.
1159 BVerfGE 61, 1 (40); Thüsing/*Forst*, § 6 Whistleblowing, Rn. 53.
1160 Lewis/Bowers/Fodder/Mitchell, para. 1.71.

Zumutbarkeitsgrenzen überschreitet oder sie ein externes Whistleblowing-Recht entgegen den Vorgaben der RL einschränkt.

II. Der Verweis eines Sachverhalts auf interne Adressaten

Nach Art. 8 HinSch-RL haben Unternehmen interne Whistleblowing-Stellen einzurichten, die zur Entgegennahme der Hinweise auf Verstöße i. S. d. Art. 2 RL sowie zu Folgemaßnahmen i. S. d. RL verpflichtet sind. Betrifft ein betrieblicher Missstand einen Verstoß, welcher in den Anwendungsbereich der RL gem. Art. 2 fällt, ist eine interne Meldung an eine Whistleblowing-Stelle vernünftig und sie wäre wirksam, um den Missstand aufzuklären. Unter Folgemaßnahmen fällt u.a. ein Verweis der Sachverhalte auf andere Meldeadressaten. Die Whistleblowing-Stelle kann demnach einen Hinweisgeber auf andere Kanäle verweisen, wenn die Meldung ausschließlich individuelle Rechte des Hinweisgebers betreffen.[1161] Der HinSchG sieht einen solchen Verweis allerdings nur bedingt vor. Nach § 18 Nr. 2 HinSchG kann die interne Meldestelle den Hinweisgeber an andere zuständige Stellen verweisen. Welche Stelle – interne wie Betriebsrat oder externe Adressaten wie Polizei – in diesem Sinne zuständig sind, ist nicht klar.[1162] Des Weiteren

---

1161 Erwägungsgründe Nr. 22 und 57, S. 3 der HinSch-RL; die Praxis bestätigt, dass sich die in den Meldesysteme eingehenden Hinweise am häufigsten auf HR-relevante Themen oder Vielfalt und Respekt am Arbeitsplatz wie Diskriminierung, Belästigung oder Mobbing beziehen, siehe Hauser/Bretti-Rainalter/Blumer, Whistleblowing Report 2021, S. 63, https://f.hubspotusercontent40.net/hubfs/4749693/White%20Paper/Whistleblowing%20Report%202021_EN_final.pdf?utm_medium=email&utm_content=167244872&utm_source=hs_automation.

1162 In Bezug auf diese Norm ist der Meinung in der Literatur getroffen, dass dem Hinweisgeber der Schutz versagt werden kann, wenn er sich etwa an die Polizei wenden würde, die nach Maßgaben des HinSchG nicht als Whistleblowing-Behörde eingerichtet ist, siehe Colneric, Stellungnahme zum Referentenentwurf eines Gesetzes für einen besseren Schutz hinweisgebender Personen sowie zur Umsetzung der Richtlinie zum Schutz von Personen, die Verstöße gegen das Unionsrecht melden, v. 6.5.2022, S. 3 f., https://www.bmj.de/SharedDocs/Gesetzgebungsverfahren/Stellungnahmen/2022/Downloads/0506_Stellungnahme_Prof._Dr._Ninon_Colneric_HinSchG-E.pdf;jsessionid=CD11E4AF4930A3CBC714F07BB8593575.2_cid324?__blob=publicationFile&v=2. Dieser Auffassung lässt sich widersprechen. Denn der Hinweisgeber wendet sich infolge des Verweises der internen Meldestelle an die Polizei und dieser Verweis erfolgt als eine gesetzlich vorgesehene Folgemaßnahme einer internen Meldestelle, die nach Maßgaben des HinSchG eingerichtet ist, gem. § 18 Nr. 2 HinSchG i. V. m. § 3 Abs. 4 HinSchG. Müsste der Hinweisgeber beim Wenden an die Polizei einen Verlust des Schutzes befürchten, könnte diese

kann die interne Meldestelle das Verfahren gem. § 18 Nr. 4 lit. a HinSchG zwecks weiterer Untersuchungen an eine bei dem Arbeitgeber für interne Ermittlung zuständige Arbeitseinheit abgeben. In Bezug auf den Verweis des Hinweisgebers ist der Begründung zu § 18 HinSchG nichts Weiteres zu entnehmen. Die Abgabe des Verfahrens an zuständige Adressaten beim Arbeitgeber erfolgt hingegen als eine Folgemaßnahme[1163], sofern keine Möglichkeit der Meldestelle besteht, den gemeldeten Verstoß intern weiter zu überprüfen oder abzustellen.[1164]

1. *Beitrag zu einer zeitnahen Verfolgung bzw. Verhinderung von Verstößen*

Ein solcher Verweis der Hinweise würde dazu dienen, dass Meldungen über geeignete Kanäle und in verantwortungsvoller Weise vorgenommen und Verstöße zeitnah aufgedeckt oder gar verhindert werden.[1165] Falls dieser Adressat etwa ein Betriebsrat, Personalberater, ein betrieblicher Beauftragter o.Ä. ist, wäre ein Wenden an die verwiesenen internen Adressaten für den Hinweisgeber nicht unvernünftig. Eine Meldung bei diesen Adressaten muss wirksam sein.[1166] Diese sind nämlich diejenige, die in der Lage sind, aufgrund ihrer Zuständigkeiten dem Missstand am ehesten nachzugehen.[1167] So zuständig ist etwa der Betriebsrat gem. §§ 84, 85 BetrVG für die Entgegennahme der Beschwerden von Arbeitnehmern, welche sich am Arbeitsplatz benachteiligt fühlen.

Die Einschaltung interner Adressaten könnte auch bei sonstigen Missständen, die sich nicht lediglich auf private Interessen der Hinweisgeber beziehen, für eine wirksame Abhilfe sorgen, wenn diese Adressaten der Ursache des Problems am nächsten sind, der Meldung am ehesten nachgehen können und über entsprechende Befugnisse verfügen, um dem Problem, soweit möglich, abzuhelfen.[1168] Zu einer zeitnahen Aufklärung der Missstände sollten Hinweisgeber

---

Folgemaßnahme der internen Meldestelle ihren Zweck zur effektiven Rechtsverfolgung nicht wahrnehmen. Der Schutzausschluss im Falle der Einschaltung einer nicht als Whistleblowing-Stelle oder -Behörde eingerichteten Stelle wie Polizei käme erst in Betracht, wenn sich der Hinweisgeber direkt an eine andere Stelle als Whistleblowing-Stelle wenden würde. Dies wurde bereits diskutiert, unter Kap. § 7, C, II.

1163 Näher zu den Folgemaßnahmen der internen Meldestelle, Kap. § 8, B, II, 2.

1164 Begründung zu § 18 HinSchG-E, S. 82.

1165 Vgl. Erwägungsgrund Nr. 89 der HinSch-RL.

1166 Vgl. Groneberg, S. 219 f.; diff. Düsel S. 214.

1167 Erwägungsgrund Nr. 47 der HinSch-RL.

1168 Erwägungsgrund Nr. 47, S. 1 der HinSch-RL.

zudem grundsätzlich darin bestärkt werden, zunächst die internen Meldekanäle zu nutzen und ihrem Arbeitgeber Meldung zu erstatten, sofern ihnen derartige Kanäle zur Verfügung stehen und vernünftigerweise erwartet werden kann, dass sie funktionieren.[1169] So gibt es z. B. Betriebsbeauftragte bzw. Fachkräfte am Arbeitsplatz, die zur Aufklärung von Missständen wie Diskriminierung, Verstöße gegen Gesundheits- und Arbeitssicherheitsnormen, zur Überwachung von der Einhaltung von Strahlen-, Immissionsschutz etc. zuständig sind.[1170] Zur Erfüllung ihrer gesetzlich vorgeschriebenen Aufgaben sind sie auf die Kooperation von Belegschaften angewiesen, die Kenntnis über Missstände haben.[1171] Auf diese Weise wirken sie auf eine effektive und zeitsparende Aufklärung von Missständen hin.

2. *Förderung zur Schaffung einer Kommunikationskultur am Arbeitsplatz*

Die Aktivierung der internen Stellen würde schließlich dazu beitragen, eine offene Kommunikationskultur am Arbeitsplatz herzustellen, welche zum Wohle der Effektivität der Rechtsdurchsetzung gefördert werden soll.[1172] Es kann zu Themen vorkommen, worüber zu sprechen ein Tabu ist oder man aus anderen Gründen wie Schamgefühl überhaupt nicht oder nur unter vier Augen sprechen würde, wie es z. B. bei sexueller Belästigung der Fall wäre.[1173] Zu den Präventionsmaßnahmen gehört u.a. die Förderung einer „Speak-up"-Kultur, wonach

1169 Erwägungsgrund Nr. 47, S. 2 der HinSch-RL.

1170 MAH ArbR/*Dendorfer-Ditges*, § 35 Rn. 155.

1171 Düsel, S. 223.

1172 Erwägungsgrund Nr. 47, S. 6 der HinSch-RL.

1173 Nach einer türkischen Studie vom 2019 werden weibliche Opfer einer sexuellen Belästigung nicht selten als mitgewirkt betrachtet, wie etwa durch Anziehen kurzer Rocken. Dies hat zur Folge, dass Opfer der sexuellen Delikte bzw. Belästigung über den Vorfall lieber nicht sprechen bzw. den Vorfall nicht anzeigen wollen, siehe Aydemir, IJSHS 2019, 199 (215). Weibliche Opfer sind zudem bei Anzeigen von sexueller Belästigung durch einen Kollegen häufig mit einer falschen Verleumdung vorgeworfen. In den letzten Jahren hingegen unterzeichnet der türkische Kassationshof sinnwandelnde Entscheidungen. Seinen Entscheidungen liegt etwa eine Vermutung zugrunde, dass keine Frau sich einer ehrenwidrigen Situation – gemeint einer sexuellen Belästigung – aussetzen würde oder eine solche Situation provozieren würde. Diese Vermutung trägt dazu bei, den die weiblichen Opfer der sexuellen Belästigung gerichteten Schuldvorwurf abzuwehren, Y22HD 25.4.2019, E. 2017/21606, K. 2019/9567.

Mitarbeiter darüber geschult bzw. informiert werden, wann eine sexuelle Belästigung der Fall ist und wie sie sich melden können.[1174] Arbeitgeber haben zwar gem. §§ 12, 13 AGG betriebsinterne Beschwerdestellen einzurichten, worüber Betroffene Diskriminierungs- und sexuelle Belästigungsfälle melden können.[1175] Es ist aber nicht selten der Fall, dass Beschäftigte nicht wissen, dass es solche Stellen gibt.[1176] Ein Verweis der Belästigungsfälle auf diese Stelle würde zum einen einem Aufmerksammachen über die einschlägige Meldestelle dienen. Zum anderen könnten Betroffene eine zeitnahe Abhilfe in Form einer Abmahnung des Täters, dessen Versetzung oder sogar Kündigung bewirken,[1177] und zwar ohne den Fall in einer breiteren Öffentlichkeit wie bei einer Behörde äußern zu müssen. Interne Aufklärung eines sexuellen Belästigungsvorwurfs trägt zudem den Beschuldigteninteressen Rechnung, weil eine sexuelle Belästigung nicht immer eindeutig zu definieren ist, d. h., das Vorliegen eines sexuell bestimmten Verhaltens ist abhängig vom Kontext zu bewerten und es ist ebenso schwer objektivierbar, und die Äußerung des Vorwurfs in der Öffentlichkeit somit den Beschuldigteninteressen irreversible schädigen kann.[1178] Entsprechende Informierung bzw. den Verweis auf zuständige Meldestellen kann schließlich Mitarbeitern den Eindruck vermitteln, dass sexuelle Belästigung und Diskriminierung am Arbeitsplatz nicht toleriert wird, wodurch sie folglich zum Speak-up ermutigt werden.

1174 Vogel/Goecke, CB 2021, 269 (271 f.).

1175 Falls man sexuelle Belästigungen im Rahmen eines besonderen Whistleblower-Schutzprogramms verfolgen will, müsste ein Hinweis auf sexuelle Belästigung am Arbeitsplatz unter Einhaltung der whistleblowing-spezifischen Organisationspflichten gem. Art. 9 ff. RL u.a. Vertraulichkeits- und Dokumentationspflicht bearbeitet werden, siehe etwa dazu näher, Vogel/Goecke, CB 2021, 269 (271 f.); siehe eine Auseinandersetzung mit der sexuellen Belästigung als Whistleblowing-Fall, Dandekar, J Bus Ethichs 1990, 151.

1176 Mehr als 40 % aller Arbeitnehmer wissen überhaupt nicht, dass es betriebsinterne Beschwerdestellen gibt, worüber sie sich bei Diskriminierung oder sexueller Belästigung melden können, siehe eine Studie, Schröttle,/Meshkova/Lehmann, S. 13, https://www.antidiskriminierungsstelle.de/SharedDocs/downloads/DE/publikationen/Expertisen/umgang_mit_sexueller_belaestigung_am_arbeitsplatz.html.

1177 Benecke, AuR 2021, 397 (399).

1178 Siehe Risiken für Unternehmen in Form eines Reputations- sowie Gewinnverlust, Vogel/Goecke, CB 2021, 269 (270).

B. Anlässe für eine externe Meldung

Die Notwendigkeit zu einem externen Vorgehen gegen einen Missstand könnte sich aus einer gesetzlichen Pflicht zu einer externen Anzeige (I) oder aus der Unwirksamkeit interner Meldungen (II) ergeben.

I. Pflicht zu einer externen Anzeige

In der Rechtsprechung und Literatur ist anerkannt, dass ein Arbeitnehmer seine vertragliche Pflicht zur Rücksichtnahme auf Arbeitgeberinteressen aus § 241 Abs. 2 BGB nicht verletzt, wenn er einen Verstoß gegenüber der Behörde oder anderer staatlicher Stelle anzeigen muss; eine Behördenanzeige ist zulässig und begründet keine Kündigung des anzeigenden Arbeitnehmers, der sich ansonsten bei unterlassener Anzeige selbst strafbar bzw. haftbar machen würde.[1179] Das Interesse des Arbeitnehmers, sich aufgrund des Unterlassens einer Strafanzeige einer Strafe nicht auszusetzen, kann Interessen des Arbeitgebers überwiegen.[1180] Die HinSch-RL hat es auch erkannt. Der Hinweisgeber soll geschützt werden, wenn dieser nach dem Unionsrecht oder dem nationalen Recht gehalten ist, den zuständigen nationalen Behörden Meldung zu erstatten, beispielsweise im Rahmen seiner mit der Stelle verbundenen Aufgaben und Zuständigkeiten oder weil der Verstoß eine Straftat darstellt.[1181]

1. Anzeigepflicht nach dem Rechtsstaatsprinzip

In liberalen Rechtsordnungen werden allerdings Private sehr selten verpflichtet, eine (Straf-)Anzeige zu erstatten.[1182] Eine zu weit gehende Verpflichtung der Privaten zur Strafanzeige ist nicht bedenkenlos.[1183] Bei einer allumfassenden Pflicht zur externen Anzeige würden die entgegenstehenden Interessen der Betroffenen insgesamt verachtet, sodass eine allgemeine Pflicht der Arbeitnehmer

---

1179 Preis/Reinfeld, ArbuR 1989, 361 (365); BAG 3.7.2003 – 2 AZR 235/02, NZA 2004, 427.

1180 Redder, S. 222.

1181 Erwägungsgrund Nr. 62 der HinSch-RL.

1182 Alp, S. 73.

1183 Anders als § 138 StGB vergleichbare türkische Norm § 278 TCK listet die zu meldenden Straftaten nicht auf. Nach § 278 Abs. 1 TCK ist jeder strafbar, der eine abwendbare Straftat bei der zuständigen Behörde nicht meldet. § 278 TCK mit einer solchen weitgehenden Pflicht zu Strafanzeigen wird daher scharf kritisiert, siehe etwa Alp, S. 76; Eroğluer/Sarıbay Öztürk, in: Köse/Alp 2020, S. 343 (378).

zur Anzeige von Verstößen nicht existiert.[1184] Weil eine externe Anzeige von betrieblichem Fehlverhalten den Interessen der Arbeitgeber entgegensteht und anzeigende Arbeitnehmer infolgedessen auch häufig mit einer vertraglichen Pflichtverletzung konfrontiert werden, bedarf es einer klaren Formulierung zu Voraussetzungen einer Pflicht zur externen Anzeige.[1185] Nur in bestimmten Fällen kommt daher eine externe Anzeigepflicht in Betracht wie die sanktionsbewehrte Pflicht zur Strafanzeige aus § 138 StGB, welche den Mindestmaß an Solidarität der Bürger untereinander darstellt.[1186]

2. *Anzeigepflicht aufgrund einer besonderen Tätigkeit bzw. einer Aufgabe*

Eine externe Anzeige ist gerechtfertigt, wenn es dabei um die Erfüllung einer gesetzlichen bzw. tätigkeitsspezifischen Pflicht zur Anzeige geht. Im deutschen Arbeitsrecht ist diese Art von externer Anzeigepflicht weiterhin nicht ersichtlich. Zu finden sind die bereichspezifischen Vorgaben wie § 21a ff. WHG, 54 f. KrWG und 53 ff. BlmSchG, wonach Betriebsbeauftragte im Rahmen ihrer Aufgaben eine Anzeigepflicht haben. Diese Anzeigepflichten gelten aber nicht gegenüber Behörden, sondern gegenüber Arbeitgebern; der Arbeitgeber muss von Betriebsbeauftragten informiert werden, wenn in ihren Zuständigkeitsbereich fallende Gefahren, Störungen etc. vorkommen.[1187] Die strafbewehrte Pflicht § 138 StGB hingegen, welche zwar als eine Rechtfertigung zur externen Arbeitnehmeranzeige aufgegriffen wird, spielt in der Praxis kaum eine Rolle, weil diese Anzeigepflicht nur in § 138 StGB aufgezählten Fällen wie schweren Körperverletzungen, Gefährdung der Sicherheit des Landes etc. greift und ein Vorkommen solcher Fälle am Arbeitsplatz nicht typisch ist.[1188]

Eine tätigkeitsspezifische externe Anzeigepflicht lässt sich mit zwei türkischen Normen exemplifizieren. Eine solche Pflicht sieht z. B. zuerst das türkische Strafgesetzbuch, § 280 TCK, für Beschäftigte im Gesundheitswesen vor. Demnach muss ein Beschäftigter im Gesundheitswesen bis zu einem Jahr inhaftiert werden, wenn er eine Straftatbegehung während seiner Tätigkeit bemerkt, er aber deren Anzeige unterlässt bzw. vereitelt. Weiterhin existiert § 8 Abs. 2 ISGK

1184 Redder, S. 252.

1185 Redder, S. 253.

1186 Buchert, CCZ 2013, 144 (147).

1187 Beyer, S. 88; m. w. N. Schmitt, S. 82 ff.

1188 Beyer, S. 88; Engländer/Zimmermann, NZWiSt 2012, 328 (330); Ullrich, NZWiSt 2019, 65 (67); Scheicht/Loy, DB 2015, 803 f.

(türkisches Arbeitsschutzgesetz). Demnach sind die vom Arbeitgeber einzustellenden Fachkräfte im Bereich der Arbeitssicherheit und -gesundheit damit beauftragt, den Arbeitgeber bei der Durchführung der Maßnahmen zur Verhütung von Arbeitsunfällen und Berufskrankheiten zu unterstützen, zur Verbesserung der Verhütung bzw. Durchführung der Maßnahmen Vorschläge zu machen und ihn über die Gefahrenquelle im Betrieb zu informieren. Ergreift der Arbeitgeber erforderliche Maßnahmen innerhalb eines zumutbaren Zeitraums nicht bzw. wendet er die gemeldeten Mängel nicht ab, melden sich die Fachkräfte bei zuständigen Stellen des Vertreters der Gewerkschaften und/oder beim Ministerium der Arbeit und Soziales. Ihr Beschäftigungsverhältnis darf aufgrund der Anzeige nicht beendet werden, gem. § 8 Abs. 2 ISGK. Dem Wortlaut der Norm ist zwar nicht eindeutig zu entnehmen, dass es sich dabei um eine Pflicht zur Anzeige bei externen Stellen handelt.[1189] Die Folge der Unterlassung dieser externen Anzeige spricht allerdings für eine Verpflichtung; unterlässt die Fachkraft die Anzeige, wird ihre behördlich genehmigte Zulassung zur Tätigkeit als Fachkraft für drei Monate und im Falle von Wiederholung der Unterlassung für sechs Monate suspendiert, gem. § 8 Abs. 2 ISGK.

II. Unwirksames Vorgehen durch interne Meldeadressaten

Der Arbeitgeber hat die Möglichkeit, Missstände mit Hilfe von Whistleblowing-Stellen aufzuklären, und zwar ohne einen Verlust der Reaktionshoheit an Behörden.[1190] Beim mangelnden Vertrauen in die Wirksamkeit interner Meldestellen würden Hinweisgeber externe Stelle bzw. zuständige Behörden einschalten, die dafür bereit sind, eingegangene Meldungen vertrauenswürdig und sorgfältig nachzuverfolgen.[1191] Nur ein vertrauenswürdiges, wirksames internes Meldesystem kann dazu beitragen, dass das unternehmensbezogene Fehlverhalten abgestellt und somit rechtliche und wirtschaftliche Folgen vermieden werden sowie eine offene Kommunikationskultur in Unternehmen gefördert wird.[1192]

1189 Falls der Arbeitgeber trotz deren Hinweis auf Gesundheits- oder Sicherheitsbedenken keine Maßnahmen ergriffen hat, müsste sich der Fachkraft bei zuständiger externer Behörde melden. Denn die Folge der Bedenken wären schwer wie Verletzung oder Tode der Beschäftigten, siehe etwa, Eroğluer/Sarıbay Öztürk in: Köse/Alp, 2020, S. 343 (373 f.).

1190 Kölbel/Herold, NK 2015, 375 (377); Taschke/Pielow/Volk, NZWiSt 2021, 85 (86 f.).

1191 Erwägungsgrund Nr. 63 der HinSch-RL.

1192 Forst EuZA 2013, 37 (56 ff.); Steinhauser/Kreis, EuZA 2021, 422 (439); Federmann/Racky/Kalb/Modrzyk, DB 2019, 1665 (1671).

Eine interne Aufklärung wird vernünftigerweise nicht erwartet, wenn es keine internen Meldeadressaten gibt (1), wenn sie zwar verfügbar sind, aber nicht ordnungsgemäß funktionieren (2), weil die Meldungen nicht gewissenhaft bzw. innerhalb eines bestimmten Zeitraums bearbeitet wurden, keine Maßnahmen zur Aufklärung des gemeldeten Missstandes ergriffen werden oder die ergriffenen Maßnahmen unzureichend sind.[1193] Weiterhin würde die Nutzung interner Kanäle nicht angemessen funktionieren, wenn der Hinweisgeber wegen der Meldung, auch infolge der Verletzung der Pflicht zur vertraulichen Behandlung der internen Meldungen Repressalien erleiden würde (3) oder wenn zuständige Behörden besser in der Lage wären, wirksam gegen den Verstoß vorzugehen (4).[1194]

1. *Fehlen interner Adressaten und mangelnde Befugnis eines internen Adressaten zur Aufklärung der Missstände*

a) *Eine vernünftige Annahme zu dem Fehlen interner Meldeadressaten*

Ein Hinweisgeber darf annehmen, kein interner Meldekanal stehe zur Verfügung, wenn diese Annahme zum Zeitpunkt der externen Meldung oder der Offenlegung unter Berücksichtigung der Umstände und der verfügbaren Informationen plausibel erschien.[1195] Die Umstände und Informationen hingegen lassen sich in organisatorischen Gegebenheiten finden.

In kleinen Unternehmen wäre es schwierig, das Vorliegen eines Meldeadressaten zu negieren. Denn Arbeitgeber bzw. Vorgesetzte oder Betriebs- und Personalleiter sind für alle Beschäftigten wahrscheinlich bekannte Adressaten, die Hinweise auf Missstände entgegennehmen würden.[1196] In großen Unternehmen differenzieren sich allerdings die Leitungsebene und Beschäftigten in erheblichem Maße voneinander. Sinnvoll ist daher, dass es gesonderte Meldestellen gibt. Dementsprechend werden nach Art. 8 HinSch-RL nun in Unternehmen mit mehr als 50 Arbeitnehmern Whistleblowing-Stellen eingerichtet. Die Einrichtung von Meldestellen gibt den Eindruck, dass Missstände nicht toleriert werden. Von enormer Bedeutung ist allerdings die Bekanntgabe der Meldestellen gegenüber Beschäftigten bzw. potenziellen Hinweisgebern.[1197] Beschäftigte,

1193 Erwägungsgrund Nr. 61 der HinSch-RL.

1194 Erwägungsgrund Nr. 62 der HinSch-RL.

1195 EuArbRK/*Fest*, RL (EU) 2019/1937 Art. 7 Rn. 14.

1196 Groneberg, S. 253.

1197 Art. 7 Abs. 3 HinSch-RL.

die die Verstöße melden wollen, sollten eine fundierte Entscheidung darüber treffen können, ob, wann und auf welche Weise sie Meldung erstatten.[1198] Ein Arbeitgeber kann durch klare, umfassende Informierung über Meldeverfahren interne Meldungen stimulieren.[1199] Diese Informationen müssen klar und leicht zugänglich sein; sie können etwa an einer sichtbaren, für diesen gesamten Personenkreis zugänglichen Stelle sowie auf der Unternehmenswebsite veröffentlicht werden und auch in Kursen und Schulungen zum Thema Ethik und Integrität behandelt werden.[1200] Die Akzeptanz und Wirksamkeit der Meldestelle werden besonders gefördert, wenn die Mitteilungen über die Meldekanäle von der Unternehmensführung kommen – sog. „Tone from the top".[1201]

Praxisrelevant wäre schließlich, dass Unternehmen Richtlinien verfassen, wonach melderelevante Missstände bestimmt sowie Meldeverfahren geregelt werden und sie sie demnach unter den Beschäftigten kommunizieren.[1202] Wenn seitens der Unternehmensführung das Hinweisgebersystem nicht klar korrespondiert würde, wäre es für Beschäftigte schwer zu bewerten, was (noch) geduldete Unternehmenspraxis oder (schon) nicht mehr toleriertes Fehlverhalten ist.[1203] Zielorientierte Trainings und Schulungen helfen weiterhin dabei, ein Bewusstsein für meldewürdige Fehlverhalten zu vermitteln und somit die Qualität der eingegangenen Meldungen einerseits zu verbessern und andererseits die Meldebereitschaft von Mitarbeitern zu erhöhen.[1204] Die Begrenzung des Zuständigkeitsbereichs einer Whistleblowing-Hotline wie z. B. auf Meldungen von Verstößen im Rechnungs-, Finanz- und Bankwesen ist rechtlich nicht erforderlich.[1205] Dies kann aber praktisch bedeuten, dass jeder Hinweis an einen sachlich kompetenten Meldeadressaten gelangt; nicht unnötig belastet wäre etwa eine Whistleblowing-Stelle mit Beschwerden über rein private,

1198 Erwägungsgrund Nr. 59, S. 1 der HinSch-RL.

1199 Er darf hierdurch allerdings Rechte der Hinweisgeber auf externe Anzeige nicht beschränken. Informationen zu diesen Verfahren sowie zu externem Meldeverfahren müssen bereitgestellt werden, Art. 24 HinSch-RL i. V. m. Art. 7 Abs. 3 HinSch-RL; § 13 Abs. 2 HinSchG; Erwägungsgrund Nr. 59, S. 2 der HinSch-RL.

1200 Erwägungsgrund Nr. 59, S. 3 der HinSch-RL.

1201 Brinkmann/Blank, BB 2021, 2475 (2478); siehe den Beitrag der Mitbestimmung des Betriebsrats bei der Einrichtung der internen Meldestelle zu der Förderung der Akzeptanz der Meldestelle, Zimmer/Millfahrt, BB 2023, 1269 (1272).

1202 Stuke/Fehr, BB 2021, 2740 (2743); Wiedmann/Seyfert, CCZ 2019, 12 (17).

1203 Nayır/Rehg/Asa, J Bus Ethics 2018, 147 (163); Király, RdA 2012, 236 (239).

1204 Brinkmann/Blank, BB 2021, 2475 (2479 f.).

1205 MAH ArbR/*Dendorfer-Ditges*, § 35 Rn. 153.

arbeitsvertragsbezogene Angelegenheiten. So bearbeiten beispielsweise bereits existierende Compliance-Hotlines lediglich Hinweise über korruptes Verhalten, kartellrechtliche Verstöße, nicht hingegen antidiskriminierungsrechtliche Vorwürfe eines Hinweisgebers, mit denen sich eine Personalabteilung befassen würde.[1206] Hiermit dürfen aber potenzielle Hinweisgeber nicht in die Lage versetzt werden, sich darüber Sorge zu machen, ob ihre Hinweise an zuständige Adressaten gelangt sind. Ein Meldesystem kann nutzerfreundlich sein, wenn es alle Arten von Beschwerden entgegennimmt und es bzw. geschulte Mitarbeiter Beschwerden rechtlich einordnen und an den zuständigen Adressaten verweisen – sog. Triage im Beschwerdemanagement.[1207] Auf diese Weise würden weder Hinweisgeber aufgrund der Zuständigkeiten interner Meldeadressaten eingeschüchtert werden noch Unternehmen in Kauf nehmen, dass eine relevante Information aufgrund des Irrtums der Hinweisgeber über die Zuständigkeitsverteilung der internen Meldeadressaten überhaupt nicht oder mit erheblicher Verzögerung entgegengenommen ist.

b) Begründete Annahme zu der mangelnden Berechtigung der internen Adressaten

Es ist vernünftig anzunehmen, dass es eines externen Vorgehens bedarf, wenn der Arbeitgeber zur Verfolgung von Verstößen nicht befugt ist. Dies scheint aber nur selten der Fall zu sein. Dies kommt etwa in Betracht, wenn es um die Ausübung staatlicher Gewaltmonopole geht. Eine Strafanzeige müsste sich an Behörden richten, weil nur diese mit der Rechtsverfolgung und der Sanktionierung von Verantwortlichen betraut seien.[1208] Der Arbeitgeber hat hingegen keine Befugnis zur Sanktionierung der Straftaten.[1209] Ein interner Hinweis auf fahrlässige Straftaten, Ordnungswidrigkeiten etc. wäre demnach nicht geeignet dafür, das Verhalten zu sanktionieren.[1210] Nicht pauschal abzulehnen ist

1206 Kamann/Ohlhoff/Völcker, § 40 Rn. 16.

1207 Ein Prozess, in dem die eingegangenen Hinweise über Missstände in einem Unternehmen durch erfahrene, geschulte Mitarbeiter des einschlägigen Meldesystems vollständig und umfassend bewertet werden und danach an entsprechende, zuständige Stelle zur Aufklärung bzw. Verfolgung zugewiesen werden, siehe Brown u.a., Clean as a whistle 2019 Report, S. 14; ein Beispiel von Triage in Bezug auf Meldungen von sexueller Belästigung und Diskriminierung am Arbeitsplatz, siehe Vogel/Goecke CB 2021, 269 (272).

1208 Kreis, S. 133.

1209 Kreis, S. 165 f.; vgl. Becker, S. 102.

1210 Kreis, S. 154.

allerdings die Berechtigung einer internen Meldestelle zu der Entgegennahme der Hinweise, die eine Straftat zum Gegenstand hat.[1211] Der Arbeitgeber verfügt zwar nicht über eine staatliche Sanktionsbefugnis, Unternehmen sind aber zugelassen und sogar angereizt, sich an der Aufklärung von Straftaten zu beteiligen.[1212] So leiten z. B. Unternehmen in der Praxis eigene Untersuchungen ein, und zwar ohne staatliche Stellen vorab benachrichtigen zu müssen.[1213] Ein pauschaler Ausschluss der Berechtigung des Arbeitgebers zu der Entgegennahme der Meldungen bei strafbewehrten Verhalten kann zur Folge haben, dass Unternehmen ein ihnen gesetzlich eingeräumtes Recht auf „Internal Investigation" nicht ausüben können. Letztlich darf ein Arbeitgeber eine Straftat zwar nicht sanktionieren, er kann aber arbeitsrechtliche Maßnahmen ergreifen wie Kündigung der Verdächtigen.[1214]

2. *Fehlen einer ordnungsgemäßen Funktion der internen Meldestellen*

Die Erfahrungen mit bisherigen größten Wirtschaftsskandalen haben es gezeigt, dass eine reine Verfügung über Meldestelle nicht ausreichend ist, um Missstände aufzuklären; Unternehmen haben interne Meldesysteme, die als ein Modell der Geschäftsethik bekannt gegeben werden, welche allerdings nur ein Anschein ist, d. h., sie tragen in der Tat zu einer rechts- bzw. ethik-konformen Führung des Geschäfts nichts bei.[1215] Damit hat Deutschland etwa beim Wirtschaftsskandal von Wirecard Erfahrung gemacht. Wirecard, ein Dienstleister für bargeldlose Zahlungen an der Schnittstelle zwischen Händlern und Kreditkartenfirmen, hat ein Bilanzloch von 1,9 Mrd. Euro eingeräumt und daraufhin im Sommer 2020 Insolvenz angemeldet. Es stellte sich allerdings heraus, dass Missstände im Unternehmen Wirecard trotz existierender Meldeinfrastruktur längst im Dunkel geblieben sind.[1216] Nach Pressemitteilungen hat es seit fünfzehn Jahren

---

1211 Für die pauschale Ablehnung der Zuständigkeit interner Stelle für die Entgegennahme von Verstößen wie Straftaten, die als schwere Missstände einzustufen sind, kann die folgende Annahme verantwortlich sein: die Schwere eines Missstandes rechtfertigt ein externes Vorgehen. Diese Annahme ist hingegen empirisch nicht unterstützt, siehe Kap. § 2, B, III.

1212 Vgl. § 17 Abs. 1 VerSanG-E, siehe Fn. 986.

1213 Ott/Lüneborg, CCZ 2019, 71 (72 f.); Hauschka/Moosmayer/Lösler/*Wessing*, § 46 Rn. 24 und 168; siehe die Art und Weise einer unternehmensinternen Ermittlung näher unter Kap. § 8, B, II, 2, c), (2), (b).

1214 Einzelheiten, Kap. § 8, B, II, 2, c), (2), (b), (iii).

1215 Lobato, NZWiSt 2019, 131 f.

1216 Taschke/Pielow/Volk, NZWiSt 2021, 85 (86).

schwere Missstände u.a. Bilanzfälschung im Unternehmen gegeben.[1217] Ein ehemaliges Mitglied des Vorstands, Pav Gill, soll bereits 2008 den Aufsichtsrat vor Ungereimtheiten u.a. Bilanzfälschung gewarnt haben. Infolgedessen soll eine interne Untersuchung durchgeführt worden sein, die jedoch keine Konsequenzen hatte; Gill sei informiert worden, dass ein ehemaliges Vorstandsmitglied den Fall ermitteln werde, welcher aber gerade mit Machenschaften beschuldigt worden war. Nach Bedrohungen und Repressionen musste Gill schließlich sein Beschäftigungsverhältnis zum Unternehmen kündigen.

Daraus lässt sich die Lehre ziehen, dass Verstöße bzw. Verdachtsmomente beim Fehlen von ordnungsgemäß funktionierenden Meldesystemen nicht verfolgt bzw. aufgeklärt werden.[1218] Ein Arbeitgeber darf weiterhin nur dann um eine Bevorzugung interner Meldestelle durch Mitarbeiter hoffen, wenn er sicherstellt, dass interne Hinweisgebersysteme funktionstüchtig sind. Dafür muss er zuerst wissen, woran die Funktionstüchtigkeit einer Meldestelle scheitert. Nach dem Erwägungsgrund Nr. 61 der RL fehlt es an einer ordnungsgemäßen Funktion einer internen Meldestelle, wenn dies Meldungen nicht gewissenhaft oder innerhalb eines bestimmten Zeitraums bearbeitet (a)), trotz der Bearbeitung der Meldungen keine Folgemaßnahmen ergreift (b)) oder wenn die ergriffenen Maßnahmen zur Aufklärung des gemeldeten Missstandes nicht hinreichend sind (c)). Anschließend finden sich einige Handlungsempfehlungen für Arbeitgeber sowie für Hinweisgeber (d)).

a) Unterbliebene Bearbeitung des Hinweises

Meldestelle müssen eingegangene Hinweise bearbeiten. Was eine Bearbeitung der Hinweise ist, wird gesetzlich nicht definiert. Art. 9 Abs. 1 lit. b HinSch-RL ist allerdings zu entnehmen, dass es dabei um Folgemaßnahmen und Unterrichtung der Hinweisgeber über Folgemaßnahmen geht. Zu den Folgemaßnahmen zählen die Prüfung der Stichhaltigkeit der in der Meldung erhobenen Vorwürfen, also die Prüfung, ob die Vorwürfe haltlos bzw. relevant zu untersuchen sind oder nicht, sowie die Prüfung, ob der gemeldete Verstoß in den sachlichen Anwendungsbereich des Schutzgesetzes fällt,[1219] und ggf. die Abstellung

1217 Bender/Holtermann/Iwersen/Schneider, Handelsblatt v. 28.7.2020, https://www.handelsblatt.com/finanzen/bilanzskandal-der-betrug-bei-wirecard-soll-schon-vor-15-jahren-begonnen-haben/26040098.html.

1218 Steiger, CCZ 2021, 12 f.; Krüger, VuR 2021, 441 f.

1219 Hinzugefügt wurde diese Maßnahme erst mit § 17 Abs. 1 Nr. 2 HinSchG-RegE. Die Referentenentwürfe aus dem Jahre 2020 und 2022 enthalten diese Maßnahme nicht.

des gemeldeten Verstoßes wie durch interne Nachforschungen, Ermittlungen, Strafverfolgungsmaßnahmen, Verweis der Meldung an andere Stellen sowie Abschluss des Verfahrens.[1220]

Dies betrifft schließlich eine Rückmeldung bei Hinweisgebern. Bisher war es für einen potenziellen Hinweisgeber kaum vorhersehbar, wie sein Adressat mit dem Hinweis umgeht.[1221] Nun sind interne Whistleblowing-Stellen dazu verpflichtet, binnen sieben Tagen den Eingang der Meldung zu bestätigen und den Hinweisgeber spätestens innerhalb von drei Monaten nach seiner Meldung darüber zu informieren, welche Folgemaßnahmen ergriffen bzw. geplant worden sind sowie über die Gründe der Maßnahmen mitzuteilen.[1222] Damit ist es nicht gefordert, dass die erwähnten Folgemaßnahmen umgesetzt werden bzw. eine Untersuchung binnen drei Monaten abgeschlossen werden.[1223] Ein Abschluss des Verfahrens wäre nicht realisierbar, wenn es vor allem um komplexe Sachverhalte gehen würde.[1224]

Die Unterrichtung über Folgemaßnahmen trägt zum Aufbau eines Vertrauens in die Wirksamkeit des allgemeinen Hinweisgeberschutzes sowie zur Senkung der Wahrscheinlichkeit weiterer unnötiger Meldungen oder einer Offenlegung bei.[1225] Beim Fehlen entsprechender Rückmeldung können daher Hinweisgeber

---

1220 Art. 5 Nr. 12 i. V. m. 9 lit. d HinSch-RL, Erwägungsgrund Nr. 57 der HinSch-RL; vgl. § 18 Nr. 1 HinSchG-RegE, fügt eine Kontaktierung mit den Betroffenen, die in einer Meldung beschuldigt sind, als eine Folgemaßnahme hinzu.

1221 Waldzus/Behringer, S. 586; Groneberg, S. 256.

1222 Art. 9 Abs. 1 lit. b und f i. V. m. Art. 5 HinSch-RL. Nach der Begründung zu § 17 Abs. 2 HinSchG-E sollte es Unternehmen unbenommen bleiben, kürzere Zeiträume vorzusehen, siehe die Begründung, S. 82. Auszuführen ist allerdings nicht selten aus der Literatur, dass die dreimonatige Frist bei komplexen Sachverhalten zu knapp sein kann. So z. B. wäre für Unternehmen nicht einfach, sich auf die Meldung einer Kartellabsprache binnen drei Monate zu reagieren, weil es möglicherweise einen Kronzeugenantrag einplanen möchte und dies auch Zeitaufwand brauchen würde, siehe Hommel, CCZ 2021, 95 (96); zu viel findet eine andere Ansicht hingegen die drei monatige Frist. Ein zu langes Abwarten könnte nämlich die Beeinträchtigung des Vertrauens eines Whistleblowers in einen internen Meldekanal zur Folge haben. Daher schlägt man die Verkürzung der ursprünglich in Art. 5 und Art. 9 vorgesehenen Frist von bis zu drei Monaten zwischen Meldungseingang und Rückmeldung über Folgemaßnahmen an den Whistleblower auf zwei Monate vor; in Ausnahmefällen darf hingegen auch die Rückmeldefrist auf vier Monate verlängert werden, siehe Wiedmann/Seyfert, CCZ 2019, 12 (17).

1223 Colneric/Gerdemann, HSI-Schriftenreihe Band 34, S. 40.

1224 Dzida/Granetzny, NZA 2020, 1201 (1202 f.).

1225 Erwägungsgrund Nr. 57, S. 1 der HinSch-RL.

annehmen, dass eine angemessene interne Abhilfe nicht zu erwarten ist, und sie können weitere Schritte, namentlich eine externe Meldung oder eine Offenlegung, vornehmen.[1226]

b) Fehlende Folgemaßnahmen

Ein ordnungsgemäßes Meldesystem liegt nicht vor, wenn trotz der Bestätigung der Stichhaltigkeit der internen Meldung keine Maßnahmen ergriffen werden, um gegen einen Verstoß vorzugehen.[1227] Die Untätigkeit eines Arbeitgebers wird bejaht, wenn es einem Hinweisgeber angesichts der Umstände und der verfügbaren Informationen plausibel erscheint, dass das Unternehmen den gemeldeten Verstoß nicht beseitigt, obwohl wirksame Folgemaßnahmen möglich wären.[1228] Als Umstände oder Informationsgrundlage steht lediglich eine Rückmeldung zur Verfügung. Beim Fehlen von Rückmeldungen über geplante bzw. ergriffene Maßnahmen dürfen Hinweisgeber daher annehmen, es gäbe keine Folgemaßnahmen.[1229]

Die Rückmeldungspflicht der internen Meldestelle in Art. 9 RL bezieht sich auf den Eingang einer Meldung auf geplante bzw. ergriffene Folgemaßnahmen sowie den Abschluss des Meldeverfahrens.[1230] Ob ein Hinweisgeber im Einzelnen etwa zwischen einer Rückmeldung über geplante Folgemaßnahme und einer Unterrichtung über den Abschluss des Verfahrens weiterhin informiert werden soll, ist nicht klar. Die Pflicht zur Rückmeldung innerhalb der gegebenen Fristen schließt es nicht aus, dass weitere Informationen nach Fristablauf übermittelt werden.[1231] Nach dem dreimonatigen Fristablauf dürfen Hinweisgeber etwa unterrichtet werden, wenn eine interne Untersuchung als Aufklärungsmaßnahme eingeleitet worden ist. Sonst könnte er nicht wissen, ob eine geplante Folgemaßnahme tatsächlich ergriffen wurde, und im Zweifel würde er externe Stelle einschalten. Bei der Unterrichtung der Hinweisgeber wäre die Grenze der Schutz berechtigter Interessen. Die Reichweite der Rückmeldung geht so weit, als dadurch interne Nachforschungen oder Ermittlungen nicht berührt und die Rechte der Personen, die Gegenstand einer Meldung sind oder die in der Meldung genannt werden, nicht beeinträchtigt werden.[1232]

1226 Vgl. Groneberg, S. 257.

1227 Erwägungsgrund Nr. 61 der HinSch-RL.

1228 EuArbRK/*Fest*, RL (EU) 2019/1937 Art. 7 Rn. 14.

1229 Vgl. Siemes, S. 81 f.

1230 Bereits oben unter Kap. § 8, B, II, 2, a).

1231 EuArbRK/*Fest*, RL (EU) 2019/1937 Art. 9 Rn. 5 ff.

1232 § 17 Abs. 2, S. 3 HinSchG.

c) Unzureichende Maßnahmen

Es ist der Fall, dass zwar Folgemaßnahme ergriffen werden, sie aber unzureichend sind, um gegen einen gemeldeten Verstoß vorzugehen. Hinweisgeber dürfen nicht mit inhaltslosen Rückmeldungen aufgehalten werden, um weiteren Aufklärungsmöglichkeiten zu nutzen wie die Einschaltung externer Stellen. Aus diesem Grund bedarf es aufzuklären, wann ein Hinweisgeber eine unzureichende Maßnahme annimmt.[1233]

Anhaltspunkte zu einer unzureichenden Maßnahme können sich wiederum aus den Rückmeldungen ergeben. Anhand von einer Rückmeldung über ergriffene Maßnahmen sowie Gründe hierfür kann ein Hinweisgeber beurteilen, ob die Maßnahmen unter Berücksichtigung mitgeteilter Gründe geeignet sind, um den gemeldeten Missstand abzustellen.[1234] Ordnungsgemäß wäre eine Folgemaßnahme, welche zur Abstellung des gemeldeten Verstoßes geeignet und im Verhältnis zu dessen Art und Schwer angemessen ist.[1235] Infolge einer internen Meldung sind als Folgemaßnahmen Einleitung einer internen Untersuchung, Abgabe des Verfahrens an eine zuständige Behörde zum Zweck weiterer Untersuchungen und ein Abschluss des Verfahrens aus Mangel an Beweisen oder aus anderen Gründen denkbar.[1236] Geht man davon aus, dass sich Behörden grds. als ein effektiver Weg zur Behebung der Missstände erweisen – wie es durch den tatsächlichen Ertrag des externen Whistleblowings zur Rechtsverfolgung

---

1233 Unzureichende arbeitsgeberseitige Maßnahmen kommen zwar in einem ähnlichen Kontext zum Ausdruck, und zwar zu einem externen Anzeigerecht gem. § 17 Abs. 2 ArbSchG. Gem. § 17 Abs. 2 ArbSchG dürfen sich Arbeitnehmer bei der Behörde anzeigen, wenn der Arbeitgeber ihrer arbeitsschutzrechtlichen Bedenken am Arbeitsplatz nicht abhilft. Demnach wird eine Nichtabhilfe beim Ausbleiben einer Reaktion des Arbeitgebers innerhalb einer angemessenen Frist oder beim Vorliegen von nur unzureichenden Maßnahmen bejaht. Falls der Arbeitnehmer weiterhin eine ordnungsgemäße Wahrnehmung der Schutzpflichten seitens des Arbeitgebers bezweifelt, sollte er berechtigt sein, um zuständige Behörden einzuschalten. Wann diese Anhaltspunkte gegeben sind, ist aber nicht aufgeklärt, siehe NK-ArbR/*Otto*, ArbSchG § 17 Rn. 6.

1234 Siemes, S. 81.

1235 EuArbRK/*Fest*, RL (EU) 2019/1937 Art. 9 Rn. 21.

1236 Art. 5 Nr. 12 bzw. § 18 HinSchG; Erwägungsgrund Nr. 57 der HinSch-RL; das Meldeverfahren schließt eine Whistleblowing-Stelle auch durch einen Verweis des Sachverhalts an andere zuständige Stelle wie an einen Personalrat, wenn der Sachverhalt lediglich einen privaten, interpersonalen Konflikt zwischen Hinweisgeber und seinem Arbeitgeber zum Gegenstand hat. Dazu bereits oben, Kap. § 8, A, II. Diese Maßnahme soll hier nicht mehr ausgearbeitet werden.

bereits empirisch bewiesen ist –,[1237] lässt sich annehmen, dass ein Hinweisgeber den Verweis des Verfahrens an die zuständige Behörde für angemessen bzw. geeignet halten würde. Demgegenüber darf die Ordnungsmäßigkeit einer Folgemaßnahme zweifelhaft erscheinen, wenn das Verfahren angeblich aus dem Beweismangel abgeschlossen wurde – in der Tat wären aber die Beweise unterdrückt –, oder wenn nur vom Anschein her eine interne Untersuchung eingeleitet wurde – Aufklärungsmaßnahmen wären aber unzureichend. Der Sinn eines Meldesystems liegt darin, dass dieses Meldungen ernst nimmt und Missstände aufklärt. Falls eine interne Meldung nicht zu diesem Zweck dienen würde, wäre ein zeitnahes externes Vorgehen notwendig.[1238] Aus diesem Grund muss verdeutlicht werden, unter welchen Umständen ein Hinweisgeber annehmen kann, dass das Verfahren ordnungswidrig abgeschlossen ist (1) oder die Einleitung einer internen Untersuchung rechtswidrig unterlassen bzw. deren Durchführung nicht ordnungsgemäß ist (2).

(1) Abschluss des Verfahrens aus Beweismangel

Wenn ein Meldeverfahren aus Mangel an Beweisen oder aus anderen Gründen abgeschlossen ist, wird der Hinweisgeber über den Abschluss und dessen Gründe unterrichtet.[1239] Wie Hinweisgebern versichert werden kann, dass der Abschluss des Verfahrens plausibel ist, konkret, dass der gemeldete Missstand hierdurch nicht vertuscht wird, ist nicht klar. Der Erwägungsgrund Nr. 57 der HinSch-RL nennt den Abschluss des Verfahrens aufgrund mangelnder Beweise oder anderer Gründe als ein Beispiel zu Folgemaßnahmen interner Meldestellen i. S. d. Art. 5 Nr. 12 i. V. m. Art. 9 Abs. 1 lit. d HinSch-RL, ohne anzugeben, wann ein solcher Verfahrensabschluss plausibel wäre, oder ob die Entscheidung zum Abschluss des Verfahrens durch unparteiische Dritten wie Gerichte überprüft werden dürfte. Eine Überprüfung des Abschlusses interner Aufklärungsverfahren durch Gerichte oder einen externen Dritten ist gegenwärtig lediglich für Folgemaßnahmen externer Whistleblowing-Stellen bzw. -Behörden vorgesehen.[1240] Entsprechendes findet sich für interne Meldestellen – auch im HinSchG – nicht.

1237 Siehe oben unter organisatorische und staatliche Vorhaben, Kap. § 2, B, II; Ausnahmen in Art. 15 HinSch-RL unter Kap. 8, C.

1238 Vgl. Aszmons/Herse, DB 2019, 1849 (1852 f.).

1239 § 17 Abs. 2, § 18 Nr. 3 HinSchG.

1240 Gerichtliche Überprüfungsmöglichkeit der Folgemaßnahmen der Whistleblowing-Behörden, Erwägungsgrund Nr. 103 der HinSch-RL; Begründung zu Abs. 5 HinSchG-E § 31, S. 89.

(2) Interne Untersuchungen

Es kann vorkommen, dass eine interne Untersuchung eines Verstoß-Verdachts rechtswidriger Weise nicht eingeleitet wird oder der Sachverhalt nur knapp/mangelhaft untersucht wird oder eine infolge der Untersuchung durchzusetzende Maßnahme für eine Abstellung der Missstände nicht geeignet ist. Es gibt derzeit keine gesetzlichen Grundlagen, die den Rahmen einer zulässigen internen Untersuchung bestimmen würden (a). Deshalb wird es untersucht, wie Unternehmen in der Praxis interne Untersuchungen einleiten, durchführen und schließlich welche Maßnahmen sie ergreifen, um einen Missstand zu beheben (b).

(a) Gesetzlicher Rahmen für interne Ermittlungen

Der RL bzw. HinSchG geben keine Hinweise zu den Einzelheiten einer zulässigen internen Untersuchung, namentlich zu den Fragen,[1241] wann ein Unternehmen die Einleitung einer internen Untersuchung unterlassen darf und welche Maßnahmen das Unternehmen infolge der Untersuchung ergreifen würde, um den Missstand zu beseitigen.[1242] Ihre Angaben beziehen sich lediglich auf organisatorische Pflichten der Meldestellen wie eine unabhängige Verfolgung sowie Dokumentierung der Hinweise. Bei der Erfüllung ihrer Aufgaben sind sie demnach unabhängig, d. h., Interessenkonflikte müssen ausgeschlossen werden.[1243] Ein Interessenkonflikt liegt vor, wenn etwa selbst ein Vorstand, der mit der Entgegennahme der Hinweise zuständig ist, vom Hinweisgeber beschuldigt wird, oder wenn jemand die Meldungen entgegennimmt, der in einem privaten Verhältnis zu dem Beschuldigten steht.[1244] In solchen Fällen wäre es zu optimistisch, dass

---

1241 In der Begründung des HinSchG-E findet sich hierzu nur folgende Angaben: „Die konkrete Ausgestaltung der Befugnisse kann im Rahmen der gesetzlichen Vorgaben individuell entsprechend der Größe und sonstiger Faktoren durch den jeweiligen Beschäftigungsgeber oder die jeweilige Dienststelle erfolgen.“, Begründung zu § 18 HinSchG-E, S. 82.

1242 Nach dem Koalitionsvertrag der Regierung soll ein präziser Rechtsrahmen für interne Untersuchungen geschaffen werden, Koalitionsvertrag 2021–2025 zwischen der Sozialdemokratischen Partei Deutschlands (SPD), BÜNDNIS 90/DIE GRÜNEN und den Freien Demokraten (FDP) v. 24.11.2021, S. 111, https://www.spd.de/filead min/Dokumente/Koalitionsvertrag/Koalitionsvertrag_2021-2025.pdf.

1243 Art. 8 Abs. 1 lit. c HinSch-RL; Erwägungsgrund Nr. 56 der HinSch-RL; § 15 HinSchG.

1244 Colneric/Gerdemann, HSI-Schriftenreihe Band 34, S. 48; Stuke/Fehr, BB 2021, 2740; die Durchführung einer internen Untersuchung durch den Aufsichtsrat wird differenziert nach der Anzahl der von beschuldigten Vorstandsmitgliedern dargelegt, siehe Hopt, ZGR 2020, 373 (391).

diese Personen ihr eigenes Fehlverhalten bzw. eines den Bekannten unparteiisch verfolgen würden. Die Meldestelle müssen letztlich eingehende Meldungen dokumentieren wie u.a. durch eine Tonaufzeichnung oder durch die vollständige und genaue Niederschrift des Wortlauts in Form eines Protokolls.[1245]

Gegenwärtig finden sich zwar § 130 OWiG, wonach eine Geschäftsleitung erforderliche Aufsichtsmaßnahmen ergreifen muss, um straf- oder bußgeldbewehrte Pflichtverstöße zu unterbinden, und §§ 76 Abs. 1, 93 Abs. 1 AktG, wonach Unternehmen im Rahmen ihrer Legalitätspflicht für eine Organisation und Beaufsichtigung sorgen müssen, unter deren (systematische) Verstöße gegen Gesetze sowie individuelle Fehlverhalten abgewendet werden.[1246] Auch diese Gesetze liefern keine Antwort zu den einschlägigen Fragen.[1247] Schließlich ist ein globaler Standard für das Whistleblowing-Management in Unternehmen – sog. ISO 37002 Whistleblowing management system – verkündet worden, welcher Leitlinien für die Etablierung eines effektiven Whistleblowing-Management-Systems unter Beachtung der Anforderungen der RL wie Vertraulichkeit und Unabhängigkeit bieten soll.[1248] Den Standards ist zu entnehmen, dass sich ISO 37002 lediglich mit praktischen Aspekten einer effektiven Aufklärung eines Missstandes durch interne Meldekanäle befasst, nicht hingegen mit rechtlichen Fragen zu der Einleitung, Durchführung und Durchsetzung einer internen Ermittlung.[1249]

(b) Unternehmenspraxis zur internen Untersuchung

Unternehmen erfahren schon seit langem interne Untersuchungen – sog. Internal Investigations – als einen festen Bestandteil der guten Compliance-Systeme, welche zum Ziel haben, eine gesetzeskonforme Geschäftsführung sicherzustellen und damit rechtliche und wirtschaftliche Risiken von Gesetzesverstößen für Unternehmen abzuwenden.[1250] In Bezug auf die Frage, wie interne

---

1245 Art. 18 HinSch-RL; § 11 HinSchG.

1246 Lanzinner/Petrasch, CCZ 2020, 109 (110); Dilling, CCZ 2020, 132; Stück, AuA 2020, 580 (581).

1247 Vgl. Momsen/Grützner, WirtschaftsStrafR-HdB, § 16 Rn. 48.

1248 Nach Aussagen eines Co-Author des Standards Wim Vandekerckhove, https://www.eqs.com/en-us/compliance-knowledge/blog/iso-37002/?utm_source=linkedin&utm_medium=organic&utm_campaign=Integrity_GLOB_blog_iso37002.

1249 Auf der Webseite von ISO findet sich lediglich eine kostenlose Vorschau des Standards, erreichbar unter https://www.iso.org/standard/65035.html. Zu finden ist schließlich ein Aufsatz, welcher einige Leitlinien u.a. ISO 37002 Standards berücksichtigen und einen Meldeprozess darstellen soll, siehe Drenckhan, CB 2021, 469.

1250 Eufinger, RdA 2017, 223 (224); Lanzinner/Petrasch, CCZ 2020, 109 (110).

Untersuchungen auszugestalten sind, finden sich zwar keine „one-size-fits-all"-Lösung.[1251] Die bestehende Praxis bietet allerdings eine Einsicht in den allgemeinen Verlauf einer zulässigen, internen Untersuchung. Außerdem zeigt die Praxis ein den Anforderungen der HinSch-RL bzw. des HinSchG an die Unabhängigkeit sowie Dokumentation der Meldeverfahren passendes Ermittlungsverfahren auf. Deren Darlegung ist aus diesem Grund angebracht.

(i) Die Einleitung einer zulässigen internen Ermittlung

Unter einer internen Ermittlung versteht man die Überprüfung eines Verdachtsmoments durch Unternehmen.[1252] Infolge einer Stichhaltigkeitsprüfung der Verdachtsmomente leiten Unternehmen interne Untersuchungen ein, konkret, wenn es einen Anfangsverdacht, wie einen Hinweis auf einen vermeintlichen (Rechts)Verstoß gibt,[1253] bezieht sich dieser weiterhin auf eine konkrete und untersuchungswerte Verfehlung – dabei sind sowohl eine strafrechtliche Betrachtungsweise als auch die Verstöße gegen innerbetriebliche Vorschriften zivilrechtlicher Art maßgeblich –, und schließlich wenn die Verfolgung des Verdachts den betrieblichen, wirtschaftlichen Interessen des betroffenen Unternehmens dienen würde.[1254] Relevant ist dabei das Ausmaß der eventuellen Nachteile von materieller und ideeller Art, wie Verlust des guten Ansehens.[1255] Wiederholte oder wiederholbare Verstöße oder solche, in die eine große Anzahl von Mitarbeitern oder Bereichen involviert ist, müssen untersucht werden.[1256] Nicht untersuchungswert wäre es hingegen, wenn es um reine Bagatellverstöße geht. Ebenso das Rügen eines Fehlverhaltens, welches sich auf rein privaten arbeitsrechtlichen Interessen des Hinweisgebers bezieht, löst keine interne Untersuchung aus; dieser Sachverhalt wird stattdessen an eine zuständige Personalabteilung weitergeleitet.[1257]

1251 Momsen/Grützner, WirtschaftsStrafR-HdB, § 16 Rn. 48.

1252 Bittmann/Brockhaus/von Coelln, NZWiSt 2019, 1 (2).

1253 96 % der im Rahmen einer DICO-Studie von 2022 befragten Unternehmen geben an, dass Hinweise von Mitarbeitern der wichtigste Auslöser für interne Untersuchung sind, siehe Miege, CCZ 2023, 1 (3).

1254 Momsen/Grützner, WirtschaftsStrafR-HdB, § 16 Rn. 52 ff.; Umnuß/*Shahhosseini/Ahrens*, § 9 Rn. 13 ff.; Hauschka/Moosmayer/Lösler/*Wessing*, § 46 Rn. 94; Ott/Lüneborg, CCZ 2019, 71 (73); Bittmann/Brockhaus/von Coelln, NZWiSt 2019, 1 (5 f.).

1255 Ott/Lüneborg, CCZ 2019, 71 (76).

1256 Momsen/Grützner, WirtschaftsStrafR-HdB, § 16 Rn. 48.

1257 Drenckhan, CB 2021, 459 (462); Ott/Lüneborg, CCZ 2019, 71 (77); vgl. Zapf, CB 2021, 467 (471), demnach dürfte man Hinweise über innerbetriebliche Vorgänge

(ii) Art und Weise und Umfang der Aufklärungsmaßnahmen

Wie ein Sachverhalt aufgeklärt wird, und zwar wie tief man dabei gehen soll, entscheidet das Unternehmen nach eigenem Ermessen.

Im Hinblick auf die Art und Weise der Untersuchung lässt sich zunächst sagen, dass das Unternehmen interne Untersuchungen selbst wie durch eigene Compliance-Officer bzw. Rechtsabteilung durchführen kann oder es kann Dritte wie externe Rechtsanwälte oder Wirtschaftsprüfer damit beauftragen.[1258] In der Praxis werden externe Berater vor allem bei komplexen und aufwändigen Untersuchungen herangezogen, während bei geringfügigeren Untersuchungen der Einsatz eigener Bordmitteln wie zuständige Fachabteilungen üblich ist.[1259] Es gilt jedenfalls das sog. Selbstprüfungsverbot, d. h., Personen, deren Verhalten überprüft werden sollen, dürfen weder die Leitung einer Untersuchung noch irgendeine Verantwortung bei der Untersuchung übernehmen.[1260] Eine Einschaltung externer Berater trägt in diesem Zusammenhang zu der Autonomie der Untersuchung bei, wobei allerdings darauf zu achten ist, dass diese Berater tatsächlich unabhängig sind.[1261] Eine vertragliche Bestimmung darüber, gegenüber wem die externen Berater weisungsunterworfen und berichtspflichtig sind, gilt demnach als eine Maßnahme zur Gewährleistung der Unabhängigkeit der internen Untersuchung. Darüber hinaus gibt es keine Pflicht zu einer Kooperation mit Behörden.[1262] Es liegt im Ermessen des Unternehmens, ob es den Sachverhalt zuerst intern klärt oder den Verlauf oder das Ende eines eingeleiteten behördlichen Ermittlungs- oder Strafverfahrens abwartet.[1263] Eine Abstimmung des unternehmerischen Vorgehens mit den Ermittlungsbehörden ist allerdings empfehlenswert, wenn es für die Vermeidung von einer Beweisunterdrückung seitens infolge der Einleitung interner Ermittlung „vorgewarnter" Beschäftigten

---

nicht voreilig ablegen. Ansonsten könnte nämlich die Glaubwürdigkeit der Meldesysteme sowie das Vertrauen in die Compliance-Kultur beschädigt werden. In meisten Fällen wären zwar keine umfangreichen Prüfmaßnahmen angebracht. Es wäre aber empfehlenswert, dass man sich in unklaren Fällen mit Betroffenen frühzeitig konfrontiert. Dies würde zumindest eine „therapeutische Wirkung" entfalten, selbst wenn es somit zu keiner Aufklärung kommen würde.

1258 Lanzinner/Petrasch, CCZ 2020, 109; Stuke/Fehr, BB 2021, 2740.

1259 Ott/Lüneborg, CCZ 2019, 71 (74).

1260 Ott/Lüneborg, CCZ 2019, 71 (80).

1261 Ott/Lüneborg, CCZ 2019, 71 (80).

1262 Hopt, ZGR 2020, 373 (388); Umnuß/*Shahhosseini/Ahrens*, § 9 Rn. 6.

1263 BAG 25.4.2018 – 2 AZR 611/17, NZA 2018, 1405 (1410).

sowie von demgemäß abgestimmten Aussagen im Ermittlungsverfahren angebracht ist.[1264]

In welchem Umfang die Geschäftsleitung einen Verdacht ermitteln wird, liegt ebenso im Ermessen des Unternehmens.[1265] Geht es allerdings um die Aufklärung eines Verdachts, dass etwa Mitarbeiter systematisch oder im Kollektiv gegen Regeln verstoßen, befürwortet man die Einleitung einer umfangreichen und gründlichen Untersuchung.[1266] Denn falls Missstände später durch staatliche Ermittlungen enthüllt werden, würde das Unternehmen damit verdächtigt, die Missstände versteckt und bedrohende Straftaten „billigend in Kauf genommen" zu haben.[1267] Ein richtiges Maß dabei ist aber schwer zu setzen, weil das Unternehmen auch darauf achten soll, dass die Untersuchung nicht unverhältnismäßig ist.[1268] Verhältnismäßig wäre demnach eine Aufklärungsmaßnahme, wenn diese erforderlich ist, um Verantwortliche zu ermitteln sowie ähnlich gelagerte Fehlverhalten zu vermeiden. Zu empfehlen ist, dass Unternehmen mit gewisser Größe Verfahrensvorschriften für das interne Vorgehen gegen gemeldete Verstöße erstellen, um relevanten Meldungen ordnungsmäßig zu bearbeiten und mögliche Vorwürfe, das Unternehmen unterlasse die Untersuchung, einzudämmen.[1269]

Die Untersuchung endet mit einem Protokoll, in dem der Verlauf der Untersuchung, deren zentralen Feststellungen sowie Handlungsempfehlungen zu Personalmaßnahmen, ggf. Forderungen zum Schadenersatz und Zusammenarbeit mit den staatlichen Stellen dargestellt sind.[1270] Die Gespräche mit Zeugen und Befragungen von Mitarbeitern, welche den wesentlichen Inhalt der beschaffenen Informationen in einer internen Untersuchung ausmachen, werden ebenfalls schriftlich dokumentiert.[1271] Besonders hohe Dokumentationsanforderungen gelten im Falle einer vorzeitigen Beendigung der internen Untersuchung oder bei der Änderung des Untersuchungsgegenstandes.[1272] Eine angemessene

---

1264 Bittmann/Brockhaus/von Coelln, NZWiSt 2019, 1 (3 f.).

1265 Momsen/Grützner, WirtschaftsStrafR-HdB, § 16 Rn. 58.

1266 Momsen/Grützner, WirtschaftsStrafR-HdB, § 16 Rn. 58.

1267 Momsen/Grützner, WirtschaftsStrafR-HdB, § 16 Rn. 59, 60; vgl. Ott/Lüneborg, CCZ 2019, 71 (80).

1268 Ott/Lüneborg, CCZ 2019, 71 (79); Kamann/Ohlhoff/Völcker, § 40 Rn. 11, 12; Bittmann/Brockhaus/von Coelln, NZWiSt 2019, 1 (5).

1269 Momsen/Grützner, WirtschaftsStrafR-HdB, § 16 Rn. 54.

1270 Kamann/Ohlhoff/Völcker, § 40, Rn. 21.

1271 Krug/Skoupil, NJW 2017, 2374 (2378).

1272 Ott/Lüneborg, CCZ 2019, 71 (80).

Dokumentation ist ein Beleg für ein rechtstreues Vorgehens; das Unternehmen bestätigt auf diese Weise, wie sorgfältig es sich mit dem Verdacht eines (Rechts-) Verstoßes befasst hat.[1273] Zum Schluss ist hervorzuheben, dass es keine bekannte Frist für interne Ermittlungen gibt; bei internen Ermittlungen gilt das Prinzip „so zügig wie möglich und so sorgfältig wie nötig", d. h., entscheidend ist im Einzelfall, ob der Sachverhalt so zügig wie möglich (ohne schuldhaftes Zögern) ermittelt und so sorgfältig wie nötig dokumentiert wird.[1274]

(iii) Maßnahmen zur Abstellung der Missstände

Der Sinn und Zweck von Compliance-Systemen ist die Voraussetzungen zu schaffen, unter denen Rechtsverstöße vermieden bzw. Verdachtsmomente zeitnah aufgeklärt werden.[1275] Zur Vermeidung von Fehlverhalten sind verschiedene Maßnahmen wie u.a. Schulung von Mitarbeitern, Strukturänderung in der Organisation sowie Sanktionierung der Verantwortlichen möglich. Sanktionierung eines Verstoß-Verantwortlichen ist ein wichtiger Bestandteil der Compliance-Maßnahmen eines Unternehmens.[1276] Sanktionen sollen die Zero-Tolerance-Politik eines Unternehmens aufzeigen; auf diese Weise fördert man die Prävention von Verstößen und Glaubwürdigkeit in Compliance-Systemen.[1277] Hat ein Fehlverhalten keine negativen Konsequenzen, kommt es häufig zu erneutem Fehlverhalten.[1278] Eine allgemeine Pflicht der Arbeitgeber zur Sanktionierung von Verstoß-Verantwortlichen, und zwar mit der Wahl einer bestimmen Art von Sanktion ist allerdings nicht ersichtlich. Ebenso wird eine tatsächliche Durchsetzung einer Sanktion bzw. arbeitsrechtlicher Maßnahmen wie Kündigung nicht garantiert.

Eine Handlungspflicht für Arbeitgeber in Bezug auf Maßregelung von Verantwortlichen ergibt sich vereinzelt aus einfachen Gesetzen. Hierzu zählt etwa § 12 Abs. 3 AGG, wonach ein Arbeitgeber zur Unterbindung einer Benachteiligung die im Einzelfall geeigneten, erforderlichen und angemessenen Maßnahmen wie Abmahnung, Umsetzung, Versetzung oder Kündigung zu ergreifen hat, falls es um einen Verstoß gegen das Benachteiligungsverbot aus § 7 Abs. 1

1273 Bittmann/Brockhaus/von Coelln, NZWiSt 2019, 1 (3).
1274 Hauschka/Moosmayer/Lösler/Wessing, § 46 Rn. 94 ff.
1275 Kreßel, NZG 2018, 841 (844).
1276 Eufinger, RdA 2017, 223.
1277 Momsen/Grützner, WirtschaftsStrafR-HdB, § 16 Rn. 13, 14; Kreßel, NZG 2018, 841 (842).
1278 Hastenrath/Müller, CB 2017, 154.

AGG geht. Der Arbeitgeber entscheidet sich für eine bestimmte Maßnahme unter Betrachtung der Umstände des Einzelfalles wie die Schwer des Verstoßes, Vorliegen einer Wiederholungsgefahr und Geeignetheit der Maßnahme für einen nachhaltigen Ausschluss der Wiederholung der Benachteiligung.[1279] Die Aufsichtspflicht aus § 130 OWiG veranlasst ebenso Arbeitgeber, Maßnahmen zu ergreifen. Um es sicherzustellen, dass Mitarbeiter die Rechtsordnung einhalten, setzt die Geschäftsleitung beim Fehlverhalten geeignete Maßnahmen wie Ermahnung, Androhung arbeitsrechtlicher Schritte, bis hin zur Kündigung ein.[1280] Eine allgemeine Bekanntgabe der Maßnahmen in Unternehmen, die für einzelnen Mitarbeiter durchgesetzt worden sind, ist hier nicht erforderlich.[1281]

Es gibt keine Regel, wonach für ein bestimmtes Fehlverhalten eine bestimmte Maßnahme zu ergreifen ist. Ein Arbeitgeber wählt im eigenen Ermessen und unter Umständen des Einzelfalls eine verhältnismäßige Sanktion aus.[1282] In der Praxis rechtfertigen z. B. Straftaten wie Annahme von Bestechungsgeldern, von denen der Arbeitgeber betroffen ist, eine Kündigung.[1283] Bei schweren Pflichtverletzungen wie Bestechung, Betrug und Kartellabsprachen findet man eine Abmahnung hingegen nicht geeignet, welche für die Fälle eingesetzt wird, in denen das Fehlverhalten durch die Abmahnung künftig vermieden werden kann.[1284] Ferner kommt eine Verdachtskündigung in Betracht, wenn es auf objektiven Tatsachen beruhende schwerwiegende Verdachtsmomente gibt, welche geeignet sind, das für die Fortsetzung des Arbeitsverhältnisses erforderliche Vertrauen beim Arbeitgeber zu zerstören und der Arbeitgeber alle zumutbaren Anstrengungen zur Aufklärung des Sachverhalts wie Anhörung des Verdächtigten unternommen hat.[1285] Der Arbeitgeber kann schließlich gegen die verdächtigen Mitarbeiter eine Strafanzeige erstatten. Die Verhältnismäßigkeit der Anzeige beurteilt sich anhand der Gesichtspunkte, die bereits für Strafanzeigen durch Arbeitnehmer gegenüber Arbeitgeber entwickelt worden sind, konkret, ob es einen konkreten Verstoß-Verdacht gibt und der Arbeitgeber sich zunächst intern um Aufklärungsmaßnahmen bemüht hat.[1286] Die Motivation des Arbeitgebers,

---

1279 Eufinger, RdA 2017, 223 (224 f.).

1280 Momsen/Grützner, WirtschaftsStrafR-HdB, § 16 Rn. 48.

1281 Eufinger, RdA 2017, 223 (224).

1282 BAG 10.6.2010 – 2 AZR 541/09, NZA 2010, 1227 (1231).

1283 Eufinger, RdA 2017, 223 (225).

1284 Eufinger, RdA 2017, 223 (227).

1285 BAG 25.4.2018 – 2 AZR 611/17, NZA 2018, 1405 (1410); Ascheid/Preis/Schmidt/*Vossen*, BGB § 626 Rn. 345 ff.

1286 LAG Rheinland-Pfalz 15.4.2019 – 3 Sa 411/18, BeckRS 2019, 20971, Rn. 60.

den Verdacht durch Staatsanwaltschaft zuverlässiger Weise ermitteln zu lassen, wirkt sich beispielsweise zugunsten der Verhältnismäßigkeit der Anzeige aus.[1287]

Hervorzuheben ist schließlich, dass die Durchsetzung einer Sanktion bzw. einer arbeitsrechtlichen Disziplinarmaßnahme nicht garantiert werden kann. Die tatsächliche Durchsetzung einer arbeitsrechtlichen Maßnahme unterliegt nämlich einer Prüfung der arbeitsrechtlichen Zulässigkeit; ein fehlverhaltender Arbeitnehmer darf nicht gekündigt werden, wenn etwa die vom Arbeitgeber ausgesprochene Kündigung nicht sozial gerechtfertigt ist.[1288] Es wirkt sich ebenso gegen die Zulässigkeit der Kündigung aus, wenn der Arbeitgeber das Fehlverhalten des Arbeitnehmers geduldet hat oder ihn zum Fehlverhalten veranlasst hat.[1289] Darüber hinaus wäre aber eine Kündigung gänzlich zu unterlassen, wenn auf den Ausspruch einer arbeitgeberseitigen Kündigung zugunsten der beschuldigten Arbeitnehmer im Rahmen eines Mitarbeiteramnestieprogramms verzichtet worden ist.[1290]

d) Anhaltspunkte zu den ausreichenden Maßnahmen

Unter Betrachtung der Praxis zu internen Untersuchungen und Anforderungen des Whistleblower-Schutzes ergeben sich einige Handlungsempfehlungen für Arbeitgeber und Hinweisgeber. Arbeitgebern, die sich dafür interessieren, Hinweisgeber zu einer internen Meldung zu motivieren, ist zu empfehlen, dass sie Hinweisgeber über den Vorgang interner Aufklärungsmaßnahmen möglichst umfassend unterrichten ((1)). Auf diese Weise würde das Vertrauen in die Wirksamkeit interner Meldungen gefördert. Je mehr ein Hinweisgeber der Wirksamkeit der internen Aufklärungsmaßnahmen vertrauen müsste, desto weniger glaubwürdig wäre seine Annahme, es gäbe keine hinreichende Untersuchung. Hinweisgebern hingegen, die über die Wirksamkeit interner Meldungen zweifeln und erwägen weitere Schritte vorzunehmen, ist zu empfehlen, dass sie bei der Bewertung der Wirksamkeit einer internen Aufklärungsmaßnahme darauf achten, Grenzen einer geschützten Whistleblowing-Handlung nicht zu überschreiten ((2)).

1287 LAG Rheinland-Pfalz 15.4.2019 – 3 Sa 411/18, BeckRS 2019, 20971, Rn. 73.

1288 Eufinger, RdA 2017, 223 (225).

1289 Eufinger, RdA 2017, 223 (225).

1290 Eufinger, RdA 2017, 223 (229); siehe den Einsatz der Mitarbeiteramnestieprogramme, um mitbeschuldigte Arbeitnehmer zur Aussage über Missstände zu motivieren, unter Kap. § 8, A, I, 2, a), (2), (b).

(1) Umfassende Unterrichtung der Hinweisgeber

Die Haltung eines konstruktiven Dialoges mit Hinweisgebern ist ein wesentlicher Teil eines funktionstüchtigen, vertrauenswürdigen internen Meldesystems.[1291] Art. 9 RL schreibt die inhaltliche Gestalt der Rückmeldungen nicht vor.[1292] Unter Betrachtung des Ziels des Aufbaus bzw. der Verstärkung des Vertrauens in die Wirksamkeit der internen Meldesysteme dürfen Unternehmen umfassende Unterrichtungen übernehmen, sofern berechtigte Interessen hiermit nicht gefährdet werden. Eine Unterrichtung eines Hinweisgebers über Folgemaßnahmen – auch im Laufe einer internen Untersuchung – würde den Hinweisgeber davon überzeugen, dass das Unternehmen gegen den gemeldeten Verstoß ernsthaft vorgeht. Auf diese Weise kann der Arbeitgeber den Einwand widerlegen, dass die Verstöße nicht hinreichend untersucht worden sind. Der Hinweisgeber sollte stets über die Fortschritte und Ergebnisse der Untersuchung unterrichtet werden.[1293] Ohne sich daraus eine Verpflichtung für Hinweisgeber zum Binden an den Prozess abzuleiten, ist eine möglichst umfangreiche Einbindung der Hinweisgeber in den Prozess der Aufklärung angebracht.[1294]

Im Einzelnen empfiehlt sich etwa, dass es einem Hinweisgeber mitgeteilt wird, wer sich mit dem gemeldeten Missstand befasst, bearbeitet, Untersuchungen einleitet etc.[1295] Ein ernsthaftes Vorgehen gegen Missstände setzt nämlich voraus, dass eine unparteiische Stelle die Meldungen entgegennimmt bzw. bearbeitet.[1296] Der Hinweisgeber kann sonst nicht wissen, ob der Beschuldigte selbst oder jemand, der mit ihm befreundet ist, die Meldung bearbeitet und/oder die Untersuchung einleitet bzw. durchführt, sodass Interessenkonflikte nicht ausgeschlossen wären.[1297] Die Frage, ob Hinweisgeber ein Recht auf Auskunft über die mit der Meldung befassten Personen der Meldestelle haben, soll hier ausgeblendet werden.[1298] Ein standardisierter Prozess für internes Whistleblowing und

---

1291 Hommel, CCZ 2021, 95 (97); Benne, CCZ 2014, 189 (190 f.).

1292 Stuke/Fehr, BB 2021, 2740 (2741).

1293 Erwägungsgrund Nr. 57, S. 4 der HinSch-RL.

1294 Azmosz/Herse DB 2019, 1849 (1853); Wiedmann/Seyfert, CCZ 2019, 12 (17).

1295 Code of Practice for effective whistleblowing arrangements, PCaW, 2013, S. 3, Nr. 5, lit. e, https://whistleblowingnetwork.org/WIN/media/pdfs/Standards-Guides-and-Codes-EUR-2013-Code-of-Practice.pdf.

1296 Degenhart/Dziuba, BB 2021, 570 (572).

1297 Siehe Gawliks Argument in Bezug auf Verzicht auf interne Meldung, unter Kap. § 5, C, II, 3, a).

1298 Gem. Art. 15 DSGVO haben Beschäftigte Recht auf Auskunft über die vom Arbeitgeber verarbeiteten Daten, die sie persönlich betreffen. Zu prüfen ist etwa, ob darunter

Meldeverfahren sowie dessen Kundgabe unter Mitarbeitern würde auf jeden Fall einen so positiven Eindruck vermitteln, dass der Prozess für alle gilt; keiner bzw. kein Beschuldigter im Einzelfall würde privilegiert behandelt werden.

Weiterhin wäre eine entsprechende Mitteilung vertrauensfördernd, wenn das Unternehmen bei der Untersuchung des gemeldeten Missstandes mit Behörden kooperiert – vor allem dann, wenn es um schwere Missstände geht, wie eine Kooperation mit Behörden bei derartigen Vorfällen bisher ebenso in der Praxis empfohlen ist. Daraus könnte ein Hinweisgeber schlussfolgern, dass das Unternehmen gegen die Missstände unparteiisch vorgeht.

Befriedigung des Hinweisgebers über den Umfang der Aufklärungsmaßnahmen kann ferner externe Meldungen bzw. Offenlegungen unnötig machen. Ein Hinweisgeber, der in der Lage ist, fachspezifisch zu bewerten, ob ergriffene Maßnahmen bzw. eingeleitete Untersuchungen ausreichend für die Aufklärung sind, würde sonst im Zweifel weitere Schritte wie externe Meldung bzw. Offenlegung vornehmen. So war es z. B. der Fall für Frau Herbst, Veterinärin in einem Schlachthof.[1299] Sie hatte sich bei ihrem Arbeitgeber über einen Verdacht zu einer BSE-Erkrankung im Schlachthof mehrmals gemeldet und letztendlich den Verdacht auch in der Öffentlichkeit bekannt gemacht, weil sie die Methode der intern eingeleiteten Untersuchungen für fachwidrig gehalten hatte und ihr Verdacht auf eine BSE-Erkrankung deswegen durch die Untersuchungen nicht beseitigt wurde.[1300]

Schließlich ist es zu empfehlen, dass Hinweisgeber über die Dauer der Untersuchung informiert werden. Ein zügiges Handeln der Unternehmen ist die Regel und dient einer effektiven Aufklärung der Missstände, bevor etwa Beweismittel verloren gehen.[1301] Das Fehlen einer Frist zum Abschluss der Untersuchungen darf nicht legitimieren, dass Hinweisgeber unabsehbare Zeit auf den Abschluss einer Untersuchung warten müssen. Ein Unternehmen muss es erfahrungsgemäß einschätzen können, wie lange eine Untersuchung im konkreten Fall dauern würde, und Hinweisgeber dementsprechend informieren können. Auf diese

---

auch Daten über Dritte wie Mitarbeiter, die Meldungen über Rechtsverstöße nach Maßgaben des Hinweisgeberschutzgesetzes entgegennehmen und bearbeiten, fallen würden, oder ob die Mitteilung der Identität der Mitarbeiter nach Art. 13 Abs. 1 lit. e DSGVO in Bezug auf Auskunft über den Empfänger der Daten begründet werden kann, siehe nur EuArbRK/Franzen, EU (VO) 2016/679 Art. 15 Rn. 3 und Art. 13 Rn. 1 ff.

1299 Siehe den Sachverhalt, Kap. § 8, C, II.

1300 Colneric/Gerdemann, HSI-Schriftenreihe Band 34, S. 105.

1301 Vgl. Aszmons/Herse, DB 2019, 1849 (1851).

Weise würde man beurteilen, ob das Unternehmen bei der Aufklärung des Sachverhalts zügig handelt.

Die Unterrichtung findet ihre Grenzen dort, wo der Erfolg der Untersuchung gefährdet wird und/oder berechtigte Interessen der Betroffenen bzw. beschuldigten Mitarbeiter verletzt werden. Nicht erforderlich ist es z. B., dass beschuldigte Mitarbeiter bzw. Verdächtigte betriebs-öffentlich bekannt gemacht werden, um potenziellen Hinweisgebern die Vertrauenswürdigkeit der Meldestelle zu beweisen.[1302] Ebenso ist eine umfassende Unterrichtung eines Hinweisgebers zu vermeiden, wenn der Hinweisgeber (Mit)Täter ist und die Gefahr besteht, dass er ihn belastende Beweise unterdrückt und die Rechtsverfolgung damit erschwert.[1303]

(2) Grenzen der Annahme einer unzureichenden Maßnahme

Es ist der Fall, dass ein Hinweisgeber mit dem Ergebnis einer Untersuchung oder den ergriffenen Maßnahmen unzufrieden ist. Er stimmt z. B. die Feststellungen zum Sachverhalt, dessen rechtlichen Einordnung, ergriffene sowie zu ergreifende Maßnahmen nicht zu.[1304] Deshalb ist er der Meinung, dass die Maßnahmen unzureichend sind und weitere Handlungen vorgenommen werden sollen wie eine erneute interne Meldung oder externe Meldungen. An dieser Stelle lässt sich Hinweisgebern empfehlen darauf zu achten, dass sie somit nicht über das Recht zum Whistleblowing hinausgehen.

Erneute mehrfache Meldungen können den Zusammenhang ihrer Verhalte zu einem geschützten Whistleblowing brechen und eine vertragliche Pflichtverletzung begründen. So veranschaulicht z. B. eine britische Rechtsprechung die gerechtfertigte Kündigung eines unzufriedenen Hinweisgebers. Es geht um Herrn Panayiotou, einen Polizisten in der Polizei Hampshire, beschrieben als einen Mann mit einem obsessiven Sinn für Recht und Unrecht; er sollte sich als dazu verpflichtet sehen, nicht nur Fehlverhalten seiner Kollegen zu melden, sondern auch abzusichern, dass die Meldungen so untersucht werden, wie er sich es gewünscht hatte, sowie es zu einem Ergebnis kommt, welches er erstrebt hat.[1305] Jede von seinem Wunsch abweichende Maßnahme veranlasst ihn so

---

1302 Vgl. Schutz der Identität der Betroffenen durch interne Whistleblowing-Stelle, gem. § 8 HinSchG.

1303 Begründung zu S. 3 Abs. 2 HinSchG-E § 9, S. 75.

1304 Vgl. Miege, CCZ 2021, 149 (150).

1305 Panayiotou vs. Chief Constable of Hampshire Police, [2014] IRLR 500; Anm. Whincup, Employment Law Worldview, v. 23.4.2014, https://www.employmentlawworldv

viele Beschwerden über angebliche Fehlverhalten von Kollegen von gleicher und anderer Art einzureichen, dass sich die Polizei Hampshire insgesamt mit einer Anzahl von fünfzig Meldungen befassen musste; sein beharrliches Streben nach einem gewünschten Ergebnis sollte ihn „unmanageable" machen.[1306] Letztendlich wird er gekündigt. Er erhebt einen Anspruch auf Whistleblower-Schutz mit der Behauptung, dass er infolge von Whistleblowing gekündigt worden war. Das EAT weist den Anspruch zurück. Nach dem EAT ist ein Whistleblowing von der Art und Weise des Whistleblowings zu unterscheiden. Die Handlung von Herrn Panayiotou ist genug, um die Geduld jeder Organisation bzw. jedes Arbeitgebers zu erschöpfen. Er hat die Grenzen eines Whistleblowings offensichtlich aus den Augen verloren; er dürfte nicht diktieren, in welchem Ausmaß man einen Sachverhalt untersuchen soll oder welche konkrete Abhilfemaßnahmen ein- und durchgesetzt werden sollen. Die Handlungen von Panayiotou gehen somit über ein Whistleblowing bzw. die Aufdeckung von Verstößen hinaus. Die Kündigung wurde nicht aufgrund seines Whistleblowings ausgesprochen und ist somit zulässig.

Eine deutsche Rechtsprechung zu einem derartigen Fall aus jüngerer Zeit findet sich nicht. Bekannt ist lediglich ein Fall aus dem Jahre 1972, in dem das BAG entschied, dass sich ein Arbeitnehmer, der für die Sicherheit von betrieblichen Einrichtungen verantwortlich ist, bei Sicherheitsbedenken an die Behörden wenden darf.[1307] Er habe weiterhin Anspruch darauf, dass diese Bedenken, soweit es möglich ist, widerlegt werden. Müssten seine Zweifel aus objektiver Sicht ausgeräumt sein, könnte die Fortsetzung seiner kritischen Äußerungen eine ordentliche Kündigung begründen. Diese Rechtsprechung zeigt, dass eine ähnliche Entscheidung im Hinblick auf typische Whistleblowing-Fällen aufgrund des Grundsatzes Treu und Glauben i. S. d. § 242 BGB sowie des Zwecks des Whistleblowings, der Verbesserung der Rechtsdurchsetzung, auch im deutschen Recht vorstellbar ist. Mit diesem Grundsatz und dem Ziel des Whistleblowings wäre es nicht vereinbar, dass ein Hinweisgeber trotz der Aufklärung eines Missstandes hartnäckig weitere Meldungen abgibt oder den Arbeitgeber mit einer externen Meldung bzw. Offenlegung bedroht, um eine bestimmte Maßnahme durchsetzen zu lassen. Eine Billigung derartiger Handlungen der Hinweisgeber könnte zudem dazu führen, dass das Whistleblowing ein schlechtes Image in

iew.com/m5-or-a303-unmanageable-public-interest-complainant-runs-out-of-road-in-uk-tribunal/.

1306 Panayiotou vs. Chief Constable of Hampshire Police, [2014] IRLR 500, 507, para. 47.

1307 BAG 14.12.1972 – 2 AZR 115/72, AP KSchG § 1 Verhaltensbedingte Kündigung Nr. 8.

der Öffentlichkeit bekommt; es wäre ausschließlich als ein Mittel für beharrliche Anschwärzen anzusehen, nicht hingegen als ein Mittel zur Rechtsdurchsetzung im öffentlichen Interesse. Schließlich wäre es ein Eingriff in die unternehmerische Freiheit der Arbeitgeber, wenn es Hinweisgebern ermöglicht würde, auf bestimmte (personelle) Maßnahmen wie auf Kündigung eines Beschuldigten-Mitarbeiters zu bestehen.[1308] Daher erscheint es erforderlich, die Handlungen, die nicht im Zusammenhang zum Whistleblowing stehen, zu differenzieren.

Zum Schluss ist allerdings darauf zu achten, dass diese Differenzierung nicht zu einer Regel wird.[1309] Mit anderen Worten, der Whistleblower-Schutz darf nicht dadurch ausgehöhlt werden, indem es Arbeitgebern ermöglicht wird, ihre Vergeltungsmaßnahmen regelmäßig durch oben beschriebene Handlungen der Hinweisgeber zu rechtfertigen. Auf so ähnliche Gefahr wird vom EAT in einem anderen Fall hingewiesen;[1310] ein Whistleblowing und die Art und Weise eines Whistleblowings, deren Vereinbarkeit mit einem geschützten Whistleblowing fraglich ist, ist zwar zu unterscheiden. Ansonsten gäbe es eine absolute Immunität in Bezug auf alles, was im Rahmen eines Whistleblowings gesagt und getan wird. Mit der Politik der Antidiskriminierungsschutzvorschriften des Whistleblower-Schutzes wäre es aber unvereinbar, wenn es Arbeitgebern hierdurch ermöglicht würde, gegen Hinweisgeber Maßregelungsmaßnahmen zu ergreifen, weil sie in ihren Meldungen etwa übertriebene oder ungenaue Anschuldigungen machen. Was die deutsche Rechtsprechung hierzu für eine Einstellung einnehmen wird, bleibt abzuwarten. Zu vermuten ist zumindest, dass es sich zugunsten eines Arbeitgebers auswirken kann, wenn die Aufklärungsmaßnahmen aus objektiver Hinsicht hinreichend sind, konkret, wenn dem Hinweisgeber kein Zweifel über die Glaubwürdigkeit der internen Untersuchungen, deren Tiefe etc. verbleiben dürfte.[1311]

1308 Nicht realistisch wäre es ferner, dass der Arbeitgeber die vom Hinweisgeber erwünschten Maßnahmen durchsetzt, wenn die Durchsetzung personeller Maßnahmen wie Kündigung nur unter Erfüllung der arbeitsrechtlichen Zulässigkeitsvoraussetzungen möglich sein soll. Dazu bereits oben Kap. § 8, B, II, 2, c), (2), (b), (iii).

1309 Vgl. Panayiotou vs. Chief Constable of Hampshire Police, [2014] IRLR 500, 508, para. 54.

1310 Es sei der Fall von Martin vs. Devonshires Solicitors [2011] ICR 352, zitiert nach [2014] IRLR 500, 507, para. 51; siehe die Falldarstellung, Lewis/Bowers/Fodder/Mitchell, para. 9. 134.

1311 BAG 14.12.1972 – 2 AZR 115/72, AP KSchG § 1 Verhaltensbedingte Kündigung Nr. 8, in dem beschriebenen Fall greift das Gericht u.a. Stellungnahmen bzw. Besprechungen der vom Arbeitnehmer gewandten Aufsichtsbehörde und des Arbeitgebers

3. *Angst vor Repressalien*

Angst vor Benachteiligungen gehört im Allgemeinen zur Natur eines Whistleblowings; es führt häufig zum Ende der beruflichen Karriere, Anfeindung, Ausgrenzung etc.[1312] Nach bisherigen Erkenntnissen birgt eine interne Meldung nicht selten Repressionsrisiken; die Identität der Hinweisgeber kann gegenüber dem Arbeitgeber bzw. Täter des gemeldeten Missstandes bekannt werden und sie setzen sich somit Repressionsmaßnahmen aus.[1313] Bei der Befürchtung von Repressionen würden Hinweisgeber extern melden; eine angemessene Funktion einer internen Meldung ist nämlich vernünftigerweise nicht zu erwarten, wenn Hinweisgeber hinreichenden Grund zu der Annahme haben, dass sie im Zusammenhang mit der Meldung Repressalien erleiden würden.[1314]

Die Befürchtung der Hinweisgeber ist im Grunde eine subjektive Vorstellung, welche allerdings angesichts der Umstände und der verfügbaren Informationen plausibel erscheinen würde.[1315] Unternehmen müssen demzufolge die Umstände beseitigen, die für eine Befürchtung von Maßregelungen sorgen sowie Informationen bereitstellen, die gegen Repressionen von Hinweisgebern sprechen. Dann würden sich Hinweisgeber intern melden.[1316] Die Wahrung der Vertraulichkeit der Identität der Hinweisgeber gilt dabei als eine wesentliche Vorsorgemaßnahme gegen Repressalien.[1317] Demzufolge trifft Unternehmen eine Pflicht zur Wahrung der Vertraulichkeit der Identität der Hinweisgeber (a)). Hinweisgeber müssen allerdings damit rechnen, dass man ihre Identität ausnahmsweise gegenüber Behörden und Betroffenen, die in der Meldung beschuldigt werden, offenlegen darf bzw. muss (b)). An dieser Stelle und für Fälle von fehlendem Vertrauen in die vertrauliche Behandlung der internen Meldungen gewinnt die Möglichkeit einer anonymen Meldeabgabe an Bedeutung, weil Hinweisgeber dadurch ohne Preisgabe ihrer Identität bei einer Meldestelle melden können und eine Identitätsoffenlegung ausgeschlossen wäre (c)).

---

mit dem Arbeitnehmer auf, um es zu beurteilen, ob die Argumente der Behörde und des Arbeitgebers hätten den Arbeitnehmer überzeugen müssen.

1312 Strack, in: Transparenz contra Geheimhaltung 2015, S. 105 (110 f.).

1313 Graser, S. 167.

1314 Erwägungsgrund Nr. 62, S. 2 der HinSch-RL.

1315 EuArbRK/*Fest*, RL (EU) 2019/1937 Art. 7 Rn. 15.

1316 Art. 7 Abs. 2, 3 HinSch-RL.

1317 Erwägungsgrund Nr. 82, S. 1 der HinSch-RL.

a) *Wahrung der Vertraulichkeit der Identität der Hinweisgeber*

Müsste ein potenzieller Whistleblower befürchten, dass seine Identität gegenüber denjenigen aufgedeckt würde, die ihn maßregeln würden, und/oder er etwa selbst zum Gegenstand von Ermittlungsmaßnahmen würde, würde er interne Hinweisgebersysteme nicht nutzen.[1318] Die Wahrung der Anonymität des Hinweisgebers gehört zu den wesentlichen Merkmalen von Meldesysteme.[1319] Die HinSch-RL sieht folgerichtig eine Verpflichtung zur Wahrung der Vertraulichkeit der Hinweisgeber durch Meldestellen vor; ein internes Meldeverfahren muss so konzipiert sein, dass die Identität des Whistleblowers geschützt wird, gem. Art. 9 Abs. 1 lit. a i. V. m. Art. 16 Abs. 1 HinSch-RL. Das interne Whistleblowing-System muss Meldungen der Mitarbeiter unter vollständiger Wahrung der Vertraulichkeit nachgehen.[1320] D. h., die Identität des Hinweisgebers darf ohne dessen ausdrückliche Zustimmung keinen anderen Personen gegenüber als den befugten Mitarbeitern offengelegt werden, wie die für die Entgegennahme von Folgemaßnahmen zu Meldungen zuständig sind.[1321] Nicht geschützt ist die Identität eines Hinweisgebers, der keinen Schutz nach Maßgaben der RL genießt, wie es etwa der Fall ist, wenn der Hinweisgeber wissentlich falsche Angaben gemacht hat. Die Umsetzungsnorm § 8 HinSchG sieht ebenso vor, dass Meldestellen die Vertraulichkeit der Identität der Personen u.a. der Hinweisgeber zu wahren haben.[1322] Die Geheimhaltung ihrer Identität ist sowohl beim Eingang der Hinweise als auch im Laufe des Meldeverfahrens zu wahren. Während der Dokumentation der eingehenden Meldungen muss die Meldestelle weiterhin das Vertraulichkeitsgebot einhalten.[1323] Während der Stichhaltigkeitsprüfung sowie der Untersuchung des gemeldeten Sachverhalts, wobei die Stelle auch betroffene Personen kontaktieren kann,[1324] muss darauf geachtet werden, dass gegenüber dem Betroffenen keine Informationen preiszugeben sind, aus denen die Identität

1318 Dilling, CCZ 2020, 132 (134).

1319 Kölbel/Herold, ZGR 2020, 961 (985).

1320 Erwägungsgrund Nr. 55 der HinSch-RL.

1321 Gem. Art. 16 Abs. 1 HinSch-RL; § 16 Abs. 2 HinSchG.

1322 § 8 Abs. 1 Nr. 2 HinSchG schreibt diese Pflicht über die Identität des Hinweisgebers hinaus, auch in Bezug auf die Identität der Betroffenen vor, die in der Meldung des Hinweisgebers genannt werden. HinSch-RL hingegen verpflichtet lediglich Whistleblowing-Behörden zur Wahrung der Identität der Betroffenen, gem. Art. 22 Abs. 2 HinSch-RL.

1323 § 11 Abs. 1 HinSchG.

1324 § 18 Nr. 1 HinSchG, siehe weitere Folgemaßnahmen interner Whistleblowing-Stelle, Kap. § 8, B, II, 2.

des Hinweisgebers abgeleitet werden kann.[1325] Im Unternehmen sind schließlich anzukündigen, dass interne Meldestellen Hinweise vertraulich behandeln sowie Hinweisgeber sich melden sollen, wenn sie infolge einer Meldung Repressionen erleiden.[1326] Auf diese Weise wird der Eindruck vermittelt, eine interne Meldung würde keine Nachteile mit sich bringen.

b) *Ausnahmen*

Der Schutz der Vertraulichkeit ist nicht absolut. Nach Art. 16 Abs. 2 HinSch-RL darf die Identität der Hinweisgeber offengelegt werden, und zwar unter Umständen, dass dies nach Unionsrecht oder nationalem Recht eine notwendige und verhältnismäßige Pflicht im Rahmen von Untersuchungen durch nationale Behörden oder von Gerichtsverfahren darstellt, so wie z. B. im Hinblick auf die Wahrung der Verteidigungsrechte der betroffenen Personen. Gem. § 9 Abs. 2 HinSchG, Umsetzungsnorm für Art. 16 Abs. 2 HinSch-RL, dürfen Meldestellen die Identität des Hinweisgebers beim Verlangen der Strafverfolgungsbehörden und aufgrund einer Anordnung in einem Verwaltungsverfahren oder einer gerichtlichen Entscheidung an die zuständige Stelle weitergeben. Hinweisgeber sind über die Weitergabe vorab zu informieren, sofern dies Ermittlungen, Untersuchungen oder Gerichtsverfahren nicht gefährden würde – wie es beispielsweise bei der Gefahr einer Vernichtung der Beweise durch Hinweisgeber der Fall wäre.[1327] Die Weitergabe der Identität der Hinweisgeber an eine zuständige Stelle sorgt für einen Ausgleich zwischen dem Interesse der Hinweisgeber an der vertraulichen Behandlung ihrer Identität und dem Interesse der Strafverfolgungs- und Verwaltungsbehörden an der Aufklärung eines Sachverhaltes und der Verfolgung von Straftaten.[1328] Darüber hinaus ist gem. § 9 Abs. 3 Nr. 1 HinSchG eine Weitergabe der Identität der Hinweisgeber bzw. der auf die Identität erlaubenden Rückschlüsse denkbar, wenn die Weitergabe für Folgemaßnahmen erforderlich ist. Was unter einer erforderlichen Weitergabe zu verstehen ist,

---

1325 Wiedmann/Seyfert, CCZ 2019, 12 (17 f.). Um die Repressionsrisiken auszuschließen, wäre es sinnvoll, von dem Whistleblower im Vorfeld der Weiterleitung des Hinweises an die zuständige Stelle oder der Kontaktierung mit Betroffenen eine Zustimmung zu bekommen, siehe etwa Positionspaper Transparency international, S. 10, 2019, https://images.transparencycdn.org/images/2019_EU_whistleblowing_EN.pdf.

1326 PCaW Leitlinien, https://whistleblowingnetwork.org/WIN/media/pdfs/Standards-Guides-and-Codes-EUR-2013-Code-of-Practice.pdf.

1327 Begründung zu Abs. 2 HinSchG-E § 9, S. 75.

1328 Begründung zu Abs. 2 HinSchG-E § 9, S. 75.

macht der HinSchG nicht klar.[1329] Die Weitergabe der Identität des Hinweisgebers erfolgt allerdings in diesem Fall auf eine Einwilligung des Hinweisgebers,[1330] sodass einer willkürlichen Weitergabe der Identität des Hinweisgebers entgegenzutreten ist. Hinweisgeber, die vorsätzlich oder grob fahrlässig falsche Hinweise gemacht haben, fallen schließlich aus dem Schutz nach Maßgaben des Art. 6 HinSch-RL bzw. § 33 HinSchG aus, ihre Identität ist jedenfalls nicht schutzwürdig.[1331]

(1) Offenbarung gegenüber Behörden

Die Vertraulichkeit der Identität eines Hinweisgebers gegenüber Behörden wird gem. Art. 16 Abs. 2 HinSch-RL bzw. § 9 HinSchG nicht garantiert, wenn diese im Strafverfahren Auskünfte auf die Identität des Hinweisgebers verlangen. Diese Vorgaben der RL bzw. HinSchG sind in der Praxis noch nicht wahrgenommen. Zu finden ist gegenwärtig eine Rechtsprechung des LG Bochum, die sich mit einer Offenlegung der Identität eines Hinweisgebers infolge einer Beschlagnahme der Dokumente in einer Kanzlei befasst hat.[1332] Nach dem Urteil sind Unterlagen bei dem Rechtsanwalt, die sich auf die Meldung des Hinweisgebers beziehen, nicht beschlagnahmefrei; d. h., der Rechtsanwalt darf diese im Rahmen einer behördlichen Ermittlungsmaßnahme gegenüber der Behörde nicht verweigern.

Es ist daher vorstellbar, dass die Identität des Hinweisgebers im Rahmen einer staatlichen Durchsuchung in der internen Meldestelle, welche Meldungen u.a. die Identität des Hinweisgebers unter dem Vertraulichkeitsgebot dokumentiert hat, oder im Rahmen einer behördlichen Anordnung einer Beschlagnahmung von Unterlagen gegenüber Behörden offengelegt werden kann.[1333] Ob dies allerdings in Bezug auf Effektivität der Rechtsdurchsetzung bedenkenlos funktionieren würde, bleibt abzuwarten. Gegen eine Offenlegung der Identität der Hinweisgeber gegenüber staatlichen Stellen spricht nicht lediglich Erfolg der Whistleblowing-Systeme, welcher von der Wahrung der Anonymität der Hinweisgeber abhängig wäre,[1334] sondern auch das Grundrecht der Hinweisgeber auf informationelle Selbstbestimmung nach Art. 2 Abs. 1 i. V. m. Art. 1 Abs. 1

1329 Dazu krit. auch Dilling CCZ 2021, 60 (66 f.).
1330 Begründung zu Abs. 3 HinSchG-E § 9, S. 76.
1331 Begründung zu Abs. 1 HinSchG-E § 9, S. 74 f.
1332 LG Bochum 16.3.2016 – 6 Qs 1/16, BeckRS 2016, 15626.
1333 Dilling, CCZ 2020, 132 (138 f.).
1334 Dilling, CCZ 2020, 132 (140 f.); Wiedmann/Seyfert, CCZ 2019, 12 (17).

GG. Die sich daraus ergebende Selbstbelastungsfreiheit der Hinweisgeber wäre mittelbar verletzt, wenn sie sich in die gemeldeten Missstände involviert haben, sich aber keiner staatlichen Ermittlung aussetzen wollen.[1335]

(2) Offenbarung gegenüber Betroffenen

Eine Offenlegung der Identität des Hinweisgebers gegenüber Betroffenen, die der Hinweisgeber in seiner Meldung beschuldigt hat, ist geeignet Hinweisgeber zu beängstigen. Die Betroffenen können ihn nämlich aufgrund der Meldung maßregeln wollen. Daher ist die Identität der Hinweisgeber gegenüber Betroffenen nicht zu offenbaren, gem. Art. 9 HinSch-RL. Hiermit wird die Ausübung bestimmter Datenschutzrechte betroffener Personen wie Anspruchsrecht zur Auskunft über den Hinweisgeber eingeschränkt, um ein legitimes Ziel, namentlich Wahrung effektiver Rechtsdurchsetzung, zu erreichen.[1336] Die Ausnahme ist, dass ein Hinweisgeber vorsätzlich oder grob fahrlässig unwahre Informationen gegeben hat, gem. § 9 Abs. 1 HinSchG. Den Betroffenen wird in diesem Fall die Identität des Hinweisgebers offengelegt, sodass sie ihre Rechte wie Schadenersatzansprüche geltend machen können.[1337] Derzeit findet sich kein weiteres

---

1335 Thüsing/*Forst*, § 6 Whistleblowing, Rn. 47; Tödtmann/von Erdmann, NZA 2020, 1577 (1578).

1336 Erwägungsgrund Nr. 84 der HinSch-RL. Vor dem Erlass der HinSch-RL hatte sich LAG Baden-Württemberg mit der Einschränkung der Auskunftsansprüche der Betroffenen gem. Art. 15 DSGVO, was auch Auskünfte über die Identität des Hinweisgebers einschließt, befasst, und bejaht die Offenlegung der Identität der Hinweisgeber unter einer einzelfallabhängigen Interessenabwägung. Demnach hat ein Arbeitgeber zwar ein Interesse an der Geheimhaltung der von Betroffenen gesuchten Information. Unter einem Hinweis auf die Interessen der Hinweisgeber dürfte er nicht pauschal den Auskunftsanspruch des betroffenen Mitarbeiters ablehnen. Der Whistleblower-Schutz und die Zusage der Geheimhaltung gegenüber den Hinweisgebern begründet demnach per se keinen Schutz, sondern dies muss substanziiert dargelegt werden, siehe LAG Baden-Württemberg 20.12.2018 – 17 Sa 11/18, BeckRS 2018, 39584, Rn. 182 f. Die Vertraulichkeitspflicht gem. Art. 9 HinSch-RL stellt nun einen gesetzlich vorgesehenen Grund für die Verweigerung einer datenschutzrechtlichen Auskunft dar. Gem. Art. 23 Abs. 1 DSGVO können Pflichten und Rechte nach den Art. 12 bis 22 DSGVO unter bestimmten Voraussetzungen durch Rechtsvorschriften der Union oder der Mitgliedstaaten beschränkt werden. Es dürfte nicht mehr auf eine Interessenabwägung abkommen; sonst würden Hinweisgeber Hinweisgebersysteme nicht vertrauen und deren Nutzen würde leerlaufen, siehe dazu Dilling, CCZ 2020, 132 (134); Altenbach/Dierkes, CCZ 2020, 126 (129).

1337 Begründung zu Abs. 1 HinSchG-E § 9, S. 74 f.

berechtigtes Interesse der Betroffenen an einer Kenntnisnahme über die Identität der Hinweisgeber.[1338] Nach Art. 16 Abs. 2 HinSch-RL kann der Schutz der Anonymität des Hinweisgebers gegenüber Betroffenen zugunsten der Wahrung der Verteidigungsrechte der betroffenen Personen eingeschränkt werden. Es muss also einen Umstand geben, wonach ein Betroffener auf die Identität der Hinweisgeber angewiesen wäre, um sich gegen Verstoß-Vorwürfe zu verteidigen. Dies wäre kaum der Fall. Denn die Angelegenheiten, die ein Whistleblowing zum Gegenstand hat, gehen über private Konflikte zwischen Hinweisgeber und den Betroffenen hinaus. Warum müsste etwa ein Mitarbeiter bzw. Arbeitgeber, der wegen eines Verstoßes gegen Umweltschutznormen i. S. d. Art. 2 HinSch-RL angezeigt worden ist, von dem Hinweisgeber Kenntnis nehmen, um sich gegen den Verstoß-Vorwurf abzuwehren? Eine solche Kenntnisnahme würde lediglich dazu dienen, nach der Motivation des Hinweisgebers zu forschen, konkret,

1338 In Bezug auf die Wahrung der Schutzinteressen der Hinweisgeber sind allerdings die Angaben der Begründung zu § 8 Abs. 1 HinSchG besorgniserregend. Die Begründung zu der einschlägigen Norm des HinSchG-E, sowie die Begründung der vorherigen Entwürfe, wie etwa des HinSchG-RefE von 2020, betonen zuerst den Bedarf der Einschränkung der Auskunftsrechte der Betroffenen, um Hinweisgebern die Vertraulichkeit ihrer Identität zu gewährleisten. Sie weisen zudem auf die Vornahme einer Interessenabwägung hin. Demnach soll der erforderliche Gleichlauf zwischen dem Vertraulichkeitsschutz und datenschutzrechtlichen Auskunfts- und Informationsrechten über die im Rahmen des § 29 Abs. 1 BDSG geforderte Interessenabwägung hergestellt werden, siehe die Begründung des HinSchG-RefE von 2020, S. 53 und die des HinSchG-E, S. 74. Die Begründung des HinSchG-E hingegen – anders als die vorherigen Entwürfe – macht weitere Angaben dazu. Nach § 29 Abs. 1 S. 2 BDSG soll demnach kein Recht zur Auskunft der betroffenen Personen bestehen, soweit durch die Auskunft Informationen offenbart würden, die nach einer Rechtsvorschrift oder ihrem Wesen nach, insbesondere wegen des überwiegenden berechtigten Interesses eines Dritten (was regelmäßig hinsichtlich der hinweisenden Personen anzunehmen sei) geheim gehalten werden müssen, siehe die Begründung, S. 74. An dieser Stelle ergibt sich das Problem. Denn falls die Wahrung der Vertraulichkeit der Identität der Hinweisgeber vom Ergebnis einer einzelfallbezogener Interessenabwägung abhängig ist, kann dies einen abschreckenden Effekt für potenzielle Hinweisgeber entfalten. Dem will die HinSch-RL durch das Vertraulichkeitsgebot entgegenwirken; siehe auch Mohn, NZA 2022, 1159 (1163 ff.), welcher die beispielhafte Vornahme einer Interessenabwägung für den folgenden Fall vornimmt: Der Betroffene, welcher der Ansicht ist, dass er von dem ihm unbekannten Hinweisgeber grob fahrlässig oder gar vorsätzlich falsch angeschuldigt sei, hat einen Anspruch auf Auskunft über die Identität des Hinweisgebers gem. Art. 15 DSGVO geltend gemacht; siehe relevante Abwägungskriterien, Lühning, ZD 2023, 136 (138 ff.).

um den Hinweisgeber damit zu beschuldigen, er wollte den Mitarbeiter bzw. Arbeitgeber schädigen. Die Frage, aus welchem Grund Hinweisgeber Anzeige erstatten, ist hingegen aus Sicht des Interesses an der effektiven Rechtsverfolgung irrelevant; geschützt sind jeder Hinweis sowie die Identität des Hinweisgebers, sofern er keine wissentlich falschen Angaben macht.

c) *Die Möglichkeit einer anonymen Meldeabgabe*

Hätte ein Hinweisgeber Zweifeln an der vertraulichen Behandlung der Meldungen, würde er anonyme Angaben machen wollen.[1339] Eine anonyme Meldung liegt vor, wenn man auf Verstöße bei Meldestellen hinweist, ohne dabei seine Identität zu verraten. Falls anonyme Meldungen durch interne Stellen nicht entgegengenommen werden, würde entweder ein Whistleblowing scheitern oder würde der Hinweisgeber externe Meldestellen bevorzugen. An dieser Stelle wäre es für Arbeitgeber eine vernünftige Handlungsoption, eine anonyme Meldeabgabe durch interne Meldestellen zu ermöglichen.

Art. 6 Abs. 2 bzw. Art. 9 Abs. 1 lit. e HinSch-RL lässt es Mitgliedstaaten frei, ob Whistleblowing-Stellen anonyme Meldungen entgegennehmen und weiterverfolgen werden.[1340] Der HinSchG-E verfügte zuerst über ein Gebot zur Bearbeitung anonymer Meldungen durch interne und externe Meldestelle. Gem. § 16 Abs. 1 S. 4 und § 27 Abs. 1 S. 3 HinSchG-E sollten anonyme Meldungen bearbeitet werden, sofern die vorrangige Bearbeitung nicht anonymer Meldungen nicht gefährdet würde. Davon grenzte sich die Pflicht zur Einrichtung von anonymer Meldekanäle ab. Interne und externe Meldestellen mussten weder technische Mittel noch Verfahren für anonyme Meldungen vorhalten.[1341] § 26 Abs. 1 HinSchG-RefE von 2020 sah ebenso für externe Meldestellen u.a. aus Kostengesichtspunkten bei anonymen Hinweisen keine Bearbeitungspflicht vor.[1342] Unter Aufgaben bzw. Gestaltung der internen Meldestellen fand sich so eine Norm wie § 26 Abs. 1 HinSchG-RefE von 2020 nicht. Diese negative Stellung des Gesetzgebers zu anonymen Meldungen ist überwiegend mit Angst vor Denunziantentum

---

1339 Dilling, CCZ 2019, 214 (218 f.).

1340 Gegen eine allgemeine Verpflichtung zur Einrichtung anonymer Meldekanäle sprechen, Gerdemann, SR 2021, 89 (109 f.); a.A. Siemes, S. 84.

1341 Begründung des HinSchG-E, S. 34.

1342 Demnach soll das neue Hinweisgeberschutzsystem nicht überlasten und erste Erfahrungen sowohl interner wie auch externer Meldestellen seien abzuwarten. Denn damit einhergehen würden nicht nur zusätzliche Kosten für die notwendigen technischen Vorrichtungen, siehe Begründung zum HinSchG-RefE von 2020, S. 31.

begründet worden. Es besteht demnach die Gefahr von denunzierenden Meldungen und einer Überlastung der Meldestellen.[1343] Anonyme Meldungen könnten Missbrauch und Denunziantentum begünstigen.[1344] Außerdem wären Interessen der Betroffenen bei der Abgabe anonymer Meldungen verletzt. Der Schutz der Betroffenen bzw. Verdächtigten setzt nämlich die Kenntnis eines bestimmbaren Passivlegitimierten voraus, damit sie gegen die Verletzung seines allgemeinen Persönlichkeitsrechts klagen können.[1345] Eine anonyme Meldeabgabe würde es erschweren, dass den Betroffenen gegenüber Auskünften über einen Hinweisgeber mitgeteilt werden, der unrechtsmäßig, falsche Anzeigen macht.[1346] Nach einem Änderungsvorschlag des Rechtausschusses vom 16. Dezember 2022 wurden Unternehmen zur Einrichtung der Meldestelle, die eine anonyme Kommunikation der Hinweisgeber mit der Meldestelle ermöglicht, sowie zur Bearbeitung anonym eingehender Meldungen zuerst verpflichtet, gem. § 16 Abs. 1 S. 4 und 5 HinSchG-E.[1347] Die entsprechende Pflicht galt auch für externe Meldestelle, gem. § 27 Abs. 1 S. 2 und 3 HinSchG-E.[1348] Den HinSchG-E mit diesem Gestalt hat allerdings der Bundesrat nicht zugestimmt und das Gebot zur Bearbeitung anonymer Meldungen wurde wiederhergestellt, gem. § 16 Abs. 1 und § 27 Abs. 1 HinSchG.[1349]

Diese Entscheidung des Gesetzgebers ist kritisch anzumerken. Es gibt nämlich keinen Grund dafür, dass sich Unternehmen von einer Einrichtung anonymer Meldekanäle distanzieren.[1350] Für die Entgegennahme anonymer Meldungen sprechen gewichtige Gründe. Zuerst gibt es keine hinreichenden Daten, die bestätigen anonyme Meldeabgabemöglichkeit würde ausgenutzt werden.[1351] Entgegen der Angst vor einem Missbrauch anonymer Meldungen wird in der Praxis beobachtet, dass das Interesse der deutschen Unternehmen an der Entgegennahme anonymer Meldungen in den letzten Jahren zugenommen

---

1343 Begründung zum HinSchG-RefE von 2020, S. 31.

1344 Vor- und Nachteile anonymer Meldungen sind tabellarisch dargelegt, siehe Weibler/Feldmann, WiSt 2008, 505 (506).

1345 LAG Rheinland-Pfalz 15.4.2019 – 3 Sa 411/18, BeckRS 2019, 20971, Rn. 58.

1346 Neuhöfer, jurisPR-Compl 3/2018, Anm. 2; vgl. Klaas, CCZ 2019, 163 (169).

1347 BT-Drs. 20/4909, S. 26.

1348 BT-Drs. 20/4909, S. 33.

1349 Nicht aufgenommen wurde der folgende Halbsatz: „[…], sofern die vorrangige Bearbeitung nicht anonymer Meldungen nicht gefährdet würde."

1350 Schmolke, NZG 2020, 5 (11); Klaas, CCZ 2019, 163 (169).

1351 Kölbel/Herold, ZGR 2020, 961 (995).

hat.[1352] Dieses Interesse wird dadurch unterstützt, dass man durch eine anonyme Meldemöglichkeit die Meldebereitschaft der Hinweisgeber verbessern kann.[1353] Außerdem können die Meldestellen, welche in ein systematisches Hinweisgebermanagementsystem eingebettet sind, einer Denunzierung entgegentreten, weil diese Hinweise nach ihrer Relevanz bearbeiten sowie sie vertraulich behandeln.[1354] Falls man schließlich befürchtet, dass anonyme Meldeabgaben Schwierigkeiten bei dem Ergreifen der Folgemaßnahmen wie Rückmeldung an Hinweisgeber mit sich bringen würden,[1355] könnte man web-basierte Meldesysteme mit einer verschlüsselten Nachrichten-Funktion bedienen, worüber eine Follow-up-Kommunikation mit anonymen Hinweisgebern möglich wäre.[1356]

Unternehmen können aufgrund der verbleibenden Zweifel über die Wahrung berechtigter Interessen der falsch verleumdeten Betroffenen sowie über Kosten der Einführung anonymer Meldestellen[1357] keine anonymen Meldekanäle einrichten wollen. Es gibt keine Pflicht zur Einrichtung anonymer Meldekanäle gem. § 16 Abs. 1 S. 5 HinSchG. Nichtdestotrotz dürfen und würden sie keinesfalls verzichten, eine anonym ergangene Meldung weiterzubearbeiten.[1358]

1352 Die befragten Unternehmen sollen demnach im Jahre von 2020 tendenziell häufiger anonyme Meldungen zulassen als noch vor zwei Jahren, siehe Hauser/Bretti-Rainalter/Blumer, Whistleblowing Report 2021, S. 51, https://f.hubspotusercontent40.net/hubfs/4749693/White%20Paper/Whistleblowing%20Report%202021_EN_final.pdf?utm_medium=email&utm_content=167244872&utm_source=hs_automation.

1353 Die Erkenntnisse der bisherigen empirischen Studien, es gäbe keine zuverlässigen Daten, die ein durch anonyme Angaben erhöhtes Meldeaufkommen beweisen, betreffen anonyme Meldesysteme der staatlichen Stelle, namentlich des anonymen Meldesystems von Bundeskartellamt, nicht hingegen die der Unternehmen, hierzu bereits oben unter Kap. § 2, B, II, 1.

1354 Kamann/Ohlhoff/Völcker, § 40 Rn. 16.

1355 Thüsing/Rombey, NZG 2018, 1001 (1004).

1356 Taschke/Pielow/Volk, NZWiSt 2021, 85 (90).

1357 Gerdemann, SR 2021, 89 (110), demnach sei die Einrichtung solcher Systeme mit erheblichen Kosten verbunden.

1358 Das Gleiche sollte auch für Whistleblowing-Behörden gelten, siehe Colneric/Gerdemann, HSI-Schriftenreihe Band 34, S. 137. Die türkische Steuerbehörde, die im Rahmen eines Hinweisgeber-Prämie-Programms tätig ist, verzichtet auf die Weiterbearbeitung eines Hinweises auf steuerrechtswidrige Praktiken nicht, selbst wenn es für die Belohnung der Hinweisgeber vorausgesetzt ist, dass Hinweisgeber persönlichen Daten u.a. Name und Adresse abgeben müssen. Sie bearbeitet den Hinweis, wenn es dabei um einen begründeten Verdacht über gemeldete Verstöße geht, siehe Eşgünoğlu/Buyrukoğlu, International Conference on Scientific Cooperation for the

Dafür spricht nicht zuletzt ihre Legalitätspflicht, wonach sie Rechtsverstöße im Unternehmen unterbinden müssen.[1359] Sie dürfen demnach nicht verweigern anonyme Meldungen zu verfolgen, wenn es dabei vor allem um die Meldung von schweren Rechtsverstößen geht und diese nicht unbegründet erscheinen. Die Identität der Hinweisgeber muss schließlich von nachrangiger Bedeutung sein, vor allem dann, wenn man etwa auf schwere Wirtschaftsdelikte hinweist.[1360]

4. *Bessere Position der Behörden zur Verfolgung von Verstößen*

Über die zweifelhafte Wirksamkeit einer internen Meldung, wie z. B. in Bezug auf ordnungsgemäße Bearbeitung und Verfolgung der Hinweise sowie der Einhaltung des Vertraulichkeitsgebots hinaus, wäre es der Fall, dass interne Meldungen nicht angemessen wären. Eine angemessene Funktion einer internen Meldung ist nicht zu erwarten, wenn ein Hinweisgeber hinreichenden Grund zu der Annahme hat, dass zuständige Behörden besser in der Lage wären, wirksam gegen den Verstoß vorzugehen.[1361] Nach dem Erwägungsgrund Nr. 62 der RL wären Behörden in einer besseren Position, wenn der letztlich verantwortliche Mitarbeiter an dem Verstoß beteiligt ist, oder die Gefahr besteht, dass der Verstoß verschleiert wird oder diesbezügliche Beweismittel unterdrückt bzw. vernichtet werden könnten; oder allgemeiner, wenn die Wirksamkeit von Untersuchungsmaßnahmen durch die zuständigen Behörden auf andere Weise gefährdet wäre, beispielsweise im Fall von Meldungen über Kartellabsprachen und andere Verstöße gegen die Wettbewerbsvorschriften. Behörden wären schließlich besser in der Lage, wenn bei dem Verstoß dringender Handlungsbedarf etwa zum Schutz der Gesundheit oder der Sicherheit von Menschen oder zum Schutz der Umwelt besteht.[1362]

Zu der Frage, unter welchen Umständen ein dringender Handlungsbedarf zum Schutz der Gesundheit oder der Sicherheit von Menschen oder zum Schutz der Umwelt vorliegt, und sowie, wann ein Hinweisgeber eine Gefahr von Beweisvernichtung infolge interner Meldung annehmen würde, finden sich keine Angaben – weder in den Erwägungsgründen der HinSch-RL noch im HinSchG. Verfügbar sind lediglich bisherige Erkenntnisse aus Empirie und

---

Future in Economics and Administrative Sciences 2017, 152 (154); Budak, İstanbul Üniversitesi İktisat Fakültesi Maliye Araştırma Merkezi Konferansları 2009, 41 (55).

1359 Dilling, CCZ 2021, 60 (63).

1360 Kamann/Ohlhoff/Völcker, § 40 Rn. 14 f.

1361 Erwägungsgrund Nr. 62, S. 2 der HinSch-RL.

1362 Erwägungsgrund Nr. 62, S. 3 der HinSch-RL.

aus der Rechtsprechung sowie der Literatur. Nach empirischen Erkenntnissen begründet zuerst – anders als widersprechende Ansichten in der Literatur – die Gefährdung der Allgemeinheit nicht notwendig ein externes Vorgehen.[1363] Der Grund für eine externe Anzeige ist vielmehr der Umstand, dass interne Abhilfeversuche erfolglos waren oder keine Aussicht auf Erfolg bestand.[1364] Bei einem Mangel an der Durchsetzung der Umweltschutzvorschriften darf man daher nicht pauschal annehmen, dass der Arbeitgeber nicht abhelfen würde. Eine Gefahr von Beweisvernichtung hingegen kommt in Betracht, wenn es beim Missstand um eine vom Arbeitgeber selbst begangene Straftat geht oder er die Verstöße duldet. Mit einer internen Abhilfe ist weiterhin nicht zu rechnen, wenn der gemeldete Missstand dem Arbeitgeber mit hoher Wahrscheinlichkeit bekannt ist,[1365] oder er den Missstand kennen müsste, oder weil er etwa selbst zum Verstoß gegen Gesetze auffordert.[1366] Eine interne Meldung wäre unwirksam, wenn der Arbeitgeber auf die internen Meldungen regelmäßig nicht reagiert oder wenn er bereits bestimmte – besonders schwere – Verstöße in der Vergangenheit geduldet hat.[1367]

Nunmehr kann ein Arbeitgeber durch die Einhaltung von Anforderungen an funktionstüchtige, ordnungsgemäße Meldesysteme i. S. d. Art. 9 ff. HinSch-RL gegen Zweifel über angemessene Funktion interner Meldungen entgegentreten; konstruktive Dialoge mit Hinweisgebern sowie Erfahrungen mit erfolgreichem Abstellen von Missständen können Hinweisgeber davon überzeugen, dass gegen

1363 In der Literatur findet sich teilweise die Ansicht, dass ein unmittelbares externes Whistleblowing gerechtfertigt wäre, wenn es um die Betroffenheit der Allgemeinheit gehen würde, siehe etwa, Kreis, S. 144 ff.; mit einem externen Whistleblowing meinte man die Einschaltung der staatlichen Stellen und/oder der Medien. Vor dem Erlass der HinSch-RL unterschied man zwischen Medien und staatlicher Stellen nicht, die beiden Adressaten lagen, sondern in der gleichen Gruppe, namentlich in einer externen Anzeige. So etwa billigt man eine Offenlegung gegenüber Medien bei einer Gefährdung der Allgemeinheit, siehe Klaas CCZ 2019, 163 (169); dagegen spricht zutreffend eine andere Ansicht noch von einem grundsätzlichen Vorrang staatlicher Institutionen, wenn der Missstand das Leben oder die Gesundheit von Menschen oder die Umwelt gefährdet. Eine Offenlegung gegenüber Allgemeinheit ist mit dem Vorliegen einer Gefährdung der Allgemeinheit nicht unmittelbar gerechtfertigt, siehe Rudkowski, CCZ 2013, 204 (208). Diesbezüglich siehe auch unter Kap. § 8, C, III, 2, a).

1364 Siehe empirische Befunde, Kap. § 2, B, III.

1365 Schulz, S. 94 f.; Groneberg, S. 249.

1366 Redder, S. 225.

1367 Groneberg, S. 251.

intern gemeldete Verstöße zeitnah vorgegangen wird, sie unparteiisch bearbeitetet und verfolgt werden und schließlich erforderliche Maßnahmen ergriffen würden, um ähnlich gelagerte Vorfälle einzudämmen.[1368]

C. Berechtigung zur Offenlegung

Offenlegung ist das öffentliche Zugänglichmachen von Informationen über (Rechts-)Verstöße.[1369] Eine Offenlegung von Verstößen erfolgt beispielsweise durch das Berichten in den Medien oder in sozialen Netzwerken.[1370] Zulässigkeitsvoraussetzungen der Offenlegung sind erst im Rahmen des Whistleblower-Schutzes gem. Art. 15 HinSch-RL bzw. § 32 HinSchG gesetzlich festgelegt (III). Es gibt derzeit keine Rechtsprechung, die die Zulässigkeit einer Offenlegung nach gesetzlichen Maßgaben prüft. Die bisherige Rechtsprechung bezieht sich auf Fälle, die vor dem Erlass der HinSch-RL ergangen sind. Eine Darstellung der bisherigen Rechtsprechung zur Offenlegung von Verstößen ist angebracht, weil diese die Rechtstatsache und die Auflösung eines durch die Offenlegung ausgelösten Interessenkonflikts veranschaulicht (II). Zuallererst sollen indes die kollidierenden Interessen skizziert werden (I).

I. Interessenlage

Whistleblowing als Offenlegungs-Phänomen löst ein Spannungsverhältnis zwischen Geheimhaltung und Transparenz bzw. Kontrolle aus.[1371] Dieses Phänomen hat drei Interessenssäulen, die einander gegenüber (und teilweise nebeneinander) stehen: Interessen eines Betroffenen bzw. eines Arbeitgebers, der wegen (Rechts-)Verstößen beschuldigt wird, Interessen des Whistleblowers und das Interesse an einer effektiven Rechtsdurchsetzung durch einen öffentlichen Hinweis auf Verstöße.

Die Verbreitung einer Information bedarf heute aufgrund technologischer Entwicklung und Digitalisierung kaum Aufwand.[1372] Schon durch ein

---

1368 Siehe Kap. § 8, B, II, 2.

1369 Vgl. Art. 5 Nr. 6 HinSch-RL.

1370 Erwägungsgrund Nr. 45 der HinSch-RL; Begründung zu § 32 HinSchG-E, S. 90 f.; siehe eine kritische Betrachtung zu den Hinweisen an Onlineplattformen wie Wikileaks, Sixt, S. 121 f.

1371 Herold, Der Wirtschaftsführer 2020, 15 (16); Greve, ZD 2014, 336 (337).

1372 Wiedmann/Seyfert, CCZ 2019, 12 (20); Bosua/Milton/Dreyfus/Lederman, in: International Handbook on Whistleblowing Research 2014, S. 250 (251 f.).

internetverbundenes Gerät wie Smartphones können Informationen an einen unbegrenzten Personenkreis versendet werden.[1373] Diese schnelle und unkomplizierte Verbreitungsmöglichkeit von Informationen hat eine Kehrseite, die vor allem die Interessen der Betroffenen betrifft.[1374] Auch wenn sich die offengelegten Informationen über angebliche Missstände als falsch herausstellen, besteht die Gefahr von Rufschädigung des Arbeitgebers, die oft irreversibel ist; „bleibe nämlich schon etwas hängen".[1375] Ein Reputationsverlust auf Seiten von Kunden, Kreditgebern und Geschäftspartnern kann weiterhin zum Rückgang von Aufträgen führen. Besonders ruinös sein können die Konsequenzen der Veröffentlichung von Missständen in Wirtschaftsbereichen wie Gesundheitspflege, Finanzdienst, Energie- und Wasserversorgung oder Wohltätigkeitsorganisationen, in denen die Existenz des Geschäfts überwiegend vom Vertrauen der Allgemeinheit abhängt.[1376] Aus diesem Grund hat ein Arbeitgeber Interesse daran, dass betriebliche Missstände vor der Öffentlichkeit geheim gehalten werden.

Im Gegensatz dazu steht das Interesse an einer effektiven Verfolgung von Verstößen, das ggf. dadurch wahrzunehmen ist, dass die Allgemeinheit über betriebliche Vorfälle informiert wird.[1377] Das Transparentmachen interner Vorgänge eines Unternehmens wird als Kontrollinstrument eingesetzt, um dem Unternehmen einen Anreiz zur Einhaltung der Rechtsordnung zu geben; die negativen Auswirkungen einer Offenlegung üben Druck auf Arbeitgeber, um Verstöße zu verhindern oder zu deren Aufklärung beizutragen.[1378] Die Information der Allgemeinheit ist Mittel zur Förderung der Effektivität der Rechtsdurchsetzung, nicht hingegen ein Selbstzweck. Das unterscheidet das Whistleblowing von einer Befriedigung der Neugier der Allgemeinheit. Zu vergleichen sind etwa eine Information über Liebesbeziehungen einer öffentlich bekannten Person wie eines Ministerpräsidenten und eine Information über illegale Machenschaften eines Unternehmens. An beiden Informationen hat die Allgemeinheit Interesse; sie leisten einen Beitrag zu einer öffentlichen Meinungsbildung in einer

1373 BAG 31.7.2014 – 2 AZR 505/13, NZA 2015, 245 (251).

1374 Bosua/Milton/Dreyfus/Lederman, in: International Handbook on Whistleblowing Research 2014, S. 250 (253).

1375 Brock, öAT 2011, 243 (246).

1376 Düsel, S. 247.

1377 So wird die Presse als „vierte Gewalt" beschrieben, der die Aufgabe zukommt, die drei Staatsgewalten – Exekutive, Legislative und Judikative – zu kontrollieren sowie die Wirtschaft und Gesellschaft zu überwachen, siehe, Schröder, JA 2017, 809 (816); Klaas, CCZ 2019, 163 (167).

1378 Düsel, S. 248; Becker, S. 124; Kreis, S. 142.

demokratischen Gesellschaft.[1379] Allerdings trägt nur die zweite Information zu einer effektiven Rechtsverfolgung bei. Ein Missverständnis hierbei hätte zur Folge, dass Informationsinteresse der Allgemeinheit als eigenständige Interessengefüge in die Interessenabwägung einbezogen und ein Whistleblowing-Fall genauso wie Persönlichkeitsrechtverletzungen – z. B. aufgrund der Offenlegung des Privatlebens eines Ministerpräsidenten – beurteilt würde.[1380] Eine andere unerwünschte Folge wäre schließlich, dass die Offenlegung minderwertiger Fehlverhalten bereits aufgrund der Neugier der Allgemeinheit gerechtfertigt würde.[1381]

In Übereinstimmung mit dem Rechtsdurchsetzungsinteresse sind Hinweisgeber an der Verfolgung von Verstößen interessiert. Durch einen Hinweis auf Missstände, die ihre eigenen Interessen oder darüber hinaus weitere Interessen beeinträchtigen, tragen sie zur Behebung von Missständen bei. Im arbeitsrechtlichen Kontext unterscheidet sich ein Hinweisgeber vom Journalisten. Während ein Journalist in erster Linie die Kenntnissetzung der Allgemeinheit über relevante Angelegenheiten beabsichtigt, nutzt ein Hinweisgeber die Presse, um zur Abstellung der Missstände auf den Verantwortlichen Handlungsdruck auszuüben.[1382] Ein Journalist wird selbst zu einem Whistleblower, wenn er auf Missstände in seiner Arbeitsumgebung, wie die wissentlich falsche Berichterstattung der Zeitung, hinweist, nicht hingegen, wenn er über Missstände berichtet, die in einer anderen Arbeitsumgebung entstanden sind und von denen er durch einen Hinweisgeber erfahren hat.[1383] Die Hauptsache beim Whistleblowing – anders

---

1379 HK-EMRK/*Daiber*, Art. 10 Rn. 44; BVerfGE 107, 299 (332 f.).

1380 Andguladze, S. 171; Edwards, S. 40 ff.; vgl. mit der „offenen" Gesellschaft in den USA, Junker, FS Otto 2008, 157 (170 f.)

1381 Vgl. BVerfGE 66, 116 (140 ff.).

1382 Vgl. EGMR 19.1.2016 – 49085/07, Görmüş u.a./Türkei, NJW 2017, 1533.

1383 Irreführend ist in diesem Zusammenhang, dass ein türkischer Journalist, Can Dündar, in Deutschland als Whistleblower anerkannt worden ist. Oktober 2017 in Kassel haben die deutsche Sektion der internationalen Vereinigung der Anwälte gegen Atomwaffen (IALANA) und der Verband Deutscher Wissenschaftler (VDW) Can Dündar mit einem „Whistleblower-Preis" ausgezeichnet, Die Welt, *Can Dündar erhält „Whistleblower-Preis 2017"*, https://www.welt.de/regionales/berlin/article170185351/Can-Duendar-erhaelt-Whistleblower-Preis-2017.html. Kriterien zum Erhalt des Preises seien, dass man schwerwiegende Missstände im eigenen Arbeitsumfeld oder Einflussbereich enthüllt hat, jeder interne Alarm wirkungslos geblieben ist, die Enthüllung dem öffentlichen Interesse dient und man sich dadurch erheblichen Risiken für sich selbst aussetzt. Die Frage, ob Can Dündar tatsächlich ein Whistleblower ist, ist allerdings umstritten. Dündars angeblichem Whistleblowing

als beim Journalismus – ist nicht die Informierung der Allgemeinheit, sondern die Aufklärung der Missstände. Es macht daher Sinn, dass Hinweisgebern für die Aufklärung eines Missstandes alternative Kanäle zur Verfügung stehen. Für die Aufklärung der Missstände kommt die Offenlegung von Missständen nur sekundär zum Einsatz – wenn alternative Wege wie eine interne Abhilfe beim Arbeitgeber oder eine Anzeige bei Behörden nicht funktionieren.[1384]

II. Bisherige Rechtsprechung

Die Rechtsprechung zur Offenlegung ist rar. Betriebliche Missstände wurden zwar bisher in den meisten Fällen publik, auch wenn diese extern, z. B. an

---

liegt folgender Vorfall zugrunde: Am 19. Januar 2014 wurden drei Lastwagen auf dem Weg nach Syrien von der türkischen Gendarmerie unter Befehl der Staatsanwaltschaft Provinz Adana gestoppt und die Fahrer festgenommen. Kurz darauf berichtete die Zeitung „Aydınlık", dass die Wagen Munition enthielten. Präsident Erdogan hat dies verneint; es gehe lediglich um eine humanitäre Hilfe für Syrien. Videoaufnahmen, die von der Gendarmerie vor Ort gemacht worden sein sollen, wurden danach aus dem öffentlichen Raum gezogen. Nach fünfzehn Monaten machte Can Dündar, der Chefredakteur der Zeitung „Cumhuriyet", weitere Informationen über den Vorfall öffentlich, veröffentliche u.a. Videos auf der Webseite der Zeitung, die er auf einem elektronischen Speichergerät durch eine anonyme Quelle beschaffen haben soll. Die Videos sollten bestätigen, dass die Wagen Waffen nach Syrien bringen und die Türkei somit gegen das internationale Abkommen in Bezug auf Menschenrechte verstoßen hatte. Dündar wurde danach festgenommen, weil er Staatsgeheimnisse enthüllt hatte. Das türkische Verfassungsgericht entschied 2016, dass die Festnahme von Dündar eine verfassungsrechtlich unverhältnismäßige Maßnahme des Staats sei. Er wurde daraufhin freigelassen, AYM 25.2.2016, Erdem Gül ve Can Dündar Nr. 2015/18567, RG: 10.3.2016/29649. Nachdem er allerdings einer Haftstrafe von fünf Jahren ausgesetzt wurde, floh er nach Deutschland. Dem Ablauf des Falls ist zu entnehmen, dass es bei Dündars „Enthüllung" lediglich um eine journalistische Tätigkeit geht. Die Beschreibung des Verhaltens von Dündar als Whistleblowing ist bereits aufgrund der Definition des Whistleblowings problematisch. Whistleblowing kommt im beruflichen Kontext in Betracht. Dündar hingegen berichtete über einen Missstand, der bereits medial bekannt war und über dessen Einzelheiten er anonym von einem Dritten – möglicherweise einem Politiker aus der Opposition – erfahren hatte. Eine interne Abhilfe durch Dündar darf daher auch nicht der Fall sein, weil es nicht um einen Missstand geht, der in seinem beruflichen Umfeld geschehen hat. Siehe zu einer detaillierten Darstellung des Falls sowie zur Einstufung von Dündars Verhalten anhand weiterer, für Whistleblowing spezifischer Merkmale, Çalışkan, in: Making Transparency Possible 2019, S. 209 (217 ff.).

1384 Dazu im Einzelnen unter II, III.

staatlichen Stellen, gemeldet worden waren. Das war z. B. bei Heinisch und Gawlik der Fall: Auch wenn sich Hinweisgeber extern an eine Gewerkschaft bzw. an die Staatsanwaltschaft gewandt hatten, hatte die Allgemeinheit von angezeigten Missständen bzw. Vorwürfen erfahren.[1385] Eine durch Eigeninitiative der Hinweisgeber erfolgte Veröffentlichung von Missständen gegenüber der Allgemeinheit ist selten. Zu dieser Art sind zwei Fälle bekannt:[1386] Wallraff und BSE-Verdacht.

Beim Wallraff-Fall geht es um einen ehemaligen Journalisten, Herr Wallraff, der sich als „Hans Esser“ vorstellt und anfängt, bei der Bild-Zeitung zu arbeiten. Während seiner Tätigkeit sammelt er Informationen über angeblich fragwürdige Redaktionspraktiken bei der Zeitung, und er veröffentlicht diese in einem Buch, nachdem er mit der Tätigkeit aufgehört hat. Die Bild-Zeitung legt danach eine Klage zur Unterlassung ein. Das BGH stellte zwar fest, dass man Informationen über betriebliche Geschehnisse mitteilen darf, obwohl das Arbeitsverhältnis beendet ist.[1387] Wichtig ist demnach, dass es an der Information ein öffentliches Interesse gibt. Das Interesse des Arbeitgebers an der Wahrung seines Rufs genießt demnach keinen Schutz, wenn vor allem die Äußerungen wahre Tatsachenbehauptungen enthalten. Das BVerfG hingegen korrigierte das Urteil des BGH.[1388] Das BVerfG wägte kollidierende Interessen unter den Umständen des Einzelfalls ab. Das Gericht stellte zuerst fest, dass die Information fragwürdige Redaktionspraktiken zum Gegenstand hat, die an sich nicht rechtswidrige Missstände sind. Der Hinweisgeber beschaffte zudem die Information widerrechtlich durch die Täuschung seines Namens. Laut BVerfG überwiegt das Interesse der Allgemeinheit an der Information über Missstände, die an sich nicht rechtswidrig sind, das Interesse des Arbeitgebers an der Geheimhaltung von Betriebsinterna nicht. Eine Information, die sogar rechtswidrig beschafft wurde, wäre nur dann gerechtfertigt, wenn sie nicht bloße allgemeine Neugier befriedigen, sondern gravierende Rechtsverstöße enthüllen würde.[1389]

Beim BSE-Verdachtsfall handelt es sich um Margrit Herbst, eine ehemalige Veterinärmedizinerin im Schlachthof von Bad Bramstedt. Sie untersuchte

1385 Sachverhalte sind dargestellt, unter Kap. § 5, C, II, 3, c) und Kap. § 3, C, II.

1386 Deiseroth, Whistleblowing in Zeiten von BSE, S. 161 ff., berichtet weitere Fälle, die mit dem BSE-Verdachtsfall einen ähnlichen Verlauf haben. Für die vorliegende Arbeit wird der BSE-Fall auswählt, weil dieser in der deutschen Rechtsliteratur bisher besonders viel Aufsehen erregt hat.

1387 BGH 20.1.1981 – VI ZR 162/79, AP BGB § 611 Nr. 4.

1388 BVerfGE 66, 116.

1389 BVerfGE 66, 116 (138 ff.).

die angelieferten Rinder vor der Schlachtung auf etwaige Erkrankungen und bemerkte, dass Rinder Symptome von einer BSE-Infektion aufzeigen. Sie meldete Verdachtsfälle mehrfach ihren Vorgesetzten. Später wurden einige von Frau Herbst als verdächtig eingestufte Rinderköpfe zu einer Untersuchung in das pathologische Institut der Tierärztlichen Hochschule in Hannover gebracht. Die Untersuchung ergab keine (eindeutigen) Hinweise auf das Vorliegen einer BSE-Erkrankung.[1390] Frau Herbst stellte weitere Fälle fest, die ihrer Ansicht nach einen BSE-Verdacht begründeten. In Bezug auf das Ergebnis, es gäbe keine eindeutigen Hinweise auf BSE-Erkrankung, betrachtete man Folgendes: Bei der Schlachtung der Köpfe der untersuchten Rinder wird ein Bolzenschussgerät verwendet, das das Gehirngewebe der Rinder zerstört und dadurch eine sichere BSE-Diagnose nicht zulässt.[1391] Trotz weiterer Verdachtsfälle wurden zudem keine Untersuchungen vorgenommen. Frau Herbst entschied, an die Öffentlichkeit zu gehen. In der Regionalpresse erhob sie Vorwürfe über die Verdachtsfälle im Schlachthof von Bad Bramstedt.[1392] Infolgedessen fanden staatliche Aufklärungsbemühungen statt. Im Schlachthof wurden Unregelmäßigkeiten festgestellt. Frau Herbsts öffentlich erhobener Vorwurf auf BSE-Verdacht blieb jedoch unbestätigt; das Ergebnis ergänzender Untersuchungen in Fachinstituten war eindeutig negativ.[1393] Frau Herbst wurde vom Arbeitgeber fristlos gekündigt. Kündigungsschutzklagen waren erfolglos. Die Zulässigkeit der Kündigung wurde damit begründet, dass Frau Herbst ihre vertragliche Verschwiegenheitspflicht wiederholt, hartnäckig und uneinsichtig verletzt sowie sich nicht hinreichend um eine innerdienstliche Aufklärung bemüht hatte.[1394] Ein öffentliches Interesse wirkte sich in diesem Fall demnach auch zu Lasten der Arbeitnehmerin aus; sie hätte aufgrund ihrer Äußerungen über einen unbestätigten BSE-Verdacht im Schlachthof die Allgemeinheit unnötig geängstigt.

Zusammenfassend ist eine Offenlegung von Missständen infolge einer einzelfallabhängigen Beurteilung geschützt, wenn sie erforderlich und verhältnismäßig ist; abzuwägen sind Interessen der Arbeitgeber an der Geheimhaltung der Betriebsinterna einerseits und Interessen am Schutz der Meinungsfreiheit der Arbeitnehmer andererseits. In die Beurteilung fließen u.a. das öffentliche Interesse an der Information sowie die Ausschöpfung interner Abhilfe ein; eine

1390 Deiseroth, Whistleblowing in Zeiten von BSE, S. 30.
1391 Deiseroth, Whistleblowing in Zeiten von BSE, S. 33.
1392 Deiseroth, Whistleblowing in Zeiten von BSE, S. 50, 53.
1393 Deiseroth, Whistleblowing in Zeiten von BSE, S. 58.
1394 Deiseroth, Whistleblowing in Zeiten von BSE, S. 72.

Aufdeckung besonders schwerwiegender Missstände wirkt sich etwa zugunsten der Offenlegung aus.

III. Gesetzliche Rahmenbedingungen einer Offenlegung

Die Offenlegung von Missständen wird im Art. 15 Abs. 1 HinSch-RL geregelt, den der § 32 HinSchG in das deutsche Recht umgesetzt hat. Nach der RL bzw. dem HinSchG gilt die Offenlegung als letztes Mittel zur Aufdeckung eines Verstoßes. Sie ist zulässig unter Erfüllung strenger Voraussetzungen.[1395] Der Grund dafür ist, dass die Offenlegung mit erheblichen Nachteilen aufseiten der Betroffenen bzw. Arbeitgeber verbunden ist und auch die Interessen der Betroffenen in angemessener Weise zu berücksichtigen sind.[1396] Zugunsten der Gewährung einer Rechtssicherheit für alle Beteiligten sollen Voraussetzungen geschaffen werden, unter deren Erfüllung eine Offenlegung zulässig wird.[1397] Eine Offenlegung erfolgt über zwei Wege: eskaliert oder unmittelbar.

1. Eskalierte Offenlegung

Eine eskalierte Offenlegung liegt vor, wenn sich ein Hinweisgeber nach einer erfolglosen externen Meldung bei Behörden an die Öffentlichkeit wendet. Gem. Art. 15 Abs. 1 lit. a HinSch-RL genießt ein Hinweisgeber Schutz, wenn er zunächst intern und dann extern oder auf direktem Weg extern Anzeige erstattet, aber zu seiner Meldung innerhalb von vorgesehenen Rückmeldefristen gem. Art. 9 Abs. 1 lit. f oder Art. 11 Abs. 2 lit. d keine geeigneten Maßnahmen interner Stellen oder externer Behörden ergriffen worden sind.[1398] § 32 Abs. 1 Nr. 1 HinSchG besagt ähnlicher Weise, dass ein Hinweisgeber geschützt ist, wenn er eine externe Meldung erstattet hat und hierauf innerhalb der Fristen für eine Rückmeldung nach § 28 Abs. 4 keine geeigneten Folgemaßnahmen nach § 29 ergriffen wurden (lit. a) oder sie keine Rückmeldung über das Ergreifen solcher Folgemaßnahmen erhalten haben (lit. b). Es mag Unterschiede zwischen den Formulierungen des Art. 15 Abs. 1 lit. a HinSch-RL und § 32 Abs. 1 Nr. 1 HinSchG geben, dennoch ergibt sich gemeinsam der Sinn, dass entweder (a)) keine Folgemaßnahmen ergriffen werden oder (b)) ergriffene Maßnahmen nicht geeignet sind, um den gemeldeten Verstößen nachzugehen.

1395 Gerdemann, SR 2021, 2 (14).

1396 Schmolke, NZG 2020, 5 (11); Düsel, S. 248 f.

1397 Begründung zum HinSchG-E, allgemeiner Teil, S. 34.

1398 Erwägungsgrund Nr. 79 der HinSch-RL.

a) *Fehlen der Folgemaßnahmen*

Festzustellen ist, von welchen Maßnahmen hier die Rede ist, und unter welchen Umständen ein Hinweisgeber das Fehlen der Folgemaßnahmen annehmen würde.

Folgemaßnahmen betreffen sowohl die der internen Whistleblowing-Stellen als auch die der externen Whistleblowing-Behörden. Dem Wortlaut des Art. 15 Abs. 1 HinSch-RL ist zu entnehmen, dass die erforderliche Rückmeldung als gegeben anzusehen ist, wenn die Behörde etwa pflichtwidriger Weise nicht meldet, aber das betroffene Unternehmen fristgemäß eine Rückmeldung über Folgemaßnahmen zukommen lässt.[1399] Davon unterscheidet sich die Formulierung des § 32 Abs. 1 Nr. 1 HinSchG, die sich auf das Fehlen der Maßnahmen bezieht, die gem. § 28 und 29 von der Behörden zu ergreifen sind; d. h. ein Hinweisgeber ist zu einer Offenlegung berechtigt, und zwar unabhängig davon, ob sich das Unternehmen gem. Art. 9 RL zurückmeldet. Diese Folge ist zwar günstiger für Hinweisgeber und als zulässig anzusehen.[1400] Das könnte in der Praxis allerdings unter Berücksichtigung von Betroffeneninteressen unverhältnismäßige Offenlegungen verursachen, weil eine Behörde im Einzelfall – vor allem bei komplexen Verstößen – nicht immer fristgerecht auf einen Hinweis reagieren kann.[1401] Das Ziel des Whistleblowings ist zudem die Aufklärung eines Missstands, nicht dessen Bekanntmachung gegenüber bestimmten Adressaten. Angemessen wäre daher die Konsequenz, dass ein Hinweisgeber zu einer Offenlegung nicht

1399 Gerdemann, SR 2021, 89 (98).

1400 Gerdemann, SR 2021, 89 (98).

1401 In der Literatur befürchtet man teilweise eine unverhältnismäßige Beeinträchtigung der Betroffeneninteressen, wenn sich der Hinweisgeber beim Unterlassen einer Rückmeldung der externen Stelle an die Öffentlichkeit wenden würde, siehe etwa Thüsing, Stellungnahme zum Regierungsentwurf eines Gesetzes für einen besseren Schutz hinweisgebender Personen sowie zur Umsetzung der Richtlinie zum Schutz von Personen, die Verstöße gegen das Unionsrecht melden, BT-Drs. 20/3442, v. Oktober 2022, S. 5, https://www.bundestag.de/resource/blob/916300/c9e376352f8d669db199efcb96e12c2e/Stellungnahme_Thuesing-data.pdf; ebenso BCM, Positionspapier zum Referentenentwurf-HinSchG-RefE v. 27.4.2021, S. 10, https://www.bvdcm.de/sites/default/files/bcm-positionspapier_hinweisgeberschutzgesetz_final.pdf; Thüsing/Musiol, BB 2022, 2420 (2422 f.). Diese Sorge dürfte abgemildert sein, wenn man berücksichtigen würde, dass auch interne Meldestellen des Unternehmens die Möglichkeit haben, entsprechende Rückmeldung zu geben. In diesem Fall würden die Interessen der Betroffenen bzw. des Arbeitgebers hinreichend Rechnung getragen.

berechtigt ist, wenn er von internen Meldekanälen darüber unterrichtet wird, dass Maßnahmen zur Aufklärung des gemeldeten Verstoßes ergriffen werden oder wurden.

Die Whistleblowing-Behörde – ähnlich wie interne Whistleblowing-Stellen haben zu ergreifen – ergreift eine Reihe von Folgemaßnahmen.[1402] Nach einer Meldung prüft eine Whistleblowing-Behörde die Stichhaltigkeit der erhobenen Vorwürfe.[1403] Sind die Vorwürfe nicht haltlos und fällt der Sachverhalt in den sachlichen Anwendungsbereich des Hinweisgeberschutzgesetzes gem. § 2 HinSchG, geht die Behörde gegen den gemeldeten Verstoß vor, z. B. durch Einleitung einer internen Nachforschung, einer behördlichen Untersuchung, der Strafverfolgung, der Einziehung von Mitteln oder durch sonstige geeignete Abhilfemaßnahmen.[1404] Falls es zur Überprüfung der Stichhaltigkeit der Meldung erforderlich ist, kann die externe Stelle zusätzlich von den betroffenen Personen, u.a. von den Arbeitgebern, Auskünfte verlangen.[1405] Der Hinweisgeber kann weiterhin auf die Möglichkeit einer internen Meldung hingewiesen werden, wenn die externe Meldestelle der Ansicht ist, dass der Sachverhalt für ein internes Meldeverfahren geeignet ist.[1406] Ferner kann sie den Hinweisgeber an eine andere zuständige Stelle verweisen,[1407] das Verfahren aus Mangel an Beweisen oder anderen Gründen einstellen oder das Verfahren für weitere Untersuchungen an die zuständige Behörde weiterleiten.[1408] Die Behörden dürfen zudem nach einer ordnungsgemäßen Prüfung des Sachverhalts entscheiden, dass ein gemeldeter Verstoß eindeutig geringfügig ist und mit Ausnahme des Abschlusses des Verfahrens keine weiteren Folgemaßnahmen erfordert.[1409] Bei wiederholten Meldungen sind Behörden berechtigt, keine weiteren Folgemaßnahmen zu treffen und das Verfahren einzustellen.[1410] Dies ist der Fall, wenn wiederholte Meldungen keine zweckdienlichen neuen Informationen enthalten

---

1402 Folgemaßnahmen interner Whistleblowing-Kanäle, siehe Kap. § 8, B, II, 2.

1403 § 28 Abs. 2 HinSchG.

1404 Erwägungsgrund Nr. 65 der HinSch-RL.

1405 § 29 Abs. 1, 2 HinSchG; Begründung zu Abs. 2 HinSchG-E § 29, S. 89.

1406 § 28 Abs. 1 S. 3 HinSchG.

1407 Welche Stelle hier gemeint ist, ist der Begründung zu Abs. 2 HinSchG-E § 29 nur schwer zu begreifen. Die Begründung liefert den Eindruck, dass diese Stelle Abteilungen sind, die sich innerhalb der eingerichteten externen Meldestelle befinden, S. 88.

1408 Erwägungsgrund Nr. 65 der HinSch-RL; § 29 Abs. 2 Nr. 2, 3 und 4 HinSchG.

1409 Art. 11 Abs. 3 HinSch-RL; § 31 Abs. 3 HinSchG.

1410 Art. 11 Abs. 4 HinSch-RL; Erwägungsgrund Nr. 70 der HinSch-RL; § 31 Abs. 4 HinSchG.

und zu einer Meldung in der Vergangenheit gehören, für die die einschlägigen Verfahren abgeschlossen wurden, es sei denn, neue rechtliche oder tatsächliche Umstände rechtfertigen eine andere Art von Folgemaßnahmen. Die Behörden dürfen schließlich beim Eingang zahlreicher Meldungen die Meldungen über schwerwiegende Verstöße oder Verstöße gegen wesentliche Bestimmungen, die in den Geltungsbereich dieser Richtlinie fallen, vorrangig bearbeiten.[1411]

Ein Hinweisgeber kann eine Untätigkeit der Behörde annehmen, wenn es angesichts der Umstände und der verfügbaren Informationen plausibel erscheint, dass die Behörde trotz der Möglichkeiten zur wirksamen Folgemaßnahmen gegen den Verstoß nicht vorgeht.[1412] Als Umstände oder Informationsgrundlage sind hierfür Rückmeldungen aus der Behörde verfügbar. Bei Ausbleiben einer Rückmeldung über geplante oder ergriffene Maßnahmen dürfen Hinweisgeber deswegen annehmen, es gäbe keine Folgemaßnahmen.[1413] Ähnlich wie interne Whistleblowing-Stellen sind Whistleblowing-Behörden zu Rückmeldungen verpflichtet. Zuerst muss der Hinweisgeber eine Eingangsbestätigung innerhalb von sieben Tagen erhalten, sofern er darauf nicht ausdrücklich verzichtet hat oder sofern hinreichende Gründe zur Annahme bestehen, dass die Eingangsbestätigung den Schutz der Identität des Hinweisgebers beeinträchtigen würde.[1414] Weiterhin muss eine Rückmeldung über Folgemaßnahmen innerhalb eines angemessenen Zeitraums an den Hinweisgeber erfolgen, da das Problem, das Gegenstand der Meldung ist, unverzüglich angegangen werden und eine unnötige Offenlegung vermieden werden soll.[1415] Die Rückmeldung muss spätestens innerhalb von drei Monaten erfolgen.[1416] Die Frist kann auf sechs Monate verlängert werden, wenn die besonderen Umstände des Falls dies erfordern, insbesondere wenn die Art und die Komplexität des Gegenstands der Meldung eine langwierige Untersuchung nach sich zieht.[1417] Es ist jedoch nicht zu erwarten, dass die Behörde eine Folgemaßnahme wie eine behördliche Ermittlung innerhalb von drei bzw. sechs Monaten abschließt oder die Folgemaßnahmen umsetzt.[1418]

1411 Art. 11 Abs. 5 HinSch-RL.

1412 Vgl. EuArbRK/*Fest*, RL (EU) 2019/1937 Art. 7 Rn. 14.

1413 Vgl. Siemes, S. 81 f.

1414 § 28 Abs. 1 S. 2 HinSchG.

1415 Erwägungsgrund Nr. 67, S. 1 der HinSch-RL.

1416 Art. 10 HinSch-RL; Erwägungsgrund Nr. 66 der HinSch-RL; § 28 Abs. 4 HinSchG.

1417 Art. 11 Abs. 2 lit. d HinSch-RL; Erwägungsgrund Nr. 67 der HinSch-RL; § 28 Abs. 4 HinSchG.

1418 Gerdemann, SR 2021, 89 (98).

Auch Informationen wie die Weiterleitung an eine andere Behörde, das Einstellen des Verfahrens wegen fehlender Beweise oder anderer Gründe sowie die Einleitung einer Untersuchung unter Angabe der Ergebnisse und möglicher Folgemaßnahmen zur Behebung des Problems sowie zu den Gründen für die Wahl jener Maßnahmen müssen einem Hinweisgeber mitgeteilt werden.[1419] Die Behörde muss zudem dem Hinweisgeber über das Ergebnis der Untersuchungen berichten.[1420] Nach § 28 Abs. 4 HinSchG unterscheidet sich die Rückmeldung dabei von der bloßen Eingangsbestätigung nach § 28 Abs. 1 und der Mitteilung des Ergebnisses nach Abschluss der Untersuchungen nach § 31 Abs. 5 HinSchG.[1421] Mitzuteilen sind etwa bereits erfolgte oder geplante Folgemaßnahmen. Diese Art von „Zwischenbericht" dient demnach als Versicherung gegenüber dem Hinweisgeber, dass die Meldung sich in Bearbeitung befindet.[1422] Eine unnötige Offenlegung soll dadurch vermieden werden.

Zusammenfassend darf ein Hinweisgeber bei Ausbleiben der Rückmeldung davon ausgehen, dass die Behörden keine Folgemaßnahmen treffen. Der Gang an die Öffentlichkeit ist in diesem Fall gerechtfertigt. Eine mögliche Veröffentlichung der Missstände, die u.a. von staatlichen Stellen nicht abgestellt sind, stellt folglich einen Anreiz dar, damit die Meldeadressaten zur Aufklärung von Missständen zeitnah erforderliche Folgemaßnahmen ergreifen.[1423]

b) Fehlen geeigneter Folgemaßnahmen

Schwer zu bewerten ist, ob ergriffene Folgemaßnahmen geeignet sind, um Missstände abzustellen. Schwierigkeiten ergeben sich daraus, dass es nicht eindeutig ist, was „geeignet" ist und inwieweit ein Hinweisgeber in der Lage ist, die Geeignetheit der durch die Behörden beschlossenen Maßnahmen zu überprüfen. Hierzu gibt es nur wenige Anhaltspunkte.

Laut Erwägungsgrund Nr. 79 der HinSch-RL sollte die Angemessenheit einer behördlichen Folgemaßnahme nach objektiven Kriterien bewertet werden, die

1419 Erwägungsgrund Nr. 66, S. 1 der HinSch-RL.

1420 Art. 11 Abs. 2 lit. e HinSch-RL bzw. § 31 Abs. 6 HinSchG; von Mitteilungen über die abschließenden Ergebnisse der Untersuchung ist das Unionsrecht nicht berührt, zu dem auch mögliche Einschränkungen für die Veröffentlichung von Beschlüssen im Bereich der Vorschriften für den Finanzsektor gehören, Erwägungsgrund Nr. 66, S. 2, 3 der HinSch-RL.

1421 Begründung zu Abs. 4 HinSchG-E § 28, S. 87.

1422 Begründung zu Abs. 4 HinSchG-E § 28, S. 87.

1423 Erwägungsgrund Nr. 67, S. 1 der HinSch-RL; ebenso Colneric/Gerdemann, HSI-Schriftenreihe Band 34, S. 104.

mit der Pflicht der Behörden zur Prüfung der Stichhaltigkeit der Vorwürfe und zur Abstellung der Verstöße im Zusammenhang stehen. Demnach ist die Angemessenheit einer Maßnahme einzelfallabhängig und unter Betrachtung der Art der Verstöße zu bewerten. Für angemessen zu halten wäre etwa die Entscheidung der Behörden, dass ein Verstoß eindeutig geringfügig war und mit Ausnahme des Abschlusses des Verfahrens keine weiteren Folgemaßnahmen erfordert. Bei der Beurteilung der Geringfügigkeit eines Verstoßes können ferner unter Umständen Folgen und Dauer des Verstoßes oder eine bereits erfolgte Entschädigung als mögliche Kriterien berücksichtigt werden.[1424] Schließlich können alle behördlichen Entscheidungen, die die durch die HinSch-RL gewährten Rechte beeinträchtigen, gerichtlich überprüft werden. Dazu zählen insbesondere Entscheidungen der Behörden, dass das Verfahren eingestellt wird, da der Verstoß als eindeutig geringfügig oder die Meldung als wiederholt bewertet wird, oder dass eine bestimmte Meldung keine vorrangige Behandlung erfordert.[1425] Hierzu zählt nicht die Entscheidung der Behörden, das Verfahren aus Beweismangel abzuschließen und/oder die Beschuldigten zu kontaktieren. Aufgrund der Formulierung „insbesondere" lassen sich diese Entscheidungen aber einbeziehen.

Als Beurteilungsgrundlage hat der Hinweisgeber hingegen lediglich Rückmeldungen. Eine objektive Überprüfung der Geeignetheit dürfte darauf beschränkt sein, ob die in der Rückmeldung angegebenen Folgemaßnahmen und deren Begründung geeignet waren.[1426] Eine solche Prüfung erscheint für den Hinweisgeber nur in Ausnahmefällen möglich, z. B. wenn er über fachliches Wissen verfügt, um die Geeignetheit einer Maßnahme für die Aufklärung eines Verstoß-Verdachts zu überprüfen. So wurde z. B. im Falle der BSE-Erkrankung festgestellt, dass die Schäden durch die Verwendung eines Bolzenschussgeräts bei der Schlachtung der verdächtigten Rinder im Rahmen der Untersuchungen eine sichere Prüfung nicht zuließen.[1427] Aufgrund des bestehenden BSE-Verdachts hatte sich die Hinweisgeberin an die Öffentlichkeit gewandt, und daraufhin stellte sich durch staatlich ergänzende Untersuchungen heraus, dass es tatsächlich keine an BSE erkrankten Rinder gab.[1428] Ob darüber hinaus für

1424 Begründung zu Abs. 3 HinSchG-E § 31, S. 89.

1425 Erwägungsgrund Nr. 103 der HinSch-RL; Begründung zu Abs. 5 HinSchG-E § 31, S. 89.

1426 Siemes, S. 81 f.

1427 Deiseroth, Whistleblowing in Zeiten von BSE, S. 33.

1428 Deiseroth, Whistleblowing in Zeiten von BSE, S. 58.

Hinweisgeber eine Suche nach gerichtlicher Bestätigung der Geeignetheit der behördlichen Entscheidungen praktisch möglich wäre, bleibt abzuwarten.

c) Zwischenergebnis

Mangelndes Vertrauen in die Wirksamkeit von Meldungen hält potenzielle Hinweisgeber von Hinweisen auf Verstöße ab.[1429] Die Errichtung der Whistleblowing-Behörden mit dem Ziel, die eingegangene Meldungen sorgfältig nachzuverfolgen und dem Hinweisgeber einschlägige Informationen zu geben, dient dem Aufbau dieses Vertrauens. Für eine effektive Rechtsdurchsetzung muss sichergestellt werden, dass externe Meldestellen tatsächlich ordnungsgemäß funktionieren. Unter der derzeitigen Rechtslage scheint es für Hinweisgeber allerdings nur schwer einschätzbar, ob eine externe Meldung wirksam wäre, um Verstöße abzustellen. Selbst wenn Behörden ordnungsgemäße Folgemaßnahmen ergreifen müssen, darf man im Einzelfall befürchten, dass sie ihrer Verpflichtung nicht nachkommen. Im Wirecard-Skandal konnte z. B. ein Unternehmen laut Pressemitteilungen über fünfzehn Jahre einen Betrug in Höhe von 1,9 Mrd. Euro begehen, ohne dass der Betrug aufflog.[1430] Die Aufsichtsbehörde BaFin stand unter Verdacht, Hinweise von Whistleblowern überhaupt nicht oder nur unzureichend bearbeitet und verfolgt zu haben.[1431] Sofern Behörden Hinweisgeber über ihr Vorgehen informieren, könnten Hinweisgeber eine Meinung darüber bilden, ob Verdachtsmomente tatsächlich und angemessen aufgeklärt werden.[1432] Im Zweifel können die Hinweisgeber eine Offenlegung anstreben. Zulässigkeitsvoraussetzungen einer mittelbaren Offenlegung i. S. d. Art. 15 Abs. 1 lit. a HinSch-RL sowie in § 32 Abs. 1 Nr. 1 HinSchG scheinen unzureichend, um eine Rechtssicherheit für alle Beteiligten – vor allem für Hinweisgeber – zu gewährleisten. Unter geltenden Voraussetzungen würde ein Hinweisgeber entweder vor einer Offenlegung zurückschrecken oder er würde einen Verdacht offenlegen, weil er aufgrund der fehlenden oder mangelhaften Unterrichtung über Folgemaßnahmen in die Durchsetzbarkeit der Meldungen

---

1429 Erwägungsgrund Nr. 63 der HinSch-RL.

1430 Bender/Holtermann/Iwersen/Schneider, Handelsblatt v. 28.7.2020, https://www.handelsblatt.com/finanzen/bilanzskandal-der-betrug-bei-wirecard-soll-schon-vor-15-jahren-begonnen-haben/26040098.html.

1431 Kritik des Bundesrechnungshofes, Redaktion beck-aktuell, 18. Mai 2021, becklink 2019818; ebenso Kritik der Frankfurter Staatsanwaltschaft, Pressemitteilungen, 25. Februar 2021, Fachnews becklink 2019006.

1432 Vgl. unternehmensinterne Untersuchungen, Kap. § 8, B, II, 2, c), (2).

nicht vertrauen könnte. Betroffeneninteressen würden danach schwer verletzt, wenn Untersuchungen ergeben würden, es gäbe tatsächlich keinen Verstoß. Für die Rechtssicherheit sowie für eine effektive Rechtsdurchsetzung kann ein das Vertrauen aufbauender Dialog zwischen Behörden und Hinweisgebern sorgen. Dieser kann hergestellt werden, wenn Behörden Hinweisgeber über das Aufklärungsverfahren angemessen unterrichten und Hinweisgebern bei fehlender Unterrichtung die Offenlegung erlaubt ist.[1433] Eine solche Maßnahme würde auch die Transparenz für staatliches Handeln sowie die Wahrung des Rechtsstaatsprinzips nach Art. 20 Abs. 3 GG fördern. Denn durch die Transparenz des staatlichen Umgangs mit Rechtsverstößen wird die Behörde kontrollierbar – und die Effektivität der Kontrolle des staatlichen Handelns ist wesentliche Bedingung für einen Rechtsstaat.[1434]

2. Unmittelbare Offenlegung

Die Voraussetzungen für unmittelbare Offenlegungen hingegen sind noch strenger. Eine unmittelbare Offenlegung liegt vor, wenn ein Hinweisgeber – ohne sich vorher extern zu melden – sich an die Öffentlichkeit wendet.[1435] Demzufolge ist eine unmittelbare Offenlegung in zwei Fallkonstellationen möglich: Der Hinweisgeber beobachtet einen Missstand und meldet sich direkt in der Öffentlichkeit. Oder er meldet sich zuerst bei interner Meldekanäle und nach einem erfolglosen Aufklärungsbemühen äußert sich er seine Bedenken in der Öffentlichkeit. In beiden Fällen kommt eine Einschaltung der externen Stelle nicht in Betracht. Hier lässt der Hinweisgeber eine Anzeige bei Behörden aus, die grundsätzlich in der Lage wäre, Rechtsverstöße zu verfolgen. Eine derartige Offenlegung bedarf einer besonderen Rechtfertigung.[1436] Es geht um Extremfälle, in denen die Veröffentlichung von Missständen so erforderlich und verhältnismäßig ist, dass die Beeinträchtigungen der Betroffeneninteressen nachrangig bleiben dürfen.[1437] Art. 15 Abs. 1 lit. b HinSch-RL bzw. § 32 Abs. 1 Nr. 2 HinSchG regelt diese Fälle. Demnach wird der Hinweisgeber geschützt, wenn er hinreichenden Grund zu der Annahme hat, dass der Verstoß eine unmittelbare

1433 Die Grenzen der Unterrichtung der Hinweisgeber würden das behördliche Interesse an einer effizienten Ermittlung des Sachverhalts bzw. berechtigte Interessen der Betroffenen bilden.

1434 Redder, S. 238 ff.

1435 Art. 5, Nr. 5, 6 HinSch-RL i. V. m. Art. 15 Abs. 1 lit. b HinSch-RL.

1436 Redder, S. 235; Klaas, CCZ 2019, 163 (166).

1437 Redder, S. 235.

oder offenkundige Gefährdung des öffentlichen Interesses darstellen kann. Dies ist z. B. der Fall bei einer Notsituation, oder bei der Gefahr eines irreversiblen Schadens (lit. a), wenn im Fall einer externen Meldung Repressalien zu befürchten sind (lit. b), oder wenn aufgrund besonderer Umstände geringe Aussichten bestehen, dass wirksam gegen den Verstoß vorgegangen wird. Letzteres ist beispielsweise denkbar, weil Beweismittel unterdrückt oder vernichtet werden könnten, oder wenn zwischen einer Behörde und dem Urheber des Verstoßes Absprachen bestehen könnten, oder die Behörde an dem Verstoß beteiligt sein könnte (lit. c). Zuerst soll untersucht werden, welche Anforderungen an den guten Glauben der Hinweisgeber zu stellen sind (a)). Anschließend wird der gute Glaube eines Hinweisgebers unter den oben angesprochenen Umständen (Nr. 2 lit. a bis c) beurteilt (b)).

a) „Hinreichender Grund" i. S. d. Art. 15 Abs. 1 lit. b bzw. § 32 Abs. 1 Nr. 2 HinSchG

In Bezug auf die Anforderungen an den guten Glauben eines Hinweisgebers, der die Offenlegung eines Missstands erwägt, sind den Erwägungsgründen der RL nichts Weiteres als die oben erwähnten Umstände, wie z. B. die unmittelbare Gefährdung des öffentlichen Interesses, welche eine unmittelbare Offenlegung rechtfertigen soll, zu entnehmen.[1438] Hierzu konkretisierende Angaben sind im HinSchG zu finden. Nach der Begründung zu § 32 Abs. 1 Nr. 2 HinSchG sichert die Voraussetzung „eines hinreichenden Grundes", dass böswillige oder missbräuchliche Offenlegungen nicht geschützt werden.[1439] Hiernach sind diejenigen, die in gutem Glauben ungenaue Informationen über Verstöße offengelegt haben, weiterhin geschützt. Maßgeblich ist dafür eine Ex-ante-Sicht, bei der sich die Einschätzung der hinweisgebenden Person auf tatsächliche Anhaltspunkte stützt.[1440] An den guten Glauben der Hinweisgeber in Bezug auf die Erfüllung der Voraussetzung einer unmittelbaren Offenlegung (Nr. 2 lit. a bis c) sollen zudem aufgrund der Folgen der Offenlegung für Betroffenen hohe Anforderungen bestehen.[1441] Falls gravierende und irreparable Schäden wahrscheinlich sind, wäre es demnach zumutbar, dass sich der Hinweisgeber vorab

1438 Siehe Erwägungsgründe Nr. 79, 80, 81 der HinSch-RL.

1439 Begründung zu Abs. 1 Nr. 2 HinSchG-E § 32, S. 90.

1440 Begründung zu Abs. 1 Nr. 2 HinSchG-E § 32, S. 91.

1441 Demgegenüber hatte sich die Begründung zu Abs. 1 Nr. 2 des § 31 HinSchG-RefE hierzu damit begnügt, auf die Anforderungen an die Wahrheitsmäßigkeitsprüfung zu verweisen, S. 68.

qualifizierten Rat einholt.[1442] Konkret heißt das z. B., dass ein Hinweisgeber, eine unmittelbare Offenlegung gem. § 32 Abs. 1 Nr. 2 lit. c des Entwurfs erwägt, weil der hinreichende Grund zu der Annahme besteht, dass im Falle einer externen Meldung Beweismittel unterdrückt werden könnten, oder dass Absprachen zwischen Unternehmen und Behörden bestehen könnten, könnte im Einzelfall vorab einen Rechtsrat einholen müssen. Dies wäre der Fall, wenn Beschuldigte bzw. Unternehmen aufgrund der Offenlegung irreparable Schäden erleiden würden.[1443] Es scheint so, als ob der Gesetzgeber eine unverhältnismäßige Verletzung von Betroffeneninteressen dadurch entgegentreten will, dass er bei der Beurteilung der Gutgläubigkeit eines Hinweisgebers, der eine unmittelbare Offenlegung auswählt, berücksichtigt, ob dieser vorab einen Rechtsrat bekommen hat. Dies ist zudem als eine Maßnahme zu begreifen, welche die Hinweisgeber zur Einschaltung von externen Meldestellen anregt. Auf diese Weise können Hinweise möglichst innerhalb eines begrenzten Kreises gehalten werden, welcher aus Unternehmen und staatlichen Stellen besteht.[1444] Zu begrüßen ist eine

1442 Begründung zu Abs. 1 Nr. 2 HinSchG-E § 32, S. 91.

1443 Begründung zu Abs. 1 Nr. 2 HinSchG-E § 32, S. 90 f.

1444 Dafür spricht etwa § 28 Abs. 1 S. 3 des Entwurfs. Demnach sollen externe Meldestellen den Hinweisgeber auf die Möglichkeit einer internen Meldung hinweisen, wenn der Sachverhalt für ein internes Meldeverfahren geeignet ist. Auffällig ist zudem die Einführung einer Verbotsnorm in § 32 HinSchG. Anders als HinSchG-RefE vom 2020 enthält § 32 HinSchG zusätzlich einen Absatz 2, wonach die Offenlegung unrichtiger Informationen über Verstöße verboten ist. Das Ziel ist, die von einer Offenlegung betroffenen Unternehmen bzw. Personen vor Reputationsschäden zu schützen, siehe die Begründung zu Abs. 2 HinSchG-E § 32, S. 91. Die Offenlegung unrichtiger Informationen über Verstöße kann demnach zu falschen Verdächtigungen in der Öffentlichkeit führen, welche Interessen der betroffenen Personen erheblich schädigen könnten. Deshalb soll eine solche Offenlegung gem. § 40 Abs. 1 des Entwurfs sanktioniert werden. Die Norm erweckt den Eindruck, dass es dabei um eine zusätzliche Sanktionierung des Verbreitens falscher Informationen geht. Denn Art. 6 Abs. 1 HinSch-RL bzw. § 33 Abs. 1 Nr. 2 des Entwurfs schließen bereits unwahre Informationen aus dem Schutz aus, und Art. 23 Abs. 2 S. 2 HinSch-RL, bzw. § 38 des Entwurfs sehen Schadenersatzansprüche für betroffene Personen im Falle von falschen Meldungen vor. Außerdem ist deren Formulierung irreführend; sie verbietet unrichtige Informationen, verdeutlicht aber nicht – auch in deren Begründung nicht – dass es dabei um wissentlich falsche Informationen geht. Dies könnte man so verstehen, als ob Offenlegungen sanktioniert wären, wenn es sich herausstellt, dass die offengelegten Informationen falsch sind, und zwar unabhängig davon, ob der Hinweisgeber im Einklang der Anforderungen des Art. 6 Abs. 1 HinSch-RL, bzw. § 33 Abs. 1 Nr. 2 des Entwurfs annehmen durfte, dass die Informationen wahr seien,

solche Maßnahme dann, wenn man schließlich davon ausgeht, dass ein Verweis des Hinweises auf eine interne Meldestelle zu einer zeitnahen und wirksamen Abwendung von Missständen beitragen kann.[1445] Andererseits könnte sie sich auch zu einer Maßnahme entwickeln, die das Recht zur Offenlegung unverhältnismäßig einschränkt. Um die Entwicklung einer solchen Maßnahme kann man sich umso mehr Sorgen machen, als bereits die Voraussetzungen zu der unmittelbaren Offenlegung, wie das Vorliegen eines hinreichenden Grundes zu der Annahme, es bestehe geringe Aussicht auf Erfolg bei einer externen Meldung, in der Praxis kaum erfüllbar erscheinen – wie dies unter dem Abschnitt b) näher dargelegt werden soll. Das durch die Missstände gefährdete Rechtsgut, welches man durch eine Meldung schützen wollte, wäre im Falle des Eintretens eines die unmittelbare Offenlegung begründeten Grundes, wie eine Absprache zwischen beschuldigten Betroffenen und Behörden, irreversibel geschädigt und eine Abhilfe wäre nicht mehr möglich. Die Anforderung, dass Hinweisgeber Rechtsrat einholen sollen bzw. müssen, kann folglich einen abschreckenden Effekt für potenzielle Hinweisgeber entfalten.

Nach der Begründung wird in Bezug auf die Anforderung an den guten Glauben der Hinweisgeber im Übrigen auf die Ausführungen in der Begründung zu § 33 Abs. 1 Nr. 2 HinSchG verwiesen.[1446] Bei § 33 Abs. 1 Nr. 2 HinSchG geht es um die Annahme der Wahrheitsmäßigkeit der Information.[1447] Anhand der Erkenntnisse zu den Anforderungen an Wahrheitsmäßigkeit von Verstoß-Informationen[1448] lässt sich der hinreichende Grund in Bezug auf unmittelbare Offenlegungen wie folgt interpretieren: Es muss zum Zeitpunkt der Offenlegung Anhaltspunkte geben, die einen objektiven Dritten zur Annahme veranlassen würden, dass aufgrund des Verstoßes ein öffentliches Interesse unmittelbar und offenkundig gefährdet ist, der Hinweisgeber im Falle einer externen Meldung Repressalien zu befürchten hat oder aufgrund der besonderen Umstände des Falls die Aussichten gering sind, dass die externe Meldestelle wirksame Folgemaßnahmen nach § 29 einleiten wird. An die Sorgfalt des Hinweisgebers in Bezug auf die Überprüfung der Richtigkeit dieser Annahme sind keine überhöhten Anforderungen zu stellen; zu erwarten ist allerdings zumutbare Mühe

---

siehe Anforderungen an die Wahrheitsmäßigkeit einer Information über Verstöße, Kap. § 5, C.

1445 Ebenso siehe Begründung zu Abs. 1 HinSchG-E § 28, S. 87.

1446 Begründung zu Abs. 1 Nr. 2 HinSchG-E § 32, S. 90.

1447 Siehe die Begründung zu Abs. 1 Nr. 2 HinSchG-E § 33, S. 91.

1448 Einzelheiten zur Wahrheitsmäßigkeitsprüfung, Kap. § 5.

zur Verifizierung seiner Einschätzung. Es bleibt abzuwarten, ob diese Interpretation zutreffend ist. Derzeit liegt keine Rechtsprechung vor, die die Anforderung an eine solche Annahme konkretisiert.

b) Die Beurteilung des guten Glaubens in den gesetzlich vorgesehenen Fällen

(1) Eine unmittelbare Gefährdung des öffentlichen Interesses

Die Begründungen des HinSchG oder Erwägungsgründe der HinSch-RL klären nicht auf, wann die Annahme vernünftig ist, dass es einen Verstoß gibt, der das öffentliche Interesse unmittelbar und offenkundig gefährdet. Die einschlägige Norm, Art. 15 Abs. 1 lit. b i RL, gibt dafür nur Beispiele wie eine Notsituation oder die Gefahr eines irreversiblen Schadens. Im Erwägungsgrund Nr. 80 der RL heißt es, dass eine unmittelbare oder offenkundige Gefahr für das öffentliche Interesse oder die Gefahr einer irreversiblen Schädigung, etwa der körperlichen Unversehrtheit einer Person, besteht. In der Begründung der Umsetzungsnorm, § 32 Abs. 1 Nr. 2 lit. a HinSchG, finden sich keine weiteren Hinweise. Hierzu zählt wieder eine Notsituation oder die Gefahr eines irreversiblen, nicht unerheblichen Schadens.[1449] Diese Situationen dürfen nicht restriktiv sein, vergleichbare Fälle sind denkbar. Die Konkretisierung der Gefährdung des öffentlichen Interesses überlässt man derzeit der Rechtsprechung.[1450]

(a) Eine Missstands-bezogene Beurteilung?

Bei der Auslegung der unmittelbaren oder offenkundigen Gefährdung des öffentlichen Interesses könnte die Frage entscheidend sein, ob ein öffentliches Interesse aufgrund des einschlägigen Verstoßes oder auf dem Meldewege gefährdet wird. Für Ersteres spricht der Wortlaut des Art. 15 Abs. 1 lit. b i RL; darin geht es um einen Meldegegenstand, der das öffentliche Interesse unmittelbar und offenkundig gefährdet. Dies wäre der Fall, wenn aus Zeitgründen mildere Abhilfemöglichkeiten übersehen werden, um eine ernsthafte Schädigung eines Rechtsguts wie Leben und Gesundheit zu verhindern.[1451] Denkbar wäre z. B. die Offenlegung von Verstößen gegen Corona-Pandemiebekämpfungsmaßnahmen in einem Schlachtbetrieb von Tönnies durch eine Videoaufnahme, in der zu sehen ist, dass die 1, 5-m-Abstandsregel in der Kantine des Betriebs nicht

---

1449 Begründung zu Abs. 1 Nr. 2 lit. a HinSchG-E § 32, S. 91.
1450 Gerdemann, SR 2021, 2 (12).
1451 Redder, S. 241.

eingehalten wird; Beschäftigte sitzen dort eng nebeneinander.[1452] Nicht jede zeitliche Verzögerung begründet allerdings ein Unterlassen der Einschaltung staatlicher Stellen; maßgeblich ist, dass die Anzeige bei der Behörde eine Abhilfe so verzögern würde, dass das gefährdete Rechtsgut schwer und unumgänglich geschädigt werden kann.[1453] Im oben beschriebenen Fall von Tönnies dürfte man daher prüfen, ob der Arbeitgeber oder die zuständige Behörde gegen den Verstoß zeitnah vorgehen könnte, z. B. durch Testen der Beschäftigten auf Corona und ggf. durch die Verordnung einer Quarantäne. Wenn das zutrifft, wäre die unmittelbare Offenlegung durch die Veröffentlichung des Videos nicht zu rechtfertigen. Unmittelbare Offenlegung ist ein Ausnahmefall und ein solcher ist nicht gegeben, wenn Behörden in der Lage sind, gegen eine Gefährdung zeitnah vorzugehen.[1454]

Eine Gefährdung des öffentlichen Interesses könnte sich weiterhin aus der Schwere des Verstoßes ergeben, und Art. 15 Abs. 1 lit. b i RL könnte eine sog. Catch-all-Klausel sein. Dies lässt sich mit der Systematik des britischen Whistleblower-Schutzes verdeutlichen. Die britischen Schutzvoraussetzungen sind in Sec. 43B bis 43H ERA geregelt. Zuerst muss ein Missstand gegeben sein, der vom sachlichen Anwendungsbereich des Gesetzes erfasst ist. Es geht um eine geschützte Information – die sog. „qualifying disclosure" i. S. d. Sec. 43B – und dies ist gegeben, wenn etwa ein Hinweisgeber einen der in Sec. 43B aufgezählten Missstände wie den Verstoß gegen gesetzliche Pflichten anzeigt.[1455] Danach muss der Hinweisgeber ein Meldeverfahren eingehalten haben, das in Sec. 43C bis H ERA vorgesehen ist. Sec. 43C bis 43E betrifft interne Meldung – sog. the first tier of protection –, Sec. 43F regelt die Meldung an prescribed persons/regulators – sog. the second tier of protection – und the third tier of protection schließlich besteht aus breiterer Bekanntgabe der Informationen an jeden Adressaten – außerhalb von Arbeitgeber und prescribed regulators – u.a. Medien, gem. Sec. 43G und H.[1456] Eine Kategorisierung wie mittelbare und unmittelbare

1452 Bereits oben dargestellt, Kap. § 4, B.

1453 Redder, S. 242.

1454 Rudkowski, CCZ 2013, 204 (208); vgl. Erwägungsgrund Nr. 47 der HinSch-RL; siehe auch das empirische Befund, dass die Betroffenheit der Allgemeinheit nicht notwendig eine Offenlegung begründen würde, Kap. § 2, B, III.

1455 Einzelheiten zu Sec. 43 B ERA oben Kap. § 4, D.

1456 Sog. „three tiered disclosure regime", Lewis/Bowers/Fodder/Mitchell para. 2. 14. Das britische Whistleblower-Schutzgesetz ist inhaltlich anders als die HinSch-RL bzw. HinSchG konzipiert. Eine Pflicht zur Einrichtung von interner und externer Meldestellen findet sich z. B. nicht, wie dies bereits unter Kap. § 7, C der vorliegenden

Offenlegung ist im britischen Whistleblower-Recht nicht ersichtlich. Wie streng die Anforderung für eine Stufe der Informationsweitergabe sein soll, kommt auf den Meldeadressaten an; je größer die erreichte öffentliche Aufmerksamkeit einer Information ist, desto strenger sind die Voraussetzungen zum Schutz des Informanten.[1457] Eine Informationsweitergabe i. S. d. Sec. 43G ist nur dann gerechtfertigt, wenn eine Meldung an den Arbeitgeber oder an die prescribed persons unter Umständen des Einzelfalls nicht angemessen (reasonable) ist.[1458] Ob die Informationsweitergabe angemessen ist, wird unter allen Umständen des Einzelfalls beurteilt. In die Beurteilung fließen nicht nur Gesichtspunkte ein, welche für die Angemessenheit sprechen würden, wie die Meldung eines schweren Missstandes oder fehlende adäquate Abhilfe durch Arbeitgeber und Fehlen

Arbeit erwähnt wurde. Daher können die Stellen, die als interne und externe Stelle angesehen werden, in Großbritannien und in Deutschland unterschiedlich sein. So z.B gilt eine Meldung beim Arbeitgeber oder u.a. bei einem Dritten, der Rechtsberatung bietet, oder bei einem externen Wirtschaftsprüfer als die erste Stufe von disclosure – sog. the first tier –, während the second tier gilt die Meldung an prescribed regulators, siehe Lewis/Bowers/Fodder/Mitchell, para. 6. 67 ff. Unter prescribed persons verstehen sich Stellen, die vom Prescribed Persons Order (SI 2014/2418) gelistet werden. Darunter finden sich etwa the Office of Communications für Meldungen von Missständen wie im Bereich von Telekomunikation, und Karitas wie The Charity Commission for England and Wales, die Meldungen von relevanten Missständen in Karitas entgegennehmen sollen. Die Liste, die Zuständigkeiten jeweiliger Stellen sowie Informationen zu ihrer Vorgehensweise mit Meldungen sind abrufbar unter, https://www.gov.uk/government/publications/blowing-the-whistle-list-of-prescribed-people-and-bodies--2/whistleblowing-list-of-prescribed-people-and-bodies. Die Polizei findet sich etwa nicht in dieser Liste und sie gilt als Adressat einer Offenlegung i. S. d. Sec. 43G ERA, während diese im deutschen Recht als externe Stelle bekannt ist. Siehe weiterhin die mögliche Einordnung der Meldung an prescribed persons als first tier Meldung, Lewis/Bowers/Fodder/Mitchell, para. 6. 72. Schließlich findet sich eine beispielhafte Aufzählung von potenziellen Adressaten einer Informationsweitergabe i. S. d. Sec. 43G in, Lewis/Bowers/Fodder/Mitchell, para. 6. 118.

1457 Lewis/Bowers/Fodder/Mitchell, paras. 6. 01 f. So z. B. für einen Schutz nach Sec. 43G setzt sich u.a. voraus, dass der Hinweisgeber einen vernünftigen Grund für die Annahme, dass die Information wahr ist und er keinen persönlichen Vorteil – sog. personal gain, gemeint damit vornehmlich einen finanziellen Gewinn – aus der Informationsweitergabe zu ziehen abgezielt hat. Siehe Kritiken auf die Voraussetzung von „personal gain" sowie auf deren fragliche Vereinbarkeit mit der Rspr. des EGMR hinweisend, Lewis/Bowers/Fodder/Mitchell, para. 6. 98 ff. und para. 6. 102.

1458 Lewis/Bowers/Fodder/Mitchell, paras. 6. 103.

entsprechender Rückmeldung über Abhilfemaßnahmen, sondern auch die dagegen sprechenden Gesichtspunkte wie etwa Schäden, welche wegen der durch die Informationsweitergabe verursachten Verletzung der Geheimhaltungspflichten gegenüber Dritten – wie die Pflicht zur Geheimhaltung von Patientendaten – entstanden sind.[1459] Welches Gewicht jeweilige Gesichtspunkte haben, hängt von Besonderheiten des Einzelfalls ab; die Beurteilung der Angemessenheit der Informationsweitergabe ist fact-sensitive.[1460] Bei Sec. 43H handelt es sich schließlich um eine sog. ‚catch-all section', welche gesondert für die Enthüllung eines Missstands außergewöhnlich schwerwiegender Art (‚relevant failure of exceptionally serious nature') vorgesehen ist.[1461] Neben den angesprochenen Anforderungen an einem Schutz gem. Sec. 43G setzt Sec. 43H (1)(d) voraus, dass ein außerordentlich schwerer Missstand aufgedeckt wird. Gem. Sec. 43H(2) wird zudem vorausgesetzt, dass die Aufdeckung unter Umständen des Einzelfalls angemessen ist, wobei vornehmlich die Identität des Meldeadressaten berücksichtigt werden soll. Um die Aufdeckung relevanter Missstände flexibel zu erfassen, soll es die Norm absichtlich offen gelassen haben, welche Missstände von dieser Art umfasst wären. Zu prüfen ist im Einzelfall, ob der Missstand so schwer ist, dass die Beeinträchtigung der Interessen der Betroffenen bzw. des Arbeitgebers gerechtfertigt ist.[1462] Bekannt ist etwa der Fall Collins, in dem der Hinweisgeber nach Maßgaben des Sec. 43H geschützt wurde, weil er die Informationen für eine Bodenverseuchung offengelegt hat, wofür National Trust, eine bekannte und über besonderen Vertrauen der Allgemeinheit verfügende Wohltätigkeitsorganisation für den Naturschutz, verantwortlich ist.[1463] Ebenfalls bekannt ist der Fall Bolkovac, in dem eine Beschäftigte aus der Abteilung des polizeilichen Monitorings enthüllt hat, dass die beobachtete Frauen- und Mädchenhandel für Prostitution durch organisierte Kriminellen vom polizeilichen Monitoring sowie von deren Vorgesetze trotz ihrer internen Meldung nicht hinreichend ernst genommen wird und es sogar zu besuchen der Bordelle durch Mitarbeitern gekommen sein soll.[1464] Durch Art. 15 Abs. 1 lit. b i RL könnte in ähnlicher Weise die Aufdeckung von Missständen erfasst werden, die das

---

1459 Lewis/Bowers/Fodder/Mitchell, paras. 6. 116 ff.
1460 Lewis/Bowers/Fodder/Mitchell, paras. 6. 134 ff.
1461 Lewis, J Bus Ethics 2008, 497 (502).
1462 Groneberg, S. 136.
1463 Siehe die Falldarstellung, Lewis/Bowers/Fodder/Mitchell, paras. 6. 156 f.
1464 Siehe die Falldarstellung, Lewis/Bowers/Fodder/Mitchell, paras. 6. 155.

öffentliche Interesse so schwer verletzen oder gefährden, dass die Beeinträchtigung der Betroffeneninteressen gerechtfertigt ist.

(b) Die Meldewege-bezogene Beurteilung

Die systematische Verortung des Art. 15 Abs. 1 lit. b i RL spricht hingegen dafür, dass ein öffentliches Interesse in Bezug auf Meldeverfahren gefährdet ist. Art. 15 regelt nämlich nicht, welche Verstöße das öffentliche Interesse gefährden und daher meldewürdig sind; dies wird in Art. 2 RL geregelt. Art. 15 gibt vor, auf welchem Weg die Verstöße gemeldet werden sollen. In diesem Bezug lässt sich eine unmittelbare, offenkundige Gefährdung des öffentlichen Interesses begründen, wenn aufgrund einer Meldung das Leben, die körperliche Unversehrtheit des Hinweisgebers oder seiner Familie bedroht ist.[1465] Diese Interpretation lässt sich zuerst durch die Praxis veranschaulichen und danach durch staatliche Schutzpflichten wie folgt begründen: Whistleblower können in lebensbedrohliche Gefahr geraten, weil sie auf schwere Delikte hingewiesen haben. Das Whistleblowing bringt Hinweisgeber in Situationen, die sogar zum Gegenstand von Filmen werden. Bekannt ist etwa der Film „Serpico: The Deadly Game 1973“, der zeigt, wie Frank Serpico, ehemaliger New Yorker Polizist, die Korruption der Polizei in den 1960er und 1970er Jahren bekämpfte. Polizisten sollen darin Kriminelle gegen Bestechung frei lassen. Nachdem Serpico über Korruption aussagt, wird sein Leben besonders schwierig. Während einer polizeilichen Operation gegen Drogenhändler wird er von seinen bestechlichen Kollegen im Stich gelassen und von einem Drogenhändler angeschossen. Wäre er gestorben, wäre nach offizieller Meinung für seinen Tod ausschließlich der Drogenhändler verantwortlich.[1466] Die Schutzpflicht des Staats hingegen betrifft eine Verhinderung der

---

1465 Dass dieses Risiko nicht ausgeschlossen ist, zeigt auch die Empfehlung der parlamentarischen Versammlung des EU-Rats auf. In Bezug auf die Förderung des Whistleblowings sowie der Kultur der Offenheit sollen u.a. sichergestellt werden, dass Whistleblower und ihre Angehörige vor Repressalien geschützt werden, siehe Resolution 2300 (2019), para. 12.5, http://assembly.coe.int/nw/xml/XRef/Xref-XML2HTML-EN.asp?fileid=28150; siehe ebenso einen Bericht von Transparency International, welcher Maßnahmen darstellt, um Hinweisgeber und ihre Familie vor möglichen physischen Gefahren zu schützen, wie z. B. Maßnahmen zur Änderung deren Identität und/oder Versetzung deren Wohnort, Maslen, S. 15 ff., abrufbar https://knowledgehub.transparency.org/helpdesk/physical-protection-mechanisms-for-people-who-report-corruption.

1466 Ein Interview mit ihm, erreichbar unter https://whistleblowersblog.org/2021/03/articles/podcasts/episode-two-frank-serpico/. Zu finden ist auch eine Darstellung der Geschichte von Whistleblower Serpico, Vaughn, S. 63 ff. Man zweifelt ebenso

Verletzungen und Gefährdungen grundrechtlich geschützter Güter wie Leben und Sicherheit von Menschen; je höher der Rang des in Frage stehenden Rechtsgutes innerhalb der Rechtsordnung ist, umso ernster ist die Schutzpflicht des Staats.[1467] Der Staat darf zum Wohle einer effektiven Rechtsdurchsetzung ein nicht restitutionsfähiges Rechtsgut wie das Leben eines Menschen nicht opfern. Auf der Suche nach einem Rechtsdurchsetzungsmittel stößt ein Gesetzgeber daher dort an Grenzen, wo der unwiederbringliche Verlust eines Rechtsguts auf dem Spiel steht.[1468] Im Whistleblowing-Kontext ist dies die Bedrohung menschlichen Lebens zum Wohle der Rechtsverfolgung. Demzufolge muss einem Hinweisgeber im Falle einer Gefährdung von Leib und Leben der unmittelbare Gang an die Öffentlichkeit ermöglicht werden.[1469] Die Informierung der Öffentlichkeit ist dabei ein Schutzschirm für Whistleblower, weil sich Behörden bzw. Unternehmen als schuldig erweisen würden, wenn der Whistleblower z. B. verletzt oder entführt würde.

(2) Angst vor Repressionen

Nach Art. 15 Abs. 1 lit. b ii erster Halbsatz HinSch-RL bzw. § 32 Abs. 1 Nr. 2 lit. b HinSchG darf sich der Hinweisgeber unmittelbar an die Öffentlichkeit wenden, wenn er zum Zeitpunkt der Offenlegung einen hinreichenden Grund zur Annahme hat, dass im Fall einer externen Meldung Repressalien zu fürchten sind. Erwägungsgrund Nr. 81 der RL wiederholt diese Vorgaben, ohne zu verdeutlichen, unter welchen Umständen ein potenzieller Hinweisgeber annehmen

---

daran, dass die Whistleblowerin Karen Silkwood, die radioaktive Kontamination am Arbeitsplatz in Oklahoma in den USA aufgedeckt hatte, tatsächlich und ausschließlich wegen eines Autounfalls gestorben ist, denn der Unfall geschah, während Silkwood mit belastenden Dokumenten in Bezug auf diesen Fall zu einem Treffen mit einem Reporter der New York Times fuhr, Sass, Relations Industrielles 2001, 222.

1467 BVerfGE 39, 1 (42).

1468 Vgl. Klein, NJW 1989, 1633 (1638), dort ist von der Wahl des Mittels für die Wahrnehmung der staatlichen Schutzpflicht in Bezug auf Gefährdung der Rechtsgüter die Rede.

1469 Das gleiche Konzept ist bereits aus anderen Konstellationen bekannt, in denen die externe Anzeige zur Wahrung berechtigter Interessen der Hinweisgeber gerechtfertigt wird. Eine interne Anzeige gilt etwa als unzumutbar, wenn ein Hinweisgeber zu einer Anzeige bei Behörden verpflichtet ist, wie gem. § 138 StGB. Die externe Anzeige ist gerechtfertigt, weil eine ausschließlich interne Anzeige den Hinweisgeber aufgrund des Unterlassens der Anzeigepflicht aus § 138 StGB strafbar macht. Siehe oben, Kap. § 8, B, I.

darf, dass eine externe Meldung Repressionsgefahr birgt. Die Begründung des § 32 Abs. 1 Nr. 2 lit. b und c HinSchG ergibt Folgendes: „Diese Regelungen sollen vor allem solche Fälle erfassen, in denen Beweismittel unterdrückt oder vernichtet werden könnten, in denen zwischen einer externen Meldestelle und dem Urheber des Verstoßes Absprachen getroffen worden sein könnten oder in denen die externe Meldestelle am Verstoß beteiligt sein könnte.“[1470] Eine Rechtsprechung hierzu existiert gegenwärtig nicht.

Nach bisherigen Erkenntnissen geht es bei der Befürchtung von Repressionen um eine subjektive Wahrnehmung der Hinweisgeber. Diese Wahrnehmung hat allerdings einen rechtstatsächlichen Hintergrund; Whistleblower erleiden nicht selten Repressionen wie Kündigung, Versetzung und Mobbing. Die Gefahr von Repressionen gilt daher als ein Wesensmerkmal jeder Whistleblowing-Aktivität.[1471] Eine bloße Gefahr von Maßregelungen würde eine unmittelbare Offenlegung nicht begründen. Eine Offenlegung ist nämlich in Extremfällen berechtigt. In dieser Hinsicht hätte eine unmittelbare Offenlegung i. S. d. Art. 15 Abs. 1 lit. b ii erster Halbsatz HinSch-RL eine geringe Anwendung.[1472]

Die Wahrung der Vertraulichkeit der Identität der Hinweisgeber während eines Meldeverfahrens dient als wesentliche Vorsorgemaßnahme gegen Repressalien.[1473] Whistleblowing-Behörden sind demnach so aufzubauen und zu betreiben, dass die Identität der Hinweisgeber vertraulich bleibt.[1474] Weiterhin müssen potenziellen Hinweisgebern Informationen in Bezug auf externe Meldeverfahren, u.a. die vertrauliche Behandlung ihrer Identität, öffentlich zugänglich gemacht werden.[1475] Diese Maßnahmen können allerdings nicht garantieren, dass die Identität eines Hinweisgebers im Einzelfall wie gesetzlich vorgesehen geschützt wird. Der Hinweisgeber muss hingegen gem. Art. 15 Abs. 1 lit. b ii erster Halbsatz HinSch-RL im Vorfeld einer Meldung an die Behörde annehmen, dass er sich im Zuge der Meldung Repressionen aussetzt. Dies scheint praktisch kaum der Fall zu sein. Solange die Behörden nicht regelmäßig gegen ihre Pflicht zur Wahrung der Identität der Hinweisgeber verstoßen, ist es unbegründet, wenn ein Hinweisgeber annimmt, dass er infolge einer externen Meldung Repressalien

1470 Begründung zu Abs. 1 Nr. 2 lit. b, c HinSchG-E § 32, S. 91.
1471 Gerdemann, SR 2021, 2 (12).
1472 Gerdemann, SR 2021, 2 (12).
1473 Erwägungsgrund Nr. 82, S. 1 der HinSch-RL.
1474 Art. 12 Abs. 1 lit. a HinSch-RL; Art. 22 Abs. 2 HinSch-RL; Erwägungsgrund Nr. 76 der HinSch-RL.
1475 Art. 13 Abs. 1 lit. c, d HinSch-RL.

befürchten muss. Zu finden ist schließlich ein milderes, eine Offenlegung ersetzendes Mittel, namentlich die Möglichkeit einer anonymen Meldung bei einer Behörde, wodurch ein Hinweisgeber seine Identität gegenüber der Behörde geheim halten und somit Repressionen vermeiden kann.[1476] Dadurch ist allein die Furcht vor Repressalien als Begründung für eine unmittelbare Offenlegung nicht mehr gerechtfertigt.

Dem britischen Whistleblowing-Recht sind zwar einige Punkte zu entnehmen, die bei der Bewertung der Vernünftigkeit des Hinweisgebers in Bezug auf Angst vor Repressalien im Einzelfall berücksichtigt werden. Sie scheinen aber auf eine Offenlegung i. S. d. Art. 15 Abs. 1 lit. b ii erster Halbsatz HinSch-RL nicht übertragbar zu sein. Sie kommen in Bezug auf die Anwendung des Sec. 43G(2)(a) ERA in Betracht, wonach eine Informationsweitergabe u.a. berechtigt ist, wenn der Hinweisgeber überzeugt ist, dass er im Falle einer internen Meldung oder einer Meldung an prescribed persons vom Arbeitgeber maßgeregelt würde. So z. B. wäre der gute Glaube an der Gefahr vor Repressalien im Falle einer internen Meldung einfacher zu begründen, wenn es um die Aufdeckung einer schweren Straftat geht.[1477] Neben der Art des Missstandes kann es dem Hinweisgeber bei der Begründung seiner Angst vor Maßregelungen helfen, wenn der Täter ein Vorgesetzter in gehobener Position im Unternehmen ist.[1478] Diese Gesichtspunkte würden Angst vor Repressalien im Falle einer internen Meldung begründen und eine direkte externe Meldung wäre daher vernünftig.[1479] Sie würden eine unmittelbare Offenlegung – also ohne Einschaltung der externen Stellen – i. S. d. Art. 15 Abs. 1 lit. b ii erster Halbsatz HinSch-RL nicht rechtfertigen, da die Behörde als mildeste Mittel zur Verfügung steht, falls der Hinweisgeber im Falle einer internen Meldung maßgeregelt würde.

(3) Geringe Aussicht auf ein wirksames Vorgehen gegen Verstoß durch externe Stellen

Nach Art. 15 Abs. 1 lit. b ii zweiter Halbsatz HinSch-RL bzw. § 32 Abs. 1 Nr. 2 lit. c HinSchG darf sich ein Hinweisgeber unmittelbar an die Öffentlichkeit wenden, wenn aufgrund der besonderen Umstände des Falls geringe Aussichten bestehen, dass wirksam gegen den Verstoß vorgegangen wird, z. B. weil Beweismittel unterdrückt oder vernichtet werden könnten, wenn zwischen einer Behörde und

1476 Siehe anonyme Meldeabgabe, Kap. § 8, B, II, 3, c).
1477 Lewis/Bowers/Fodder/Mitchell, para. 6.107 (1).
1478 Lewis/Bowers/Fodder/Mitchell, para. 6.107 (2).
1479 Siehe Kap. § 8, B, II, 4.

dem Urheber des Verstoßes Absprachen bestehen könnten oder die Behörde am Verstoß beteiligt sein könnte.

Die Umstände, die den Hinweisgeber vor einer externen Meldung annehmen lassen, dass die Behörde keine (hinreichenden) Folgemaßnahmen treffen wird, müssen verdeutlicht werden. Hierzu findet sich im Erwägungsgrund Nr. 81 der HinSch-RL nur die Wiederholung des Wortlauts von Art. 15 Abs. 1 lit. b ii RL. Die Begründung des § 32 Abs. 1 Nr. 2 lit. b und c HinSchG dagegen in Bezug auf lit. c, namentlich Offenlegung aufgrund geringer Erfolgsaussicht, fügt Folgendes hinzu: „Erfasst sein können darüber hinaus unter Buchstabe c auch nach den Umständen des Einzelfalles solche Fälle, in denen Verstößen nur unzureichend nachgegangen wurde oder in denen zwar innerhalb der vorgegebenen Fristen geeignete Abhilfemaßnahmen getroffen worden waren, diese aber anschließend nicht oder lediglich unzureichend weiterverfolgt wurden.“[1480] Die hier erwähnten Folgemaßnahmen, die sich als unzureichend erwiesen haben sollten, müssen diejenigen sein, die von internen Meldestellen ergriffen worden sind, gem. Art. 9 ff. HinSch-RL.[1481] Daher kommt eine unmittelbare Offenlegung in Betracht, wenn der Hinweisgeber durch vorherige Erfahrungen mit einer internen Meldung zur Überzeugung kommt, dass eine externe Meldung aussichtslos wäre. Ein solcher Umstand lässt sich wie folgt veranschaulichen: Der Hinweisgeber meldet einen Verdacht auf Verstoß bei internen Stellen. Die zuständige Stelle leitet dann eine Untersuchung ein und benachrichtigt die Behörde oder die Behörde beteiligt sich an der Untersuchung.[1482] Das Verfahren wird aber eingestellt, ohne dass der gemeldete Verstoß aufgelöst wird; der Verstoß setzt sich fort oder ähnlich gelagerte Missstände drohen oder entstehen. Unter diesem Umstand wäre die Annahme als berechtigt anzusehen, das Unternehmen und die Behörde würden zur Vertuschung der Missstände kooperieren. Ist das der Fall, kann eine externe Meldung den Hinweisgeber auch Repressionen aussetzen – damit wäre zusätzlich die Voraussetzung einer Offenlegung i. S. d. Art. 15 Abs. 1 lit. b ii erster Halbsatz HinSch-RL bzw. § 32 Abs. 1 Nr. 2 lit. b HinSchG erfüllt.[1483] Da unter diesem Umstand die Unabhängigkeit und Funktionsfähigkeit der externen Meldestelle beeinträchtigt sind, ist die Offenlegung

1480 Begründung zu Abs. 1 Nr. 2 lit. b, c HinSchG-E § 32, S. 91.

1481 Vgl. Begründung zu § 32 HinSchG-E, S. 90; Einzelheiten zu Folgemaßnahmen interner Meldestellen, Kap. § 8, B, II, 2.

1482 Näheres zu Folgemaßnahmen u.a. interne Aufklärungsmaßnahmen der Unternehmen, Kap. § 8, B, II, c), (2).

1483 Siehe Kap. § 8, B, II, c).

berechtigt.[1484] Eine Offenlegung wäre das effektivste Mittel zur Rechtsverfolgung, wenn die Missstände auch von staatlichen Stellen nicht (hinreichend) verfolgt werden.[1485]

Bei einer unmittelbaren Offenlegung – ohne interne Meldung – scheint es unwahrscheinlich, dass ein Hinweisgeber Anhaltspunkte für die Unwirksamkeit einer externen Meldung findet. Die Pflicht der Behörden zu einer unabhängigen Bearbeitung und Verfolgung von gemeldeten Verstößen gem. Art. 12 Abs. 1 HinSch-RL würde als Vorsorgemaßnahme gegen Beweismittelvernichtung und Absprachen mit dem Urheber des Verstoßes wirken.[1486] Sie könnten aber nicht garantieren, dass im Einzelfall keine Beweismittelvernichtung und auch keine Absprachen mit dem Urheber des Verstoßes stattfinden. Ebenso sind Informationen über Meldeverfahren externer Stellen öffentlich zugänglich, um die Meldebereitschaft potenzieller Hinweisgeber zu erhöhen.[1487] Diese Maßnahmen allein liefern im konkreten Fall keine Anhaltspunkte zur Vorgehensweise der Behörden. Es kann trotz der Pflicht der Behörden zur Unabhängigkeit vorkommen, dass die Missstände – vor allem schwere Verstöße – aufgrund eines Interessenkonfliktes, z. B. einer privaten oder wirtschaftlichen Beziehung zum angeblichen Täter, nur mangelhaft untersucht werden oder das Verfahren aus einem angeblich berechtigten Grund eingestellt wird.[1488]

1484 Begründung zu Abs. 1 Nr. 2 lit. b, c HinSchG-E § 32, S. 91.

1485 Titland, in: Making Transparency Possible 2019, S. 181 (205).

1486 § 25 Abs. 2 HinSchG.

1487 Art. 13 HinSch-RL; Erwägungsgrund Nr. 75 der HinSch-RL. Laut einer Studie von Transparency International denken 62 % der Deutschen, dass private Interessen einen Einfluss auf die Regierung haben. Mehr als die Hälfte ist der Meinung, dass Unternehmen sich durch Bestechung oder Nutzung privater Beziehungen Aufträge von der Regierung verschaffen. Zu dieser Meinung führen laut der Studie mangelhafte Transparenz des staatlichen Handels sowie einige Skandale, u.a. die Zahlung großer Provisionen an das deutsche Ministerium für Gesundheit für den Kauf von Covid-19-Masken eines Unternehmens – laut Presse soll dafür die private Beziehung eines Ministerpräsidenten zum Unternehmer gesorgt haben. Für weitere Informationen siehe, Global Corruption Barometer European Union 2021, S. 29, https://images.transparencycdn.org/images/TI_GCB_EU_2021_web.pdf.

1488 So wird in Bezug auf den Wirecard-Skandal berichtet, dass ein BaFin-Mitarbeiter dank Insiderwissen mit Wirecard-Papieren Geschäfte gemacht haben soll, Pressemitteilungen, 28. Januar 2021, Fachnews becklink 2018701. Infolge des Bilanzbetrugs des Unternehmens und infolge des Verdachts auf unzureichende Verfolgung relevanter Verstöße wurde die BaFin befragt; wie die Hinweisgeberstelle der BaFin funktioniert, siehe BT-Drs. 19/28427 vom 13.4.2021. Zu stellen sind etwa die Fragen, wer darüber entscheidet, ob und welchem Hinweis nachgegangen wird, wie

3. *Zwischenergebnis*

Im Hinblick auf die nicht unerheblich schweren Folgen einer Offenlegung von betrieblichen Missständen für Arbeitgeber bzw. Betroffenen, deren Fehlverhalten öffentlich bekannt gegeben wird, stellen sich hohe Anforderungen an den guten Glauben der Hinweisgeber auf. Da das Ziel der Offenlegung hingegen nicht die öffentliche Anprangerung ist, sondern ein Beitrag zur Verhinderung bzw. Verfolgung von Verstößen, wird durch die Festlegung von gesetzlichen Rahmenbedingungen einer Offenlegung versucht, Voraussetzungen zu schaffen, unter denen einerseits Hinweisgeber rechtssicher gegen einen Missstand vorgehen können, andererseits Betroffenen bzw. Täter des Missstandes in ihren Interessen wie Schutz des geschäftlichen Ansehens dadurch nicht unverhältnismäßig beeinträchtigt werden. Die durch Art. 15 der RL bzw. § 32 HinSchG aufgestellten Voraussetzungen zur Berechtigung einer Offenlegung scheinen nicht geeignet, um das Ziel zur effektiven Rechtsdurchsetzung zu erreichen. Im Gegenteil würden sie potenzielle Hinweisgeber abschrecken. Unter der geltenden Rechtslage ist es für Hinweisgeber, nur schwer – für diejenigen, die eine unmittelbare Offenlegung erwägt, hingegen kaum – möglich, ihren guten Glauben an dem Vorliegen eines Grundes nachzuweisen, der die Offenlegung eines Missstandes rechtfertigen würde. Anstatt derartiger Abschreckung der Hinweisgeber vor einer Offenlegung wäre es zweckmäßig, Voraussetzungen zu schaffen, die für die Schaffung von vertrauensbildendem Dialog zwischen Hinweisgeber und Behörden bzw. Unternehmen sorgen, weil dadurch zum einen Meldungen stimuliert und Verstößen verfolgt würden, zum anderen betroffenen Interessen der Unternehmen vor unnötigen Offenlegungen geschützt würden.

---

unabhängig die Mitarbeiter der Hinweisstelle sind, ob diese eventuell gegen Interessenlagen anderer Aufsichtsbereiche (z. B. Banken oder Versicherung) verstoßen sowie ob die Hinweisgeberstelle autonom arbeiten kann. Die BaFin bestätigt, dass die Stelle einige Schwachstellen hat, z. B. mangelnde Verdeutlichung der Rolle der Hinweisgeberstelle gegenüber potenziellen Hinweisgebern, zu geringe externe Sichtbarkeit, unterschiedliche Handhabung der Hinweisbearbeitung und unzureichende Erfassung des Umgangs mit Hinweisen in den Aufsichtsbereichen, siehe BT-Drs. 19/29193, v. 3.5.2021, S. 5 f.

§ 9. Annahme der Notwendigkeit einer Aufdeckung

Eine effektive Rechtsdurchsetzung ist auf Informationen über Verstöße angewiesen. Die Gefahr, dass Hinweisgeber aufgrund einer Meldung oder Offenlegung für die Verletzung einer Offenlegungsbeschränkung bzw. Geheimhaltungsvereinbarung verantwortlich gemacht werden, entfaltet einen chilling-effect über potenzielle Hinweisgeber.[1489] Sie würden sich mit einer Aufdeckung von Verstößen zurückhalten. Um diesen abschreckenden Effekt abzubauen und Hinweisgebern somit einen Beitrag zu der effektiven Rechtsdurchsetzung zu erleichtern, werden einige Maßnahmen ergriffen.[1490] Unter diese Maßnahmen fällt ein Haftungsdispens, nämlich die Befreiung der Hinweisgeber von der Haftung für eine infolge einer Meldung oder einer Offenlegung erfolgte Verletzung von Geheimhaltungspflichten, gem. Art. 21 Abs. 2 HinSch-RL. Ebenso zählt hierzu das Recht eines Hinweisgebers zur Abweisung von Klagen, welche an den Hinweisgeber aufgrund der Meldung bzw. Offenlegung eintretenden angeblichen Verletzung der Geheimhaltungspflichten, Offenlegung von Geschäftsgeheimnissen o. Ä. gerichtet würden, gem. Art. 21 Abs. 7 HinSch-RL. Wenn eine Information über einen relevanten Verstoß Geschäftsgeheimnisse beinhaltet, gilt die Weitergabe der Information gem. Art. 21 Abs. 7 Unterabsatz 2 HinSch-RL als rechtmäßig i. S. d. Art. 3 Abs. 2 der Geheimnisschutz-RL 2016/943; sie begründet also keinen Verstoß gegen Geheimnisschutzvorschriften.[1491] Im Gegensatz dazu sind auch die Interessen der Betroffenen bzw. Arbeitgeber wie das Interesse an dem Schutz von Geschäftsgeheimnissen sowie dem guten Ansehen Rechnung zu tragen; eine Meldung bzw. Offenlegung dürfte nicht überflüssig sein.[1492] Der in Art. 21 Abs. 2 und 7 RL vorgesehene Haftungsdispens setzt daher voraus, dass Hinweisgeber einen hinreichenden Grund zu der Annahme hatten, dass die Meldung oder Offenlegung der Information notwendig war, um einen Verstoß nach dieser Richtlinie aufzudecken. An dieser Stelle stellen sich folgende Fragen: Worauf bezieht sich dieser Notwendigkeitsvorbehalt: auf die Wahl des Mittels zu der Informationsweitergabe – konkret, ob eine Meldung oder eine

---

1489 Erwägungsgrund Nr. 97 der HinSch-RL.

1490 Art. 21 Abs. 1 HinSch-RL; EuArbRK/*Fest*, RL (EU) 2019/1937 Art. 21 Rn. 4.

1491 Erwägungsgrund Nr. 98 der HinSch-RL.

1492 Erwägungsgrund Nr. 91, S. 3, 4 der HinSch-RL.

Offenlegung aus Sicht des Hinweisgebers für die Aufdeckung des Verstoßes notwendig sein soll – oder auf den Inhalt der Information (A)? Nach welcher Forschung sollte ein Hinweisgeber die Notwendigkeit der Aufdeckung annehmen (B)? Wie wäre es schließlich, wenn beispielsweise Geheimhaltungsinteresse im Einzelfall das Interesse an der Aufdeckung überwiegen würde; ist die Aufdeckung dennoch als notwendig anzusehen oder ist überhaupt keine Interessenabwägung vorzunehmen (C)?

A. Bezug des Notwendigkeitsvorbehalts

Aufzuklären ist es, ob ein Hinweisgeber hinsichtlich der Wahl der Meldewege – eine Meldung oder eine Offenlegung – auf die Notwendigkeit einer Aufdeckung beachten soll, oder bezieht sich der Notwendigkeitsvorbehalt auf den Inhalt bzw. Umfang der Information über Verstöße. Da ein Hinweisgeber kein Recht zur Wahl zwischen einer Meldung und Offenlegung hat, sondern eine Meldung ist vorrangig auszuschöpfen,[1493] dürfte man denken, dass der Notwendigkeitsvorbehalt doch darauf bezogen wäre, ob sich der Hinweisgeber zur Aufdeckung eines Verstoßes mit einer Meldung genügt oder er eine Offenlegung wählt. Die Notwendigkeit bzw. die Wahl einer Offenlegung könnte dann aufgrund der Unwirksamkeit bzw. Unzumutbarkeit einer Meldung begründet werden.[1494] Dem Erwägungsgrund Nr. 91, S. 3 der RL jedoch ist zu entnehmen, dass der Notwendigkeitsvorbehalt inhaltsbezogen ist. Demnach sollte sich der Schutz nicht auf überflüssige Informationen erstrecken, die der Hinweisgeber ohne solchen hinreichenden Grund offengelegt hat. Ebenso besagt die Begründung zu § 35 Abs. 2 HinSchG, Umsetzungsnorm für Art. 21 Abs. 2 der HinSch-RL[1495], dass keine überflüssigen Informationen weiterzugeben sind.[1496] Nach der Begründung zu § 6 Abs. 1 HinSchG, Umsetzungsnorm für Art. 21 Abs. 7 Unterabsatz 2 RL, kommt es schließlich bei der Erforderlichkeit der Weitergabe von Geschäftsgeheimnissen nicht allein darauf an, ob die Weitergabe überhaupt notwendig ist, sondern auch darauf, in welchem Umfang sie notwendig ist. Die hinweisgebende Person hat damit darauf zu achten, dass konkret nur solche Geheimnisse weitergegeben werden, deren konkreter Inhalt für die Aufdeckung

---

1493 Vgl. Art. 10 HinSch-RL i. V. m. Art. 15 HinSch-RL.

1494 Groneberg, S. 221; siehe die Voraussetzungen einer geschützten Offenlegung, Kap. § 8, C.

1495 Begründung zu Abs. 2 HinSchG-E § 35, S. 94.

1496 Begründung zu Abs. 2 HinSchG-E § 35, S. 94.

des Verstoßes erforderlich ist.[1497] Aus diesem Grund lässt sich annehmen, dass sich der Notwendigkeitsvorbehalt in Art. 21 Abs. 2, 7 HinSch-RL auf den Umfang der weitergegebenen Informationen bezieht, nicht jedoch auf die Frage, ob zu der wirksamen Verfolgung eines Verstoßes eine Meldung oder eine Offenlegung notwendig ist.[1498]

B. Hinreichender Grund zu der Annahme der Notwendigkeit

Für die Anwendung des Haftungsdispenses muss es einen hinreichenden Grund geben, anhand dessen ein Hinweisgeber die Notwendigkeit einer Meldung bzw. Offenlegung annehmen darf. Welche Sorgfalt ein Hinweisgeber erbringen muss, um die Notwendigkeit der Aufdeckung anzunehmen, ist allerdings unklar. Ein bestimmter Sorgfaltsmaßstab lässt sich nur schwer ermitteln. Die gegenwärtige Rechtsprechung liefert hierzu kein klares Bild.

I. Sorgfaltsmaßstab

Effektive Verfolgung, Ermittlung und Ahndung eines Verstoßes erfolgen dadurch, dass Meldungen bzw. Offenlegungen von Informationen über den Verstoß sowie hiermit weitere Informationen beinhalten, die der Kontextualisierung und der Plausibilisierung des angeblichen Verstoßes helfen würden.[1499] Durch den Haftungsdispens können Hinweisgeber Informationen über Verstöße weitergeben, ohne dass sie befürchten müssen, für eine Verletzung von Geheimhaltungspflichten verantwortlich gemacht zu werden. Demgegenüber dürfen auch keine überflüssigen Informationen weitergegeben werden.[1500] Berechtigte Interessen eines Arbeitgebers wie an dem Schutz der Geschäftsgeheimnisse dürfen nicht beeinträchtigt werden, indem es etwa zugelassen wird, dass tausende irrelevante Informationen u.a. Geschäftsgeheimnisse offengelegt werden. Aus diesem Grund stellt sich die Frage, wann eine Meldung bzw. Offenlegung irrelevante Informationen enthält und inwieweit ein Hinweisgeber den notwendigen Umfang einer Meldung bzw. Offenlegung überprüfen muss. Eine Antwort leitet sich aus den existierenden gesetzlichen Vorgaben nur schwer ab.

1497 Begründung zu Abs. 1 HinSchG-E § 6, S. 71.

1498 Colneric/Gerdemann, HSI-Schriftenreihe Band 34, S. 59 f.

1499 Colneric/Gerdemann, HSI-Schriftenreihe Band 34, S. 59 f.

1500 Erwägungsgrund Nr. 91, S. 3 der HinSch-RL; Begründung zu Abs. 2 HinSchG-E § 35, S. 94.

Hierzu finden sich Angaben derzeit lediglich im HinSchG. Nach § 35 Abs. 2 HinSchG verletzt ein Hinweisgeber keine Offenlegungsbeschränkungen und kann daher nicht für die bei einer Meldung oder Offenlegung erfolgte Weitergabe von Informationen rechtlich verantwortlich gemacht werden, sofern er hinreichenden Grund zu der Annahme hatte, dass die Weitergabe der Informationen erforderlich war, um einen Verstoß aufzudecken. In Bezug auf die Voraussetzung der Erforderlichkeit der Weitergabe der Information zieht die Begründung zu Abs. 2 des § 35 HinSchG den Erwägungsgründen Nr. 91 und 97 der RL heran, namentlich die Vorsorge, dass der Schutz sich nicht auf überflüssige Informationen erstrecken soll. Zu der Frage, welche Anforderungen an den hinreichenden Grund zu der Annahme, die Meldung oder Offenlegung sei erforderlich, zu stellen sind, verweist die Begründung auf die Ausführungen zu § 33 Abs. 1 Nr. 2 HinSchG.[1501] Bei § 33 Abs. 1 Nr. 2 hingegen handelt es sich um die Sorgfalt, die ein Hinweisgeber erbringen muss, um die Wahrheitsmäßigkeit einer Information über Verstöße zu überprüfen.[1502]

Wie diese Vorgaben der Begründung auszulegen sind, ist aufgrund des Mangels an Rechtspraxis nicht abschließend zu beantworten; meint z. B. die Begründung mit diesem Verweis auf die Wahrheitsmäßigkeitsanforderung, dass die Notwendigkeit der Informationsweitergabe zu bejahen ist, wenn man die Wahrheitsmäßigkeit der Information angenommen hat? Sollte man die Anforderungen an die Notwendigkeit einer Meldung oder einer Offenlegung – in einer entsprechenden Übertragung der Wahrheitsmäßigkeitsanforderung –[1503] so wie folgend formulieren? Es muss zum Zeitpunkt der Meldung oder Offenlegung konkrete Anhaltspunkte gegeben sein, anhand deren aus objektiver Hinsicht anzunehmen ist, dass die Meldung bzw. Offenlegung notwendig ist. An die Sorgfalt eines Hinweisgebers in Bezug auf die Überprüfung der Notwendigkeit der Aufdeckung sind keine überhöhten Anforderungen zu stellen, allerdings darf die Meldung oder Offenlegung nicht leichtfertig ohne ein Bemühen zur Verifizierung der Notwendigkeit erfolgen, sofern dieses Bemühen zumutbar ist.

Auffällig ist weiterhin, dass die Begründung zu Abs. 2 des § 35 HinSchG auf die Anforderungen an die Wahrheitsmäßigkeit der Informationen i. S. d. § 33 Abs. 1 Nr. 2 verweist, nicht aber auf Anforderungen an einen rechtlichen Rahmen der Information i. S. d. § 33 Abs. 1 Nr. 3. Daraus könnte man schlussfolgern, dass es nicht darauf ankommt, ob der Hinweisgeber anhand dessen

1501 Begründung zu Abs. 2 HinSchG-E § 35, S. 94.
1502 Begründung zu Abs. 1 Nr. 2 HinSchG-E § 33, S. 92.
1503 Wahrheitsmäßigkeitsprüfung unter Kap. § 5, C.

tätigkeitspezifischen Wissens oder im Hinblick auf sein Verständnis als juristischer Laie zu der Überzeugung gelangt ist, der aufzudeckende Verstoß fiele in den sachlichen Anwendungsbereich dieses Gesetzes.[1504] Infolgedessen würde jede wahre bzw. gutgläubig als wahr angenommene Information über einen Verstoß Schutz vor Haftung für eine eventuelle Verletzung von Geheimhaltungspflichten genießen, und zwar unabhängig davon, ob die Information in den sachlichen Anwendungsbereich eines Hinweisgeberschutzgesetzes fällt. Demgegenüber bezieht sich Art. 21 Abs. 2 RL auf die Aufdeckung „eines Verstoßes gemäß der Richtlinie". Ist der Gegenstand der begründeten Annahme ein Verstoß, dessen Aufdeckung die RL schützt, kann diese Annahme bejaht werden, wenn ein Verstoß-Verdacht zum Zeitpunkt der Meldung oder Offenlegung angesichts der Umstände und der verfügbaren Informationen plausibel erschien.[1505] Der Haftungsdispens dürfte demnach nicht entfallen, wenn später erkannt wird, dass der gemeldete Verstoß tatsächlich nicht vorlag. Notwendige Informationen wären diejenigen, an denen ein öffentliches Interesse besteht, welches im Einzelfall ein Überwiegen der Meinungsfreiheit gegenüber dem Recht der Arbeitgeber auf Schutz des guten Rufs bzw. der geschäftlichen Interessen und demzufolge den Schutz vor Benachteiligung begründen kann.[1506] Demnach dürfte es erforderlich, aber auch ausreichend sein, dass es um Informationen über Verstöße i. S. v. Art. 5 Nr. 2 der RL geht, von denen der Hinweisgeber annehmen durfte, sie seien zur Verfolgung der Verstöße nach dieser RL nützlich.

Zusammenfassend lässt sich sagen, dass eine Information notwendig ist, wenn ein Hinweisgeber hinreichenden Grund zu der Annahme hatte, dass die Information wahr ist und einen relevanten Verstoß zum Gegenstand hat – konkret, dessen Aufdeckung ist vom sachlichen Anwendungsbereich der RL erfasst oder der Verstoß kann das öffentliche Interesse beeinträchtigen. Die Annahme, die Information sei notwendig, ist schließlich anhand der Umstände bzw. verfügbaren Informationen als vernünftig zu betrachten.

II. Rechtsprechung des EGMR zum Fall Halet vs. Luxemburg

Es gibt einen Fall, dessen Beurteilung durch den dritten Senat des EGMR[1507] sowie die Große

1504 Anforderungen an den rechtlichen Rahmen einer Information, unter Kap. § 5, D.

1505 EuArbRK/*Fest*, RL (EU) 2019/1937 Art. 21 Rn. 9, 10.

1506 EuArbRK/*Fest*, RL (EU) 2019/1937 Art. 21 Rn. 11.

1507 EGMR 11.5.2021 – 21884/18 Halet vs. Luxemburg abrufbar unter, https://hudoc.echr.coe.int/fre#{%22itemid%22:[%22001-209869%22]}.

Kammer[1508] Anhaltspunkte zu der Notwendigkeit einer Offenlegung entnommen werden können. Bei dem zugrunde liegenden Fall, Halet vs. Luxemburg, geht es um die Enthüllung von Steuerdeals internationaler Konzerne mit den luxemburgischen Finanzbehörden – sog. „LuxLeaks"-Skandal. Herr Halet ist einer von den Whistleblowern, die als ehemalige Mitarbeiter der Wirtschaftsprüfungsgesellschaft PricewaterhouseCoopers (PwC) zehntausende vertrauliche Dokumente ihrer Firma an einen Fernsehjournalisten weitergegeben haben.[1509] Sie haben somit aufgedeckt, dass multinationale Unternehmen in Luxemburg mit Hilfe von PwC ihre Steuerzahlungen auf Kosten der EU-Länder vermeiden konnten. Nach der Enthüllung des Skandals durch seinen Kollegen Deltour wendet sich Herr Halet mit zusätzlichen Steuerdokumenten u.a. mit Hinweisen auf die in die Tat involvierten US-Konzernen an einen Journalisten. PwC hat daraufhin Deltour und Halet wegen Diebstahls der Dokumente verklagt. Während Deltour als Whistleblower von Luxemburger Gerichten für frei von Strafen erklärt worden ist, wurde Herr Halet, wegen Diebstahls von Dokumenten zu einer Geldstrafe von 1. 000 Euro verurteilt. Halet hat eine Berufung beim EGMR eingelegt; die Geldstrafe verletze sein Recht auf freie Meinungsäußerung gem. Art. 10 EMRK.

Der dritte Senat des EGMR erkannte zuerst – anders als die luxemburgischen Instanzen – Halet als einen Whistleblower an.[1510] Die Angaben von Halet waren weiterhin von öffentlichem Interesse.[1511] Der EGMR stellte aber auch fest, dass die von Halet enthüllten Informationen nicht von ausreichend öffentlichem Interesse sind, um den daraus resultierenden Schaden an PwC auszugleichen.[1512] Zu diesem Ergebnis kam der Gerichtshof dadurch, dass er die aufgrund der Offenlegung beeinträchtigten Interessen des Konzerns PwC wie Schutz des guten Ansehens und Vermeidung von Verlust des Vertrauens der Kunden in das Unternehmen einerseits und das öffentliche Interesse an der Offenlegung von vertraulichen Dokumenten durch Halet andererseits abgewogen hat. Der Grund für das Überwiegen der Interessen von PwC ist, dass das Unternehmen schon aufgrund der öffentlich bekannt gewordenen LuxLeaks-Affäre ein schwieriges Jahr erlebt

1508 ECtHR [GC] Halet v. Luxembourg 14.2.2023 – 21884/18, abrufbar unter, https://hudoc.echr.coe.int/eng?i=001-223259.

1509 Deltour, in: Making Transparency Possible 2019, S. 81; Halet, in: Making Transparency Possible 2019, S. 87, sie erzählen von ihrer Geschichten.

1510 Halet c. Luxembourg 11.5.2021 – 21884/18, Rn. 91.

1511 Halet c. Luxembourg 11.5.2021 – 21884/18, Rn. 107.

1512 Halet c. Luxembourg 11.5.2021 – 21884/18, Rn. 108.

hat und die Offenlegung von Dokumenten durch Halet nicht notwendig ist.[1513] Es gebe demnach keinen zwingenden Grund für Halet, die Dokumente offenzulegen, weil die fragliche Steuerpraxis bereits öffentlich bekannt war. An den von Halet offengelegten Dokumenten gibt es zwar definitiv ein journalistisches Berichterstattungsinteresse, sie liefern allerdings keine „wesentlichen, neuen oder bisher unbekannten Informationen", welche zu einer öffentlichen Debatte über die fragliche Steuerpraxis beitragen könnten.[1514] Nach dem Gerichtshof sind die Merkmale – wesentliche, neue oder unbekannte Informationen – als Angaben zu betrachten, die sich unter anderen Umständen als eng erweisen könnten, die aber im vorliegenden Fall zur Folge haben, dass die Offenlegung nicht von ausreichendem Interesse ist, um den Schaden auszugleichen, den PwC erlitten hat.[1515] Unter Betrachtung der in relativ geringem Umfang auferlegten Geldbuße und eines demgemäß für geringfügig zu haltenden abschreckenden Effekts der Geldbuße für potenzielle Hinweisgeber kam der Gerichtshof zum Ergebnis, dass es keinen unzulässigen Eingriff in die Meinungsfreiheit gibt.[1516]

Auf Anliegen von Herrn Halet wurde das Urteil an die Große Kammer des EGMR verwiesen[1517] und diese hat die Entscheidung des dritten Senats aus den folgenden Gründen aufgehoben: Allein der Umstand, dass die einschlägigen Steuervermeidungspraktiken des Unternehmens bereits öffentlich bekannt waren, schließt die Möglichkeit nicht aus, dass die Offenlegung von Herrn Halet dem öffentlichen Interesse dient. Zusätzliche Informationen über einen Missstand wie im vorliegenden Fall können zu der öffentlichen Meinungsbildung beitragen. Denn der öffentliche Diskurs ist „nicht in der Zeit eingefroren"[1518] („not frozen in time"), d. h. die öffentliche Meinung bildet sich mit der Zeit und diese bedarf ggf. zusätzlicher Informationen.[1519] Es gibt zudem folgende drei Kategorien von Missständen, deren Aufdeckung von öffentlichem Interesse wäre: Rechtswidrigkeiten, verwerfliche Handlungen oder Praktiken, und Vorfälle, die weder rechtswidrig noch verwerflich sind, die aber zu der Diskussionen um die Frage beitragen, ob das öffentliche Interesse beeinträchtigt ist

---

1513 Halet c. Luxembourg 11.5.2021 – 21884/18, Rn. 109.

1514 Halet c. Luxembourg 11.5.2021 – 21884/18, Rn. 109.

1515 Halet c. Luxembourg 11.5.2021 – 21884/18, Rn. 109.

1516 Halet c. Luxembourg 11.5.2021 – 21884/18, Rn. 111 f.

1517 Eine Anhörung in der Großen Kammer fand am 2. Februar 2022 statt. Die Anhörung wurde ausgestrahlt, erreichbar unter https://www.echr.coe.int/Pages/home.aspx?p=hearings&w=2188418_02022022&language=en.

1518 Redder, NVwZ 2023, 657 (659).

1519 ECtHR [GC] Halet v. Luxembourg 14.2.2023 – 21884/18, Rn. 184.

oder nicht.[1520] Je schwerer ein Missstand ist, desto gewichtig ist das öffentliche Interesse an seiner Aufdeckung. Am geringsten ist beispielsweise das Gewicht des öffentlichen Interesses an der Information über die oben beschriebenen Vorfälle in der dritten Kategorie.[1521] Die Offenlegung im vorliegenden Fall betrifft zwar diese letzte Kategorie von Informationen,[1522] unter Betrachtung der Umstände des Einzelfalls wurden allerdings beteiligte Interessen abgewogen und es stellte sich Folgendes heraus: Die Offenlegung von Informationen über Unternehmensbesteuerungspraktiken ist sowohl auf nationaler als auch auf europäischer Ebene von öffentlichem Interesse. Dies überwiegt den Interessen des PwC, den Interessen der von der Offenlegung betroffenen multinationalen Unternehmen sowie dem öffentlichen Interesse an der Verfolgung und Sanktionierung des Diebstahls, den der Hinweisgeber zum Wohle der Informationsweitergabe begangen hat, und dem Interesse an der Wahrung der beruflichen Verschwiegenheitspflichten.[1523]

Kurzum: Während nach dem Urteil der Kammer des EGMR der Neuheitswert und die Wesentlichkeit der Information ein Kriterium zur Notwendigkeit einer Offenlegung darstellt, ist der Maßstab nach der Beurteilung der Großen Kammer der Beitrag der Information zur öffentlichen Meinungsbildung. Demnach wird die Notwendigkeit der Offenlegung bejaht, wenn zusätzliche Informationen zu Diskussionen über öffentlichkeitswirksame Themen, wie etwa die Unternehmensbesteuerung führen. Die Allgemeinheit kann somit eine Meinung darüber bilden, ob das öffentliche Interesse beeinträchtigt ist oder nicht. Das Kriterium von „Neuheitswert und Wesentlichkeit der Information“ wäre nicht ohne Weiteres nachvollziehbar (1). Diesem Kriterium steht auch die Große Kammer entgegen, indem sie die Relevanz der Information für das öffentliche Interesse hervorhebt. Der Ansatz der Großen Kammer hingegen leidet auch daran, dass dieser auf ein unklares Kriterium abstellt, um die Notwendigkeit einer Informationsweitergabe zu bewerten; dies sorgt nämlich für ein einzelfallabhängiges und somit unvorhersehbares Ergebnis der Beurteilung der Notwendigkeit der (zusätzlichen) Information (2).

1520 ECtHR [GC] Halet v. Luxembourg 14.2.2023 – 21884/18, Rn. 133 ff.

1521 ECtHR [GC] Halet v. Luxembourg 14.2.2023 – 21884/18, Rn. 140.

1522 ECtHR [GC] Halet v. Luxembourg 14.2.2023 – 21884/18, Rn. 142, 171.

1523 ECtHR [GC] Halet v. Luxembourg 14.2.2023 – 21884/18, Rn. 143 ff., 191 ff., 202 f.; krit. Junker, EuZA 2023, 241 (242).

1. *Würdigung der Merkmale von „Neuheitswert" und „Wesentlichkeit" der Information*

Als Anhaltspunkte, um die Notwendigkeit einer Offenlegung zu beurteilen, sind nach dem Urteil des EGMR zur Halet vs. Luxemburg Merkmale von „Neuheitswert" und „Wesentlichkeit" der Informationen zu dienen. Ob bzw. wie diese Merkmale allerdings einem Hinweisgeber abhelfen würden, um die Notwendigkeit einer Meldung bzw. Offenlegung zu überprüfen, ist derzeit kaum absehbar. Denn es besteht keine Einigkeit über eine Vereinbarkeit dieser Merkmale mit der Meinungsfreiheit sowie über Schlussfolgerungen, die der EGMR durch deren Einsatz im vorliegenden Fall gehabt hat. Nach dem Minderheitenvotum, Ansicht der zwei Richter, die sich dem Urteil des EGMR nicht anschließen, sind diese Merkmale – abweichend von bisheriger Rechtsprechung des EGMR –[1524] neu eingeführt;[1525] eine freie Erörterung von Angelegenheiten, die das öffentliche Interesse betreffen, ist wesentlich für die Demokratie.[1526] Bürger dürfen nicht angehalten werden, sich zu solchen Angelegenheiten zu äußern. Aus diesem Grund müsste eine Vermutung der Freiheit der Meinungsäußerung, in Form der Offenlegung von Herrn Halet, bereits bei der Feststellung des EGMR, es gäbe ein öffentliches Interesse an der Information, gem. Art. 10 EMRK greifen.[1527] Diese Vermutung könnte danach widerlegt werden, wenn die Nachteile, die ein Arbeitgeber aufgrund der Offenlegung erlitten hat, durch konkrete Schäden begründet werden, und wenn diese Nachteile dem öffentlichen Interesse an der Offenlegung deutlich überwiegen. Demgegenüber lässt sich vorstellen, dass diese Merkmale ein ständiges Element der Interessenabwägung konkretisieren, namentlich, das öffentliche Interesse an der Information; so z. B. sollen auch im US-amerikanischen Whistleblowing-Recht Gerichte die Wesentlichkeit und den Neuheitswert einer Information aufgreifen, um die Relevanz einer Information für das öffentliche Interesse festzustellen.[1528] Im Einzelnen zu den Ergebnissen, zu denen der EGMR durch den Einsatz der Merkmale im vorliegenden Fall gekommen ist, führt man schließlich Folgendes aus: Zum einen lässt sich

1524 Verwiesen wird häufig auf das Urteil des EGMR zu der Rechtssache Guja vs. Moldau, siehe Kap. § 3.

1525 Die Stellungnahme von Richtern findet sich in Annex des Urteils, siehe S. 29 f., https://hudoc.echr.coe.int/fre#{%22itemid%22:[%22001-209869%22]}.

1526 Annex des Urteils Rn. 7.

1527 Annex des Urteils Rn. 8.

1528 Gerdemann, HSI-Report 2/2021, 14 (20); vgl. Lewis/Bowers/Fodder/Mitchell, para. 3. 44.

zustimmen, dass die von Herrn Halet offengelegten Informationen nicht ganz neu waren.[1529] Zum anderen müsste die Aktualität seiner Informationen angenommen werden, weil er Steuerdokumente offengelegt hat, welche von dem anderem Whistleblower Deltour nicht weitergegeben wurden, und seine Informationen helfen weiterhin zu erkennen, welche Unternehmen für das Steuerskandal verantwortlich sind.[1530] Ferner müssten Informationen als wesentlich betrachtet werden, weil sie der Allgemeinheit eine Einsicht in die komplizierte Körperschaftssteuerpolitik bieten.[1531] Sie veranschaulichen durch Fallbeispiele, konkret, durch Angaben zu den in den Steuerdeal involvierten weltweit bekannten Unternehmen, den Finanzskandal und sie tragen somit zu einer öffentlichen Diskussion um die Besteuerung multinationaler Konzerne, Steuertransparenz, fragliche Steuerbefreiung sowie Steuergerechtigkeit bei.[1532] In dieser Richtung äußert sich auch die Große Kammer. Die von Herrn Halet offengelegten Informationen bzgl. der Steuererklärungen von multinationalen Unternehmen sind zwar nicht wesentlich für die Aufdeckung von Steuervermeidungspraktiken, sie helfen allerdings der Allgemeinheit, zu verstehen, wie diese Unternehmen Steuern auf null drücken können, welche politischen Entscheidungen bzgl. der Unternehmensbesteuerung in Luxemburg getroffen wurden und wie sich diese Praktiken auf die Steuergerechtigkeit in Europa im Allgemeinen und in Luxemburg im Besonderen auswirken.[1533]

Wie beobachtet wird, ist es unklar, ob diese Merkmale nachvollziehbar sind, um die Notwendigkeit einer Meldung bzw. Offenlegung zu bewerten. Man darf einen abschreckenden Effekt befürchten, wenn Hinweisgeber aufgrund einer im Einzelfall als gering erwiesenen Wesentlichkeit bzw. Aktualität der Informationen aus dem Schutz vor Haftung für Geheimhaltungspflichtverletzungen ausfallen würden.[1534] Auf der anderen Seite müsste es auch eine angemessene Abschreckung gegen wiederholte, für die Rechtsdurchsetzung unwesentliche

---

1529 Damit einverstanden ist auch das Minderheitenvotum, Annex des Urteils Rn. 14.

1530 Gerdemann, HSI-Report 2/2021, 14 (20).

1531 Annex des Urteils Rn. 14.

1532 Das Minderheitenvotum, Annex des Urteils Rn. 14; Halet, in: Making Transparency Possible 2019, S. 87 (90); Gerdemann, HSI-Report 2/2021, 14 (18).

1533 ECtHR [GC] Halet v. Luxembourg 14.2.2023 – 21884/18, Rn. 188 ff.

1534 Annex des Urteils Rn. 7; Falter, Pressemitteilung, https://www.whistleblower-net.de/online-magazin/2021/09/07/zweite-chance-fuer-meinungs-und-pressefreiheit/; Yurttagül, Oxford Business Law Blog v. 27.7.2021, https://www.law.ox.ac.uk/business-law-blog/blog/2021/07/luxleaks-scandal-and-corporate-whistleblowing-reflecting-halet-v.

Informationsweitergaben geben.[1535] Rechnung zu tragen ist dem Missbrauch des Schutzes. Denkbar ist z. B., dass man die Enthüllung eines Unternehmensskandals ausnutzt, indem man weitere angeblich relevanten Informationen über das enthüllte Fehlverhalten des Unternehmens sammelt, um sich einen Vorteil wie etwa einen Schutz vor einer Kündigung zu verschaffen. Es bedarf keinem Schutz für Hinweise auf Rechtsverstöße, wenn die Informationen über diese bereits in vollem Umfang öffentlich zugänglich sind.[1536] Zudem unterscheidet sich ein Whistleblower von einem Journalisten dadurch, dass ein Journalist als public-watchdog die die Öffentlichkeit interessierenden Angelegenheiten publik macht, selbst wenn er dadurch keine (neuen) Straftaten enthüllt.[1537] Ebenso führt das Minderheitenvotum aus, dass die Große Kammer den Unterschied zwischen dem Whistleblowing und dem Journalismus missachtet; ein Journalist, der die durch einen Whistleblower beschaffenen Informationen veröffentlicht, ist – anders als der Whistleblower – nicht zur Geheimhaltung von Geschäftsgeheimnissen verpflichtet, und er setzt sich somit nicht einer Verletzung von Offenlegungsbeschränkungen aus.[1538] Eine extensive Auslegung des öffentlichen Interesses an einer Information, konkret, die Ausweitung auf eine Kategorie von Informationen, deren Relevanz sich erst durch öffentlichen Diskurs herausstellen könnte, entzieht dem besonderen Schutz für Hinweisgeber seinen Sinngehalt, der in der Verfolgung von bestimmten Art von Verstößen liegt.[1539] Eine Informationsweitergabe, die der Rechtsverfolgung offenbar nicht weiterhilft, dürfte daher vom Schutz ausgenommen werden.

1535 Von der Notwendigkeit einer solchen Abschreckung soll das Minderheitenvotum bewusst sein. Siehe Annex des Urteils, Rn. 16.

1536 Erwägungsgrund Nr. 43, S. 3 der HinSch-RL; Begründung zu Nr. 1 Abs. 1 HinSchG-E § 33, S. 92; Düsel, S. 436, im britischen Whistleblowing-Recht soll ein öffentliches Interesse an einer Offenlegung von Betriebsinterna abgelehnt werden, wenn der Gegenstand der Offenlegung sowieso in Kürze der Öffentlichkeit bekannt werden würde, dabei soll kein öffentliches Interesse an einer Vorab-Offenbarung durch einen Arbeitnehmer anerkannt werden.

1537 OLG Köln 18.4.2019 – 15 U 204/18, BeckRS 2019, 9379, Rn. 32, 35, 36.

1538 Joint dissenting opinion of Judges Ravarani, Mourou-Vikström, Chanturia and Sabato, siehe ECtHR [GC] Halet v. Luxembourg 14.2.2023 – 21884/18, S. 72 ff.

1539 Joint dissenting opinion of Judges Ravarani, Mourou-Vikström, Chanturia and Sabato, siehe ECtHR [GC] Halet v. Luxembourg 14.2.2023 – 21884/18, S. 72.

2. *Einzelfallbezogene Beurteilung der Notwendigkeit der Aufdeckung*

Die Große Kammer des EGMR beurteilt die Notwendigkeit der Aufdeckung der Information demnach, ob die Information in die oben dargestellten drei Kategorien von Missständen fällt. Ein dadurch entwickeltes, weites Verständnis unter einem Missstand (erfasst sind nicht nur Gesetzesverstöße, sondern auch verwerfliche und öffentlichkeitswirksame Handlungen der Privaten sowie öffentlicher Stellen) ist zum Wohle einer effektiven Rechtsdurchsetzung begrüßenswert. Denn es gibt ein Rechtsdurchsetzungsinteresse an der Aufdeckung von Fehlverhalten, die trotz ihrer Einordnung als legales Verhalten das öffentliche Interesse beeinträchtigen.[1540] Eine autonome Auslegung des Begriffs „öffentliches Interesse“ durch den EGMR[1541] kann weiterhin einer Rechtsunsicherheit entgegenwirken, die sich u.a. aus unterschiedlichen Verständnissen dieses Rechtsbegriffs in den Vertragsstaaten ergeben könnte.[1542] Der Umgang des EGMR mit den Informationen von öffentlichem Interesse stößt allerdings auf den Einwand, dass er dadurch den Ermessensspielraum der Vertragsstaaten in Bezug auf u.a. die Definition des öffentlichen Interesses übersieht.[1543] Zudem sorgt er für weitere Rechtsunsicherheiten, die sich daraus ergeben, dass es keine Maßstäbe für die Einordung einer Information als verwerfliche Handlungen oder als Vorfälle gibt, durch deren öffentliche Diskussion zu entscheiden ist, ob das öffentliche Interesse verletzt bzw. gefährdet ist oder nicht.[1544] Diese Beurteilung erfolgt anhand der Umstände des Einzelfalls.

Die Ausführungen der Großen Kammer zu dem Begriff des öffentlichen Interesses sind nicht von untergeordneter Bedeutung. Sie werden als „aufschlussreich“ betrachtet.[1545] Sie verhelfen allerdings der Differenzierung einer für die

---

1540 EGMR 21.7.2011 – 28274/08, Heinisch/Deutschland, NZA 2011, 1269, Rn. 88.

1541 ECtHR [GC] Halet v. Luxembourg 14.2.2023 – 21884/18, Rn. 143, „the public interest in the information cannot be assessed only on a national scale“.

1542 Redder, NVwZ 2023, 657 (658).

1543 Recommendation CM/Rec(2014)7 and explanatory memorandum, Principle 2, Rn. 42: “While what is in the public interest will in many areas be common ground between member States, in other areas there may well be a difference of appreciation. What constitutes the public interest is, therefore, intentionally not defined in the recommendation. This is left to each member State, a position reflected by the European Court of Human Rights in its case law.”, abrufbar unter https://rm.coe.int/16807096c7.

1544 Joint dissenting opinion of Judges Ravarani, Mourou-Vikström, Chanturia and Sabato, siehe ECtHR [GC] Halet v. Luxembourg 14.2.2023 – 21884/18, S. 72; Junker, EuZA 2023, 241 (242); Meyer, JZ 2023, 261 (265).

1545 Redder, NVwZ 2023, 657 (658).

Rechtsdurchsetzung notwendigen Informationsweitergabe von der Verbreitung überflüssiger Informationen nicht weiter, die eine nicht unerhebliche Beeinträchtigung der Interessen der Betroffenen wie die Interessen des Arbeitgebers, sowie des öffentlichen Interesses an der Wahrung der Offenlegungsbeschränkungen zur Folge haben kann.

Für eine ausgewogene Lösung könnte gesorgt werden, wenn angefordert wird, dass Hinweisgeber bei einer Durchsicht der von ihnen beschafften Informationen ausschließlich diejenigen Informationen weitergeben, die für die Aufdeckung, Verfolgung bzw. Ahndung der Verstöße notwendig wären.[1546] Eine Informationsweitergabe, deren Weitergabe erkennbar überflüssig ist, dürfte sich zum Nachteil des Hinweisgebers auswirken.[1547] Maßgeblich kann sein, ob ein Hinweisgeber die fehlende Notwendigkeit einer Information erkennen müsste. Bei der Prüfung der Notwendigkeit des Umfangs der weiterzugebenden Informationen können Umstände des Einzelfalls, u.a. fachspezifisches Wissen der Hinweisgeber – wie man bei der Prüfung der Wahrheitsmäßigkeit einer Information berücksichtigt – behilflich sein. So z. B. dürfte ein Hinweisgeber als ein Experte für Bilanzen Informationen unterscheiden können, welche etwa mit einer angeblichen Bilanzfälschung nichts zu tun haben. Schließlich würde die Einhaltung eines gesetzlich vorgesehenen Meldeverfahrens wie das Meldeverfahren gem. Art. 10, 15 HinSch-RL dazu dienen, berechtigten Interessen der Betroffenen angemessen Rechnung zu tragen. So z. B. wäre die Beeinträchtigung des Interesses eines Arbeitgebers an dem Schutz seines geschäftlichen Ansehens gering, wenn ein Hinweisgeber wie Halet zusätzliche Informationen nicht offenlegen, stattdessen sie an Behörden weitergeben würde, welche sich mit dem bereits offengelegten Steuer-Skandal befassen und mit hinreichender Sicherheit einschätzen können, ob diese Information zur Verfolgung von Verstößen beitragen.[1548] Die Offenlegung wäre ausnahmsweise gem. Art. 15 der RL notwendig,

---

1546 Colneric/Gerdemann, HSI-Schriftenreihe Band 34, S. 82 f.

1547 Schröder, ZRP 2020, 212 (214).

1548 Notwendigkeit der Offenlegung durch Halet bejaht man teilweise deshalb, weil er keinen Zugang zu Informationen hatte, die von vorherigem Whistleblower, Deltour, offengelegt wurden, siehe Titland, in: Making Transparency Possible 2019, S. 181 (198), „one could hardly blame Halet for not knowing whether his leak represented something new, as he did not have access to Deltour's documents"; Halet gibt es allerdings selbst an, dass er von Steuer-Skandal durch Medien erfahren hat. Siehe Halet, in: Making Transparency Possible 2019, S. 87 (88), im Mai 2012 soll er durch Medienberichte „Cash Investigation", denen die Enthüllungen gewidmet seien, erfahren

wenn man z. B. eine effektive Rechtsverfolgung durch Behörden im Einzelfall bezweifeln dürfte.[1549] Ob die Weitergabe einer Information über einen vermeintlichen Verstoß notwendig ist, mit anderen Worten, ob der Hinweis diese für die Aufdeckung des Verstoßes erforderlichen Umfang hat, ist folglich eine Bewertung unter Umstände des Einzelfalls.

C. Interessenabwägung

Es stellt sich die Frage, ob die Aufdeckung eines Verstoßes als notwendig anzusehen ist, auch wenn Geheimhaltungsinteressen der Betroffenen im Einzelfall überwiegen, oder ob der Schutz der Aufdeckung des Verstoßes von einer einzelfallabhängigen Interessenabwägung nicht abhängt, wenn ein Hinweisgeber die Schutzvoraussetzungen des Art. 6 HinSch-RL bzw. § 33 HinSchG erfüllt. Anlass für diese Fragestellung ist zum einen der in Art. 21 Abs. 2, 7 RL verwendete Begriff von „Notwendigkeit" einer Aufdeckung, welcher an eine Interessenabwägung denken lässt, zum anderen das Urteil des dritten Senats des EGMR zu der oben dargestellten Rechtssache, in dem der Gerichtshof Schutz versagt hat, weil die von Halet enthüllten Informationen nicht von ausreichend öffentlichem

---

haben. Er soll demnach bemerkt haben, dass er sich gerade mit Dokumenten befasst, die die fragliche Steuervermeidungspraktik des Unternehmens nachweisen.

1549 Die Notwendigkeit einer Offenlegung für eine effektive Rechtsverfolgung lässt sich in Bezug auf den oben dargelegten Fall, Halet vs. Luxemburg durch Ausführungen vom Whistleblower Deltour zu der mangelhaften Verfolgung von Steuervermeidungspraktiken verdeutlichen. Er weist darauf hin, dass in der erklärten Bereitschaft der EU-Staaten zum Vorgehen gegen Steuervermeidung eine gewisse Heuchelei vermutet werden kann; dies käme etwa in Betracht, wenn die vorteilhaften Steuerregelungen ihren nationalen erfolgreichen Unternehmen zugutekommen würden. Siehe Deltour, in: Making Transparency Possible 2019, S. 81 (84); weiterhin unterstreicht Whistleblower, Halet, die Bedeutung der Offenlegung für eine effektive Verfolgung bzw. Verhinderung von Steuervermeidungspraktiken. Nach seiner Auffassung ist mangelnde Transparenz in die Unternehmensbesteuerung Rechtsverstöße begünstigt. Relevante Informationen wie z. B. zu Steuervorbescheide sollen zwar gegenwärtig zwischen den nationalen Steuerverwaltungen ausgetauscht werden, sie sind aber nicht veröffentlicht. Staaten müssen Verantwortung tragen. Illegale Steuerpraktiken sollen erst durch eine schwarze Liste – gemeint die Veröffentlichung von Ländern, in denen illegale Steuerpraktiken begangen sind – vorbeugt werden. Auf diese Weise sei einerseits die Glaubwürdigkeit gefördert, andererseits werden abschreckende Sanktionen für potenzielle Täter eingesetzt. Siehe Einzelheiten, Halet, in: Making Transparency Possible 2019, S. 87 (91).

Interesse waren, um den Schaden an PwC auszugleichen, die das Unternehmen erlitten hat.[1550] Infolgedessen galt der Whistleblower Halet weiterhin verantwortlich für die Verletzung von Offenlegungsbeschränkungen. Demgegenüber fand die Große Kammer die offengelegten Informationen unter Umständen des Einzelfalls notwendig, weil diese zu der öffentlichen Meinungsbildung über Unternehmensbesteuerung dienen. Diese waren nicht nur von öffentlichem Interesse auf nationaler Ebene, nämlich in Luxemburg, sondern auch auf europäischer Ebene, weil die Allgemeinheit dadurch ein Bild über die Steuerpraxis in Luxemburg und über deren Auswirkungen auf anderen europäischen Ländern verschafft hat.[1551]

Dass der Schutz eines Whistleblowers vom Ausgang einer Interessenabwägung abhängt, sorgt für Rechtsunsicherheiten; der Whistleblower – aber auch Betroffene – könnte nicht mit hinreichender Sicherheit einschätzen, ob der Schutz greift oder nicht.[1552] Dies führt weiterhin zu einem chilling effect für potenzielle Hinweisgeber. In der gleichen Richtung äußert das Minderheitenvotum Bedenken zum vorliegenden Urteil des EGMR. Es würde zu einer erheblichen abschreckenden Wirkung auf Hinweisgeber führen, wenn der Schutz von Hinweisgebern subjektiven und unvorhersehbaren Bedingungen unterworfen würde, wie z. B. einer Voraussetzung, dass die Information wesentlich und neu sein muss, damit die Beeinträchtigung der Betroffeneninteressen ausgeglichen werden kann.[1553] Demnach müsste die Voraussetzung zum Schutz einer Offenlegung für potenzielle Hinweisgeber leicht verständlich sowie rechtssicher sein.[1554] Zu berücksichtigen ist schließlich, dass die RL den Hinweisgeber-Schutz nicht von Faktoren abhängig macht, die sich auf die Nachteile einer Offenlegung für Betroffenen beziehen; ein Schutz nach Maßgaben der RL greift, sofern die Schutzvoraussetzungen des Art. 6 der RL erfüllt sind.[1555]

Die HinSch-RL stellt eine gewisse Rechtssicherheit zugunsten aller Beteiligten sicher; Art. 2 RL regelt Meldegegenstände und Art. 7, 10 ff. sehen das Meldeverfahren vor. Mit der Voraussetzung, dass ein Hinweisgeber anstatt einer Offenlegung von betrieblichen Missständen, zuerst mildere Mittel wie z. B. eine

---

1550 Halet c. Luxembourg 11.5.2021 – 21884/18, Rn. 108.

1551 ECtHR [GC] Halet v. Luxembourg 14.2.2023 – 21884/18, Rn. 143, 188 f.

1552 Siehe Kap. § 3, D, II.

1553 Annex des Urteils Rn. 15.

1554 Vgl. auch PACE Resolution 2300 (2019), Empfehlungen in Bezug auf Klarstellung der Schutzvoraussetzung für Hinweisgeber, para. 12.7, http://assembly.coe.int/nw/xml/XRef/Xref-XML2HTML-EN.asp?fileid=28150.

1555 Annex des Urteils Rn. 10, 11.

externe Meldung an Behörden einsetzen muss, gem. Art. 15, werden Interessen der Arbeitgeber an dem Schutz des guten Ansehens berücksichtigt.[1556] Schließlich wird der Schutz eines Hinweisgebers gem. Art. 6 der RL davon abhängig gemacht, dass der Hinweisgeber eine wahre bzw. gutgläubig als wahr angenommene Information über einen Verstoß mitteilt, welcher vom sachlichen Anwendungsbereich (gem. Art. 2 der RL) erfasst wird, und er das in Art. 7, 10 ff. vorgesehene Meldeverfahren eingehalten hat. Beim Vorliegen einer gesetzlichen Grundlage, welche Schutzvoraussetzungen – unter Berücksichtigung der beteiligten Interessen – festgelegt hat, würde eine Anforderung, dass das öffentliche Interesse an der Information überwiegend sein soll, unnötig Rechtsunsicherheiten verursachen. Trotzdem lässt sich vorstellen, dass der Gerichtshof Interessen weiter abwägen wird. Denn der EGMR nimmt ständig Interessenabwägungen vor.[1557] Anderes dürfte für nationale Gerichte gelten: Beim Vorliegen eines entsprechenden Umsetzungsgesetzes wie § 33 HinSchG, welche die Schutzvoraussetzungen von Whistleblowing festgelegt hat, dürfen sie einem Hinweisgeber Schutz gewähren, wenn er die festgelegten Schutzvoraussetzungen erfüllt. Falls es nicht der Fall ist, weil u.a. der enthüllte Missstand vom Schutzgesetz sachlich nicht erfasst ist, wie ein ethisch fragwürdiger Export von womöglich zur Vollstreckung der Todesstrafe verwendeten Giftsubstanzen durch ein Unternehmen, wäre der Konflikt durch eine Interessenabwägung zu lösen.[1558] So eine Interessenabwägung ist beispielsweise nach § 5 Nr. 2 GeschGehG denkbar.[1559] Demnach ist eine Offenlegung von Informationen, welche Geschäftsgeheimnisse beinhalten, zulässig, wenn dies zur Wahrung eines berechtigten Interesses wie zu der Aufdeckung einer rechtswidrigen Handlung oder eines beruflichen

---

1556 Hierzu bereits oben unter Kap. § 8, C.

1557 Siehe die Rechtsprechung, Kap. § 3, C, II; in der Literatur findet sich hingegen die Ansicht, dass der EGMR zugunsten einer effektiven Rechtsdurchsetzung und der Vermeidung von chilling-effect nicht mehr die Verhältnismäßigkeit des Whistleblowings, konkret das Verhältnis zwischen dem Whistleblowing und der Nachteile, die der Arbeitgeber aufgrund des Whistleblowings erlitten hat, prüfen soll, siehe Abazi, Common Market Law Review 2021, 813 (847). Die vom EGMR entwickelte Rechtsprechung zum Whistleblowing sollte damit nicht als mit dem europäischen Hinweisgeberschutz nach Maßgaben der RL konkurrierend betrachtet werden; sie würde vielmehr das europäische Whistleblower-Recht ergänzen, siehe Gerdemann, AfP 2023, 135 (137).

1558 OLG Oldenburg 21.5.2019 – 1 Ss 72/19, Anm. Veljovic, NZWiSt 2021, 30.

1559 Schröder, ZRP 2020, 212 (216); Ohly, GRUR 2019, 441 (448); Hiéramente/Golzio, CCZ 2018, 262 (264 f.).

oder sonstigen Fehlverhaltens erfolgt und sofern die Aufdeckung geeignet ist, das allgemeine öffentliche Interesse zu schützen. Das Merkmal des berechtigten Interesses befürwortet eine Verhältnismäßigkeitsprüfung; abzuwägen sind also grundrechtlich geschützte Interessen der Arbeitgeber an der Wahrung von Geschäftsgeheimnissen und das Interesse des Hinweisgebers an der Meinungsäußerung.[1560] Eine Offenlegung kann dann geschützt werden, wenn der offengelegte Missstand von einem gewissen Ausmaß und Gewicht ist.[1561]

Schwer zu beantworten ist hingegen die Frage, warum ein Notwendigkeitsvorbehalt i. S. d. Art. 21 Abs. 2, 7 HinSch-RL eingeführt worden ist, um Hinweisgeber vor der Haftung für Offenlegungsbeschränkungsverletzungen zu schützen, wenn sie bereits bei der Erfüllung von Schutzvoraussetzungen in Art. 6 der RL geschützt werden. Wäre eine Interessenabwägung aufgrund des Notwendigkeitsvorbehalts erforderlich? Die Schwierigkeit ergibt sich daraus, dass das Verhältnis zwischen Art. 6 und Art. 21 HinSch-RL nicht deutlich ist. Nach Art. 6 der RL haben Whistleblower Anspruch auf Schutz nach Maßgaben der RL, wenn sie die in Art. 6 der RL vorgesehenen Voraussetzungen erfüllen. Art. 21 HinSch-RL hingegen schreibt Maßnahmen vor, die zum Schutz der Hinweisgeber ergriffen werden sollen; sicherzustellen ist es, dass Hinweisgeber aufgrund einer Verletzung von Geheimhaltungspflichten nicht verantwortlich gemacht werden (gem. Abs. 2) sowie dass sie Klagen vor Gericht, die sich auf die Verletzung von Geheimhaltungspflichten beziehen, abweisen können (gem. Abs. 7). Für die Verortung des Art. 21 der RL – systematisch außergewöhnlicher Weise weit fern von Art. 6 – soll es nach einer Meinung in der Literatur verantwortlich sein, dass der Notwendigkeitsvorbehalt erst im Rahmen der Trilog-Verhandlungen der Kommission eingeführt worden ist und das aktionenrechtliche Denken des englischen Rechts, welches keinen Unterschied zwischen materiellem Recht und Prozessrecht macht, auf die Struktur der RL Einfluss hat.[1562] Eine andere Ansicht sieht den tatsächlichen Grund darin, dass der europäische Gesetzgeber dadurch die in den Art. 21 Abs. 2 und 7 adressierten Geheimnisschutz verstärken wollte.[1563] Denkbar ist schließlich, dass Art. 21 Abs. 2 und 7 nur dazu dient, Hinweisgebern einen provisorischen Schutz gegen maßregelnde Maßnahmen – wie gegen eine Klage vor Gericht wegen einer angeblichen Verletzung von Geheimhaltungspflichten – zu gewähren, die von Arbeitgeber bzw. Täter eines

---

1560 Schreiber, NZWiSt 2019, 332 (337).

1561 BT-Drs. 19/8300, S. 14.

1562 Colneric/Gerdemann, HSI-Schriftenreihe Band 34, S. 59.

1563 Siemes, S. 74.

gemeldeten Missstandes zur Abschreckung der Hinweisgeber vor einer Unterstützung der Ermittlungen durch weitere Angaben zu dem Missstand eingesetzt sind.[1564] Einstimmig ist jedenfalls der Ansatz, dass es abschreckend für potenzielle Hinweisgeber wäre, wenn Schutz nach Maßgaben der RL nicht bereits bei der Erfüllung der Voraussetzungen des Art. 6 der RL, sondern zusätzlich durch die Bejahung der Notwendigkeit einer Meldung bzw. Offenlegung gem. Art. 21 Abs. 2 und 7 der RL greifen sollte.[1565]

Eine Antwort für die Frage, ob der Notwendigkeitsvorbehalt eine Interessenabwägung erfordert, lässt sich anhand eines Rechtsvergleichs ermitteln. Im britischen Whistleblower-Recht findet sich ein Schutz – sog. public interest defence –, welcher zum Schutz öffentlicher Interessen vertragliche Verschwiegenheitspflichten einschränkt.[1566] Demnach wird eine Offenlegung von vertraulichen Informationen gerechtfertigt, wenn die Offenlegung im öffentlichen Interesse erfolgt. Jeder Missstand darf offengelegt werden, wobei die Art des Missstands unter Umständen eine Offenlegung rechtfertigen würde.[1567] So z. B. kann ein Hinweisgeber, der vertrauliche Dokumente, die Fehlverhalten seines Arbeitgebers wie u.a. Kartellabsprachen veranschaulichen, an eine Zeitung übergegeben hat, eine wegen der angeblichen Verletzung der Geheimhaltungspflichten vom Arbeitgeber erhobene Schadenersatzklage zurückweisen, indem er sich auf das öffentliche Interesse an der Information beruft.[1568] Hierbei ist eine umfassende Interessenabwägung vorzunehmen, in der die Umstände des Einzelfalls wie u.a. die Schwere des offengelegten Missstandes und die Identität des Informationsempfängers berücksichtigt werden.[1569]

Art. 21 Abs. 2 und 7 HinSch-RL setzen – anders als public interest defence – nicht voraus, dass die Meldung bzw. Offenlegung von „öffentlichem Interesse"

1564 Einen solchen Schutz soll z. B. der Art. 20 Abs. 1 lit. b der RL gewähren, indem es vorgesehen wird, dass die Behörden Hinweisgebern bescheinigen können, dass sie die Schutzvoraussetzungen des Art. 6 der RL erfüllen – sog. einstweilige Vergeltungsschutzanordnung, siehe Kap. § 5, D, II, 3, a). Ebenso ist in Art. 21 Abs. 6 der RL von einem einstweiligen Rechtsschutz der Hinweisgeber während laufender Gerichtsverfahren in Rede.

1565 Siemes, S. 106; Riesenhuber, FS Martinek 2020, 673 (685); Transparency international positionspaper 2019, S. 6, https://images.transparencycdn.org/images/2019_EU_whistleblowing_EN.pdf.

1566 Groneberg, S. 65 f.

1567 Groneberg, S. 66.

1568 Siehe Fallbeispiele, Groneberg, S. 66 f.

1569 Lewis/Bowers/Fodder/Mitchell, paras. 17. 93 f., 17. 111 ff.

ist; gefordert wird, dass die Hinweisgeber hinreichenden Grund zu der Annahme haben, dass die Meldung oder Offenlegung der Information notwendig war, um „einen Verstoß nach dieser Richtlinie" aufzudecken. Die RL erfasst besonders die Verstöße, an deren Aufdeckung es ein öffentliches Interesse gibt. Aus diesem Grund müsste für die Befreiung eines Hinweisgebers von der Haftung für eine Verschwiegenheitspflichtverletzung ausreichend sein, dass er derartige Verstöße meldet bzw. offenlegt. Darüber hinaus bräuchte man nicht Interessen an der Meldung bzw. Offenlegung u.a. öffentliches Interesse an der Information und Geheimhaltungsinteressen abzuwägen. Die Schutzmaßnahmen des Art. 21 Abs. 2, 7 der RL könnten sonst ihre Funktion zum Abbau des abschreckenden Effekts nicht wahrnehmen, wenn Hinweisgeber abhängig vom Ausgang einer Interessenabwägung – konkret, vom Überwiegen des öffentlichen Interesses an der Information – Repressionsmaßnahmen wie Schadenersatzklagen abwehren dürften.

§ 10. Ergebnis

Der gute Glaube eines Hinweisgebers spielt(e) eine wesentliche Rolle beim Schutz von Hinweisgebern. Dank der Bestimmung der Rahmenbedingungen des Schutzes durch das deutsche HinSchG verfügt das Whistleblowing sowie der gute Glaube eines Whistleblowers nunmehr über eine einheitliche gesetzliche Grundlage in Deutschland. Auf diese Weise hat das Whistleblowing eine Funktion als Rechtdurchsetzungsmittel, die über seine bisherige vom Richterrecht geprägte Wahrnehmung als Konflikt von subjektiver Rechten der Arbeitnehmer-Hinweisgeber und Arbeitgeber hinausgeht, anerkennen lassen. Zum Schutz von Hinweisgebern sind Maßnahmen zu ergreifen, die nicht nur dem Whistleblowing die Ausübung dieser Funktion ermöglichen, sondern ebenfalls geeignet sein sollen, sowohl Hinweisgebern als auch Betroffenen bzw. Arbeitgebern Rechtssicherheit zu gewähren. Dies betrifft u.a. die gesetzliche Formulierung des guten Glaubens. Die vorliegende Arbeit hatte sich zum Ziel gesetzt, den guten Glauben eines Hinweisgebers unter Berücksichtigung der durch die RL bzw. HinSchG aufgestellten Anforderungen und in wesentlichen Bezügen des Whistleblowings – von der Wahrnehmung eines Missstandes bis zu dessen Meldung bzw. Offenlegung – zu erörtern. Mit dieser Zielsetzung ist die vorliegende Arbeit zu den unten zusammengefassten Ergebnissen gekommen.

A. Zusammenfassung

I. Zu dem öffentlichen Interesse beim Whistleblowing

Das Whistleblowing dient dem öffentlichen Interesse. Denn durch das Whistleblowing werden Missstände ans Licht gebracht, die wesentliche Angelegenheiten der Allgemeinheit beeinträchtigen, wie öffentliche Gesundheit und Sicherheit, funktionstüchtige Wirtschafts- und Steuersysteme etc. Das Whistleblowing hingegen ist im deutschen Recht längst in Bezug auf die Kündigung des Whistleblowers behandelt worden und die Einbeziehung öffentlicher Interessen in die kündigungsschutzrechtlichen Beurteilungen war untypisch. Das öffentliche Interesse hat – womöglich deswegen – durch das Richterrecht bisher keinen konkreten Inhalt erfahren.[1570] Mit Art. 6 Abs. 1 HinSch-RL ist die Gutgläubigkeit der Hinweisgeber objektiviert worden; es stellt auf eine vernünftige Überzeugung

1570 Kap. § 3 Status quo des Whistleblowings, Abschnitt C.

der Hinweisgeber ab. So z. B. anstatt einer Anforderung, dass ein Hinweisgeber zur Wahrung öffentlicher Interessen gehandelt hat oder sein Hinweis von öffentlichem Interesse ist, lautet die Voraussetzung, dass der Hinweisgeber einen hinreichenden Grund zur Annahme hat, dass die Information in den sachlichen Anwendungsbereich der RL fällt, und dass er das gesetzlich vorgesehene Meldeverfahren einhält.[1571] Die Motivation eines Hinweisgebers ist irrelevant. Das öffentliche Interesse an einer Information hingegen widerspiegelt sich in der Gestaltung des sachlichen Anwendungsbereichs eines Whistleblower-Schutzgesetzes.[1572] Der Gesetzgeber trägt die Verantwortung dafür, dass Rechtsverstöße oder sonstige Missstände vom Hinweisgeberschutzgesetz erfasst sind, deren Aufdeckung im öffentlichen Interesse liegt. Dabei würde er nationalspezifische Bedürfnisse berücksichtigen, konkret, wo ein Bedarf zum Einsatz des Whistleblowings besteht. Denn ein Rechtsdurchsetzungsdefizit kann sich aus rechtsordnungsspezifischen Gründen wie aufgrund des individualistischen Systems in Großbritannien unterschiedlich ergeben.[1573] Die Gutgläubigkeit des Hinweisgebers im Verlauf des Whistleblowings – Whistleblowing ist kein Einzelakt, sondern besteht aus der Wahrnehmung eines Missstandes, der Entscheidung, zu handeln, der Wahl bzw. Identifizierung eines Meldeadressaten sowie dem Melden bzw. der Informationsweitergabe –[1574] lässt sich danach unter von dem Hinweisgeberschutzgesetz geschaffenen Voraussetzungen bewerten.[1575]

II. Zur einzelfallbezogener Beurteilung des guten Glaubens

Art. 6 Abs. 1 der RL bzw. § 33 HinSchG setzt voraus, dass der Hinweisgeber einen hinreichenden Grund zu der Annahme hat, zum Zeitpunkt der Informationsweitergabe die von ihm weitergegebene Verstoß-Information sei wahr und diese falle in den sachlichen Anwendungsbereich des Hinweisgeberschutzgesetzes. Diese objektiv-subjektive Formulierung des guten Glaubens der Hinweisgeber bringt kollidierende Interessen in einen angemessenen Ausgleich, nämlich Interessen an einer effektiven Rechtsdurchsetzung bzw. an dem Schutz der Hinweisgeber einerseits und Interessen der Arbeitgeber bzw. Betroffenen an der Wahrung geschäftlichen Ansehen. Zum einen wird es sichergestellt, dass einem

---

1571 Art. 6 Abs. 1 HinSch-RL.

1572 Kap. § 4 Theoretische Grundlage des guten Glaubens eines Hinweisgebers.

1573 Siehe etwa Kap. § 4, E, III, 1 und 2.

1574 Siehe den allgemeinen Ablauf eines Whistleblowings und Empirie zu den Entscheidungserheblichkeiten, Kap. § 2, A und B.

1575 Kap. § 5 ff.

Hinweisgeber Schutz nicht versagt wird, falls es sich herausstellt, sein Hinweis erfülle Schutzvoraussetzungen nicht. Zum anderen greift der Schutz nicht, falls der Hinweisgeber auf der Basis von rein subjektiven Annahmen seinen Arbeitgeber beschuldigt bzw. ihn wissentlich falsch verleumdet.

Bei einer tatsächlich wahren und in den sachlichen Anwendungsbereich des Hinweisgeberschutzgesetzes fallenden Information genießt ein Hinweisgeber Schutz unabhängig von der Anforderung, ob er hinreichenden Grund zu der Annahme, diese Anforderungen seien erfüllt. Der gute Glaube eines Hinweisgebers ist für den Schutz des Hinweisgebers von Bedeutung, wenn sich im Nachgang einer Meldung bzw. Offenlegung herausstellt, dass der Hinweis falsch ist und/oder dieser nicht in den sachlichen Anwendungsbereich des Hinweisgeberschutzgesetzes fällt.[1576] In diesem Fall greift der Schutz, wenn der Hinweisgeber im guten Glauben angenommen hat, diese Anforderungen seien erfüllt. Die Gutgläubigkeit eines Hinweisgebers unterliegt einer einzelfallbezogenen Beurteilung, in der Umstände des Einzelfalls, wie u.a. tätigkeitsspezifisches Wissen des Hinweisgebers, zu berücksichtigen sind.[1577] An dieser Stelle kann es zu unerwünschten Auswirkungen kommen, und zwar vornehmlich in Bezug auf die Bewertung des guten Glaubens an der Eröffnung des sachlichen Anwendungsbereichs des Schutzes. Denn das Ergebnis einer solchen Beurteilung ist zum einen schwer absehbar; der Hinweisgeber - auch der Arbeitgeber - kann nicht einschätzen, ob der Schutz greift oder nicht. Obwohl der Hinweisgeber einen vergleichbaren, relevanten Missstand angezeigt hat, könnte ihm der Schutz versagt werden, wenn ein hinreichender Grund für die Annahme zum notwendigen Rahmen der Verstoß-Informationen, mit anderen Worten die Annahme, die Information falle in den sachlichen Anwendungsbereich des Hinweisgeberschutzgesetzes, im Einzelfall verneint wird. Zum anderen würde der Schutz auch zweckfremd - also das öffentliche Interesse hinaus zur Wahrung privater Angelegenheiten - greifen, wenn seine Annahme unter den Umständen des Einzelfalls als vernünftig erachtet wird. Der deutsche Gesetzgeber kann dadurch entgegenwirken, dass er bei der Gestaltung des Hinweisgeberschutzgesetzes eine bewusste Wahl von Meldegegenständen trifft.[1578] Je zutreffender der Gesetzgeber den sachlichen Anwendungsbereich des Hinweisgeberschutzgesetzes definiert, desto weniger wird es beim Schutz der Hinweisgeber auf das Vorliegen des hinreichenden Grundes zur Annahme des notwendigen Rahmens

1576 Kap. § 4, B, II.

1577 Siehe die Erfahrungen des britischen Whistleblower-Schutzes, Kap. § 4, D.

1578 Kap. § 10, A, I.

der Verstoß-Information ankommen.[1579] Rechtsunsicherheiten können somit zugunsten aller beteiligten Interessen, u.a. effektiver Rechtsdurchsetzung, vermieden werden.

III. Zum guten Glauben an einer wahren und relevanten Verstoß-Information

In der Phase der Wahrnehmung eines meldewürdigen Missstandes lässt sich die Gutgläubigkeit eines Hinweisgebers bei der Prüfung aufzeigen mit der Frage, ob der Hinweisgeber eine wahre und relevante Verstoß-Information hatte.[1580] In Anbetracht von whistleblowing-spezifischen Risiken, u.a. rechtliche und zwischenmenschliche Vergeltungsmaßnahmen,[1581] darf angenommen werden, dass ein vernünftiger Mensch nicht wissentlich falsche Angaben machen würde. Bei der Beurteilung des guten Glaubens an die Wahrheit der weitergegebenen Informationen lässt sich daher davon ausgehen, die Informationen seien wahr. Der gute Glaube eines Hinweisgebers fällt ausnahmsweise dann aus, wenn objektive Gründe dafür sprechen, dass er in ungewöhnlich hohem Maße unterlassen hat, die Richtigkeit der Information zu überprüfen.[1582] In Anbetracht des juristischen Laie-Seins der Hinweisgeber, konkret, sie wären nicht in der Lage, mit hinreichender Sicherheit einzuschätzen, ob der Hinweis in den sachlichen Anwendungsbereich eines Whistleblower-Schutzgesetzes fällt, lässt sich der gute Glaube eines Hinweisgebers hingegen bereits dann bejahen, wenn er Tatsachen vorbringt, welche diesen einschlägigen Rahmen des Hinweises bilden könnten. Eine weitergehende Anforderung an den Rahmen eines Hinweises, die beispielsweise potenzielle Hinweisgeber mit einer Suche nach Rechtsberatung belasten würde, ist nicht zumutbar.

IV. Zum guten Glauben an der Zuständigkeit des Meldeadressaten

In der Phase des Adressierens eines Meldeadressaten kommt die Gutgläubigkeit der Hinweisgeber vornehmlich bei der Identifizierung der Zuständigkeit eines Meldeadressaten in Betracht,[1583] nicht hingegen bei der Wahl zwischen

1579 Kap. § 4, E, I und II.

1580 Kap. § 5 der gute Glaube im Vorfeld einer Aufdeckung.

1581 Siehe etwa empirische Befunde zur Relevanz eines Whistleblowings, die die Meldeintention beeinflussen, Kap. § 2, B, I.

1582 Kap. 5, C, III.

1583 Kap. 7 Annahme der Zuständigkeit der Meldeadressaten.

interner und externer Meldestelle.[1584] Der Gesetzgeber trägt die Verantwortung dafür, Voraussetzungen zu schaffen, unter denen potenzielle Hinweisgeber Missstände melden könnten. Unter diese Voraussetzungen fällt u.a. die Abschaffung des bisher durchgesetzten, traditionellen Vorrangs interner Meldungen.[1585] Einige nationalspezifischen Umstände, wie das Vorliegen institutioneller Interessenvertretung sowie Konfliktlösungsmechanismen in deutschen Unternehmen – was z. B. in türkischen Unternehmen nicht der Fall ist –, würden zwar für die Fortsetzung des Vorrangs interner Meldung sprechen. Denn dieser Umstand ist geeignet, um eine offene Kommunikationskultur in Unternehmen zu fördern, und die Kultur der Kommunikation und Offenheit ist für den Erfolg der Whistleblowing-Systeme entscheidend.[1586] Der Vorrang interner Abhilfe sorgt allerdings für die Konfrontation eines Hinweisgebers mit dem Täter bzw. Arbeitgeber. Da die Bereitschaft des Arbeitgebers für die Behebung eines gemeldeten Missstandes nach empirischen Erkenntnissen einzelfallabhängig ist, ist es nicht ausgeschlossen, dass sich der Hinweisgeber wegen der internen Meldung der Gefahr von Repressionen aussetzt und der Arbeitgeber – falls er nicht an der Verfolgung des Verstoßes interessiert ist – Beweise unterdrückt.[1587] Aus diesem Grund ist es vorstellbar, dass ein Wahlrecht der Hinweisgeber zwischen interner und externer Meldung für einen angemessenen Ausgleich der Interessen, Effektivität der Rechtsdurchsetzung einerseits und Wahrung der Interessen der Arbeitgeber andererseits sorgt.[1588] In Bezug auf die Identifizierung des zuständigen Meldeadressaten lässt sich der gute Glaube eines Hinweisgebers annehmen, wenn der Hinweisgeber die Stelle eingeschaltet hat, die ihm zuständig erscheinen dürfte.[1589] Dies wäre je nach dem Einzelfall Personalabteilung, Betriebsbeauftragte, Aufsichtsbehörde oder die Staatsanwaltschaft. Die Einschaltung eines unzuständigen Meldeadressaten sollte sich nicht zu Lasten eines gutgläubigen Hinweisgebers auswirken. Der Adressat soll die Meldung ggf. an die zuständige Stelle weiterleiten. Der Gesetzgeber soll schließlich sicherstellen, dass Schutzinteressen der Hinweisgeber nicht gefährdet sind, wie infolge der Offenbarung der Identität der Hinweisgeber durch die Stelle gegenüber dem Beschuldigten bzw. Arbeitgeber.

1584 Kap. 6 Verhältnis zwischen interner und externer Meldestelle.

1585 Siehe bisherige Rechtsprechung, Kap. § 3, C, II.

1586 Kap. § 6, D, II.

1587 Kap. § 6, D, IV, 1; siehe Empirie unter Kap. § 2, B, II.

1588 Kap. § 6, D, V.

1589 Kap. § 7, C.

V. Zum guten Glauben an der Berechtigung zur Offenlegung

Der gute Glaube eines Hinweisgebers spielt beim Meldeverfahren besonders bei der Offenlegung von Missständen eine Rolle – sofern Hinweisgeber zwischen interner und externer Meldung wählen dürfen. Die vorliegende Arbeit hat allerdings auch untersucht, unter welchen Umständen welche Vorgehensweise – eine interne Meldung beim Arbeitgeber, eine externe Anzeige bei staatlichen Stellen oder eine Offenlegung – einer wirksamen, nächstmöglichen Aufklärung der Missstände dienen würde.[1590] Dieser Untersuchung liegt der Gedanke zugrunde, dass für eine effektive Rechtsdurchsetzung von Bedeutung ist, dass die Hinweise auf Missstände rasch zu den Stellen gelangen, die der Ursache des Problems am nächsten sind und dem Hinweis am ehesten nachgehen können, zum einen und die (mögliche) Reaktion des Meldeadressaten, an den sich der Hinweisgeber gewandt hat bzw. zu wenden erwägt, Anhaltspunkte liefern würde, auf die der Hinweisgeber seinen Glauben an der Unwirksamkeit der Meldung an diesen Adressat beruhen kann, zum anderen. In diesem Zusammenhang ist festgestellt worden, dass zuerst ein das Vertrauen aufbauender Dialog zwischen Hinweisgeber und jeweiliger Meldestelle – sei es eine interne Meldestelle oder eine Behörde – der Rechtssicherheit zugunsten der Hinweisgeber sowie der effektiven Rechtsdurchsetzung dient. Beim Fehlen dieses Vertrauens in z. B. die interne Meldestelle würden Hinweisgeber alternative Schritte vornehmen, wie eine Anzeige bei Behörden. Eine möglichst umfassende Unterrichtung der Hinweisgeber über interne bzw. externe Aufklärungsmaßnahmen durch Meldestellen würde den Hinweisgeber von einem ernsthaften Vorgehen gegen gemeldete Missstände überzeugen, ebenso potenziellen Hinweisgebern den Eindruck liefern, dass eine interne bzw. externe Meldung wirksam wäre.[1591] Falls ein Hinweisgeber schließlich annehmen dürfte, dass eine externe Anzeige unwirksam wäre, kann er eine unmittelbare Offenlegung betätigen, ohne sich extern zu melden. Angesichts der strengen Anforderungen, die der Gesetzgeber für die Zulässigkeit einer Offenlegung gestellt hat, würde es allerdings Hinweisgebern nur schwer gelingen, ihre Vorgehensweise zu begründen. Eine unmittelbare Offenlegung ist etwa ausnahmsweise der Fall, wenn eine Meldung z. B. das Leben bzw. die körperliche Unversehrtheit des Hinweisgebers oder seiner Familie bedroht.[1592] Die unmittelbare Offenlegung würde nicht ohnehin dadurch gerechtfertigt, dass der

1590 Kap. § 8 Annahme der (Un)Wirksamkeit der Meldewege.
1591 Kap. § 8, B, II, 2, d und C, III, 1, c).
1592 Kap. § 8, C, III, 2.

Verstoß ein öffentliches Interesse wie die Gesundheit der Allgemeinheit gefährdet, weil die Vorgehensweise eines Whistleblowers nicht vornehmlich nach der Art bzw. Schwere eines Missstandes bestimmt wird, sondern nach der Aussicht auf Erfolg durch eine Meldung.[1593]

VI. Zum guten Glauben an der Notwendigkeit der Aufdeckung

Die Gutgläubigkeit eines Hinweisgebers kommt schließlich bei der Annahme der Notwendigkeit einer Information in Betracht.[1594] Die Notwendigkeit einer Information lässt sich anhand der Umstände des Einzelfalls bzw. verfügbaren Informationen wie fachspezifisches Wissen des Hinweisgebers bewerten. Maßgeblich kann sein, ob der Hinweisgeber erkennen müsste, dass eine Information nicht notwendig ist, um einen Verstoß aufzudecken.[1595] Einem Hinweisgeber dürfte letztlich der Schutz nicht deshalb versagt werden, weil eine Information nicht hinreichend von öffentlichem Interesse ist. Sofern der Hinweisgeber die Schutzvoraussetzungen eines Hinweisgeberschutzgesetzes wie nach Art. 6 HinSch-RL bzw. § 33 HinSchG erfüllt, greift der Schutz, und zwar unabhängig davon, ob das öffentliche Interesse an der Information im Einzelfall die Geheimhaltungsinteressen der Arbeitgeber überwiegt.[1596]

B. Ausblick

Das Whistleblowing ist gegenwärtig ein junges Themenfeld im deutschen Recht. Dessen Kodifizierung durch die RL bzw. das HinSchG kann Fragen rund um den Whistleblower-Schutz nicht endgültig beantworten. Dies lässt sich mit dem folgenden Ansatz eines Richters aus Großbritannien veranschaulichen, wo das Whistleblowing seit 1998 gesetzlich geschützt wird: „Ten years on from the implementation of public interest disclosure legislation, the law should have been clarified by the courts so as to allow workers to know where they stand and employers to respect their rights to raise concerns in the public interest."[1597] Es ist zu entnehmen, dass die Rechtsprechung beim Whistleblower-Schutz weiterhin eine Rolle spielt. Dies wird vor allem bei der Auslegung des guten Glaubens eines Hinweisgebers wahrgenommen werden, welche einer einzelfallbezogenen

1593 Siehe empirische Erkenntnisse, Kap. § 2, B, III.

1594 Kap. § 9 Annahme der Notwendigkeit einer Aufdeckung.

1595 Kap. § 9, B.

1596 Kap. § 9, C.

1597 McMullen, in: A Global Approach to Public Interest Disclosure 2010, S. 7 (13).

Beurteilung unterliegt. Durch die Auseinandersetzung mit unterschiedlichen Fällen, in denen Gerichte den guten Glauben des Hinweisgebers nach Maßgaben der RL bzw. HinSchG zu beurteilen versuchen, können Anhaltspunkte festgestellt werden, die zum besseren Verständnis des guten Glaubens eines Hinweisgebers dienen. Sicherzustellen ist allerdings, dass Merkmale, die den Tatsachen des Whistleblowings fremd sind, wie die Motivation des Hinweisgebers oder Vorurteile über das Whistleblowing selbst, wie seine negative Konnotation als Denunziantentum, diese Beurteilung nicht beeinflussen dürfen. Ansonsten bestünde die Gefahr, dass der Hinweisgeberschutz in Deutschland auf den Stand seiner Zeit zurückkehrt, wo sich der Schutz aufgrund von einzelfallabhängiger Interessenabwägung als defizitär und rechtsunsicher erwiesen hatte. Das Whistleblowing sowie der gute Glaube eines Whistleblowers dürfen nicht ungeachtet von seinen Gegebenheiten bewertet werden. In diesem Zusammenhang würden weitere Studien zu einer tatsachenorientierten Beurteilung beitragen. Die Kodifizierung des Whistleblowings hat dieses nun entsprechend seiner Natur als Rechtsdurchsetzungsmittel in das Rechtssystem eingeführt. Wie es sich weiterhin entwickelt, insbesondere ob diese Entwicklung in einer Harmonie zwischen Betroffenen- bzw. Arbeitgeberinteressen erfolgt, bleibt abzuwarten. An der Entwicklung durch die Rechtsprechung besteht jedenfalls wissenschaftliches Interesse.

Anhang: Gesetzestexte

A. Employment Rights Act 1996 (ERA)[1598]

43A Meaning of "protected disclosure"

In this Act a "protected disclosure" means a qualifying disclosure (as defined by section 43B) which is made by a worker in accordance with any of sections 43C to 43H.

43B Disclosures qualifying for protection

(1) In this Part a "qualifying disclosure" means any disclosure of information which, in the reasonable belief of the worker making the disclosure, [F135 is made in the public interest and] tends to show one or more of the following—
   (a) that a criminal offence has been committed, is being committed or is likely to be committed,
   (b) that a person has failed, is failing or is likely to fail to comply with any legal obligation to which he is subject,
   (c) that a miscarriage of justice has occurred, is occurring or is likely to occur,
   (d) that the health or safety of any individual has been, is being or is likely to be endangered,
   (e) that the environment has been, is being or is likely to be damaged, or
   (f) that information tending to show any matter falling within any one of the preceding paragraphs has been, is being or is likely to be deliberately concealed.

(2) For the purposes of subsection (1), it is immaterial whether the relevant failure occurred, occurs or would occur in the United Kingdom or elsewhere, and whether the law applying to it is that of the United Kingdom or of any other country or territory.

(3) A disclosure of information is not a qualifying disclosure if the person making the disclosure commits an offence by making it.

(4) A disclosure of information in respect of which a claim to legal professional privilege (or, in Scotland, to confidentiality as between client and

---

1598 Abrufbar, https://www.legislation.gov.uk/ukpga/1996/18.

professional legal adviser) could be maintained in legal proceedings is not a qualifying disclosure if it is made by a person to whom the information had been disclosed in the course of obtaining legal advice.

(5) In this Part "the relevant failure", in relation to a qualifying disclosure, means the matter falling within paragraphs (a) to (f) of subsection (1).

43C Disclosure to employer or other responsible person

(1) A qualifying disclosure is made in accordance with this section if the worker makes the disclosure F136 ...—
  (a) to his employer, or
  (b) where the worker reasonably believes that the relevant failure relates solely or mainly to—
  (i) the conduct of a person other than his employer, or
  (ii) any other matter for which a person other than his employer has legal responsibility,to that other person.
(2) A worker who, in accordance with a procedure whose use by him is authorised by his employer, makes a qualifying disclosure to a person other than his employer, is to be treated for the purposes of this Part as making the qualifying disclosure to his employer.

43D Disclosure to legal adviser

A qualifying disclosure is made in accordance with this section if it is made in the course of obtaining legal advice.

43E Disclosure to Minister of the Crown

A qualifying disclosure is made in accordance with this section if—

(a) the worker's employer is—
(i) an individual appointed under any enactment [F137(including any enactment comprised in, or in an instrument made under, an Act of the Scottish Parliament)] by a Minister of the Crown [F137or a member of the Scottish Executive], or
(ii) a body any of whose members are so appointed, and
(b) the disclosure is made F138 ... to a Minister of the Crown [F137 or a member of the Scottish Executive]

43F Disclosure to prescribed person

(1) A qualifying disclosure is made in accordance with this section if the worker—
   (a) makes the disclosure F2 ... to a person prescribed by an order made by the Secretary of State for the purposes of this section, and
   (b) reasonably believes—
   (i) that the relevant failure falls within any description of matters in respect of which that person is so prescribed, and
   (ii) that the information disclosed, and any allegation contained in it, are substantially true.

(2) An order prescribing persons for the purposes of this section may specify persons or descriptions of persons, and shall specify the descriptions of matters in respect of which each person, or persons of each description, is or are prescribed.

43G Disclosure in other cases

(1) A qualifying disclosure is made in accordance with this section if—
   F141(a)...............................
   (b) [F142the worker] reasonably believes that the information disclosed, and any allegation contained in it, are substantially true,
   (c) he does not make the disclosure for purposes of personal gain,
   (d) any of the conditions in subsection (2) is met, and
   (e) in all the circumstances of the case, it is reasonable for him to make the disclosure.

(2) The conditions referred to in subsection (1)(d) are—
   (a) that, at the time he makes the disclosure, the worker reasonably believes that he will be subjected to a detriment by his employer if he makes a disclosure to his employer or in accordance with section 43F,
   (b) that, in a case where no person is prescribed for the purposes of section 43F in relation to the relevant failure, the worker reasonably believes that it is likely that evidence relating to the relevant failure will be concealed or destroyed if he makes a disclosure to his employer, or
   (c) that the worker has previously made a disclosure of substantially the same information—
   (i) to his employer, or
   (ii) in accordance with section 43F.

(3) In determining for the purposes of subsection (1)(e) whether it is reasonable for the worker to make the disclosure, regard shall be had, in particular, to—
  (a) the identity of the person to whom the disclosure is made,
  (b) the seriousness of the relevant failure,
  (c) whether the relevant failure is continuing or is likely to occur in the future,
  (d) whether the disclosure is made in breach of a duty of confidentiality owed by the employer to any other person,
  (e) in a case falling within subsection (2)(c)(i) or (ii), any action which the employer or the person to whom the previous disclosure in accordance with section 43F was made has taken or might reasonably be expected to have taken as a result of the previous disclosure, and
  (f) in a case falling within subsection (2)(c)(i), whether in making the disclosure to the employer the worker complied with any procedure whose use by him was authorised by the employer.

(4) For the purposes of this section a subsequent disclosure may be regarded as a disclosure of substantially the same information as that disclosed by a previous disclosure as mentioned in subsection (2) (c) even though the subsequent disclosure extends to information about action taken or not taken by any person as a result of the previous disclosure.

43H Disclosure of exceptionally serious failure.

(1) A qualifying disclosure is made in accordance with this section if—
  F143(a)................................
  (b) [F144the worker] reasonably believes that the information disclosed, and any allegation contained in it, are substantially true,
  (c) he does not make the disclosure for purposes of personal gain,
  (d) the relevant failure is of an exceptionally serious nature, and
  (e) in all the circumstances of the case, it is reasonable for him to make the disclosure.

(2) In determining for the purposes of subsection (1)(e) whether it is reasonable for the worker to make the disclosure, regard shall be had, in particular, to the identity of the person to whom the disclosure is made.

B. Türkische Verfassung (Türk Anayasası-AY)[1599]

Art. 2 Merkmale der Republik

Die Republik Türkei ist ein im Geiste des Friedens der Gemeinschaft, der nationalen Solidarität und der Gerechtigkeit die Menschenrechte achtender, dem Nationalismus Atatürks verbundener und auf den in der Präambel verkündeten Grundprinzipien beruhender demokratischer, laizistischer und sozialer Rechtsstaat.

Art. 5 Grundziele und -aufgaben des Staates

Die Grundziele und -aufgaben des Staates sind es, die Unabhängigkeit und Einheit des Türkischen Volkes, die Unteilbarkeit des Landes, die Republik und die Demokratie zu schützen, Wohlstand, Wohlergehen und Glück der Bürger und der Gemeinschaft zu gewährleisten, die politischen, wirtschaftlichen und sozialen Hindernisse zu beseitigen, welche die Grundrechte und -freiheiten der Person in einer mit den Prinzipien des sozialen Rechtsstaates und der Gerechtigkeit nicht vereinbaren Weise beschränken, sowie sich um die Schaffung der für die Entwicklung der materiellen und ideellen Existenz des Menschen notwendigen Bedingungen zu bemühen.

Art. 13 Beschränkung der Grundrechte und -freiheiten

Die Grundrechte und -freiheiten können mit der Maßgabe, dass ihr Wesenskern unberührt bleibt, nur aus den in den betreffenden Bestimmungen aufgeführten Gründen und nur durch Gesetz beschränkt werden. Die Beschränkungen dürfen nicht gegen Wortlaut und Geist der Verfassung, die Notwendigkeiten einer demokratischen Gesellschaftsordnung und der laizistischen Republik sowie gegen den Grundsatz der Verhältnismäßigkeit verstoßen.

Art. 25 Meinungs- und Überzeugungsfreiheit

Jedermann genießt Meinungs- und Überzeugungsfreiheit. Niemand darf, aus welchem Grund und zu welchem Zweck auch immer, zur Äußerung seiner Meinungen und Überzeugungen gezwungen werden; er darf wegen seiner

---

1599 Gesetz Nr. 2709, RG: 9.11.1982/17863. Originale türkische Fassung der Verfassung sowie anderer Gesetze ist abrufbar unter, https://www.mevzuat.gov.tr/. Die Übersetzung der türkischen Verfassung ist entnommen, siehe Rumpf, https://www.tuerkei-recht.de/downloads/verfassung.pdf.

Meinungen und Überzeugungen nicht gerügt oder einem Schuldvorwurf ausgesetzt werden.

Art. 26 Freiheit der Äußerung und Verbreitung der Meinung

Jedermann hat das Recht, seine Meinungen und Überzeugungen in Wort, Schrift, Bild oder auf anderem Wege allein oder gemeinschaftlich zu äußern und zu verbreiten. Diese Freiheit umfasst auch die Freiheit des Empfangs oder der Abgabe von Nachrichten und Ideen ohne Eingriff öffentlicher Behörden. Der Vorschrift dieses Absatzes steht nicht entgegen, Veröffentlichungen durch Radio, Fernsehen, Kino oder auf ähnlichem Wege einem Genehmigungssystem zu unterwerfen.

Der Gebrauch dieser Freiheiten kann zum Schutz der nationalen Sicherheit, öffentlichen Ordnung, öffentlichen Sicherheit, der Grundlagen der Republik und der unteilbaren Einheit von Staatsgebiet und Staatsvolk, zu den Zwecken der Verhinderung von Straftaten, der Bestrafung von Straftätern, der Nichtaufdeckung von ordnungsgemäß als Staatsgeheimnisse bestimmten Informationen, des Schutzes des guten Rufs oder der Rechte sowie des Privat- oder Familienlebens anderer oder von durch das Gesetz vorgesehenen Berufsgeheimnissen oder der den Erfordernissen gemäßen Ausübung der Gerichtsbarkeit beschränkt werden.

Vorschriften, welche den Gebrauch der Mittel zur Verbreitung von Nachrichten und Meinungen regeln, gelten, wenn sie ihre Verbreitung nicht behindern, nicht als Beschränkung der Freiheit zur Meinungsäußerung und -verbreitung.

Form, Bedingungen und Verfahren der Ausübung der Meinungsäußerungs- und verbreitungsfreiheit werden durch Gesetz geregelt.

C. Türkisches Obligationengesetz (Türk Borçlar Kanunu-TBK)[1600]

§ 396 Loyalität und Sorgfaltspflicht

Der Arbeitnehmer muss die Arbeit, mit der er belastet ist, mit Sorgfalt erledigen und so treu handeln, dass die berechtigten Interessen des Arbeitgebers gewahrt bleiben. Der Arbeitnehmer ist verpflichtet, die dem Arbeitgeber gehörenden Maschinen, Werkzeuge und Ausrüstungen, technischen Systeme, Einrichtungen und Fahrzeuge ordnungsgemäß zu benutzen und sie nicht zu schädigen. Solange

1600 Gesetz Nr. 6098, RG: 4.2.2011/27836.

das Dienstverhältnis andauert, kann der Arbeitnehmer für Dritten nicht arbeiten und insbesondere nicht mit seinem Arbeitgeber konkurrieren. Der Arbeitnehmer darf die Informationen, die er während seiner Beschäftigung gelernt hat, insbesondere Produktions- und Geschäftsgeheimnisse, während der Fortsetzung des Dienstleistungsverhältnisses nicht zu seinem eigenen Vorteil verwenden oder an Dritte weitergeben. Soweit dies zur Wahrung der berechtigten Interessen des Arbeitgebers erforderlich ist, ist der Arbeitnehmer verpflichtet, auch nach Beendigung des Dienstverhältnisses Geheimnisse zu bewahren.

D. Türkisches Arbeitsgesetzbuch (İş Kanunu-IK)[1601]

§ 17 Fristgemäße Kündigung

[…]

6. Auch wenn ein Arbeitgeber die Kündigungsfrist nicht einhält oder er unter Zahlung des Gehalts für die Dauer der Kündigungsfrist fristlos kündigt, finden die Normen, §§ 18, 19, 20 und 21 Anwendung. Arbeitnehmer, ihre Arbeitsverhältnisse gem. § 18 Abs. 1 nicht in den Anwendungsbereich von §§ 18, 19, 20 und 21 fallen, haben Anspruch auf Entschädigung in Höhe von dreifachem Betrag ihres Gehaltes, wenn Arbeitgeber die Arbeitsverhältnisse missbräuchlich gekündigt haben.

§ 18 Kündigung auf wirksamen Grund

1. Das Arbeitsverhältnis eines Arbeitnehmers, der in einem Betreib mit oder mehr als dreißig Beschäftigten mindestens seit sechs Monaten arbeitet, darf nur dann gekündigt werden, wenn es einen Grund gibt, der sich auf Leistung und/oder Verhalten des Arbeitnehmers oder auf betriebs-, unternehmens- oder arbeitsbezogene Anforderungen zurückgeht.

[…]

3. Insbesondere Folgende sind kein derartiger Grund:

a) Mitgliedschaft in einer Gewerkschaft oder Teilnahme an gewerkschaftlichen Aktivitäten innerhalb der Beschäftigungszeiten mit Zustimmung des Arbeitgebers oder außerhalb der Beschäftigungszeiten.
b) Tätigkeit als Gewerkschaftsvertreter im Betrieb.

1601 Gesetz Nr. 4857, RG: 10.6.2003/25134.

c) Wenden an Behörden, Gerichte oder Auftreten in einem anhängigen Verfahren, das gegen Arbeitgeber eingeleitet ist, um gesetzliche und/oder vertragliche Interessen wahrzunehmen.
d) Rasse, Hautfarbe, Geschlecht, Familienstand, familiäre Sorgfaltspflichten, Schwangerschaft, Geburt, Religion, politische Ansichten und ähnliche Gründe.

[…]

§ 25 Recht des Arbeitgebers zur fristlosen Kündigung

1. Ein Arbeitgeber darf ein (un)befristetes Arbeitsverhältnis aus den folgenden Gründen sofort kündigen:

[…]

II. Ehrverletzende oder die Situationen, die gegen die guten Sitten verstoßen, und Ähnliches:

b) wenn der Arbeitnehmer die Ehre und Ansehen des Arbeitgebers oder dessen Familienmitglieder durch falsche Verleumdung verletzt oder wenn der Arbeitnehmer den guten Ruf des Arbeitgebers durch haltlose Anschuldigungen schädigt.

[…]

e) wenn der Arbeitnehmer das Vertrauen des Arbeitgebers missbraucht, Diebstahl begeht, Geschäftsgeheimnisse offenlegt, oder durch ähnliche Fehlverhalten gegen Treu und Loyalitätspflicht verstößt.

[…]

Literaturverzeichnis

Ahrens, Tim/Redwitz, Christopher: Aufklärung von Betrugsfällen im Zusammenhang mit Greenwashing – Wissenswertes und Untersuchungsschwerpunkte im ESG-Umfeld, CCZ 2023, 6

Abazi, Vigjilenca: Whistleblowing in the European Union, Common Market Law Review 2021, 813

———: Truth Distancing? Whistleblowing as Remedy to Censorship during COVID-19, European Journal of Risk Regulation 2020, 375

Aktan, Coşkun Can: Ahlak ve Ahlak Felsefesine Giriş, Hukuk ve İktisat Araştırmaları Dergisi 2009, 38

———: Organizasyonlarda Yanlış Uygulamalara Karşı Bir Sivil Erdem, Ahlaki Tepki ve Vijdani Red Davranışı: Whistleblowing, Mercek Dergisi 2006, 1

Alp, Mustafa: Avrupa İnsan Hakları Mahkemesi'nin Heinisch/Almanya Kararı ışığında Whistleblowing (İşçinin İfşa ve İhbarı) ve İş İlişkisinde İfade Özgürlüğü, DEÜHFD 2013, 385

———: Çalışanın İşvereni ve İş Arkadaşlarını İhbar Etmesi-Çalışanın Hukuka ve Etik Kurallara Aykırılıkları İfşa Hakkı ve İhbar Borcu (Whistleblowing), 1. Aufl. İstanbul 2013

Alpagut, Gülsevil: Isçinin Sadakat Borcu ve Türk Borçlar Kanunu ile Getirilen Düzenlemeler, Sicil 2012, 23

Altenbach, Thomas/Dierkes, Kevin: EU-Whistleblowing-Richtlinie und DSGVO, CCZ 2020, 126

Andguladze, Mamuka: Kollision zwischen Medienfreiheiten und Allgemeinem Persönlichkeitsrecht: Funktion und Rolle des Informationsinteresses der Öffentlichkeit, Hamburg 2011

Andreis, Emanuela: Towards Common Minimum Standards for Whistleblower Protection Across the EU, European Papers – A Journal on Law and Integration 2019, 575

Armbrüster, Christian/Böffel, Lukas: „Naming and shaming" als Instrument zur Ahndung von Rechtsverstößen, ZIP 2019, 1885

Arslan Ertürk, Arzu: Türk İş Hukukunda İşçinin Sadakat Borcu, 1. Aufl. İstanbul 2010

Ascheid/Preis/Schmidt/*Bearbeiter*: Kündigungsrecht, Hrsg. Linck, Rüdiger; Preis, Ulrich; Schmidt, Ingrid, 6. Aufl. 2021

Asthon, Jeanette: When Is Whistleblowing in the Public Interest? Chesterton Global Ltd. & Another v Nurmohamed Leaves This Question Open, Industrial Law Journal 2015, 450

Aszmons, Mattis/Herse, Adina: EU-Whistleblowing-Richtlinie: der richtige Umgang mit den neuen Vorgaben und deren Umsetzung: zweistufiges Meldeverfahren, Hinweisgebersysteme, Umgang mit Meldungen und Sanktionen, DB 2019, 1849

Aust, Christoph: Der Schutz personenbezogener Daten eines Whistleblowers in der Europäischen Kommission, 2021

Ayar, Murat: Sağlık Sektöründe Açık Etme (Whistleblowing), 1. Aufl. Ankara 2020

Aydan, Seda/Kaya, Sıdıka: Sağlık Sektöründe İhbarcılık: Bir Üniversite Hastanesinde Çalışan Hemşire ve Sekreterler Üzerine Bir Uygulama (Whistleblowing in Health Sector: An Application on Nurses and Secretaries Working in a University Hospital), Hacettepe Sağlık İdaresi Dergisi 2018, 1

Aydemir, Leyla: Kadın Tacizlerine Yönelik Bir Tutum Araştırması, IJSHS 2019, 199

Aydın, Ufuk: İş Hukuku Açısından İşçinin Bilgi Uçurması (Whistleblowing), Sosyal Bilimler Dergisi 2002–2003, 79

Aytekin İnceoğlu, Asuman: Ekonomik Suçlar, GSÜHFD 2020, 119

Başol, Oğuz/Karatuna, Işıl: Örgütlerde Olumsuz Durumların İfşa Edilmesi ve Örgütsel İletişim İlişkisi, Marmara Üniversitesi İ.İ.B. Dergisi 2015, 153

Bayrakçı, Eylem/Kayalar, Murat: İfşa Davranışının Prososyal Davranışlar Bağlamında Değerlendirilmesine Yönelik Teorik Bir İnceleme (A Theoretical Research of Whistleblowing Behavior for Evaluation in Context of Prosocial Behaviors), Süleyman Demirel Üniversitesi Vizyoner Dergisi 2016, 120

Bayreuther, Frank: Whistleblowing und das neue Hinweisgeberschutzgesetz, NZA-Beilage 2022, 20

Becker, Cornelius: Das Urteil des EGMR zum Whistleblowing – Neuer Lösungsweg auch für deutsche Arbeitsgerichte?, DB 2011, 2202

———: Whistleblowing: Anzeigerecht und Anzeigepflicht des Arbeitnehmers in der Privatwirtschaft, Frankfurt am Main [u.a.] 2012

BeckOK GeschGehG/*Bearbeiter*: Beck'scher Online Kommentar Geschäftsgeheimnis, Hrsg. Fuhlrott, Michael; Hiéramente, Mayeul, 13. Aufl. 2022

Bender, René/Holtermann, Felix/Iwersen, Sönke/Schneider, Katharina: „Bilanzskandal: Der Betrug bei Wirecard soll schon vor 15 Jahren begonnen haben", Handelsblatt, 28. Juli 2020, https://www.handelsblatt.com/finanzen/bilanzskandal-der-betrug-bei-wirecard-soll-schon-vor-15-jahren-begonnen-haben/26040098.html

Benecke, Martina: Zwischen „Liebesverboten“ und #MeToo: Sexuelle Belästigung am Arbeitsplatz, AuR 2021, 397

Benne, Rainer: Whistleblowing – Wenn Wissen Sensibilität erfordert, CCZ 2014, 189

Berndt, Thomas/Hoppler, Ivo: Whistleblowing – ein integraler Bestandteil effektiver Corporate Governance, BB 2005, 2623

Berthold, Annemarie: Whistleblowing in der Rechtsprechung des Bundesarbeitsgerichts. Schriften zum Arbeitsrecht und Wirtschaftsrecht, Frankfurt am Main [u.a.] 2010

Beyer, Ulrich: Whistleblowing in Deutschland und Großbritannien: ein Vergleich anhand der Umsetzung von Art. 11 Abs. 1 und 6 RL 89/391 EWG, Frankfurt am Main 2013

Bissels, Alexander/Schroeders, Kathrin/Ziegelmayer, David: Arbeitsrechtliche Auswirkungen der Geheimnisschutzrichtlinie, DB 2016, 2295

Bittmann, Folker/Brockhaus, Matthias/von Coelln, Sibylle: Regelungsbedürftige Materien in einem zukünftigen Gesetz über Interne Ermittlungen, NZWiSt 2019, 1

Boot, Eric R.: The Feasibility of a Public Interest Defense for Whistleblowing, Law and Philosophy 2020, 1

Bosua, Rachelle/Milton, Simon/Dreyfus, Suelette/Lederman, Reeva: Going public: Researching whistleblowing in a new media age, in: International Handbook on Whistleblowing Research, Hrsg. Brown, A. J.; Lewis, David; Moberly, Richard; Vandekerckhove, Wim, Cheltenham [u.a.] 2014, S. 250

Böge, Friederike: „Li Wenliang: Er warnte vor dem Coronavirus – jetzt ist er tot“, FAZ.NET, 6. Februar 2020, https://www.faz.net/aktuell/gesellschaft/gesundheit/coronavirus/li-wenliang-warnte-vor-dem-coronavirus-jetzt-ist-er-tot-16620890.html

Briegel, Torsten: Einrichtung und Ausgestaltung unternehmensinterner Whistleblowing-Systeme, Wiesbaden 2009

Brinkmann, Markus/Blank, Alexandra: Umsetzungspflichten für Unternehmen aus der EU-Whistleblowing-Richtlinie, BB 2021, 2475

Brobeil, Anne: Die Auswirkungen der Richtlinie (EU) 2019/1937 auf Arbeitnehmer-Hinweisgeber, Baden-Baden 2022

Brock, Martin: Neue Regeln für Whistleblower im öffentlichen Dienst – Folgen der Heinisch-Entscheidung des EGMR vom 21.7.2011, öAT 2011, 243

Brockhaus, Robert: „Nach EGMR zu Whistleblower: Folgen für Deutschland?“, Legal Tribune Online, 23. Februar 2021, https://www.lto.de/recht/hintergrue

nde/h/egmr-whistleblower-klinik-anzeige-bverfg-kuendigung-bmjv-entwurf-richtlinie/

Brockhaus, Robert/Gerdemann, Simon/Thönnes, Christian: „Ungleicher Schutz Für Whistleblower: Zu Drohenden Verfassungswidrigen Ungleichbehandlungen durch die Umsetzung der EU-Whistleblowing-Richtlinie“, Verfassungsblog, 29. Oktober 2020, https://verfassungsblog.de/ungleicher-schutz-fur-whistleblower/

———: Die verfassungsrechtlichen Grenzen unionsrechtlich induzierter Ungleichbehandlungen am Beispiel der Whistleblowing-Richtlinie, NVwZ 2021, 204

———: „Immer noch lückenhaft: Zum aktuellen Regierungsentwurf für ein Whistleblower-Schutzgesetz“, Verfassungsblog, 8. August 2022, https://verfassungsblog.de/immer-noch-luckenhaft/

Brown, A. J.: Towards “Ideal” Whistleblowing Legislation? Some Lessons from Recent Australian Experience, EJICLS 2013, 4

Brown, A J/Lawrence, Sandra/Olsen, Jane/Rosemann, Louise/Hall, Kath/Tsahuridu, Eva/Wheeler, Chris/Macaulay, Michael/Smith, Rodney/Brough, Paula: Clean as a whistle: a five-step guide to better whistleblowing policy and practice in business and government, Brisbane: Griffith University, August 2019

Brown, A. J./Mazurski, Evalynn/Olsen, Jane: The incidence and significance of whistleblowing, in: Whistleblowing in the Australian Public Sector, Hrsg. Brown, A. J. Australia 2008, S. 25

Brors, Christiane: „Whistleblowing“ und „Verpfeifen“ bei Verdacht auf Straftaten des Arbeitgebers nach der Entscheidung des Europäischen Gerichtshofs für Menschenrechte vom 21.7.2011, HFR 2012, 9

Buchert, Christoph: Der Irrweg der EU-Kommission – Zu den Überlegungen über die Einführung einer staatlichen Whistleblower-Prämie, CCZ 2013, 144

Buchwald, Felix: Der Grundsatz des Vorrangs innerbetrieblicher Abhilfe nach der Whistleblowing-Richtlinie (RL 2019/1937/EU), ZESAR 2021, 69

Budak, Tamer: Türk Vergi Hukukunda İhbar ve İhbar İkramiyesi, İstanbul Üniversitesi İktisat Fakültesi Maliye Araştırma Merkezi Konferansları Prof. Dr. Şerafettin Aksoy’a Armağan 2009, 41

Burgi, Martin: Der Umgang mit krebserzeugenden Gefahrstoffen im Schnittpunkt von Umwelt-, technischem und sozialem Arbeitsschutzrecht, NVwZ 1993, 954

Butler, Jeffrey V./Serra, Danila/Spagnolo, Giancarlo: Motivating Whistleblowers, Management Science 2020, 605

Bürkle, Jürgen: Die versicherungsaufsichtsrechtliche Regulierung des internen Hinweisgebersystems, VersR 2020, 1

Calliess/Ruffert/*Bearbeiter*: EUV/AEUV Kommentar, Hrsg. Calliess, Christian; Ruffert, Matthias, 6. Aufl. 2022

Chwolka, Anne/Oelrich, Sebastian: Whistleblowing als Mittel zur Prävention und Detektion von Wirtschaftskriminalität in Deutschland – Zwischen Helden- und Denunziantentum, BFuP 2020, 445

Cleary, Sonja R./Doyle, Kerrie E.: Whistleblowing Need Not Occur If Internal Voices Are Heard: From Deaf Effect to Hearer Courage Comment on "Cultures of Silence and Cultures of Voice: The Role of Whistleblowing in Healthcare Organisations", International Journal of Health Policy and Management 2015, 59

Colneric, Ninon: EGMR: Whistleblowing bei Verdacht auf unerlaubte Sterbehilfe, AuR 2021, 419

———: Stellungnahme zum Referentenentwurf eines Gesetzes für einen besseren Schutz hinweisgebender Personen sowie zur Umsetzung der Richtlinie zum Schutz von Personen, die Verstöße gegen das Unionsrecht melden, v. 6. Mai 2022, https://www.bmj.de/SharedDocs/Gesetzgebungsverfahren/Stellungnahmen/2022/Downloads/0506_Stellungnahme_Prof._Dr._Ninon_Colneric_HinSchG-E.pdf;jsessionid=CD11E4AF4930A3CBC714F07BB8593575.2_cid324?__blob=publicationFile&v=2

Colneric, Ninon/Gerdemann, Simon: Die Umsetzung der Whistleblower-Richtlinie in deutsches Recht Rechtsfragen und rechtspolitische Überlegungen, HSI-Schriftenreihe Band 34, Frankfurt am Main 2020

Çalışkan, Behlül: What Is a Leak, Who Is a Whistleblower? An Evaluation Within the Scope of the Cumhuriyet Newspaper, Can Dündar and MİT Trucks Case, in: Making Transparency Possible: An Interdisciplinary Dialogue, Hrsg. Krøvel, Roy; Thowsen, Mona, Norwegen 2019, S. 209

Çelik, Nuri/Caniklioğlu, Nurşen/Canbolat, Talat: İş Hukuku Dersleri, 30. Aufl. İstanbul 2017

Çetin, Evra: İnsan Hakları Avrupa Sözleşmesi'nin 8–11. Maddeleri Bağlamında Çalışanların Hakları, 1. Aufl. İstanbul 2015

Çiftçi, Birgül: Türkiye'de Toplumsal Kültürün Örgütlerde İhbarcılık Üzerine Etkisi: Hofstede'in Kültürel Boyutlar Teorisi Bağlamında Bir Değerlendirme, International Journal of Academic Value Studies 2017, 147

Dandekar, Natalie: Bringing charges of sexual harassment compaired with other cases of whistleblowing, J Bus Ethics 1990, 151

Dann, Matthias/Markgraf, Jochen W.: Das neue Gesetz zum Schutz von Geschäftsgeheimnissen, NJW 2019, 1774

Degenhart, Maximilian/Dziuba, Anne: Die EU-Whistleblower-Richtlinie und ihre arbeitsrechtlichen Auswirkungen, BB 2021, 570

Deinert, Olaf: Ethik, Whistleblower und Mitbestimmung, AuR 2008, 90

Deiseroth, Dieter: Berufsethische Verantwortung in der Forschung: Möglichkeiten und Grenzen des Rechts, Münster 1997

———: Stärkung von Zivilcourage zur Verbesserung der Qualität der stationären Pflege, ZRP 2007, 25

———: Whistleblower-Schutz Rechtsvergleichende Anmerkungen zur Situation in den USA und in Deutschland, Betrifft Justiz 2004, 296

———: Whistleblowing in Zeiten von BSE: der Fall der Tierärztin Dr. Margrit Herbst, Berlin 2001

Deiseroth, Dieter/Derleder, Peter: Whistleblower und Denunziatoren, ZRP 2008, 248

Deltour, Antoine: Whistleblowing on Luxembourg's Tax Practices, in: Making Transparency Possible: An Interdisciplinary Dialogue, Hrsg. Krøvel, Roy; Thowsen, Mona, Norwegen 2019, S. 81

Denck, Johannes: Arbeitsschutz und Anzeigerecht des Arbeitnehmers, DB 1980, 2132

Diller, Martin: Der Arbeitnehmer als Informant, Handlanger und Zeuge im Prozess des Arbeitgebers gegen Dritte, DB 2004, 313

Dilling, Johannes: Der Referentenentwurf zum Hinweisgeberschutzgesetz – Steine statt Brot für Whistleblower und betroffene Personen, CCZ 2021, 60

———: Der Schutz von Hinweisgebern und betroffenen Personen nach der EU-Whistleblower-Richtlinie, CCZ 2019, 214

———: Interne Ermittlungen im Spannungsfeld zwischen Unternehmensstrafrecht und Whistleblowing, CCZ 2020, 132

Dozier, Janelle Brinker/Miceli, Marcia P.: Potential Predictors of Whistleblowing: A Prosocial Behavior Perspective, The Academy of Management Review 1985, 823

Drenckhan, Helke: Checkliste: In fünf Schritten zum Hinweisgebersystem, CB 2021, 459

Dürig/Herzog/Scholz/*Bearbeiter*: Grundgesetz-Kommentar, Hrsg. Herzog, Roman; Scholz, Rupert, 98. EL März 2022

Düsel, Jens: Gespaltene Loyalität: Whistleblowing und Kündigungsschutz in Deutschland, Großbritannien und Frankreich, 1. Aufl. Baden-Baden 2009

Dworkin, Terry Morehead/Baucus, Melissa S.: Internal vs. External Whistleblowers: A Comparison of Whistleblowing Processes, J Bus Ethics, 1998, 1281

Dzida, Boris/Granetzny, Thomas: Die neue EU-Whistleblowing-Richtlinie und ihre Auswirkungen auf Unternehmen, NZA 2020, 1201

Dzida, Boris/Seibt, Christoph H.: Neues Hinweisgeberschutzgesetz: Analyse und Antworten auf Praxisfragen, NZA 2023, 657

Edwards, Shalene: Die Rechtmäßigkeit von Whistleblowing in der Öffentlichkeit nach der EMRK und nach deutschem Recht: die Gesetzeslage und Gesetzgebungsvorschläge. Frankfurt am Main 2017

Engländer, Armin/Zimmermann, Till: Whistleblowing als strafbarer Verrat von Geschäfts- und Betriebsgeheimnissen? Zur Bedeutung des juristisch-ökonomischen Vermögensbegriffs für den Schutz illegaler Geheimnisse bei § 17 UWG, NZWiSt 2012, 328

Erbaş, Cevat Gökhan: Die Entwicklung des türkischen Kündigungsschutzrechts bis zur Neufassung und Rechtsvergleich des neuen türkischen Kündigungsschutzrechts mit dem deutschen Kündigungsschutzrecht, Herzogenrath 2010

ErfK/*Bearbeiter*: Erfurter Kommentar zum Arbeitsrecht, Hrsg. Müller, Glöge; Preis, Ulrich; Schmidt, Ingrid, 23. Aufl. 2023

Eroğluer, Kemal/Sarıbay Öztürk, Gizem: İş Hukuku ve Örgütsel Boyutuyla Haber Uçurma (Whistleblowing), in: Örgütsel Davranış ve İş Hukukuna Yansımaları, Hrsg. Köse, Sevinç; Alp, Mustafa, 1. Aufl. Ankara 2020, S. 343

Eşgünoğlu, Mahmure/Buyrukoğlu, Selçuk: Türk Vergi Mevzuatında İhbar İkramiyesi, International Conference on Scientific Cooperation for the Future, Economics and Administrative Sciences, Thessaloniki, 6th–8th September 2017, S. 152

EuArbRK/*Bearbeiter*: Kommentar zum europäischen Arbeitsrecht, Hrsg. Franzen, Martin; Gallner, Inken; Oetker, Harmut, 4. Aufl. 2022

Eufinger, Alexander: Rechtliche Aspekte Compliance-indizierter Sanktionsmaßnahmen im Arbeitsverhältnis, RdA 2017, 223

Falter, Annegret: Pressemitteilung: „Zweite Chance für Meinungs- und Pressefreiheit", Whistleblower Netzwerk (blog), 7. September 2021, https://www.whistleblower-net.de/online-magazin/2021/09/07/zweite-chance-fuer-meinungs-und-pressefreiheit/

———: „Whistleblower (un)erwünscht?", Whistleblower Netzwerk (blog), 12. Mai 2022, https://www.whistleblower-net.de/online-magazin/2022/05/12/stellungnahme-zum-referententwurf-fuer-ein-hinweisgeberschutzgesetz/

———: „Missstände beim rbb – Whistleblower auch künftig kaum geschützt?", Whistleblower Netzwerk (blog), 29. August 2022, https://www.whistleblower-net.de/online-magazin/2022/08/29/whistleblower-beim-rbb/

Fannrich-Lautenschläger, Isabel: „Zehn Jahre nach dem Canisius-Kolleg-Skandal – Sexuelle Gewalt an Kindern – nicht der Ausnahmefall", Deutschlandfunk,

27. Januar 2020, https://www.deutschlandfunk.de/zehn-jahre-nach-dem-canisius-kolleg-skandal-sexuelle-gewalt.724.de.html?dram:article_id=468911

Federmann, Bernd/Racky, Frank/Kalb, Markus/Modrzyk, Gracjan: Die Whistleblower-Richtlinie der EU: Die neuen Regeln und deren Auswirkungen auf Unternehmen des privaten Sektors, DB 2019, 1665

Feinstein, Samantha/Devine, Tom: Are whistleblowing laws working? A global study of whistleblower protection litigation, Government Accountability Project, London 2021

Fendoglu, H. Tahsin: Uluslararası İnsan Hakları Belgelerinin Uygulanmasında Bağımsız Ölçü Norm veya Destek Ölçü Norm Sorunu, AYD 2000, 363

Fischer-Lescano, Andreas: Mäßigung der Verhältnismäßigkeit-Whistleblowing im transnationalen Recht, in: Transnationales Recht: Stand und Perspektiven, Hrsg. Calliess, Gralf-Peter, Tübingen 2014, S. 435

Forst, Gerrit: Die Richtlinie der Europäischen Union zum Schutz von Personen, die Verstöße gegen das Unionsrecht melden (Whistleblowing-Richtlinie), EuZA 2020, 283

———: Whistleblowing im Gesundheitswesen – Stellen zur Bekämpfung von Fehlverhalten im Gesundheitswesen und Fehlermeldesysteme in Krankenhäusern (Critical Incident Reporting Systems), SGb 2014, 413

———: Whistleblowing im internationalen Vergleich – Was kann Deutschland von seinen Nachbarn lernen?, EuZA 2013, 37

———: Strafanzeige gegen den Arbeitgeber – Grund zur Kündigung des Arbeitsvertrags?, NJW 2011, 3477

Fuhlrott, Michael/Oltmanns, Sönke: Strafanzeige als Pflichtverletzung oder Wahrnehmung staatsbürgerlicher Rechte?, DB 2017, 2354

Fuhlrott, Michael/Henckel, Christoph: Hinweisgeberschutzgesetz: Handlungsbedarf für Unternehmen und Personalabteilungen, ArbRAktuell 2022, 441

Gach, Bernt/Rützel, Stefan: Verschwiegenheitspflicht und Behördenanzeigen von Arbeitnehmern, BB 1997, 1959

Garden, Florian/Hiéramente, Mayeul: Die neue Whistleblowing-Richtlinie der EU – Handlungsbedarf für Unternehmen und Gesetzgeber, BB 2019, 963

Gehring, Christoph Leo: Strukturelle Risiken für Compliance im Krankenhaus, CCZ 2021, 162

Gerdemann, Simon: Position Paper on the National Implementation of the Directive for the Protection of Persons Reporting on Breaches of Union Law ("Whistleblowing Directive"), 21. Oktober 2019, https://www.whistleblo

wer-net.de/wp-content/uploads/2020/05/Paper-National-Implementation-WBD.pdf

———: Stellungnahme zum Gesetzentwurf der Bundesregierung Entwurf eines Gesetzes für einen besseren Schutz hinweisgebender Personen sowie zur Umsetzung der Richtlinie zum Schutz von Personen, die Verstöße gegen das Unionsrecht melden – BT-Drs. 20/3442 – Oktober 2022, https://www.bundestag.de/resource/blob/914478/83be0d66d79fa13bc255cf0745795631/Stellungnahme_Gerdemann-data.pdf

———: Das neue deutsche Whistleblowing-Recht, NJW 2021, 3489

———: Der LuxLeaks-Skandal vor dem EGMR – Anmerkung zu EGMR v. 11.5.2021 – Nr. 21884/18 – Halet/Luxembourg, HSI-Report 2/2021, 14

———: Nachforschungsobliegenheiten für Whistleblower, NJW 2021, 2324

———: Revolution des Whistleblowing-Rechts oder Pfeifen im Walde?, RdA 2019, 16

———: Whistleblower als Agenten des Europarechts, NZA-Beilage 2020, 43

———: Transatlantic Whistleblowing: rechtliche Entwicklung, Funktionsweise und Status quo des Whistleblowings in den USA und seine Bedeutung für Deutschland, Tübingen 2018

———: Whistleblowing, quo vadis? Die Europäische Whistleblower-Richtlinie und ihre Umsetzung in deutsches Recht, Teil 1, die Richtlinie und ihre neuralgischen Punkte, SR 2021, 2

———: Whistleblowing, quo vadis? Die Europäische Whistleblower-Richtlinie und ihre Umsetzung in deutsches Recht, Teil 2, die Umsetzung der Richtlinie und der Referentenentwurf für ein deutsches Hinweisgeberschutzgesetz, SR 2021, 89

———: Referentenentwurf für ein deutsches Hinweisgeberschutzgesetz, ZRP 2021, 37

———: Neuer Entwurf für ein Hinweisgeberschutzgesetz, ZRP 2022, 98

———: Unrechtmäßige Verurteilung eines Whistleblowers im Lux Leaks-Skandal, AfP 2023, 135

Gerdemann, Simon/Colneric, Ninon: The EU Whistleblower Directive and Its Transposition: Part 2, ELLJ 2021, 253

Graewe, Daniel/Velte, Patrick: Zwingende Einrichtung von Compliance-Management-Systemen bei börsennotierten AG nach dem Wirecard-Skandal? – Eine Analyse vor dem Hintergrund des Referentenentwurfs für ein Finanzmarktintegritätsstärkungsgesetz, DB 2020, 2529

Granetzny, Thomas/Markworth, Anja: Die neue Whistleblower-Richtlinie, jurisPR-Compl, 2020, Anm. 1

Graser, Daniela: Whistleblowing: Arbeitnehmeranzeigen im US-amerikanischen und deutschen Recht, Frankfurt am Main [u.a.] 2000

Greve, Holger: Korruptionsbekämpfung und Whistleblowing Überlegungen zur Auflösung des Konflikts zwischen Transparenz und Datenschutz, ZD 2014, 336

Grimm, Detlef/Singraven, Jonas: Die neue Whistleblowing-Richtlinie der EU, ArbRB 2019, 241

Grimm, Dieter: Die Meinungsfreiheit in der Rechtsprechung des Bundesverfassungsgerichts, NJW 1995, 1697

Groneberg, Rut: Whistleblowing: eine rechtsvergleichende Untersuchung des US-amerikanischen, englischen und deutschen Rechts unter besonderer Berücksichtigung des Entwurfs eines neuen § 612a BGB, Berlin 2011

Groß, Nadja/Platzer, Matthias: Richtlinie der EU zur Stärkung des Schutzes von Hinweisgebern ante portas, NZA 2018, 913

Gülçiçek, Bayram: Tüm Yönleriyle İhbar İkramiyesi Müessesesi, Ankara 2020

Gültekin, Recep: Corruption in Turkey: An Overview, in: Policing corruption: international perspectives, Hrsg. Sarre, Rick/Dilip K. Das/Albrecht, Hans-Jörg, Lanham 2005, S. 189

Habbe, Julia Sophia/Gergen, Philipp: Compliance vor und bei Cyberangriffen – Pflichten der Geschäftsleitung und deren konkrete Umsetzung in der Praxis, CCZ 2020, 281

Hafner, Sophie/Schraven, David: „Abgezockt! – Der Krebsmittel-Skandal" 24. August 2021, https://www.zdf.de/uri/19fc920e-c9c9-49ae-8827-c54d1b9ffca6

Halet, Raphaël: Being a Whistleblower, in: Making Transparency Possible: An Interdisciplinary Dialogue, Hrsg. Krøvel, Roy; Thowsen, Mona, Norwegen 2019, S. 87

Hastenrath, Katharina/Müller, Hannes: Möglichkeiten der Incentivierung von Compliance-gerechtem Verhalten, CB 2017, 154

Hauptmann, Markus/Klarmann, Max: Whistleblower und Kronzeugen: Bedeutung und Regelungsbedarf im Interesse einer effizienteren Aufdeckung von Dopingverstößen im Sport, SpuRt 2019, 190

Hauschka/Moosmayer/Lösler/*Bearbeiter*: Corporate Compliance, Hrsg. Hauschka, Christoph E.; Moosmayer, Klaus; Lösler, Thomas, 3. Aufl. 2016

Hauser, Christian/Bretti-Rainalter, Jeanine/Blumer, Helene: Whistleblowing Report 2021, https://f.hubspotusercontent40.net/hubfs/4749693/

White%20Paper/Whistleblowing%20Report%202021_EN_final.pdf?utm_medium=email&utm_content=167244872&utm_source=hs_automation

Häußinger, Sarah: Das Ende der Ära des Whistleblowerschutzes?, EuZA 2021, 368

Hekimler, Alpay: Mitwirkung der Arbeitnehmer im Kontext der Beitrittsperspektive der Türkei, ZIAS 2005, 179

Helm, Leon: Whistleblowing im Finanzaufsichtsrecht – ein Überblick, BB 2018, 1538

Herbert, Manfred/Oberrath, Jörg-Dieter: Schweigen ist Gold? Rechtliche Vorgaben für den Umgang des Arbeitnehmers mit seiner Kenntnis über Rechtsverstöße im Betrieb, NZA 2005, 193

Herold, Nico: Whistleblower: Entscheidungsfindung, Meldeverhalten und kriminologische Bewertung, Baden-Baden 2016

———: Whistleblowing als Kontrollinstrument, Der Wirtschaftsführer 2020, 15

———: Zur Kontroll-Funktionalität von Whistleblowing-Systemen im Lichte aktueller empirischer Erkenntnisse, in: Kriminologische Gesellschaft Wissenschaftliche Tagung, Hrsg. Boers, Klaus; Schaerff, Marcus, Münster 2018, S. 228

———: Stellungnahme zum Gesetzentwurf der Bundesregierung Entwurf eines Gesetzes für einen besseren Schutz hinweisgebender Personen sowie zur Umsetzung der Richtlinie zum Schutz von Personen, die Verstöße gegen das Unionsrecht melden BT-Drs. 20/3442, v. Oktober 2022, https://www.bundestag.de/resource/blob/916878/a7dc7e432ca40fc7e04fb264ed7a0d77/Stellungnahme_Herold-data.pdf

Hey, Thomas/Nentwig, Alisa: „Hinweisgeberschutzgesetz: Bürokratische Hürde oder Chance?“, Bird & Bird, April 2021, http://www.twobirds.com/de/news/articles/2021/germany/hinweisgeberschutzgesetz-buerokratische-huerde-oder-chance

Hiéramente, Mayeul/Golzio, Ole: Die Reform des Geheimnisschutzes aus Sicht der Compliance-Abteilung – Ein Überblick, CCZ 2018, 262

Hiéramente, Mayeul/Garden, Florian: Behinderung interner Ermittlungen als Kündigungsgrund, jurisPR-StrafR 2021, Anm. 5

Hinrichs, Werner: Das Beschwerde- und Anzeigerecht der Arbeitnehmer, Das ArbR der Gegenwart, Band 18, 35

HK-EMRK/*Bearbeiter*, Hrsg. Meyer-Ladewig; von Raumer, Nettesheim, Handkommentar zur Europäischen Menschenrechtskonvention, 4. Aufl. 2017

Hoeren, Thomas: Staatliche Whistleblower?, ZD 2021, 497

Hofstede, Geert/Hofstede, Gert Jan/Minkov, Michael: Lokales Denken, globales Handeln: interkulturelle Zusammenarbeit und globales Management, 6. Aufl. München 2017

Hommel, Ulf: Die Zusammenarbeit mit Whistleblowern – Anmerkungen zu der EU-Whistleblower-Richtlinie, CCZ 2021, 95

Hopmann, Benedikt: Pressemitteilung von Dr. Gawlik – widerstaendig.de, widerstaendig 8. Juni 2021, https://widerstaendig.de/whistleblower/pressemitteilung-dr-gawlik/

Hopt, Klaus J.: Interne Untersuchungen, Whistleblowing und externes Monitoring, ZGR 2020, 373

Ibel, Fabian: EGMR: Sorgfaltspflichten von Whistleblowern, MMR-Aktuell 2021, 438954

Jalan, Ishan: Treason or Reason? Psychoanalytical Insights on Whistleblowing, International Journal of Management Reviews 2020, 249

Johnson, David: Prüfungspflicht für hinweisgebende Arbeitnehmer, CCZ 2021, 206

Johnson, Joseph: Cyber Crime Incidents by Victim Industry and Size 2020, Statista, 4. Juni 2021, https://www.statista.com/statistics/194246/cyber-crime-incidents-victim-industry-size/

———: Global Identity Theft Data Breaches 2018, Statista, 25. Januar 2021, https://www.statista.com/statistics/215794/identity-theft-data-breaches-worldwide/

Junker, Abbo: Arbeitsrecht zwischen Europäisierung und Amerikanisierung, Festschrift für Hansjörg Otto zum 70. Geburtstag, Hrsg. Krause, Rüdiger/Otto, Hansjörg/Schwarze, Roland, Berlin 2008, S. 157

———: Hinweisgeberschutz – Fingerzeige aus Straßburg, EuZA 2023, 241

Kafteranis, Dimitrios/Brockhaus, Robert: „Time to Reconsider Strasbourg's Whistleblower Case Law", European Law Blog, 21. September 2020, https://europeanlawblog.eu/2020/09/21/time-to-reconsider-strasbourgs-whistleblower-case-law/

Kain, Felicia: Whistleblowing and Labour Law: The Whistleblower Directive – Development, Content and Obstacles, Italian Labour Law E-Journal, 2020, 131

Kamann/Ohlhoff/Völcker: Kartellverfahren und Kartellprozess, Hrsg. Kamann, Hans-Georg; Ohlhoff, Stefan; Völcker, Sven, 1. Aufl. 2017

Kanning, Tim: „Greenwashing-Vorwürfe: DWS durfte Whistleblowerin kündigen", FAZ.NET, 24. Januar 2022, https://www.faz.net/aktuell/wirtschaft/

unternehmen/dws-durfte-whistleblowerin-kuendigen-greenwashing-kritik-17748744.html

Kaptein, Muel: From Inaction to External Whistleblowing: The Influence of the Ethical Culture of Organizations on Employee Responses to Observed Wrongdoing, J Bus Ethics 2011, 513

Kaufmann, Annelie: „Wie geht es weiter beim Whistleblower-Gesetz?" Legal Tribune Online, 6. Mai 2021, https://www.lto.de/recht/hintergruende/h/whistleblower-deutschland-muss-eu-richtlinie-umsetzen-hinweisgeberschutz-unternehmen-behoerden-verstoee-melden/

Kaya, Kamuran: Dinamik Hak Anlayışı Doğrultusunda İfade Özgürlüğü Bağlamında Devletin Pozitif Yükümlülüğü, in: Ifade Özgürlüğü Üzerine Makaleler Sempozyum 2017, S. 3

Keser, Hakan/Zengingönül, Oğul: Ahlak-İşletme Ahlakı ve Sosyal Sorumluluk İlişkisi, Kamu Is 1994, 81

Kılıçoğlu, Mustafa: Türk İş Hukuku Açısından Compliance, in: Türk Alman Uluslararası İş Hukuku Sempozyumu, Hrsg. Şenocak, Kemal, Malatya 2011, S. 277

Király, Andrei: Whistleblower in Deutschland und Großbritannien Lehren aus dem Fall Heinisch, RdA 2012, 236

Klaas, Arne: Unternehmensinterne Verstöße und „Whistleblowing": Zum Grundrechtsschutz der Beteiligten und den Anforderungen an eine einfachrechtliche Regelung, CCZ 2019, 163

Klarmann, Philipp/Waag, Zoltan: Cybercrime und Arbeitsrecht, NZA-Beilage, 2019, 107

Klein, Eckart: Grundrechtliche Schutzpflicht des Staates, NJW 1989, 1633

Klenter, Peter: Anzeige einer gravierenden Verletzung von Corona-Bestimmungen durch Arbeitgeber kein Kündigungsgrund, jurisPR-ArbR 2021, Anm. 4

Knuth, Antonia B.: Blowing the whistle – eine Untersuchung der Meldesystemadministration und ihres Einflusses auf das Meldeverhalten von beobachtetem Fehlverhalten, Hamburg 2022

Koch, Arnd: Korruptionsbekämpfung durch Geheimnisverrat? Strafrechtliche Aspekte des Whistleblowings, ZIS 2008, 500

Kohte, Wolfhard: Effektive Sicherung von Höchstarbeitszeit und Ruhezeit, ARP 2022, 123

Kohte/Faber/Feldhoff/*Bearbeiter*: Gesamtes Arbeitsschutzrecht, Hrsg. Kohte, Wolfhard; Faber, Ulrich; Feldhoff, Kerstin, 2. Aufl. 2018

Kort, Michael: Organpflichten beim Whistleblowing: Paradigmenwechsel durch die Hinweisgeber-Richtlinie?, in: Festschrift für Christine Windbichler zum 70. Geburtstag, Hrsg. Bachmann, Gregor; Grundmann, Stefan; Mengel, Anja; Krolop, Kaspar, 2020, S. 837

Kollmer/Klindt/Schucht/*Bearbeiter*: Arbeitsschutzgesetz, Hrsg. Kollmer, Norbert; Klindt, Thomas; Schucht, Carsten, 4. Aufl. 2021

Kölbel, Ralf/Herold, Nico: Grundfragen zur Einrichtung unternehmenseigener Hinweisgebersysteme: Der Forschungsstand zu deren Funktionen und Funktionalität, ZGR 2020, 961

———: Whistleblowing in der empirischen Forschung, in: Zur anstehenden Regulierung von Whistleblowing in Deutschland SFB Vigilanzkulturen, Working Papers 01/2020, 4

———: Wirtschaftskontrolle durch Whistleblowing? Empirische Befunde zu Entscheidungsprozessen von Hinweisgebern, NK 2015, 375

Krause, Rüdiger: Duty to Loyalty, Fundamental Rights, and Public Policy: German Whistleblowing Law Between Conflicting Values, in: Whistleblowing – A Comparative Study, Hrsg. Thüsing, Gregor; Forst, Gerrit, London 2016, S. 155

———: Zwischen Treuepflichtverletzung und Rechtsdurchsetzungsinstrument: Externes Whistleblowing im Wandel der Zeiten, SR 2019, 138

———: Das Lieferkettensorgfaltspflichtengesetz als Baustein eines transnationalen Arbeitsrechts – Teil I, RdA 2022, 303

Kreis, Simona: Whistleblowing als Beitrag zur Rechtsdurchsetzung: das öffentliche Informationsinteresse im Arbeitsrecht, Tübingen 2017

Kreßel, Eckhard: Compliance und Personalarbeit, NZG 2018, 841

Krug, Björn/Skoupil, Christoph: Befragungen im Rahmen von internen Untersuchungen, NJW 2017, 2374

Krüger, Ulrich: Can't you hear the whistle blow, VuR, 2021, 441

Kumar, Manohar/Santoro, Daniele: A Justification of Whistleblowing, Philosophy and Social Criticism 2017, 669

Lanzinner, Denis/Petrasch, Martin: Die Milderung nach §§ 17 f. VerSanG – ein „Anreiz" für den Verband als Arbeitgeber?, CCZ 2020, 109

Larmer, Robert A.: Whistleblowing and Employee Loyalty, J Bus Ethics 1992, 125

Ledergerber, Zora: Whistleblowing unter dem Aspekt der Korruptionsbekämpfung, Bern 2005

Leisner, Walter: Privatinteressen als öffentliches Interesse, DöV 1970, 217

Leuchten, Alexius: Der gesetzliche Schutz für Whistleblower rückt näher, ZRP 2012, 142

Levent, Akın: İş Sağlığı ve Güvenliğinde İşyerinin Örgütlenmesi, AÜHFD 2004, 1

Lewis, Dave: The EU Directive on the Protection of Whistleblowers: A Missed Opportunity to Establish International Best Practices?, EJICLS 2020, 1

Lewis, David: Is a Public Interest Test for Workplace Whistleblowing in Society's Interest?, International Journal of Law and Management 2015, 141

———: Ten Years of Public Interest Disclosure Legislation in the UK: Are Whistleblowers Adequately Protected?, J Bus Ethics 2008, 497

Lewis, Jeremy/Bowers, John/Fodder, Martin/Mitchell, Jack: Whistleblowing: law and practice, Oxford 2022

Lindemann, Michael: Staatlich organisierte Anonymität als Ermittlungsmethode bei Korruptions- und Wirtschaftsdelikten, ZRP 2006, 127

Liu, Xin: The Influence of National Culture on Whistle-Blowing: A Cross-Cultural Investigation, Cross-Cultural Communication 2014, 91

Lobato, José Danilo Tavares: Zum Verhältnis von Criminal Compliance und Korruption – Eine brasilianische Aussicht, NZWiSt 2019, 131

Löw, Hans-Peter: Der größte Lump im ganzen Land, das ist und bleibt der Denunziant, BB 2008, 1449

———: Hinweisgeberschutz: Grenzen zum Missbrauch, DB 2022, M16

Lühning, Torsten: Auskunftsersuchen des Beschuldigten bei internen Ermittlungen, ZD 2023, 136

MAH ArbR/*Bearbeiter*: Münchener Anwaltshandbuch Arbeitsrecht, Hrsg. Moll, Wilhelm, 5. Aufl. 2021

Mahnhold, Thilo: „Global Whistle" oder „deutsche Pfeife" – Whistleblowing-Systeme im Jurisdiktionskonflikt, NZA 2008, 737

Maslen, Caitlin: Physical protection mechanisms for people who report corruption, Transparency International Anti-Corruption Helpdesk Answer 2023, https://knowledgehub.transparency.org/helpdesk/physical-protection-mechanisms-for-people-who-report-corruption

Maunz/Dürig/*Bearbeiter*: Grundgesetz-Kommentar, Hrsg. Maunz, Theodor; Dürig, Günter, 2018

Maus, Carlo: Das Beschwerderecht nach dem Seearbeitsgesetz: Inhalt und mögliche Vorbildfunktion für das Landarbeitsrecht, Baden Baden 2019

McMullen, Jeremy: Ten Years of employment protection for whistleblowers in the UK: a view from the Employment Appeal Tribunal, in: A Global Approach to Public Interest Disclosure: What can we learn from existing whistleblowing legislation and research?, Hrsg. Lewis, David B. Cheltenham 2010, S. 7

Mengel, Anja: Compliance und Arbeitsrecht, 1. Aufl. 2009

———: EGMR 21.7.2011 – 28274/08 – EGMR: Kündigung wegen Whistleblowing, CCZ 2011, 229

Merget, Mario: Ablauf der Umsetzungsfrist für die Whistleblower-Richtlinie: Folgen für Unternehmen, DB 2022, 246

Meseke, Stephan: Zehn Jahre Bekämpfung von Fehlverhalten im Gesundheitswesen – Bestandsaufnahme und Perspektiven, KrV 2015, 133

Mesmer-Magnus, Jessica R./Viswesvaran, Chockalingam: Whistleblowing in Organizations: An Examination of Correlates of Whistleblowing Intentions, Actions, and Retaliation, J Bus Ethics 2005, 277

Meyer, Frank: Whistleblowing – Zwischen Selbstregulierung und effektiver Rechtsdurchsetzung Ein Beitrag zur Reform des Hinweisgeberschutzes, HRRS 2018, 322

———: LuxLeaks, Cum-Ex & Co – Neue Leitlinien des EGMR für Whistleblowing in transnationalen Kontexten und gesetzgeberischer Handlungsbedarf, Juristenzeitung 2023, 261

Meyer-Ladewig, Jens/Petzold, Herbert: EGMR, 27.2.2018 – 1085/10 – Entlassung eines Pressesprechers der Generalstaatsanwaltschaft wegen Whistleblowing, NJW 2019, 1273

MHdB ArbR/*Bearbeiter*: Münchener Handbuch zum Arbeitsrecht, Band 1 Individualarbeitsrecht I, 5. Aufl. 2021

Miceli, Marcia P./Near, Janet P.: What Makes Whistle-Blowers Effective?, Human Relations 2002, 455

Miege, Christian: Zum Umgang mit Hinweisgebern, CCZ 2021, 149

———: Wie machen es eigentlich andere Unternehmen? – „Interne Untersuchungen in Deutschland – 2022“ – eine DICO-Studie, CCZ 2023, 1

Mohn, Matthias: Das Recht auf Auskunft nach Art. 15 DSGVO und der Schutz des Hinweisgebers, NZA 2022, 1159

Molitor, Erich: Privatrecht und öffentliches Recht im Arbeitsrecht, RdA 1951, 254

Momsen/Grützner: Wirtschafts- und Steuerstrafrecht, Hrsg. Momsen, Carsten; Grützner, Thomas, 2. Aufl. 2020

Möllers, Thomas M. J.: Juristische Arbeitstechnik und wissenschaftliches Arbeiten: Klausur, Hausarbeit, Seminararbeit, Studienarbeit, Staatsexamen, Dissertation, München 10. Aufl. 2021

MüKoBGB/*Bearbeiter*: Münchener Kommentar zum Bürgerlichen Gesetzbuch, Band 2, Hrsg. Säcker, F. Jürgen; Rixecker, Roland; Oetker, Hartmut; Limperg, Betttina, 9. Aufl. 2022

Müller, Michael: Whistleblowing – Ein Kündigungsgrund?, NZA 2002, 424

Müller-Petzer, Sabine: Verlangt die Treuepflicht im Beschäftigungsverhältnis Missstände aufzudecken und Rechtskonformität einzufordern?, CCZ 2018, 162

Müllmann, Dirk/Volkamer, Melanie: Meldepflicht von Mitarbeitenden bei IT-Sicherheits- und Datenschutzvorfällen Betrachtung möglicher arbeitsrechtlicher Konsequenzen, ZD 2021, 8

Nayır, Dilek Zamantılı/Rehg, Michael T./Asa, Yurdanur: Influence of Ethical Position on Whistleblowing Behaviour: Do Preferred Channels in Private and Public Sectors Differ?, J Bus Ethics 2018, 147

Nayır, Dilek Zamantılı/Herzig, Christian: Value Orientations as Determinants of Preference for External and Anonymous Whistleblowing, J Bus Ethics 2012, 197

Near, Janet P./Miceli, Marcia P.: Organizational Dissidence: The Case of Whistle-Blowing, J Bus Ethics 1985, 1

Near, Janet P./Rehg, Michael T./Van Scotter, James R./Miceli, Marcia P.: Does Type of Wrongdoing Affect The Whistleblowing Process?, Business Ethics Quarterly 2004, 219

Neuhöfer, Daniel: Whistleblowing nach Inkrafttreten der DSGVO unter Berücksichtigung der Orientierungshilfe der Datenschutzaufsichtsbehörden zu Whistleblowing-Hotlines, jurisPR-Compl 3/2018, Anm. 2

NK-ArbR/*Bearbeiter*: Nomos Kommentar – Gesamtes Arbeitsrecht, Hrsg. Boecken, Winfried; Düwell, Franz Josef; Diller, Martin; Hanau, Hans, 1. Aufl. 2016

Obst, Larissa: „Neuer Gesetzentwurf zur Umsetzung der EU-Whistleblowing-Richtlinie", Whistleblower Netzwerk (blog), 7. April 2022, https://www.whistleblower-net.de/online-magazin/2022/04/07/neuer-gesetzentwurf-zur-umsetzung-der-eu-whistleblowing-richtlinie/

Ogorek, Regina: Whistleblowing – oder vom Verpfeifen im Arbeitsrecht und anderswo, in: Arbeitnehmermitwirkung in einer sich globalisierenden Arbeitswelt: Liber Amicorum Manfred Weiss, Hrsg. Höland, Armin, Berlin 2005, S. 539

Oetker, Hartmut: Die Ausprägung der Grundrechte des Arbeitnehmers in der Arbeitsrechtsordnung der Bundesrepublik Deutschland, RdA 2004, 8

Ohly, Ansgar: Das neue Geschäftsgeheimnisgesetz im Überblick, GRUR 2019, 441

Oran, Feyza Çağla/Ünsar, Agah Sinan: The effects of leadership styles on organizational trust and disclosure of unethical behaviors (whistleblowing): practical research, in: New approaches to CSR, sustainability and accountability, Hrsg. Çalıyurt, Kıymet Tunca, Singapore 2020, S. 103

Ott, Nicolas/Lüneborg, Cäcilie: Internal Investigations in der Praxis – Umfang und Grenzen der Aufklärungspflicht, Mindestaufgriffsschwelle und Verdachtsmanagement, CCZ 2019, 71

Öktem Songu, Sezgi: Anayasal Bir Temel Hak Olarak İfade Özgürlüğünün İşçi Açısından İşyerindeki Yansımaları, DEÜHFD 2013, 609

Pabel, Katharina: Der grundrechtliche Schutz des Whistleblowings, in: Festschrift für Walter Berka, Hrsg. Walter, Rudolf Feik; Winkler 2013, S. 161

Park, Heungsik/Bjørkelo, Brita/Blenkinsopp, John: External Whistleblowers' Experiences of Workplace Bullying by Superiors and Colleagues, J Bus Ethics 2020, 591

Park, Heungsik/Blenkinsopp, John/Oktem, M. Kemal/Omurgonulsen, Ugur: Cultural Orientation and Attitudes Toward Different Forms of Whistleblowing: A Comparison of South Korea, Turkey, and the U.K., J Bus Ethics 2008, 929

Park, Heungsik/Blenkinsopp, John/Park, Myeongsil: The Influence of an Observer's Value Orientation and Personality Type on Attitudes Toward Whistleblowing, J Bus Ethics 2014, 121

Paschke, Marian/Jessen, Henning: Effektivere Rechtsdurchsetzung im schiffsbezogenen Umweltrecht durch Whistleblower?, RdTW 2015, 1

Pittroff, Esther: Whistle-Blowing Systems and Legitimacy Theory: A Study of the Motivation to Implement Whistle-Blowing Systems in German Organizations, J Bus Ethics 2014, 399

Ponti, Sarah/Tuchtfeld, Erik: Zur Notwendigkeit einer Verbandsklage im AGG, ZRP 2018, 139

Preis, Ulrich: Prinzipien des Kündigungsrechts bei Arbeitsverhältnissen: eine Untersuchung zum Recht des materiellen Kündigungsschutzes, insbesondere zur Theorie der Kündigungsgründe, München 1987

———: A 40 Anzeige- und Nachweispflichten („Whistleblowing"), in: Preis, Der Arbeitsvertrag, 5. Aufl. 2015

Preis, Ulrich/Reinfeld, Roland: Schweigepflicht und Anzeigerecht im Arbeitsverhältnis, ArbuR 1989, 361

Preis, Ulrich/Seiwerth, Stephan: Geheimnisschutz im Arbeitsrecht nach dem Geschäftsgeheimnisgesetz, RdA 2019, 351

Pulaşlu, Hasan: Compliance Kavramı ve Yönetim Organının Compliance Sorumluluğu, BaTiDer 2019, 36

Quast, Fabian: „Hinweisgeber in der Schwebe", F.A.Z., 28. Juli 2021, https://zeitung.faz.net/faz/wirtschaft/2021-07-28/7124f3f88184078725a1124408fb04ab

Radtke, Rainer: Entwicklung der weltweiten Todesfälle mit Coronavirus (COVID-19), 20. Dezember 2022, https://de.statista.com/statistik/daten/studie/1103240/umfrage/entwicklung-der-weltweiten-todesfaelle-aufgrund-des-coronavirus/

Redder, Jan-Philipp: Der verfassungsrechtliche Schutz von Whistleblowern, Berlin 2020

———: EGMR 16.2.2021 – 23922/19 – Whistleblowing, NVwZ 2021, 1043

———: EGMR, 14.2.2023 – 21884/18 – Luxleaks: Verurteilung eines Whistleblowers, NVwZ 2023, 657

Reichel, Michael E./Meyer, Cedric C.: Betrieblicher Umweltschutz als Schnittstelle zwischen Arbeitsrecht und Umweltrecht, RdA 2003, 101

Reinhardt, Rudolf: Privates Unternehmen und öffentliches Interesse, in: Festschrift für Alfred Hueck zum 70. Geburtstag, Hrsg. Dietz, Rolf; Nipperdey, Hans Carl; Ulmer, Eugen, München [u.a.] 1959, S. 439

Reinhardt-Kasperek, Sarah/Denninger, Florian: Gutmenschentum als Kündigungsgrund? – Rechtsprechungsupdate und Praxistipps zum Whistleblowing, BB 2018, 2484

Reinhardt-Kasperek, Sarah/Kaindl, Gerd: Whistleblowing und die EU-Geheimnisschutzrichtlinie – Ein Spannungsverhältnis zwischen Geheimnisschutz und Schutz der Hinweisgeber?, BB 2018, 1332

Renz, Hartmut T./Rohde-Liebenau, Björn: Die Hinweisgeber-Regelung des § 25a KWG, BB 2014, 692

Reppelmund, Hildegard: Whistleblowing-Richtlinie: Vorläufige Einigung zwischen Europäischem Parlament und den Mitgliedstaaten, EuZW 2019, 307

Reuter, Stefan: Das Hinweisgeberschutzgesetz ist da – Was Unternehmen jetzt tun müssen, BB 2023, 1539

Richardi, Reinhard: Kollektivgewalt und Individualwille bei der Gestaltung des Arbeitsverhältnisses, München 1968

Richardi BetrVG/*Bearbeiter*: Betriebsverfassungsgesetz Kommentar, Hrsg. Richardi, Reinhard, 17. Aufl. 2022

Richters, Swantje/Wodtke, Carolina: Schutz von Betriebsgeheimnissen aus Unternehmenssicht: Verhinderung von Know-how Abfluss durch eigene Mitarbeiter, NZA-RR 2003, 281

Riesenhuber, Karl: Die Whistleblower-Richtlinie — Ansätze zur Systematik und Dogmatik, in: Weltbürgerliches Recht: Festschrift für Michael Martinek zum 70. Geburtstag, Hrsg. Omlor, Sebastian; Martinek, Michael, 2020, S. 673

Roberts, Peter: Motivations for whistleblowing: personal, private and public interests, in: International Handbook on Whistleblowing Research, Hrsg. Brown,

A. J.; Lewis, David; Moberly, Richard; Vandekerckhove; Wim, Cheltenham [u.a.] 2014, S. 207

Roberts, Peter/Olsen, Jane/Brown, A. J.: Whistling While They Work: A Good-Practice Guide for Managing Internal Reporting of Wrongdoing in Public Sector Organisations, Australia 2011

Rotsch, Hans Achenbach/Ransiek, Andreas/Rönnau, Thomas: Handbuch Wirtschaftsstrafrecht, Heidelberg, 5. Aufl. 2019

Röß, Simon: Die Auskunftspflicht von Arbeitnehmern bei der Aufklärung einer Straftat durch den Arbeitgeber, NZA 2021, 675

Rößler, Hans-Christian: „Football-Leaks-Hacker: Held oder Bösewicht?" FAZ.NET, 4. September 2020, https://www.faz.net/aktuell/politik/ausland/football-leaks-hacker-held-oder-boesewicht-16938759.html

Rudkowski, Lena: Die Aufklärung von Compliance-Verstößen durch „Interviews", NZA 2011, 612

———: Kernprobleme einer gesetzlichen Regelung zum Schutz von Whistleblowern, CCZ 2013, 204

Rudl, Tomas: „Whistleblowing mit Grenzen: Löchriger Hinweisgeberschutz", netzpolitik.org, 7. April 2022, https://netzpolitik.org/2022/whistleblowing-mit-grenzen-loechriger-hinweisgeberschutz/

Rumpf, Christian: Die Verfassung der Republik Türkei Stand Januar 2021, https://www.tuerkei-recht.de/downloads/verfassung.pdf

Sadullah, Ömer/Aydinli Kulak, Fulya/Sermet, Meltem: Labour Law Awareness of Employees: A Comparison from Germany and Turkey, İş, Güç Endüstri Iliskileri ve Insan Kaynaklari Dergisi 2015, 30

Sagan, Adam/Schmidt, Alexander J.: Das Lieferkettensorgfaltspflichtengesetz, NZA-RR 2022, 281

Sandalcı, İnci/Yıldız, Fazlı: Vergi İhbar Kararını Etkileyen Faktörlerin Belirlenmesine Yönelik TR 33 Bölgesinde Bir Araştırma, Maliye Dergisi 2019, 355

Sass, Robert: The Killing of Karen Silkwood: The Story Behind the Kerr-McGee Plutonium Case, Relations Industrielles 2001, 222

Sasse, Stefan: Kündigung wegen Whistleblowing, ArbRB 2011, 227

Scheicht, Katrin/Loy, Daniela: Arbeitsrechtliche Aspekte des Whistleblowings, DB 2015, 803

Schemmel, Alexander/Ruhmannseder, Felix/Witzigmann, Tobias: Hinweisgebersysteme, 1. Aufl. Heidelberg 2012

Schlachter, Monika: EGMR 21.7.2011 – 28274/08, RdA 2012, 108

Schlachter, Monika/Lehnart, Thomas: Kündigungsschutz für Hinweisgeber – Vorgaben der Europäischen Grundrechtecharta, EuZA 2022, 431

Schmitt, Bettina A.: Whistleblowing – „Verpfeifen" des Arbeitgebers, Hamburg 2003

Schmitt, Laura: Geheimnisschutz und Whistleblowing, NZA-Beilage 2020, 50

———: Whistleblowing revisited – Anpassungs- und Regelungsbedarf im deutschen Recht, RdA 2017, 365

Schmolke, Klaus Ulrich: Der Vorschlag für eine europäische Whistleblower-Richtlinie, AG 2018, 769

———: Die neue Whistleblower-Richtlinie ist da! Und nun?, NZG 2020, 5

Schönke/Schröder/*Bearbeiter*: Strafgesetzbuch, Hrsg. Schönke, Adolf; Schröder, Horst, 30. Aufl. 2019

Schreiber, Markus: Das neue Gesetz zum Schutz von Geschäftsgeheimnissen – ein „Freifahrtschein" für Whistleblower, NZWiSt 2019, 332

Schröder, Thomas: Integration des Whistleblowing in die nationale Rechtsordnung, ZRP 2020, 212

Schröder, Ulrich Jan: Das Demokratieprinzip des Grundgesetzes, JA 2017, 809

Schröttle, Monika/Meshkova, Ksenia/Lehmann, Clara: Umgang mit sexueller Belästigung am Arbeitsplatz – Lösungsstrategien und Maßnahmen zur Intervention, Studie im Auftrag der Antidiskriminierungsstelle des Bundes, v. 23. Oktober 2020, https://www.antidiskriminierungsstelle.de/SharedDocs/Downloads/DE/publikationen/Expertisen/umgang_mit_sexueller_belaestigung_am_arbeitsplatz.html?nn=6569166

Schulz, Corinna Nadine: Whistleblowing in der Wissenschaft: rechtliche Aspekte im Umgang mit wissenschaftlichem Fehlverhalten, Baden-Baden 2008

Schültke, Andrea: Whistleblowing über sexualisierte Gewalt – Überleben und darüber sprechen, Deutschlandfunk, 29. Dezember 2019, https://www.deutschlandfunk.de/whistleblowing-ueber-sexualisierte-gewalt-ueberleben-und.1346.de.html?dram:article_id=466824

Seibt, Christoph/Vesper-Gräske, Marlen: Lieferkettensorgfaltspflichtengesetz erweitert Compliance-Pflichten CB 2021, 357

Siemes, Christiane: Die Whistleblowing-Richtlinie der EU: Perspektiven für die Rechtsdurchsetzung, 2021

———: Der Schutz verbundener Personen nach der EU-Whistleblowing-Richtlinie und seine Umsetzung in deutsches Recht, CCZ 2022, 7

———: Die hinreichend begründete Annahme des Whistleblowers nach Artikel 6 Absatz 1 lit. a Richtlinie (EU) 2019/1937 – Auslegung und Umsetzung, CCZ 2022, 293

Simon, Oliver/Schilling, Jan Moritz: Kündigung wegen Whistleblowing?, BB 2011, 2421

Sixt, Manuela: Whistleblowing im Spannungsfeld von Macht, Geheimnis und Information, Wiesbaden, 2020

Skivenes, Marit/C. Trygstad, Sissel: Wrongdoing: Definitions, Identification and Categorizations, in: International Handbook on Whistleblowing Research, Hrsg. Brown, A. J.; Lewis, David; Moberly, Richard; Vandekerckhove; Wim, Cheltenham [u.a.] 2014, S. 95

———: When Whistle-Blowing Works: The Norwegian Case, Human Relations 2010, 1071

———: Loyalty and whistleblowing in Norway: how roles come into play, in: A Global Approach to Public Interest Disclosure: What can we learn from existing whistleblowing legislation and research?, Hrsg. Lewis, David B., Cheltenham 2010, S. 91

Söllner, Alfred: „Wes Brot ich eß, des Lied ich sing" – Meinungsäußerungen im Arbeitsverhältnis, in: Festschrift für Wilhelm Herschel zum 85. Geburtstag, Hrsg. Hanau, Peter; Herschel, Wilhelm, München 1982, S. 389

Spindler, Gerald: Verantwortlichkeit und Haftung in Lieferantenketten – das Lieferkettensorgfaltspflichtengesetz aus nationaler und europäischer Perspektive, ZHR 2022, 67

Steiger, Max: Die Causa Wirecard: Compliance im Spannungsfeld zwischen der Finanz- und der Tech-Branche, CCZ 2021, 12

Stein, Peter: Die rechtsmissbräuchliche Strafanzeige, BB 2004, 1961

Steinhauser, Rut/Kreis, Simona: Die Umsetzung der EU-Whistleblower-Richtlinie als Herausforderung für Gesetzgeber und Unternehmen, EuZA 2021, 422

Stone, Geoffrey/Bollinger, Lee (Hrsg.): National Security, Leaks and Freedom of the Press: The Pentagon Papers Fifty Years On, Oxford University Press 2021

Strack, Guido: Whistleblowing – Öffentlichmachen von Missständen, in: Transparenz contra Geheimhaltung in Staat, Verwaltung und Wirtschaft, Hrsg Arnim, Hans Herbert 2015, S. 105

Stuke, Henning/Fehr, Stefanie: Whistleblowing und seine betrieblichen Fallstricke – Eine Handlungsempfehlung für ein professionelles Hinweisgebermanagement, BB 2021, 2740

Stück, Volker: Keine Abmahnung wegen Anzeige einer Gefährdungslage bei Gutgläubigkeit – subjektiver Maßstab, CCZ 2019, 243

———: Unternehmensinterne Untersuchungen, AuA 2020, 580

Stürner, Michael: Der Grundsatz der Verhältnismäßigkeit im Schuldvertragsrecht: zur Dogmatik einer privatrechtsimmanenten Begrenzung von vertraglichen Rechten und Pflichten, Tübingen 2010

Şivil, Hacer/Baraz, A. Barış: Turkısh Students' Attitudes and Intentions Towards Whistleblowing, Stratejik ve Sosyal Araştırmalar Dergisi 2019, 101

Taschke, Jürgen/Pielow, Tobias/Volk, Eva: Die EU-Whistleblowing-Richtlinie – Herausforderung für die Unternehmenspraxis, NZWiSt 2021, 85

Taş, Fatma/Antalyali, Ömer Lütfi: Kamu Hastanlerinde ve Özel Hastanelerde Çalışan Hemşirelerin İzharcılık (Whistleblowing) Tutumları MAKÜ İktisadi ve İdari Bilimler Fakültesi Dergisi 2015, 21

Thomale, Chris/Murko, Marina: Unternehmerische Haftung für Menschenrechtsverletzungen in transnationalen Lieferketten, EuZA 2021, 40

Thönnes, Christian: „Vor Corona schützen heißt Whistleblower schützen", Legal Tribune Online, 23.7.2020 https://www.lto.de/recht/hintergruende/h/corona-toennies-whistleblower-schutz-eu-richtlinie-umsetzung-anwendungsbereich-infektionsschutz/

Thüsing/*Bearbeiter*: Beschäftigtendatenschutz und Compliance, Hrsg. Thüsing, Gregor, 3. Aufl. 2021

Thüsing, Gregor/Rombey, Sebastian: Nachdenken über den Richtlinienvorschlag der EU-Kommission zum Schutz von Whistleblowern, NZG 2018, 1001

Thüsing, Gregor/Musiol, Philip: Hinweise zum Hinweisgeberschutzgesetz, BB 2022, 2420

Thüsing, Gregor: Effektiver Hinweisgeberschutz mit Augenmaß, DB 2022, 1066

———: Stellungnahme zum Regierungsentwurf eines Gesetzes für einen besseren Schutz hinweisgebender Personen sowie zur Umsetzung der Richtlinie zum Schutz von Personen, die Verstöße gegen das Unionsrecht melden, BT-Drs. 20/3442, v. Oktober 2022, https://www.bundestag.de/resource/blob/916300/c9e376352f8d669db199efcb96e12c2e/Stellungnahme_Thuesing-data.pdf

Titland, Petter Slaatrem: It's All in the Game: Journalism, Whistleblowing and Democracy Under the Rules of the Global Economy, in: Making Transparency Possible: An Interdisciplinary Dialogue 2019, Hrsg. Krøvel, Roy; Thowsen, Mona, Norwegen 2019, S. 181

Tödtmann, Ulrich/von Erdmann, Charlotte: Keine Pflicht zur Selbstbelastung für den Arbeitnehmer? Auswirkungen des Verbandssanktionengesetzes und die übersehene Rechtsprechung des BAG, NZA 2020, 1577

Turan, Bülent/İpçioğlu, İsa: Planlı Davranış Teorisi ile Whistleblowing Niyetinin İncelenmesi: Sağlık Sektörü Çalışanları Üzerinde Bir Araştırma, Uluslararası İktisadi ve İdari İncelemeler Dergisi 2018, 147

Ulber, Daniel: Whistleblowing und der EGMR, NZA 2011, 962

Ullrich, Ines: Der Schutz von Whistleblowern aus strafrechtlicher Perspektive – Rechtslage de lege lata und de lege ferenda, NZWiSt 2019, 65

Umnuß/*Bearbeiter*: Corporate Compliance Checklisten, Hrsg. Umnuß, Carsten, 5. Aufl. 2022

Uşan, M. Fatih: İş Hukukunda İş Sırrının Korunması: Sır Saklama ve Rekabet Yasağı, 1. Aufl. Ankara 2003

Vaughn, Robert G.: The Successes and Failures of Whistleblower Laws, Cheltenham, UK [u.a.] 2012

Vandekerckhove, Wim: Is it freedom? : the coming about of the EU directive on whistleblower protection, J Bus Ethics 2022, 1

Veljovic, Miguel: OLG Oldenburg, 21. Mai 2019 – 1 Ss 72/19 – Freispruch vom Vorwurf des öffentlichen Aufforderns zu Straftaten, NZWiSt 2021, 30

Vitt, Tillmann: Nachforschungs- und Sorgfaltspflichten des Whistleblowers? (Teil II), BB 2022, 1844

Vogel, Jan-Patrick/Goecke, Friedrich: „compliance@work": Prävention und Aufklärung von Diskriminierung und Belästigungen am Arbeitsplatz, CB 2021, 269

von Pelchrzim, Gero: Whistleblowing und der strafrechtliche Geheimnisschutz nach § 17 UWG, CCZ 2009, 25

von Ungern-Sternberg, Antje: Autonome und funktionale Grundrechtskonzeptionen – Unter besonderer Berücksichtigung der Rechtsprechung des Europäischen Gerichtshofs für Menschenrechte, in: Grundrechte und Grundfreiheiten im Mehrebenensystem – Konkurrenzen und Interferenzen, Hrsg. Matz-Lück, Nele; Hong, Mathias, Heidelberg [u.a.] 2012, S. 69

Waldzus, Dagmar/Behringer, Stefan: Compliance kompakt, 4. Aufl. Berlin 2018

Warren, Danielle E.: Constructive and Destructive Deviance in Organizations, Academy of Management Review 2003, 622

Weibler, Jürgen/Feldmann, Marcel: Der schmale Grat zwischen Bürgerpflicht und Denunziantentum, WiSt 2008, 505

Wendeling-Schröder, Ulrike: Autonomie im Arbeitsrecht: Möglichkeiten und Grenzen eigenverantwortlichen Handelns in der abhängigen Arbeit, Frankfurt am Main 1994

———: Betriebsökologie, Arbeitsverweigerungsrecht und Veröffentlichung von Missständen, AiB 1991, 529

Whincup, David: „M5 or A303 – 'unmanageable' public interest complainant runs out of road in UK Tribunal", Employment Law Worldview (blog), 23. April 2014, https://www.employmentlawworldview.com/m5-or-a303-unmanageable-public-interest-complainant-runs-out-of-road-in-uk-tribunal/

White, Simone: A Matter of Life & Death: Whistleblowing Legislation in the EU, eucrim – The European Criminal Law Associations' Forum 2018, 170

Wiebauer, Bernd: Whistleblowing im Arbeitsschutz, NZA 2015, 22

Wiedmann, Michael/Seyfert, Stefen: Richtlinienentwurf der EU-Kommission zum Whistleblowing, CCZ 2019, 12

Wienbracke, Mike: Kündigung eines Arztes wegen Vorwürfen gegen Chefarzt – Whistleblowing, NZA-RR 2021, 425

———: Whistleblowing und Art. 5 Abs. 1 GG – Transposition eines EGMR-Themas, in: Arbeit – Personal – Soziales: Festschrift zum 65. Geburtstag von Peter Pulte, Hrsg. Bontrup, Heinz-Josef, Hamburg 2012, S. 21

Willemsen, Alexander: „Fristlose Kündigung wegen Tönnies-Video: Couragiertes Whistleblowing oder geschäftsschädigende Indiskretion?", Legal Tribune Online, 6.7.2020, https://www.lto.de/persistent/a_id/42110/

Wisskirchen, Gerlind/Körber, Anke/Bissels, Alexander: „Whistleblowing" und „Ethikhotlines", BB 2006, 1567

Wlotzke, Otfried: Das neue Arbeitsschutzgesetz zeitgemäßes Grundlagengesetz für den betrieblichen Arbeitsschutz, NZA 1996, 1017

Wurzel, Steffen: „Ein Jahr nach Chinas Corona-Warnung: Schweigen und verschleiern", tagesschau.de, 31. Dezember 2020, https://www.tagesschau.de/ausland/ein-jahr-corona-china-wuhan-101.html

Yaşar, Tuğçe Nimet: Anonim Şirket Yönetim Kurulunun Uyum (Compliance) Yükümlülüğü, in: Tüzel Kişilik Penceresinden Anonim Ortaklık Sempozyumu, Hrsg. Karagöz, Havva; Özcanlı, Fatma Beril; Palanduz, Seda, Istanbul 2021, S. 267

Yurtkoru, E. Serra/Wozir, Fathe Mahdi: Organizational Culture and Intentions towards Types of Whistleblowing: The Case of Turkey and Ethiopia, Research Journal of Business and Management 2017, 527

Yurttagül, Hava Charlotte Lan: Whistleblower Protection by the Council of Europe, the European Court of Human Rights and the European Union: An Emerging Consensus, 1. Edition 2021

———: „LuxLeaks Scandal and Corporate Whistleblowing: Reflecting on 'Halet v Luxembourg'", Oxford Business Law Blog (blog), 27. July 2021, https://www.law.ox.ac.uk/business-law-blog/blog/2021/07/luxleaks-scandal-and-corporate-whistleblowing-reflecting-halet-v

Zapf, Daniel: Umgang mit unspezifischen Hinweisgebermeldungen, CB 2021, 467

Zimmer, Mark/Schwung, Benita: Hilfe für Hinweisgeber – Beweislastumkehr nach § 36 II HinSchG-RegE, NZA 2022, 1167

Zimmer, Mark/Millfahrt, Simon: Die Rolle des Betriebsrats beim Hinweisgeberschutzgesetz, BB 2023, 1269

Zittel, Kosmas: „Pressemitteilung: Whistleblower sind keine Hilfssheriffs des überforderten Staates“, Whistleblower Netzwerk (blog), 2. September 2021, https://www.whistleblower-net.de/online-magazin/2021/09/02/pressemitteilung-whistleblower-sind-keine-hilfssheriffs-des-ueberforderten-staates/

Index

www.ingramcontent.com/pod-product-compliance
Ingram Content Group UK Ltd.
Pitfield, Milton Keynes, MK11 3LW, UK
UKHW021130041026
8980IPUK00034B/1454

9 783631 912768